U0107499

新思历史
Book

探索世界 | 发现自己

统治的技艺

VISIONS of EMPIRE

HOW FIVE IMPERIAL REGIMES SHAPED THE WORLD

KRISHAN
KUMAR

[美] 克里尚·库马尔 著

石炜 译

中信出版集团 | 北京

图书在版编目（CIP）数据

统治的技艺 /（美）克里尚·库马尔著；石炜译
. -- 北京：中信出版社，2023.10
书名原文：Visions of Empire:How Five Imperial
Regimes Shaped the World
ISBN 978-7-5217-3939-8

Ⅰ.①统… Ⅱ.①克… ②石… Ⅲ.①国家—行政管
理—政治制度史—世界 Ⅳ.① D59

中国国家版本馆 CIP 数据核字（2023）第 120953 号

统治的技艺
著者： 　［美］克里尚·库马尔
译者： 　石炜
出版发行： 中信出版集团股份有限公司
　　　　　（北京市朝阳区东三环北路 27 号嘉铭中心　邮编　100020）
承印者： 　嘉业印刷（天津）有限公司

开本：880mm×1230mm 1/32　　　印张：17.75　　字数：559 千字
版次：2023 年 10 月第 1 版　　　印次：2023 年 10 月第 1 次印刷
京权图字：01-2017-6215　　　　　书号：ISBN 978-7-5217-3939-8
定价：108.00 元

|目 录|

第三章

奥斯曼帝国

第四章

哈布斯堡帝国

第七章

法兰西帝国："帝国民族国家"

尾 声

帝国之后的国家 431

| 序　言 |

自 20 世纪初以来，人们对于帝国的研究热情空前高涨，背后的原因尚不明确。20 世纪 60 年代，随着欧洲诸多帝国终结，几乎所有前帝国主义国家都不愿反思过去。帝国的话题似乎成了明日黄花，有更迫切的事宜亟待解决，例如建立新的欧洲共同体。同一时期，发展中国家掀起了一股反帝情绪，与前殖民地国家打交道，最好不要再搬用帝国的那套游戏规则。学者或许还在撰写有关帝国的专著，但学生基本上更愿意学习其他知识。我曾经也是这些学生中的一员，尽管我的导师是剑桥大学圣约翰学院帝国研究方向的杰出学者罗纳德·鲁宾逊，但当时我仍不愿选修关于帝国的课程。在这一点上我和大众的意愿一致，对重新检视历史上的帝国的成就与其面对的考验毫无兴趣。

不少人认为，冷战看起来很像美国和苏联两个大国的对抗。但从意识形态和文明方面来观察和分析这场竞争是更令人满意的角度。无论如何，伴随欧洲众多帝国的解体，短短半个世纪里就兴起了 50 多个新的国家，这使人们的关注点开始转向民族国家，而不再是帝国，因为民族国家更符合未来的趋势。苏联在 1991 年解体，之后其领土上成立了一众崭新的独立国家，这似乎也印证了未来是属于民族国家的。

本书的第一章会详尽阐述人们对帝国研究重新产生的兴趣，这种兴趣产生的原因当然非常复杂。首先，欧洲的帝国从时间上说已是一个足够遥远的题目，我们如果不抱着怀旧之情的话，可以相对客观冷静地进行研究。其次，更重要的原因是，人们似乎不再坚信，在未来民族国家是最好的或唯一的国家形式。2001 年 9 月 11 日，美国纽约和华盛顿发生恐怖袭击，全球性的冲突迫切需要各国协作的全球性解决方案。恐怖主义的缘起及其影响也不仅存在于单一国家。经济、技术和文化的全球化本身就需要一种跨越国界的思维和管理模式。跨国组织如世界银行、国际货币基金组织、北约、欧盟以及联合国，还有关注环境恶化的"全球民间组织"都意识到自己肩上扛起了新的责任。因全球人口迁徙而形成的多元文化社会，更使人们反感并抵触单一的民族国家的观念与理想。

当然，重建帝国绝非解决方案，至少传统意义上的帝国不行。但帝国确实是庞大的跨民族的多元文化的政治实体。或许帝国有些许经验值得世人借鉴？或许帝国研究能对今天大国的差异性和多元化治理有所启发？这是不少研究者的初衷，他们中的绝大多数非常清楚帝国的缺点与不义（虽然肯定不会比民族国家差），但帝国研究起码能拓宽我们的眼界。毕竟，帝国从一开始就是世界史的一部分，也许还是相当重要的一部分。帝国国运持久，其存在即便不以千年计，也至少长达数个世纪。帝国研究如果毫无裨益，反倒是一件奇怪的事。这一研究将告诉我们，在同一政治环境下，不同的民族如何在地位未必平等的情况下和平共处。当然，暴力是解决手段之一，但绝不是唯一的办法。

本书无意成为这方面的教科书，本书主旨在于探究帝国的治理，具体而言，即统治者是如何管理和运作帝国这样一个庞大又复杂的政治实体的。换言之，本书无意巨细无遗地讨论帝国统治术，而是想要探讨帝国治理背后的思想与影响决策者的意识形态。统治者在多大程度上能实现，抑或有多强烈的意愿去贯彻其政治理想，都因帝国的不同而有所不同，这是学术界的研究热门。但帝国的思想并非与统治毫无关系，也不仅仅是掩盖动机和利益的烟幕弹。在漫长的历史进程中，它们逐渐塑造出帝国的使命，让统治者清楚自己的所作所为，以及为何作为。若不是这样，帝国便无法延续如此长久。对于帝国统治来说，正义性和合法性与武力和权谋同等重要。

在讨论完第一章的帝国理念，以及第二章罗马帝国在这一理念中所扮演的关键角色之后，本书接下来的部分将围绕奥斯曼帝国、哈布斯堡帝国、俄罗斯帝国、大英帝国和法兰西帝国逐一展开。这些名号代表了历史的进程，不仅体现了时间的先后顺序，更表明了意识形态的逐渐演化。罗马帝国当然是王朝帝国，但很难厘清其统治者的身份，以至于难以用其命名。在讨论奥斯曼帝国和哈布斯堡帝国时，"土耳其人"和"奥地利人"都是容易产生误解的称呼。"俄国人"的说法更适用于沙皇时期，提到沙俄时人们总会想起"罗曼诺夫王朝"。至于英法帝国，民族则清晰地出现在帝国之名中：大英帝国是由不列颠人建立的，尽管人们提到其统治者时经常将英格兰人和不列颠人混淆；法兰西帝国则是由单一民族组成的帝国的典型，即"帝国民族国家"（imperial nation-state），实际上，这个帝国常被视为扩大的法国。

仔细推敲可知，不同帝国的差异非常明显，首先是"民族性"在帝国中有多大程度的体现。从民族性最低的奥斯曼帝国、哈布斯堡帝国，到中等程度的俄罗斯帝国，再到民族性较高的英法帝国，当然法国的民族性较英国更高。而这些差异也映射到更为人熟知的内陆帝国（奥斯曼、哈布斯堡和俄罗斯）与海洋帝国（英法）的明显区别上。本书还讨论了民族性在帝国中相对较强的可能原因（见第一章和第六章）。但要注意，英法帝国在开始海外征服之前，都先建立了内陆帝国，无论是号称"六边形帝国"的法国还是作为联合王国的英国。此外，哈布斯堡帝国通过家族内的两个分支在内陆（奥地利）和海洋（西班牙）帝国之间建立起了联系。在西班牙，情况更为复杂，那里的哈布斯堡家族和英法帝国一样，将其建成跨海洋和内陆的大帝国。海陆的差异的确重要，但不应过度强调。因为在我们的讨论中，两者在很大程度上存在重叠。

况且，先不论差异，这些帝国还存在着惊人的相似之处。最重要的是，无论民族性强弱，帝国的本质在一定程度上压抑着统治者自身的民族认同。如若不然，帝国功业将会处在危险之中。即便如此，随着帝国的发展演进，我们可以看出"从帝国到民族"的变化，至少其民族性在强化（和传统说法稍有不同，这里指的不是帝国的灭亡或被取代），但这并不等同于将帝国视作大号的民族国家。即使是最具民族性的法兰西帝国，也在不断地证明自身的普遍性与开放性，强调法兰西人只是启蒙运动与法国大革命精神的传递者。

正如第一章中的讨论所指出的，帝国与民族国家有相似之处，但又是截然不同的政治实体，有着不同的政治原则。就帝国而言，一定要认识到，臣民的民族主义很危险，统治者自身的民族主义甚至有可能更危险。在统治者开始强化自身民族身份时，无论是土耳其人、奥地利人、俄罗斯人、英格兰人还是法兰西人，他们的帝国都开始衰亡了。帝国最大的矛盾在于，它创造出之前不存在的民族的同时，又会全力压制它们。民族的宗旨与帝国的原则总是互相违背。

最后，谈一谈本书的材料与方法。本书采用综合的方式，广泛援引学术界成果，它们主要来自历史学家，也不乏社会学家和政治学家的观点。但我也希望尝试提供一些与众不同的见解。我会在比较不同的帝国之后，得出其在意识形态与身份认同上的共性，特别是统治群体是如何在帝国中建立自我身份认知的。这属于"自上而下"的观点，并非来自帝国底层。这一观点更关注帝国精英和知识分子的思考与态度，而非被统治的臣民。原因是我发现最近的研究习惯多建立在帝国臣民的经验之上，而较少留意统治者，比如统治者如何认识自己在国家中所起的作用，以及如何回应帝国发展的需要。即便不存在所谓"帝国逻辑"，不同帝国也一定存在共同的问题与挑战，至少在这些欧洲帝国身上，我们可以观察到一系列相似的反应。

与简·伯班克和弗雷德里克·库珀令人印象深刻的比较史学著作《世界帝国史》不同，我发现独立检视各个帝国才能更好地阐述我的观点，当然在适当的时机我也会进行比较。原因是我希望较完整地展现帝国的发展历程、帝国对其前身的态度以及对其同时代竞争对手的看法（包括所有我研究的帝国对罗马帝国的看法）。正如从法国大革命脱胎而来的革命传统，我们也将发现一种帝国传统，即帝国延续的概念，每个帝国通过表达自身的独特地位和普遍性来宣布自己继承了某个此前帝国的衣钵。可以说欧洲存在这么一种"帝国的套路"，在征服世界的过程中，每个帝国都从这个思想、记忆和经验的宝库中汲取养分，即使它们都声称自己是最终的也是唯一的帝国传统的捍卫者。

至于选择讨论如下这些帝国——奥斯曼帝国、哈布斯堡帝国、俄罗斯帝国、大英帝国和法兰西帝国——的原因，则多少有几分任意，既出于我的研究兴趣，也囿于本人的知识水平。我本打算论及葡萄牙和荷兰等其他欧洲帝国。而如若能涉及非欧洲帝国，比如印度和伊斯兰帝国等，哪怕只强调其差异性，对讨论亦大有益处。当然还有不少有关古代帝国的研究，今天已有不少丰硕成果。此外还有阿兹特克和印加帝国，或其他建立在美洲新世界的帝国，比如今天的"美利坚帝国"（American Empire）。如果在历史和地理的尺度上牵扯得如此广泛，将产生概念性的难题。因此，无论如何要将讨论限定在一定范围内，哪怕会留有遗憾。至少，我自信本书论及的帝国，无论疆域、权威还是影响力，都是现代帝国最重要的代表，在任何关于世界帝国的讨论中都不能忽视它们的存在。

最后，我对待帝国的态度是否过于宽容？或许如此。但指摘和批判帝国的著作已经不在少数，帝国黑暗和残暴的一面已被无情揭露，而我则试着从新的角度看待问题。本书试图说明帝国是如何用不同的手段处理现代国家也会面临的难题的，譬如差异性和多元化治理。尽管建立帝国最初不一定出于这个目的，而是出于各种各样的原因，但这并非要点。事实上，在建立和治理帝国的过程中，统治者要面对一系列障碍，而这些障碍又极易导致帝国的瓦解。本书最大的发现不是帝国曾经犯下的过错和暴行，而是帝国的辉煌成就，这是值得今天的民族国家借鉴的。

和许多同类书籍一样，本书缘起于一次特殊的机会。2004—2005 年，我成为普林斯顿大学高等研究院的一员。我十分荣幸能跻身如此优秀的帝国研究者之列，其中有马克·贝辛格、保罗·德西代里、丹·迪纳、马妮亚·拉兹瑞格和玛丽·刘易斯。而且研究院的帕特里夏·克龙以我们的名义组织了关于帝国的研讨会，持续了一整年，其间吸引了众多研究院成员，还有普林斯顿大学的老师，包括琳达·科利、桑卡尔·穆图和珍妮弗·皮茨。克利福德·格尔茨和狄宇宙的加入让研究院熠熠生辉，我与两人都有过愉快的对话。很难想象有更适合写作本书的时机和条件。感谢以上所有人，也感谢研究院及其提供的帮助。不过回想起来也略带感伤，克利福德·格尔茨于 2006 年离世，而帕特里夏·克龙去世之时，我正在筹备本书的出版工作。我多想将本书交到他们手中，因为他们为本书的构思提供了重要的参考意见。

　　我非常幸运能在普林斯顿大学与大学出版社的彼得·多尔蒂重新结缘。正是他鼓励我向出版社申请本书英文版的立项出版。之后他升任出版社主任，依然负责本书的编辑工作，他的建议对本书最终定稿起了关键作用。之后，彼得让布丽吉塔·范莱茵贝格担任本书责编。布丽吉塔待人友好，富有同情心，非常支持我的写作。在写作过程中，她再三鼓励，给出建议，特别是我在担任系主任的 6 年间，当时我甚至怀疑自己无法顺利交稿。我要为自己所取得的成绩感谢她。因为有了彼得最初的鼓励和布丽吉塔的督促，我才挺过艰难的写作过程，尤其是最后的阶段，我无以言谢。感谢出版社的林赛·克拉罗、阿曼达·皮里以及劳伦·莱波进行出色的文字加工，感谢迪米特里·卡列特尼科夫为本书制图，还要感谢梅利莎·弗拉姆森和德博拉·尼科尔斯在插图绘制上提供协助。感谢戴夫·卢亚克为本书制作索引。

　　此外，还要感谢业内同人在专业和学术上对我的指教。包括帝国研究小组的成员朱利安·戈、濮德培、乔治·斯泰因梅茨和尼古拉斯·威尔逊，我们在美国社会学学会、美国社会科学史学会以及其他场合都有过深入交流。耶鲁大学是帝国研究的重镇。朱莉娅·亚当斯和史蒂文·平卡斯共同组织了关于帝国研究的气氛友好的研讨会，于是我有幸能与众多历史学家、社会学家、政治学家共同探讨，收获颇丰。同样令人兴奋的是，2008 年 10 月，保罗·德西代里在佛罗伦萨大学举办"古代作家与现代帝国"研讨会，其间我与戴维·卢弗尔和萨拜因·麦科马克交换了意见。我们关于经典名著和帝国研究的讨论成为先前在马里兰大学由亚瑟·埃克斯坦组织的讨论会的重要补充。

　　我还要感谢戴维·阿米蒂奇、杰克·戈德斯通、约翰·A. 霍尔、克里斯·汉恩、西尼沙·马勒舍维奇和吉纳维芙·祖布兹斯基的支持与协助。感谢安东尼·帕戈登邀请我参加在华盛顿特区富尔杰研究所组织的为期两天的讨论会，让我得以向他讨教他在帝国研究的著作中的诸多想法。我很珍惜与杰弗里·霍斯金在伦敦 ASEN 会议上的谈话，他关于俄国与苏联的研究对我理解相关主题起到了关键作用。

在我任教的弗吉尼亚大学，同事罗伯特·热拉西非常慷慨，与我分享了他在俄罗斯帝国研究方面的成果，而另一个同事伊丽莎白·汤普森督促我着手写作奥斯曼帝国的部分。在弗吉尼亚大学，我连续多年开设了帝国研究方面的课程，从学生那里我也收获了不少东西。此外，不得不提到市议会图书馆的跨馆借书的便利服务，馆员的热情和高效，令我惊叹，他们当然也是本书问世的重要帮手。

我还要由衷感谢剑桥大学的邓肯·贝尔寄给我他撰写的关于大英帝国的政治理论的论文，以及对本书做出的非常有帮助的点评。牛津大学纳菲尔德学院的安德鲁·汤普森和约翰·达尔文组织了关于大英帝国对英国社会影响的会议，这是极富争议的主题。他们关于大英帝国的优秀研究成果让我受益颇多。学者克里斯·贝利生前的研究，无论是关于大英帝国还是全球化语境下的帝国研究，对我亦产生了重要影响。

最后，我还想感谢两位与我关系密切的学者。多年来，卡佳·马卡洛娃与我探讨俄罗斯帝国与大英帝国的异同，以及两国人民在帝国瓦解之后面临的困境。通过我们的讨论，本书的中心论点才得以成形。基里·库纳科维奇是杰出的青年历史学家，在中欧与东欧的近代史研究领域颇有建树，常能提供新的见解。感谢两位学者无私地与我分享他们的洞见，更感谢他们在写作过程中的陪伴与支持，让我的创作过程少了几分孤独与挣扎。

克里尚·库马尔
于美国弗吉尼亚州夏洛茨维尔

第一章　帝国的理念

古往今来的帝国都建立在高层次的理念之上。而民族只能产生国家。

——弗朗茨·韦尔弗 [1]

论对后世的影响，没有什么荣耀比得上征服蛮族、让异教徒接受文明的洗礼以及将愚昧无知拉回理性的轨道。

——理查德·哈克卢特，《致沃尔特·雷利的信》，1595 年 [2]

世界的版图不停地变动，小王国联合为大帝国，大帝国解体为小王国，殖民扩张，族群迁徙。除了血腥与暴力，我们还能从中学到什么？

——大卫·休谟 [3]

重新发现帝国

对帝国的反感与漠视是两种情绪，而对帝国进行研究则是另外一回事。霍布森和列宁都痛恨帝国，却同样认为研究和反思帝国的历史是当务之急。约瑟夫·熊彼特亦是如此，他坚信帝国是充满军国主义色彩的返祖现象，花费了不少精力在帝国研究上。两次世界大战之间，在意大利、德国和日本，鼓吹对外扩张的政权纷纷上台，企图建立新的帝国；学者和知识分子如詹姆斯·伯纳姆、弗朗茨·诺伊曼——更不必说革命家了——再一次感到有必要对新的帝国主义的源头进行研究分析。[1]

无论在政治上还是学术界，"二战"后，帝国的热潮渐退。政治上最明显的变化是欧洲海外帝国的解体（包括英国、法国、荷兰、比利时和葡萄牙），以及由此诞生的新的国家的崛起。这些新国家都是民族国家，基于现代欧洲民族国家的模式建立。因此，理解民族主义，特别是"第三世界"的民族主义变得十分重要。帝国属于过去，而未来是民族的，1960—1980年，共有50个左右的新国家加入了联合国。[4]

无论是西方还是东方的马克思主义者，在20世纪六七十年代继续针对帝国主义展开论战，矛头直指美国的外交政策和冷战政治。实际上这是一场关于资本主义，以及资本主义施加给发展中国家的影响的辩论。帝国主义被当成资本主义发展的最后阶段，而且帝国主义全球化程度更深。因此人们对帝国的认识普遍停留在所谓的"依赖理论"与"非正式帝国理论"上。[5]2 因为帝国被视作过去的遗留物，人们对历史的具体情节缺乏兴趣，包括帝国的治理原则、帝国的目标愿景以及帝国代表的这种特殊政治实体。于是，人们对帝国既反感，又漠视。

最近几十年来，无视帝国的态度发生了改观。帝国研究重新回归人们的视野，大批分量极重的著作、研讨会以及大众媒体都证明了这一点。[3] 从学术的角度看，至少在英语世界中，迈克尔·多伊尔的《帝国》（1986）可谓这股热潮的开端。随后是保罗·肯尼迪广受赞誉的畅销著作《大国的兴衰》（1988），这本书简要刻画了欧洲的伟大帝国，讨论了其兴衰背后的成因。大多数读者都能从书名中读出与爱德华·吉本的呼应，也能感受到肯尼迪的吉本式苦心，他试图让当代社会（尤其是让今天的美国人）吸取历史教训。怀有相似目的的还有尼尔·弗格森的《帝国》（2004），其英文副书名直译为"不列颠如何创造现代世界"，这本书在学术界广受欢迎，弗格森以富有争议的方式断言英国与现代全球化之间存在关联（"英式全球化"），这是他苦心研究之后得出的观点。戴维·阿伯内西为学生和专家们撰写了关于欧洲海外帝国的综述性专著《全球统治的动力学》（2000）；多米尼克·利芬（2001）则专注于俄国研究，为这个内陆帝国完成了《帝国：俄罗斯帝国及其竞争对手》（2001）。简·伯班克和弗雷德里克·库珀还出版了他们全球化视野下的帝国研究新著《世界帝国史》（2010）。

大家都认同，"帝国"一词自20世纪初就带有负面内涵，这种负面评判在"二战"后反殖民主义的浪潮中达到巅峰。今天没人会为帝国辩护，至少不会像过去存在那么多传统帝国的拥趸。[4] 今天，即使帝国出现，也没人敢为其辩护。即使存在所谓"美利坚帝国"的说法，那也只流行于美国对外政策的反对者之间，当然更不可能有人鼓吹所谓的美利坚帝国主义。[5]

但是，如果帝国真如想象的那么糟，在今天的话语体系中也很难想象有人或国家尝试建立帝国，那帝国研究为什么忽然盛行？为什么关于帝国的专著和研讨会亦如雨后春笋？帝国研究热潮背后的真正原因是什么？

这背后的原因众多，最重要的当属"全球化"。帝国，至少作为反思的对象，已经重新回到讨论的中心，因为维持帝国运转的许多要素正是我们今天所急需的。我们是否期待"多元文化主义"，让信仰与生活方式不同的人在一个国家中能和谐共处？帝国从定义上就包含了多元文化。我们是否正面临全球人口流动，各地出现大量由少数族裔组成的所谓"离散"群体？人口迁徙就是帝国建立的原因之一，而帝国的存在反过来又造成了大规模人口迁徙。民族国家内部的紧张关系，甚至不时爆发的危机，是否为金融、工业、人口和思想的跨国流动的结果？帝国不仅是"多民族的"，而且是"超越民族的"。帝国出现在民族国家之前，或许在将来会再次取代民族国家。

总之，帝国是审视当今世界迫切议题的棱镜，甚至可能是新的世界秩序诞生之前的阵痛。无论我们朝何方前进，似乎都会遭遇历史上的帝国中出现过的难题和境况。[6]

有人认为欧盟可以算作今天的哈布斯堡帝国或神圣罗马帝国，这种说法基本是在开玩笑；而人们称赞奥斯曼帝国的米勒特制可以为今天的多元社会所借鉴，或称赞"不列颠治下的和平"作为世界秩序典范会让人觉得安稳，则在一定程度上出于怀旧情绪。但帝国的确解决了一些今天的人们其实无法解决的问题。史蒂芬·豪并不拥护帝国，然而他认为"至少部分现代帝国，如大英帝国、法兰西帝国、奥匈帝国、俄罗斯帝国甚至奥斯曼帝国，有很多被人遗忘的可贵品质。帝国为臣民提供了稳定、安全和法律保障。帝国试图约束可能使其臣民变得残忍的族群间的敌意以及宗教间的对立，在鼎盛状态下还会尝试超越这种敌对关系。统治阶层中的贵族，比起后来更加民主的体制中的领导者，更信奉自由、人性和普遍的价值观"[6]。[7]

长期以来，很可能是世界政治与经济秩序的深层变化让帝国具有了当代价值，也再次引发了人们对帝国的兴趣。这确实是帝国热潮最为重要的原因。但还有更直接的动机。1991年，苏联解体。学者提出的疑问是，苏联的历史进程、发展乃至最后的覆灭，与同样幅员辽阔的多民族内陆帝国，比如哈布斯堡帝国和奥斯曼帝国是否存在可比性？苏联被越来越多的人视作俄罗斯帝国的一部分，当然此前沙俄时期的俄国也是如此。这一观点若得到承认，来自不同学科和领域的、关心帝国的专家学者将展开崭新的比较史学的研究。[8]

"美利坚帝国"这一概念能否引起卓有成效的讨论是一个有争议的问题，但毫无疑问，将美国定义为帝国的论述已颇具影响。[9]这包括将美国本土视作帝国，像亚历山大·汉密尔顿就相信这个全新的共和国"从各方面看来都是一个最有趣的帝国"[7]，还有传统观点认为美国正在对世界上的其他国家奉行帝国政策并且将长期如此。今天关于"美利坚帝国"的争论集中于美国对世界抱有何种企图及其背后的意识形态。但这已引发人们关于帝国的本质，以及帝国自我定位的追问。无论对这个称呼是否满意，几乎所有关于"美利坚帝国"的讨论，都建立在我们对其他帝国的了解的基础上；而几乎所有关于帝国的研讨会，也都以"美利坚帝国"的话题作为结束，不过人们对美国是否能称作帝国依然心存疑惑。

人们普遍认为，帝国研究的热情直接来自关于"美利坚帝国"的讨论。此说法似乎过于狭隘，并未顾及背后更多的动因。事实上，关于"美利坚帝国"的讨论，本身就是更宏观层面的某些变化所致。即使美国是全球化的主要推手（以"全球化"部分地掩饰"美国化"），全球化对美国的影响也绝不亚于其他国家。让美国具有"帝国"色彩，或至少看起来像一个帝国的，也许是当前美国对世界秩序的分裂与不稳定所做出的回应，这种回应在很大程度上是由美国独特的文化经济动力以及美式资本主义击败其对手（包括苏联）的胜利造成的。大家承认"美利坚帝国"并未试图获取新财富或领地，它只不过是"单一超级大国"在"新的无序世界"中的特殊形态。[10]

在对帝国进行重新审视的过程中，有一件事非常清楚：帝国绝不只停留在历史书上。帝国对今天的世界有着举足轻重的影响，超越了单纯的历史，但帝国的现实意义远不止于此。从历史上看，欧洲帝国的终结离现在并不远。奥匈帝国、德意志帝国、俄罗斯帝国和奥斯曼帝国，这些宏大的内陆帝国均在"一战"期间或之后土崩瓦解；法兰西帝国、荷兰帝国、比利时帝国和葡萄牙帝国这些海洋帝国在"二战"后30年左右的时间内逐渐消亡。无论哪一类，相比动辄上千年的古老帝国，我们所能见证的时间都不过百年。那么自然，帝国一定会有"继承者"，而帝国的遗产也会继续给曾经的宗主国和殖民地社会带来困扰。[8]

当然，这个问题一直是许多前殖民地研究的重点。这些研究主要是由非西方国家的人完成的，但研究者也包括一些类似"殖民地"地区（比如爱尔兰和巴尔干国家）的学者。弗朗茨·法农和爱德华·萨义德是这个领域的关键人物，提出了所谓的"后殖民理论"。[9] 但也要注意帝国的遗产在帝国臣民自己的日常生活中起到的重要作用，包括英国人、法国人、俄国人、奥地利人、土耳其人及其他地区的人。很多方面都显示了这一点，其中最明显的是，在"二战"后，从前欧洲帝国统治地区的人们开始大量迁入欧洲（"帝国回迁"）。这也表明了帝国对前统治地区民众的心理、身份认识以及帝国灭亡后他们的地位，产生了深刻的影响。

这是需要单独处理的主题（我希望在下一本书中完成这项工作），[11] 本书对此略有涉及，但主要内容仍是统治者的治国愿景与理念，特别是在帝国的巅峰时期的。帝国的灭亡恰好开启了历史的新篇章，让我们对过去有所反思，也对未来的帝国形态产生新的设想。在帝国统治世界的时代，帝国人民对自我的认识一定与今人不同。无论他们对未来抱有怎样的怀疑与焦虑，他们的统治者都面临着治理多民族人民的任务。帝国统治者们如何看待自身的使命、如何认识作为帝国公民所扮演的角色，以及由此带来的特殊身份，是我在之后章节将要论述的主要内容。

为集中讨论帝国统治者而非臣民，我们必须改变当前的帝国研究方向，主要是脱离"后殖民"一类的理论的束缚，但这不意味着忽略帝国对其治下民众的影响。相反，我们要重新定义统治者与臣民的关系，两者不是简单对立，而是一个休戚与共的整体。正如民族国家虽然也因阶级、种族和宗教原因而存在分歧，但仍能共同行动，帝国的目标往往也是实现统一，这种需要超越了帝国内部存在的根本性差异。

这导致了帝国意识形态的产生，即帝国自我认识的方式，一般体现为普遍的"使命"，为其建立统治与向外扩张寻找合法性，同时被统治族群也能融入其中。意识形态通常表现为宗教形式，比如伊斯兰教、东正教、天主教；也有世俗的形态，比如法兰西推崇的"文明的使命"。帝国意识形态因历史演变而发生变化，一般来说，后世帝国的使命通常更倾向于世俗。但我们应该记住，是罗马人发明了所谓"教化的使命"。而有些使命是超越历史的。

民族国家也有使命，但是在各民族平等的前提之下，它与帝国的普遍使命截然不同。尽管两者存在很多共同点，但这是帝国与民族国家的重大区别。此外，为了实行有效的多民族治理和保障政权的长治久安，统治者会在不同程度上压抑自身的民族或种族认同。这也是帝国最重要的特征之一，在之后的论述中我们会展开讨论这一点。

讨论这些问题的出发点是帝国的统治、统治者的治国思想与政治主张。这些在本书的主要章节都将有所体现，具体案例为罗马帝国、奥斯曼帝国、哈布斯堡王朝、俄罗斯帝国、大英帝国和法兰西帝国。这些问题构成了各个章节的框架。这些帝国在很多层面都有差异，尤其在各自重大变革的时期。后世帝国要面对不同于过去的问题，但所有帝国都曾面临相似的问题，比如怎样在辽阔的领土上处理差异化和多样性。传统的历史叙述当然重要，本书也将提及，但更重要的是厘清帝国形态和帝国作为一个整体的诸多特征。这些问题超越了历史和时间，需要我们对每一个帝国单独分析，发现各自的特殊性。

首先，让我们回到帝国的定义。我们需要了解帝国的真正含义及其含义在今天的语境下是否适用。我们应该如何看待帝国？帝国究竟是怎样的政治实体？帝国与外界建立了怎样的关联？帝国和我们熟知的其他政体，特别是民族国家，有何差别？

"没有边界的帝国"：罗马与帝国的理念

世界史实际上就是一部帝国史。[10] 在留有记录的大部分历史中，人类生活在帝国之中。但是帝国以各种样貌与形式，出现在不同的时代与地域。约翰·加拉格尔和罗纳德·鲁宾逊撰写过一篇著名的文章，解释为什么帝国研究很难达成共识：学者"研究的是完全不同的帝国"，通常"选取奇怪又孤立的方面"，然后试图从中得出普遍性的结论。[11]

这些被称作帝国的研究对象，其多样性令人惊讶。从阿卡得人的领袖萨尔贡大帝征服苏美尔城邦开始（公元前3000年），作为文明之源的中东就成为一系列帝国的舞台——阿卡得帝国、巴比伦帝国、亚述帝国、波斯帝国、希腊–罗马帝国、阿拉伯帝国和奥斯曼帝国。也是在这里，埃及作为文明和文化的火种存在了3 000年之久，强大又富有创造力的埃及帝国也被许多人认为是人类文明的起源。同一时期，在远东，中国和印度也出现了各种帝国，此外还有位于美洲的阿兹特克帝国和印加帝国。之后欧洲帝国开始崛起：神圣罗马帝国、西班牙帝国、葡萄牙帝国、荷兰帝国、法兰西帝国、比利时帝国、大英帝国、奥地利帝国、德意志帝国和俄罗斯帝国。这些帝国在政治、技术和文化上都展现出完全不同的特质。那么它们之间的联系是什么？为什么将它们统称为"帝国"？

不久前，学者还试图在从古到今、从东方到西方的所有帝国身上寻找共同的模式和原则。[12] 今天的学者更加谨慎，懂得对不同类型与历史时期的帝国与帝国主义区别对待。无论如何，学者们在帝国最基本的构成方面达成了惊人的一致，这主要来自我们对罗马帝国的理解。从罗马抽象出来的帝国概念居然能毫不牵强地适用于其他我们习惯称其为帝国的政治实体——包括早于罗马的亚述帝国和波斯帝国。之所以这样，是因为本书讨论的帝国究其渊源，毫无例外都能上溯到罗马。

罗马与后世帝国的相似性当然绝非巧合。一个国家能被称为帝国在很大程度上是因为其仿效罗马，这点在西方尤甚。成为帝国意味着成为另一个罗马。罗马确立的诸多原则，如果在其他国家同样适用，我们也就视其为帝国。

"帝国"的拉丁语是"imperium"。"没有边界的帝国""没有时间和地域的限制",这是维吉尔的著作《埃涅阿斯纪》[13]中,朱庇特向罗马人——建立了罗马城的特洛伊人的后裔许下的承诺。但在维吉尔所处的时代,即元首制在罗马出现之时,"imperium"的含义发生了重大改变。或者说,这个词获得了双重含义,这一事实成了之后混乱的根源。

"imperium"的本意是罗马官员或统治者依法被赋予的权力。"在公法中,这个词的意思是人民赋予罗马高层官员的权力,包括执政官、卸任执政官、大法官、卸任大法官和独裁官。"[14]12 此外,这个词本身也是军事用语,指人民将最高军事指挥权赋予最高军事指挥官。

于是,"imperium"的第一个义项从罗马开始就延续了下来,在众多欧洲语言中都能找到相应的说法。13 对于英格兰人,最有名的例子要数1534年亨利八世的《至尊法案》,法案称"英格兰就是帝国"[15]。这句话的意思是,英格兰的国王在他的领地不听命于任何人,他的统治至高无上,并禁止任何人上诉至更高权力机构,比如罗马教廷。都铎王朝统治下的英格兰,无论国土面积还是综合国力都十分有限,居然也能发表这样的宣言,证明国土面积与实力并非成为帝国的必要条件。原则上,任何国家——无论是王国还是共和国——都可以自称帝国,而意大利的多个城邦,包括维斯康蒂公爵统治的米兰也的确是这样做的。是否管辖广袤无际的领土、统治着多样化的族群,这些不是帝国的标准。

毫无疑问,"当'imperium'有了政府权力的含义后,人们自然用它指代那些显赫的大国"[16]。欧洲各地的语言早已赋予"empire"一词更形象的含义,即用于形容太阳或河流的宏伟壮丽。当莎士比亚开始用"empery"一词形容英格兰、苏格兰和法兰西时,他并不在意这些国家的领土面积大小以及国力强盛。而想要使它能够用来形容帝国,必须进一步丰富这个词的内涵。早期现代的思想家认为，帝国的核心在于权威，特别是王权（不过不是"专制独裁"）。[14] 于是我们发现在欧洲绝对主义盛行的时期，许多统治者都将自身统治的地域称为帝国。帝国几乎成了至高权力的同义词，这是让·博丹、霍布斯、格劳秀斯、斯宾诺莎的著作中赋予"帝国"一词的最主要的含义。[17]

回到罗马，我们须知在西塞罗等人的著作中频繁出现的"帝国"二字就具有以上的含义。"西塞罗关于'罗马人民的统治权'这句话的解读从未脱离他在《论法律》中所强调的'imperium'的本义，即法律赋予的权力……而不是所谓的'帝国'，即由罗马人民统治的政治实体。"[18] 这一区分意义重大，因为罗马帝国除了名称里有"帝国"之外，其实很大程度上就是罗马共和国的成就。正如爱德华·吉本所说："罗马人的主要成就都是在共和国时期获得的；而罗马帝国的皇帝大部分满足于维持现有统治，稳定的局面是凭借此前元老院的政策、执政官的作为和民众的从军热情而取得的。"[19][15] 因此人们或许会期待扩展"imperium"的含义来形容帝国，即实施至高统治的国家。

事实的确如此，在罗马继任者的时代，"imperium"有了第二重含义。也许是出于对罗马共和国的情感，为其殉身的西塞罗不愿承认"imperium"有"帝国"的含义。但这个字眼在西塞罗生前就已具备了这种内涵。比如恺撒，在他终结罗马共和国、创立罗马帝国之前，就使用这个词表示"帝国"。当元老院将"imperator"（大将军）的头衔授予恺撒和他的继任者奥古斯都时，"imperium"的词义转变得到了进一步巩固。"imperator"这个头衔在罗马共和国时期经常出现，作为一种"在战场上率领三军得胜的罗马将军的荣誉称号"[20]。因此在恺撒和奥古斯都的例子中，它指的是国家高层官员被赋予的军事权力。

奥古斯都坚称尊重共和国的传统，而"imperator"的头衔确实没有违背任何罗马法律。他在不同的场合重申，帝国的统治权依然属于全体罗马公民。[21] 但不是只有恺撒和奥古斯都，罗马接下来的每一位统治者（除了提比略和克劳狄乌斯）都接受了"imperator"的头衔，因此这个头衔不可避免地超越了纯粹的军事含义，而产生了政治统治者的意味。公元前23年，奥古斯都作为大代行执政官（proconsular imperium）的任期由元老院改为终身，权力覆盖罗马所有行省——之后的皇帝也获得了同样的权力，这为"imperator"与"imperium"两个词的合二为一奠定了基础。罗马人民统治的帝国变成了罗马帝国，由神化的元首或"皇帝"进行统治。对于这一变化，奥古斯都时期的诗人如维吉尔、贺拉斯和奥维德无比拥护；其他人如李维和塔西佗虽然承认这一事实，却不免有些忧心。[22]

"imperium"一词从罗马人民的统治权，转变成皇帝统治的行省或领土，这在乔治·利希海姆看来，"是具有重大意义的进步，并影响了之后的西方政治史，特别是西方政治领域一整套术语体系"[23]。"帝国"一词从未失去绝对统治或至上权力的内涵，但从彼时开始，帝国有了管辖其生活着不同族群的广阔领土的意义——帝国，或世界帝国，指的是统治罗马人、意大利人，还有希腊人、高卢人、西班牙人、不列颠人、埃及人、非洲人和叙利亚人——并且最终想要实现统治全世界的理想。[16]

这是今天最常见的，特别是大众的主流观念。当说起俄国或大英帝国时，人们通常想到的是单一统治者，沙皇或"英国国王兼印度皇帝"还有其至高无上的地位。但英国在大部分时间实行的是议会君主制，而法国从1871年开始实行议会共和制。后来的帝国已经超越了"帝国"早期的含义，就像今天的帝国代表着统治不同族群的一个政治实体——这是18世纪初一位法国词典编纂者给出的定义。[17]帝国的内涵远不止于此，特别是在学术领域，但帝国的本意从未消失。[18]可是"帝国"一词之所以具有今天的含义，根本上是因为罗马时期发生的从罗马人民统治的帝国到罗马帝国的转变。

1 世纪，"帝国"一词在罗马就有两重含义：绝对统治或至上权力，与统治复杂的领土政体。[24] 这样的双重性一直延续到 800 年查理曼建立神圣罗马帝国，再到 1 000 多年后神圣罗马帝国于 1806 年被拿破仑打败。在德意志诸侯中选出的神圣罗马帝国皇帝，理论上拥有如罗马皇帝般的最高权力；同时他统治的帝国是由不同领土——王国、公国、主教辖区和独立城邦——构成的，其中不少并不是德意志人。[19] 萨克森王朝，法兰克尼亚王朝，霍亨斯陶芬王朝（比如，腓特烈一世、弗里德里希二世），哈布斯堡王朝（比如查理五世），几乎继承了罗马帝国完整的遗产（包括统治意大利，罗马作为帝国的权力中心）；而其他神圣罗马帝国的皇帝，建立"帝国"的梦想受到了天主教廷的压制，在某些领土上的权力也被严重削弱。[25] 但只要帝国延续下去，帝国作为一个权威的（如果不是专制的）统治形式的概念就会长久存在。其控制着辽阔的领土，主要特征就是多样性。[20]

还有一个源于罗马的思想需要讨论，即帝国的普遍主义。罗马人在希腊思想，特别是斯多葛学派的基础上，发展出了因普遍存在的理性而结合在一起的人类共同体——用西塞罗的话说，"一个由神和人组成的共同体"[26]。受到亚历山大大帝征服的冲击，希腊哲学家眼中的希腊文明具有一种普遍使命。希腊文明是人类历史发展至当时的最高阶段，希腊等同于整个文明世界，其边界之外都是蛮族。从亚历山大大帝开始的希腊人的主张之下，帝国的目的在于向世界传播文明。[21]

从公元前 2 世纪开始，希腊思想家，如波利比阿将罗马视作亚历山大大帝未尽使命的延续。罗马的李维、维吉尔等人对此十分赞同。罗马带来了和平、秩序和公正。罗马的光芒覆盖了整个已知的世界，所有人都生活在所谓"罗马和平"的盛世之中。随着君士坦丁大帝在 4 世纪改信基督教，基督教在帝国的影响进一步加深，罗马的普遍使命也有了更高的精神追求。中世纪所有以不同的方式竭力复兴罗马的君主，看重的都是基督教世界与罗马世界的统一：这是普遍使命的两面，在上帝的庇佑下，为了全人类的福祉，罗马人和基督徒将竭力实现两者的统一。22

罗马依然是帝国的源头和典范，尤其对于西方而言。"罗马是一种精神、一个象征，以及一套话语体系，从近代早期的西班牙帝国到 19 世纪末的大英帝国都深受影响。"[27] 史蒂芬·豪进一步提出："罗马人发明了帝国的概念，至少是后世帝国缔造者所能理解的，也时常拿来引用的形式。"[28] 克布纳则认为帝国的继承关系可以追溯到更早的时期：

> 帝国的现代概念当然会让人回想起历史上以罗马之名建立的帝国：罗马共和国，奥古斯都及其继任者统治的罗马帝国，查理曼和之后由被选中的德意志诸侯统治的神圣罗马帝国。而大英帝国、拿破仑的法兰西帝国、霍亨索伦王朝、奥匈帝国、沙皇俄国，无论怀着怎样的心情——是赞颂、忧虑还是憎恶，都引发了罗马与这些后继者之间的比较。[29]

引发这些比较的并不只是"罗马的伟大"。西罗马帝国覆灭之后，罗马依然存续了很长时间。在西欧，罗马以神圣罗马帝国的形式维系，直到 1806 年才最终灭亡；在东方，罗马化身君士坦丁大帝在 4 世纪创立的拜占庭帝国，作为东罗马帝国的延续。拜占庭帝国终在 1453 年被奥斯曼人推翻。但奥斯曼人同样为罗马的伟大成就所深深折服。他们和许多欧洲的君主一样，自认秉承了罗马的衣钵。他们将首都命名为伊斯坦布尔，这是土耳其语中的君士坦丁堡，即君士坦丁之城。23 拜占庭帝国的征服者苏丹穆罕默德二世，邀请意大利画家真蒂莱·贝利尼为自己绘制肖像，还聘用意大利人文主义学者为自己讲述希罗多德和李维笔下的希腊和罗马的光荣历史。拜占庭学者特拉布宗的乔治告诉皇帝，"没人怀疑陛下您就是罗马的皇帝"。

安东尼·帕戈登认为，"如果说西罗马帝国是在……1806 年才终结的……同样可以认为东罗马帝国是在 1924 年 3 月 3 日随着奥斯曼哈里发国的终结才最终消亡的"[30]。

第二章将详细介绍罗马帝国留下的政治遗产——这是本书会多次涉及的概念。但我们首先需要了解，现代学者如何从罗马帝国特殊的历史中，诠释帝国与帝国主义的概念。

帝国、帝国主义、殖民主义

到 18 世纪，帝国的两大核心要素业已确立。传统的权力观念已被新的内涵取代，指对其上生活着众多民族的广阔疆域实施统治。无论在这方面神圣罗马帝国的贡献几何，毫无疑问，某些欧洲帝国在欧洲大陆以外取得了耀眼成就。首先是葡萄牙和西班牙的海上帝国，后来是荷兰、法国和英国，赋予"帝国"一词更现代的样貌。罗马常被视作典范，即使罗马从未取得过西班牙帝国那样的壮举——占领美洲新世界，也不及英国在其鼎盛时期拥有世界 1/4 的陆地与 1/4 的人口。托马斯·卡莱尔在 1840 年宣称，"罗马已经成为过去，现在是英国人的时代"，他对英国人在"世界浪潮"中肩负的"伟大使命"进行了深刻的思考。[31]

但从 16 世纪开始，帝国不只包括大西洋沿岸的列强。哈布斯堡王朝沿着西班牙开拓的路线建立了海上帝国，而在奥地利建立了另一个帝国，占据欧洲中部和东南部。16—19 世纪，俄国急速向东扩张，直抵太平洋沿岸，之后吞并广阔的中间地带。奥斯曼帝国的土耳其人，在 1453 年占领君士坦丁堡后建立了横跨亚欧的庞大帝国，两度攻到维也纳城下，不过在最后关头偃旗而归。这些雄伟显赫、历史悠久的帝国都独具特色，为我们研究帝国问题提供了不同的角度。

换言之，在考虑帝国的定义与成因时，古今各种类型的帝国都提供了可供参考的材料。很多人或许会像我一样，赞同马克斯·韦伯的名言，"要下定义的话，只有在研究的结尾处才能得出"，而绝非在开头处。[32] 我确信读者在本书最后能获得与最开始时不同的关于帝国的理解。但在汲取百家之长后，做些初步尝试是非常有益的。令人惊讶的是，人们对帝国的主要概念，以及帝国主义之类的衍生概念有普遍一致的认知。此外，很明显，无论之后历史走向如何，现代的帝国概念仍来自那些为人熟知、被深入研究了数个世纪之久的古老帝国，比如罗马就是永恒的参照坐标。

迈克尔·多伊尔提出过一个被广为接受的观点，他将帝国定义为"一种正式或非正式的互动关系，是一个国家实际控制其他政治实体的无上权力……帝国主义只不过是建立帝国的过程或政策"[33]。[24] 这种观点的核心是建立一种单向的权力流动，从帝国或"宗主国"指向依附或臣服于它的殖民地或"附属国"。将宗主国与附属国联系在一起的，除了不对称的权力掌控，还有基于宗主国的"跨民族群体"。[34] 多伊尔认为，"宗主国内的群体超越民族而延伸"到附属国，其形式或许采用5世纪雅典的民主城邦制度，或法律严明的罗马城市制度，抑或是都铎王朝或斯图亚特王朝的政治制度（如英国在北美建立的殖民地）。[35] 换言之，帝国将自身制度推广到附属国，由此建立两者之间的桥梁，创造一种共同文化，使得本土制度和思想始终占据上风。

这一定义让帝国与那些缺乏宗主国与附属国等级差异和跨民族联系的其他大国区别开来。摩西·芬利抱怨称，人们常常将帝国混淆为疆域辽阔的大国，但帝国的关键在于对"其他国家（族群或人民）"加以统治。[36][25] 我们看到，最初为帝国下定义时，的确忽略了帝国是否对不同民族施加统治这一点。我们还将看到，在之后的章节中，有着明确边界的国家，特别是民族国家与帝国之间的界限绝对不是多伊尔或芬利所认为的那样清晰。

许多现代国家，比如法国和英国，尽管自身不承认，但在成为海外帝国之前（和之后）都具有帝国属性。然而，在这些例子中（与更广为人知的其他帝国一样），其统治是施于多个民族之上的。

很多人，包括部分学者都容易[37]将帝国的两个方面，即疆域广袤的大国与多种族或多民族国家，错误地分别对应于内陆帝国和海洋帝国。内陆帝国，比如俄罗斯帝国或哈布斯堡王朝，因为领土接壤而使得普通人很难分辨宗主国与附属地的界限；而海洋帝国，如英国或法国，地理距离会使政治上的差别增强。然而，事实上内陆帝国有着不逊于海洋帝国的容易辨认和理解的宗主国和附属地之别。以奥斯曼帝国为例，没有人会把君士坦丁堡和其他附属地的关系搞混。陆地与海洋帝国的区别对于讨论确有帮助，而对帝国的统治者与臣民来说更是意义匮浅。有趣的是，在以上的国家中，比如英国，就既可看作内陆帝国，也可以视为海洋帝国。重要的区分不在于帝国是否存在宗主国和附属地体系。宗主国与附属地的存在本身就是帝国的显著标志，它们构成了这些政治实体的大部分的权力结构。

有些学者试图划分"帝国主义"与"殖民主义"的界限，引发了更大的争议。这些词在历史上已有基本定义。"帝国"是一个历史悠久的词，但"帝国主义"在19世纪下半叶才在欧洲出现，而"殖民主义"一词是在20世纪五六十年代才开始被使用的。[38]两个词都有各自的适用场景。在19世纪八九十年代，"帝国主义"渐渐超越了此前的负面内涵，被赋予了积极的含义，即表示对于帝国的拥护，而欧洲大国也接受了这样的用法。1902年 J. A. 霍布森的《帝国主义》一书出版，之后列宁等人的著作相继问世，"帝国主义"开始作为一个贬义词被使用，尽管其在20世纪上半叶还稍带些许正面意义。[39]20世纪60年代，因为共产主义者与第三世界作家和社会活动家的使用，"殖民主义"开始取代"帝国主义"。比起"帝国主义"一词，殖民主义"从一开始就带有强烈的敌意"[40]。

且不论名词之争，殖民主义与帝国主义是否存在真正的区别呢？艾瑞克·霍布斯鲍姆认为，伴随着资本主义列强的帝国主义的出现，一种新的帝国在 19 世纪晚期崛起，这就是殖民帝国。这时的帝国主义具备不可忽视的经济要素，因此已经不适合与前资本主义帝国相类比。对霍布斯鲍姆而言，从这一时期开始，即使还有待公众接受，旧式的帝国主义也已不存在，有的只是殖民主义。[41]

　　霍布斯鲍姆相信晚期的帝国主义或殖民主义可以归结为经济学概念。但是他很清楚，像熊彼特这样的学者并不赞同，而我们自然没有义务遵照霍布斯鲍姆的观点。因为其中牵扯的问题太过繁杂，[26] 而且这对于理解 20 世纪初出现的苏联和希特勒的第三帝国，都没有多少裨益。很多欧洲殖民帝国的鼓吹者希望宗主国能从中获得经济利益，尽管其是否真的能获利仍存在高度争议。[42] 但这不代表我们可以忽视军事、政治或意识形态等因素在帝国建立的过程中的影响，也不能将这些简单理解为经济动机的表象。在这一点上，晚期的帝国与其前身一样，都可以追溯至罗马帝国或更早。古代与现代帝国当然存在重大分野，但经济要素绝不是问题的核心。

　　另有一种区分帝国主义与殖民主义的观点认为，帝国主义仅适用于内陆帝国，而殖民主义属于海洋帝国。于是，俄国就是历史悠久、活动限于陆地的内陆帝国，而英国和法国属于殖民帝国，投身海外殖民地改造。[43] 此外，人们一直认为在 19 世纪，俄国对中亚的征服、建立殖民者定居点和殖民政府，都带有殖民主义色彩。[44] 虽然我们可能希望坚持欧洲与非欧帝国主义的差别主要在于先进技术与军事实力[45]，但这与区分帝国主义和殖民主义是两回事。

　　虽然这会使得问题变得有些复杂，但有一点仍需要澄清。摩西·芬利（1976）认为，"殖民主义"一词只能用于宗主国主动建立殖民地的情况，即宗主国治下的真正殖民地或"定居点"——它们存在于附属国对宗主国的依赖关系中。以这种标准来衡量，公元前5世纪的雅典和斯巴达可以算作帝国[46]，但古希腊人不能算作有殖民地和殖民主义，因为古希腊人并非有意识地向外殖民扩张，而建立的"殖民地"事实上也都实行市民自治。[47]27 更具争议的是，芬利认为印度虽从属于英国，但不能算殖民地，因此不属于殖民主义体系。英语语境下的殖民主义指的是存在数量可观的英国或欧洲殖民者的定居点，比如北美、澳大利亚、新西兰或南非的殖民地。这意味着英国治下的包括非洲、亚洲和大洋洲在内的地区，因为欧洲定居者没有达到一定数量，便不能算作殖民地。帝国主义与殖民主义的内涵有所重叠，但各自具有不同的原则，从而导致在两套体系中的宗主国与附属地的关系也有所不同。28

企图寻求一个"技术性的"、公认的、更为传统的殖民地概念，芬利认为这是异想天开。[48]确实如此。芬利和其他人很清楚，殖民主义与帝国主义的概念在使用时有时不分彼此，从未有人真的进行过分辨。即便有人尝试这样做，也不会获得多少认可。[49]即使是"内部殖民主义"这样被像迈克尔·赫克特[50]等思想家充分利用的概念，也与所谓的帝国主义的内涵没有太大差别，也不要求具备芬利论著中的"殖民地"的概念（这也是为什么芬利从未用过这个词）。同样，"非殖民化"也是重要的概念，在帝国或帝国主义那一套话语体系中不存在相应的说法，于是"非殖民化"一词的应用不涉及帝国主义和殖民主义的特殊理论的区别。

帝国、帝国主义和殖民主义组成了一组概念，但在语境上既存在差异又有重叠。尽管历史起源不同，但随着时间的推移，这些概念已经融合在一起，关于这一点，人们达成了共识。最重要的是对于"帝国"的含义形成我们自己的理解。罗马提供了"帝国"一词含义的基本要素。上文引述的多伊尔的定义，是对传统用法的合理汇总。帝国是对多民族的统治与治理。帝国主义与殖民主义则是与帝国相关的态度与实践。

严格地说，帝国主义可能已经成为过去时。今天，国际社会对任何尝试领土吞并的行为都表示反感。即使最强大的国家也得违心地接受这一惯例。但"非正式帝国"总是存在的，它们掌控着其他国家和社会的命运，只不过并未实施正式占领。[51] 在 19—20 世纪，英国在世界范围内如此运作；"二战"后美国人也开始效仿；苏联解体后，俄罗斯似乎有意跟进这一做法。"帝国"已经烟消云散，但帝国主义从未离场。

更重要的是，在过去的两个世纪，已经没有哪一种政治制度能做到这一点，或产生相似效果。民族国家及其制度是否已显疲态是一个热议的话题。但实际上民族国家所处的环境已经改变，因为全球经济、政治和军事力量对其施加了影响与约束。今天全世界大约有 200 个民族国家，它们决定自己命运的能力差别极大，也许只有极少数拥有这样的能力。当然，在 19 世纪末的传统帝国时代，世界局势很大程度上由欧洲帝国把控。这和今天的国际形势有些相似，因此重新审视帝国的历史或许不仅仅具有历史意义。

另外，我们习惯比较帝国与民族国家，并预设在过去半个世纪左右的时间里看到"从帝国到民族"的变化（见后文）。甚至有人认为，诞生于法国大革命的民族主义，是一种"现代的"概念，而帝国则属于前现代产物。于是帝国在 19—20 世纪的延续在熊彼特等人看来多少有点像过时的古董。在过去的两个世纪，帝国并没有给民族国家让路，反而一路相伴，给后者施加影响。尽管所有帝国在"二战"后的数十年内终告瓦解，其地位迅速被"超级大国"取代，但这些大国除了名称，在各方面都堪称帝国的翻版。

简而言之，帝国不仅存在于过去，也属于今天。我们需要检视的是帝国遗留的政治形态与影响。如果帝国属于过去，那它也是来世的历史。"我们这个时代的帝国都很短命，但足以改变世界"，这是 V. S. 奈保尔的小说《模仿者》[52] 中一位角色所说的，"帝国的灭亡是它们最不重要的特征"。

亟待重新审视的还有帝国与民族的关系，以及人们假定这二者之间存在的冲突。这是有关帝国，特别是现代帝国的核心话题。帝国与民族的差异是什么？民族国家在多大程度上取代了帝国？帝国身份认同与民族身份认同有何共性，又有何区别？如果帝国真的和民族有原则上的差异，将造成怎样的影响？而这又意味着什么？

民族与帝国

在传统观念中，民族与帝国形同仇雠。[29] 民族主义的核心一般是种族或族群的同质性。民族试图创造或代表某种共同的文化。民族表现出一种彻底的平等主义：原则上，民族内部人人平等，所有人都有共同的民族"精神"。而且，民族具有极强的特殊性。尽管不否定其他民族的存在、不反对他们寻求发展的权利，但通常一个民族只关注本身的问题，坚信自己要比其他民族优越。民族主义者高度关注自身，总自称为"我们英格兰人""我们德意志人""我们法兰西人"——这只是为了提醒内部成员作为本民族的成员有多么荣幸，而并非为民族的独立存在寻找正当性或目的。[53]

帝国则展现出与民族完全相反的特性。帝国是多民族或多种族的，其所追求的自然不是一种共同文化，而强调文化的异质多样，特别是上层的精英文化与底层的庶民文化的差异。帝国等级森严，与平等主义原则大相径庭。帝国凝聚力以垂直方向发展，即从统治者到平民，而非民族内部公民或成员之间横向的平等关系。最后，帝国追求的是普遍性，而非特殊性。正如罗马帝国，它自认为世界的中心、文明的发源地、传播教化的使者。除了自我认同，帝国还把自己当成道德或宗教使命的践行者。帝国往往轻视民族主义，认为其格局不够开阔，过于关注自我。如西班牙帝国的奥利瓦雷斯伯公爵（count-duke）所说，"我并非民族主义者，那是小孩子的把戏"，这是帝国对待民族主义的典型心态。[54]

本尼迪克特·安德森在《想象的共同体》一书中指出了"帝国与民族的内在不相容性"[55]，这在同样著名的欧内斯特·盖尔纳的《民族与民族主义》中也能找到印证。盖尔纳认为，帝国本质上是前现代产物，属于"农业识字政体"，其核心是"一切都在文化边界上阻碍了政治单元的定义"[56]。权力与文化在不同的领域并行不悖。关键是，上层精英的文化通常带有世界化与国际化色彩，与被统治阶层的复杂多样的本土文化截然相反。

盖尔纳认为，民族主义摒弃了现代性，成为权力与文化之间、国家与民族之间越来越不可跨越的鸿沟。民族主义认为只有统治者与被统治者拥有共同的文化，政权才具有合法性。民族主义的理想是一个国家、一种文化，即所谓"民族国家"，因为构建民族设想的基础就是共同文化。在民族主义者眼中，如果统治者与被统治者分属两个民族，"将造成政治体系中不可逾越的沟壑"[57]。那么，鉴于少数英国人统治着上百万印度人、非洲人及其他族群，而被统治者压抑着潜在的民族独立的渴望，民族主义者要如何为英国的统治寻找合法性？

在论述民族与帝国的矛盾冲突时，安德森与盖尔纳都从 18 世纪欧洲启蒙思想家的传统智慧中吸收养分。安东尼·帕戈登受到欧洲民族主义思想之父约翰·哥特弗雷德·赫尔德的影响，提出了"民族与帝国之间存在无法改变的对立关系"。"赫尔德认为民族与帝国在根本上不相容。不久之后，所有的帝国都注定瓦解，只留下最基本的组成部分"，即民族或国家。[58]赫尔德宣称，"非自然的帝国扩张，将不同民族和族群统治于一个政权之下，这直接与政府的目的相违背"[59]。随着与民族主义的结合越发紧密，这一观点在 19 世纪的自由主义者当中非常普遍。即使是自由派思想家如麦考莱勋爵和约翰·斯图尔特·穆勒这类帝国的捍卫者，也承认民族主义是"自然的"原则，帝国的正当性仅限于带领"落后"民族取得民族独立。[60]

过去两个世纪中的民族与帝国的关系证明了上述观点的真实性。所谓历史，难道不就是以民族之名向帝国发起反抗的历程吗？"一战"后，内陆帝国被谴责为"民族的牢笼"，包括俄国、德国、奥匈帝国和奥斯曼帝国，之后它们纷纷瓦解分裂，让路于被广泛认为是其合法后继者的独立的民族国家。1918年协约国获得胜利，美国总统伍德罗·威尔逊提出了"十四点计划"，宣告了民族主义的胜利以及帝国的彻底失败。[61]

之后，法国、荷兰和英国这样的海洋帝国走到了终点。在轰轰烈烈的"民族解放战争"中，帝国的殖民地依据战后国际体系中的民族主义原则，先后宣布独立，"二战"后的历史也被概括为"从帝国到民族"的进程。[62]而这些帝国的瓦解也是残酷战争的结果之一，两次世界大战为联合国在1948年通过并颁布《世界人权宣言》提供了最好的理由（"人人有权拥有国籍"）。

1991年，苏联解体，这似乎为长期以来民族与帝国的冲突画上了句号。尽管人们开始谈论"美利坚帝国"，但传统意义上的帝国时代至少要暂告一段落（发布"历史的终结"和自由民主制遍及全球之类的声明都是对这一点的某种承认）。"二战"后批判帝国和帝国主义的声音也越来越强。没有国家会自称帝国，而只会将这个恶名套在敌人头上。尼尔·弗格森认为，如果曾经或现在存在所谓的"美利坚帝国"，那就是一个"否认的帝国"，一个践行"反帝国主义的帝国主义政策"的帝国，一个"不敢以帝国自居"的帝国。[63]

作为帝国的民族

民族与帝国的关系还可以通过另外的角度来观察，即民族与帝国并不对立，而是互为替代或相辅相成，属于一种权力的不同表达。帝国可以是民族，民族也可以是另一种意义下的帝国。

伟大的历史学家刘易斯·纳米尔爵士曾说："在16世纪，宗教就是民族主义的代名词。"[64] 这听来像是世俗思想家在质疑善男信女的信念。16世纪造成欧洲社会撕裂的动荡冲突，确实是宗教战争，而将其转变或减化为民族主义（甚至是所谓的"原型民族主义"）冲突，在安东尼·马科斯（2003）看来则不免抱残守缺。[30] 但纳米尔的观点也有可取之处，他承认民族主义的多种表现形式，例如"帝国民族主义"这样的概念或许不像字面上这般自相矛盾。

首先，如之前的讨论，很多后来演进成民族国家的早期现代国家，也将自己视作帝国。戴维·阿米蒂奇等人认为，尤其在16—17世纪，"帝国"一词所指的就是其最原始的无上权力和最高权威的意思（源自罗马），而不是之后更加现代的，比如统辖多个领地和多个民族的意义。[65] "国王在自己的王国内就是至高无上的君主"，这句西方中世纪晚期的俗谚揭示了很多早期现代国家的基础。[66] 于是，作为统治与权威的化身，帝国和民族国家的核心概念非常接近。

帝国与（民族）国家还有更深层的重叠之处。许多现代国家实行所谓的"复合君主制"或"多重王国"体系，如西班牙或英国，君主统治多个领土，而这些地方之前都是独立的王国。先不论西班牙在新世界和其他地区实行的更为传统的帝国统治，西班牙君主卡洛斯一世（即神圣罗马帝国皇帝查理五世）的统治区域就包括卡斯提尔、阿拉贡、米兰、那不勒斯以及低地国家；1603年，詹姆士一世继位英格兰国王，1707年《联合法案》颁布后英国成为一个复合型国家，领土包括英格兰、苏格兰、爱尔兰和威尔士公国。[67] 这些国家包含多个民族和领地，无论在传统上还是现代意义上都具备了帝国特征。因此，无论是否强调帝国的主权与多重统治，国家与帝国在早期现代史上的大多数时间内并无明显差别。[68]

但还有一个令人信服的理由能让我们理解（民族）国家与帝国的相似性，而非差异性。大多数民族国家，或即将成为民族国家的地区，与帝国一样是征服与殖民的结果。后来出现的民族主义的意识形态，当然要竭力掩饰这一难堪的事实，同时它还对民族起源中血腥残暴的部分选择性失忆。[69]19世纪出现的民族主义史学对"境内"与"境外"的历史、民族国家与帝国的历史进行了清晰的区分，这里的帝国包括传统的领土型帝国和18—19世纪在全球范围内建立的帝国。无论如何，正如戴维·阿米蒂奇所言，"民族国家是在一个激烈的竞争体系中诞生的……无论是否在欧洲，民族国家都是'未能成功的帝国'"[70]。

罗伯特·巴特利特（1994）曾给出了一个经典解释，欧洲国家在中世纪中叶，即10—14世纪是通过"征服、殖民和文化改造"逐渐成形的。在昔日加洛林王朝的腹地，今天的法国和德国西部，法兰克和诺曼骑士向东、西、南三个方向出征讨伐。诺曼人征服了英格兰，继而占领威尔士和爱尔兰。然后向苏格兰人施压，作为其生存条件的一部分，强迫他们接受盎格鲁－诺曼文化与制度。在欧洲东部，德意志人扫清荆棘，建立了大量新的城镇，同时占领旧城，如布拉格，开启了将这些领土兼并整合为普鲁士和其他德意志城邦的一部分艰难历程。勃艮第家族在葡萄牙和莱昂-卡斯提尔地区建立政权，以基督教的名义，剑指摩尔人统治下的安达卢西亚。诺曼人还征服了西西里，以此为跳板开始向外传播罗马基督教文明与制度，影响遍及地中海南岸与黎凡特的大部分地区（借助十字军的力量在其第一次东征时建立了耶路撒冷王国）。在这场文明大规模向外辐射的运动中，一整套市政章程、商业法、货币制度、语言（拉丁语）、教育和教会机构得以确立，覆盖从波罗的海沿岸至东地中海的地区。"欧洲是征服、殖民与文化转型的发起者，自身也是这一过程的产物。"[71]

这一征服与殖民过程说明，在中世纪与早期近代建立的欧洲国家与王国都有帝国属性。比如在 1066 年被诺曼人统一的英格兰，在诺曼人的支持下，"统一"（征服）了威尔士和爱尔兰，以及苏格兰，建立了新的联合王国，以及一个新的民族——不列颠人。尼尔·弗格森曾问："今天不少最成功的民族国家，其前身都是帝国，如果没有继承帝国的功业，今天的大不列颠及北爱尔兰联合王国会是什么样貌？"[72] 和欧洲一样，英格兰也是从"内部殖民"开始，先建立大不列颠的"内部帝国"，以此为基础发展"更大的不列颠"的"海外帝国"。[73]

法国人从法兰西岛的卡佩王朝开始，通过一系列的征服获得国家独立（见第七章）。同时逐渐征服吸收周围国家：诺曼底、布列塔尼、勃艮第、朗格多克、普罗旺斯以及众多继承了加洛林帝国遗产的独立国家。欧金·韦伯（1976）认为，直到 19 世纪晚期，遵循不同传统、操着不同口音的农民才开始具备国家意识，变成法国国民。被称为"六边形之国"的法兰西有着鲜明的帝国血统。

西班牙更清楚地展示了通过征服实现统一的模式，尤其是在某些方面它尚存一些未解决的问题，巴斯克地区持续至今的分离主义运动和加泰罗尼亚时不时发出的独立诉求就是明证。1469 年，阿拉贡和卡斯提尔王国合并，西班牙君王奋力吞并周边领地，以建立统一王国，但只取得了部分成功。虽然西班牙民族最终形成了，但这个过程崎岖坎坷，反抗与内战轮番上演，18 世纪时的西班牙官员奥拉维德认为，西班牙是"由众多小群体组成的，互相隔离对立、压制鄙视，国家陷入永无止境的内战……因此人们认为现代西班牙缺乏内在动力……是一个由互相敌对的小国构成的巨型国家"[74]。

在关于民族主义的文献中，西班牙、法国、英格兰 / 不列颠最常被当作早期的、高度发展的民族国家。[75] 带着以下问题阅读对我们的讨论将很有帮助，即征服和殖民活动在多大程度上塑造了这些民族国家，以及包含了共识、族群和同质性内涵的"民族"一词能否恰当描述这些国家。"西班牙"、"法兰西"、"不列颠"及其相应民族，是主体族群或多或少地带有强迫性质地吞并邻近土地与融合族群的结果，而主体族群的制度和文化与被征服民族有显著区别。这种模式可以用来解释民族构建的过程。例如，人们普遍相信19世纪之后，德意志民族是普鲁士征服其他德意志邦国的结果；很少有人知道却同样准确的是，意大利民族是皮埃蒙特征服其他意大利邦国的产物（这样我们便能理解1868年马西莫·达泽里奥的名言——"我们建造了意大利，现在要创造意大利人"）。人们经常指出非洲和亚洲的许多"新民族"都只是名义上的，实际是前帝国列强通过战争和政治手段进行操控的人为结果。需要强调的是这种民族发明的模式并非新生事物，而是有着悠久的传统。许多"民族国家"都是小型的帝国，它们的发迹和壮大与帝国一样，可见民族国家不可避免地带有帝国的色彩。

帝国作为民族："帝国民族主义"

如果说民族经常被视作帝国，那么反过来也会成立吗？民族可以被看成小型帝国，帝国能否被当作大型民族呢？帝国主义是否与民族主义有共同之处？相似的程度与界限何在？

安东尼·史密斯在不同的场合 [76] 表示，所有民族都由一个"核心"族群组成，围绕着这一"核心族群"的是次一级的其他族群。以英国为例，数个世纪以来，挪威人、诺曼人、胡格诺派教徒、苏格兰人、威尔士人、爱尔兰人、犹太人、印度人和非裔加勒比人，以及其他族群共同塑造了今天的"英国性格"。同样没有争议的是，最迟大约在16世纪，就出现了类似英国民族的东西（与同时期的英国民族主义不同）。英语在莎士比亚、马洛和斯宾塞等人创造的基础上，日臻完善。新教徒开始以不同寻常的方式发挥作用。议会和普通法被认为是民族的象征。这是雷金纳德·霍斯曼（1981）所谓的"盎格鲁－撒克逊种族主义"的开端，尽管在19世纪这个概念没有任何生物学的意义。但它的确意味着，从此一个特别重要的核心族群在英格兰出现了，他们制定规章制度，吸收其他族群，寻找或制造新的政治空间。[77] 这个核心族群的特性被移植到整个民族身上，也是这一核心族群确立了"民族性格"，尽管其具体的性格特征很难说得清。[78]

帝国难道不也是如此吗？大多数帝国由特定民族建立，比如罗马人、西班牙人、英国人、法兰西人、俄罗斯人、土耳其人等。他们为国家命名并监督国家的发展。无论人数多少，是他们确立了帝国的性格，他们就是所谓的立国者。就像某个族群会通过民族建立自我认同，这些人通过建立帝国来形成自我认同。我们看到民族与帝国在考虑自己的角色与命运时视角的不同：民族比较内省，帝国更加外向。不失公允地说，民族和帝国的族群都是在他们创造出来的政治实体中寻找集体的身份认同。

我曾在其他地方提出 [79]，帝国公民的身份认同感近似于"帝国式"或"传教式民族主义"。我同意这种说法存在双重危险。其一，民族主义这种意识形态直到18世纪末才成形，因此把它用于讨论此前的历史问题无疑是年代的错位，极具误导性。因为帝国的存在总在民族主义之前，即便帝国有意向民族主义的路上发展，还是需要厘清何谓"帝国民族主义"。其二，尽管两者可以类比，但帝国绝不是民族（民族当然也不是帝国）。因此，说到帝国民族主义，有混淆帝国和民族这两种实体的风险——在大多数情况下，两者需要清晰的界限。

尽管如此，帝国民族主义的认知方式能带来看待两种不同现象的新视角。就像民族主义者之于其民族，帝国主义者也会对其帝国怀有特殊情感，即帝国在世界上担负的使命或存在的目的。和民族主义者一样，帝国的臣民会油然而生一种特殊的优越感，一种被选择而肩负使命的天然崇高感。[80]31 无论帝国主义者还是民族主义者，他们都拥有真正的信仰。

是怎样的使命赋予了帝国臣民集体的身份认同呢？对大部分欧洲人来说，这种认同是由罗马人确立的，罗马人坚信自己是传播文明，包括罗马的法律、制度与文化的使者。因此罗马人有可能把自己的帝国与当时已知的世界等同起来。后来，从神圣罗马帝国开始，欧洲帝国一再宣扬其使命，尽管具体措辞与内容随着时间与地域会有所变化，简直到了令人生厌的程度。于是，尽管西班牙人像所有帝国主义者一样，认为自己代表罗马，但他们是一个天主教政权，担负向欧洲和美洲传播福音的使命（特别是在宗教改革之后）。奥地利的哈布斯堡王朝继承了其西班牙表亲的精神，自命为反宗教改革的先锋，作为欧洲东部力量，自视捍卫欧洲文明的保卫者，防御异教徒土耳其人。俄国人将莫斯科称作"第三罗马帝国"，他们自己则是拜占庭帝国覆灭后唯一的继承人，竭力宣扬东正教。同样的行为，不同的原因，作为新教国家的英国也在欧洲和美洲领导新教运动，对抗西班牙和法国的天主教势力。法国人最初与天主教廷站在一起，在 1789 年法国大革命过后，转向共和制，将法国的帝国主义定性为"文明的使命"（后来英国人也如法炮制）。从罗马开始，文明与教化的使命再次得到重申，历史又回到了原点。32

仅仅列举出帝国的使命，就足以让人怀疑将民族主义与帝国主义进行类比是否合适。民族主义的使命与此并不相同。19 世纪早期，朱塞佩·马志尼和他的追随者曾一度宣扬自由民族主义，将民族主义与在世界范围内传播自由和启蒙之类崇高的原则联系在一起。[81] 但之后，"有机民族主义"展现出民族主义的另一面：对敌人怀有报复心理，极不宽容，总是鼓吹某个民族独有的力量与光荣，以各种理由号召公民为民族而献身。纳粹政权对条顿人和雅利安人的纪念，表明了这一类民族主义的逻辑终点。[82]

帝国主义的意识形态是普遍的，而非特殊的。我们须牢记这一点。与民族主义者不同，帝国臣民不为自己庆贺，他们只庆祝神圣使命的达成。在此之后，他们会产生身份认同，确认自身在世界上的地位。但帝国主义与民族主义的类比并非全无道理。两者皆试图创造族群与政治实体之间融合共生的关系。帝国民族主义会压抑"单一民族"的影响，因为这极易导致民族意识的膨胀，妄自尊大，但帝国会用更高形态的民族主义和超越民族的信念，来证明民族存在的合法性。

或许有些讽刺，帝国主义与民族主义最明显的一次交集发生在19世纪70年代到"一战"期间，民族主义抛弃了自由主义的面具，公然追求权力。历史学家沃尔夫冈·蒙森曾谈起这一时期"民族政治的变形"：

> 民族国家的概念在19世纪上半叶逐渐丧失了那些要素——它们曾经使其成为一种相当解放的意识形态，这种意识形态反对君主和少数贵族的专制统治，并成为推动宪政的精神武器。民族国家开始与民族文化的权力结合起来，并将其价值观加诸族群和文化上的少数群体，这些人在那时的国家看来已是相当重要的组成部分。[83]

蒙森把这一变化直接与当时的"高度帝国主义"挂钩，当时的大国，主要是英国、法国和德国，正在通过占领更广阔的领土互相角力。[84] 这也是另一位自由主义思想家、著名的帝国主义思想研究者 J. A. 霍布森的看法，他认为帝国主义是"真正的民族主义的一种降格，本质是通过各种手段，兼并或近或远的土地，吸收土地上并不情愿且很难互相融合的民族"[85]。对于霍布森这类自由派思想家而言，民族性仍是更自然、更正当的原则，是"一条通往国际主义的高速通道"，而帝国主义则是"对其本质与正当性的曲解"[86]。

在其他学派看来，这种说法对于民族主义好像太过偏爱。民族主义本质上有着帝国主义的色彩，就像当时帝国主义不可避免会表现出民族竞争的形式。因此，与其说帝国主义是一种对民族主义的曲解，不如说它是追求权力的民族主义的自然延伸；反过来，民族开始把自己当作帝国的一部分，成为传统与强大国力的一个象征。在克里斯托弗·贝利看来，"帝国主义与民族主义是同一事物的不同表现……排他性的民族主义之所以崛起，是借助了新的具有干涉主义倾向的政权的力量，这是一股关键力量，促进了新帝国主义的发展，强化了主体民族和不同族群之间的界限……帝国主义与民族主义互相影响，重新划分了世界版图和居于其上的人民" [87]。

因此，帝国与民族、帝国主义与民族主义之间的界限似乎又一次不复存在了。如果民族能被视作帝国，而帝国，特别是现代帝国也显然能被当作大的民族。在这种观点下，英国或人们所说的大不列颠，将等同于不列颠民族主义的表现，志在扩张英国在世界上的势力范围 [88]；而与英国处于竞争状态的法国，在 1871 年败给普鲁士之后，则表现出饱受屈辱的法兰西民族主义 [89]。帝国主义也许表现为过度增长的民族主义，而民族主义却有着决定性的内在逻辑和发展趋势。

帝国与民族：宿怨未解

那么，最后的结论是什么？盖尔纳、安德森和其他学者是否错误地区分了帝国与民族？帝国主义只不过是改头换面的民族主义？

马克斯·韦伯曾指出，所有大国出于建立威望的考虑，都存在帝国主义或"对外扩张"的倾向，而民族则不然，民族从自身出发寻求民族自豪感与基本原则。"并非所有政治实体都具等同的'扩张'性。并不是所有都寻求向外扩张，或蓄势待发通过并吞或使其成为附庸的方式，获得其他领土上的政治权力。于是作为一种权力结构，各种政治实体向外扩张的程度各有不同"[90]。英国、法国和德国或许想要建立帝国，而瑞士和挪威则没有这种需求。

这一看法为我们提供了新的角度，看待在不同的时代帝国和民族如何交替流转。在现代史的开端，西班牙和葡萄牙让人们相信帝国是唯一宣示存在的方式。不列颠人、荷兰人和法兰西人随即在自己的国家效仿帝国模式，也获得了成果。之后的 19 世纪，民族势力抬头，民族国家模式似乎是让各方更满意且更务实的选择。尤其对于一些小国或弱国，譬如意大利、波兰、爱尔兰、挪威以及哈布斯堡王朝中的斯拉夫人，情况更是如此。对这些族群而言，帝国是敌人，而非目标。

但民族主义与帝国主义不同，不只在小国或弱国中生根发芽。在同一个国家内，包括那些大国，我们都能看到民族和帝国的紧张对抗。在 19 世纪，丢掉北美的殖民地后，英国的本土主义者提出当时的帝国体系会对英国的利益造成毁灭性的打击，将腐败蚕食国民的道德标准和本土的政治秩序。他们主张未来的英国应摒弃帝国事务的纠缠，树立和平繁荣的榜样，作为单一民族国家在全球施加影响力。[91]33 1871 年普法战争，法国丢掉了阿尔萨斯 – 洛林地区后，法国的帝国主义者仍期待自己国家具备与英国匹敌的帝国实力，但民族主义者认为收复沦陷的国土才是关系民族荣誉的大事，而帝国事务只会起到干扰作用。[92]

尽管有相似之处，但民族主义与帝国主义的指向仍然不同。民族主义接纳不同民族的特性，主张不同的民族文化，这在竞争激烈的帝国的世界不可想象，帝国总是希望按照自己的设想改造世界。J. A. 霍布森意识到帝国主义与民族主义之间的关系，然而他认为有必要在研究之初就阐明，与民族主义寻求共谋关系的那种帝国主义，属于非常新颖、不太寻常的异类。之所以这么说，是因为这类帝国与具备竞争意识的民族形态相似，都以发展壮大自身实力作为目标，但帝国的真正原则在于建立大一统和推广普遍价值。

帝国之间所谓的竞争关系，本质上是一个现代观念。在古代社会和中世纪，帝国的定义是在某个政权之下多个邦国的联盟，管辖范围覆盖全部已知的疆域，例如罗马统治下的所谓"罗马和平"。罗马公民拥有完整的公民权，分布遍及当时已被探明的世界，从非洲到亚洲，从高卢至不列颠，这一时期的帝国主义具有国际主义色彩。虽然罗马覆灭，但单一帝国统治文明世界的模式并未消失。相反，在命途多舛的神圣罗马帝国终结之后，这样的思想仍然在流传。即使在 4 世纪末，东、西罗马帝国分裂后，各个国家仍以不同的政治模式维持。在每一次分裂与矛盾冲突中，尽管许多王国与行省纷纷脱离帝国获得独立，但大一统的思想仍有很强的生命力。这曾是查理曼公开宣扬的理想……而哈布斯堡王朝的鲁道夫一世不仅复兴了这一理想，还在中欧的土地上将它变成现实，而他的后代查理五世更是将帝国的统治延伸到奥地利、德意志、西班牙、尼德兰、西西里和那不勒斯。一统欧洲的帝国鸿猷也激励了后来的彼得大帝、叶卡捷琳娜女皇和拿破仑。[93]

这一观点被之后关于帝国思想的研究证实。[94] 霍布森认为"帝国的国际主义"虽在延续，但已式微，特别是启蒙运动和法国大革命带来"人文主义世界大同"之后，终于在 19 世纪"民族主义大潮兴起前彻底失败"。他认为，如果对民族主义的理解到位、处理得当，则不一定会与国际主义相冲突。但民族主义一旦和帝国主义的侵略性与竞争联系上，将"良性的民族间的竞争蜕变成帝国之间你死我活的杀伐征战"，就将威胁"人类的和平与发展"。[95]

今天人们对于帝国的兴趣很大程度是因为人们对 20 世纪民族主义的泛滥产生了反感，特别是意大利和德国法西斯政权的残酷统治。这无疑引发了人们对逝去帝国的怀旧情绪，并且认为历史上的帝国经验对解决全球化问题和消解民族国家冲突具有借鉴价值，更不必说对日渐复杂的"多元文化"共同体的治理（它们本身也是之前帝国的遗留物）。无论我们怎么看待这种情绪，它都确实强化了许多人关于帝国和民族的想象，尽管两者以有趣的方式重叠，但最终却在各自的原则上指向了不同的世界。

作为一种意识形态，民族与民族主义牢牢占据着现代世界秩序的中心，至少在过去的两个世纪里如此。美国独立战争打响了近代反殖民统治的第一枪，标志着西方反对帝国情绪的诞生。此举受到了不只法国，而且整个欧洲知识分子的热情拥护，而法国确实也在推翻旧政权统治的过程中扮演了重要角色。启蒙运动的思想家如狄德罗、赫尔德、亚当·斯密、埃德蒙·伯克，甚至杰里米·边沁都强烈地谴责帝国。[96]帝国被当作过时的古董，仍沉醉在诸如"荣誉"、"庄严"、"伟大"和"光荣"之类落伍的妄念中。帝国对其他民族的压迫最后转移到了自己头上。尽管帝国曾是财富之源，但最后却给国家的经济带来了灾难性的后果，同时它还败坏了民众的道德根基。

但无论是在思想上还是在实践上，民族主义与反帝国主义并没有完全自行其是。19世纪晚期，欧洲（包括美洲）的帝国主义，先后投入"非洲争夺战"，英俄则在中亚展开了"大博弈"，欧洲强国再次划分地球版图。很少有人知道，无论是在思想上还是实践上，在18世纪晚期到19世纪初，帝国在欧洲依然存在，而且在19世纪继续影响着大国政治。之前人们认为在19世纪中期存在帝国主义的"断层"，反帝国主义的自由主义和放任主义兴起，今天回头看不过梦一场，只揭示了部分事实。例如，英国在失掉北美殖民地后，马上投入亚洲的殖民扩张；而同样丢失北美殖民地的法国也在1830年开始经营非洲，继而征服阿尔及利亚，当然也不要忘记拿破仑试图建立帝国的企图（见第六章和第七章）。

欧洲的政策及其实施依然体现着帝国的影子，正如在欧洲思想界也存在帝国主义的思潮。不仅包括种族主义和右翼思想家，如托马斯·卡莱尔和亚瑟·戈比诺，当然这些人的大受欢迎证明了帝国在19世纪初期和下半叶的强大吸引力。1821年拿破仑逝世后，《拿破仑的思想》一书中鼓吹的复兴帝国的思想，对很多法国政治家极具吸引力，尤其是法兰西第二帝国的缔造者路易·波拿巴。[97]此外，更值得注意的是，"转向帝国"这种说法也被著名的自由主义思想家，如约翰·斯图尔特·穆勒和亚历克西斯·德·托克维尔所认可。穆勒和托克维尔怀着些许忧心，皆试图为祖国的帝国行径建立合法性，他们的根据是，帝国只是将文明传播给文明程度未达到欧洲水平的民族。[98]19—20世纪，英法两大帝国主义强国的思想家耗费毕生精力，试图为帝国主义思想正名。

我们需强调一个常被忽略的观点，那就是帝国相比民族国家建立了更现代的世界秩序。"民族国家的时代"并非"帝国时代"的接替，民族主义也没有继承帝国主义。民族主义当然是新生事物，而19世纪的帝国主义也激发了新的思潮与活力。帝国前所未有地被贴上民族的标签，最明显的例子是希特勒在20世纪30—40年代试图建立的德意志第三帝国。英法两国的对抗与竞争，相比之前18世纪的"大国角力"，增加了更多民族主义的元素。但无论如何，它们都没有在成为帝国的道路上止步，这证明了英法两国的原则和目标与民族国家不同。英法意在征服世界，而非只是控制局部地区。

帝国的消亡——至少是形式上的消亡——也是较晚发生的事。帝国存在过的痕迹不难找到，尤其在人口集中的欧洲主要城市。只有了解过去，才能更好地理解今天的处境。因此需要仔细考察帝国的治理原则。特别需要关注统治者阶层，他们如何认知自身，如何为帝国统治寻找合法性。大卫·休谟说，"强权与暴力"当然是帝国的一部分，但绝非全部，也绝不是帝国长治久安的政治基础。缔造并维持帝国的统治者，所谓的立国者，如何建立其身份认同？如何将政治理想付诸实际？这一过程将怎样影响他们对自身的认识？帝国的覆灭对他们来说究竟意味着什么？

帝国的历史与整个人类历史一样，蕴含着丰富的可供挖掘和解读的材料。本书侧重于较现代的几大帝国：英国、法国、俄国、奥斯曼帝国和哈布斯堡王朝。帝国研究容易囿于某种范式，限于某个时期。从根本上看，帝国对同时期的竞争对手异常敏感，而且对历史上的政治前身也极为在意。有时两者历史间隔不远，就如西班牙、葡萄牙和荷兰之于更年轻、更具活力的英国和法国，直到20世纪依然会对后两者产生影响，即使帝国的形式已近消失。但对于所有欧洲的帝国来说，罗马帝国都是举世无匹的典范，作为罗马继任者的欧洲各帝国，"条条大路通罗马"这句话，更像是条条大路始自罗马。罗马是灵感之源，即使它也作为帝国衰亡的典型而使警钟长鸣。接受过古典学熏陶的现代帝国的统治精英，无不推崇罗马，向其学习仿效，希望自己的国家成为"新罗马"。但他们也试图超越罗马，从罗马制度的积弊与罅隙中吸取教训，将帝国建立在更加牢固的根基之上。所有的夙愿不过如梦幻泡影，正如托马斯·格雷所说，"荣誉之路通向坟冢"。但人类的一切制度难道不都是如此吗？帝国也不例外，比起其他悠久的人类历史的遗产，帝国留给我们的教益颇丰。

无论如何，在讨论现代帝国之前，让我们先回顾一下罗马。我们已经考察过帝国意义下的罗马，以及其对后世的影响。现在需要简要说明的是罗马究竟是什么，它如何认识自我，如何维持。无论其政治模式被怎样歪曲误解，罗马的思想与创举对后世所谓帝国为何物、应为何物、如何运作都影响颇深。同样，罗马灭亡的原因及其造成的影响，也警醒后世帝国避免罗马的厄运，为后世敲响沉重的警钟。没有哪个帝国能摆脱罗马的阴影，无论如何挣脱，罗马仍是它们无法逃离的宿命。

第二章 罗马帝国：帝国之父

> 很少有世界帝国能像罗马一样维持如此之久的有序统治……在其统治范围内，即使臣民把这个帝国当作整个世界也无可厚非，帝国为各个民族带来了和平与繁荣，比其他任何一个大国更持续、更完整。
>
> ——特奥多尔·蒙森 [1]

> 只要我们继承了欧洲文明，我们就依然是罗马帝国的公民。
>
> ——T. S. 艾略特 [2]

> 从欧洲文化传统的角度，任何帝国在某种意义上都是罗马帝国。所有能代表帝国荣耀的艺术、文学，甚至政治思想，最终都能追溯到罗马。
>
> ——马切伊·亚诺夫斯基 [3]

罗马的遗产

今天，罗马对后世帝国的巨大影响力怎么说都不为过。首先，在 5 世纪，罗马并未真正"灭亡"，这一点即使是不少受过教育的人也并未充分认识到。被毁掉的只是以罗马为中心的西部地区，而以君士坦丁堡为中心的东部，作为拜占庭帝国，依然延续了上千年。拜占庭人也称自己为"罗马人"，只要拜占庭帝国存在，罗马的名号与精神就不会消亡殆尽。[1] 1453 年，君士坦丁堡被土耳其人攻陷，在这片土地上新建立的奥斯曼帝国也曾有意继承罗马的传统，自认为是罗马精神的化身。[2] 因此，我们必须承认，直到中世纪，罗马从未缺席，它在地中海东岸到大西洋的广袤地区继续发挥着影响力。

即使在西方，罗马的衰亡也是比较敏感的话题。中世纪初的政治环境极其复杂，某种意义上，是罗马天主教廷延续着罗马的生命。此后，查理曼历经千难万苦，在 800 年建立了神圣罗马帝国，意在复兴古罗马。神圣罗马帝国以各种形式延续到了 19 世纪，直到 1806 年被拿破仑彻底征服，这也是罗马不曾灭亡的一个明证，因为神圣罗马帝国确实在自觉地重塑古罗马的辉煌。而从某种意义来看，欧盟不就是一个复兴的神圣罗马帝国吗？[4] 数个世纪以来，人们耗费了时间和心血，即便无法统一世界，也要建立统一的欧洲，这本就是在复兴罗马所代表的世界。

罗马"统治世界"的愿景曾经烙印在西班牙的卡洛斯一世和腓力二世，以及法国的路易十四和拿破仑一世的心上。法国的拿破仑希望能钳制神圣罗马帝国，并取而代之。拿破仑拒绝了法兰西学院授予他"奥古斯都"和"日耳曼尼库斯"的称号，他本人却深受这些罗马模式的影响，同样，被拿破仑推翻的神圣罗马帝国与罗马共和国也有相似之处。[5] 马克思说过[①]："1789—1814 年的革命依次穿上了罗马共和国和罗马帝国的服装。"[6] 历史进程的确如此。"直至［拿破仑］时代前不久，欧洲各国都深受罗马统一观念的影响，欧洲大国的政策制定无不参照和模仿当年的古罗马，即使这些欧洲国家未必真的要复兴罗马。"[7]

19 世纪英法两国的治国理念也颇具古罗马的遗风（见第六章和第七章）。但在此不得不提到普法战争后，由普鲁士王国发展而来的德意志第二帝国

---

① 《马克思恩格斯全集》第 8 卷，人民出版社，2006 年。——编者注

（第一帝国即神圣罗马帝国）。这个国家自然会被人视为15世纪后的"德意志民族的神圣罗马帝国"的继承者。无论是帝国的缔造者俾斯麦，还是第一任皇帝威廉一世，他们都断然反对这种提法，但同时他们也非常清楚，这一观念深入人心。除奥地利帝国以外，其他德意志地区得到了统一，于是一个参照奥托大帝时期的神圣罗马帝国的新政权建立了起来，而且"德意志第二帝国的皇帝在戈斯拉尔皇宫的宝座上吃了第一顿饭，它是亨利五世、士瓦本的腓力、奥托四世和腓特烈三世（皆是神圣罗马帝国的皇帝）都曾坐过的宝座"[8]。之后的继任者威廉二世对帝国的角色展现出更大的热情，试图重建神圣罗马帝国，甚至恢复罗马皇帝君士坦丁统治下的辉煌。[9]

之后，墨索里尼的"罗马帝国"和希特勒的第三帝国也认为自己代表的是罗马。墨索里尼曾经宣称"罗马是出发的起点，是前进的明灯；罗马是我们的象征，甚至是我们的信仰……不朽的罗马精神在法西斯主义的身上获得新生"。他声称，对意大利人民来说，罗马"既久远又现代，对我们而言，恺撒遇刺就像是昨天发生的事"[10]。罗马精神是许多法西斯意识形态和文化的来源。[11]法西斯的标志是罗马高级执法官所持的束棒，象征国家的权力与意志。法西斯知识分子乔瓦尼·秦梯利提出过"两个意大利"的说法，即罗马时期的意大利和文艺复兴时期的意大利。强调文艺复兴的个人主义或"文化"，将会损害意大利甚至整个西方从罗马继承而来的男性气质和统一精神，因此需要予以纠正。必须为当时"轻薄浮躁"的意大利社会注入古罗马的"荣誉感"；必须摒弃个人主义，回归罗马"有机国家"的传统。[12]

于是，法西斯时期的建筑师在罗马城开始自觉模仿古罗马的城市规划，借鉴了罗马帝国时期的设计。正如一位设计者所言，"罗马城在全世界人民面前应该雄伟、有序、充满力量，应该令人感到仿佛置身于奥古斯都统治的时代"[13]。街头的壁画和马赛克装饰大量借用和复制了罗马的主题与元素。1937年，在纪念奥古斯都诞辰2 000年的大型展览上，墨索里尼和奥古斯都的塑像分别占据了展览大厅入口的两侧。为了筹备展览，更为了强化法西斯政权与罗马的联系，奥古斯都陵墓与罗马和平祭坛被修葺一新。当时有评论说，这次展览是为了展示"罗马精神在法西斯时代的复兴"。而为了突出这一效果，在纪念奥古斯都诞辰展览举办的同一天，意大利法西斯党的法西斯革命展也拉开帷幕。在一个小时之内，墨索里尼现身两场展览的开幕仪式。《意大利晚邮报》报道称，两场展览同时开幕，是为了表示"罗马精神和法西斯主义同根同种。奥古斯都大帝的帝国和今天意大利帝国的诞生，是古老的意大利民族最重要的两个时刻，意大利人因此会重新找到本民族的美德，从而焕发出无限的活力"[14]。

虽然法西斯主义和极端民族主义向来关联密切，但人们往往会忘记，法西斯主义本身就是一种带有强烈帝国主义倾向的民族主义。墨索里尼眼中的新罗马帝国，将以地中海为立足点，延伸到北非和巴尔干地区，这是法西斯征服世界的第一步。地图最能显示罗马当年征战扩张的痕迹，"意大利人期待历史的重演……法西斯主义被认为是帝国主义的化身，而意大利比起法国或英国将更适合成为殖民大国"[15]。在北非发现的大量罗马时期的遗迹，无疑让已经失落的帝国有了新的复兴的理由。[16] 无论是在厄立特里亚和索马里建立殖民地，还是征服利比亚和埃塞俄比亚，这些都被认为是收复故土（当意大利军队在利比亚战争期间进攻艾札拉时，诗人乔瓦尼·帕斯科利说，"我们曾经来过……我们又回来了"）。墨索里尼制订了东非帝国计划，将北非划入意大利的势力范围，并宣称这是让北非重回"文明与人道"的罗马的怀抱，是对北非人民的极大保障。随后，数百万意大利人开始在北非定居，北非成了意大利在地中海的所谓"第四海岸"。[17]

看上去，希特勒的第三帝国没有直接从罗马获得多少启示——事实上，罗马的许多政策和措施与纳粹种族主义思想正好相反。但在西方，罗马的存在确实不容忽视，任何政体都很难切割与之千丝万缕的联系。在纳粹建筑师阿尔贝特·施佩尔按照经典古罗马城重新规划柏林的举动中，这一点再次得到了清晰的印证。施佩尔对于"他和他的团队比古罗马人更擅长罗马式的建筑设计"感到相当自豪，而希特勒则提出，只有罗马城才配得上成为"一个拥有无限未来并能承载古老的民族和深厚的文化积淀的城市"的模范。施佩尔心目中的柏林，建筑风格必须"震慑人心"，而"唯一能与之媲美的"只有古罗马城。[18]

此外，罗马在其他方面也为纳粹做出了示范。希特勒认为，罗马之所以能够成为超级帝国，其根源在于它首先是一个"农业国家"，而维系传统的农耕生活对国家的健康和政权的巩固至关重要。[19]虽然希特勒对纪律严苛、注重"种族纯洁性"的斯巴达式的社会极其向往，但罗马才是希特勒构建纳粹帝国时真正参照的范本。比如，罗马的交通建设对统治异族的重要性就体现在纳粹对东欧地区的规划中。希特勒还喜欢思考罗马和迦太基的关系，注重贸易的英国被希特勒当成了"现代迦太基"，而日耳曼人无疑就是"北欧罗马人"的后裔。他欣赏罗马的军事和文官体系，特别是罗马人战斗与"求和"的策略（"每份和平协定都宣告了下一场战争。这就是伟大的罗马！这是真正的政治智慧！"）。1941年，希特勒对党卫队全国领袖希姆莱说："从古到今，在征服周边民族的问题上，罗马的成就无人企及。也从没有哪个国家像罗马一样，能够发展出一种高度统一的文明。"当然，在帝国由盛转衰的过程中，还有一件事值得希特勒警醒。这就是基督教，一种犹太民族信仰的宗教，正是基督教严重损害了帝国的根基。希特勒认为："犹太人用它来煽动奴隶颠覆政权。"[20]正如福尔克尔·洛泽曼所说："希特勒对罗马有浓厚的兴趣，这种兴趣远超他对其他任何历史话题的兴趣，在弥留之际，希特勒依然坚持'效仿和学习罗马'。"[21]

无论在欧洲，还是更大的范围内，没有人能够无视罗马的存在。罗马创造了伟大的文明，在文化和物质层面都深刻地塑造了西方社会，其影响甚至蔓延到了东方。罗马城人口众多，成分复杂，这座城市本身就象征着这个世界。奥维德说："世界和罗马城，占有同样的空间。"罗马城是"世界的庙宇"，它是真正的国际化都市，罗马城的公民就是世界公民。欧洲思想家常常对罗马城饱含深情，歌德说"世界的全部历史系于这座城市"[22]，便是这种深情的一种表达。

古罗马继承了古典希腊文化的传统，保存并复兴了希腊的文学、哲学、艺术（包括生活的艺术）。[23]罗马的拉丁文在上千年的时间里一直是欧洲受教育阶层的语言。罗马人以希腊为师，他们的文学和哲学构成了罗马上流社会教育系统的基石。贵族崇尚的罗马城市-乡村二元的生活方式，一度在欧洲盛行。罗马建造的道路和城市，其遗迹在欧洲随处可见，甚至成了今天的交通设施和城市的基础。最重要的是，罗马的法律体系，深深影响了今天欧洲大陆的大部分国家。罗马政治的形式与概念，滋养着欧洲人的思想与行动。当然，有些时候，人们会试着摆脱罗马的束缚。[24]弗洛伊德当然不是唯一对罗马抱有矛盾心态的人物，他既被罗马的魅力吸引，同时又和罗马保持着距离，他似乎永远也看不清罗马的真实面目。[25]和弗洛伊德一样，很多人会赞同 T. S. 艾略特的看法，这也是本章的题记之一，"只要我们继承了欧洲文明，我们就依然是罗马帝国的公民"[26]。

19 世纪初，受到法国大革命和早期浪漫主义思潮的影响，整个欧洲开始崇拜古希腊文明，包括其文学、哲学以及政治理念，这股热潮几乎取代了此前 18 世纪人们对于罗马的崇尚。拜伦、雪莱、歌德和席勒这些浪漫主义诗人，纷纷盛赞希腊，认为希腊才是欧洲文化和民主的源头，而罗马不免陷入了物质主义的窠臼，缺乏浪漫的情怀。"辉煌的希腊"压倒了"光荣的罗马"。[27]但罗马并未完全失去它的光环：19 世纪晚期，随着欧洲帝国向外扩张，罗马的成败得失再次成为话题的中心。[28]无论对罗马持有怎样的看法，无论是否接受它向全世界传播文明这样的说法，罗马毫无疑问是一个绕不开的例子。

　　大家试图模仿和超越的罗马，它究竟是什么？对于罗马帝国的继承者，罗马又究竟意味着什么？在此，我们不讨论罗马的历史细节，甚至也不讨论其制度与政策的实施。我们关心的是罗马到底象征着什么，即它的内涵以及它所取得的那些成就。当然，罗马的形象部分源自古罗马人，特别是那些著名的古罗马诗人，如维吉尔和贺拉斯的作品。同时，在塔西佗和尤维纳利斯的著作中，也不乏对帝国最尖酸刻薄的批评。欧洲同时继承了对它的称赞和批评，并添加了自己的赞美和警告。换言之，我们检视的是罗马的意识形态，而不单是它背后的历史。但我们要牢记，意识形态影响了社会现实，而它本身也蒙上了社会现实的影子。

罗马的使命：亚历山大、世界主义、文明教化

　　罗马帝国留给欧洲帝国主义的主要思想是使命思想。尽管不能认为是罗马人发明了使命思想，但的确是他们将其发扬光大。不仅如此，对于欧洲帝国，特别是早期帝国来说，罗马不仅从世俗层面上展现了帝国的使命，更赋予其宗教意义。罗马带给世界的不是简单的"文明"，罗马还创立了基督教，并将其流传于后世。

　　某种意义上，早在亚历山大大帝时期，世俗使命与宗教使命就已水乳交融。我们要感谢亚历山大大帝，是他最早创造了传播最广、持续最久的帝国概念与帝国使命思想。罗马继承了亚历山大的理想，当然继承者还包括从波斯到印度的东方统治者。公元前3世纪，印度孔雀王朝的缔造者旃陀罗笈多在被人问起他是如何建立自己的帝国时，据说他做出了如下回答："我在还是个少年时，就见过亚历山大大帝。"他说，亚历山大大帝本可以征服印度的大部分地区，因为他的制度比印度诸王公的先进。印度城市塞

坎德拉和塞康德拉巴德，都以"伟大的塞康达"为名，反映了亚历山大大帝在当地留下的影响。[3]

对于他的仰慕者来说，亚历山大大帝似乎并不只是追求将世界希腊化或"西方化"，而是主张文化的融合与国家的融合。亚历山大大帝连接了西方和东方，从多瑙河到印度河，亚历山大帝国笼罩在世界主义思想之下，这是帝国思想的核心。[29] 在他的土地上，西方和东方的恩怨被放置在一旁，而在神话故事里，比如欧罗巴之劫（亚洲公主被绑架到西方），以及特洛伊战争（西方女子被绑架到东方海岸），这些仇恨曾被极力渲染。

图 2.1　公元前 333 年，伊苏斯之战中的亚历山大大帝（镶嵌画）（Everett-Art/ Shutterstock.com）

今天关于亚历山大大帝的一切材料与猜测，都围绕着世界主义的主题。[4] 据说，在著名的俄庇斯晚宴上（公元前 324 年），亚历山大为"马其顿人和波斯人能在帝国内和谐共处"而祈祷。[30] 此前，他已为 91 位身边的随从和波斯新娘主持了婚礼。在和巴克特里亚（今阿富汗）的公主罗克珊成亲之后，亚历山大大帝还娶了两位波斯公主。

1世纪，古罗马作家阿普列乌斯曾认为亚历山大大帝是"人类历史上唯一一位创造了世界性帝国的征服者"[31]。古罗马时代希腊作家普鲁塔克记载了亚历山大大帝毕生功勋的华彩篇章。他提到，亚历山大大帝有意拒绝恩师亚里士多德的建议，亚里士多德仅把希腊人当成人，而视其他"蛮夷"为"蝼蚁草芥"。普鲁塔克称，若遵照亚里士多德的意见，帝国上下必定"动荡不安，野荒民散"。

> 自诩天降世间的万国仲裁者，若不能以礼相待，则用武力压制，亚历山大殚精竭虑，他将所有土地，无分远近，置于同一统治之下。之后，就像宴会上的一杯美酒，混合了不同民族、习俗、传统、婚姻等，亚历山大下令，每个人都要将一切可居住的土地视为他的国土，而他的军营就是世界的中心。[32]

伟大的研究古希腊的学者威廉·塔恩爵士相信，亚历山大大帝一直追求的是希腊人与蛮族的融合。塔恩认为，亚历山大大帝具备超越民族的世界主义观点，主要分为以下三个层面：

> 其一，神是人类之父，于是人类之间有了兄弟情谊。其二，亚历山大大帝心中的种族融合，包括所有已知的种族，他们思想一致，和谐共处，这就是人类的统一。其三，他帝国境内的各个民族，关系如同伙伴，而非臣民。[33] 5

亚历山大大帝33岁便去世了，他的抱负远未达成，不过已经有了一个轮廓。但研究政治思想的历史学家普遍认为，亚历山大帝国之后出现的犬儒学派和斯多葛学派的世界主义，是其帝国最直接的思想遗产，他们提出人类普遍共同体，或许指出了"世界公民"的可能性。[34] 英国科幻小说家赫伯特·乔治·威尔斯在《世界史纲》一书中追寻的"世界国家"的概念，就是受到了亚历山大大帝毕生追求的、前所未有的"人类共同体"的启发。在亚历山大大帝之后，"普遍性律法和社会组织成了切实可行的思想，能够真正为人所用"[35]。

最早关于亚历山大大帝的记载来自古罗马人，至少是古罗马公民：西西里的狄奥多罗斯、阿利安、普鲁塔克、库尔提乌斯。[36] 除了库尔提乌斯，其他人都用希腊文写作，写作时距离事件发生已四五百年，并且缺乏亚历山大帝国当时的材料。所以亚历山大大帝的故事几乎成了一个神话，主要由希腊学者在罗马帝国早期创作的神话构成（尽管这些学者有可能找得到原始材料）。这样的神话却影响深远，激励了东西方的帝王 2 000 多年。[37] 但在我们看来，最重要的，是神话对罗马皇帝以及他们创造的罗马的影响。从庞培和恺撒——因"亚历山大大帝离世时年仅 33 岁，已是各个民族的王，而自己还一事无成"落泪，到图拉真和卡拉卡拉——"对亚历山大亦步亦趋，深受其影响"[38]，罗马的统治者们被亚历山大大帝的远见折服，试图以更持久的方式将其愿望实现。[39] 此外，罗马皇帝接受了亚历山大及其希腊继任者的君权神授思想，并将其发扬光大。亚历山大大帝坚信自己是，也被公认为是宙斯之子。而在其遇刺后，恺撒和之后那些非基督徒罗马皇帝一样，也被宣扬为神。因为只有神才能统治宇宙万物和使人类联合起来，这是亚历山大大帝和罗马皇帝的共识。[40]

关于罗马承担的文明教化使命，我们可以通过两位修辞学家，即埃留斯·阿里斯提得和克劳狄安的"演讲"来从最广泛的角度理解。他们以传统修辞学的方式为城市与统治者写作赞歌与颂词，以此向人讲述统治者的远大抱负与丰功伟绩。之所以特别提到这两位，是因为他们是他们那代人及随后的几代人中最负盛名的演说者，他们宣扬了罗马所代表的意义以及后来的帝国必须达到的标准。在 19 世纪的英法等国，埃留斯·阿里斯提得和克劳狄安的作品经常被政治家和评论者引用来证明自己对帝国的看法。[6]

大约在 143 年，希腊修辞学家埃留斯·阿里斯提得在罗马宫廷上做了题为《致罗马》的演讲。[7] 詹姆斯·奥利弗称其为"展示黄金时代对哈德良和安东尼的世界意味着什么的最伟大文学表述"[41]。这的确是安东尼时期罗马的辉煌时代，安东尼·庇护本人或许就在听众之列，而马可·奥勒留之后成了埃留斯·阿里斯提得的拥趸。爱德华·吉本盛赞过，这即便不是全世界的黄金年代，也至少是罗马帝国的黄金年代。埃留斯·阿里斯提得本人对此坚信不疑。在他心中，罗马是世界文明的中心，吸引着财富与人才，物质、道德、文化、政治的影响从这里传播到世界的每一个角落。

首先，罗马幅员辽阔，是亚历山大帝国之后最大的帝国，甚至要比亚历山大帝国更伟大，因为罗马国运更久。亚历山大大帝在"罗马崛起之前，通过无休止的征战才建立了一个伟大帝国，实际上，他更多是用武力获得一个王国，而并非展示出自己就是个国王"。亚历山大为后世留下了许多纪念，最著名的要数以其名命名的"伟大城市"亚历山大城。但亚历山大大帝去世过早，来不及给后世留下公平与局势稳定的政治遗产。[42] 罗马不仅继承了他的遗志，更将边界推到了已知世界的边缘，以至于"没人能度量帝国的广袤国土"。"你统治的地区就是太阳能照耀到的土地，太阳照在国土上……因此你的统治没有边界，更没人决定你能扩张到何处；而大海像一条无限伸展的带子，将文明世界和你的统治围绕在内。"[43]

而罗马的财富与繁荣，是因为它处于世界商业和贸易交叉口。

无论是天然作物，还是各个国家、各条河流、各个湖泊所产出的东西，或由希腊人和非希腊人制作的工艺品，都跨越了山河大海，被带到罗马，若是想了解全部，必须游历整个文明世界，或者只需要来到罗马城。农业作物和人工制品在城中随时随处可见，而且数量丰富。每个季节或每半年，商船会满载货物从各地而来，届时罗马城就像一个世界性的大集市……正如赫西奥德所说，大洋的尽头既是万水之源，也是汇聚的终点，万事万物，无论是商贸、航运、农业、冶金，还是今天和过去存在过的手工制品、土地上生长的一切，也通过一条共同的通道汇聚于罗马。若在罗马城也没见过的，必不存在，或从未出现。[44]

埃留斯·阿里斯提得最想称颂的，并不是罗马的国力与财富，而是在此之上罗马传递给世人的道德与政治思想：守序、宁静、和谐、公平、平等（一定程度上），这些价值观带给世人无尽的裨益。"尽管国土广袤无际，罗马的伟大不在于边界内的土地……以铁腕统治如此庞大的帝国，手握无限的权力，这已是最大的成功，而且荣誉全然属于罗马。因为在众多帝王中，只有罗马帝王治下的人民是自由的。"[45] 埃留斯·阿里斯提得明白这类说法需要小心地阐释。罗马毕竟是帝国，等级森严，帝王不仅独裁专制，更以神自居。但他想告诉大家，和其他帝国相比，甚至和所谓"自由共和"的古希腊城邦相比，罗马建立了自己的统治体制，在该体制下，正义得以伸张，官吏服从管制，贪腐必遭惩处，法律保护各个阶层、各个地区的人民。于是，"卑贱者与贵族之间，默默无闻者与名门望族之间，甚至穷人与富人、平民与贵族之间存在着无处不在的平等。这令人想起了赫西奥德的话：'容易得到赞美的东西也容易被检验。'公平与正义的准则，如同甲板上迎面而来的海风，不会只吹向富人而吹不到穷人，必会平等地滋润所有人"[46]。

在盛赞罗马的公平和众生平等的背景下，埃留斯·阿里斯提得提及一件事并说："比起罗马其他的成就，这显然更值得我们关注和歌颂。"

我指的是你们伟大的公民权及其伟大的构想，因为有史以来尚无可与之媲美者。你们将帝国（也就是整个文明世界）中的所有人分为两类：世界上最有才华、勇气和领导力的人，无论身在何方，都被你们视为公民，甚至视同亲人，而其余的人则被认为是你们领导的一个联盟。大海和陆地并未成为公民权的阻隔，不论亚洲人还是欧洲人都不会被区别对待。在罗马，上升路径对每个人都是开放的。没有哪个值得统治和信任的人被认为是异族，而一个文明的共同体，已经以自由共和国的形式确立，由最伟大的领袖统治；众人来到这个文明的中心，每人都能得到应有的待遇。[47]

的确，罗马的世界主义，根植于各民族心中，并且向全世界开放，将所有人纳入开明的治理体系之中，这正是埃留斯·阿里斯提得反复赞扬的主题。种族、民族、国籍、宗教都不是成为帝国一员的障碍。罗马超越了希腊城邦的政策，也超越了亚历山大大帝和他的继承者，罗马对于自己发明了公民权感到无比自豪。罗马的伟大在于包容，它将公民权推而广之，让"公民权成为举世惊叹的制度"。

公民权让罗马的扩张成了伟大的事业，"罗马"不仅是罗马城公民的标签，更代表他们共同的身份，这种共同身份并非只是众多身份之一，而是制衡着其他所有身份。世界不再以希腊人和异族作为区分，虽然这样的区别并非没有道理，被赋予公民权的臣民远远多于希腊人。世界新的界限是罗马人和非罗马人。罗马城的名声也得到了宣扬。这样的区分界限清晰，在众多城市中，市民不仅是本地居民，更是罗马的公民，尽管他们中的大多数可能从未到过罗马城。他们无须驻军来守卫他们的城堡，伟大的罗马公民将会像守卫自己的家园那样守卫罗马的土地。[48]

埃留斯·阿里斯提得明白这一变化意义重大，以及这会让罗马的公民权远远优于先前的公民概念。从这点出发，罗马的文明教化发挥了最根本的作用，罗马所做的一切无异于将自然转化为文明，让生物学意义上的人组织成公民共同体，并赋予其平等的权利与责任，这正是：

> 过去世界上的大多数统治者，统治的都是单纯的人，仅仅是组成族群或民族的人……那时的人身份卑贱，不仅大多数帝国统治者这么看，被统治的族群也这么认为。被人统治的民族，作为个人没有公民权利，但如果打破原始的民族框架，他们也能争取到和今天类似的组织构架。我们相信，当其他人还只是蛮荒之地或据点的王时，罗马皇帝已是文明共同体的统治者了。[49]

公民权的问题不易阐明，这是罗马给欧洲帝国留下的众多财富之一。之后我们还将详细讨论。让我们赶快回到埃留斯·阿里斯提得的演讲，他称赞罗马的伟大与仁慈，说罗马践行了希腊的文明，而且是普遍秩序与文明的缔造者。

> 人们认为，文明世界从最初的有些病态，到在正义的观念下逐渐康复……城市流光溢彩，世界被装点得如同花园……正是罗马证明了地球是万物之母，是我们共同的家园。现在，一个人无论是不是希腊人，无论是否拥有财产，都能随心所欲地在这片土地上穿行，就像在自己的家园那样。无论是奇里乞亚山门还是从阿拉伯到埃及的狭窄沙路，无论是高山河流还是野蛮部落，都不足为惧，但首先，你得

成为罗马公民，成为被统治者中的一员。正是罗马让荷马笔下的"世界为公"变成现实；罗马丈量并记录着整个文明世界的领地；遇河架桥，见山开路，连无人荒地上都建起驿站；这片土地上的所有人都过上了安定有序的生活。尽管雅典人开启了今天的文明，但罗马让这种生活方式深入人心，而且人们相信未来会更好……诗人说，在宙斯统治之前，宇宙充满纷争、蒙昧和动荡，宙斯掌权之后，天下得以安定……于是人们想象罗马之前的世界，得出了结论，先前的世界一片混沌，当罗马建立，混乱与动荡得以平复，有序的光辉照耀在人类上空，法律来到世间，神坛收获了人们的信仰。[50]

埃留斯·阿里斯提得关于罗马的演讲不仅风行于当时，也流传后世。演说中使用的修辞也出现在许多关于罗马的记载中，特别是出现在为罗马寻找合法性的文献中。但该演讲同样影响了那些记录了罗马衰亡前最伟大、最成功时期的著作。最著名的、最有影响力的文字出现在吉本的《罗马帝国衰亡史》①卷一的前三章，这部分讲的是安东尼时期的罗马，那也是埃留斯·阿里斯提得深受鼓舞、发表演讲的时代。这部分内容和埃留斯·阿里斯提得的演讲极为相似，第一章开头写道：

> 基督纪元 2 世纪，罗马帝国据有世上最富饶美好的区域，掌握人类最进步发达的文明。自古以来声名不坠而且纪律严明的勇士，防卫疆域辽阔的边界。法律和习俗虽然温和，却能发挥巨大的影响力，逐渐将各行省融合为整体。享受太平岁月的居民尽情挥霍先人遗留的财富和荣光。共和体制的形象，从外表看来受到尊敬和推崇。[51]

① 以下出自此书的引文均来自席代岳译版本，略有改动。——译者注

第二章开篇所述的情景再次让人想起了埃留斯·阿里斯提得，他在这一章被提及两次。这里同样将罗马与其他帝国及统治者进行了一系列对比，阿里斯提得也喜欢这样做，这体现了修辞的传统：

> 罗马的伟大不在于扩张疆域、迅速赢得征战的胜利。就目前来说，俄国领土最广大，占有世界上大部分的荒漠地区。想起古老的年代，亚历山大大大帝越过赫勒斯滂海峡，用了不到七年的时间战胜印度以后，在希达斯皮斯河（拉合尔和德里之间）河畔修建了城市作为纪念。等到中世纪，所向无敌的成吉思汗和蒙古的君王，用烧杀抢掠的作战方式，从东边的中国向西征战，直达埃及和德意志地区边界，在一个世纪内，建立起为时短暂的庞大帝国。罗马强权靠着几个世代的经营，凭借智慧和经验才建立起稳固的基业。图拉真和安东尼时代，帝国所属各行省经由法律获得统一，借着艺术增添光彩，已经完全降服，再无异心。委派的地方官员虽偶尔作威作福，但是一般而言，施政还是明智、简便且利民的。行省人民可信奉祖先的宗教，同时在市民的荣誉和利益方面，他们被大致提升到与征服者平等的地位。[52]

为说明这一时期罗马的优渥生活，吉本在书里集中引用了埃留斯·阿里斯提得、普林尼和德尔图良的称颂文字：

> 纵使人类习惯于缅怀过去而贬损当前，但是行省的属民和罗马人一样，能感受到帝国和平繁荣的气象，无不诚心齐口颂扬。"有关社会、法律、农业和科学的主要法则，大家承认是雅典人所首创，现在经由罗马的权威，得以稳固地建立。有了公平的政府和共同的语言，即使是最凶狠的蛮族，在这种莫之能御的感召下，也能捐弃前嫌成为统一

的国家。可以肯定地说，只要各种技术不断进步，人类的数量眼看就会增加。城市日益光彩，受到大家的庆祝；乡村经过精心的栽培和装饰，美丽的样貌就像一座大花园。很多城邦为了和平举办长时期的节庆典礼，大家忘记古老的仇恨，再也不会忧虑未来的危险。"这段吹捧的话读起来咬文嚼字，粉饰太平，难免让人感到肉麻，但其所述内容，倒是符合历史的事实……若要指出世界历史中哪一个时期人类最为繁荣幸福，我们将毫不犹豫地说是从图密善被弑到康茂德登基。幅员辽阔的罗马帝国受到绝对权力的统治，其指导方针是德行和智慧。四位皇帝一脉相承，运用恩威并济的手段统治军队，使之秋毫无犯，全军上下无不心悦诚服。在涅尔瓦、图拉真、哈德良和安东尼小心翼翼的维护下，文官政府的形式得以保持。他们四人喜爱自由的形象，愿意成为向法律负责的行政首长。[53]

埃留斯·阿里斯提得与吉本关于 2 世纪罗马的评述有相似之处，对此阿尔多·斯基亚沃内认为，"现代性与透过埃留斯·阿里斯提得看到的传统性互相映照，几乎融为一体，但吉本所知道的是埃留斯·阿里斯提得无法预料的事情——罗马的终结"[54]。罗马的衰亡，至少在西方世界，是罗马留给后世的一项遗产。人们不停追问的，不再是如何模仿和超越罗马，恰好相反，是如何避免成为下一个罗马。怎样逃脱罗马的命运，是否存在逃脱的可能性？任何一个自视为普遍和永恒的帝国，要如何才能避免其样板——罗马——所经历的衰落和解体？罗马灭亡了，其他帝国是否能逃脱这种命运？"衰亡"二字是否镌刻在所有帝国的旗帜之上？这些疑问成了几乎所有关于帝国的哲学与文学反思的主题，从吉本的《罗马帝国衰亡史》到鲁德亚德·吉卜林撰写的《退场赞美诗》（1897），人们以各种文学手段刻画"帝国的余烬"。[8] 查尔斯·梅尔曾说："帝国的忧郁，它衰亡的征兆让所有的胜利染上一层阴霾……帝国的终结就在眼前……最后帝国舞台的灯光渐熄，帷幕降下，帝国是熵的史诗。"[55] 这些作品为我们的思考提供了更宽阔的框架。罗马则提供了丰富的材料，尤其激发了当时的作家，如塔西佗和尤维纳利斯，为后世留下了深刻反思性的著作。[56]

但在罗马覆灭之前，仍然有人视罗马为照亮世界的一座灯塔，认为罗马优于所有其他国家，其存在也将更长久。和埃留斯·阿里斯提得（来自小亚细亚的密细亚）一样，另一位外省人、来自埃及的克劳狄安也曾创作颂歌盛赞罗马的丰功伟业。[9] 不过他的演说词用拉丁文写就，虽然和埃留斯·阿里斯提得一样，希腊语才是他的母语。他的颂歌不是献给罗马，而是献给罗马一位伟大的将军——汪达尔人的后裔弗莱维厄斯·斯提利科。斯提利科受命于皇帝狄奥多西，与西哥特国王阿拉里克作战，并与皇帝的侄女，也就是皇帝的养女塞丽娜成亲，而斯提利科的女儿玛丽亚则嫁给了年轻的皇子霍诺留，这让斯提利科成了克劳狄安笔下的"皇帝的岳父和女婿"。402 年，在波伦提亚之战中，斯提利科击败了阿拉里克的西哥特部队。两年后，克劳狄安去世，因此没有看到后来发生的事情——408 年霍诺留出于嫉妒处死了斯提利科，410 年阿拉里克洗劫了罗马。然而，克劳狄安在世时在《执政官斯提利科》（400）和《西哥特战争》（402）两篇演说词中盛赞斯提利科，《西哥特战争》祝贺的正是波伦提亚之战的胜利，而《执政官斯提利科》成为著名的罗马式颂歌。

汪达尔人和西哥特人是背叛者中的背叛者：汪达尔人受雇于罗马，而西哥特人主导了灭亡罗马的行动。回到罗马末期，5 世纪初，那时正是罗马灭亡的前夜。这或许解释了为什么被编辑兼译者莫里斯·普拉劳尔称为"古典罗马时期最后的诗人"的克劳狄安 [57] 在写作歌颂罗马的颂歌时，下笔激情洋溢，似乎远超传统颂词的惯例。这好似濒临灭绝的动物长出最耀眼夺目的羽毛，克劳狄安对斯提利科的华丽赞誉也成了歌颂罗马的绝响。[10]

因为克劳狄安的演说都是献给斯提利科的，而非为罗马城或罗马帝国所写，所以颂词的大部分内容是具体的英雄事迹，尽管这些对于罗马也很重要，比如 397 年斯提利科在非洲平定吉尔多叛乱，这次叛乱一度威胁到罗马的粮食供应；还有斯提利科在波伦提亚之战中打败阿拉里克，"此战驱散了帝国上空低压的黑云，光芒重新照耀罗马"[58]。总之，当斯提利科在元老院提出在非洲开战的请求时，他被当作古罗马精神新的化身。[59]

但在有些地方，特别是在《执政官斯提利科》之中，克劳狄安在滔滔不绝地赞美以斯提利科为代表的罗马精神复兴的同时，也不失时机地开始反思罗马的得失。

> 斯提利科让传统的德行重获新生，唤醒了这个健忘民族的荣誉感，恢复了最初的权威，让臣民保持敬畏，将强大的地方统治者踩在脚下，给罪恶以惩罚，给过失以宽容，怜悯无辜者，惩罚有罪者，再一次唤起人们仁慈的本性……感谢斯提利科，耻辱被我们抛弃，时代伴随古代罗马的美德而熠熠生辉；感谢斯提利科，长期被剥夺和转移（到君士坦丁堡）的权力，不再被遗忘在失落的土地上，而是回到了正义之乡，把胜利带给意大利，并且享受了它建立时所承诺的支持，将散落的四肢接回帝国的头部。[60]

克劳狄安很快又创作了一篇新的颂歌，将斯提利科赞颂为罗马城的守卫、罗马伟大传统的庇护神。在此处，克劳狄安以无上溢美之词，就罗马及其在世界上的使命为我们提出了一个超然的观点：

> 执政官斯提利科，他是神的同侪，身为罗马城的伟大守卫，保护着一座举世无双的城市，这座城市广阔无边，不可测度；美丽惊艳，

无法想象；赞誉满满，无人可颂；昂起金色的头颅，与繁星并肩，而它的七丘对应着天空中的七个区域，它是军队与法律的缔造者，威名远播，是最早的正义摇篮。这座城市从一个不起眼的原点扩张到世界边缘，从无名之地接触到了太阳的光辉。听任命运的捶打，罗马经历了一千场战斗，征服了西班牙，围攻西西里岛，在陆地上打败高卢，在海上击溃迦太基，从不退让或畏惧，坎尼和特雷巴之战落败后，罗马立刻重整旗鼓。面对敌人的炮火和落在城墙上的敌军重锤，罗马向伊比利亚半岛的最远端派遣了一支部队。海洋不能阻挡罗马前进的脚步，它迎着波涛出征，立誓征服不列颠人。罗马向被征服者敞开胸怀，像一位母亲，而不是女皇，以共同的名义，保护人类，召集那些被打败者，赋予他们公民权，与远方的民族缔结情谊。我们感谢罗马的和平统治让世界成为我们的家园，我们愿意住在哪里就住在哪里，我们探索极北之地，探索曾经的荒原，权当一场游戏；我们感谢罗马让不同的人种同饮罗讷河之水，我们感谢罗马让世人情同手足。因为无论奢华还是相伴而来的罪恶，无论骄傲还是随之而来的仇恨，都让其他帝国灰飞烟灭，所以罗马帝国的未来再无障碍。[61]

这样一个伟大的帝国本来应该延续千年，但是在 410 年，罗马城惨遭劫掠，这距离这首赞歌的创作不过 10 年光景，令人感到无限悲凉。事实上，"罗马之劫"并未造成多少物质损失，也非帝国终结的预告。[11] 其实，这是罗马继公元前 390 年被高卢人掠夺之后的第一次沦陷；紧接着，476 年，西罗马的末代皇帝罗慕路斯·奥古斯都遭到废黜。今天看来，这是一系列击溃罗马的变故中最重要的一击。显然，皇帝被废在当时引起了上层民众的恐慌。耶路撒冷的圣杰罗姆哀叹道："世上最亮的光芒已经熄灭，罗马皇帝遭到废黜，整个世界在一座孤城中死去。"[62] 在北非，圣奥古斯丁因此陷入深思，而当时的人们认为罗马不幸的根源就是基督教，这是对罗马旧神被冷落、众人崇拜基督教上帝的惩罚。在《上帝之城》（413—426）中，圣奥古斯丁义正词严地驳斥了人们对基督教的责难，他反过来对世间一切城市与国家抱以蔑视，认为它们远远不及人们在其中得到救赎、获得永生的"上帝之城"。[63]

我们将在后文中继续讨论罗马与基督教的问题。先让我们回到克劳狄安对罗马的赞颂，以及为何他的颂词在后世能有如此的名声，即使在罗马灭亡后很久也是如此[64]。直到19世纪，克劳狄安的文字依然被帝国主义者引用，被用来说明帝国应当追求的目标，引用者包括英国帝国主义者克罗默勋爵、乔治·包文爵士，以及埃及和印度的地方总督。同时，克劳狄安的文字也被一位名叫R. Y. 特雷尔的美国学者引用，此人意在鼓吹美国自己的帝国主张，即所谓"一个伟大的帝国和一个伟大的共和国应该拥有的抱负与梦想"[65]。对于后世的帝国主义者，克劳狄安以最引人注目的方式描写出罗马的意义，同时告诉他们所有以罗马为标杆的帝国应该具备何等的胸怀与追求。

用维吉尔的话来说，罗马的伟大之处不在于其疆域或权力，而在于运用权力的方式。罗马的确统治了不少民族，但罗马与其他统治者的不同在于，它"推行和平与道德，宽待臣服者，征服骄横者"[66]。罗马教化使命的核心是将文明传播给世界，"文明"就是罗马人通常所说的"人文"（humanitas）的英文翻译。"文明"是仁慈、理性、有教化的人类的理想。古罗马学者西塞罗发现这个概念起源于古希腊，相似的说法还有"仁爱"与"智慧"。但是罗马人将这样的理想发挥到极致。此外，罗马人在世界上竭力推广、宣扬这些价值。老普林尼在《博物志》中写道："罗马被当作'由上帝选中的所有国家的母亲和助产士'，于是罗马让天地澄明，让分隔的民族重聚，让人的举止优雅，让无数使用粗俗语言的国家统一在共同的语言之下，它把文明带给人类，同时把所有土地变成人类唯一的祖国。"[67]

肩负文明教化的使命让罗马的权力与罗马征服世界的行动有了合法性。[12]

格雷格·伍尔夫认为，在恺撒、斯特拉波、普林尼和其他人的著作中，"罗马的统治是为最大限度解放人性而创造条件，让人受到教化，从而使他们成为真正的人。罗马的征服可以被看作释放世界和人类潜力的手段。早期人们为帝国主义合理性所做的辩护无不基于每场战争的正义性，即战争正义论，而罗马向世界传播文明的说法，为罗马征服世界的过程提供了支持"[68]。

关键是罗马对文明的理解与种族或民族无关。即使罗马人对古希腊人的文明与成就依然无比崇敬，但在这一点上罗马人选择与希腊人分道扬镳。希腊人认为，无论是真实的还是虚构的，拥有一个共同的祖先是个体或族群被归为希腊人或被归入文明世界（与"蛮夷"相对）的重要标志。而罗马人不这么看，文明化或罗马化，原则上对任何人都适用，无论是蛮夷还是意大利人。罗马城本身就是一座"混杂"之城，无数部落与族群在此安身，它不以民族为自身基础。无论是神话传说还是历史故事，罗马人"不会像希腊人那样注重血统，或像犹太人那样重视宗教关系，而是在价值观、忠诚、习俗和崇拜方面不断同化其他族群而形成的共同体"[69]。[13]

除此以外，不仅任何人都可以获得文明，文明的获得也可以是渐进式的。"文明化的过程"是指在特征和品质上逐渐接近文明的过程。文明化得到认可的标志是公民权的授予，这也可以是渐进的。比如拉丁人，他们身为罗马人的邻居，使用同样的语言，拥有同样的宗教习惯，被认为在文明程度上最为进步，于是被授予部分公民权，即所谓"拉丁公民权"。他们只有真正被同化为罗马人后，才会被授予完整的公民权。[70] 这是归化异族的模式，即使对北高卢和不列颠岛的蛮夷也适用。"拉丁公民权……成了罗马人偏爱的武器，被用来提高外省人群的地位，使之逐渐与罗马人平起平坐。"[71] 后世欧洲帝国没有忘记罗马的这个创举，它们也将公民权开放给臣民，但开放并不是一次性的，更不是无条件的，而是像罗马那样，需要仔细考察臣民的"文明程度"。

罗马：公民、种族、民族

　　克劳狄安的演说中经常被人引用的内容是罗马对待臣民的态度。克劳狄安盛赞罗马"召集那些被打败者，赋予他们公民权，用情感的纽带将远方的民族团结在一起"。这作为罗马统治的一方面在之后数个世纪引发了评论者的兴趣。在克劳狄安之后不久，出生在图卢兹的诗人卢梯留斯在回高卢的途中写下了一篇史诗——《归途纪事》（417），他指出这正是罗马文明教化使命的核心。

　　　　汝将异族之境纳入国土，

　　　　法外之地得到帝国庇护；

　　　　用法律驯服难驯的异族，

　　　　茫茫荒野建起座座城市。[72]

　　在文艺复兴时期，罗马因为其对待非罗马人的态度而独树一帜。马基雅维利在《论李维罗马史》（1531）中认为，希腊城邦，如雅典和斯巴达发展停滞乃至最终灭亡，原因在于其对待"异类"和外国人的敌对态度；恰恰相反，罗马"消灭了邻居"，变得更强大，因为罗马维持着一条"为向往归化的人而设的开放且安全的通道"，并给予他们"赢得荣誉的机会"，其中包括授予公民权。[73]14

　　和马基雅维利一样，弗朗西斯·培根也认为公民权是罗马兴起和持续发展的关键要素。"面向外族的自由归化政策是一个国家成为帝国的先决条件……在这一点上，没有一个国家能与罗马媲美；因此，罗马成了最伟大的帝国。"培根随后又补充道："罗马殖民扩张的过程，就是罗马的风俗传统移植到其他国家的过程；两种制度融为一体，好像不是罗马在世界上扩张，而是世界在罗马的土地上发展，这无疑是伟大的。"[74] 其他国家往往闭关锁国，小心翼翼地捍卫本土文化和公民身份，而罗马继承了亚历山大帝国的传统，对外敞开大门，吸收各地的民族、习俗、宗教，同时将自身的政治和文化注入世界。

"罗马化"这个概念指的是罗马的法律、城市形态、行政管理向帝国各地传播的过程。15 这并不意味着当地的文化与族群的差异性，特别是大众层面的差异性被消灭。相反，罗马对于当地文化通常很宽容，允许本地宗教与方言的存在。16 但帝国各地的精英在思想和行动上都被统一打上了罗马的物质文化与政治文化的烙印。各个行省城市的庙宇、剧院、宫殿、乡间小屋、道路、浴场、广场、运动场、雕塑和墓碑，都仿照罗马的样式。当地势力先在市议会中失势，之后进一步失去在帝国官僚体系和军队中的控制权，而彻底罗马化的拥有土地的贵族开始接管地方，这样的治理模式被英国人在治理其庞大帝国时大加推广。拉丁语是地方上层社会的语言，至少在西罗马帝国如此，在帝国的历史上，想进入上层社会的人必须努力学会拉丁语。17 上文提到的埃留斯·阿里斯提得和克劳狄安都出生在外省，还有出生在西班牙南部的梅洛鲍德斯，他是一位有着法兰克血统的罗马将军，同时也是著名的拉丁诗人和演说家（以及战士），在拉韦纳的帝国宫廷任职。[75]

有朝一日能说出"我是罗马公民"，这是大多数罗马臣民梦寐以求的奖赏。公民权是罗马悬在人民眼前的触手可及的奖赏，是对忠于罗马、尊重其法律与制度的臣民的公平回报。这正是罗马与之前的希腊（不包括马其顿）的不同之处。对于是否要吸收中部和北部的高卢人，即与南部罗马化的那尔榜南西斯地区的高卢人截然不同的"长毛高卢人"进入罗马元老院，皇帝克劳狄乌斯的态度与几个世纪后马基雅维利和培根的观点完全一致。"斯巴达与雅典，尽管有着杰出的军事实力，仍然失败了，原因在于它们将被征服的臣民视作异类。而从罗慕路斯开始，恰恰相反，我们不止一次运用高超的智慧，在一夜之间将敌对民族变成罗马公民。"皇帝的这番话背后有丰富的例证作为支持，这是罗马的方式，可以追溯到罗马兴盛之初，也是罗马崛起的根源。克劳狄乌斯家族的先祖克劳修斯就是被罗马征服的萨宾人，"他同时成为罗马公民和贵族"，有人鼓励皇帝"采用同样的政策，吸收更多的各地精英为罗马所用"。皇帝指出，在高卢之战后，"和平与忠诚才是政权的保障。让他们学习我们的习俗与文化、和我们通婚，让他们带着他们的财富来到罗马，而不是留守当地"。塔西佗说，元老院批准了皇帝的提议，不仅是罗马的公民权，连最高职位也应该开放给蛮夷，只要他们诚心归顺，并且学会罗马的方式。[76]

图 2.2　罗马皇帝克劳狄乌斯的石碑，记录了克劳狄乌斯在元老院的演讲，他提议让高卢人进入元老院［Photograph by Rama, licensed under Wikimedia Attribution-ShareAlike 2.0 France (CC BY- SA 2.0 FR) https://creativecommons.org/licenses/by-sa/2.0 /fr/deed.en］

开放公民权是一个缓慢而持续的过程，说拉丁语的邻居首先被赋予公民权，同盟者战争（公元前 91—前 89 年）之后，帝国的意大利盟友也被赋予了公民权（公元前 89 年），之后山南高卢的罗马化的凯尔特人也被吸收（公元前 49 年）。再后来，整个意大利都统一在罗马的旗帜下。在帝国的统治下，公民权逐渐开始被授予非意大利行省的人民。这一进程在 212 年的著名敕令颁布后达到顶峰，罗马皇帝卡拉卡拉宣布罗马公民权原则上开放给所有帝国境内的自由民。这一政策被认为不过是对前一个世纪稳步发展的政策的整理和收尾，但其象征意义毋庸置疑。此举以坚决的态度宣告了帝国的统一与气度，即"罗马人民的伟大"。[18] 公民化的结果是将臣民提升为罗马世界中平等的个体，并使罗马世界日益与文明世界相一致。"于是，一个人只需要是文明世界的自由居民，就能成为罗马公民。"[77] 而这一时期的"蛮族"是身居帝国之外、享受不了文明福利的族群。这时的罗马再也不可能像之前那样，存在享有各种不同公民身份的"内部蛮族"。[78] "罗马人"与"蛮族"的对抗、文明与蒙昧的对抗加剧，割裂着世界。

或许这是缓慢历史进程导致的结果，但对一些人来说，卡拉卡拉敕令

图 2.3　罗马皇帝卡拉卡拉的半身塑像。212 年，他颁布敕令，将罗马公民权授予帝国范围内一切自由民〔Shakko/Wikipedia licensed under Attribution 3.0 Unported (CC BY 3.0) http://creativecommons.org/licenses/by/3.0〕

标志着罗马史上的一个新开端。它象征着帝国已经摆脱了罗马人民对其命运的掌控，帝国完全成为皇帝及其仆佣（军队和官僚）操控的产物。理查德·克布纳认为，"实际上，世界性的公民权与罗马人民的帝国是相矛盾的"。卡拉卡拉敕令用了"罗马世界"一词而非"罗马人民的帝国"，这实际上是一种"全能行政权"的主张（"身在罗马世界的，已经成为罗马公民"）。在克布纳看来，舞台已经搭好，基督教观点中的罗马帝国登场亮相，这是"皇帝的帝国"，帝国系于皇帝个人。因此，皇帝可以出现在君士坦丁堡、米兰、拉韦纳，或之后的神圣罗马帝国，甚至出现在遥远的高卢和日耳曼地区：皇帝在哪里，哪里就是"罗马"。[79]

提出"卡拉卡拉开端说"的迈克尔·多伊尔，表达了相似的关于变化的观点，尽管他的视角有所不同。他赞同社会自由度与参与度降低的说法。但他质疑，卡拉卡拉之后，在"两大政治实体互相制约"、一方控制另一方的意义下，罗马在多大程度上能被称为一个帝国。"在卡拉卡拉的统治下，罗马公民的权利被逐渐削弱，但权利依旧平等。罗马还是那个一族人控制另一族人的帝国吗？事实上罗马成为帝制的典范：族群间的政治差异已被消除。"[80]多伊尔与摩西·芬利关于帝国的观点异曲同工，他们不认为帝国只是国土辽阔的国家，而应该严格符合某个族群或政权统治另一些族群或政权这一特征。因此，芬利断言："当卡拉卡拉将公民权赋予领土上几乎所有的自由民后……我们所说的罗马帝国已经不再是一个帝国了。"[81]

多伊尔和芬利试图说明，因为推行平等的公民权，罗马几乎成了一个大型民族国家，而不再是帝国，因为公民权往往被认为是民族国家的核心原则之一。如果是这样，讨论民族国家的诞生就必须和罗马联系起来，因为在古代，没有哪个国家对待公民权的态度与罗马类似。[82]

正如第一章所讨论的，帝国与民族国家可能看起来非常相似，即使二者的原则相左，但二者至少在具体施政上非常相似。具体来说，我们选择怎样叙述，一定程度上取决于我们的想法。但无论卡拉卡拉的敕令还有什么其他的寓意，我们很难说它就导致了帝国的终结。在西塞罗、埃留斯·阿里斯提得、普林尼、斯特拉波、克劳狄安、卢梯留斯和其他人（不论是罗马人还是外省人）看来，将公民权开放给所有罗马臣民是罗马最高且最具特色的原则。这是罗马独一无二、区别于古今其他一切政权与帝国的原因。19世纪的历史学家和法学家詹姆斯·布莱斯在比较了罗马帝国和大英帝国之后，认为在这一点上英国试图效仿罗马。"没有什么，"他说，"比这种帝国民族感更能促进罗马的统一和强盛……在3世纪，无论是高卢人、西班牙人、潘诺尼亚人、比提尼亚人，还是叙利亚人，都称自己为罗马人，从各方面考察，他们也的确是罗马人。帝国的利益就是他们的利益，帝国的荣光就是他们的荣光，这一点他们和任何出生在罗马城的人没有两样。因此，没有理由质疑这些人的忠诚，没有理由不让他们去指挥意大利本地人战斗，或在和平时期派他们去管理意大利本地人。"[83]

与布莱斯同时期的政治学家 C. P. 卢卡斯认为，"在历史上，罗马人是唯一一个坚定地、一步步地将一座小城扩张为世界性共同体的民族"[84]。即使是在卡拉卡拉之后，这也是罗马帝国与民族国家的区别。哪个民族国家要占领全球？哪个民族国家存在这样的意图？无论多么关注自己，一个民族国家毕竟会接受其他民族国家的存在。而帝国尽管被迫和其他国家或帝国打交道，却并不接受它们的存在。因为到最后，只能留下一个帝国，一个世界性的帝国，作为文明与教化的使者（见第一章）。没有帝国像罗马一样表达过这样的信念。正如特奥多尔·蒙森所说，"对于这种论调，罗马人再熟悉不过，他们的国家不仅是世界上第一强国，某种意义上，也是唯一的强国"[85]。罗马即世界，在2世纪版本的《罗得海法》中，罗马皇帝是"世界的统治者"。作为罗马天主教廷的首脑，教皇在复活节向"罗马城与全世界"发表讲演，他传达的是罗马帝国所宣扬的统一与身份，还声称教会继承了罗马帝国的精神。

罗马的世界主义与民族国家的同质化趋势背道而驰，它追求族群的多元化与差异性，无论帝国与少数族群和"多元文化"存在怎样的冲突矛盾。因为普遍公民权的另一面与种族、族群或民族无关。除了极少数特例，几乎所有研究罗马帝国的学者都认可这一点。[19] 罗马人当然大可鄙视所谓的"蛮族"，无论是帝国内的还是边界之外的，但是大家的共识是，不存在无法逾越的"种族"上的或生物学上的障碍阻止他们最终被同化（除了顽固的、不愿接受罗马的生活方式的犹太人）。蛮族也能被文明化，也能穿上裤子。高卢人（"长发高卢人"）也能变成穿长袍的高卢人。他们学会了种植葡萄与橄榄，放弃吃粥改吃面包，喝葡萄酒而不是啤酒，在城市定居，学会了洗澡。总之，他们可以被罗马化。这是极具吸引力的前景，绝大多数蛮族，特别是其中的上层人士，都对此无比拥护。斯特拉波提起西班牙的图尔德泰尼人时说，"他们学会了罗马的生活方式之后，遗忘了本族的语言，成了穿长袍的民族"[86]。

很多人认为，与现代帝国相比，罗马作为一个政治实体的特殊性在于，它从一个城邦国家发展为帝国，却没有产生民族概念。罗马起源的神话强调罗马立国的原则是包容与多元。罗纳德·塞姆说："许多国家都会美化和拔高自己的出身，而罗马起源的传说却在赞美私生子和强盗。"[87] 在古罗马历史学家李维看来，罗马城的创建者罗慕路斯让这座城市成为"难民的避难所，周边各色人等蜂拥而至，人们无法分辨出他们到底是自由民还是奴隶，他们都渴望在这里过上新的生活，这些人是这座城市生命力的来源"[88]。[20] 古罗马历史学家萨鲁斯特也注意到了罗马的多民族起源，他补充说："他们走进罗马城的城墙内，开始共同生活，放下了血统、语言、生活习惯上的差异，出人意料地融为一体，不久后，背景各异的移民就融合成了一个民族。"[89]

但这又绝非现代意义上的民族，更不是人种学意义上的民族。罗马人的"混杂"本质在罗马掠夺萨宾妇女的过程中得到充分展现。面临两族交战的威胁，萨宾妇女成功使敌对双方达成和解，结果导致萨宾人融入罗马。李维说，罗马和萨宾的领袖"不仅促成了和平，也让两族人团结如一家"[90]。皇帝克劳狄乌斯总以自己是萨宾人而骄傲。西塞罗则认为，是高超的政治手腕将萨宾和罗马牢牢地绑在一起，建立了所谓"即使是敌人也要纳入国家公民体系"的原则，这是罗马走向伟大的开始。[91]

随着罗马疆域的扩张，公民权逐渐被开放给各地族群，非罗马人和非意大利人开始占据帝国行政体系各个层面的重要位置。之后的评论者站在现代帝国的角度，对罗马拱手将帝国让给他人表示惊诧。重要的是帝国理想的传承和发扬，这种理想当然是由罗马详细阐述的，而帝国也将继续以罗马为名。然而"罗马"现在成了对外开放、意涵丰富的象征符号。2世纪后，即使罗马城也不再是帝国的中心：皇帝所在即"罗马"所在，而皇帝通常驻守在帝国边缘。如布莱斯所说，"罗马城就是帝国，帝国就是罗马……，最后，罗马城失去了自身的历史，除了其伟大的建筑传统，罗马城已经彻底和它所在的帝国融为一体"[92]。来自高卢、西班牙、阿非利加、巴尔干行省（如达尔马提亚和潘诺尼亚）、东部行省（如叙利亚和亚细亚）等地的非意大利人不仅壮大了骑兵队伍，还在军队和官僚系统中占据高位。即使最高掌权者中也不乏非意大利裔君主，比如阿非利加的赛普蒂默斯·塞维鲁，西班牙的图拉真、哈德良和狄奥多西，达尔马提亚的戴克里先和君士坦丁，叙利亚的赫利奥加巴卢斯和亚历山大。正如 P. A. 布伦特所说，"如果在罗马时代，尼赫鲁和恩克鲁玛都有资格成为帝国的最高掌权者。在3世纪，大多数元老不是意大利人。图拉真之后的君主大多来自地方行省，永恒之城在247年庆祝其千年诞辰，但当时的统治者是一个阿拉伯人"[93]。21

对于那些关心罗马与后世帝国比较的人来说，罗马的世界主义与古代社会传统的仇外情绪完全相反，这恰恰是罗马的闪光点。但也有人疑惑：现代帝国的非欧洲人口比例极高，它们是否可以在一定程度上同化这些非欧洲人口，就像罗马通过罗马化的政策和过程想要达到，或者在一定程度上已经达到的那样？这是萦绕在后世研究帝国的学者心头的问题。法国人至少在政策理论上奉行和罗马最为接近的同化政策，虽然在实践中并非总是如此。英国人在这个问题上向来模棱两可，他们不确定印度人和非洲人是否真能转变为不列颠人（甚至英格兰人）。对于内陆帝国，如罗曼诺夫帝国、哈布斯堡帝国和奥斯曼帝国而言，它们的人民比邻而居，罗马的同化模式似乎是最为自然的选择。然而出于各自的理由，它们都选择践行罗马经验的另一方面：建立共同体，树立对帝国的忠诚，但允许不同族群在一定程度上保留自己的宗教、语言和习俗。罗马的遗产着实复杂，既追求共同的帝国文化，也在一定程度上允许多元与差异。

我们将在之后讨论这些问题将如何影响帝国的发展。但我们先要回顾罗马政治遗产中的最后一项，也可能是最重要的一项：基督教的发明与传播。

罗马：普遍宗教

阿诺德·汤因比在《历史研究》中提出了一种文明的发展模式，即经过一段时间极具创造性的发展壮大之后，前进的引擎将熄灭，文明固化为"普遍国家"或"普遍宗教"。于是，汤因比认为典型案例就是希腊文明最终成就了普遍国家罗马和普遍宗教基督教。普遍国家罗马灭亡了，因为以教会的方式组织起来的普遍宗教在融合了希腊文化后，像蛹一样，可以孵化出新的西方文明。[94]

无论人们对汤因比的史观有何看法，没人会质疑罗马与基督教的关系，在罗马众多政治遗产中，基督教被认为是最重要的、影响最深远的。鉴于罗马天主教廷延续了两千余年，这个结论是显而易见的。而不那么明显的（即便人们不反对也会有争议的）是4—5世纪由异教思想家提出的观点，即基督教并没有巩固和延续罗马的传统，相反基督教损害了罗马的根基，在罗马被异族彻底摧毁之前，基督教让罗马毫无抵御外侮的能力。尽管有相反的史料，尽管在410年攻陷罗马的西哥特蛮族都是基督徒，尽管信奉基督教的拜占庭帝国在东方依然延续了千年，但人们还是会怀疑，基督教与罗马之间互不相容。罗马被认为是异教精神的化身，它崇尚武力和霸权，其政治制度中贯穿着君主崇拜，帝国上下痴迷于血腥的角斗场面带来的感官刺激和纸醉金迷的盛宴。而基督教带来的是平静与和解，它试图驯化这股穷兵黩武的戾气。基督教教义主张顺从与宽恕、简朴与禁欲。基督教希望将信条传播到罗马之外的异国他乡。罗马与基督教怎么会互相兼容，甚至互利合作呢？ 22

首先，坚持这类观点的最重要著作之一似乎就是爱德华·吉本的《罗马帝国衰亡史》，可实际情况未必如此。的确，在这部不朽的著作中，吉本认为"宗教的目的是未来生活的幸福，对于基督教的引入与传播导致了罗马帝国的衰亡，我们既不惊奇也不愤慨"。吉本在最为著名的一章中写道，"社会的积极因素被抑制""宗教纷争被点燃""君主的注意力从军营转移到教会""罗马帝国被新的暴政统治"。[95]

人们不仅要特别关注吉本的论调与措辞，更应该注意吉本立刻对这一观点做了修正，甚至反驳了这种观点。他补充说，基督教其实既是分离的力量也是统一的力量。当帝国被其他因素影响、面临解体的威胁时，是基督教将罗马上下凝聚在一起。"1 800位主教，谆谆教导信众服从合法正义的统治；他们不知疲倦地集会和布道，维持了与远方的教会之间的联系；尽管作用有限，但天主教的精神联盟让福音仁慈的本性得到了强化。"此外，基督教被认为减轻了异族侵略的威胁，因为不少异族皈依了基督教。"尽管不尽如人意，基督教纯粹和真诚的影响还是可以追溯到北部蛮族的改宗。如果说罗马帝国因为君士坦丁大帝信奉基督教而加快走向了灭亡，那么基督教则让帝国的衰落少了几分暴力色彩，让残暴的征服者变得平和。"[96] 23

吉本对基督教的批判相当谨慎，这使得他与启蒙运动的主流思想产生了分歧，启蒙思想认为，基督教或一切宗教都与理性相违背，当然会严重损害罗马的民心士气和抵抗精神。启蒙运动反对的是一种更悠久的为基督教辩护的传统——基督教不仅远没有损害罗马帝国，在某种意义上还践行了罗马的精神。在基督教的早期时代，这种论证的基本逻辑是，罗马是基督教起源和崛起的天意之选，基督教在帝国内外的传播取得了胜利。罗马与基督教绝不冲突，两者皆为彼此而存在。基督教延续、补充、完成了罗马开启的文明教化使命，甚至将其提升到了更高的精神层面。因此，罗马物质世界的衰落，罗马政治甚至经济制度的毁灭，绝不意味着罗马的终结。罗马的精神已由更强大的势力所承载，那就是天主教廷。教廷是罗马帝国另一种形式的延续。著名的中世纪历史学家亨利·皮朗说，天主教廷是"罗马精神延续的最明显的证明"。"天父难道没有说过罗马的存在与上帝的意志是一致的，而它对于基督教是必不可少的吗？教廷难道没有参照罗马的组织架构吗？难道没有使用帝国的语言吗？难道没有保留帝国的法律与文化吗？教廷的重要人物难道不是从先前的元老院家族选出来的吗？"[97]

这一观点影响深远，其重要的支持者有 3 世纪埃及亚历山大的神学家奥利金。《马太福音》中有言："所以你们要去，使万民做我的门徒。"奥利金评论说："很明显，耶稣出生于奥古斯都的年代，那时国家统一，族群融合。因为众多帝国的存在是不利于传播基督福音的。"[98] 早期基督教观点认为，只有最愚昧无知的人才会把基督诞生在奥古斯都统治的和平年代当作巧合，或不把 70 年皇帝提图斯征服耶路撒冷当作犹太人因迫害基督而受到的惩罚。24

奥古斯丁在《上帝之城》①第五卷中，对罗马与基督教的关系做了权威的解释。奥古斯丁的态度相当明确，正如维吉尔所说，上帝赐予罗马统治四方的权力，这是罗马的神圣使命，即为世界带去法律与和平。[99] 在奥古斯丁看来，这都是上帝为人类做好的安排。上帝选择罗马传递自己的旨意，因为罗马展现出独有的德行。"在东方的王国已经辉煌了很长时间以后，上帝想要西方也兴起一个帝国，这个帝国尽管在时间上是晚出的，但其在疆域和伟大方面会更加辉煌。为了在其他民族中克服邪恶，上帝有意将荣誉、赞扬和荣耀赋予这些人，要他们寻求自己的荣誉，要他们毫不犹豫地考虑国家的安全，甚过他们自己的安全，以这种恶，即喜爱赞誉，克制他们对财富的贪婪和其他邪恶。"[100]

尽管罗马人的德行未必尽善尽美，不免陷入世俗窠臼，但他们教导世人接受基督教教义，以进入"永恒天国"：

> 因此，罗马的荣誉及其极大的扩张不仅是对罗马公民的补偿，而且对永恒之城的居民也有意义，当他们赴那里朝圣时，他们会对这些范例做冷静的思考。如果地上的国家因人的荣耀而为它的公民所热爱，那么由于永恒生命的缘故，他们对这个天上的祖国应当如何热爱呢？[101]

奥古斯丁反复地阐述这一观念：如果罗马人以永恒之城的名义付出如此艰辛，以培养德行，那么，我们凡人应该付出更大的代价才能进入天国。"如果我们身上没有进入上帝之城所需的品质，而罗马人已为我们做出了示范，我们应该感到羞耻。"[102] 对于罗马人的垂范，我们必须遵照。罗马人铺好道路，响应主的旨意为耶稣的诞生与传道创造了空间，惩罚害死耶稣

---

① 以下出自这本书的译文均来自王晓朝译版本，略有改动。——译者注

的犹太人，在其统治的疆域内，布道者如保罗等人将基督教教义传播到世界各地。最终，又是天意，罗马皇帝君士坦丁大帝和狄奥多西一世正式确立基督教为罗马国教。这是罗马与基督教存在内在联系的最好证明。所谓上帝之城不过是尘世间罗马城的一种补充和完善。

此后，因为奥古斯丁和其他基督教教父，罗马作为基督教摇篮的说法变得很有吸引力，这使罗马残酷专制统治的形象柔和了起来。这一观点和不少19世纪思想家的观点不谋而合，其中包括约翰·亨利·纽曼，他曾公开改宗天主教，成为天主教廷坚定的卫道士。但这一观点也得到了托马斯·巴宾顿·麦考莱的认同。虽然作为态度强硬的新教徒，他对罗马天主教廷自命不凡的那一套不以为然，但麦考莱在评论兰克的《教皇史》时公开赞美天主教廷："罗马天主教廷的历史将人类文明的两个伟大时代联系在一起，没有其他现存的建筑可以让人回想起从万神殿中冒出的献祭的烟雾，以及在罗马竞技场中跳跃的长颈鹿和老虎。"[103] 麦考莱认为天主教廷是罗马帝国的延续，也是罗马精神的化身，在这方面，没有其他东西可与之匹敌；而且教廷的权威与影响力将延续下去，没有尽头。[25] 基督教延续了罗马的生命：理查德·詹金斯认为，"基督教世界是超越地理界限的罗马精神……是罗马遗产的一部分"[104]。

弗兰克·特纳认为，"维多利亚时代的英国人与罗马人同样信仰基督教，于是基督教信仰成了他们与罗马人的生活之间唯一的也是最重要的联系……罗马时期基督教的兴起对于维多利亚时代甚至许多爱德华时代的人来说，更像是帝国覆灭后的一种补偿。不少维多利亚时代的作家也认为罗马不过是孕育了基督教信仰的一个载体"[105]。当然，对于部分学者来说，这种说法或许成立，但绝不代表普遍的观点。罗马的衰亡是西方思想史的重要主题，19世纪以及之后欧洲帝国主义达到鼎盛之时，这个主题更是成为学者与政治家关注的问题。在把基督教与罗马放在一起讨论时，他们更多是将基督教当作罗马的对立面甚至敌人，将其视作消解帝国组织的溶剂。这种观点认为，罗马的灭亡标志着新时代，即"基督教中世纪"的到来和古代社会的终结。对文艺复兴时期及之后的世俗人文主义者来说，他们会怀念和哀悼罗马，因为一种有价值的思考与生活方式不复存在了。

但也有人认为帝国得以部分延续。罗马孕育出基督教，同时作为基督教最大的传播者，这一事实深刻地影响了早期现代帝国，如葡萄牙帝国和西班牙帝国，因为它们都认为自己在美洲和东方肩负着传教使命。内陆帝国如罗曼诺夫帝国和哈布斯堡帝国也是如此。前者是东正教和拜占庭传统的继承者——有所谓"莫斯科第三罗马"的说法。后者拥护罗马天主教势力，是反宗教改革的先锋和帝国东部（奥地利）的信仰捍卫者。

对于之后的西方帝国——无论是荷兰人、法国人和英国人建立的帝国，还是其他帝国——来说，基督教的地位依然不可撼动，特别是在面对信奉伊斯兰教的奥斯曼帝国的时候，罗马的其他遗产变得越发重要。"文明的使命"多少发生了改变，不再只是信仰的传播，而侧重于帝国的法律、政治和文化秩序的输出。于是无论是治理本国国民还是对待帝国境内习俗、信仰迥异的其他民族，罗马再度成为思想和经验的源泉，给予后人丰富的养分。罗马皇帝卡拉卡拉曾给予帝国所有自由民罗马公民的身份，后人会效仿吗？罗马化的真正意图和实际影响究竟是什么？是为了创造统一的帝国文化，还是仅仅为了将被征服地区的精英纳入麾下？罗马追求创造的世界帝国有何意义？在帝国和其他国家林立的世界，帝国还应该追求普遍价值吗？这些追问也回荡在之后欧洲帝国的上空，无论是为了追寻答案，还是为了寻求前人的经验，人们总是最先想到罗马。

米歇尔·德·蒙田在《论马车》①（1580）一文中，深刻地抨击了西班牙

---

① 以下出自这本书的引文均来自梁宗岱译版本，略有改动。——译者注

殖民者征服美洲，他惋叹欧洲人再也无法获得本性善良的印第安人的信任。他在文中说："一场如此壮阔的征服战，一场关系到如此众多帝国和民族的重大变化为什么没发生在亚历山大时代，或古希腊和古罗马时代呢？古希腊人和古罗马人会以他们温良的手使蛮荒变得开化和文明，会让造化在那些民族身上播下的优良种子生根、发芽，不仅会将这里的技艺与那边的土地耕作和城市美化结合起来（如果那里需要），而且会将希腊人、罗马人的美德与当地人原有的美德结合起来！" [106] 从中我们不难发现罗马（作为希腊文明的继承者和传播者）对受过教育的现代欧洲人而言意味着什么。同时这也提醒他们，现代帝国的问题就在于它们背弃了罗马的模式与传统。现代帝国以某种方式在与罗马的对话中发展起来。

第三章　奥斯曼帝国

有些历史学家把奥斯曼帝国当成民族国家，其中土耳其人掌握权力，控制着少数族群。这种说法存在漏洞。奥斯曼帝国包含了不同族群，这些族群被认为是"不同的"。帝国并未消灭各个族群之间的差异性，相反差异性从上至下植根于奥斯曼的政治体系中。

——阿龙·罗德里格 [1]

奥斯曼帝国被塑造为一台统治机器。作为一个牧民族部落，它远离出生的草原，来到陌生的环境中，不仅求得生存、站稳脚跟，还把和平与秩序带给了一个已经衰败的基督教社会［东正教］，甚至威胁到另一个更强大的基督教社会的生存，并从此在整个世界投下了阴影。

——阿诺德·汤因比 [2]

试图将晚期奥斯曼帝国框定在帝国崩溃的历史叙事中，通常与西方化、民族主义、世俗化有关，这让我们无法清楚地认识那段历史。

——M. 许克吕·哈尼奥卢 [3]

　　奥斯曼帝国的名号在西方人听来有些陌生。与欧洲帝国不同，它是非基督教帝国，是伊斯兰教的中心与传播者，也是伊斯兰教圣地的守护者。奥斯曼帝国继承了阿拉伯的哈里发制度，肩负向世界传播伊斯兰教的使命。对西方而言，与奥斯曼帝国的斗争可视作中世纪十字军东征的延续。在近代早期历史上，宗教在欧洲帝国中占据重要地位，而正是宗教显示了奥斯曼人与欧洲人最大的不同。15—16世纪，奥斯曼军队的入侵造成整个欧洲大陆的恐慌，尤其是在位于中欧的德意志和哈布斯堡王朝的土地上。[4]天主教徒和新教徒都表达了对伊斯兰教来到欧洲的焦虑。1529年和1683年，奥斯曼帝国两次进军哈布斯堡王朝的都城维也纳，这是基督教世界抵抗奥斯曼人的前沿阵地。奥斯曼人有着截然不同的生活方式和宗教信仰，威胁要像数个世纪前的阿拉伯人一样征服欧洲。

　　哈布斯堡王朝是天主教反宗教改革力量的代表，但新教徒同样对奥斯曼帝国有所警觉。马丁·路德警告人们，"土耳其人是上帝愤怒的铁杖"，是对信徒的制裁，因为天主教徒丧失信誉、腐蚀教会。但出于"正义之战"的原因，马丁·路德鼓励他的追随者支持哈布斯堡王朝与奥斯曼军队对抗。因为，"正如天主教皇是基督的敌人，土耳其人亦是恶魔的化身，基督教世界期望最后两者一起下地狱"。路德甚至不再区分教皇与土耳其人："基督的敌人就是教皇，而他的化身就是土耳其人。"[5]

　　欧洲人普遍使用"土耳其人"来指代奥斯曼人，尽管不甚准确。文艺复兴时期及之后的思想家认为"土耳其人"就是新的蛮族，如同古希腊与古罗马面对的蛮族敌人，奥斯曼人是毁灭罗马的残暴又凶狠的蛮族的后世翻版。如英国作家理查德·诺尔斯所说，"他们是当今世界最大的恐怖之源"[6]。对奥斯曼人的各种印象无疑强化了这一看法。奥斯曼人实行着特殊的制度与政策，在欧洲人眼中这些就和奥斯曼人所信奉的宗教一样古怪。这些制度与政策包括：弑兄弟传统，即新任苏丹在继位前要杀死所有的兄弟，以防王位之争；要将年轻的王储，即苏丹的儿子们，"囚禁"在托普卡帕皇宫。在后宫之中，苏丹的母亲统领苏丹的妻妾，来自非洲的宦官监视她们的日常起居。此外，还有非常重要的德米舍梅（意即"征募"）制度：年轻的基督徒应征入伍，作为苏丹的奴隶在宫廷或禁卫军中服役。这些蓄着胡须、戴着包头巾的壮丁，经常在托普卡帕皇宫内外引发血腥暴力冲突，禁卫军也发起过多次叛乱，从中不难看出，奥斯曼帝国为什么成为爱德华·萨义德基于西方人的想象而构建出的"东方主义"的最佳例子。"直到17世纪末，'奥斯曼的威胁'一直在欧洲蔓延，是基督教文明的最大敌人。"之后欧洲存在所谓伊斯兰"后遗症"的说法，欧洲人以此描述这群"充满恐怖的毁灭性力量，象征恶魔与仇恨的蛮族"[7]。奥斯曼帝国数个世纪以来作为西方文明中经典的"他者"，一度带有异域色彩和威胁性，既神秘又迷人，试图将异域的生活方式传播到全欧洲。

矛盾的是，就在伊斯兰教的威胁于19世纪逐渐消除，奥斯曼帝国变成"欧洲病夫"时，欧洲人认为他们与奥斯曼文明的差异反而有所扩大。英国思想家、枢机主教约翰·亨利·纽曼认为，奥斯曼人缺乏法治，其文明缺少精神内涵，其生存完全依赖于其他人——"法兰克人"、亚美尼亚人、希腊人和犹太人。纽曼断言，他们"阻碍了19世纪人类的进步……他们既无法抛弃传统，也无法终止帝国的存在；他们无法自保，也缺乏对基督教世界的同情；他们净是些穆斯林、独裁君主、奴隶贩子、一夫多妻者；他们鄙视农业，憎恨欧洲，抱残守缺，自视甚高，自绝于世界民族之林，凭借无知与狂热生存"[8]。

纽曼对奥斯曼人坚决的敌意与英国首相威廉·格莱斯顿很相似，格莱斯顿曾在1876年出版的名噪一时的小册子《保加利亚惨案》中，表达了对

"土耳其民族"以及其本性的严厉谴责。

　　这不是单纯的伊斯兰教的问题，而是伊斯兰教与这样的民族结合之后产生的问题。奥斯曼人不像印度温和的穆斯林，也不像叙利亚崇尚骑士精神的萨拉丁，更不像有教养的西班牙摩尔人。他们从一开始，从踏入欧洲的第一天，就是反人类的代表。他们无论走到哪里，身后必定留下一条长长的血迹，他们的统治所至之处，文明消失殆尽。他们是暴政的代表，是法治的敌人。他们是无情的宿命论者：作为奖赏，他们死后将升入充满酒食乐舞的天堂。[9]

土耳其式的残暴、对感官享乐的沉迷与独裁专制，是西方人心中的刻板印象。但早在奥斯曼势力在欧洲冒头之时，西方人中间也存在不同的看法，尽管这种看法没有上述的负面观点那么流行。对一些西方思想家来说，与西方的不同之处，可以引发一些对西方信仰和实践的批判性思考。例如理查德·诺尔斯曾指出，奥斯曼帝国诞生之初的优势在于缺乏世袭贵族集团，而德米舍梅制度能让统治阶级在选拔人才时只考虑个人才能。[10]16世纪法国思想家让·博丹对欧洲狂热的宗教权威与奥斯曼较为宽松的宗教政策进行了比较：

　　土耳其人伟大的皇帝和世界上其他君主一样，敬奉祖先留下的宗教教义，却并不排斥其他人的信仰；相反，他允许其他人选择自己的宗教：在他位于佩拉的宫殿附近，就居住着4个有着不同信仰的族群——犹太人、基督徒、希腊东正教徒以及穆斯林。此外，他还送施舍给在阿索斯山上修行的基督教教士，而后者也会为他祈祷。[11]

约翰·洛克在《论宽容》（1689）中表达了相似的观点，他想象在君士坦丁堡存在两所基督教教堂，双方都试图"击败"对方，而"土耳其人则在一旁掩面偷笑，因为基督徒也曾经犯下彼此攻击和杀戮的罪行"[12]。与博丹一样，同为法国人的伏尔泰，在两个世纪后写下了关于奥斯曼与欧洲对比的更激烈的言论：

> 苏丹统治着200万有着不同信仰的人；20万希腊人在君士坦丁堡生活无忧；奥斯曼的穆夫提（伊斯兰教教法解说人）向皇帝推荐希腊牧首，奥斯曼人也承认了一位拉丁牧首。苏丹为希腊诸岛指派拉丁主教，调令措辞如下："命他任驻希俄斯岛主教，遵照既定习俗与礼仪。"奥斯曼帝国不乏詹姆士党、聂斯托利派、一志论派，还有埃及科普特人、圣约翰基督徒、犹太教徒和印度教教徒。而土耳其的年鉴上从未记载因宗教不同而起的冲突叛乱。[13]

奥斯曼帝国的宽容本性，最终导致了米勒特制的形成，这是帝国的辩护者最常援引的论据，他们以此反驳批评者连篇累牍的谴责。但这也是奥斯曼帝国与西方最大的区别，特别是在早期，当时宗教的正统性被欧洲国家当作公共政策的主要目标之一。伏尔泰还将欧洲和印度、波斯、鞑靼、中国以及（耶稣会到达之前的）日本做了对比，所有这些国家和地区都与欧洲在思想上和政策上有很明显的区别。因此，这正是可能使欧洲人赞赏奥斯曼人的地方，更凸显了奥斯曼人的异域情调。

一个欧洲帝国

我们确实可以强调奥斯曼帝国的非欧洲属性，它有着土耳其、阿拉伯和波斯的元素。但它至少和俄罗斯帝国一样，可以被看成某种意义上的欧洲帝国。[1]这从帝国的起源、发展模式、覆盖的国土和对欧洲的影响上都可以看得出来。

起源并不决定命运，发展过程中必有曲折和变化，但起源是发展方向的指引。伟大的奥斯曼帝国史学家保罗·维特克认为，"如那个众所周知的说法，每个国家存在的理由大抵与创建它的理由相似，奥斯曼帝国也是如此"，这个说法对于帝国的终结同样适用。[14]这或许是比较绝对的说法，但奥斯曼帝国的形成无疑揭示了它的基本特征与面貌。

因为缺乏关键的13—14世纪历史记录，奥斯曼帝国的起源至今仍湮没在神话传说和学术争议中。美国历史学家赫伯特·吉本斯说，奥斯曼是小型部落，通过学习拜占庭的传统和借助基督徒，至少是前基督徒的力量，执行行政管理和军事指挥。而相反的是，土耳其学者福阿德·柯普吕律认为，奥斯曼人是纯正的土耳其人，继承了中亚的突厥传统，帝国初期的维持和运作完全依赖土耳其人。法国学者保罗·维特克则提出，奥斯曼帝国并非起源于部落，而是"圣战士"集团，他们致力于传播伊斯兰教，之后陷入与异教徒无休止的竭力厮杀。[2]

不妨从大家比较认可的史实或者比较认可的观点出发。[3]早在13世纪，奥斯曼人的祖先、奥斯曼王朝的缔造者来到了安纳托利亚半岛。他们是第二次突厥人迁徙浪潮的一部分，在成吉思汗征服中亚后，中亚成为所谓的土耳其或土库曼部落的大本营。在安纳托利亚半岛，他们与11世纪在第一波迁徙浪潮中到来的突厥人相遇。其中最主要的是塞尔柱突厥人，他们建立的帝国一度覆盖整个小亚细亚。1071年，在曼齐克尔特战役中，塞尔柱人打败了拜占庭，统治了安纳托利亚，以半岛中部的伊兹尼克（尼西亚）以及之后的科尼亚（以哥念）为首都。他们让安纳托利亚半岛的突厥部落与埃米尔国俯首称臣。这些塞尔柱人自封为罗姆（Rum）也就是［东］罗马帝国的塞尔柱，以示与伊朗和伊拉克的大塞尔柱帝国的区别。从此也确立了一种传统，在"罗姆"实行统治的就是罗马帝国的继任者。

塞尔柱人的统治终结于 13 世纪蒙古人的入侵。1243 年，在科塞达格一役中，塞尔柱军队溃败，取代他们在安纳托利亚半岛上地位的是伊儿汗国。为了逃离伊儿汗国的统治，部分突厥部落向北方和西方转移，来到拜占庭帝国的边境。[15] 其中便有奥斯曼的追随者，他们在比提尼亚边境站稳脚跟。13 世纪末，奥斯曼埃米尔国实际控制着比提尼亚。在 1301 年巴菲乌斯战役中，奥斯曼人击败拜占庭军队：这是两个大国的角力，也为之后一个半世纪中更多的冲突拉开帷幕。

正是在 14 世纪初奥斯曼成为比提尼亚的统治力量时，关于奥斯曼人究竟是什么人、他们代表谁的争议四起。14 世纪，奥斯曼人的权力在安纳托利亚和巴尔干地区逐渐建立起来。但他们背后的目的与意识形态究竟为何？几十年来，主流观点是所谓的"加齐假说"，保罗·维特克对此的阐述最具影响力。维特克认为，奥斯曼帝国起源于"加齐，这些捍卫穆罕默德宗教的战士，这些伊斯兰远征军，誓与附近的异教徒决一死战"[16]。而对于维特克来说，1453 年奥斯曼征服君士坦丁堡不仅是奥斯曼宗教使命的高潮，而且具有决定性的意义。尽管之后吞并阿拉伯（包括圣城麦加和麦地那），让奥斯曼帝国成了现代历史上最强大的伊斯兰力量，但是帝国的核心依然是从拜占庭手中夺来的安纳托利亚和巴尔干地区。当奥斯曼占领君士坦丁堡"这个地区中心"时，他们"获得的是一个在过去一千年里一直是帝国传统所在的首都"。君士坦丁堡是这个所谓的"内部"帝国的核心，奥斯曼人称自己的帝国为"拉姆苏丹国"（Sultanate of Rhum），以强调其作为罗马人，即拜占庭帝国的继任者的身份。维特克说："这个更古老的奥斯曼帝国从未完全被后来更强大的伊斯兰化的奥斯曼帝国吸收；而是明确地保留了核心地位，并将自己独特的政治传统施于后者。"[17]

在维特克看来，奥斯曼的传统受到"圣战士"精神的影响，早在奥斯曼人成为哈里发和伊斯兰教正式的守护者之前，"与基督教邻邦为敌"就标志着他们的起源，并成为其一以贯之的宗旨，直至帝国终结。在征服君士坦丁堡后，奥斯曼人陷入了和欧洲基督教力量无休止的战争中，他们占领了匈牙利的大部分领土，两次围攻维也纳。直到1699年签订《卡尔洛维茨和约》，奥斯曼帝国才开始缓慢衰落。维特克认为，很明显，使帝国元气大伤的不是在阿拉伯地区（占帝国领土的大部分，其中大部分仍安全地留在帝国内）遭遇的挫折，而是在欧洲部分领土上的失败。"帝国在欧洲受到重创，之后走向了衰落与毁灭。"然而，其衰亡的历程缓慢而且时断时续，直到19世纪帝国才进入加速灭亡期，最后终结于20世纪初。"最后的解体是帝国在巴尔干战争（1912—1913）中战败后丢失了几乎所有欧洲领土之后发生的。此役之后，奥斯曼帝国被迫放弃也永远失去了统治基督教世界的野心，奥斯曼人相当于摒弃了自己的立国之本。" [18]

　　让我们回到维特克的"加齐假说"，即奥斯曼帝国起源于"圣战士"集团。首先要注意，维特克强调奥斯曼帝国具有欧洲属性，即所谓的"罗马"内核，这和强调早期奥斯曼人具有宗教动机的假说不同。无论帝国起源究竟为何，我们清楚地看到征服欧洲国家、横跨马尔马拉海，乃至征服君士坦丁堡从来都是激励帝国前进的动力。此外，随着奥斯曼帝国和西方进一步接触，奥斯曼人越发意识到帝国在科学、技术、组建现代政府方面的落后，在他们的意识中这些"欧洲"元素显得越来越重要。奥斯曼帝国的确是伊斯兰帝国，但它也是欧洲帝国。两者并不矛盾，尽管在某种程度上来说，学术界还流行着其他的观点。自阿拉伯人在8世纪征服北非和西班牙，伊斯兰教就是欧洲的一部分，奥斯曼帝国在地中海和巴尔干地区的统治不过是这一传统的延续。但随着伊斯兰教与基督教的冲突升级，以及欧洲被很多人认为是基督教世界，强调奥斯曼帝国即使没有伊斯兰教的特征也可以被视作欧洲帝国家族的一员，是非常重要的。

通常认为，奥斯曼帝国与安纳托利亚半岛上其他的突厥埃米尔国（包括塞尔柱在内）的区别，在于奥斯曼帝国拥有跨过达达尼尔海峡征服欧洲领土的野心。他们占领了安纳托利亚半岛西北边界的比提尼亚，处于出击的有利地位，可以侵扰拜占庭边界的城镇与乡村，进攻摇摇欲坠的拜占庭的腹地。1204—1261 年，在第四次十字军东征期间，拉丁军队占领了君士坦丁堡，逼迫拜占庭皇室退回尼西亚，此举重挫了拜占庭在该地区的权威。而奥斯曼人充分利用了这个机会，即使在 13 世纪拜占庭又夺回了君士坦丁堡。1326 年，奥斯曼一世的儿子奥尔汗一世攻陷了拜占庭的重要城市布尔萨，将其作为都城。之后奥斯曼攻陷巴尔干半岛东南端的色雷斯，这标志着它从亚洲迈入欧洲，成为欧洲强国。

此役应归功于奥斯曼联军与成分各异的基督教势力，这也是奥斯曼帝国直到其终结始终保持的统治特色（包括它在"一战"中与哈布斯堡王朝结为盟友，而双方曾经是势不两立的宿敌）。1351—1355 年，热那亚和威尼斯开始抢夺黑海贸易的控制权。奥尔汗一世选择与热那亚结盟，因为奥斯曼人在加拉塔贸易殖民地帮助热那亚对抗威尼斯，作为回报，热那亚向奥斯曼军队提供船只，在 1352 年，这批船只运载奥斯曼军队顺利渡过达达尼尔海峡。但奥尔汗一世同时也在与拜占庭谈判，从 1341 年开始，即安德罗尼卡三世逝世之后，拜占庭就深陷内战僵局。奥尔汗一世与皇帝约翰六世结盟，并在 1346 年举行盛大的婚礼，迎娶约翰的女儿狄奥多拉。1352 年，约翰六世邀请一支"土耳其"部队进驻拜占庭在加利波利半岛的要塞，该半岛位于达达尼尔海峡靠近欧洲的一侧。这支部队向奥斯曼，特别是向奥尔汗一世的儿子苏莱曼帕夏表示效忠，苏莱曼帕夏带领部队，乘坐热那亚人提供的船只，横渡达达尼尔海峡，占领了加利波利。1354 年，安纳托利亚半岛发生了一场地震，地震毁掉了加利波利的要塞及附近几座城市的城墙，因此色雷斯也落入了奥斯曼人之手。1362年，奥尔汗一世逝世，而此时奥斯曼人已经从色雷斯扩张至毗邻的巴尔干地区。1361年，奥斯曼占领埃迪尔内（阿德里安堡），将其作为今鲁米利亚地区的新首府。

这时，奥斯曼人已在欧洲建立了桥头堡，14世纪下半叶，他们继续征服巴尔干半岛上的各国。1389年，他们在科索沃战役中打败了塞尔维亚人，结束了塞尔维亚的独立。1393年，他们吞并保加利亚王国。1395年，瓦拉几亚也落入奥斯曼之手。1394—1402年，奥斯曼对君士坦丁堡形成围攻之势，但由于蒙古人的威胁，城里的拜占庭人逃过一劫。

正是蒙古帖木儿的入侵，严重打乱了奥斯曼扩张的节奏。1402年的安哥拉战役，奥斯曼大败于帖木儿军队，安纳托利亚半岛的诸国重获独立。但奥斯曼人重整旗鼓，并在1425年夺回安纳托利亚大部分地区的统治权。他们继续转战巴尔干半岛，1430年夺取帖撒罗尼迦，1444年在瓦尔纳战胜匈牙利人，终结了后者干预巴尔干的企图。1453年，他们获得了最终的战利品，占领了君士坦丁堡。从此，新的帝国都城的两翼由布尔萨（位于安纳托利亚半岛）和埃迪尔内（位于鲁米利亚）拱卫，奥斯曼人接着在巴尔干半岛收拾残局，1460年征服伯罗奔尼撒半岛，1463年吞并波斯尼亚和黑塞哥维那，1464—1479年征服阿尔巴尼亚。

在这段有关奥斯曼帝国早期历史的简述中，有两点要澄清。第一点，征服君士坦丁堡是其立足巴尔干、进军欧洲的战略顶峰。奥斯曼人和其他来自亚洲的征服者不同，后者从东方呼啸而来，将异族的文化与宗教施加给西方文明。早在奥斯曼人控制安纳托利亚之前，奥斯曼人以埃迪尔内为都城，耐心在巴尔干培植力量，用心经营。1402年他们被帖木儿入侵打乱了阵脚，很快又在蒙古人撤退后回到最初的计划上来，继续掌握巴尔干半岛，以此作为征服拜占庭的基础。"征服者"穆罕默德二世从位于西侧的埃迪尔内，而非此时奥斯曼的都城——位于博斯普鲁斯海峡以东的布尔萨，迈出了征服君士坦丁堡的第一步。希思·劳里认为，为了理解早期奥斯曼的传统与制度，我们需要关注巴尔干，而不是像之前那样只注意安纳托利亚。"因为，尽管奥斯曼起源于安纳托利亚，但其在巴尔干经营多年，直到16世纪才开始真正关注……安纳托利亚半岛东部和伊斯兰世界的腹地。从14世纪50年代开始，奥斯曼的力量集中在巴尔干，并稳步西进，因此我们必须从这里寻找奥斯曼成功的起源……奥斯曼帝国是在巴尔干半岛上类似晚期罗马的拜占庭基督教社会的背景下逐步发展起来的。"[19]

第二点需要强调的是，奥斯曼穆斯林与欧洲基督徒无休止的战争也有虚构的成分，但这对于奥斯曼的宣传者，甚至对于欧洲人来说都非常有必要。最初，奥斯曼人一直寻求和基督教力量的联盟乃至联姻。14世纪中叶，当他们第一次有机会进入巴尔干时，我们已经看到了这一点。即使在1453年奥斯曼军队征服君士坦丁堡时，他们也与基督教世界的统治者——匈牙利–波兰的瓦迪斯瓦夫、塞尔维亚的乔治·布龙科维奇（其女玛拉嫁给了穆拉德二世）、匈牙利的摄政匈雅提，以及威尼斯人结成盟友，他们对奥斯曼巩固巴尔干两侧的局势至关重要。[20] 此外，君士坦士堡的守军中还有觊觎奥斯曼苏丹大位的奥尔汗（此人在君士坦丁堡被征服后遭到处决）。而在君士坦丁堡内部，还存在东正教势力，他们对当时东正教与天主教的同盟感到震惊，铭记着13世纪拉丁人在君士坦丁堡的残暴统治，他们更愿意接受奥斯曼人的统治，而不愿被天主教压制。[21]4 以上都是这场重大历史事件中伊斯兰教与基督教联盟之间盘根错节的关系。

奥斯曼帝国自始至终都在实行这套现实的政治模式。早在18世纪欧洲接纳奥斯曼之前（直到1856年《巴黎和约》签署后才正式确定），奥斯曼就曾积极参与欧洲内部的纷争与冲突，试图与欧洲大国建立友好关系。16世纪，奥斯曼人和法兰西联手对抗哈布斯堡王朝——尽管路德对此表示强烈谴责——他们拥护德意志新教诸侯，以对抗反宗教改革运动，奥斯曼人认为穆斯林和新教徒在反对偶像崇拜和反教皇的问题上存在许多共同点（此种观点也得到了英国女王伊丽莎白的认可）。18—19世纪，因为畏惧俄国的力量，奥斯曼人转而向英国和法国寻求帮助，而在19世纪和20世纪初，德国成为他们最好的伙伴。从未有人能在这支伊斯兰军事力量与基督教阵营之间划出清楚的界限。奥斯曼帝国主动插手欧洲的乱局，并成为最积极且最具实力的参与者之一。唐纳德·卡塔尔特认为，"在将近600年的历史中，奥斯曼帝国既是欧洲政治秩序的一部分，也是法兰西与哈布斯堡王朝的劲敌"[22]。

图3.1 穆罕默德二世（"征服者"）。1453年，他指挥奥斯曼土耳其大军攻陷君士坦丁堡，终结了拜占庭帝国（Portrait attributed to Gentile Bellini. © National Gallery, London/Art Resource, NY）

穆斯林与基督徒

回到保罗·维特克的"加齐假说"以及由此衍生的相关理论，我们会发现，把奥斯曼帝国视作来自"东方"的、立场鲜明反对西方和基督教文明的伊斯兰国家，是多么荒谬。这是历史学研究的常态，学者总是强调差异，但是当我们仔细阅读维特克的著作，我们会发现他的立论中缺少微妙与精细的分析。无论如何，维特克强调宗教，即伊斯兰教对早期奥斯曼人的影响，后世的研究著作也认为，与维特克同时期的奥斯曼帝国的研究者，比如柯普吕律及其学生哈利勒·伊纳尔哲克，都深受 15 世纪末至 16 世纪奥斯曼文献的影响，太过强调奥斯曼帝国的宗教属性。

有些学者，如杰马尔·卡法达则强调比提尼亚和附近地区奥斯曼人"身份的流动性"，奥斯曼人允许穆斯林和基督徒融合，促进了一种兼容并蓄的文化的形式，如同中世纪的伊比利亚半岛上发生的那样。他认为，奥斯曼人的成功在于他们有效地扼制了安纳托利亚边境社会的"流动性与多变性"，而用"稳定与集权"将其压制。[23]

希思·劳里在描述早期奥斯曼世界时做了进一步的解释。14 世纪的比提尼亚是一个"多宗教、多语言、多民族的社会"，这说明，"奥斯曼一世和儿子奥尔汗一世更愿意和比提尼亚邻近的基督教徒和平共处，而不是让他们改宗伊斯兰教"。14 世纪到 15 世纪初，改宗伊斯兰教并非晋升为奥斯曼统治精英的条件。但改宗伊斯兰教对一部分人是有足够吸引力的。"无论是垂涎国家政策的优厚待遇（农民），还是出于分享战利品的现实考虑（拜占庭贵族），比提尼亚（以及之后整个巴尔干）越来越多的基督徒，当然主要是被丰厚的战利品吸引，选择加入奥斯曼帝国。解放奴隶、逐渐同化、互相通婚，这些宗教和文化上的改变和手段，源源不断地为奥斯曼帝国输入人口。"[24] 但这种观点与维特克的"加齐假说"相悖。奥斯曼人的目标不是让他人改宗伊斯兰教，而在于"战利品、掠夺和奴役……奥斯曼帝国的铁蹄横扫比提尼亚，直入巴尔干，不是依赖宗教的狂热，而是出于一个侵略性联盟的贪欲与野心"[25]。

在卡法达和劳里的研究基础上，卡伦·巴基用网状结构来解释奥斯曼帝国的形成过程，以及为什么奥斯曼人能在安纳托利亚众多竞争者中脱颖而出。她说："各地之间的边界虽被承认，却总被侵蚀。奥斯曼一世、米哈尔和埃夫雷诺斯（奥斯曼帝国的缔造者）成功地打破边界，将不同族群联系在一起，将大家团结在统一大业之中……奥斯曼帝国权力的基础是打破边界，尤其是打破宗教边界的结果。这一过程的反讽之处在于，我们清楚地看到西方在进一步巩固基督教世界的统治时，动辄反对并压迫东正教徒，于是穆斯林和希腊东正教徒走到了一起，奠定了这一多元国家的基础。"[26]

劳里所说的是早期奥斯曼统治下的"宗教自由主义精神"，改宗和同化相对而言没有太多限制，基督徒与前基督徒都能进入行政和军队高层。对于本地基督徒，奥斯曼的政策主张"调和"与"激励"，奥斯曼人将土地分给因战争背井离乡的农民，保障他们的权利，减轻他们的税负，农民在奥斯曼比在拜占庭过得好。对待基督教地主也是如此，只要他们接受奥斯曼的统治，其土地所有权也能得到保障，他们的地位从封建领主转变成与之相类似的奥斯曼的蒂马尔，即拥有土地并从中获利的人。

劳里认为，不只是基督徒农民，大量拜占庭－巴尔干地区的贵族都进入了奥斯曼帝国的统治阶层。人们通常认为，基督徒和前基督徒的发迹是因为 14 世纪末的德米舍梅制度，该制度由苏丹穆拉德一世和苏丹巴耶济德一世确立。穆拉德一世沿用征调战俘这一古老的做法，用基督徒战俘组建了第一支苏丹禁卫军。巴耶济德一世将这一举措制度化，定期在巴尔干的乡村和其他地区征调年轻基督徒。[5] 被选中的基督徒青年必须改宗伊斯兰教，之后会被送入宫廷学校，在那里受训为一名战士或政府官员。

我们知道，早期奥斯曼帝国的最高层行政官员不少曾受益于德米舍梅制度。1453—1600 年的 34 位大维齐尔（奥斯曼政府最高官职和苏丹的副手）中，有 30 位都是通过德米舍梅制度被招募而来的。事实上，在奥斯曼帝国的历史上，总共有 215 位大维齐尔，其中超过 2/3 有基督教背景。当然，这些前基督徒不一定是农民（通常被认为是应征的主力），这些大维齐尔中许多人是拜占庭 – 巴尔干贵族，而他们被认为是最不服从奥斯曼统治的阶层。[27]

奥斯曼人建立的"混合体"国家，高度融合了伊斯兰教和拜占庭基督教的文化与政治体制，让穆斯林与基督徒和平相处，可这种做法并非没有隐患。学者们发现在 14—15 世纪初，大量"异教"传教士在奥斯曼境内宣称耶稣基督和穆罕默德的地位同等重要，并主张伊斯兰教与基督教的合并统一。这些学者常常因为谢赫贝德尔丁叛乱陷入迷思，这场叛乱发生在 1416 年的鲁米利亚和安纳托利亚地区，是自帖木儿入侵后严重威胁奥斯曼帝国生存的事件，最终被残酷镇压。贝德尔丁，特别是他的门徒波克卢塞·穆斯塔法和之前那些传教士一样，宣扬伊斯兰教与基督教的调和，劳里认为，"在由穆斯林和基督徒组建的国家中，主流宗教的作用从一开始就把穆斯林和基督徒联系在一起，这场运动无非是想让两种信仰合二为一的一种尝试"，成为所谓的"伊斯兰教–基督教融合"。[28] 虽然奥斯曼人采取了和平共处的态度，他们也依赖应征进入军队和官僚系统的前基督徒的服务，但对于奥斯曼人来说，这些思想有些过头了，因为奥斯曼人毕竟从未宣称放弃伊斯兰教。但是对贝德尔丁叛乱的残酷镇压说明了这场叛乱有多严重，以及奥斯曼内部的"伊斯兰教–基督教融合"的趋势是多么强烈。

奥斯曼人与罗马人

奥斯曼人征服君士坦丁堡之后，将其改名为"伊斯坦布尔"。这个名称并非我们所认为的"君士坦丁堡"（Constantinople）的变体，而是来古自古希腊语"eis tin polin"，常简写为"stin poli"，有"进城"和"在城中"两种含义。[29] 人们不仅能从名称上看出奥斯曼帝国继承了拜占庭的希腊传统，君士坦丁堡的旧称——土耳其语写作"Kostantiniyye"——依然在新的名字出现之后被沿用了数个世纪。直到1930年，新生的土耳其共和国才正式将伊斯坦布尔定为这座城市的名字。[30]

我们还有另外的证据说明奥斯曼人征服拜占庭之后延续了其传统。有些名号的使用也说明了这一点，从穆罕默德二世开始，下面这些头衔常被奥斯曼统治者使用：恺撒、巴赛勒斯（意为"王"，是拜占庭皇帝的主要头衔）、君士坦丁堡皇帝（Padisah-i Kostantiniyye）、罗马人的皇帝（Padisah-i Rum）。[31] 这至少从一个侧面反映了奥斯曼人作为东罗马帝国的征服者，希望自己成为罗马的继承者。而他们的计划绝不止步于征服君士坦丁堡。穆罕默德二世进攻奥特朗托就是征服罗马的第一步，可惜在他去世后，该计划被废止了。苏莱曼一世在1537年进攻科孚岛时也曾筹划入侵意大利、占领罗马。他支持欧洲新教徒也是为了这个目的，即打破教皇和神圣罗马帝国皇帝所象征的基督教世界团结一致的局面。17—18世纪，奥斯曼苏丹依然自诩"恺撒"或"恺撒中的恺撒"，同时拒绝承认其他更有资格者（神圣罗马帝国皇帝）拥有这样的头衔。[32]

威尼斯旅行家贾科莫在奥斯曼人占领君士坦丁堡后觐见穆罕默德二世并向他汇报："只能有一个世界帝国，一种信仰，一个皇位。要建立这种团结，没有比君士坦丁堡更合适的地方。"希腊学者和意大利人文主义者在宫廷上向奥斯曼君主介绍罗马的历史。希腊学者特拉布宗的乔治写道："没有人怀疑他就是罗马的皇帝。他掌握帝国的皇位，他是正当的皇帝，而君士坦丁堡就是罗马帝国的中心。"[33] 其他的学者记录了穆罕默德二世对古希腊与古罗马历史的狂热，穆罕默德二世寻访特洛伊，试图找寻希腊英雄埃阿斯和阿喀琉斯的墓冢，他曾在《伊利亚特》中读到他们的故事，同时他对亚历山大大帝和恺撒表示欣赏。即使在弥留之际，他依然坚持自己是罗马的继任者。他没有选择曾经的都城布尔萨作为自己的安葬之地，那是先前苏丹入葬的城市，他希望被安葬在新的都城君士坦丁堡。尤其是，他的葬礼也要仿照君士坦丁堡的缔造者——君士坦丁大帝葬礼的仪式和规格。[34]

征服君士坦丁堡是战术和战略上的重要转折点，奥斯曼人从此掌控了博斯普鲁斯海峡，将其在鲁米利亚和安纳托利亚两地的统治联系了起来。但正如评论家所说，这还是一起具有高度象征意义的事件。君士坦丁堡在伊斯兰宗教和世俗层面都享有特殊地位。[35]据说，先知穆罕默德曾经预言："有朝一日，君士坦丁堡将被征服。一位伟大的埃米尔和一支强大的军队将完成这个使命。"之后在15世纪末，奥斯曼帝国的传统将这座城市与先知的同伴阿布·阿尤布联系在一起，他在688年穆斯林第一次围攻君士坦丁堡时不幸殒命。在奥斯曼帝国征服君士坦丁堡后，阿布·阿尤布的陵墓在城外的埃于普被"发现"。于是埃于普成了穆斯林的又一处圣地，新任苏丹参拜埃于普也成了登基仪式重要内容。君士坦丁堡与先知产生了联系，征服这座城成了伊斯兰教的启示。君士坦丁堡确实是那颗"红苹果"，如奥斯曼人所说，这是他们渴望的终极奖赏。[36]通过征服君士坦丁堡，奥斯曼人证明了自己是罗马和拜占庭直接的继任者，同时继承了这一名号包含的建立世界帝国和普遍主义的使命。这一过程中的"权力交接"就像从罗马帝国到神圣罗马帝国之间的过渡一样直接。

即使在1516—1517年，塞利姆一世征服了埃及、叙利亚以及其他有着不同传统的伊斯兰地区之后，奥斯曼苏丹仍认为自己具备罗马人所说的普遍情怀。塞利姆一世自称"世界征服者"，而他的儿子苏莱曼一世（"苏莱曼大帝"）进一步征服了包括匈牙利在内的广大地区，续写了帝国霸业。在于1538年刻于德涅斯特河湾的一处碉堡上的铭文中，苏莱曼一世自诩

"安拉的仆人，世界的苏丹"。他以自己的名义将穆斯林和基督徒的土地与人民联系在一起，像亚历山大那样，让他们变成一个伟大的普遍性的共同体。

> 我是苏莱曼，一个在麦加和麦地那的布道中会听到的名字。在巴格达，我叫作沙阿；在拜占庭，我叫作恺撒；在埃及，我叫作苏丹。我的舰队驶向欧洲，驶向马格里布和印度。我是夺取了匈牙利王冠和王位的苏丹，允许他们成为我的奴仆。彼得鲁领军叛乱，而我军的铁蹄将他踏进尘土，我是摩尔达维亚的征服者。[37]

从各个角度来说，奥斯曼人都可以被视作罗马人的继承者，但他们与基督教的关系尤其耐人寻味。阿诺德·汤因比从二者之间看似矛盾的关系中获得了启发，他认为，尽管二者看起来恰好相反，但奥斯曼帝国至少在初期并未站在罗马的对面，而是延续了罗马培育、保护和传播基督教的使命。无论是在西方还是在东方，基督教在中世纪都面临严重威胁，只有凭借新生帝国的力量才能渡过难关。在西方，罗马的基督教经历过"困难时期"，特别是在蛮族入侵和罗马覆灭的那段时间，直到神圣罗马帝国出现才被挽救。这也恰恰是奥斯曼帝国为希腊东正教所做的贡献，与拜占庭或东罗马帝国所做的相似。拜占庭也经历了其"困难时期"，大致从11世纪开始，特别是在1071年被塞尔柱人打败，以及在1204年遭遇十字军军队的攻陷和洗劫（十字军甚至在帝国内建立了拉丁帝国）。正是奥斯曼人将希腊东正教从这样悲惨的处境中拯救了出来。汤因比说："奥斯曼帝国缔造者的历史功能就是终结东正教社会的'困难时期'，在政治上，团结东正教社会的所有力量，建立了统一的、由异族的奥斯曼人所统领的世界。"[38]

所谓的"异族"，或许是一个比较激烈的措辞，但这是汤因比观察晚期奥斯曼历史得出的结论，而不是站在早期奥斯曼统治者的立场所得出的结论，如汤因比所说，奥斯曼人从根本上重建了摇摇欲坠的拜占庭。和其他学者一样，汤因比相信，随着伊朗萨非王朝和东部什叶派穆斯林的崛起，奥斯曼帝国将被迫适应新的国际局势，必须改变国家的某些特质。我们将在之后看到这一观点的具体内涵和可信性。但汤因比这一说法的亮点在于，他认为奥斯曼帝国在建立之初，既复兴了拜占庭，也终结了拜占庭。在广袤的东正教世界，奥斯曼帝国带来的是久违了的和平稳定。在奥斯曼行政体系内，东正教会和神职人员被保留，并被给予了相当的地位。6 东正教团体被允许在宗教官员的监督之下举行宗教活动。奥斯曼帝国在巴尔干和地中海广大地区的震慑力，将拉丁欧洲的势力挡在了海湾之外。

此后，东正教发展出了这样一种教义，奥斯曼帝国的建立是上帝的旨意，他们维护了东正教的完整。这一观点强调奥斯曼帝国的延续性，即拜占庭让位于奥斯曼，正如之前覆灭的罗马，此时的拜占庭失去了保护和传播信仰的资格。苏丹被尊为"最后一个罗马基督教巴赛勒斯的直接继承者，也是君士坦丁大帝的继承者"[39]。直到18世纪，东正教依然清楚地阐述着这类观念，如1798年耶路撒冷牧首出版的《父亲训诲》所说："看啊，仁慈而万能的主，神圣的东正教信仰得以保留，万民得救；主在罗马的领土之上凭空造出奥斯曼人的强大帝国，因罗马在某些方面早已背离东正教信仰；在主的眼中，奥斯曼人的帝国高于其他帝国，毫无疑问，它的存在遵循了主的意志。"[40] 东正教和奥斯曼人达成了和解，奥斯曼人不再是基督教心目中的蛮族敌人，而是基督教的守护者。直到19世纪，奥斯曼国内所面临的最大威胁并非来自基督徒，而是来自其穆斯林臣民中的某些极端分子和叛乱者发起的政治运动。7

奥斯曼人与土耳其人

奥斯曼人不是"土耳其人"，奥斯曼帝国也不是"土耳其帝国"。这是几乎所有合格的研究者的共识。土耳其人在多大程度构成了帝国的核心，以及土耳其的语言和文化在帝国内部有多大的主导力量，人们对此仍存争议。但清楚的是，奥斯曼帝国语境下的"土耳其"与穆斯塔法·凯末尔建立的新土耳其意义截然不同。

让事情变得更复杂的是，早在 11 世纪，第一批突厥部落迁徙到安纳托利亚半岛后，西方人就称呼他们为奥斯曼土耳其人，把他们的帝国称为土耳其帝国。[41] 并且自 19 世纪起，土耳其民族主义者就开始强调帝国的土耳其本性，把其他族群刻画成少数异族，认为他们是对土耳其纯洁性的威胁。即使到了 1923 年土耳其共和国宣告成立时，情形依旧如此，穆斯塔法·凯末尔决心尽一切可能消除奥斯曼帝国的遗产，突显新生共和国的现代性与西方色彩。尽管如此，研究奥斯曼历史的土耳其学者，如福阿德·柯普吕律仍对此非常自豪，他认为伟大的奥斯曼帝国本质上就是土耳其人创造的，它证明了土耳其天才的文明与建造国家的能力。柯普吕律认为"奥斯曼帝国是在 14 世纪完全是由土耳其人建立的"[42]，不过科林·因伯认为这样的观点很"荒谬"。[43]

奥斯曼人确实声称自己是突厥奥古兹部落的后裔，在早期与安纳托利亚和中亚其他王国之间的争斗中，他们也强调自己拥有土耳其血统。但随着与其竞争的王国被逐一消灭，特别是攻陷君士坦丁堡之后，奥斯曼人开始自称罗马-拜占庭的继承者，帝国拥有土耳其身份的说法迅速销声匿迹。到了 16 世纪，"土耳其人"一词更像是侮辱，而非认同。伯纳德·刘易斯说："在奥斯曼帝国境内，种族意义上的土耳其人一词很少被使用，更多是带有贬义地指代土库曼游牧部落，后来又被用来指无知粗鄙、说着土耳其语的安纳托利亚乡村的农民。用土耳其人指称君士坦丁堡的奥斯曼绅士会被对方认为是羞辱。"[44]8

"土耳其人"或具有"土耳其性",对于受过教育的帝国臣民来说,意味着"无知""愚昧""麻木""愚蠢""狡诈"。土耳其人被称作"乡巴佬"或"捣乱者"。他们离经叛道,就像那些在16世纪集结去拜访萨非王朝的君主伊斯梅尔的人,或是在17世纪对抗中央政府的人。[45]面对被侮辱和被嘲弄的历史,土耳其民族主义者齐亚·戈卡尔普惊呼,"可怜的土耳其人从奥斯曼帝国那里分到的不过是残剑和破犁"[46]。这里讨论的作为"帝国的子民"的土耳其人,将不止一次感受到来自属于"他们"的帝国的不公待遇。

不仅奥斯曼人不是土耳其人,"土耳其"或"土耳其性"本身就是模糊、经常变化的概念。安纳托利亚边远地区的农民是绝不会有民族概念的,但他们通常被称为土耳其人。他们与自己的乡村、氏族,或者伊斯兰群体的关系更加紧密。他们构成了安纳托利亚人口的大部分,但其中的约1/3不是穆斯林,而穆斯林在种族意义上又不全是土耳其人。此外,很多土耳其人分布在帝国的其他地方,特别是巴尔干地区。[47]就连"种族"这个词都太过严格和具体,无法准确定义土耳其人。阿米拉·本尼森认为,"'土耳其'指的是一种社会语言学上的区别,而不是居住在巴尔干、安纳托利亚半岛、阿拉伯地区的人与来自欧洲的改宗伊斯兰教的人之间在族群上的区别"[48]。

此后,土耳其民族主义者想要为土耳其民族构建"想象的共同体",和19世纪其他地方的民族主义者一样,他们面对着历史、地理和文化方面的巨大障碍。实际上,他们将"土耳其"这一名词强加给这个地区,将土耳其人的身份强加于一个民族,这反映出的是一种欧洲人的用法,很清楚的是土耳其语中的"Turkiye"一词来自欧洲。但这与帝国大多数民族的认识相违背。9伯纳德·刘易斯说:"引入并且宣传土耳其的概念,最终让土耳其人接受将此作为全体国民和国家的本质,这是现代历史上重大的革命事件之一，涉及与过去的社会、文化、政治传统之间激烈又暴力的决裂。"[49]

如果"土耳其人"一词在民族上或种族上的界限不够清晰，那么"奥斯曼人"这个称呼就更为牵强了。最初奥斯曼人只是代表创立王朝的"奥斯曼大帝的追随者"。他们构成了奥斯曼帝国的统治阶层，但他们从属于苏丹，是苏丹的仆从。"所谓奥斯曼人并不存在，"福阿德·柯普吕律说，"根据过去的记载，'奥斯曼'一词不具有种族意义，而是一个政治词语，通常指'服务于国家的统治或管理阶层，并从国家预算中得到俸禄的人'。"[50]这些人从帝国各地应征而来，大多是通过德米舍梅制度选拔出来的前基督徒青年，奥斯曼人是"国际化的统治阶层，带有奥斯曼宫廷文化的特征"[51]。"和所有帝国统治阶层一样"，他们包括"来自不同背景的人，比如阿尔巴尼亚人、法兰西人、威尼斯人、阿拉伯人、犹太人、切尔克斯人"[52]。即使是土耳其的语言——奥斯曼土耳其语——也与中亚土耳其人所说的土耳其-波斯混合语不同，而是土耳其语、阿拉伯语、波斯语的混合体，还夹带希腊语、斯拉夫语和意大利语，这的确是世界性的产物，广大土耳其农民很难接触到[53]。只有浸淫在奥斯曼文化中、以其作为身份标识的人才能自称奥斯曼精英，于是帝国境内只要受过教育的臣民都认为自己是奥斯曼人。"只有当最后的欧洲行省几乎沦丧，阿拉伯行省也难以保住时，伊斯坦布尔的政治领袖才开始认同并自称为土耳其人"。[54]

"奥斯曼统治阶层最终由说土耳其语（可能并非其母语）的穆斯林（部分是改宗的）组成。"[55]奥斯曼帝国可能比任何欧洲帝国更有活力，因为帝国统治着各种不同族裔。正如科林·因伯所言，"奥斯曼帝国不只是伊斯兰帝国，也不只是土耳其帝国。它是王朝帝国，所有臣民唯一需要效忠的就是苏丹……是苏丹本人，并非宗教、种族或其他什么特性将这个帝国凝聚在一起"[56]。奥斯曼人的理论强调，所有臣民与领土皆隶属苏丹，所有人的权利也源自苏丹的意志。与欧洲的贵族传统不同，奥斯曼统治阶层无法世袭。他们是功能性的统治阶级，他们的地位并不取决于种族、语言或宗教，而只与其在国家管理中的角色有关。[57] 每当征服了新的领土，奥斯曼人在原则上要剥夺所有当地人的继承权和其他特权（尽管如此，早期他们还是相当尊重巴尔干地区臣民的权利的）。每当苏丹逝世，他所有的任命与权力就会被宣告无效，必须由新任苏丹重新确认。路易十四说过一句名言，"朕即国家"，但考虑到法国贵族的强大权势，这句话反而更像奥斯曼苏丹的写照。哈利勒·伊纳尔哲克认为，对于奥斯曼人而言，"'苏丹即国家'这句常用语有着更实际的含义"[58]。

王朝统治的原则强化了帝国的社会分层。奥斯曼社会只分为两个阶层：统治阶层和被统治阶层。统治阶层可免缴赋税，而被统治阶层，即民众或纳税阶层，包括农民、手工业者、商人，既有穆斯林也有其他族群。对于一个惯于征服的社会，统治阶层最初指的是军事领袖，很快就囊括所有公职人员，包括宫廷官员、行省官员、宗教官员、教授和学者，以及这些人的家属。"奥斯曼人"实际指的是整个受过教育的有文化的阶层。这一制度与欧洲的贵族世袭制不同，是由苏丹所创造并为其服务，完全倚赖苏丹的意志而存在的。因此帝国的社会结构就是苏丹统治这一政治原则的结果。我们可以把这种制度称为"东方专制主义"，但要记住，没有哪位统治者设想过他掌握的专制权力可以免于遵守公平正义的原则，特别是在事关民众阶层，即那些被统治的"羊群"（纳税人）的切身利益时。[10]

于是，"土耳其人"和"奥斯曼人"分别代表帝国社会的两个层面。如果将土耳其人视作一个族群，他们也只是帝国的组成部分之一，更不是所谓的"立国者"。而治理国家并为其命名的人，不是哪个族群，更不是哪个现代意义上的"民族"，他们类似于古代中国的士大夫，属于受过教育的知识精英，而不像西方的统治阶层。和所有帝国统治阶层一样，奥斯曼人也肩负着保护穆斯林、传播伊斯兰教的使命。但和其他帝国不同，这一使命不单由某个民族承担或只表现为该民族特别的文化。与英国的英格兰人、俄国的俄罗斯人不同，奥斯曼人没有一种可以追溯到一个特定民族的历史传统和文化（即使如英国和俄罗斯，情况也相当复杂）。奥斯曼人是被帝国塑造的一群人，随着帝国的发展而不断改变。起初，他们是奥斯曼一世的追随者，一开始就包括非土耳其人和非穆斯林，之后帝国发展为世界性的共同体，囊括不同种族和民族：土耳其人、阿拉伯人、波斯人、犹太人、亚美尼亚人和其他欧洲人。很多帝国的统治阶级确实存在种族混合，最典型的是哈布斯堡王朝，他们也许是欧洲帝国中与奥斯曼在这方面最为接近的。但奥斯曼人放弃了一切特殊性，在根本上缺乏民族性内核，在这个方面，它超越了其他所有帝国。因此，19世纪土耳其民族主义者宣称继承了奥斯曼传统，并试图证明自己是奥斯曼正当的继承者，这恰好与奥斯曼传统背道而驰。土耳其民族主义具有爆炸性的威力，所带来的结果只能是帝国的瓦解，尽管还需借助些许外力。

穆斯林与非穆斯林

奥斯曼帝国与波斯萨非王朝和印度莫卧儿王朝一样，是一个伊斯兰帝国。[11]伊斯兰教在这些国家的身份认同上一直扮演着关键角色。但因为环境局势的不同，强调穆斯林特征的程度在这些国家有所差异。此外，就像莫卧儿王朝存在印度教徒、耆那教徒、佛教徒和基督徒，奥斯曼帝国的统治者很清楚其大部分臣民并非穆斯林。这一事实集中反映在其制度和施政上。

迈克尔·沃尔泽认为，多民族帝国因其本性而不得不采取宽容政策，并将这一政策强加于全部人口。"帝国内的族群没有选择，只能接纳彼此，和谐共处，因为他们之间的互动关系被帝国官员按照帝国法规严加管束。"[59]宽容包含了忍耐与接受两个层面，意味着既要意识到差异的存在（尽管主观上不太情愿），又要允许差异的存在。有时，人们秉持宗教精神接受他人，将族群差异视作国家生命力的来源。在奥斯曼的历史上，这两种态度并存，直到19世纪末，寻求统一和同质的呼声才盖过了主张多样性的声音。

在关于奥斯曼社会多样性的论著的开篇，本杰明·布劳德和伯纳德·刘易斯写道：

> 在近500年的时间里，奥斯曼人统治的帝国和历史上其他帝国一样多元化。这样一个多种族、多宗教的社会运转得尤其良好。穆斯林、基督徒和犹太人都可以进行各自的宗教活动，还可以学习、丰富彼此独特的文化。每个族群的法律传统与习俗……都被尊重并在帝国各地得到贯彻。人们使用着五花八门的语言和文字。帝国境内所有臣民都有机会获得晋升与财富。在奥斯曼帝国的全盛期，族群高度自治，同时中央政府财政稳健，掌控着强大的军队。[60]

布劳德和刘易斯有些忧虑，他们反对某些人关于伊斯兰教和穆斯林的刻板印象——"偏执、狭隘、压迫"，同时他们更反对"在一个由不同宗教、不同种族组成的乌托邦中，穆斯林、基督徒、犹太人在一个精神自由的黄金时代通力协作，平等相处"这种神话。他们坚持认为，奥斯曼社会是最严格意义上的多元社会：根据 J. S. 弗尼瓦尔著名的观点，不同民族组成"混合体，他们杂处却没有紧密结合。每个族群都有自己的宗教、文化、语言、思想及生活方式，人与人之间的交往可能也就只在市集等场所罢了。这是多元的社会，不同的族群比邻而居，虽在同一个政治单元之内，但各自生存。即使在经济领域，也存在以种族为界限的劳动分工"。[12]

像所有的伊斯兰国家一样，奥斯曼帝国也歧视非穆斯林，但在整体上，奥斯曼人并没有迫害非穆斯林。非穆斯林如果想在奥斯曼帝国过上更好的生活，可以通过德米舍梅制度或其他途径改宗伊斯兰教，这并不困难。然而奥斯曼人从未强制他人改宗，甚至不进行任何和平的传教活动。非穆斯林有时会受到侮辱，也存在不少针对他们的限制，比如在服饰、骑行的牲畜（不得给马匹带马鞍），以及宗教活动场地的数量和大小等方面的限制；非穆斯林相较穆斯林将被征收重税，但除了和财税有关的几项处罚，剩下的规定极少会被严格执行。[61] 在奥斯曼帝国的大部分时期，至少到19世纪下半叶，穆斯林和非穆斯林确实相处和谐。和当时大部分民族国家及其他帝国相比，不夸张地说，奥斯曼帝国在这方面可以说做得不错。[13]

基督徒与犹太人在奥斯曼帝国与在其他伊斯兰国家一样，无疑是二等公民，他们是土耳其语中的"契约民"，即被保护的"圣书之民"，他们最大的问题在于拒绝接受伊斯兰教的信仰。[62] 他们必须缴纳特别人头税，向穆斯林族群提供某些服务，比如接待外出旅行的穆斯林。作为回报，他们的生命财产将得到有效保护，他们可以自由工作和祈祷，当然是在自己的宗教官员的监督下进行。于是，我们有必要讨论一下著名的米勒特制，这也许是奥斯曼制度中最广为人知且备受称道的一项，被视作宗教宽容政策的基石。

无论是在西方，还是在受到西方影响的当代奥斯曼历史研究中，关于米勒特制都存在很多疑问。米勒特指的是"信奉同样宗教的族群"，19世纪以前，这个说法更常被用于穆斯林，而非其他族群，比如非穆斯林、希腊人、亚美尼亚人或犹太人。[63] 而且从未存在一个完整不变的米勒特"制度"，它更像是"本地化的、随时间和地域不断调整的一整套政策"[64]。在这些学术条件下，看起来奥斯曼人确实遵循了较古老的穆斯林的做法，还是赋予主要非穆斯林一定的自治权，让他们管理自己的内部事务，允许以他们自己的方式推举的领袖为他们提供指导。希腊东正教徒和亚美尼亚基督徒都有在伊斯坦布尔设立主教的权力，而犹太人可以选举自己的拉比。[14] 需要注意，米勒特是一个严格的宗教概念，而非基于种族的区别。比方说，

"希腊"米勒特制就覆盖了众多族群，除希腊人以外，还有保加利亚人、塞尔维亚人、阿尔巴尼亚人、罗马尼亚人，甚至信仰东正教的阿拉伯人。[65] 最终因为种族的差异，以及部分米勒特领袖试图在其上强加民族特性，比如18世纪希腊人试图将希腊米勒特制彻底"希腊化"，导致了米勒特制的崩溃。[66] 但直到帝国终结，米勒特度依然是奥斯曼帝国治理多民族、多元文化国家的最主要的手段，从整体上看也是最成功的方式。

但如果由此想象非穆斯林在帝国生活的全部仅限于米勒特制也是错误的。米勒特制的安排的确是为了提供保护，保障他们与奥斯曼当局交涉诸如税收、地区纠纷等事务的权利。但是米勒特制不是完全封闭或静止的。米勒特之间有大量的互动，特别在商业活动方面，往往存在多个米勒特之间的竞争关系。[67] 希腊人、亚美尼亚人和犹太人都在帝国中扮演了重要角色，他们有时获得显赫的地位，而这会招来帝国穆斯林的嫉恨与敌意。在贸易与金融方面，以及部分手工业领域，非穆斯林带来了重要的市场急需的工艺和技能。他们与外国人，特别是欧洲人接触联系，因此身价倍增，他们担任着奥斯曼人的代理人和翻译官。[68] 在伊斯坦布尔金角湾北部的加拉塔和佩拉区，聚集着大量非穆斯林人口，尤其是希腊人；许多外国商人与领事——威尼斯人、热那亚人、法兰西人、英格兰人、荷兰人也在此定居，突显了这里的"欧洲"性格，以及这里作为奥斯曼对外开放窗口的作用。[69]

犹太人在帝国内特别受到欢迎。15世纪末，伊比利亚半岛的犹太人遭到驱赶，大量犹太人迁徙到这里；当然也有的来自意大利和中欧。[15] 在布尔萨和埃迪尔内生活的犹太人尤其多，是他们帮助这两座城市成为帝国的都城；在征服君士坦丁堡之后，犹太人大量涌入，充实了人口，城市得以重建。[70] 在另一座犹太人聚集的城市萨洛尼卡，他们成为奥斯曼军队羊毛制品的主要供应商，同时还提供小麦、盐、银具和其他商品。犹太人银行家和金融家颇负盛名，他们深度参与帝国的海关关税事务，这需要他们具备与外国商人和舰队船长打交道的本领。其中最著名的代表是约瑟夫·纳西，他是银行家、顾问、包税人，被塞利姆二世封为纳克索斯岛和基克拉泽斯岛公爵。[71] 16 犹太人成为连接奥斯曼与外界的中间人。即使在战争期间，比如在 1645—1669 年，奥斯曼与威尼斯交战的时候，犹太人依然运用他们在海外的关系维持交战国双方的贸易往来。[72]

图 3.2　1912 年，伊斯坦布尔佩拉地区的希腊人和其他欧洲人。佩拉是奥斯曼帝国面向西方的"窗口"（Library of Congress）

犹太人和其他非穆斯林族群一样，在奥斯曼帝国面临诸多障碍与限制。但后世犹太人回忆起奥斯曼帝国时说那是他们的"黄金年代"也并非完全没有道理。斯坦福·肖认为，16—17 世纪，帝国犹太人人口总数达 10 万到25 万，"奥斯曼国内的犹太社区不仅是当时世界上最庞大的，也是最繁荣的"。而且犹太人的财富尽管在18世纪稍有损失，但在19—20世纪强势增长。[73] 直到帝国瓦解，在非穆斯林族群中，数犹太人对奥斯曼帝国最为忠心。[74] 对比20世纪犹太人在欧洲各地的境况，不难理解为什么奥斯曼帝国是犹太人弥足珍贵的回忆。

作为拜占庭的统治者，希腊人拥有极高的知识水平和极丰富的经验，在奥斯曼帝国的非穆斯林族群中拥有相当高的地位。他们的牧首由苏丹授予特权，而且苏丹承认牧首在帝国内的希腊裔以及非希腊裔的东正教徒中享有最高的世俗和宗教权威，这让东正教教会拥有比拜占庭时期更高的权力。[75] 我们还应当注意的是，在16世纪占领阿拉伯之前，希腊人在其中占主导地位的东正教徒占帝国人口多数，远多于穆斯林。因此不夸张地说，在帝国发展的最重要时期，与其称奥斯曼为"土耳其"，不如称它为"希腊"。[76]

图3.3　20世纪初，萨洛尼卡的犹太人。犹太人是奥斯曼帝国最忠诚的群体之一
（NGS Image Collection/The Art Archive at Art Resource, NY）

希腊人的收入状况或许是帝国非穆斯林族群中最理想的。他们作为船主和造船者主导着帝国的航海活动。他们的足迹遍布整个帝国，在国内贸易上发挥着重要作用。他们与边远行省建立联系，作为中间人为外国商人在各省服务。他们还在银行业、铁路、制造业中任职。而他们的管理和外交才能也同样受到重视。希腊人被指派出任奥斯曼帝国驻外大使和外交官，以及其他涉及外交事务的职务。[77]

18世纪，随着奥斯曼第二次围攻维也纳（1683）失败，希腊人在帝国内的影响力实际上被强化了。奥斯曼人发现自己深陷与欧洲列强无休止的外交谈判和签订各种条约之中。他们发现国内的基督教臣民急需安抚，特别是在《库楚克-凯那尔吉和约》（1774）签订之后，俄国对此和约的解释引发了巨大争议，他们声称他们有权以保护东正教徒的名义干涉奥斯曼帝国内政。[78] 帝国迫切地需要既有国际关系又具备行政管理经验的中间人，而希腊人是满足条件的最佳人选。

在这方面，最重要的是法纳尔人，即居住在伊斯坦布尔法纳尔街区的希腊人（法纳尔本意为"灯塔"，位于城市西北角）。居住在这个区域的有希腊主教和最富有的商人，这里在奥斯曼占领君士坦丁堡之后迅速成为希腊人的宗教和经济中心。在18世纪新的国际环境下，希腊人取得的成就让法纳尔人成为奥斯曼的一笔重要财富，特别是在和西方打交道以及处理基督教群体的敏感问题时。17世纪末到19世纪初，法纳尔人几乎垄断了帝国政府翻译官和舰队翻译官这两个职位。所谓翻译官，其职务内涵远比名称要重要得多，这是奥斯曼政府两个非常关键的职位，相当于外交事务秘书和海军秘书。从1711年开始，一直到19世纪晚期，法纳尔人取代罗马尼亚当地的贵族，作为大公管理多瑙河地区自治的瓦拉几亚公国和摩尔达维亚公国。在奥斯曼帝国出兵征讨哈布斯堡王朝和罗曼诺夫王朝时，这些地区作为边境，其政治和战略地位得到了巩固。[79]

18世纪，法纳尔人的地位越发显赫，许多人认为这种现象类似希腊人所谓的"收复失地运动"，或至少他们与统治者已实现了地位平等。奥斯曼在1768—1774年的俄土战争中惨败之后，叶卡捷琳娜二世谋划重建拜占庭帝国，让法纳尔人来治理国家（当然罗曼诺夫王朝作为掌权者）。1812年，在俄国南部，法纳尔贵族亚历山大·伊普西兰蒂斯跨过普鲁特河，攻打摩尔达维亚，此举是"希腊独立战争"的揭幕战，他希望恢复的不仅是一个独立的希腊，而且是由希腊人统治的拜占庭帝国。[80]

法纳尔人希望能够以不为人知的方式和平渗透奥斯曼帝国，非暴力地再次收复希腊人的失地与权力。但伊普西兰蒂斯的起义，特别是1830年希腊独立，打破了他们的幻梦。希腊人突然从最受重视的人变成帝国最不受信任的群体，他们被怀疑策划分裂奥斯曼帝国。尽管希腊牧首格列高利五世严厉谴责过伊普西兰蒂斯和伯罗奔尼撒的起义，他还是于1821年在伊斯坦布尔的教区被处以绞刑。同时，担任帝国两大翻译官的希腊人也被处决，从此这两个职位也不再由希腊人担任。[81]

然而，命运的突变却没有阻止希腊人在奥斯曼帝国继续建功立业。希腊独立并不符合希腊人的预期，至少没有达到东正教牧首和法纳尔精英的期望。刚刚独立的希腊贫困落后，无法与能够提供大量机会和财富的奥斯曼帝国相媲美。于是在19世纪下半叶，希腊独立之后，希腊人再次涌入奥斯曼帝国。帝国的希腊人口再次超过土耳其人。到19世纪60年代，在安纳托利亚半岛西部的伊兹密尔城，希腊人成为人口的主体，取代了此前几代由土耳其人占据的位置。该地区其他城市的情况也类似。到19世纪90年代，伊斯坦布尔人口的1/4是希腊人。希腊人和过去一样，在商贸、制造业、银行业、航运业和学术上迎来新的繁荣发展。他们甚至继续被奥斯曼委以外交事务。19世纪末，近30%的帝国外交部官员是希腊人，超过希腊人在全国人口中所占的比例，希腊人亚历山大·卡拉特多里·埃芬迪甚至曾任副外交大臣。[82] 和 18 世纪一样，帝国内外的希腊人再次开始讨论奥斯曼帝国的"希腊化"。理查德·克洛格说："到 19 世纪下半叶，希腊人已经重新掌握帝国的经济局势，获得了部分的政治影响力，从很大程度上说他们重回了 1821 年之前的状况。"[83]

和亚美尼亚人一样，希腊人即将成为不断高涨的土耳其以及希腊的民族主义和"一战"各方阴谋的牺牲品。[17] 但正如克洛格所说，"令人惊讶的是，希腊米勒特制在希腊独立后延续了更久"[84]，这说明了希腊人在奥斯曼历史上的地位，即使在希腊独立后，他们在帝国依然有相当的地位。1923 年希腊-土耳其人口大交换时，超过 100 万希腊人被新的土耳其共和国驱逐出境，50 万土耳其人也被迫离开希腊，这为 500 年来两族和谐共处的关系画上了句号。[85]

最后，有人将帝国应对非穆斯林族群的手段总结为两大政策：德米舍梅制度和米勒特制。14 世纪末到 17 世纪中期，德米舍梅制度实行了超过 200 年，一般认为这一制度终结于艾哈迈德二世统治时期（1691—1695）。有学者估算，在 15—16 世纪征调的高峰期，大概有 20 万基督教徒青年，主要是巴尔干地区的斯拉夫人，通过德米舍梅制度被征调入伍或进入政府工作。[86]

对于欧洲人而言，德米舍梅制度是奥斯曼古怪和野蛮的象征，欧洲流传着许多基督徒男孩被奥斯曼人从他们哭泣的母亲的手中掳去的凄惨故事。[87] 该制度给个人带来的磨难与痛苦饱受争议。但大部分学者认为，许多基督教家庭愿意让自己的儿子"离开行省，离开贫穷和受压迫的环境，进入全世界最有权势、最先进的国家的统治阶层"[88] [18]。以波斯尼亚穆斯林为例，他们作为穆斯林免于应征，但因为他们是最早改宗伊斯兰教的群体，他们向苏丹请求获得德米舍梅制度的应征资格，这清楚地表明，对于他们而言，德米舍梅制度是一项奖励而非惩罚。[89] 此外还有其他的例子，出身基督教家庭的高级别的奥斯曼官员与家族和家乡保持着联系，以各种方式帮助家乡同胞。最有名的例子是两位塞尔维亚兄弟，一位叫穆罕默德·索库尔卢——通过德米舍梅制度选拔，最终成为大维齐尔；另一位叫马卡利斯——在他兄弟的支持下出任塞尔维亚东正教的牧首。两兄弟为了塞尔维亚人同心协力。通过这种人际关系的往来，德米舍梅制度让基督教行省与奥斯曼帝国的联系更为密切。[90]

在关于米勒特制的讨论中，重要的一点是，它不是"多数-少数"关系，我们也切勿套用现代概念，如多元主义或"多元文化主义"，来强行解读。[91] 这些概念都是启蒙运动后西方政治思想的产物，以同质性与普遍性为前提，通常与自然权力或人权的观念有关。

而奥斯曼人并没有接受同质性或任何有关人权的观念。他们尊重差异，同时并不追求一致性。他们尽管坚定地信奉伊斯兰教的真理与优越性，却无意将此信仰强加于非穆斯林族群。在这个意义上，米勒特制违背了宗教的普遍原则，即使伊斯兰教处于强势地位，但这个制度允许不同宗教存在固有的差异性。同时，奥斯曼人也没有接受现代意义上的平等。"伊斯兰教归根到底是一种霸权体系……因此，我们可以说奥斯曼人承认差异，但绝不是平等的基础。这是等级社会的差异。这不是多元主义的问题，与多元性无关。换句话说，差异性是奥斯曼社会的组织架构原则，必定会产生不平等的现象。况且帝国从未采取过大范围的措施去抹平差异性，因此也就未出现不宽容的情况。"[92]

任何一个族群随着民族主义兴起必定会产生对奥斯曼人的憎恨，因为民族主义要消灭差异，要在同一个民族中建立统一的秩序。这肯定违背了米勒特制的原则，米勒特制不是建立在种族或民族之上，而是严格以宗教为基础。如果将米勒特制看作将来民族主义发展的"基石"，则大错特错。民族主义的抬头预示了米勒特制的瓦解，也预示了创造并维持这一制度的奥斯曼帝国的终结。"希腊"米勒特制的例子清楚地表明，当塞尔维亚人、保加利亚人、罗马尼亚人和其他东正教成员的民族主义情绪升温时，这些族群就会越发受到帝国的钳制。米勒特制是奥斯曼帝国遵循差异性原则的最直接表现，既是帝国的统治手段，又体现了奥斯曼对伊斯兰教的理解。

图3.4 苏莱曼苏丹颁布的德米舍梅制度，即在巴尔干半岛上筛选基督教家庭的男孩，训练他们，最终让他们进入奥斯曼的宫廷和军队工作。此画名为《苏莱曼大帝》(1558)，作者是阿里·阿米尔·贝格，藏于土耳其伊斯坦布尔托普卡帕宫博物馆（Bridgeman Images）

随着 17 世纪德米舍梅制度的衰落和 19 世纪米勒特制的瓦解，无论在当时还是之后，人们都认为这是奥斯曼帝国覆灭的征兆。我们有必要讨论一下"古典"时代之后帝国的发展变化，并追问这对于帝国的认同与目标来说意味着什么。奥斯曼帝国是否从根本上改变了历史的轨迹？这是否预示着帝国的最终衰落？帝国的终结是自身缘故还是它无力控制的外力所致？

衰落还是变革：帝国的转型

以上对 14—17 世纪古典奥斯曼时期的回顾并未涉及帝国中后期的历史，包括"一战"之后帝国的解体。此前的历史我们参考了来自杰马尔·卡法达、希思·劳里、科林·因伯、丹尼尔·戈夫曼、萨拉亚·法罗奇及其他学者的著作，这些都建立在哈利勒·伊纳尔哲克和其他早期奥斯曼学者的研究成果之上。这些研究完善了此前关于奥斯曼起源于"加齐"集团的假说，转而强调帝国驳杂多元的属性，以及对征服地区文化与制度所持的开放态度，奥斯曼帝国允许非穆斯林居民以自己的方式生活，并主动让他们参与到帝国的经济、商业和外交事务中。它还积极投身欧洲大国的斡旋之中，将它们视为对手或盟友。在这些方面，无论奥斯曼帝国在东方人眼中是何样貌，帝国都已经完全融入了早期现代的欧洲世界。

对于奥斯曼中后期的历史，人们提出许多杰出的见解来挑战广为接受的结论，之后的讨论将从这些新的观点出发。然而，我们缺少像古典时期研究那样的综合论述，来讨论帝国最后 300 年间的基本形态和特征。相反，许多新近的研究成果表明，无论关于帝国早期历史的表述如何改变，针对帝国晚期历史的传统叙述基本上依然是准确的。

这些论述的核心在于，在 17 世纪或更早的时期，奥斯曼帝国经历了一次根本性的转型，导致帝国走上了一条完全不同的发展路径。那么这些改变必然在一定程度上为之后帝国的衰落埋下了隐患，帝国末期尝试以各种方式来凝聚士气民心，以抵抗强大的外部力量。我们将看到帝国最后 300 年经历的是一场持续又缓慢的衰落，偶尔出现气象一新的改革，最后却被证明是徒劳无功的。

这样的论述中尚有几个问题需要澄清。第一，或许也是最重要的一条，即 1516—1517 年塞利姆一世推翻埃及马穆鲁克王朝，随后吞并埃及、叙利亚和汉志等阿拉伯领地，这对于帝国的影响究竟有多深远？1534 年，在苏莱曼一世的领导下，帝国征服了伊拉克。奥斯曼帝国几乎一次性获得了几大伊斯兰城市——开罗、大马士革和巴格达，还有圣城麦加和麦地那。奥斯曼帝国的穆斯林从少数族群变成绝对多数。奥斯曼人成为继倭马亚王朝、阿拔斯王朝、法蒂玛王朝之后，又一伟大的伊斯兰文化与传统的继承者。学者、官员和行商从阿拉伯地区来到伊斯坦布尔和其他奥斯曼城市，比如布尔萨和埃迪尔内。奥斯曼还是圣地的守护者，保护着前往麦加和麦地那的朝觐者的安全。从苏莱曼一世（1520—1566 年在位）开始，奥斯曼苏丹继承了哈里发的称号，他们成了整个伊斯兰世界的精神领袖。[93]

毫不意外，很多学者将这样的变化视作影响深远的帝国"伊斯兰化"，这在各个方面都颠覆了此前的宗教折中主义和合一主义。希思·劳里曾经有力地反驳伊斯兰化的奥斯曼起源于"加齐"集团的假说，他认为征服阿拉伯才意味着帝国走上发展的新道路。

> 奥斯曼最终演变成典型的伊斯兰王朝，这并未发生在帝国肇始阶段，而是 16 世纪最后 20 年帝国征服、吞并阿拉伯伊斯兰世界的结果。因此，有着数个世纪传统的伊斯兰官僚系统附在了一个之前生气勃勃、高度统一的多民族、多文化的政治实体之上。从这个角度看，究竟是谁征服了谁，还有待讨论。[94]19

图 3.5 苏莱曼一世继承其父亲塞利姆一世的事业，将奥斯曼的领土扩张到了埃及、叙利亚、圣城麦加和麦地那，以及匈牙利。藏于奥地利维也纳的维也纳艺术史博物馆（Bridgeman Images）

我们还看到，奥斯曼帝国转向伊斯兰教还受到了 15 世纪早期伊朗萨非王朝复兴的影响。奥斯曼帝国的东侧现在出现了一个同样信奉伊斯兰教的敌人，成为帝国未来向东扩张之路上不可逾越的屏障。更重要的是，伊朗萨非王朝属于伊斯兰什叶派，与奥斯曼帝国的逊尼派针锋相对。这对奥斯曼部分臣民，特别是安纳托利亚半岛东部的土库曼游牧部落颇具吸引力。此时他们在帝国的东部找到了靠山。在伊朗的支持下，不少什叶派教徒起兵叛乱，其中的"红头军"曾在15—16世纪多次撼动帝国的根基。[20] 一般认为直到1722年萨非王朝覆灭，比起西方的基督教力量，什叶派伊朗对奥斯曼帝国构成了更大的威胁。

帝国面对这样的威胁，最自然的反应便是强化自身的伊斯兰正统性。帝国不得不强调作为伊斯兰教正统逊尼派守护者的资格，反对什叶派异端。帝国无法再以轻松宽容的姿态看待自己的宗教身份。必须以最清晰的方式阐明穆斯林的立场，不给任何异端邪说的故态复萌留下空间。结果便是在理解和实施伊斯兰教教义时越发狭隘，同时在界定穆斯林与非穆斯林族群时更为严格。[21]

没人能否定奥斯曼帝国伊斯兰身份的重要性。对于某些人，比如伯纳德·刘易斯来说，从一开始伊斯兰教就是帝国的标志。他说："从诞生到灭亡，奥斯曼帝国致力于伊斯兰力量与信仰的传播与守护。"奥斯曼人征服阿拉伯更是明证："对于奥斯曼土耳其来说，这个帝国将伊斯兰教诞生地囊括进来，它就是伊斯兰教的全部。"[95]

这些关于帝国早期的说法较为夸张。关键在于帝国是否真的发生了改变，16世纪征服和兼并伊斯兰地区是否从根本上导致奥斯曼社会转向。我们必须看到，帝国强调了苏丹作为哈里发和真理捍卫者的角色，这是一个合适的选择，是出于务实的考虑。作为官方学说的宗教理论有诸多规定，实际上很少被认真履行，有的教条甚至可以被更改。此外，如果严格强调帝国的伊斯兰身份将有助于与什叶派伊朗的斗争以及对其他异端的反击，那不妨就采取这样的做法。但是如果此举激怒了非穆斯林，帝国就会对其伊斯兰属性避而不提，就像在19世纪的改革时期那样。

帝国的统治者对表明伊斯兰身份如此谨慎还有其他的原因。18—19世纪，奥斯曼帝国逐渐对西方开放，程度非常彻底。奥斯曼与西方在思想与人员上的交流呈现稳定增长的趋势。奥斯曼的外交官与旅行者开始报道西欧社会最新的思想与政策。西方旅行家和学者同样开始撰写关于奥斯曼帝国的著作，这在某种意义上消除了之前几个世纪奥斯曼在欧洲人心目中的不良印象。越来越多的西方人，作为旅行者、外交官，或作为纯粹出于好奇心和进取心的游客，比如著名的玛丽·沃特利·蒙塔古夫人，出现在奥斯曼帝国的伊斯坦布尔、伊兹密尔和阿勒颇的街头。[22]

最重要的是，奥斯曼政治家开始敏锐地意识到，在经济、科技的发展，以及军事、市政建设方面，奥斯曼远远落后于西方。如果帝国还希望生存，大家一致认为必须进行根本性的体制改革。"现代化"即便不是理想，也得成为奥斯曼政府的目标。相应地，"欧洲病夫""东方问题"这类暗示奥斯曼解体的说法也开始进入西欧政治家的视野，并且开始影响其政策。之前奥斯曼曾被视为一个危险且充满活力的大国，并因此引发了人们的焦虑，但随着时间的推移，奥斯曼帝国越来越像孟德斯鸠所说的"东方专制主义"国家——社会静止，落后腐败，缺乏进步所需的一切要素。[96]

此时不是坚持帝国的伊斯兰属性的时候。[23]世俗化的浪潮影响了西欧的精英，也波及奥斯曼的精英。博学、优雅、具有世界视野的奥斯曼外交官和旅行者带来了欧洲上流社会的沙龙。面向精英的加拉塔萨雷中学采用法语教学，毕业生被推荐到翻译局，该机构设立于1821年，用来取代被希腊人垄断的翻译机构，也是学习欧洲语言和文化的基地。[97][24]对于精英而言，宗教是"土耳其人"或巴尔干的农民才关心的事情，不属于受过教育的奥斯曼精英。在中央政府，职业官僚开始质疑宗教精英知识阶层——乌里玛——掌握权力的合法性，这也使乌里玛们开始和苏丹禁卫军组建各种缺乏计划的联盟。只有到了19世纪，失去大量欧洲行省之后，帝国上下，或者说是苏丹才开始认为强化穆斯林的身份是明智的；但很明显这引发了臣民（尤其是穆斯林）的不满，也对帝国摆脱当前的困境毫无助益。总体而言，在"麦加与欧洲"的决战中，麦加代表的伊斯兰势力并不总能取得最后的胜利。[25]

我们必须注意奥斯曼帝国从一开始就意识到，国家与社会都需要具备纯洁又天然的伊斯兰属性。事实实如此，帝国制定了一系列由苏丹颁布的世俗法规，这些法规与神圣的伊斯兰教教法并行，甚至通常处于高于教法的位置。通过世俗法规，奥斯曼政府和国家才得以管控这片领土，正如哈利勒·伊纳尔哲克所说，"法典是奥斯曼独裁专权的奠基石"[98]。梅廷·昆特说，早在15世纪初，苏丹法典就已成为帝国社会制度的关键，"苏丹的法典，从未引用伊斯兰教教法；完全不在教法的领域；在某些方面，特别是刑法的某些条款，法典坚决取代了教法"[99]。苏丹的律法，即所谓法典表达了帝国特有的"中亚"和奥斯曼属性。其中的律例来自"奥斯曼法律与传统"或"奥斯曼习惯法"。[100]法律的制定让帝国能够更灵活地适应在漫长发展过程中需要面对的不断变化的环境与挑战。同时，新的法律出台也说明，成形于8世纪阿拉伯的伊斯兰教教法是在当时历史条件下形成的，已不再适用于多信仰、多文化，而且还在试图成为历史上最伟大帝国的奥斯曼帝国。苏莱曼的伟大创举之一是他成功地融合了伊斯兰教教法与苏丹的法典。[101]

一系列极具奥斯曼特色的制度由苏丹法典衍生出来，包括部分基于德米舍梅制度的帝国官僚奴隶制，这本身就是对伊斯兰教教法的背离。法典还规范了统治阶级与被统治者的关系：两者的界限严格按照功能划分，统治者为国家服务并因此获得报酬，被统治者承担税负。因此宗教差异并不是重点，统治者包括穆斯林和非穆斯林，而在早期的被统治者中也有这两类族群。此种制度与伊斯兰教教法不同，教法对穆斯林与非穆斯林做了严格区分，成为社会最基本甚至唯一的准则。

如果严格考察起来，在伊斯兰教教法之外，还有两项关键的奥斯曼制度。其中之一是瓦克夫制度，即以宗教或慈善的理由永久授予土地或其他奖励。这是伊斯兰教的传统做法，但通过由皇室授予产权，奥斯曼人将这一制度广泛应用于世俗目的，包括集市、桥梁和商队旅馆的建造。[102] 另一项是蒂马尔制，即奥斯曼授权部分官员在其领地向当地居民征税。奥斯曼骑兵，即所谓的西帕希，是最重要的蒂马尔领有者，他们的权利与福祉常被视作帝国整体国力的指标。[103]

瓦克夫制和蒂马尔制，就像奴隶制和德米舍梅制度一样，完全遵循苏丹法典。[104] 在 16 世纪和 17 世纪早期，"苏丹法典意识"觉醒，开始与伊斯兰教教法竞争帝国最重要的法律的位置。因此，帝国议会的总理（nisanci）、早期苏丹法典的深度参与者，在现代文献中被称为"法典穆夫提"，与最高教法解释人总穆夫提以及宗教学者机构的领袖乌里玛并列。"在苏丹法典的概念中，帝国的崇高地位好比神圣的教法，因此法典说明官的地位也和最高宗教领袖相当"。[105] 也许对于今天的土耳其人而言，伟大的苏丹苏莱曼一世更为人所知的名号是"立法者"，而非在西方更普遍的"苏莱曼大帝"。

苏丹法典的重要性，以及法典在淡化奥斯曼政权纯粹的伊斯兰属性方面的作用，极易让人联想到"衰亡"的主题，该主题成为奥斯曼思想界和后来西方评论界对帝国所做评价中的一个重要的方面。在 16 世纪末至 17 世纪末的一个世纪里，文献中开始提到帝国的衰落，苏丹和他的顾问开始轻率地无视苏丹法典，这造成奥斯曼中央机构的腐败与衰落。而吞并阿拉伯地区之后出现的伊斯兰化倾向，更是严重破坏了奥斯曼帝国的根基。

伯纳德·刘易斯提出，"在帝国鼎盛时期，奥斯曼土耳其人开始争论帝国是否开始衰落"[106]。大约在塞利姆一世（1512—1520 年在位）时期，特别是在苏莱曼一世取得惊天战功之后，一些官员和学者，比较著名的有吕菲特帕夏、塔里基扎德、库楚贝伊、切莱比、穆斯塔法·阿里，都开始反省并直指帝国腐败和衰弱的根源，他们怀着程度不同的希望向苏丹提出解决这些问题的建议。[26] 在此期间，苏莱曼大帝的统治独树一帜，被视作帝国的黄金时代，也是奥斯曼帝国的顶峰。[27] 当然，不少作家采用在其他帝国也存在的、带有"衰亡"色彩的忧伤风格，表达了"前进的方向只能是衰落，奥斯曼帝国注定解体"这样的观点。但也有人坚信，通过不懈的努力，帝国将扭转颓势，回到过去健康向上的发展轨道上。

他们认为，改革者在苏丹法典的框架下建立起秩序。[107] 连续几任苏丹，所谓"开国十君"，从早期的奥斯曼到"征服者"穆罕默德二世，再到"立法者"苏莱曼大帝，已经奠定了奥斯曼的政治基础，无论是对外扩张还是帝国内部的发展都井然有序。这一古典体系被称为"古代传统"或"习惯法"，也应当被用作彼时政策制定时的参照标准。[108] 而当时开始衰败的正是帝国的这种政治秩序。

这类早期论述中的抱怨被后人反复引述，因此成为典型，而西方政治评论家和学者对这些奥斯曼本土作家的观点全盘接受。此外，他们认为德米舍梅制度也开始衰落，本土穆斯林占据了苏丹禁卫军及其他职位，包括帝国的大维齐尔，而此前这些职位是由基督教家庭出身的人担任。对大多数人而言，这会带来通过家族关系而不是个人功绩的晋升。类似的变化开始腐蚀蒂马尔制。蒂马尔制不再保护和支持西帕希，而正是这些拥有土地的骑兵及其子弟构成了各行省强大的驻军。而现在，蒂马尔制受到政府上层和宫廷势力干涉，同时受到底层农民的反抗。于是，后苏莱曼时代的军队出现重大危机。假如苏丹法典能将蒂马尔制合法化，拥有土地的骑兵部队将再度发展壮大，而帝国也一定会重获一支强大的军队。

部分评论家认为，当时还出现了一些背离古典奥斯曼习惯的做法。比如兄弟相残传统，即苏丹会在继位之际杀死其他兄弟，避免之后的王位争斗，这一做法在 16 世纪晚期被长子继承制取代，奥斯曼家族的王位从此只被授予年纪最长的男性后代。苏莱曼一世之后的几任苏丹都体弱无能，而因为惧怕其兄弟谋反，苏丹反而会采取更加肆意残暴的手段，于是许多人认为新的做法反而更糟。[109] 后果之一是苏丹的权威的丧失，因为苏丹长期躲在宫墙之后，大权已落入宫廷其他派系手中。王子也不再作为总督被派到地方行省锻炼，而是被囚禁在托普卡帕宫的"牢笼"之中，同时要面对工于心计的后宫妃子和其他势力的谋害。此外，苏丹不再和外国君主的女儿联姻，而是效仿苏莱曼一世与许蕾姆的先例，挑选自己偏爱的妃子，从而加剧了后宫的阴谋争斗，因为君主的妃子会为了自己儿子的利益而相互争斗。"危险"的后宫制度引发了大量不满，造成后宫和黑奴宦官专权。28 苏丹统治变得软弱，出现"女性化"倾向，特别在塞利姆二世（1566—1574 年在位）之后，很少有苏丹会统领军队，御驾亲征。[110]

自此，财政和行政上的情况也开始恶化。最重要的是包税制的发展，国家提高税收（包括扩充军费）以满足各种需求。新的战斗模式需要加强陆军建设，以取代骑兵。为了贴补禁卫军和其他陆军兵种，蒂马尔制转变为包税制，此举尤其引起了改革派的不安。[111] 包税制的普及导致了中央政府的衰落，却巩固了行省和地方管理者的权力。终身包税制催生出一批新的地方权贵。所谓"地方领主的时代"，特别是在 18 世纪，标志着奥斯曼政府的重大危机，这种危机表现为 1808 年地方贵族与中央政府达成的前所未有的协定，以及紧随而来的地方领主叛乱。29

帝国内部的腐败与帝国在国际舞台上的明显衰败互相印证。[112] 在 16 世纪早期塞利姆一世和苏莱曼一世取得赫赫战功之后，奥斯曼在勒班陀海战（1571）中大败而归被西方各国认为是奥斯曼由盛转衰的拐点，欧洲的基督教世界一片欢欣鼓舞。在大维齐尔柯普吕律的领导下，17 世纪中晚期，帝国迎来一段整顿与稳定期，但接下来就是第二次围攻维也纳（1683）失败以及与神圣同盟作战失利。最终给奥斯曼带来致命打击的是《卡罗洛维茨条约》（1699），奥斯曼帝国被迫将匈牙利和特兰西瓦尼亚割让给哈布斯堡王朝。

18世纪，俄国取代哈布斯堡王朝成为奥斯曼帝国的头号对手。帝国也有不少与之交手失败的记录，主要是1783年克里米亚被俄国吞并，这在《库楚克-凯那尔吉和约》中被承认，进一步羞辱了奥斯曼帝国，奥斯曼政府被迫接受了俄国提出的定义模糊的条款，即俄国"有权保护"奥斯曼境内的基督徒。奥斯曼的衰落还和1798年拿破仑征服埃及有关，在法国大革命思想的影响下，埃及行省的穆罕默德·阿里总督开始起兵叛乱。

我们在此不必仔细检视这段漫长的衰落史的细节，这被认为是帝国前300年辉煌历史的忧伤尾曲。但有几点需要强调。首先，所有的帝国都会经历各自的"困难时期"（甚至不止一个）。对于罗马，那发生在3世纪；对于西班牙和俄国，和奥斯曼一样，都发生在17世纪；对于哈布斯堡王朝，发生在18世纪。但这并不会阻挡改革、重塑和复兴的脚步，如果唯独奥斯曼帝国不符合这样的模式，反倒令人奇怪了。帝国继续"幸存"了三个世纪，当然"幸存"一词值得玩味，因为帝国国祚延续到了20世纪，所以用衰落来概括这段历史是值得商榷的。

其次，帝国的衰落史当然是奥斯曼历史的一部分，但是它建立在几乎一成不变的16—17世纪苏莱曼大帝之后改革时期的档案文献基础之上。[30]这批材料当然关键，揭示了很多奥斯曼人在当时局势下的反应。但我们需要意识到这些文字存在文学性，盲信与照搬了前人说法，并采用了带有情绪和偏见的修辞手法。人们几乎很难靠这批材料勾勒出当时奥斯曼帝国完整客观的全景图。而今天，很多论述依然在重复这些论调，几乎一字不变，我们需要警惕，不要过于从字面意义出发去理解当时研究者的这类论述。[31]

最后，也是最重要的一点，我们意识到不少新近研究已经彻底改变了对奥斯曼最后300年历史的认识。这些观点忽略或质疑衰落的说法，将焦点集中在奥斯曼政府和社会如何在复杂多变的国内和国际局势中应付挑战。

这样的观念当然也只说出了部分真相，但的确突出了帝国政府主导的几次关键的改革运动。在有关奥斯曼帝国的研究中，更引人注意的是持续的变革及其取得的成功。即使奥斯曼帝国确实和其他国家一样，最后屈服于战争和革命的压力，那么它在这样的情况下依然具有不亚于其他国家的活力。"一战"之后形成的所谓"帝国的余烬"，有着各种各样的成因。帝国的终结绝非由某个单一的缺陷直接导致。

修正主义学者反而提供了更合理的奥斯曼"衰亡史"的版本，他们认为整顿与改革就是帝国衰落失败的迹象。尽管德米舍梅制度最终被废止，但没有证据表明这曾引起过抗议非穆斯林占据政府职位的"穆斯林动乱"。非穆斯林在 18 世纪之后仍在奥斯曼政府高层任职（正如穆斯林在苏莱曼大帝之前也会出任政府高层一样），甚至担任大维齐尔。诺曼·伊茨科维茨认为，总体上，18 世纪，宗教信仰不再是任命大维齐尔、地方行省总督、高级军事将领的标准。个人的"职业路径"将是更重要的考核标准，由在官僚系统、军队和宗教机构中表现出的专业能力和熟练程度，以及家族在这些领域的影响力决定。[113] 即便我们想把帝国的衰退归因于"伊斯兰化"，我们也会发现政府高层并没有出现伊斯兰化的倾向，反而世俗化和专业化的程度有所加强。[114]

地方贵族的发迹导致帝国的衰弱与分权，这一说法近年来已颇受质疑。然而，当时的情况更像是精英找到了新的位置，开始与宫廷争夺权力，但中央政府并未完全丧失控制。包税制和更加商业化的社会塑造了"新奥斯曼人"，他们出身传统家庭，依然将目光锁定在高度集权的中央政府、军队和官僚系统上，而无意通过加强地方行省的权力去与中央对抗。此外传统的精英和新奥斯曼人一样，也在积极争取包税人的资格，他们凭借在政府中的人脉经常如愿。而且，他们掌控分配包税区域的竞标活动，获得了比地方贵族更丰厚的财政资助。我们很清楚，"私有化"和"去中心化"与中央集权并不完全对立，相反，它们有助于组建现代政府：中央集权下的"另类现代化"是西方很多绝对主义国家的标志。[32]

奥斯曼帝国在国际舞台上的挫败与蒙羞也不再那么触目惊心。勒班陀海战的失败有着深远的战略意义，这场战争标志着地中海帆船海战时代的结束，当然也让被奥斯曼多次打败的基督教徒首尝胜利的喜悦。但对于奥斯曼人来说，这不过是一次小小的失利。帝国海军在装备了更为强大先进的舰队后，几年内就重塑辉煌。更重要的是，这次失利换来了不小的收获。1565 年，马耳他被围攻。1566 年，奥斯曼人占领希俄斯岛；1571 年，即勒班陀海战的同年，奥斯曼从威尼斯人手中夺取塞浦路斯。这两座岛屿曾经引发长期的激烈争夺。1551 年，的黎波里被奥斯曼攻陷，1569 年和 1574 年突尼斯两度被奥斯曼占领，这使奥斯曼确立了在北非沿岸的统治地位，挫败了西班牙人对该区域的野心。1578 年，奥斯曼人在阿尔卡萨要塞击败葡萄牙人。1580 年西班牙乘势兼并葡萄牙，削弱了葡萄牙对印度洋的控制，这种控制曾一度威胁到奥斯曼东部的贸易。1580 年，西班牙与奥斯曼正式缔结和平协议。两个地缘政治大国的势力范围经过重组后形成，随着威尼斯人被挤出东地中海以及伊比利亚被牢牢掌控在欧洲人的手中，奥斯曼人毫无争议地成为北非和黎凡特地区的霸主。[33]

1699 年，克里特岛落入奥斯曼人之手，自此，除了马耳他，奥斯曼人将地中海岛屿尽收囊中。1699 年，乌克兰也成为奥斯曼帝国的一部分，苏丹穆罕默德四世御驾亲征，奥斯曼军队深入波兰-立陶宛，于 1672 年在波兰波多利亚建立了奥斯曼行省卡门内茨，并且威胁要把波兰国王变成奥斯曼的封臣。[115] 有人认为，在勒班陀之战后奥斯曼人便放弃了在欧洲的扩张计划，下这种结论还为时尚早，1683 年奥斯曼人几乎攻陷维也纳就说明了这一点。[116]

虽然《卡罗洛维茨条约》（1699）把匈牙利割让给了哈布斯堡王朝，但这对奥斯曼帝国来说也并非灭顶之灾。俄国在彼得大帝的领导下开始了与奥斯曼帝国的正面冲突，但在1711年的克里米亚战争中被奥斯曼人重创。贝尔格莱德的要塞，曾经被哈布斯堡王朝在1688年夺走，1739年和1789—1790年又两度被奥斯曼人夺回；其他割让给哈布斯堡王朝的地区（保加利亚、塞尔维亚、特兰西瓦尼亚），以及割让给俄国的领土（亚速和其他黑海堡垒），在18世纪末被奥斯曼人悉数收回。希腊行省摩里亚在1714—1718年被奥斯曼帝国从威尼斯人手中夺回，之后，奥斯曼在这里的统治维持了一个世纪。[117] 奥斯曼在北非马格里布的各行省，在18世纪依然被帝国牢牢把控。[118] 要知道，除了在《库楚克-凯那尔吉和约》中丧失的领土，奥斯曼在18世纪没有遭受重大的损失，所谓"欧洲病夫"更是无从谈起。[119]

对于奥斯曼人而言，影响更重大的或许是1722年伊朗萨非王朝的覆灭，这让奥斯曼和俄国都有机会侵吞伊朗领土，也给了奥斯曼帝国急需的喘息机会。虽然这种说法有些马后炮的嫌疑，但《卡罗洛维茨条约》的确是奥斯曼命运的转折点。18世纪的奥斯曼帝国正加速融入欧洲国家体系，上演着联盟、背叛和成功的戏码，与当时其他国家的情形并无二致。[120]

这之后，与俄国的战争（1768—1774）再起，导致了羞辱性的《库楚克-凯那尔吉和约》的签订，奥斯曼帝国丢掉了克里米亚。此战还暴露出奥斯曼行政体制和军事技术的积弊，与1798年拿破仑入侵埃及时暴露出的一样。但在这些毫无争议的事实之外，我们要注意奥斯曼人对这些体制缺陷早已有所警觉，正在努力地革新改善。19世纪的奥斯曼帝国实行了更加激进的改革措施，这样的改革活动一直持续到19世纪末。不过这些艰辛的尝试未能拯救帝国，俄国和哈布斯堡王朝同时期的改革似乎也没有奏效。然而奥斯曼300年的"衰落史"似乎没有其他先例可循，好像奥斯曼帝国自16世纪末就注定要衰败。为什么事情发展成这样？我们有必要认识到，在

讨论这类话题时，学术界采取了完全不同的判断标准。³⁴

从奥斯曼人到土耳其人

在 1774 年签订的《库楚克–凯那尔吉和约》中，帝国东正教徒的统治权被奥斯曼帝国让渡给俄国。作为反击，苏丹宣布：作为"至高无上的哈里发"，他有权对新独立的克里米亚地区的穆斯林进行统治。在伯纳德·刘易斯看来，这样的宣言"史无前例"：

> 自中世纪以来，传统伊斯兰哈里发制度已近瓦解，伊斯兰世界不存在唯一的、得到广泛承认的名义上的最高首领，而每一个君主在自己的国家都被当作哈里发……在国境之外宣示宗教权力是相当过激的举动，也是自阿拔斯王朝之后的一次尝试，奥斯曼王室试图以此建立在伊斯兰世界的领导权。[121]

事情若果真如此，的确有些讽刺，甚至透露出些许可疑的阴谋意味。[122]奥斯曼帝国此时面临严峻局势，尤其是来自俄国的威胁，这是奥斯曼自 14 世纪立国以来面对的最严重的威胁。在世界各地，北美、印度、东南亚和中亚，以及高加索，奥斯曼帝国都处于下风，被欧洲殖民列强打压。奥斯曼帝国提出对所有穆斯林拥有控制权，为阿诺德·约瑟夫·汤因比的观点提供了绝佳的注脚，即每个文明在面对衰落命运时都会抛出所谓"普遍论"，以此来宣示自己拥有在全球的权力。

宣示宗教领导权还有另一层反讽意味：与此同时，世俗化运动在奥斯曼精英阶层中展开。这轮世俗化运动在 19 世纪继续发展。从 19 世纪开始到 19 世纪结束，每一任苏丹都在追求激进的改革，他们建立了大量的学校、大学、医学和军事学院、新式法院，颁布了法律法规，这些都深深烙上了西方世俗化与科学化的印记。受过良好教育的奥斯曼人开始在欧洲各地旅行，给奥斯曼社会带回大量西方的社会思想和政治思想，这些思想来自巴黎、伦敦、维也纳和柏林的知识分子。从18世纪初开始，奥斯曼帝国开放了出版印刷业，报纸和杂志在19世纪风行一时，成为传播这些思想的有力载体。

突显宗教的地位并非没有实际意义。世俗化过程和宗教的复兴，正如我们所见，并非互相冲突，而是相得益彰。正如西方基督教的情况，19世纪的世俗化不可阻挡，同时也伴随着福音派基督教在欧洲和北美的大规模复兴，这是基督教历史上最重要的几次复兴运动之一。在奥斯曼帝国，情形正如在其他地方，世俗化的潮流与反复涌现的宗教势力不仅在社会底层，更在统治阶层中互相争夺势力。[123] 在不同的时期，确切地说是在20世纪早期，即帝国最后的岁月，统治阶级试图通过融合宗教的力量来重建帝国的社会体制和政治体制。我们不能指摘宗教未能拯救帝国，正如世俗主义也无法带来世俗化的改革。因为两者都要面对"一战"的混乱局势，以及影响不断扩大的民族主义的冲击，这些因素使得帝国无法安然维持。

19世纪，两个主要变化影响了奥斯曼帝国的本质和前途。其一是领土沦丧，特别是19世纪下半叶大量基督教行省丢失。而这也让那些主张"加强伊斯兰属性才是帝国出路"的人更有底气。在土耳其共和国早年决定废止伊斯兰教教法和哈里发制度时，上述观点依然有很多坚定的支持者。

其二与19世纪中叶的坦齐马特有关。坦齐马特是一项改革，试图赋予奥斯曼臣民平等的法律和政治地位，无论他们是不是穆斯林。这对整个帝国产生了震撼，因为它颠覆了维持数个世纪之久、已经制度化的阶层差异。在此，法国大革命及其思想如何冲击了全世界，展现得淋漓尽致。主张改革的苏丹及其幕僚支持法国和西方的平权思想，这为奥斯曼社会带来了革命性的影响，触动了帝国的核心原则与政策。

这两大变化贯穿了 19 世纪奥斯曼政治家和知识分子提出的三种策略。第一种和坦齐马特有关，即所谓的"奥斯曼主义"——赋予苏丹所有臣民公民权，结束穆斯林与非穆斯林的地位差别。第二种是恢复帝国作为伊斯兰国家的本性，寻求赋予伊斯兰教教法与制度新的力量，以复兴帝国。第三种策略直到 19 世纪最后才出现，坚持将土耳其人视作一个民族，反对多民族的帝国体制，主张建立土耳其人的民族国家。最终，第三种策略得到广泛认同，可是其余两种策略依然发挥着影响，即使在 1923 年土耳其共和国成立之后也是如此，特别是在伊斯兰教的背景下，而后来的历史也证明它们的力量并没有完全消失。

最后——伊斯兰帝国？

1850 年之前，尽管早在数个世纪前奥斯曼就已经吞并了阿拉伯领土，但是大约一半的奥斯曼帝国人口，包括穆斯林与非穆斯林，依然生活在巴尔干地区。1906 年，帝国的欧洲诸行省的人口只占全国人口的 20%。[124]换句话说，帝国的穆斯林人口急剧增加。1874 年，非穆斯林人口占比超过一半；1881—1893 年，奥斯曼帝国在俄土战争中失利之后，大约 3/4 的人口为穆斯林，基督徒占比不到 1/4。[125] 在 19 世纪下半叶，这些翔实的统计数字为以下人们的观点提供了基本论据，即复兴帝国的最好方法就是重新确立帝国的伊斯兰教属性。

或许我们还记得保罗·维特克的断言，奥斯曼帝国的"核心"位于巴尔干半岛鲁米利亚，而不是安纳托利亚或阿拉伯半岛，核心的"内部帝国"沦丧，就是帝国危在旦夕的信号。卡特·芬德利最近也认为，"在1912—1913 年巴尔干战争期间，土耳其人，特别是其统治阶级的真正家园不是安纳托利亚，而是鲁米利亚，即奥斯曼巴尔干地区。对于他们中的大多数人来说，把安纳托利亚当作故土家园是极不情愿的一种改变"[126]。很多研究者认为，从"奥斯曼人"到"土耳其人"的转变是19—20世纪帝国丧失欧洲诸行省的直接后果。

奥斯曼帝国的晚期历史可以被概括为一系列的战败——从《库楚克-凯那尔吉和约》（1774）承认割让克里米亚半岛开始，到在1912—1913年的巴尔干战争中丢掉大部分欧洲行省达到顶峰。这期间的重大事件还包括1798年拿破仑征服埃及，虽然拿破仑只短暂占领了埃及，但影响不仅波及埃及，更撼动了整个奥斯曼帝国。随之而来的是穆罕默德·阿里的崛起，埃及兴起了现代化潮流，直接挑战了奥斯曼政权，并导致了奥斯曼更惨烈的失败。

随后发生了1804年的塞尔维亚人起义，正如希腊和巴尔干半岛上其他的民族主义运动那样，这场起义更多是由奥斯曼帝国之外的人所煽动的，最终于1838年导致了塞尔维亚自治。[127] 1830年希腊获得独立，这主要是外部干涉的结果，却为后来的其他民族争取独立做出了示范。1830年法国人占领阿尔及尔，尽管他们需要花费数十年进行血腥镇压才能将阿尔及利亚塑造成法国的"第二帝国"，但法国人已留下鲜明的印记。

后来事态稍有转机，奥斯曼在克里米亚战争（1853—1856）中战胜了主要对手俄国，并在《巴黎条约》（1856）中获得跻身"欧洲俱乐部"的资格，而且获得了"前所未有的对于奥斯曼领土统一的保证"[128]。但在克里米亚战争中，奥斯曼要依赖英国和法国的力量，这一事实是众所周知的，而对奥斯曼领土统一的保证被证明不具有可操作性。大国攫取利益的需求在1877—1878年的俄土战争中再度决定了奥斯曼帝国的命运。这次俄国军队占据上风，而对于奥斯曼帝国来说，这无疑是一场"灾难"，最终奥斯曼人被迫签下《圣斯特凡诺和约》。但欧洲大国再次插手干涉，它们不愿看到俄国在巴尔干地区的势力扩张。然而，奥斯曼损失惨重。在柏林会议（1878 年 6—7 月）上签署的条约中，塞尔维亚、黑山、罗马尼亚（主要由之前奥斯曼的摩尔达维亚公国和瓦拉几亚公国组成）宣告独立；尽管保加利亚的领土要求未获得完全同意，但《圣斯特凡诺和约》的签订让保加利亚获得了自治；俄国得到了南比萨拉比亚，以及之前奥斯曼黑海沿岸的领土卡尔斯、巴图姆、阿尔达汉；奥匈帝国获得了波斯尼亚-黑塞哥维那的控制权和部分治权；英国在塞浦路斯也获得了相同的权利。

在部分学者眼中，这些挫败逐渐累积并深刻地改变了帝国的本质。卡罗琳·芬克尔认为，"1877—1878 年的战争与结束了战争的《柏林条约》加速了奥斯曼帝国衰亡的步伐，早在 17 世纪末，哈布斯堡王朝就开始让奥斯曼饱尝失败的屈辱：帝国丧失了 1/3 的领土，以及大部分非穆斯林人口" [129]。事态恶化远未止步。1912 年，意大利人迅速夺下奥斯曼最后一块非洲领地——的黎波里行省，尽管其宗主权仍归属奥斯曼。同年，因为与巴尔干地区的塞尔维亚、保加利亚、黑山和希腊之间爆发战争，奥斯曼被迫做出妥协。奥斯曼人再次在军事上蒙羞，而欧洲大国也再一次居中干涉，强制实现和平。但奥斯曼已经没有了英国的保护，19 世纪 80 年代，英国在威廉·格莱斯顿和自由党人的强势领导下，决定对奥斯曼采取敌对政策。在《伦敦条约》（1913）中，奥斯曼人被迫做出实质性让步，将一些领土交给希腊（获得克里特岛）、塞尔维亚、黑山和保加利亚；阿尔巴尼亚获得独立；多德卡尼斯群岛（今属希腊）被意大利占领。奥斯曼在欧洲的势力已不保。曾经"跨越三大洲"的帝国收缩为一个"亚洲国家"。"数个世纪以来，鲁米利亚和安纳托利亚就是奥斯曼帝国的两大基石，而帝国首都就位于两者之间。突然，在新的中心安纳托利亚之外，帝国所剩的唯一重要领土就是阿拉伯领地。" [130] 那么为什么不按照部分奥斯曼思想家提议的那样，在巴尔干战争之后，将都城迁至安纳托利亚中部呢？比如迁至科尼亚或安哥拉，甚至迁至位于叙利亚北部的大马士革？[131] 从"奥斯曼人"到"土耳其人"的这场蜕变注定要以失败告终。

很容易想见，奥斯曼帝国之后必将走向不可挽回的衰落，直到最终的瓦解与终结。从古至今，许多历史书都是这么描述帝国结局的，但我们要警惕这类刻板说法。法国人在18世纪就丢失了大部分领土，包括北美和印度，远比奥斯曼在19世纪丧失的领土面积大，但这并没有阻止法国人重建帝国的脚步，到20世纪，法兰西帝国面积仅次于大英帝国。所谓"帝国衰亡史"，的确是一段浪漫且富有诗意的叙述，但不应被用来讨论帝国的本质与前途这类严肃话题。在帝国萎缩、回到亚洲之后，奥斯曼帝国最终分崩离析。几乎就在同时，因为各种原因，也包括"一战"的爆发，其他几个帝国也灭亡了。因此我们不应将这种不可避免的宿命感附加在对奥斯曼历史或其他帝国历史的解读中，这是很危险的做法。

失去大量非穆斯林人口意味着帝国需要重新审视自己的统治方式与政权合法性，但要注意这不代表奥斯曼要放弃帝国。直到"一战"爆发，帝国受过教育的阶级根本没有这种想法。此前，民族主义受到帝国巴尔干地区臣民的热烈拥护，而彼时它已形成席卷欧洲的热潮，这无疑对晚期奥斯曼政客与思想家有所触动。但直到最后，民族主义才开始指引帝国走上以土耳其人为本的民族国家之路。原因之一是，仍有大量希腊人、犹太人、亚美尼亚人在帝国内生活，并且在商业上获得了极大成功，他们对苏丹高度忠诚并仰仗其庇护。同时，尽管阿拉伯地区的臣民呼吁程度不等的自治，但极少有人因此主张分裂帝国（"阿拉伯民族主义"更像是海外同情者，比如"阿拉伯的劳伦斯"虚构的概念，而非本土阿拉伯人的心声）。在非穆斯林占比较低的情况下，用伊斯兰教将帝国重新凝聚起来成了一个很有吸引力的想法。这张牌果然被奥斯曼政治家不失时机地利用起来，尽管不像我们知道的那么简单和直接。伊斯兰教绝非一种民族主义，恰恰相反，假如伊斯兰教成为帝国最后的救星，那么这一政策将演变成泛伊斯兰主义，而绝非指向民族国家。

从奥斯曼帝国到土耳其民族国家的转变并非命中注定，历程的曲折艰难远超我们在阅读后世土耳其民族主义者或其拥趸的记述时能够想象到的。如果没有穆斯塔法·凯末尔举世无双的才智与本事，奥斯曼帝国或许会与18世纪的波兰沦落到同等境地：在1918年后，被胜利的欧洲列强重新瓜分。

坦齐马特，奥斯曼主义，土耳其主义

19世纪奥斯曼政治家试图革新帝国，这一时期被称为"坦齐马特时代"（1839—1876）。"坦齐马特"在土耳其语中意为"改革"或"重建"。这场改革从马哈茂德二世（1808—1839年在位）在位末期开始，由继任的阿卜杜勒·迈吉德一世（1839—1861年在位）和阿卜杜勒·阿齐兹一世（1861—1876年在位）继续推进，改革的主要措施包括颁布了《花厅御诏》（又称《御园敕令》，1839）和《胡马云诏书》（1856），它们都是基于之前的一些改革措施。1876年的《帝国宪法》是奥斯曼第一部宪法，被视作"坦齐马特时代"的延续，同时还有其他改革新政，包括1840年的新刑法和1850年的商业法，这些都代表坦齐马特的目标——中央集权、实现平等、实现现代化。[35]

但大家认为，坦齐马特只是更早开始的改革运动的顶峰，早在17世纪末，奥斯曼面对一系列的战败和大国不断施加的威胁与压力，就着手改革。艾哈迈德三世（1703—1730年在位）在位期间，即所谓的"郁金香时代"，帝国对外开放，开始接受西方风俗与思想的洗礼。奥斯曼大使第一次被派驻到欧洲主要城市，以向奥斯曼君主更全面地报告欧洲社会的现状。还有一项重大进步：被封禁了数个世纪之久的出版印刷业，终于在1727年向帝国的穆斯林开放，这是之后奥斯曼出版印刷业发展和文学艺术兴盛的开端，虽然这些大多发生在 19 世纪。[132] 受到拿破仑远征埃及（1798）和穆罕默德·阿里在埃及的现代化改革的刺激，塞利姆三世开始进行军事改革，组建了一支被称作"新秩序"的新式军队，苏丹开始试图限制行省的权力。1807 年，禁卫军发动叛乱，刺杀了塞利姆三世，他的政策也宣告终结。但改革传递的信息是很清楚的。托马斯·纳夫认为，改革产生了显著的效果，"在 18 世纪，传统的约束已不再有效，旧的体制开始瓦解，改革思想以势不可当之势冲击着奥斯曼世界"[133]。

马哈茂德二世接手了其堂兄塞利姆三世开启的改革事业。他逐渐在宫廷中建立威信，重建对行省的管控，并开启了"一项伟大的改革尝试，确立了后世土耳其改革家在 19 世纪甚至 20 世纪都要遵守的基本原则"[134]。他在 1826 年镇压了禁卫军的叛乱——在奥斯曼历史上被称为"善举"，重组塞利姆三世的"新秩序"军队。他命令部队戴上菲兹帽，摒弃了包头巾或其他传统头饰，并将该措施推广至政府文官集团，这是极具象征意义的新政 [135]。政府控制瓦克夫（清真寺的财产），乌里玛要听命于总穆夫提，乌里玛的独立性被剥夺，他们必须服从政府号令。马哈茂德二世进行了帝国的第一次人口普查。他还建立了翻译局（1833），年轻官员在此系统学习法语，包括阅读、书写和口头表达，这里成了 19 世纪奥斯曼政客最佳的预备班。马哈茂德二世主导了《花厅御诏》的起草工作，尽管在该法令正式颁布前的数周他就离世了。马哈茂德二世与其 1876 年之前的继任者的最大差别在于，他的改革冲动来自其本人，来自宫廷，然而在阿卜杜勒·迈吉德一世和阿卜杜勒·阿齐兹一世时期，奥斯曼政府的高级官僚，包括大维齐尔穆斯塔法·拉希德帕夏、福阿德帕夏和阿里帕夏在内，才是改革的主力，皇室尽管表示配合，但基本上持观望态度。[36]

事实上，坦齐马特改革的成功是因为准备工作充分（之前这部分被忽略了）。1839—1876年的坦齐马特改革时间太短，本来不足以取得显著的成效。正是因为此前长时间的政策酝酿与铺垫，《花厅御诏》才会在之后的改革浪潮中发挥如此大的效力。至于其重要性，改革的内容与方向仍可以用"现代化"与"西化"进行概括，正如我们以及很多学者所赞同的，这场改革取得成效是由于帝国没有照搬西方模式。许多改革家提出的"法兰克化"或"欧洲化"，被套用在奥斯曼帝国身上就会变成"土耳其化"。[136]但两者不一定直接冲突，而且奥斯曼与土耳其的历史本就表现出相互融合的一面。

事实或许如此，坦齐马特改革产生了持续性的影响，创造了众多被后来的土耳其共和国继承下来的制度。[137]到了19世纪末，帝国整饬官僚制度，建立合理程度的中央集权。参照欧洲的样板，帝国在中央创建内阁。它改革税制，废除包税制，取消传统的征税群体与不征税群体之分（包括取消针对非穆斯林的特别人头税）。它实施征兵制，非穆斯林与穆斯林同样承担服役义务，尽管在巴尔干战争之前，非穆斯林可以通过花钱免除这一义务（大部分人会这样做）。它建立新的学校与学院，比如加拉塔萨雷中学、陆军医学院、陆军军官学校，开始在穆斯林中培养西化人才。欧洲大城市，特别是巴黎的经验，对政府官员越发重要。1876年的宪法尽管未被废除，却在仅仅两年后就被悬置，但它仍是改革的里程碑，成为后世改革者继续前行的起点。所有这些举措，和所有改革运动一样，保留了对宗教教义和教法的尊重。但要注意，坦齐马特改革主要是通过世俗的法典得以实施，比如1840年新的刑法规定了法律面前人人平等。事实上，此后伊斯兰教教法的效力几乎只被保留在家庭法中。[138]

坦齐马特引发了奥斯曼社会传统势力的激烈反抗，这些势力包括乌里玛、宗教学院和地方贵族。值得注意的是，它也引发了基督徒的警觉和抵抗，特别是巴尔干地区的基督徒地主，他们认为自己的本地特权将因改革而受到威胁。[139] 这也说明在 19 世纪之前，非穆斯林与穆斯林在帝国中已经找到自己的位置，并随时准备捍卫自己的权利。除非自身利益不保，否则他们不会选择分裂。传统的穆斯林与基督徒对坦齐马特史无前例的、受到法国大革命思想影响的原则做出了反应，这场改革宣告奥斯曼所有臣民，无论是穆斯林还是非穆斯林，在法律和国家意志面前一律平等。这无疑是对旧帝国标榜的价值观的一记重锤。这场改革的目的，如托克维尔所说，就像平等原则改造旧的法国社会及政治制度那样，也将彻底改造奥斯曼帝国。

平等既能威胁奥斯曼帝国，也能拯救它。这是"新奥斯曼人"①的信条，他们在 19 世纪 60—70 年代成为活跃的反对团体。这是在奥斯曼知识分子中兴起的第一场现代意义上的抵抗运动，特别是其文学性和充满诗意的宣传效果堪称典范。[140] 新奥斯曼人并不反对改革，相反他们非常支持。他们认为，尽管改革的力度有限，但宪法和议会仍是进一步推进坦齐马特改革所需的。他们主张创造一种帝国居民共有的公民权，以及对"祖国"的忠诚。在他们出版的著作中，特别是在其领导人纳米克·凯末尔的作品中，传统词语比如"vatan"（祖国）、"millet"（米勒特）、"hürriyet"（自由）等被赋予了新的含义，就像法国大革命期间，法国人赋予"pays"（国家）和"nation"（民族）新的意义。"vatan"是一个阿拉伯词语，本意是出生地，后来成了"祖国"或法语中"故乡"的同义词。"millet"本意是群体，而这时拥有了现代意义——"国家"或"民族"（与法语中的 nation 类似）。"hürriyet"原本仅仅意味着不是奴隶，可现在有了自由的意味，等同于（法国大革命时期）"liberté"的政治含义。[141]

"新奥斯曼人"或许不像我们理解的那么简单。尽管改革者深受法国

---

① 他们是奥斯曼帝国青年知识分子成立的秘密团体"新奥斯曼人协会"的参与者和支持者。——编者注

大革命思想影响，但"新奥斯曼人"同时强调了帝国的伊斯兰传统，并指责政府在推行西化措施时操之过急，忽视了伊斯兰价值观。人们认为"新奥斯曼人"的自我认同在"奥斯曼世界主义、伊斯兰教教义和土耳其民族自觉"之间摇摆，这种不确定性是几代知识分子所共有的特点[142]。但他们最重要的影响无疑作用在政治体制中，即试图让奥斯曼帝国实现宪政。1865 年，名为"爱国阵线"的地下组织成立，意在改变"专制制度，代之以宪政体制"[143]。该组织在新任苏丹阿卜杜勒·哈米德二世颁布 1876 宪法时最为活跃，"新奥斯曼人"的纳米克·凯末尔作为重要成员参与了宪法的起草。"新奥斯曼人"批评参与坦齐马特改革的政治家阿里帕夏和福阿德帕夏在思想和政治上对欧洲言听计从，他们同样指责这些人的官僚专断作风，认为这些人剥夺了独立机构如乌里玛和禁卫军对权力的监督权（使人联想起托克维尔对法国大革命的批评）。"新奥斯曼人"坚信，建立代议制、宪政和议会体制，将会让所有帝国臣民，无论是穆斯林还是非穆斯林，逐渐产生公民意识和对帝国的忠诚。他们认为，这会促使宗教教法的一些基本原则回归，这些原则，包括统治者与人民之间天然的契约关系（体现为传统社会领袖向苏丹宣誓效忠的传统仪式），受到了体制内官僚改革者的公开鄙视。"爱国是信仰的一部分"，这句《古兰经》中的话成为请求建立协商政府的请愿词，而"遇事要协商"这句话则是"新奥斯曼人"创办的《自由报》的方针。[144]37

阿卜杜勒·哈米德二世（1876—1909 年在位）在 1878 年中止了宪法，命令议会休会（再次召集已是 30 年后）。他通过不懈的努力再次确立皇室的权威高于政府。他在任期内更换了超过 25 位大维齐尔，并且亲自控制各个政府部门。[145]那时的人们常说哈米德时代的统治独裁专断，极其反动，违背历史的潮流，是帝国瓦解前的最后一次挣扎。而同时期的欧洲各国，对于 1896 年的亚美尼亚大屠杀感到无比惊讶，这让年事已高的英国政治家格莱斯顿再次发声谴责"土耳其人的残暴统治"。后人评价阿卜杜勒·哈米德二世时，说他患有"狂热的政治返祖症"[146]。

当然，今天不会有严肃学者仍持有这类观点，[38] 人们能清楚地看到历史的延续性。尽管阿卜杜勒·哈米德二世中止了宪法，但他对帝国前景的看法在许多方面却和"新奥斯曼人"的看法一致。他是虔诚的穆斯林，一点也不信任过度亲西方的坦齐马特政治家。[39] 在1877—1878年的对俄战争中，帝国大量基督徒远离家园，这让阿卜杜勒·哈米德二世下决心用伊斯兰教来凝聚在帝国中占比最高的穆斯林族群。他特别关注此前被奥斯曼政府忽视的阿拉伯领土。尽管这一时期的阿拉伯民族主义仍不成气候，但阿拉伯领袖具有极强的民族独立意识。阿卜杜勒·哈米德二世决定以苏丹、奥斯曼哈里发和伊斯兰世界的精神领袖的身份予以反击。他热衷于援引先知的告诫："在我之前的先知是为他们的族人而来，而我是为人类而来"。[147]阿拉伯行省汉志，是麦加和麦地那的所在地，也是阿卜杜勒·哈米德二世最为关切的地方，特别是那里还有麦加野心勃勃的哈希姆家族。阿卜杜勒·哈米德二世强调自己是圣地的保护者，是信徒的领袖。汉志铁路是他统治期间的重点工程，该工程是为了方便帝国甚至全世界的穆斯林前往麦加朝觐。这条铁路是苏丹牵挂全体穆斯林福祉的一个象征。[40]

但重新强化伊斯兰教的地位，并不意味着帝国试图回归伊斯兰帝国时代。在奥斯曼人的历史上，他们对伊斯兰教的态度向来是务实的，他们重视宗教是考虑到宗教对于治理多民族、多信仰的帝国的影响力。在丢失了基督教行省，且阿拉伯行省也发生了动乱的情况下，回归伊斯兰教最能鼓舞士气。但这是在不断现代化背景之下的伊斯兰教。塞利姆·德林吉尔在阿卜杜勒·哈米德二世统治期间提出过"沙里亚（伊斯兰教教法）的奥斯曼化"，呼吁对伊斯兰教进行标准化、规则化改造，以使之成为统治帝国的思想工具，并使其凌驾于地方习俗与观念之上。[148] 他还提到"伊斯兰教与启蒙运动"，这两者是阿卜杜勒·哈米德二世时期的帝国学者和官僚投身的领域。世俗改革在"宗教的'茧'中进行"。在坦齐马特改革者所创造的社会中，"宗教以世俗的方式呈现，而世俗生活也能体现宗教思想"[149]。服务于帝国的宗教急需"更新迭代"。在今天，这意味着将宗教理性化，并将其推广到普通大众中去，以便让宗教与现代化的目的相匹配，因为现代化是帝国生存的首要条件。德林吉尔引述艾哈迈德·亚沙尔·熬贾克的观点，"简而言之"，"阿卜杜勒·哈米德二世时期的伊斯兰主义……完全是对经典奥斯曼伊斯兰教的颠覆。这本质上是一场现代主义运动。尽管它摆出反西方的姿态，但因为其现代化主张，它就必须和土耳其历史上其他现代主义运动共同载入史册"[150]。伯纳德·刘易斯赞同这样的说法，"毫不夸张地说……在阿卜杜勒·哈米德二世时期，无论是在法律、行政，还是在教育方面，坦齐马特改革的力度均达到顶峰，并卓有成效"[151]。[41]

教育改革，包括中学和高等教育改革，是阿卜杜勒·哈米德二世改革的重头戏。[152]但改革最大的成果是奥斯曼军队。在19世纪70年代遭遇一系列失利的羞辱后，帝国花了大力气整饬奥斯曼军队。奥斯曼效法德国，因为德国在1871年普法战争期间展现出举世无双的军事实力。德国陆军元帅戈尔茨在1883—1895年主导了奥斯曼军队的重建。改革成效很快在1897年得以显现，因为此前希腊插手了克里特岛的武装叛乱，奥斯曼军队一举大挫希腊人。1904—1905年日俄战争中俄国惨败的消息传来，这是第一次亚洲国家战胜欧洲强国，戈尔茨元帅和其他奥斯曼人借机仔细研究日军。1908年，青年土耳其人革命之后，戈尔茨元帅再次被聘请协助军事改革。他的改革颇有建树，到1918年，欧洲主要参战国都采用了奥斯曼的模式。"奥斯曼军队的重建让他们在军事具体操作层面达到了世界水平，在组织架构方面甚至远远领先于欧洲……奥斯曼帝国在1912—1913年的巴尔干战争中的失败必须在军事之外寻找原因。"[153]无论如何，巴尔干战争的失败也揭示了帝国军事的许多弱点，为了弥补和完善，统一与进步协会再次向德国取经，这次受邀的是奥托·冯·桑德斯将军。在戈尔茨元帅的基础上，桑德斯将军取得了惊人的成果。在"一战"中，奥斯曼军队的表现让欧洲观察家赞叹不已，特别是 1915—1916 年的加利波利战役（年轻的军官穆斯塔法·凯末尔一战成名）。更让人惊讶的是，在 1920—1923 年的"土耳其独立战争"期间，在穆斯塔法·凯末尔的带领下，军队成功打退希腊、英国和法国联军，并拖住了亚美尼亚人和俄罗斯人的进攻，保住了安纳托利亚半岛，最终建立了崭新的土耳其共和国。[154]

帝国的终结给新生的作为民族国家的土耳其带来了生机。尽管这不是 1908 年青年土耳其人革命的本意，但新国家精心构建并传播了这个神话。在 1923 年土耳其共和国宣告成立后，在凯末尔的领导下，青年土耳其党被描述为了新政权默默奋斗的土耳其民族主义者。当然这种说法不能确切反映历史真相。统一与进步协会监督了 1908—1918 年的整个政权过渡时期（"第二宪政时期"），虽然中间也有过短期的中断，但他们在喧嚣与动荡中做了若干次的路线调整。和新奥斯曼人协会一样，他们意在拯救帝国，而非为了土耳其民族主义。

所有历史事件和所有领导者的行事风格都充分证明了这一点。1889 年 5 月，4 位医学生为纪念法国大革命 100 周年，在伊斯坦布尔的军事医学院举行聚会，这次聚会被认为是青年土耳其党的奠基式，而且仪式不存在种族倾向。易卜拉欣·特莫是阿尔巴尼亚人，梅梅德·拉希德是切尔克斯人，阿卜杜拉·杰夫代特和伊沙克·苏库蒂是库尔德人。[155] 他们和众多青年土耳其党人心中的偶像是奥斯曼主义思想家纳米克·凯末尔（穆斯塔法·凯末尔因他而改名）和契亚帕夏，后者的著作在阿卜杜勒·哈米德二世统治期间被查禁。[156] 后来他们之所以又建立了奥斯曼统一协会，是因为担心革命受到欧洲势力的操控，以及非穆斯林族群中出现的分离主义。[157] 他们通过建在加拉塔的法国邮政所与遭到帝国驱逐的、流落巴黎的自由派奥斯曼团体取得联系，该团体由黎巴嫩马龙派教徒、前奥斯曼议会成员哈利勒·加尼姆领导。加尼姆在巴黎创建了报纸《土耳其青年》——"毫无疑问，新奥斯曼人被流放迫害的历史可以追溯到 19 世纪 60 年代"[158]。在巴黎，这个团体自称"青年土耳其"，"青年土耳其"无疑是一个比"新奥斯曼"更加准确的翻译，不过二者都源自同一法语术语，名称的合并说明人们不愿再区分奥斯曼人和土耳其人。

新奥斯曼人协会继续发挥影响，奥斯曼主义知识分子艾哈迈德·勒扎是成立于巴黎的统一与进步协会的创始人之一，组织名称来自哲学家孔德的一句口号——"秩序与进步"。孔德以及他的门徒涂尔干在青年土耳其党人中颇受推崇。正是受到这样的感召，这群来自伊斯坦布尔的年轻革命者将组织名字从奥斯曼统一协会改成了统一与进步协会。艾哈迈德·勒扎还出版了一份双周刊——《协商报》，这一名字让人想起了新奥斯曼人借用《古兰经》中的话来请求组建协商政府。这份双周刊用了孔德式的副标题"秩序与进步"[159]。此外，青年土耳其党一致呼吁恢复 1876 年宪法和重启议会，而其与 19 世纪六七十年代的新奥斯曼人协会的联系与一脉相承是后人难以忽视的（但并不意味着人们真的没有无视过）。

来自萨洛尼卡和莫纳斯提尔的年轻军官，包括恩维尔帕夏和杰马尔帕夏，使青年土耳其党如虎添翼，他们无意终结帝国，而是共同起誓要捍卫帝国。他们担忧马其顿行省的分离主义运动，而阿卜杜勒·哈米德二世政府对此无能为力，他们还关切其他威胁帝国统一的隐患。1908 年的青年土耳其人革命确系因马其顿叛乱而起，同年，奥地利吞并波斯尼亚和黑塞哥维那，保加利亚吞并东鲁米利亚并宣布独立，希腊兼并了克里特岛。统一与进步协会的领袖说："马其顿行省的独立也许意味着奥斯曼帝国丧失了一半国土，甚至会导致我们的灭亡……没有马其顿，阿尔巴尼亚离沦丧也不远了。我们的国境线将退回至伊斯坦布尔附近，而伊斯坦布尔绝不能作为都城。于是我们要把都城迁至亚洲，这将让我们退出欧洲大国之列，沦为二流甚至三流的亚洲国家。但愿这样的事不会发生，万一鲁米利亚沦丧，那么……奥斯曼帝国将与伊朗无异。"[160]

很少有宣言具有如此的预见性，但青年土耳其党将付出一切代价阻止这一切的发生。青年土耳其党人多数来自巴尔干行省，他们誓死捍卫自己的家园。[161] 他们坚信只有呼唤议会制度才能激发足够的力量在危难中保全帝国。1908 年恢复宪法之后，新议会选举立刻举行。阿卜杜勒·哈米德二世姑且维持了一段时间的统治，直到 1909 年一次据说由他密谋策划的反革命政变被镇压后，这位苏丹终遭废黜并被驱逐。[162]

仔细检讨 20 世纪前 20 年被青年土耳其党广泛讨论的各种意识形态，我们会发现土耳其的民族国家离他们的设想到底有多远。[42] 1904 年，鞑靼民族主义者、来到伊斯坦布尔的二代移民优素福·阿克丘拉在青年土耳其党的报纸上发表了题为《三种政策》的长文，文章被广泛讨论。[163] 文中，他比较了奥斯曼主义、伊斯兰主义和突厥主义。他怀疑奥斯曼主义的主张，认为帝国的组成元素过于分散多元，其目标难以实现。同时他认为泛伊斯兰主义（阿卜杜勒·哈米德二世及其幕僚心中的梦想）在西方殖民主义列强的环伺下也无法实现。最后他支持了突厥主义。但他所说的并不是 1923 年之后人们理解的土耳其民族主义。阿克丘拉提倡的实际上是所谓的泛突厥主义或泛图兰主义，即团结一切突厥民族，无论他们位于高加索地区、中亚还是安纳托利亚半岛。与突显安纳托利亚土耳其人的民族主义不同，泛突厥主义触及了帝国内外所谓的共同土耳其文明的所有元素。这是长期担任青年土耳其党领袖的恩维尔帕夏的梦想，为此他不惜在中亚誓死抵抗苏俄军队，并在 1922 年战死沙场。[164]

即使是青年土耳其党中最积极的民族主义思想家和社会学家，对穆斯塔法·凯末尔产生过重要影响的齐亚·戈卡尔普也不赞同单纯基于种族的土耳其民族主义。戈卡尔普是法国社会学家爱米尔·涂尔干的门徒，深受德国社会学家斐迪南德·滕尼斯的影响，他在"文化"与"文明"之间划出界限，正如滕尼斯提出的"情理社会"与"法理社会"。"文化"是民族主义的，"文明"则是国际主义的；所有社会都涉及两者。戈卡尔普的所谓"突厥主义"，是指普通人的语言与流行文化，与奥斯曼帝国"外来"的语言与文化相对，表现出土耳其人的民族文化特性；但土耳其人也在伊斯兰教的基础上发展其国际文明，正如欧洲在基督教的帮助下建立了国际文明。"我们的民族理想是突厥主义，我们的国际理想是伊斯兰教。"[165] 和穆斯塔法·凯末尔不同，戈卡尔普从不认为伊斯兰教是突厥主义的一部分。他主张伊斯兰教可以在民族文化建设上发挥作用，但它必须摒弃外在的、"宗教性"的部分，就像新教一样，彻底从权力体系中退出，从而像北欧各国的宗教那样，成为个人化的宗教。这将有利于土耳其在新的国际体系中充分参与科技与工业的发展，而在西方，现代文明早已取代基督教在社会上的作用。只有这样，现代土耳其民族主义的三重属性——突厥主义、伊斯兰教和西方现代化——才能和谐共存。[166] 43

姗姗来迟的土耳其民族主义确如戈卡尔普所说。"直到土耳其独立战争（1920—1923）爆发，我们的国家、我们的民族，甚至我们的语言都以'奥斯曼'为名。没人敢用'土耳其'称呼它们。没人自称'土耳其人'。"[167] 这种说法尽管略有夸张，但的确有道理。"第二宪政时期"（1908—1918），维持奥斯曼帝国才是思想和政策的主流，建立一个土耳其民族国家并不是主流。的确，在巴尔干灾难，即土耳其人眼中1912—1913年的巴尔干战争之后，帝国退化为"亚洲国家"，统一与进步协会的成员，包括穆斯塔法·凯末尔在内，开始规划一个立足于安纳托利亚半岛的新土耳其；而在1913年，奥斯曼帝国的历史上第一次出现土耳其人口占据多数的情况。[168] 但这也只是统一与进步协会一小部分人的观点，并不为大部分成员所接受。只有后来帝国在"一战"中遭遇一系列灾难与失利，以及不仅奥斯曼帝国面临瓦解，甚至所有继任政权都岌岌可危时，土耳其民族主义才成为应对危机的唯一出路。尽管陷入困局，但 1920 年 1 月奥斯曼议会通过的"国家计划"中仍把那些领地上的居民称为"奥斯曼－穆斯林"，而非"土耳其人"。而且，"国家计划"仍考虑恢复阿拉伯行省，要求在那里还有色雷斯西部，以及黑海沿岸的卡尔斯、阿尔达汉和巴统（1878 年被划入俄国）三个行省举行全民公投。[169] 即便到了紧要关头，还是有许多人对帝国的终结心怀不甘。[170]

只要伊斯兰主义（以"奥斯曼－穆斯林"的形式）还留在统一与进步协会及其继任组织的目标与规划之中，严格意义上的土耳其民族主义就不可能确立。1914 年，奥斯曼政府正式宣布发动"圣战"，战争期间，奥斯曼宣传机器呼吁全世界穆斯林向奥斯曼苏丹–哈里发效忠（这让英国陷入担忧，因为英属印度尚有上百万穆斯林）。无数以"捍卫民族权利"为旗号的组织，先后在 1918—1920 年在帝国境内出现，戈卡尔普所谓的"土耳其文化与伊斯兰文明"以各种面貌出现在它们身上；即使在"土耳其独立战争"期间，穆斯塔法·凯末尔和手下也将伊斯兰教当作动员安纳托利亚半岛农民的手段。

无论是对于奥斯曼帝国这个案例来说，还是对于其他案例（例如，波兰民族主义使用天主教）来说，其实我们都可以提出"宗教民族主义"这个说法，[171] 当然我们必须注意到这个说法的矛盾之处。伊斯兰教是超越民族的，甚至带有普遍情怀的；即使出于现实的考虑，它可能只适用于奥斯曼帝国的穆斯林——包括土耳其人以及其他穆斯林族群，比如库尔德人（"土耳其人和库尔德人"同为穆斯林，这两个群体的名称在各种抵抗运动的宣言中经常可见）。[44]

土耳其民族主义第一次出现是在土耳其独立战争期间，而不是在更早的时期，尽管这种说法略带争议。1920 年 4 月，"土耳其大国民议会"在安哥拉①成立。这是官方第一次使用"土耳其"这个词，并赋予其正式地位，这个词之前长期被欧洲人使用，但直到这时才被奥斯曼人真正接受，这也是奥斯曼王朝或奥斯曼政权这样的说法第一次被正式放弃。[172]这是历史性的一刻，是历史的转折点。此举象征着新国家的诞生，一个民族国家在安纳托利亚半岛土耳其人的"历史文化"基础上宣告成立，而这种历史文化的起源远早于"外来的"伊斯兰教的传入。

从那时起，穆斯塔法·凯末尔开始稳步清理伊斯兰教的影响，计划尽可能地把宗教从一个世俗的、崇尚科学的、彻底西化的共和国中彻底清除，这个共和国是他在20世纪二三十年代亲手缔造的国家。伊斯兰教被宣布为"阿拉伯宗教"。不仅"奥斯曼－穆斯林"这样的说法不被认可，连戈卡尔普的土耳其－穆斯林共同体也被摒弃；"土耳其人－库尔德人"的组合被正式废除，库尔德人起义，尤其是1925年的那次被残酷镇压。1924年哈里发制度被彻底废除，这不但在新生的土耳其国内引发了争议，而且也引起了国外穆斯林的惊诧。宗教学校，即伊斯兰学院被关停，苏非派的聚会场所也被取缔。甚至《古兰经》也被"土耳其化"，土耳其语版本出版并被附上了土耳其语的评注。穆斯塔法·凯末尔明白对于这方面的改变他必须谨慎，要考虑到伊斯兰教在广大农村地区的深厚基础。在1924年宪法中，伊斯兰教被确立为国教，但在1928年，凯末尔自信可以废除这一规定。穆斯塔法·凯末尔在戈卡尔普那里找到共鸣，认为类似宗教改革的运动可以引入土耳其，这不仅可以将宗教限制在私人领域，还可以为全面的世俗化奠定基础，他认为这是在新教国家已经发生的事情。[173]

摒弃伊斯兰教与奥斯曼主义，与定义土耳其民族主义是两回事，后者被证明更加困难。20世纪20年代早期，土耳其人正试图摆脱希腊人、英

---

① 安哥拉，1930年起改今名"安卡拉"，土耳其首都和经济、交通中心。——编者注

国人和法国人的管控，而苏联此时正在崛起，土耳其民族主义这时摆出了反帝、反西方化的姿态。穆斯塔法·凯末尔曾与苏联领导人接触。[174] 这一段历史短暂却发人深省。我们从中可以看到土耳其民族主义的多变本性，以及土耳其在建立民族认同方面的困难之处。为了确立所谓的土耳其国民性，穆斯塔法·凯末尔（1934 年后被称为"土耳其国父"）及其支持者搜集了大量令人敬畏又困惑的历史、人类学和宗教思想方面的资料，其中不乏土耳其是人类文明的始祖、土耳其语是人类语言之源这类说法。这些思想工具在 1938 年凯末尔逝世后被抛弃，这说明这些荒谬的观念根本没有得到大部分民众的认同。但凯末尔本人甚至也积极投身于这场思想上的寻根工作，这证明新生共和国的缔造者是多么急切地想建立民族认同，并极力为之寻找学术上的支持与证据。

在面对凯末尔以欧洲为榜样、坚决西方化的行动时，土耳其民族主义还有一个更大的问题，那就是如何与凯末尔的这种行动相协调。凯末尔将自己视为奥斯曼帝国晚期一位坚定的西化分子。年轻的土耳其作家阿卜杜拉·杰夫代特于 1911 年写道："没有什么其他文明，欧洲文明就是唯一的文明。"[175] 凯末尔不仅相信，而且证明了土耳其文化就是欧洲文明之源；土耳其西化的过程就是回归最初路径的过程，而正是外来宗教的干扰使土耳其偏离了最初路径。[176] 但这种观点与土耳其文化源自中亚这一说法并不相容，同样，认为土耳其人自新石器时代就从中亚来到安纳托利亚，安纳托利亚半岛而非鲁米利亚才是土耳其人过去 5 个世纪的中心，这种说法也和此前的奥斯曼传统，甚至青年土耳其党的主张相悖。[177] 将土耳其民族与古安纳托利亚的赫梯文明扯上关系是一种极牵强的做法。凯末尔希望在土耳其文化与社会中实行彻底的欧化，包括文字拉丁化、引入公元纪年、提倡欧洲服饰与习俗、鼓励欧洲文学与艺术等，所有这些说明了土耳其民族主义的两面性：面朝西方，同时又固守其独特的东方的、亚洲的起源。

正如一切民族主义思潮，其内在的不一致并不是得到民众狂热拥护的障碍，事实恰好相反。土耳其民族主义的凯末尔模式的最大问题在于，它与社会主体结合得还不够充分，仅被城市少数受教育族群接受。这是知识分子、官僚和军官的民族主义，而不是底层乡镇普通民众的民族主义。由此产生的不平衡，造成了土耳其社会阶层的断裂，1950年后一再上演的军人干政就是最好的证明，也是实行多党政治后的必然结果。军事政变以大约每10年一次的频率，在1960年、1971年、1980年和1997年一再上演，土耳其军方自诩凯末尔政治遗产的捍卫者，发誓捍卫政权的世俗性与统一性，使其成为现代土耳其民族的唯一合法代表。宗教是一种威胁，库尔德人的自治甚至独立主张则是另一种威胁。近些年，在正义与发展党的雷杰普·塔伊普·埃尔多安的统治下，这两股势力越发壮大，这表明凯末尔的革命理想远未实现。[45]

尾声

帝国的覆灭与帝国在废墟上重生是两件事，其背后的逻辑完全不同。在"一战"的滚滚炮火中，内陆帝国如奥斯曼帝国、哈布斯堡帝国、霍亨索伦帝国和罗曼诺夫帝国相继瓦解。它们的继任者因各种原因而出现，这些原因有：胜利一方协约国成员之间互相冲突的利益与理念；在战败的帝国中相互争斗的社会势力与意识形态；人民领袖的才智与能力；当然，运气与突发事件的作用也不容忽视。新的理念，特别是伍德罗·威尔逊的"十四点计划"中提出的民族自决也相当重要。倘若当时这些要素以不同的方式结合，历史或许要被改写。

哈布斯堡王朝之后，出现了领土面积有限的奥地利，不过奥地利很快被其强势的邻国德意志第三帝国并吞。魏玛共和国脱胎于霍亨索伦王朝，只维持了不过 10 年光景，也被德意志第三帝国（其寿命也不长）取代。由于布尔什维克的主导，罗曼诺夫王朝的俄国变为苏联。

从奥斯曼帝国到土耳其共和国，演变的过程看起来不那么合乎常理，缺乏必然性。如我们所知，"土耳其"一词大约出现在 20 世纪 20 年代。协约国主导的《色佛尔条约》（1920）中包含严酷的条款，将土耳其限制在包括伊斯坦布尔的安纳托利亚半岛上，并将其置于英国的监督之下，这和国际联盟授权英国对其他地区管辖权的情况类似。穆斯塔法·凯末尔的顽强抵抗给土耳其争取来了一线生机。土耳其参照现代欧洲的模板建立了世俗的民族主义国家，这本身就是平衡整合各方势力后取得的一个不可思议的成果，其中土耳其压制伊斯兰教势力的做法似乎是最不可能成功的。

全面摒弃过去奥斯曼帝国的传统也是新生的土耳其共和国的重要特征之一。在本书讨论的所有帝国中，奥斯曼帝国最像"帝国"，因为它最符合帝国的原则。相较于其他帝国，它更彻底地实践了差异性和多样性原则，同时它还在寻求普遍文明框架下的身份认同。人种、族群或民族主义，在奥斯曼帝国都是被嗤之以鼻的概念。当然宗教是重要的，也是帝国使命的一部分，但奥斯曼还没有发展到侵害不同信仰的群体的地步。如果人们认为这是出于帝国的宽容，则属于误解，因为这像是认定奥斯曼帝国的思维中就不存在接受其他族群的可能。奥斯曼人秉持务实的态度，这也是帝国能延续 600 年之久的原因。只有当国际力量发生颠覆性的改变时，帝国的生存才会受到威胁。帝国是否必然覆灭，最后它是否成功地和现代世界衔接，这些和许多关于其他帝国的研究一样，永远是值得探讨的问题。但我们至少可以说，鼎盛时期的奥斯曼帝国为世界提供了一个范本：在超越民族的最高权力下，不同族群可以和平共处。从这个意义上说，土耳其民族国家取代奥斯曼帝国可以说是一种损失——尽管这种损失并不能完全归咎于土耳其人。

第四章　哈布斯堡帝国

在其他国家，王朝是民族历史的篇章；在哈布斯堡帝国，民族是王朝历史的难题。

——艾伦·约翰·珀西瓦尔·泰勒 [1]

无论是从特殊意义，还是从一般意义上说，哈布斯堡王朝的历史都不是一部国家历史，而是欧洲历史的一部分。哈布斯堡家族很早就被赋予了缓和西方与东方、南方与北方之间紧张关系的使命。

——亚当·万德鲁什卡 [2]

陛下现在大可消灭奥地利皇室，或将其重组。但其治下的各国必须联合在一起。这对于文明世界未来的福祉来说是必要的。

——塔列朗伯爵致拿破仑·波拿巴的信，1805 年，在拿破仑于奥斯特利茨击溃奥地利之后 [3]

回望哈布斯堡帝国

在本书讨论的所有帝国之中，哈布斯堡帝国的历史或许最为扑朔迷离，甚至连如何确切地称呼这个政权都存在问题和争议。但同时，它也可以被称为最讨人喜爱的帝国，如果这种形容可以被用于描述帝国的话。所有帝国在终结之后都会激发人们一定程度的怀念之情。后人对哈布斯堡王朝的怀念之情简直到了病态的程度。部分原因是奥地利在帝国覆灭后几十年里的命运令人扼腕叹息，它被并入了更强大的纳粹德国，而且承受了纳粹的恶名与失败带来的后果。但更有可能的原因是，19世纪末和20世纪初，暮年的哈布斯堡王朝散发出了独特的光芒。

这段时期，在帝国最伟大的几座城市，包括维也纳、布拉格和布达佩斯，诞生了20世纪最伟大的思想与艺术成就。下面这些名字说明了一切：在哲学领域，有恩斯特·马赫、路德维希·维特根斯坦、卡尔·波普尔和包括莫里茨·石里克在内的维也纳学派成员；在精神分析领域，有约瑟夫·布罗伊尔、西格蒙德·弗洛伊德、阿尔弗雷德·阿德勒和威廉·赖希；在人类学和社会学领域，有布罗尼斯拉夫·马林诺夫斯基、保罗·拉扎斯菲尔德、玛丽·雅霍达；在经济学领域，有约瑟夫·熊彼特、路德维希·冯·米塞斯、弗里德里希·冯·哈耶克等新奥地利学派代表人物；在建筑领域，有奥托·瓦格纳、阿道夫·洛斯；在文学领域，有卡尔·克劳斯、亚瑟·施尼茨勒、胡戈·冯·霍夫曼斯塔尔、斯蒂芬·茨威格、约瑟夫·罗特、罗伯特·穆齐尔、弗兰兹·卡夫卡；在音乐领域，有安东·布鲁克纳、古斯塔夫·马勒、雨果·沃尔夫，以及"第二维也纳乐派"的阿诺尔德·勋伯格、阿尔班·贝尔格、安东·冯·韦伯恩；在绘画美术领域，有古斯塔夫·克里姆特、埃贡·席勒、奥斯卡·科柯施卡。纵观我们自己这个时代的任何思想和艺术领域，我们几乎都能从哈布斯堡王朝末期那极富创造力的一代人中发现其开创者，这与帝国覆灭后的奥地利形成了强烈对比，让人更加怀念帝国的"黄金年代"。[1]

有人会马上提醒我们这段岁月的黑暗面：出生在奥地利的阿道夫·希特勒在城市猖獗的反犹主义中为自己的思想找到了大量材料，还从维也纳种族主义政治家格奥尔格·里特尔·冯·舍纳勒尔及其领导的德意志民族主义运动那里学到了如何推行暴政;作为回应,维也纳记者西奥多·赫茨尔自觉有责任走上犹太复国主义的道路。哈布斯堡王朝的暮年并非和风细雨,即使是在它能够沉浸在忧郁中的时候也不是。但正是在不同民族和不同思想的纷争和冲突中,以及在面临着暴力的威胁时,创造力才得到了蓬勃发展。生活在帝国末年并非易事,这一时期奥地利发生的接二连三的自杀事件便是内在压力的明证。但就像自然进化过程在物种灭绝的情况中展现的那样,在即将消亡的时刻,文化有时会释放出最耀眼夺目的光芒。哈布斯堡王朝是否注定终结,至少在当时尚属需要争辩的事情。但不可否认,19世纪末帝国内的确弥漫着紧张、忧虑和绝望的情绪。这是西欧所谓世纪末的普遍焦虑,但在奥地利体现得尤其明显,特别是在维也纳。女贵族玛丽·冯·埃布纳–埃申巴赫在1899年写道:"人们必须为即将到来的战争做好准备,为了互相蚕食,他们必须把吃人的利牙打磨锋利。"[4]

我们将回到哈布斯堡王朝末期。不过首先,我们必须考虑帝国的特征,特别是自16世纪起帝国表现出来的那些特征。我们马上想到的是哈布斯堡王朝的一个极其明显的特点,即幅员辽阔,领土覆盖欧洲各处。哈布斯堡王朝统治着差异大到让人晕头转向的众多领地,从大西洋沿岸到喀尔巴阡山以外,从北海到地中海和亚得里亚海。哈布斯堡王朝控制着西班牙、意大利、勃艮第和尼德兰;此外,奥地利、波希米亚、克罗地亚和部分德意志地区也在其统治范围之内。葡萄牙也一度被西班牙兼并。因为家族成员几乎是世袭的神圣罗马帝国皇帝,哈布斯堡王朝对众多德意志邦国及部分非德意志邦国也有着零散但实在的影响力。哈布斯堡帝国参与了瓜分波兰,之后,它还从已经衰弱的奥斯曼帝国手中接管了更多巴尔干领地。当然,这还没有算上它在新世界,即美洲大陆的领地,以及它在非洲和亚洲的殖民地,这些领土均在16世纪被哈布斯堡王朝征服。没有哪个欧洲王朝曾统治过如此广大的陆地领地与海外领地。

当然，这可能会给人一种误导性的统一国家的印象。尽管哈布斯堡王朝统治着这些领地，但这些领地并未构成统一的政治实体。这尤其体现在西班牙哈布斯堡王朝和奥地利哈布斯堡王朝之间的区别上，而这一区别直到 1700 年西班牙哈布斯堡王朝终结才失去意义。本章将主要讨论奥地利哈布斯堡王朝，但我们应当首先回顾其更为古老的分支——西班牙哈布斯堡王朝及其伟大的统治者们。

西班牙哈布斯堡王朝和西班牙帝国

1607 年，来自卡拉布里亚的修士、有着远见卓识且广受读者喜爱的托马索·康帕内拉写道："西班牙君主国欢迎所有民族，向世界开放，是弥赛亚的国度，因而展现出自己是世界的继承者。"[5]康帕内拉是著名的乌托邦主义著作《太阳城》（1602）的作者，以启示录式的口吻阐述了西班牙扮演的角色，正如安东尼·帕戈登所说，他的观点在 16—17 世纪的西班牙帝国内外广为流传。与康帕内拉同时期的学者、来自皮埃蒙特的乔万尼·博泰罗认为，西班牙帝国"超越了历史上存在过的一切帝国"。只有哈布斯堡帝国统治过如此广袤无际的领土，接纳了"如此形形色色的族群，他们的语言、习俗和宗教各不相同"[6]。持有这种观点的不仅有西班牙的臣民康帕内拉和博泰罗，还有法国贵族、布朗托姆的领主皮埃尔·德·布尔代耶，他曾经在西班牙军队中效力，在 1600 年写下了赞颂西班牙人的文字：

> 他们征服了东印度群岛和西印度群岛，以及整个新世界。他们打败我们，将我们逐出那不勒斯和米兰。他们跨越佛兰德斯和法兰西，占领城镇，在战斗中击败我们。他们战胜了德意志人，自恺撒之

后，还没有第二位罗马皇帝能做得到这一点。他们横渡大海，占领非洲。尽管只派了少数士兵进驻堡垒、要塞和城堡，他们却能向意大利各国的统治者和佛兰德斯的各阶层发号施令。[7]

亨利·卡门（2003）在其全面论述西班牙帝国的著作中，强调了西班牙绝非只凭借自身就取得了如此令人注目的成就。相反，西班牙仰赖来自意大利、佛兰德斯、德意志、葡萄牙，甚至法国和英国的人力、资金、物质以及技术支持。至少从腓力二世开始，马德里就是西班牙帝国的中心，卡斯提尔人是帝国的"核心族群"，卡斯提尔语则是帝国的官方语言。正因如此，我们才会让卡斯提尔代表西班牙帝国。但像大部分帝国一样，西班牙帝国的多民族性不仅体现在人口组成上，而且体现在统治精英和帝国的关键人物身上。有代表性的西班牙帝国的肱股之臣有：帕尔马公爵、杰出的军事指挥家亚历山德罗·法尔内塞，他后来成为尼德兰总督；斯皮诺拉侯爵、热那亚银行家安布罗焦，他之后成为对尼德兰作战时最成功的将军；来自弗朗什－孔泰的安托万·佩勒诺·德·格朗韦勒，他之后成为枢机主教，备受哈布斯堡统治者的信任，被任命为那不勒斯总督。我们需要记住，尽管打着西班牙的旗号，但克里斯托弗·哥伦布其实是热那亚人，而斐迪南·麦哲伦是葡萄牙人。甚至连查理五世这位西班牙帝国伟大的缔造者，也应该说是佛兰德斯人，而非西班牙人，他学习卡斯提尔语作为第二语言（母语为法语）。卡门说："事实是，西班牙其实是一个穷国，它一跃成为帝国是借助了与之结盟的其他民族的资金、技术和人力支持。"[8]

但"西班牙帝国"这一说法却遭受争议。所谓的"西班牙"在这一时期是指什么？它是否只是一个"地理概念"，就像19世纪时梅特涅眼中的意大利那样？对抗摩尔人的战争确实使许多西班牙人参与到帝国事业中，同时孕育出一种集体感。自1492年格拉纳达之战胜利后，各族军人在为西班牙作战时便会高呼:"圣地亚哥,西班牙!"[9] 即使中世纪时西班牙这一概念主要是指一个地理实体,但伊比利亚半岛上的人们随着与外界的接触增多,开始对抗外来的法兰西人或英格兰人,并逐渐产生出某种共同意识。这一点在人文主义者的著作中被一再强调,甚至可以追溯到古罗马时期,当时西班牙只有两个行省——近西班牙行省和远西班牙行省。因此,人们希望可以借这一历史事实统一西班牙。[10]

此外,作为西班牙的代表,卡斯提尔威名显赫、发展迅猛。吞并了格拉纳达之后,卡斯提尔在15—16世纪占领了伊比利亚半岛 2/3 的领土,统治了其 1/4 的人口(剩下的由阿拉贡、纳瓦拉和葡萄牙统治)。阿拉贡的领土主要在加泰罗尼亚地区,其最重要的商业港口巴塞罗那在14世纪就兴旺蓬勃。但在15世纪,随着阿拉贡的衰败,巴塞罗那立刻失去了光彩,特别是黑死病的肆虐,导致加泰罗尼亚成为西班牙最严重的受灾地区。通过与热那亚的金融家和商人合作,卡斯提尔在这段时期大力发展羊毛贸易,在南部建设塞维利亚,在北部建设坎塔布里亚港,增强了与北方国家的海上贸易往来。[11]

卡斯提尔的伊莎贝拉和阿拉贡的斐迪南于1469年成婚,两个王室在1479年正式结盟,很明显卡斯提尔这次是更强势的一方。在16世纪卡斯提尔的编年史作家和历史作家的著作中,人们能找到自那时起细致的记载,其中卡斯提尔王室被塑造为西班牙和西班牙帝国的缔造者。[12] 正如之后"英格兰"和"不列颠"的情形一样,至少对人数占优的卡斯提尔人和许多外国人而言,"卡斯提尔"和"西班牙"开始很自然地画上等号。卡斯提尔人率先探索开发新世界。他们的语言在西班牙占据主流,变成帝国的官方语言。1492年,安东尼奥·德·内夫里哈出版了一本卡斯提尔语的语法书——这是欧洲同类书籍中的第一本。当伊莎贝拉女王问起这本书出版的目的何在时,阿维拉主教的回答是:"女王陛下,语言是帝国最完美的工具。"这一说法极具预见性。在西班牙和帝国其他地区，由于卡斯提尔的语言和文学在文化领域占支配地位，所以帝国文化由卡斯提尔人主导。"斐迪南和伊莎贝拉赋予卡斯提尔一种新的使命感、一个新的方向，打开了行动的大门。卡斯提尔，而不是西班牙，开始在 15 世纪末迸发生机……而对于卡斯提尔人来说，卡斯提尔就是西班牙。"[13]

但是，对于西班牙境内的其他族群而言，卡斯提尔的优越感，以及将卡斯提尔和西班牙画等号的做法引发了强烈争议。西班牙人拥有很强的本土情结和地区情结，从那时到现在一直如此。加泰罗尼亚、阿拉贡、巴伦西亚、纳瓦拉、巴斯克、安达卢西亚的人民都以自己的地区身份为傲，并将这种骄傲带到了新世界的定居点。[14] 尽管伊莎贝拉和斐迪南采取了中央集权的举措，但卡斯提尔王国和阿拉贡王国依然保持各自的政治体制，遵循各自的传统运转。在经济上，伊比利亚半岛也处于各自为政的状态，每块区域都经营着自己的传统贸易，捍卫地方特权。J. H. 埃利奥特说："在经济和政治上，西班牙都还处于胚胎阶段。"[15] 只有"天主教君主"的身上才展现出统一的国家色彩。即使这可以被称为"西班牙帝国"，它也是由西班牙众多地区拼凑而成的帝国。

如果帝国的"西班牙属性"可以被质疑，那么"帝国"一词又是否合适呢？安东尼·帕戈登说："当然，从来就不存在所谓的'西班牙'帝国。"

尽管今天我们把哈布斯堡王朝和之后的波旁王朝统治的这片地区视作一个帝国，尽管在许多方面这里的行政管理遵循帝国模式，但在理论和法理上，它们是由众多王国组成的邦联，臣服于一个国王。那不勒斯由皇帝的挚友、一位侯爵统治，而米兰一直是公国，由当时西班牙派遣的公爵管辖。克里奥尔人，即所谓在美洲出生的西班牙人，之后也被迫臣服于西班牙国王，但他们所拥有的从来不是殖民地，而

是王国，他们尽管身份独特，但也属于卡斯提尔王室。[16] 2

的确，即使是在名义上，也从来没有"西班牙帝国"一说，对于其海外领地而言，它通常被称为"西班牙君主国"。[17] 查理五世继承了卡斯提尔和阿拉贡的王位，统治着西班牙王室的领地。1519 年，他被选为神圣罗马帝国的皇帝。同时又因为与自己的弟弟、奥地利统治者斐迪南一世的关系，查理五世拥有了管辖德意志地区的权力和责任。查理五世将神圣罗马帝国的皇位传给了弟弟斐迪南一世而非儿子腓力二世，于是人们更习惯用"西班牙君主国"这个称呼，而哈布斯堡王朝基本上被认定为奥地利家族的那一支。

但这仅仅是名词之争。如果查理五世统治的不是一个帝国的话，那么我们很难想象"帝国"这个词究竟代表什么。西班牙人文主义者安东尼奥·德·内夫里哈说："尽管帝国的名号是指德意志地区，但帝国的实权掌握在西班牙君主手中。他们是意大利和地中海大片领土的主人，他们征战非洲，出海远航，跟随星辰到达西印度群岛和新世界。"[18] 德意志帝国和西班牙君主国共同将权力赋予了哈布斯堡家族，让他们成为世界帝国的统治者。斐迪南和伊莎贝拉通过一次精明的王朝联姻创造出一个同盟，又通过另一次联姻让两个王室与哈布斯堡家族联系在一起。令人想不到的是，因为其他继承人早夭，斐迪南和伊莎贝拉的外孙、根特的查理继承了王位，从天主教君主的角度来看，他是更为理想的继承人，西班牙和哈布斯堡王朝的共同继承权转移到了查理身上，他成为西班牙国王卡洛斯一世和全欧洲最大的帝国——德意志民族的神圣罗马帝国的皇帝查理五世。查理五世还是阿拉贡的国王（领地包括加泰罗尼亚和巴伦西亚），1517 年他即位时，阿拉贡还统治着那不勒斯、西西里岛和撒丁岛。1535 年，他的领土中又增加了米兰，因此他得以巩固了西班牙在意大利半岛的主导地位，并且使这一地位延续了两个多世纪（之后权力被转交给了奥地利哈布斯堡王朝）。查理五世还从他的祖母勃艮第的玛丽和他的父亲勃艮第的腓力那里继承了弗朗什－孔泰和尼德兰。通过他的祖父奥地利的马克西米利安一世，作为长孙，查理五世成为哈布斯堡家族的奥地利领地（在他统治期间，又增加了波希米亚、克罗地亚和匈牙利的王室领地）的最高统治者。作为神圣罗马帝国的皇帝，查理五世随时可以号令德意志的邦国与城市协助他对外出征。作为卡斯提尔的国王，他不仅是西班牙最大、最富有、人口最密集地区的统治者，也是卡斯提尔在美洲、非洲和亚洲领地的统治者。诚如他的伟大前辈、神圣罗马帝国皇帝腓特烈二世所言，查理五世算得上"世界奇迹"。

　　查理五世的儿子腓力二世也继承了大量领土，并在此基础上继续扩张。他不是神圣罗马帝国的皇帝，这个头衔归于他的叔叔——奥地利的斐迪南一世。但腓力二世即位成为西班牙国王时，已与玛丽·都铎成婚，他期望英格兰和爱尔兰也能并入自己的领地（玛丽·都铎于1558年去世，没有继承人，腓力二世的盘算落空，之后他意图与玛丽·都铎同父异母的妹妹伊丽莎白一世结婚，再之后他希望自己的儿子查理能和玛丽·斯图亚特结婚）。1580年，腓力二世通过强制手段，获得了葡萄牙的王位，因此一次性地获得了葡萄牙在南美、非洲和亚洲的海外领地。腓力二世的帝国更像是立足西班牙的大西洋帝国，而不像他父亲的帝国那样，是立足佛兰德斯的中欧帝国。毫无疑问，这是当时世界上最大的帝国。腓力二世似乎认识到，尽管他不像他的叔叔斐迪南一世那样拥有那么多的帝国头衔，但他继承的是父亲查理五世的帝国使命，甚至是查理大帝的使命。通过他的努力，西班牙的权力又发生了一次转移。作为西班牙的世界帝国的皇帝，他可以继续肩负起罗马和中世纪帝国所肩负的统一世界的使命。[19] 腓力二世时期的西班牙王室作为"宇宙的继承人"，被康帕内拉视作弥赛亚。英国伊丽莎白时代的编年史作家威廉·卡姆登毫不犹豫地将腓力二世的领地称为帝国，称其领土"辽阔广袤，超过他之前所有的君主，他可以说，在朕的领土上，太阳永不落下"[20]。

有些反对将西班牙称作帝国的人认为，严格地说，帝国不是西班牙人的，而是由许许多多边界内外的民族共同构建的。其实，我们对"西班牙帝国"这一说法不必过于苛刻。这是大部分其他帝国都具备的特点。西班牙帝国的"核心族群"是卡斯提尔人，他们是伊比利亚半岛其他民族的代表，就像英格兰人是联合王国其他民族的代表，这是完全正常的。同样正常的是帝国社会各个阶层的多民族性。我们总习惯谈论奥地利哈布斯堡王朝的多民族性，却忘了这一特征也应该适用于同为帝国分支的西班牙。

具体来说，西班牙是哪一种帝国呢？查理五世南下继承西班牙王位时，

图 4.1　胡安·潘托哈·德拉克鲁兹的《握着短棒的查理五世》(Museo Nacional del Prado/Art Resource, NY)

一些跟随他的人文主义者认为，查理五世代表的是罗马帝国的复兴，如同中世纪神圣罗马帝国的查理大帝和他的继任者们。[21] 查理五世的精神导师和终身顾问、来自皮埃蒙特的加蒂纳拉曾钻研过但丁的《论世界帝国》，他在查理五世的身上看到了普遍君主和世界皇帝的影子，但丁认为这样的人物对于世界的和平与人类的福祉是必要的。加蒂纳拉满心欢喜，并向查理五世透露了这种充满启示的期待。1516 年，阿里奥斯托在《疯狂的奥兰多》中预言了查理五世将成为第二位查理大帝，称他像极了古罗马的开明君主，说他必定能带来正义的统治。阿里奥斯托还说，征服了新世界美洲这一罗马人未知的领地，查理五世将超越罗马。这就是查理五世建造的著名的赫拉克勒斯之柱及其铭文"更进一步"的含义，这句格言很快便传遍全欧洲。[22]

如果查理五世代表的不仅仅是罗马帝国的复兴，也代表了基督教神圣罗马帝国的崛起，那么他的使命已非常明确。他必须捍卫基督教，对抗其敌人，他肩负向异教徒的领地传教的使命。1521 年，他在沃尔姆斯宗教会议上宣布："为了保卫基督教世界，我以王国、领地、伙伴，以及我的肉身与灵魂宣誓。"[23] 他甚至听从了伊拉斯谟在西班牙宫廷中的劝说，试图改革教廷，根除那些备受其他派教徒诟病的教廷滥权（1527 年，罗马被帝国的军队洗劫，尽管查理五世本人对此表示谴责，但这被他的支持者视作上帝对天主教教皇的警告，因而对教廷进行改革很有必要）。[24]

但改革并未进行（至少没有得到路德教派的认可），查理五世及其继任者发现自己已成为反宗教改革的先锋，这是一场长达一个世纪之久的对抗新教异端的斗争，直到《威斯特伐利亚和约》（1648）签订才终于取得结果。与此同时，"土耳其威胁论"也甚嚣尘上，奥斯曼军队大举进犯，在1529—1530 年第一次围攻维也纳，大部分匈牙利领土落入奥斯曼之手，于是奥斯曼开始在西地中海叫板西班牙。奥地利和西班牙哈布斯堡王朝发现自己在中欧和西欧两线受到威胁。以神圣罗马帝国的名义，他们团结起来对抗共同的敌人，自称抵御异教徒和捍卫信仰的卫士。哈布斯堡王朝的使命就是捍卫基督教的欧洲，对抗内外异端，这成为哈布斯堡王朝16—19世纪的战斗口号。

帝国的理论家最早受到查理五世的启发，因为查理五世的成就与野心让人们不由自主联想起古罗马。至少查理五世的人文主义顾问，比如加蒂纳拉认为，意大利是查理五世的帝国的心脏，查理五世在那里追逐着帝国的理想。[25] 查理五世在阿拉贡的领地包括那不勒斯、撒丁岛和西西里岛。在帕维亚之战（1525）中打败法军之后，他夺取了米兰，开始在意大利半岛建立起西班牙的绝对统治地位。人们不可避免地要拿查理五世的帝国与罗马帝国对比，正如安东尼·帕戈登所说：

> 西班牙……成为更为宏大的征服意大利大业的一部分，目的是建立欧洲帝国，外御奥斯曼土耳其人的扰攘，内安新教异端，比如加尔文宗的威胁。人们不会怀疑，这一加洛林王朝的翻版将带来和古罗马一样良好的统治：捍卫文明与安全，不仅使人民免受蛮族威胁，而且保护基督教免受异端攻击。古代与现代统治权的延续，正如从奥古斯都到君士坦丁大帝，再从查理大帝到查理五世，这是所有君主共同的目标。正如帝国历史学家佩德罗·德·梅希亚（1500—1552）所说，罗马"历史悠久、幅员辽阔、国力煊赫"，位居所有帝国之最，而罗马的历史起源于"大约2 300年前，而且一直延续至今"。[26]

罗马帝国与基督教神圣罗马帝国的特点相融合所产生的力量促使西班牙统一，而且使西班牙征服了安达卢斯（尽管人们经常被误导，称其为收复失地运动）。同时这种力量还导致西班牙在海外极速扩张，在新世界建立了一个全新的帝国。人们不会忘记1492年在格拉纳达，西班牙在与摩尔人的最后一战中取得胜利，同年哥伦布开始出海远航，寻找印度。对新世界的征服与殖民完全是受到帝国内部力量的驱动。如罗纳德·塞姆所说，"西班牙在海外的事业是收复失地运动与在北非对抗异教徒运动的延续"。此外，这不只是"一场十字军的远征。怀着罗马帝国的意识（或是响应他们的图拉真的名誉的召唤），深刻的使命感驱使西班牙进行征服与统治"[27]。

在宗教时代，在神圣罗马帝国的庇护下，这样的使命感必定会带有浓重的宗教色彩。迈克尔·多伊尔认为，"基督教世界为我们提供了一个恰当的视角来观察西班牙帝国背后的宗教推动力。事实上，殖民活动是基督教世界的一次开拓性冒险"[28]。在今天这个世俗的年代，我们必须牢记西班牙帝国追求物质的那一面，它有着和大多数现代帝国一样的需求。墨西哥的征服者埃尔南·科尔特斯就说过，"我来这里是为了发财，不是为了像农民一样锄地"，由此可见，他去美洲也不是为了向异教徒传教。据说黄金与白银就是帝国发展的推动力，也是帝国"最后的希望"。[29]17世纪，西班牙走向衰落（对于很多人来说，它看起来开始衰落），人们通常会把原因归于来自美洲的黄金或者因对财富的依赖而滋生的腐败。佛兰德斯学者尤斯图斯·利普修斯在1603年写给一位西班牙朋友的信中说："新世界被你征服，也反过来征服了你，削弱并且消磨了你传统的活力。"[30]

在经历了16世纪卡洛斯一世和腓力二世的荣光之后，关于西班牙在17世纪衰落的根源，人们也存在争论。[3]来自美洲的白银供给减少，相应地，帝国无力在当地维持强大的武装，这被认为是西班牙衰落的主要原因。但对这些原因的关注会使人忽视意识形态在帝国在西班牙和新世界的活动背后起到的推动作用。没有这样的推动力，西班牙的国王、征服者和教士将无法取得那些令人注目的成就。对财富的贪婪是帝国前进的重要动力，但没有哪个帝国能仅仅靠这样的动力维持长久的国运。西班牙帝国从16世纪延续到19世纪，就像罗马帝国一样，其对传教的热情是国祚得以延续的一个重要缘故。作为帝国中流砥柱的卡斯提尔人，如 J. H. 埃利奥特所说，发展出了"强大的、救世主般的民族主义。建立了世界帝国，取得了一系列不朽的成就，这让卡斯提尔人坚信，他们就是被上帝选中的民族，他们将完成上帝的旨意——让异教徒改宗，消灭异端，最终在全世界建立基督教王国"[31]。托马斯·巴宾顿·麦考莱在19世纪中期撰文称，西班牙的现代史应该从其肩负的传教使命的角度来考虑。

十字军东征对于其他民族来说只是历史的一段插曲。西班牙的存在本身就是一场远征。在旧世界战斗后，西班牙人在新世界开始与无信仰的蛮族作战。他们得到教皇的授权，驶向未知的海面。他们握着十字架，毫无畏惧，向那些强大的王国腹地进军。他们呼喊口号——"为了西班牙，圣詹姆斯保佑我们"，他们向百倍于自己的敌人进攻……当撒克逊人再也无法忍受罗马的苛捐杂税时，他们便砸碎了身上的锁链，而西班牙人以罗马的名义，让自己变成帝国的主人，坐拥蒙特祖马的财富。在北欧人眼里，天主教总和掠夺压迫分不开，而在西班牙大众心中，天主教却代表自由、胜利、统治、财富和光荣。[32]

帝国在新世界的传教形象已经在旧世界得到了清晰的诠释。在查理五世被选为神圣罗马帝国皇帝之后，埃尔南·科尔特斯从墨西哥写信给他说："这片土地物产丰富，人们完全可以自立为皇帝，其荣耀丝毫不逊色于德意志的皇帝，上帝保佑，陛下您已经拥有了这片土地。"安东尼·帕戈登对此评论说："'新西班牙'既不是行省，也不是殖民地。它是查理五世世界帝国之下的王国……新西班牙是德意志的海外领地，皇帝是统治它的君主，埃尔南·科尔特斯作为总督，是实际的统治者。征服墨西哥的全部历史被认为是权力从旧世界向新世界的一次转移。"[33]

尽管美洲的领地早在 1523 年就被并入卡斯提尔的统治之下，但征服了墨西哥和秘鲁的征服者的后裔坚称，他们的国家是"王国"，是与阿拉贡、尼德兰和那不勒斯同属"大西班牙"的王国，由唯一的君主统治。因此它们与位于欧洲的各国享有同样的权利。它们应该像自治政体一样，保留特有的习俗、传统，向唯一的君主效忠。它们是王国而不是殖民地（它们从未被叫作美洲殖民地），它们自视为"大西班牙"的一部分，它们的使命是在新世界开拓土地，在当地进行文明教化以及传播福音。[34]

克里奥尔人，即生于美洲的西班牙征服者的后裔，试图将印第安人的历史神圣化，为自己统治美洲寻找合法的名义。阿兹特克帝国和印加帝国被当成美洲的古希腊和古罗马，而西班牙征服者就是这些古老帝国最勇敢的继承人，正如欧洲人将自己视作古罗马的继承人一样。⁴但这与西班牙帝国在本土和海外领地越来越强调血统纯正的做法相悖。⁵西班牙征服者的后代不愿承认自己的血统中掺杂了印第安血统，但至少在早期，他们与印加和墨西卡的贵族的通婚变得稀松平常后，事实便是如此。宣扬印第安历史也无助于这些征服者的后裔被当作西班牙人，也无法使他们得到西班牙人应有的权利与特权。在 18 世纪这变得非常重要，在波旁王朝统治时期，大量伊比利亚半岛的西班牙商人和官员到达美洲，他们将征服者的后裔克里奥尔人一并视作蛮族，因为这些人已经被新世界的生活方式污染。

最后，征服者后裔与来自伊比利亚半岛的西班牙人的冲突，以及前者不断增强的对美洲本土身份的认同，导致了克里奥尔人的起义与独立。[35]更重要的是，西班牙王室在很长一段时间里一直成功地阻止了这样的分裂，为欧洲与新世界的臣民寻找到一种共同的目标感。"更大的西班牙"，即统治欧洲和美洲的西班牙帝国，将自己的组成部分凝聚在一起的时间甚至较数个世纪后的"更大的不列颠"更久。正如 J. H. 埃利奥特所说，"除了西班牙王室与皮萨罗的追随者在征服秘鲁之后的斗争，以及马丁·科尔特斯1566年在墨西哥策划谋反失败，西班牙王室与新世界定居者在西班牙统治美洲近300年的时间里没有太大的矛盾，直到19世纪初，独立运动彻底颠覆了这一关系"。考虑到近代早期西班牙存在的时空障碍，比起之后的帝国，西班牙帝国要面对更为困难的境况，确实如 J. H. 埃利奥特所说，"西班牙帝国实现了一项伟大的成就"，证明了西班牙哈布斯堡王朝对帝国内部的强大控制力。[36]

征服者后裔与来自伊比利亚的西班牙人的关系，以及二者与印第安人的关系，揭示了所有海外帝国存在的裂痕。宗主国试图掌控附属国，派遣官员督查，强制执行宗主国政策。而海外定居者的目标是尽可能争取自由与独立，却又不与宗主国断交或失去大国臣民的身份。海外定居者时而被大国当局保护，时而又被抛弃。在这方面，西班牙帝国堪称典型：和其他地区一样，海外定居地的自治权被中央收回；海外定居者试图压榨原住民，却被宗主国横加阻拦。最终，在经历了一段较长的时间之后，宗主国的管控终于因为当地的反对势力而终结。之后继承宗主国实施统治的，要么是克里奥尔人（就像英属北美或西属南美的情况），要么是原住民（像英属非洲和亚洲，或法兰西、比利时和荷兰等帝国的定居者较少的海外定居点那样）。

在西班牙帝国看来，由于印第安社会的整体衰落和人口骤减，由原住民来继承西班牙实行统治是不可能的。在被西班牙征服之后，印第安人经历了一次"人口灾难"，主要是因为欧洲人带来的疾病。[37] 更让人感慨的是，关于印第安人的权利与宗主国的义务还引发了热烈的讨论，吸引了16世纪西班牙最杰出的思想家的关注。问题集中在如何看待欧洲殖民者的使命，他们是去拯救灵魂还是去扩张欧洲的影响力。"肩负使其他族群改宗的使命的人，是否有权利征服印第安人，并废黜当地原住民统治者（如果印第安人族群中存在合法统治者的话）？是否有权利吞并他们的土地，让他们臣服于西班牙君主？如果说西班牙征服印第安人的行为是正义的，印第安人理应臣服于西班牙君主，那么印第安人拥有哪些法律权利或政治权利？他们是否应该被迫'改宗'？他们是否会被当作奴隶，征服者是否会抢夺他们的财富？他们是否要遵照西班牙的法律，并听从教廷的管束？更重要的是，所谓委托监护制和分派劳役制到底有何合法依据？"[38] 西班牙作为基督教大国，其王室积极鼓励讨论这些涉及自身权责的问题。1550 年，在巴利阿多利德，法学家弗朗切斯科·德·维多利亚促成了巴托洛梅·德·拉斯·卡萨斯和胡安·希内斯·德·塞普尔韦达之间的一场伟大辩论，这些问题在辩论中得到了前所未有的深入阐发。6 结论不只具有学术意义。尤其是德·拉斯·卡萨斯的观点，他谴责定居者实施的暴行，捍卫印第安人的权利，这些努力催生了 1542 年的《新法》和 1573 年的《法令》，它们旨在限制定居者的权力，维护印第安人的利益。

在这次关于印第安人权利的辩论中，罗马作为例证被各方频繁援引。[39] 这是不可避免的结果。罗马的法律和历史对于受过古典学训练的西班牙人文主义者来说是重要的辩论材料。正如人类学家克洛德·列维–斯特劳斯所说，罗马"最适合作为思考的材料"。此外，西班牙帝国将自己视作查理大帝和他的神圣罗马帝国的直接继承者，这一头衔已经多少成为哈布斯堡王朝的标志。之后，深受基督教影响的西班牙人有能力也有义务再向前走一步，而不是仅仅停留在作为异教徒的罗马人层次——科尔特斯满怀骄傲地多次指出这一点。[40] 西班牙人征服了不为罗马人所知的领土，也因此面临新的、更困难的挑战。帝国所采取的措施必须和罗马帝国有所区别，即使它们履行的都是传播文明的使命。

在这场发生于 16 世纪的有关帝国的辩论中，戴维·卢弗尔找到了大量罗马帝国的例子，"一次又一次，西班牙人将古希腊–古罗马的模式和观念套用到新世界，促使人们重新评估这套古典的理论框架……当我们理解和'同化'所谓的'他者'时，当前的认知就会被颠覆，而我们所熟悉的将变得不再熟悉，因为'他者'在理论上是不受我们控制的"[41]。这就是比较罗马帝国与西班牙帝国必然会得到的结果。罗马帝国的经验并非无关紧要，相反，它揭示出新世界中的西班牙与旧世界中的罗马之间的差别。

在这方面，西班牙确实开辟了一条新路。在对帝国进行历史研究和比较研究时，西班牙帝国最重要的特点是，它在许多方面都可以说是第一个现代帝国。[42] 因为它包含陆地与海外领土，多了古代帝国（包括亚历山大帝国和罗马帝国）所不具备的维度。一面治理着如此庞大又驳杂的政治体，一面在帝国统治的第一个世纪中思考着复杂的帝国问题，西班牙帝国终于奠定了帝国的典范，为我们建立了分析现代帝国以及研究其面临的挑战时的基本原则。作为内陆帝国的代表，奥斯曼帝国为人们提供了治理多元化社会的经验。但奥斯曼帝国要治理的非穆斯林主要是所谓的"有经者"，即犹太人或基督徒，他们与穆斯林在很多方面有相似之处。但在新世界，西班牙面对的族群及其习俗完全在欧洲人的经验之外，甚至超越了欧洲人的理解能力。那是一个未知的领域。西班牙人是第一批探索这片土地的人，并制定了讨论和辩论的相应规则，这些规则将影响欧洲各个帝国数个世纪之久。如果说"文明与基督教"是欧洲征服者宣扬的口号，那么西班牙则是口号最早的实践者，当这些目标与更世俗、更实际的利益发生冲突时，西班牙人试图调节两者之间不可避免的冲突。

西班牙和奥地利的哈布斯堡家族

1555 年 10 月 25 日，在布鲁塞尔的市政厅，面对着来自欧洲各地的贵族，查理五世宣布退位。在告别演说中，他说起曾经巡游各地的经历。

我曾经9次到访德意志，6次到访西班牙，7次到访意大利；这是我第10次来到佛兰德斯，在战争时期以及和平时期，我4次访问法兰西，2次访问英格兰，2次访问非洲……更不必提那些短途行程。我在地中海航行了8次，在西班牙海域航行了3次，不久我将在那里进行第4次航行，那里将成为我长眠的地方。[43]

这一席话揭示了查理五世的偏爱与兴趣。他的西班牙臣民，特别是卡斯提尔的臣民经常抱怨他长期不在西班牙，还抱怨他（至少在即位之初）总是选择尼德兰人、勃艮第人和意大利人而非西班牙人作为官员和顾问。在查理五世统治初期，他要应对卡斯提尔自治公社起义，起义者反对过度的外部干预，还反对查理五世为了其他领地的利益而牺牲卡斯提尔的利益。[44]

最终，查理五世赢得了西班牙臣民的信任，他有意选择西班牙作为宣布退位的地方。然而，西班牙臣民对佛兰德斯和德意志地区的事务并不关心，就像查理五世对西班牙也不如他对其他领地那样在意。他既是阿拉贡-卡斯提尔的国王，也是哈布斯堡王朝和神圣罗马帝国的皇帝。尼德兰和德意志的命运对他的前途影响甚大。查理五世把另一个重点放了意大利，自查理大帝时代开始，所有神圣罗马帝国的皇帝都把这里当作帝国具有象征意义的心脏。皇帝如果在意大利统治不力，缺乏决定性的影响力，那么无论在其他地方多么成功，都很难够格称自己为罗马的皇帝。查理五世无比感激新世界美洲这片大陆带给他的财富——尽管更多的财富流入了他的儿子腓力二世的口袋，因为这些财富支持了他在欧洲的征战。但他并不认为自己是西印度群岛的国王——他是欧洲的皇帝，在欧洲大陆有着广泛的利益与责任。在这个意义上，查理五世延续着神圣罗马帝国中世纪以来的传统，而不是像他的儿子腓力二世那样，开启了海外帝国的时代。[45]

这样的传统也延续到了奥地利哈布斯堡王朝，在查理五世退位并过世之后，奥地利哈布斯堡家族又重新得到了神圣罗马帝国的皇位。我们不能说奥地利对建立海外帝国不感兴趣（它有过数次尝试，均以失败告终[46]），但最终它连一块海外领地也没得到。奥地利的帝国依然是无可争议的欧陆帝国。16—20世纪，和奥斯曼帝国、俄罗斯帝国一样，奥地利哈布斯堡王朝成了欧洲内陆帝国的代表，它们怀着共同的愿景与筹划，也有着共同的命运——在"一战"后被打败，直至最终瓦解。

强调西班牙哈布斯堡王朝和奥地利哈布斯堡王朝之间的重叠和连续性是很有必要的，因为我们总是将它们区别对待：专业的历史学基于局部与具体的细节以及传统的历史分期，会将西班牙帝国视作"近代早期"（16—17世纪）的产物，而奥地利帝国则被认为属于18—19世纪的政治实体。但西班牙哈布斯堡王朝和奥地利哈布斯堡王朝所关注的问题一开始就交织在一起，在查理五世及其继任者的时代也是如此。哈布斯堡是一个家庭或一个家族，在权力和生存上有着共同的利益，这是他们绝不会忘记的。[47] 著名的联姻策略——"奥地利人，去结婚吧"——让哈布斯堡家族收获了丰厚的回报，让他们与欧洲每块领地紧密相连，世代的联姻策略成为其家族的象征。

西班牙与奥地利的哈布斯堡王朝不仅存在亲缘血统上的联系，实际上其各自占有的领地也互通接壤。这也是意大利对于西班牙哈布斯堡王朝如此重要的原因。西班牙统治意大利北部，能够与奥地利哈布斯堡王朝直接往来，凭借那条著名的山路——瓦尔特林纳山路，直通米兰和蒂罗尔以及哈布斯堡王朝统治下的奥地利。这条山路是哈布斯堡王朝的领地，因此士兵的通行有了安全保障。西班牙与法兰西因为曼托瓦继承权而陷入战争时（1627—1631），1629年华伦斯坦伯爵的部队正是通过瓦尔特林纳山路才得以从德意志前来支援西班牙王室。1643年，也是通过瓦尔特林纳山路，斐迪南亲王率领的西班牙军队与他的亲戚匈牙利国王斐迪南二世（即之后的神圣罗马帝国皇帝）率领的帝国部队会师。两位斐迪南之后在讷德林根之战中大败瑞典军队和德意志新教诸侯。[48]

即使在神圣罗马帝国被移交给奥地利哈布斯堡王朝之后，西班牙依然与德意志各邦的事务有所牵连。这或许是因为在 16 世纪至 17 世纪上半叶，奥地利的力量还不够强大。查理五世的弟弟斐迪南（奥地利哈布斯堡王朝的统治者）于 1526 年作为斐迪南一世继承匈牙利、克罗地亚和波希米亚王位——这是将来重要的政治遗产。但是，这次继承是他的祖父马克西米利安一世精心策划的联姻的结果，哈布斯堡王朝的国王路易二世在莫哈奇之战（1526）中战死，没有留下继承人，这次战役中奥斯曼人重挫了匈牙利人，占领了匈牙利的大部分领土。1529 年，奥斯曼人不仅占领了布达，还开始围攻维也纳——这次要比 1683 年的第二次围攻更具威胁，因为第二次围攻时奥斯曼人在苏莱曼二世的指挥下处于防御状态，而非像之前那样横扫一切。之后苏莱曼一世撤下了围城的部队，不是因为他被击败，而是因为计算了损失——大批士兵因瘟疫而丧命，这将对未来的局势产生影响。匈牙利的战略意义重大，之后它处在奥斯曼帝国的统治下长达 150 年之久。而奥地利哈布斯堡王朝还需要一些时日才能成为奥匈二元君主国的支柱之一。

尽管斐迪南一世在查理五世的鼓动下于 1556 年继任神圣罗马帝国皇帝，但奥地利哈布斯堡王朝依然是王朝体系中资历尚浅的一员。[49]斐迪南一世不会忘记早年在西班牙接受的教育，仍在其中寻找着指引帝国前行的智慧。16 世纪末和 17 世纪上半叶，奥地利哈布斯堡王朝也投入反宗教改革的斗争中。西班牙哈布斯堡王朝再一次在腓力二世及其继任者的统治下身先士卒。[50]查理五世将路德教派视作破坏欧洲帝国完整统一的最大威胁，但是在其去世之后，这一斗争才真正在欧洲拉开帷幕。

总部设在西班牙塞维利亚的宗教裁判所开始发挥其强大影响力。同样在西班牙，耶稣会在 1534 年由西班牙军人、学者圣依纳爵·罗耀拉创立，开始与宗教改革运动展开激烈斗争，并向奥地利等地派遣教士。腓力二世高度配合家族策略，帮助他的叔叔斐迪南一世镇压宗教改革者以及发生在其领地上的叛乱行动，特别是发生在尼德兰的叛乱，同时他在马德里和布拉格之间派遣大量外交使节和顾问。腓力二世认为斐迪南一世的继任者马克西米利安二世对待其境内的新教徒过于宽容，因此也向这位堂弟兼妹夫那里派去了大批使者，以向他施加压力，要求他采取更强硬的手段对付宗教改革者。[51]

西班牙的政治家清楚，西班牙的命运与奥地利休戚相关，尤其是在反宗教改革斗争的高潮——以德意志为主战场的三十年战争（1618—1648）期间。伯公爵奥利瓦雷斯宣称，"最后的答案必来自德意志"，他坚信，只有穿过意大利北部与佛兰德斯的关键通道，去德意志支持奥地利哈布斯堡王朝，西班牙才能继续其在欧洲北部的统治。[52] 在白山战役（1620）中，波希米亚新教贵族大败，原因是西班牙的资金支持、西班牙帝国的战略协同，以及大量来自西班牙领地上的意大利、法兰西和佛兰德斯士兵——人数在帝国军队中占比超过 3/4。[53] 西班牙军队也参与了 1634 年击败新教徒的讷德林根之战，这是三十年战争中的关键一役，让人联想起查理五世于 1547 年在米尔贝格击败施马卡尔登同盟的路德教诸侯。这一次，德意志人被查理五世的兄弟斐迪南一世召集起来，和西班牙人、意大利人、佛兰德斯人一道，以全哈布斯堡王朝的力量取得了这场对抗新教改革势力的胜利。在勒班陀海战（1572）中，他们又击败了奥斯曼军队，这被认为是西班牙的胜利，5 000 人的德意志军队从帝国开拔，与西班牙人和意大利人并肩作战，舰队由腓力二世的兄弟唐·胡安指挥。在整个 16—17 世纪，西班牙和奥地利统治者在军事上和意识形态上紧密合作，认可彼此之间的依存关系。[54]

事实上，查理五世将哈布斯堡王朝的继承权视作一个整体，各个分支拥有共同的利益和目标，只不过在分工上有所不同，西班牙分支负责北部和西部地区，奥地利分支管辖南部和东部地区，但两方共享人力与财政资源。因此，可以说是西班牙军队在 1529 年的维也纳保卫战中立下汗马功劳，正如在 1683 年他们再次做的那样。[55] 除此之外，哈布斯堡王朝给人一种一盘散沙的刻板印象（组成它的西班牙、佛兰德斯、意大利和奥地利这几个部分截然不同），这其实也是一种误解。查理五世创立了精密的邮政网络，帝国内所有大城市之间——从西班牙的城市到布鲁塞尔、维也纳、米兰和那不勒斯——都能互通消息。这一邮政网络由极具开拓精神的塔希斯家族负责运营，他们出身于意大利北部，在尼德兰和德意志地区发迹，最后成为卡斯提尔王朝的贵族。[56] 崇尚世界大同和国际化是查理五世统治帝国的信条，也是斐迪南一世的主张。军队、官僚系统以及外交部门中都充满这种大国气度。伟大的德意志银行业巨头富格尔家族身上也体现了这一点，富格尔家族不仅资助查理五世在 1519 年赢得王位，而且多次资助他的弟弟斐迪南一世对付领地上难缠的德意志诸侯。[57]

直到 1700 年，西班牙哈布斯堡王朝最后一任国王卡洛斯二世去世，他没有继承人，于是奥地利哈布斯堡王朝开始真正自立门户。此前，西班牙的权势与影响无疑让奥地利哈布斯堡王朝沦为家族中的旁支，完全倚仗西班牙家族的指引和支持。在 16 世纪和 17 世纪初，新教势力在哈布斯堡王朝继续蔓延，遍布匈牙利、波希米亚和奥地利，一度影响了奥地利宫廷与贵族高层。信奉天主教的奥地利哈布斯堡王朝，作为与其西班牙亲戚一起致力于天主教事业的神圣罗马帝国皇帝，差点输掉了与宗教改革势力的较量。[58] 捷克民众在 1618 年将帝国驻布拉格的大使扔出窗外（波希米亚民众表示愤恨的方法之一），引发了哈布斯堡王朝与新教诸侯的三十年战争，最终导致《威斯特伐利亚和约》的签订。《奥格斯堡宗教和约》中的"教随国定"终于应验，哈布斯堡王朝被迫承认德意志新教诸侯的独立。1683 年，奥斯曼军队再次攻到维也纳城下，这说明奥斯曼的威胁从未解除。尽管17世纪西班牙国力日渐衰弱，但哈布斯堡家族实力的天平依然偏向西方的分支，而非东部的分支。但改革迫在眉睫。西班牙哈布斯堡王朝的最后一任国王卡洛斯二世的虚弱无能，在今天看来，可以被视作欧洲甚至世界领导权转移的一个先兆。

奥地利哈布斯堡王朝的崛起

西班牙哈布斯堡家族的血脉终结于1700年，这并未保证奥地利哈布斯堡王朝的崛起。三十年战争是一次残酷的、对各方力量的考验，奥地利哈布斯堡王朝作为神圣罗马帝国皇帝的力量被削弱，在德意志的影响力尤其大不如前。[59] 但R. J. W. 埃文斯认为，正是在这个时期，特别是17世纪下半叶，奥地利哈布斯堡王朝逐渐收复了失地、巩固了权力。除了部分地区，特别是匈牙利的个别区域之外，哈布斯堡王朝根除了新教势力，确立了天主教的无上权威和反宗教改革的正义性。在哈布斯堡的领土上，哈布斯堡王朝培育出了强大的、以天主教为基础的巴洛克文明。最后他们起来反击奥斯曼帝国，在1683年解除了维也纳第二次被围攻的困境，并于1686年夺回布达。在《卡罗洛维茨和约》中，哈布斯堡王朝收复了此前自莫哈奇之战（1526）后被奥斯曼人统治的领土。这是有决定意义的转折点。"奥斯曼帝国再也无法仅仅依靠自己的力量威胁哈布斯堡王朝的生存了。"[60]

在西班牙王位继承战争（1701—1714）中，奥地利哈布斯堡家族没能保住西班牙王位，但这似乎更能使得哈布斯堡王朝集中力量成为中欧强国。帝国的权势和势力范围表面上看似乎受了限制。哈布斯堡王朝放弃西班牙后，奥地利接收了西班牙的尼德兰诸国，以及几乎所有西班牙在意大利的领地（米兰、曼托瓦、那不勒斯、西西里岛和撒丁岛）。[7]这至少属于部分的"帝国权力交接"，在这片广袤的欧洲领土上，奥地利延续了西班牙王室的统治与责任。在王位继承危机和之后的战争中，哈布斯堡王朝的皇帝，包括利奥波德一世、约瑟夫一世和查理六世，展现出超人的决心，希望统一哈布斯堡王朝的领土，重建查理五世的超级帝国。这一目标最终在以英国为代表的势力的反对下未能实现，但这种失败更坚定了哈布斯堡王朝控制意大利以稳固其在中欧霸权的决心。直到19世纪末，意大利从未被割让，一直是哈布斯堡王朝领土中最有特色的景观和具有传统意义的普遍象征，也是查理五世和他后世的继任者、神圣罗马帝国皇帝查理六世意图占领的地区。对于奥地利而言，占领西班牙在尼德兰的领土以及大西洋出海口，第一次让深居内陆的奥地利有了成为殖民帝国的可能。[61]

之后奥地利与奥斯曼帝国战火重燃，哈布斯堡王朝的英雄萨伏依的欧根亲王在此期间取得了不少他生平最重要的胜利，比如1716年在彼得罗瓦拉丁的胜利，特别是在1717年攻克贝尔格莱德。《帕萨罗维茨和约》（1718）签订之后，奥斯曼人承认哈布斯堡王朝在贝尔格莱德、巴纳特以及塞尔维亚大部分地区的统治权，哈布斯堡王朝完成了从1686年开始的重新征服匈牙利的计划。此后在乌得勒支和拉斯塔特的胜利，使得哈布斯堡王朝的势力范围达到顶峰，成为其在18—19世纪进一步影响整个欧洲的基础。"维也纳的哈布斯堡家族从未统治过如此辽阔的土地。哈布斯堡王朝如今是欧陆大国，从北海到喀尔巴阡山脉，从波希米亚到墨西拿海峡。他们统治着意大利，也是德意志地区的重要力量。在1648年10月，三十年战争结束时，斐迪南从未料想到能这样报仇雪耻。"[62]

我们确实可以认为，"第二哈布斯堡王朝"在这个时期已经形成，它与查理五世的欧洲帝国一样幅员辽阔，在领土上仅次于当时的沙俄。[63]在17世纪下半叶和18世纪上半叶，哈布斯堡王朝构建了特有的社会和政治体制，作为国家的基本准则，直到帝国终结。正是在这段时间里，尤其是在哈布斯堡统治者、神圣罗马帝国皇帝利奥波德一世（1657—1705 年在位）、约瑟夫一世（1705—1711 年在位）、查理六世（1711—1740 年在位）的带领下，皇室、教廷和贵族稳步形成了有力的、覆盖整个帝国的统治同盟，在 200 多年的时间里抵御了多次针对他们权威的挑战。建立在天主教和对王朝忠诚的基础上的共同利益与文化，让他们精诚团结，最后他们消除了捷克人、匈牙利人、奥地利人、德意志人和其他民族之间的罅隙分歧，至少在精英阶层中是这样。

维也纳在这些年的发展中变成了帝国的首都、上流社会的聚集地，吸引了帝国各地的贵族来此安家，一种共同的生活方式围绕帝国宫廷逐渐发展出来。皇帝、贵族和神职人员纷纷开始建设宫殿、教堂和修道院。1730 年，维也纳及周边出现了 230 多座贵族住所，其中不少是由伟大的巴洛克建筑师菲舍尔·伯恩哈德·冯·埃尔拉赫和约翰·卢卡斯·冯·希尔德布兰特设计建造的。希尔德布兰特为欧根亲王建造了美景宫；埃尔拉赫以凡尔赛宫为样板，建造了帝国最宏大的夏季行宫——美泉宫；埃尔拉赫和他的儿子约翰·米迦勒一起完成了位于卡尔广场的巴洛克风格建筑查理教堂，两座比照图拉真圆柱建造的立柱矗立在教堂两侧，或许更像是在效仿查理五世的赫拉克勒斯之柱。查理教堂的建造原本是为了致敬 16 世纪的圣徒卡洛·博罗梅奥，但它同时也是为了纪念建造者查理六世与他的帝国，柱子上的图案无疑可以追溯到古罗马时期。沿着多瑙河，在维也纳城外，查理六世还规划了一处帝国宫殿，该宫殿仿照腓力二世的王家修道院，当然，这是为了彰显哈布斯堡王朝从西班牙到奥地利的权力转移，而此时的西班牙已由波旁王朝统治。不过宫殿只有一侧完工，作为弥补，查理六世翻新了附近的克罗斯腾钮堡修道院，让它成为该地区最富丽堂皇的建筑。同时期还建造或翻新了其他多瑙河沿岸的修道院，比如格特维克修道院、圣弗洛里安修道院，以及外观像堡垒的梅尔克修道院。

所有的学者都强调艺术的重要性，其赋予哈布斯堡王朝共同的文化认同，这种认同创造出独有的国家性格，直到今天，在中欧和东欧各国，这种性格依然清晰可辨。哈布斯堡时期的艺术特点是华丽光彩的巴洛克风格，这是恺撒式或帝国式的，取材于相对拘谨的意大利巴洛克风格，意在宣扬教廷和国家反宗教改革的胜利。[8]一般认为，巴洛克风格极其烦琐细致，是一种华丽又驳杂的风格，它试图遮蔽一切瑕疵，却不免要露出马脚。[64]当然在《威斯特伐利亚和约》签订后，光鲜的社会秩序努力且自觉地掩盖着缺陷与积弊。尽管贵族正在勉力弥合帝国中央与地方的关系，维也纳、普雷斯堡和布拉格之间依然存在着不确定和不稳定的因素。新教的势力范围，特别是匈牙利、西里西亚以及波希米亚，依然是孕育动荡的温床，尽管抗议活动大部分活跃于地下。帝国的野心常常超过它的国力和资源，正如其海外征服的失败（在英国的强压之下，查理六世的奥斯坦德贸易公司在1731年宣告破产）。[9]帝国依然过度依赖欧洲各方势力的平衡，借助外交技巧维护奥地利的利益。

但可以说，18世纪欧洲其他帝国也并无区别。以法国为例，因为内部问题无法得到妥善处置，法国爆发了大革命，在18世纪末很多国家也因为政权合法性问题遭受冲击。相反，我们应该看到哈布斯堡王朝在急剧变化的环境中取得的成果，在混乱的局势中保持了相对完整的传统帝国的社会秩序。这充分证明了18世纪初在统治阶层，包括皇室、教廷和贵族之间形成的政治同盟的力量。

当然，奥地利在18世纪也遭遇过几次挫折。[10]波兰王位继承战争（1733—1738）之后，帝国的封地洛林被割让给了法国，那不勒斯和西西里岛被统治西班牙的波旁王朝接管；作为补偿，哈布斯堡王朝获得了意大利中部地区（帕尔马、皮亚琴察、托斯卡纳），并巩固了其在意大利的势力，将其领地整合为更具一致性和防御性的整体。之后不久，在与奥斯曼帝国的另一次交战后，双方在帕萨罗维茨签订了《贝尔格莱德和约》（1739），帝国失去了巴尔干部分地区，包括贝尔格莱德；与此同时，为了在克罗地亚的飞地斯拉沃尼亚对抗奥斯曼人，一个强大的军事边境区形成了，其居民主要是塞尔维亚难民，这是哈布斯堡王朝最重要的要塞之一。

更严重的后果是，在奥地利王位继承战争（1740—1748）中，繁荣的西里西亚被正在崛起的、由弗里德里希二世（"大帝"）领导的普鲁士夺走。当然，哈布斯堡王朝也获得了一定的补偿。各个大国接受了1713年的《国本诏书》，这意味着查理六世的女儿玛丽亚·特利莎有权继承奥地利大公之位，更重要的是，各国承认哈布斯堡王朝领地的完整性及哈布斯堡家族对它们的统治权。考虑到哈布斯堡王朝不同领地强大的地方自治传统，这当然是一项重大的成就，直到帝国在1918年终结，它都在产生持续的影响。[65] 同样重要的还有，承认玛丽亚·特利莎的丈夫——洛林的弗兰茨为神圣罗马帝国的皇帝，这确保了帝国依然在哈布斯堡王朝的控制下，不过严格说来，它应该被称为哈布斯堡–洛林王朝。

哈布斯堡王朝的运气好得出奇，即使遭遇挫折也总伴随着积极的结果。有的研究者认为，哈布斯堡王朝在18世纪初开始高速发展，但在18世纪中叶又停滞不前。但是其他人，包括普鲁士国王弗里德里希二世则不这么看。18世纪中叶，哈布斯堡王朝已经成为国际体系中不可或缺的组成部分，特别是作为抵御法国的屏障。所谓"奥地利的必要性"，即哈布斯堡王朝对于欧洲秩序的稳定至关重要，这样的观念就是在这个时期形成的，并且凝聚为之后一个世纪的外交智慧。[66] 18世纪下半叶，帝国立志改革，大幅整饬混乱的行政体系，让其变得更为合理、符合现代政治的标准。有人说，哈布斯堡王朝对启蒙运动的贡献极其有限，这场伟大的精神运动似乎与奥地利无关。一种解释是，帝国统治精英的文化足够强势和成功，影响遍及整个帝国，这让批判性的启蒙思想显得既缺乏吸引力又多余。正如查尔斯·因格劳所说，"正是波旁王朝和斯图亚特王朝的明显缺陷才让法国和英国的知识分子追求以启蒙主义为代表的不同的价值观念。而哈布斯堡王朝的教廷、贵族与皇室的联盟不断完善统治体系，重建天主教的权威，在匈牙利驱逐了土耳其人，复兴了世袭领地的经济。于是，哈布斯堡王朝没有陷入怀疑与自省，统治精英通过繁复优雅的巴洛克艺术作品传播自己的价值观念"[67]。

这种说法不无道理。但重要的是，与其说启蒙运动遗漏了哈布斯堡王朝，不如说哈布斯堡王朝将启蒙思想吸收采纳了。哈布斯堡王朝接受的是"上层的启蒙"，这种启蒙通过"开明的君主"玛丽亚·特利莎和约瑟夫二世的思想与政策得以体现。他们彻底改造了帝国的金融、市政和军事管理，政治家和顾问为此付出了不懈努力，其中包括弗里德里希·威廉·豪格维茨、文策尔·安东·考尼茨、约瑟夫·索南费尔斯、伊格纳兹·波恩和戈特弗里德·凡·斯维滕。[68]教皇克雷芒十四在 1773 年解散耶稣会，玛丽亚·特利莎抓住机会大力推行公共教育，使奥地利在教育的普及与质量上超过普鲁士。[69]约瑟夫二世则进一步推动言论自由，对犹太人、新教徒和东正教徒采取宽容政策；他将教廷牢牢掌控在国家权力之下，收回部分修道院，改革教会教育体系；他取缔了哈布斯堡王朝各地的农奴制和劳役制。然而，由于保守势力的阻挠，部分激进的改革政策在 1790 年约瑟夫二世逝世后被撤销或变得不具强制性。而他的继任者利奥波德二世（1790—1792 年在位），虽然任期极短，但精明能干，使约瑟夫二世的大部分政治遗产得以保留。甚至连约瑟夫的声誉也得到维护，即使达不到 19 世纪自由主义者所认为的"皇室革命家"的程度，约瑟夫二世仍享有开明改革者的声望。[70] 11

图 4.2　玛丽亚·特利莎女大公的肖像画，作者是马丁·范·梅滕斯（Scala/White Images/Art Resource, NY）

同时，在"奥地利人，去结婚吧"的联姻战略下，玛丽亚·特利莎开始安排后代的婚姻，她与弗兰茨·斯蒂芬的 16 个孩子的婚事让哈布斯堡王朝的触角延伸到西班牙、法兰西和众多意大利国家的宫廷。其中最重要的当属她的女儿玛丽·安托瓦内特和法国王储——未来的国王路易十六的婚姻。这些领地大多由波旁王朝统治，哈布斯堡王朝与法国缔结婚姻，从而结束了两国之间长达一个世纪的战争，也确保了奥地利在 18 世纪下半叶的安定环境。第一次瓜分波兰（1722）带来了更大的利益，奥地利获得了重大的收获——加利西亚的大部分地区；奥地利还兼并了布科维纳，此地成为匈牙利与帝国新领地加利西亚之间的走廊。布科维纳本属于奥斯曼，但奥斯曼在被迫与沙俄签订《库楚克-凯那尔吉和约》（1774）后将其割让给奥地利。

哈布斯堡奥地利的文化也同样繁荣，绘画、建筑、造型艺术以及音乐的成就登峰造极。哈布斯堡的皇室、贵族以及富有的资产阶级向艺术家敞开大门，花费重金资助这批有史以来最伟大的作曲家：格鲁克、海顿、莫扎特、贝多芬、舒伯特（甚至巴赫也被哈布斯堡宫廷吸引，不过玛丽亚·特利莎因为他新教徒的身份而拒绝了他）。弗朗茨·韦尔弗认为，音乐是帝国的通用语言，而莫扎特让"奥地利的思想传颂四方"[71]。无论出生在何地（大部分来自邻近的德意志各邦），音乐家们涌入维也纳或贵族的庄园，比如埃斯特黑齐家族位于匈牙利的艾森施塔特庄园和费茨尔特庄园，这里是海顿曾经创作和演奏作品的地方。布拉格同样也是一个伟大的音乐中心，滋养了众多捷克作曲家，见证了莫扎特最著名的几场演出。对世界而言，在长达一个多世纪的时间里，尤其是在 19 世纪末到 20 世纪初帝国的回暖期，奥地利就是音乐的代名词。

　　法国大革命前夕，哈布斯堡王朝国力达到顶峰。制度与国家愿景已获得普遍认同，"专制主义与仁慈的奇怪混合体"，帝国以这样的姿态来迎接即将到来的新世纪。[72]帝国的工业经济已经初具规模，特别是在波希米亚和下奥地利，将在 19 世纪迎来蓬勃发展。[73]哈布斯堡王朝依然是多民族的、充满活力的帝国，地方传统根深蒂固，千差万别。但由于玛丽亚·特利莎和约瑟夫二世的改革，帝国渐渐发展出一种共同身份，民众普遍认可其统治。查尔斯·因格劳的评价比较中肯："到 18 世纪下半叶，哈布斯堡王朝不仅拥有欧洲大陆最具创造性的政府和强大的军队，更是公共教育和音乐领域的佼佼者。之后它在努力扭转法国大革命的影响时扮演了关键角色，同时塑造了一直延续到 1914 年的新的国际秩序。4 年之后，哈布斯堡王朝终于覆灭，在国家的生命力与王朝的延续性上，哈布斯堡王朝几乎战胜了其他所有君主政体。"[74]

哈布斯堡王朝是什么

　　罗伯特·穆齐尔的小说《没有个性的人》[1]（1930—1932）精彩地描绘了奥匈帝国最后的岁月，他把奥地利虚构成一个充满矛盾的"卡卡尼亚"，这是他对帝国批判式的蔑称，同时他也满怀深情。

　　　譬如它是皇帝——国王的，是皇帝的和国王的；那儿的每一件事，每一个人都带有 K.K. 或 K.U.K. 这两个标记中的一个，尽管如此，却还是需要有一种秘密学问，方能总是稳妥地区分，应该把哪些机构和人叫作 K.K.，哪些叫作 K.U.K.。它书面上称自己是奥匈帝国，口头上叫奥地利；所以是用了一个它用庄严的国家誓言已经抛弃了的，但在各种只能体会却不可言喻的事情上仍保留着的名字，以表示情感和国家法一样重要，规章制度并不意味着真实的严肃生活态度。按其宪法它是自由主义的，但它受教会的统治。它受教会的统治，但人们过着自由思想的生活。在法律面前所有的公民都是平等的，但是并不是所有人正好都是公民。人们有一个议会，这议会如此强暴地使用自己的自由，以至于人们通常都将它关闭；但是人们也有一个紧急状态法，凭借着它的帮助，人们没有议会也能行，而每一回，一旦大家已经对专制政体感到不愉快了，王室便会命令重新实行议会统治。在这个国家里有许多这样的事件，那些国民争斗也属于这些事件之一，它们理所当然地引起了欧洲的好奇心，而今天人们却对它们做了完全错误的描绘。那些争斗是如此激烈，以至于国家机器因此每年停止运转好几次，但是在这些间歇的时间里以及国务活动停顿的时间里，人们相处

---

① 以下出自这本书的引文均来自张荣昌译版本。——译者注

得好极了并且装出一副仿佛什么事也没发生的模样来。也是没发生什么实实在在的事嘛。[75] 12

　　小说以大师级的笔触揭示了 19 世纪哈布斯堡王朝的方方面面，带有反讽性质地表现了本地人和外来人对于帝国爱恨交加的复杂感情。小说首先指出，如何称呼帝国就难住了大家：应该是哈布斯堡皇室、哈布斯堡王朝，还是奥地利帝国（1804 年后）、奥匈帝国或奥匈（1867 年后）？还是用奥地利来代表这一切？在帝国 19 世纪的历史上，宪政与专制（或极权）交替上演，革命和民族主义带来了割裂，比如 1848 年欧洲民族革命。出人意料的是，哈布斯堡王朝经受住了这一切，最终却在"一战"的炮火中烟消云散。还有一件值得注意的事，没有任何一方愿意摧毁帝国，哪怕是那些苦于帝国压迫、希望发生剧烈变革的人也认为帝国的存在是必要的。"奥地利的必要性"不只是通常意义上的 19 世纪国际社会的共识，更是国内政治舞台上各大力量的心愿。"各方相处"得不一定容易和舒服，但这也说明各方非常倚赖彼此的存在。

　　R. J. W. 埃文斯将 17 世纪末的哈布斯堡王朝形容为"一个复杂的、微妙平衡的有机体，认为它不是一个'国家'，而是纷繁复杂的各个部分向心形成的凝聚体"[76]。19 世纪，主要由于玛丽亚·特利莎和约瑟夫二世的集权政策，帝国统一的路径发生重大调整，具体表现为波希米亚议会和匈牙利议会的权力受到严重限制。但帝国依然维持多民族政治体的现状，这曾是帝国的发展动力，而此时却成为滋生麻烦的根源。

　　一般认为，哈布斯堡王朝的领土分为三个主要部分。13 第一部分是奥地利的核心领地，即狭义上的奥地利。"奥地利"指的是由哈布斯堡家族统治的奥地利世袭领地，不包括波希米亚和匈牙利。哈布斯堡家族的名字来自"鹰堡"，这是他们的祖先在 11 世纪居住过的地方，位于今瑞士北部的阿尔高州。早在 12 世纪，哈布斯堡家族就被神圣罗马帝国的皇帝封为公爵，他们稳步扩张领地，兼并了莱茵河上游两岸的阿尔萨斯和布赖斯高地区以及瑞士山谷南岸。1273 年，哈布斯堡家族的鲁道夫一世被选为神圣罗马帝国皇帝，此后还有众多家族成员出任神圣罗马帝国的皇帝。鲁道夫一世在 1278 年的马希费尔德战役中打败了波希米亚国王鄂图卡二世，提出对奥地利公国的领土要求，1246 年巴本堡家族的公爵去世后奥地利公国一直没有领主。于是哈布斯堡家族的权力中心开始转移至奥地利，在德语中"奥地利"的含义是查理曼帝国"东部的领土"。

巴本堡家族的政治遗产及其与霍亨斯陶芬王朝的密切关系，都由哈布斯堡王朝继承，巴本堡家族与哈布斯堡家族结合成为"准哈布斯堡王朝"。[77]"奥地利"还包括其他中欧地区被哈布斯堡王朝的鲁道夫一世及其继任者占领和吞并的领土——包括施蒂利亚、卡林西亚、卡尔尼奥拉、伊斯特里亚、蒂罗尔，它们被统称为"内奥地利"。此外还有一系列位于神圣罗马帝国士瓦本地区的领地，作为"前奥地利"由哈布斯堡奥地利统治。1500 年，皇帝马克西米利安一世将戈里齐亚封为世袭领地，从而更容易地获得了通往意大利东北部的里雅斯特港和亚得里亚海的通道。这些领土构成了奥地利世袭领地，即哈布斯堡王朝的核心领土。

哈布斯堡王朝领土的第二部分是所谓的"圣瓦茨拉夫王冠的领地"（波希米亚及其附属国，包括摩拉维亚和西里西亚）。10 世纪，波希米亚成为神圣罗马帝国的采邑，这一关系一直持续到 1806 年神圣罗马帝国解体。1156 年，德意志国王腓特烈一世授予该地王冠，波希米亚成为帝国众多采邑中唯一获得该殊荣的地区，在帝国改成选举君主制后，波希米亚国王成为七大选帝侯之一。约 15 世纪，在哈布斯堡王朝的统治下，波希米亚和匈牙利一起作为查理五世的弟弟斐迪南一世继承的领土，成为哈布斯堡王朝的永久属地。但波希米亚新教贵族势力兴起，他们与哈布斯堡王朝的统治者势不两立。在白山战役中，波希米亚贵族被击垮，几乎被帝国其他地区的领主完全取代（这批新确立的贵族对王朝保持高度忠诚，直到19世纪），新教势力同样也被根除。波希米亚大众几乎用了一个世纪才彻底接受哈布斯堡王朝的统治，到了18世纪，波希米亚和哈布斯堡王朝高度融合，通常被划入哈布斯堡奥地利的世袭领地。在19世纪，波希米亚成为帝国工业发展的重要推动力量。

匈牙利，即所谓的"圣斯蒂芬王冠的领土"，是哈布斯堡王朝的第三个部分。在1526—1527年哈布斯堡继承匈牙利和波希米亚之前，该地区在莫哈奇之战后由大获全胜的奥斯曼帝国统治，直到1699年才开始被哈布斯堡王朝收回，1718年被完全收回。匈牙利幅员辽阔，包括今天的罗马尼亚、克罗地亚、斯洛伐克地区，当然还有今天的匈牙利。从18世纪开始，它占了哈布斯堡王朝近一半（45%）的领土。同时匈牙利的自治程度也是帝国中最高的，这也是匈牙利人一直坚持的。最终，这导致了一次正式的分权，即1867年奥匈帝国协议下的二元君主政体。从此之后直到终结，帝国变成了奥匈帝国。

除了哈布斯堡王朝的这三个主要部分，其他的领土也在帝国的历史上产生过或长或短的影响。奥地利人从西班牙哈布斯堡王朝手中接管了意大利的核心地区。18世纪中叶，这些地区包括伦巴第和意大利中部的几个邦国。在拿破仑战争之后，奥地利人获得了威尼斯，以1714—1797年由奥地利控制的尼德兰作为交换。第一次瓜分波兰时，奥地利占领了富饶的加利西亚，作为1742年将西里西亚割让给普鲁士的补偿。这些变化表明，在维也纳会议（1815）后，哈布斯堡王朝第一次在历史上形成了一个领土相对集中的帝国：它以中欧和东欧作为自己的核心，策略性地向意大利扩张。正是这一政治实体，即所谓的"多瑙河君主国"，在19世纪巩固了自己在欧洲的地位，这一时期的哈布斯堡王朝也最为后人所怀念。

哈布斯堡王朝这时看起来确实像所谓的多瑙河君主国，因为它的君主不再扮演此前 600 年中最重要的角色——神圣罗马帝国的皇帝。鲁道夫一世在 1273 年被选为神圣罗马帝国皇帝，也是来自哈布斯堡家族的第一位神圣罗马帝国皇帝。任期极短的阿尔布雷希特二世（1438—1439 年在位）未被加冕为神圣罗马帝国皇帝，但在他之后神圣罗马帝国皇帝之位一直由哈布斯堡家族成员担任（18 世纪时偶有例外），直到神圣罗马帝国在 1806 年覆灭。

此前，神圣罗马帝国皇帝的选举过程是，首先由帝国选帝侯选出"罗马人的国王"，在亚琛举行加冕仪式，之后由教皇在罗马举行后续的神圣罗马帝国皇帝的加冕仪式。腓特烈三世（1440—1493 在位）是最后一位在罗马加冕的皇帝。他的儿子马克西米利安一世（1493—1519 年在位）在腓特烈三世在世期间就被选为罗马人的国王，但因为政敌阻挠，未能去往罗马，于是他在 1508 年宣布成为"当选皇帝"，在教皇缺席的情况下为自己举行加冕仪式，成为新任神圣罗马帝国皇帝。他还对皇帝的头衔做了重大修订，将其改为"德意志民族的神圣罗马帝国"[78]。这对于之后的德意志民族主义有深刻影响，因为他们将帝国看作德意志政治体的前身；同时，这也标志着哈布斯堡王朝宣布对德意志拥有领导权。1806 年，神圣罗马帝国的名称在法国的压力下被废除——只能有一个皇帝，于是拿破仑接过了这一头衔。1815 年，由 39 个邦国组成的德意志邦联将领导权赋予奥地利，此时的哈布斯堡王朝仍能寄希望于德意志。

同时，预见到神圣罗马帝国即将瓦解，来自哈布斯堡王朝的神圣罗马帝国皇帝弗兰茨二世在 1804 年宣布自己成为新的"奥地利帝国"的皇帝弗兰茨一世：一个纯正的奥地利帝国或者说哈布斯堡帝国出现了，它独立于"德意志民族的神圣罗马帝国"。这让哈布斯堡家族更容易强化在中欧和多瑙河流域的身份认同。直到普鲁士于 19 世纪 60 年代的战争期间崛起，奥地利帝国才放弃要领导德意志的主张。但神圣罗马帝国的终结无疑将哈布斯堡王朝与德意志诸邦的历史关系切断了，这一关系可追溯到马克西米利安一世和查理五世 [79] 的时代。哈布斯堡王朝的"德意志民族性"问题成为帝国在 19 世纪的中心议题。

19 世纪的民族主义与身份

如果说哈布斯堡王朝的领土各具特色，王朝统治下的民族就更是如此。而且，民族与领土不一定重叠，这使得哈布斯堡王朝的民族主义与民族身份问题变得较其他地区更加扑朔迷离。

从数据上看，德意志人是哈布斯堡王朝中人数最多的单一群体。[14] 1910年，他们占王朝治下总人口的 23%，5 100 万人中有 1 200 万为德意志人。即使在奥匈帝国二元统治下的奥地利部分，德意志人也占了 35%，而接近 59% 的人口是斯拉夫人——捷克人、波兰人、"小俄罗斯人"（乌克兰人）、斯洛文尼亚人、塞尔维亚人和克罗地亚人，剩下的是意大利人和罗马尼亚人。[15]

但德意志人到底是什么人？的确，德意志语言和文化在哈布斯堡宫廷乃至地方政府中都占据主流。[80] 德语是帝国官僚机构和军队长官的用语。帝国内的城镇，如布拉格、普雷斯堡（今布拉迪斯拉发）、布尔诺、布达佩斯、萨格勒布，以及维也纳、林茨、因斯布鲁克和其他奥地利小镇都带有德意志的色彩。商人、学者和贵族都说着德语，德语被认为是帝国的官方语言，德意志文化代表帝国的最高文化。只有在波兰的加利西亚以及哈布斯堡王朝的意大利领土上，本地贵族和资产阶级的语言与文化才得以保留。正像奥地利的德意志民族主义者之后所宣称的那样，哈布斯堡王朝，即现在的奥地利帝国，可以被视作德意志帝国，作为"德意志民族的神圣罗马帝国"的合法继任者，是统一的"大德意志"天然的领导者。

但奥地利的德意志人所具有的"德意志属性"几乎只涉及文化层面，不涉及人种或族群层面。无论出身，一个人只要愿意学习德语、接受德意志文化，便可以成为德意志人。在 19 世纪，许多自称德意志人的民众实则是捷克人、斯洛文尼亚人、克罗地亚人、塞尔维亚人或罗马尼亚人的后裔。[81] 在他们的家乡，特别是在乡村和小镇，这些人依然说着方言，就像约瑟夫·罗特的小说《拉德茨基进行曲》中冯·特罗塔家族的老一辈依然说着斯洛文尼亚语。是否能成为德意志人只与所处的阶层和接受的文化有关。成为德意志人意味着你要是城市居民，生活在深受德意志文化浸染的城镇，不是来自乡下的"农民"，而是属于官员、商人、教师、律师、医生或其他受过教育的阶层；还意味着你要有教养、有学识。即使是帝国最为通行的语言——音乐，也随着格鲁克、莫扎特、贝多芬、舒伯特和冯·韦伯的作品的出现，越发带有德意志色彩，直到 19 世纪下半叶，因为民族主义运动的兴起，德沃夏克和斯美塔那这样的本土作曲家的作品中才出现了对德意志色彩的抗拒。

关键是，这里德意志的含义并非"德意志民族主义"一词中德意志的含义，更与哈布斯堡王朝无关。奥地利的德意志人将自己视作奥地利人，或"奥地利的德意志人"，而非纯粹的德意志人。他们效忠帝国，尤其是效忠哈布斯堡皇帝与皇室。[82] 他们的民族主义，如果有的话，就是之前（第一章）讨论过的"帝国民族主义"，属于"立国者"的民族主义，承担着帝国的伟业与使命（或许也可以称之为"国家爱国主义"）。但这绝非 19 世纪传统的民族主义，即以种族或族群为定义的民族主义。如我们所知，这样的民族主义，特别是德意志民族主义，无疑将摧毁由多民族构成的帝国。帝国的其他民族，匈牙利人、捷克人、波兰人，甚至克罗地亚人、斯洛文尼亚人、乌克兰人也怀着民族主义的信念与身份认同，但他们的民族主义倾向不至于威胁帝国的完整性。而对他们而言，帝国多少提供了保护与慰藉，因为他们更依赖帝国的存在。但对于德意志人来说，民族主义是一条危险的路径。19世纪，德意志人是所有民族中最缺乏民族主义倾向的。大部分奥地利德意志人拒绝以德意志民族主义的名义组织所有德意志人建立泛德意志民族国家，从而破坏、分裂哈布斯堡王朝。只是在帝国的末期，面对不断叫嚣的捷克人和其他非德意志民族，特别是在1919年帝国瓦解后，奥地利德意志人才发展出德意志民族主义，最终导致1938年他们与希特勒的德意志第三帝国合并。

基于同样的原因，许多匈牙利人也拒绝民族主义的号召，主张在帝国的框架内实现诉求。占帝国人口的19%、总人口达1 000万的匈牙利人，在1910年是帝国第二大族群。德意志人和匈牙利人总共占当时帝国人口的42%。这也是1867年奥匈之间达成协定，进行二元君主统治的主要原因。另一个更加现实的原因是匈牙利本地强大的制度与自治传统。与波希米亚和克罗地亚不同，"圣斯蒂芬王冠的领土"（匈牙利）从来都不是奥地利的世袭领土。

尽管他们坚持"自由"与独立，强调历史的权利与特权，但是直到19世纪末依然主导当地体制的匈牙利贵族，仍然完全有理由相信哈布斯堡王朝，继续当帝国忠诚的臣民。因为，尽管他们自称要捍卫"千年匈牙利"，但许多贵族是新近产生的，这是17世纪末到18世纪初匈牙利被从奥斯曼帝国手中收回后分配土地和分封头衔的结果。从16世纪20年代到17世纪80年代，奥斯曼人超过一个半世纪的统治是匈牙利历史上的一道深深的鸿沟。虽然匈牙利贵族阶层不是完全按照波希米亚模式建立的贵族阶层，但他们在相当程度上被哈布斯堡王朝重塑，至少上层贵族接受了哈布斯堡式的权力结构与文化。许多名门望族，比如埃斯特黑齐家族、帕尔菲家族和鲍贾尼家族，在维也纳拥有华丽的宫殿，完全融入了都城的生活圈（其中部分人成为贝多芬和海顿的资助人）。与波希米亚的贵族一样，他们深知自己的特权来自哈布斯堡王朝。尽管底层贵族会和匈牙利的民族主义势力互通款曲，但底层贵族们也认识到，由哈布斯堡王朝统治要好于政权落入资产阶级和主张民族主义的农民手中。大部分匈牙利贵族很满意 1867 年奥匈协定，这使得他们对帝国的忠诚保持到帝国的终结之日。[83]

此外，还有一个充分的理由解释了为什么匈牙利的马札尔贵族对哈布斯堡王朝的统治是满意的：1867 年奥匈协定之后，就奥匈帝国的"匈牙利"领土而言，哈布斯堡王朝的统治对这一区域的其他族群的管控是必要的。[84] 而"圣斯蒂芬王冠的领土"（即大匈牙利）包括克罗地亚、特兰西瓦尼亚以及匈牙利本土（也就是小匈牙利）。1848 年和 1867 年，特兰西瓦尼亚两度失去了身份，被匈牙利兼并。今天被称为"斯洛伐克"的地区，从 11 世纪起就是匈牙利的一部分（上匈牙利）。

在奥匈帝国的匈牙利地区，包括特兰西瓦尼亚（但克罗地亚除外），有近 1 000 万马札尔人，他们在 1910 年的人口普查中占比刚刚超过半数（54%）。此外还有 300 万罗马尼亚人（16%）、近 200 万斯洛伐克人（10.7%）、近 200 万德意志人（10.4%）、各 50 万"小俄罗斯人"（乌克兰人）和塞尔维亚人（各占 2.5%），以及 19.5 万克罗地亚人（1.1%）。

这些数据掩盖了非马札尔人口的比例。比如，犹太人（5%）在 1910 年的人口普查中被算作马札尔人，如果排除犹太人，即使是在"小匈牙利"地区，马札尔人也只能算少数人口（49%）。在"大匈牙利"，如果算上克罗地亚的塞尔维亚人和克罗地亚人，马札尔人也是少数，只占 43%，因为马札尔人想维持自己的多数人口地位，所以这些族群通常不被单独计入人口统计。此外，马札尔人在 1910 年经历了一次可疑的人口膨胀。在 18 世纪，他们只占总人口的不到 1/4，即使到了 1880 年，他们依然是少数，占总人口的 46%。1867 年奥匈协定之后，"马札尔化"政策出台，产生了更多的马札尔人，这是1919年帝国解体后各继承国人口普查得出的结论。与在帝国其他地区成为德意志人一样，在匈牙利成为马札尔人可以获得好处，直到民族主义情绪兴起，非马札尔族群才开始反感这一身份划分。

图4.3　位于萨格勒布的克罗地亚国家剧院。它是典型的新巴洛克风格建筑，类似的建筑在哈布斯堡王朝非常常见（DeymosHR/Shutterstock.com）

　　德意志人和匈牙利人或许只占帝国总人口的42%。但如果把斯拉夫人和罗马尼亚人（即所谓的附属民族）放在一起统计，二者合计将占到帝国总人口的51%，其中45%（2 350万）为斯拉夫人，6%（300万）为罗马尼亚人。除非将在帝国人口中占10%（500万）的波兰人算作德意志或匈牙利这个所谓"宗主国"的人口（这在19世纪是非常常见的算法），斯拉夫人和罗马尼亚人才算少数。无论在人口上是否占优势，这些族群都没有团结在一起。罗马尼亚人不是斯拉夫人，他们骄傲地认为自己是"罗马人"，属于罗马帝国短命的多瑙河行省达契亚省的居民的后裔（因此，其名称从早先的会让人想到土耳其统治年代的"Rumania"改为了20世纪的

"Romania")。斯拉夫人或许多少对泛斯拉夫主义有所心动，到了19世纪甚至怀有更大的希望。但这无力改变波兰人、捷克人、斯洛伐克人、斯洛文尼亚人、塞尔维亚人、克罗地亚人和乌克兰人之间强烈的身份差异。

但是，如果认为斯拉夫民族的力量因他们的不团结而有所削弱，德意志人、匈牙利人和波兰人因其更强的民族意识而势力更强，则是错误的。这是对哈布斯堡王朝中民族主义作用的严重误判。民族主义的确是一个麻烦，而且是困扰帝国直到最后的麻烦。但是，并非民族主义压垮了帝国。之后我们还会细致地考察民族主义的问题，但很重要的一点是，我们在这里详述了各民族的情况，而不是简单罗列帝国中存在的民族主义。帝国中不同的族群意识到自身的特殊性，努力追求比其他民族更优渥的生活，但他们之间的差别，或者各民族对于差异的认识，从未威胁到帝国的存在。[85]

因为哈布斯堡王朝的帝国意识严格地与王朝意识捆绑在了一起（奥斯曼帝国或许是个例外），民族主义与此是违背的，帝国只允许对皇帝个人忠诚——皇帝弗兰茨·约瑟夫（1848—1916年在位）的长时间统治非常清楚地体现了这一点。[86] 哈布斯堡王朝与奥斯曼帝国一样，不间断地统治了600年之久。在其历史上，哈布斯堡家族始终牢牢坚持"哈布斯堡家族的权力"这一概念。和奥斯曼人一样，哈布斯堡家族创造的是一个王朝，它不仅仅是一个家族，而且是一个统治家族（希腊语 dunasteia，意为权力或统治）。他们有义务通过扩张领土为王朝赢得更大的权力和光荣。

无论是神圣罗马帝国还是奥地利帝国，其中的"帝国"与"哈布斯堡"成为同义词。哈布斯堡家族是帝国内分散的各部分的统一象征和凝聚核心。最重要的是，家族王朝强大而稳定，王朝并不属于任何治下的民族族群，尤其是自称为德意志民族的那些人，因为这个族群时常将帝国视作"自己的"。弗兰茨·约瑟夫的堂兄弟阿尔伯特大公，是一位热情的王朝思想的拥趸和帝国的核心人物，他曾经说过："在这个多元的帝国里，居住着众多民族，王朝不能将自己等同于一个民族。就像一位合格的母亲，她必须在所有孩子面前展现相同的爱，同时保持一定的距离。这就是帝国存在的合法性根源。"[87]

从一开始，哈布斯堡家族就为自己创造了复杂的谱系记录，将家族与古代特洛伊人（埃涅阿斯）和罗马皇帝（恺撒），以及早期基督教圣徒和德意志皇帝（包括查理大帝）联系在一起。哈布斯堡王朝认定自己是罗马人、基督徒和德意志人，拥有统领德意志，甚至统领整个欧洲所需要的血统。[88]为什么止步欧洲？德意志帝国皇帝腓特烈三世（1440—1493 年在位）说过一句伟大的格言："奥地利终将统治世界。"[89]16 哈布斯堡王朝将捍卫西方基督教世界，既要对抗异教徒奥斯曼人，又要对抗欧洲内部的敌人新教徒，他们越发将自己视作文明的化身和上帝派遣的守护者。[90]对于哈布斯堡王朝的附属臣民而言，哈布斯堡王朝有着近乎神性的光芒。[91]

哈布斯堡王朝是装点权力的高手，精心设计出与之匹配的建筑、艺术、音乐、加冕仪式、帝国巡礼，以及皇帝的头衔与荣耀称号。[92]作为天主教的捍卫者和奥地利信徒的庇护者，他们特别重视宗教仪式，比如濯足节的洗脚礼以及维也纳的基督圣体节，其壮观的场面吸引了成千上万来自帝国和欧洲各地的信徒。[93]更重要的是，哈布斯堡王朝资助了多处朝圣地，特别是玛丽亚采尔，全帝国的人都来此朝拜。[94]奥地利天主教在形式上和仪式上堪称华丽，这些在其辉煌的巴洛克式教堂与修道院[95]上得到了充分表达。19 世纪下半叶，教廷经历了极速的发展，尽管建筑呈现出新哥特式风格，而非巴洛克式风格。虽然在一些议题，比如公民的婚姻问题上，教廷与政府有矛盾，但教廷依然是维护哈布斯堡王朝统治的最坚定的团体，与军队、官僚系统并称帝国的三大支柱。[96]17

帝王巡礼既能确立个人威望，又能让皇帝和文化各异的领地上的臣民建立直接的联系。约瑟夫二世作为"解放者皇帝"的名声因其孙子弗兰茨·约瑟夫在1851年、1880年和1894年巡游加利西亚而被重新叫响，弗兰茨·约瑟夫特意参加了罗马天主教和希腊天主教的弥撒（东加利西亚地区的农民都是东仪天主教会的信徒），还在利沃夫参观了犹太教教堂，听拉比讲述关于忠诚的教义。即使是在1846年和1848年两次起义失败并于1867年争取到了部分权力的精明强干的波兰贵族，也在1880年热情地接待了皇帝。弗兰茨·约瑟夫还先后到访布科维纳、匈牙利、波希米亚、摩拉维亚、伦巴第、威尼斯、的里雅斯特、蒂罗尔，是继约瑟夫二世之后出访最多的皇帝，他试图以王朝和帝国的名义凝聚民心，强调帝国统治与信仰的共同性。[97]

同样，弗兰茨·约瑟夫两次举办登基周年庆典——1898年登基50周年庆典和1908年登基60周年庆典，仪式组织得盛大隆重，是展示民众爱国情绪的良机。两次庆典既突出了帝国的多民族性，也展示了皇帝是一切臣民的代表和象征。[98] 18 无论民族之间有何差异，民众积极参与庆典仪式，大量购买皇帝及皇室家族的纪念礼品，这本身就证明帝国大部分臣民对皇帝个人及其所代表的超民族帝国的虔诚敬意。弗兰茨·约瑟夫的肖像画遍布帝国各地，它们出现在学校和政府机构，还出现在私人场所，甚至像宗教偶像般赫然被印在茶杯或碗碟一类的日常器具上。[99]

哈布斯堡王朝，至少奥地利哈布斯堡王朝，通常被认为在军事和经济上比较弱势，施行的政策也总是摇摆不定。19世纪奥地利戏剧家弗朗茨·格里尔帕策在他的剧作《兄弟相争》中写道，哈布斯堡家族的诅咒是"半途而废、缺乏毅力、拖沓涣散"[100]。如果是这样的话，哈布斯堡王朝为何能延续600年真是一个谜题。部分原因是它在国际体系中扮演的角色，即"奥地利的必要性"，但更重要的原因是哈布斯堡王朝神秘的统治方式，以及其对权力的极致运用。

哈布斯堡王朝的军队最能体现其统治的神秘色彩。军队在哈布斯堡的文化中无处不在。伊斯特万·迪克说:"也许没有哪支部队像奥匈帝国的那样,深入流行音乐、文学和艺术领域。年轻有为的军官用华尔兹在舞池中向伯爵夫人示好;甚至连普通士兵都妙语连珠,穿着闪亮的军靴,举止优雅。"[101] 矛盾的是,从许多方面来看,哈布斯堡王朝都不能算作一个军事帝国,它不愿陷入战争,极力主张和谈。数个世纪以来,"仁慈的奥地利",包括"沿袭列祖的善良、仁慈和宽恕""奥地利人温和而又慈悲"等用语在哈布斯堡王朝的政令、法令和政府公文中时常出现,带来了实际的意义与影响。[102]

帝国的军队与其说是战争机器,不如说是最能表现哈布斯堡精神的一个社会机构。帝国军队尽管未能在国外战场上获胜,但在稳定国内局势和展示奥地利军事实力方面做得还不错。这支军队有着独特的超民族机制,以及特定的荣誉信条、行为准则、礼仪,军队中充满了族群宽容和宗教宽容的气氛,为哈布斯堡社会做出了示范。这些在约瑟夫·罗特的小说《拉德茨基进行曲》里有细致描绘,同时小说也剖析了军队制度非理性和危险的一面,而这一面终将导致其在"一战"中溃败。具体来说,这支超越民族的军队在 1848 年欧洲民族革命中拯救了哈布斯堡皇室。剧作家弗朗茨·格里尔帕策笔下的陆军元帅约瑟夫·文策尔·拉德茨基伯爵在库斯托扎战役中大获全胜,他曾说"奥地利就是我们的营地";老约翰·施特劳斯在库斯托扎战役的士兵凯旋后哼唱的歌谣的启发下创作了《拉德茨基进行曲》,它几乎成为帝国的第二国歌,在帝国覆灭后引发后人的无限惆怅(这首曲子在维也纳新年音乐会上常被演奏)。[103]

伊斯特万·迪克(1990)曾阐述过帝国的军官在多大程度上充当了"多民族王朝的守护者",特别是在 1848—1918 年帝国最艰难的岁月中。即使军人的来源变得广泛(也或许正是由于这个原因),但到了 19 世纪末,军队发扬团队精神,只对帝国效忠。[104] 军队成员来自不同族群和民族,有不同的信仰，这和别的帝国完全不同（即使是奥斯曼帝国，尽管族群不一，但服役人员都要皈依伊斯兰教）。德语当然是下达命令的语言，但军官和下层士兵的沟通能用到至少 10 种主要语言，而哈布斯堡的军官必须学会手下士兵通用的语言。[105] 不同民族的军官之间交流特别密切，通常以家人和亲密好友互相称呼。特别是犹太人，他们在其他国家是军队高层反犹主义的攻击目标，但哈布斯堡王朝的军官像对待其他民族那样平等地对待犹太人，甚至允许他们通过传统的决斗方式捍卫自己的"荣誉"。[106] 19

对待犹太人的态度代表了帝国军队对待不同民族的方式。但出于更实际的考虑，比如个人技能、受教育程度和传统，不同族群会进入不同的兵种服役，骑兵主要招募马札尔人、波兰人、乌克兰人和捷克人，步兵更多选择罗马尼亚人，炮兵则青睐德意志人和斯洛文尼亚人。但总体来说，参军资格对各个民族都是没有限制的。当然，在预备军官和职业军官中，德意志人、马札尔人、波兰人和捷克人的占比非常高，但这更多是基于其受教育程度，而非族群偏见，同样，犹太人在军官中也占很高比例。我们看到，德意志人或马札尔人更容易通过选拔，更有优势，许多军官都有克罗地亚、斯洛文尼亚、罗马尼亚和乌克兰的血统。[107] 伊斯特万·迪克说："在哈布斯堡王朝的历史上，军队公开积极地表示对民族主义的抵制……事实上，很多奥匈联军的军官，总的来说是无国籍的……他们受到的教育是，任何民族情绪的流露对于一个军官而言都是不合适的，甚至有叛国投敌之嫌。"[108]

哈布斯堡军官的选拔规则同样适用于这个多民族帝国的其他重要部门，比如官僚系统，以及君主国的主要部长、顾问、军事指挥官。沿袭西班牙哈布斯堡王朝的惯例，这些部门里也有几乎所有民族的身影，偶尔还有外国人的身影。20 帝国最重要的一位"外来者"是萨伏依的欧根亲王。他拒绝了路易十四授予他的在出生地法国的职务而来到哈布斯堡王朝，凭借与奥斯曼帝国英勇作战，赢得了荣誉，并得到普遍认可，在西班牙王位继承战中，他甚至与之前的同胞法国人作战。罗伯特·卡恩说:"在奥地利的历史上,他是前所未有的超越民族的国际主义者,或许是帝国最伟大的战士。他有德意志、法兰西和意大利的血统,欧根亲王不愧是哈布斯堡家族最杰出的守护者。"此外,他也是大众心中的英雄。[109]弗朗茨·韦尔弗认为欧根亲王属于"奥地利制造",而非奥地利孕育,他体现了奥地利真正的帝国思想。[110]

德意志人当然也很多,尽管他们不一定来自哈布斯堡王朝的领地。其中最著名的人物是克莱门斯·冯·梅特涅,他来自莱茵兰的科布伦茨,之后在弗兰茨一世和斐迪南一世在位时长期担任首相。来自布雷斯劳的普鲁士人弗里德里希·冯·根茨,是另一位转信"奥地利思想"的人物,在维也纳会议中辅佐梅特涅,用他优雅的著作为哈布斯堡王朝增添光彩。而在帝国政治的高层中,德意志人必须小心,避免强调自身的德意志血统,同时亮明自己作为帝国仆从的身份。[111]约瑟夫二世短视的德意志化政策被证实是短命的,之后哈布斯堡王朝在多民族框架下竭力消除任何民族主义诉求,其中当然包括德意志人的诉求。21

尽管匈牙利在历史上维持着独立于哈布斯堡王朝的意识,但作为帝国"第二民族"的匈牙利人也经历了繁荣发展,他们不仅服务于匈牙利本地机构,还在帝国政府和军队中普遍任职。匈牙利的几大家族,包括埃斯特黑齐家族、卡洛伊家族和鲍贾尼家族的势力几乎无处不在,比如科拉·鲍贾尼,他不仅是哈布斯堡王朝的将军,还是约瑟夫大公,即约瑟夫二世(他推出的"德意志化"政策深深地刺激了匈牙利人敏感的神经)的导师。亚当·弗朗茨·科拉尔作为匈牙利内部的斯洛伐克人,是玛丽亚·特利莎的宫廷图书馆馆长兼顾问。高级外交人员和著名的藏书家卡罗伊·赖维茨基伯爵是约瑟夫二世派驻伦敦和华沙的大使。19世纪,朱利亚斯·安德拉什伯爵父子继续为帝国的外交事业服务,儿子甚至成为外交大臣。1912年,年轻的安德拉什试图复辟,兵败被俘。还有匈牙利的将军,比如亚诺什·帕尔菲、费

图 4.4　欧根亲王的肖像，他是哈布斯堡王朝的英雄，亦被称为"土耳其征服者"。藏于柏林德意志历史博物馆（Bridgeman Images）

伦茨·纳道什迪、安德拉斯·哈迪克以及卡罗伊·鲍贾尼。军队已经成为匈牙利人在帝国的晋升通道，比如哈迪克之后成为帝国战争委员会主席以及特兰西瓦尼亚和加利西亚的总督。相比英国的苏格兰人，这些匈牙利人未必真的放弃了自己匈牙利人的身份，他们结合了"两种重叠甚至互补的感情"——"对奥地利的绝对忠诚"和坚持匈牙利传统的自由与习俗 [112]。

　　波希米亚人和摩拉维亚人一样，在帝国中扮演着重要角色。起初人们对此会感到惊讶，因为信奉新教的波希米亚贵族在 1620 年的白山战役中惨败，之后，波希米亚的反宗教改革运动又取得了胜利。但这一系列事件催生了一支亲哈布斯堡王朝的力量，重组的波希米亚贵族包括相当数量的外国人（超过 50% 的波希米亚的财富已经更换了主人）。还有来自奥地利的家族及其后裔，他们在波希米亚开枝散叶，迪特里希斯坦因、利希滕施泰因、埃根贝格、阿尔赞和哈拉赫等家族都起到了沟通桥梁的作用。同时，许多传统波希米亚家族凭借改宗天主教和对哈布斯堡王朝宣誓效忠开始兴起。[113] 其中最著名的是阿尔布雷赫特·冯·瓦尔德施泰因（也被称为华伦斯坦），他出身于贫困的捷克新教家族，从小接受天主教的教育，之后在帝国军队中一跃成名，被封为弗里德兰公爵、梅克伦堡公爵和萨冈亲王。其他传统捷克家族也在帝国的行政管理中起到了重要作用，例如马丁尼茨和斯拉瓦塔、洛布科维茨和切尔宁、金斯基和斯特恩贝格、科洛弗拉特、诺斯蒂茨、施利克等家族。"要不是华伦斯坦和他战友们的自负与傲慢……这些传统家族的势力还会更大。" [114]

来自摩拉维亚的文策尔·安东·考尼茨，作为玛丽亚·特利莎和约瑟夫二世的首席顾问工作了 40 年；此外，著名的教育家和奥地利爱国主义的推动者约瑟夫·冯·索南费尔斯，是柏林一位犹太拉比的儿子，这位拉比移居摩拉维亚，改宗了天主教。19 世纪，波希米亚人在政府高层任职的局面延续下来，"在这个时期的奥地利政府中总能看到波希米亚人的身影" [115]。其中最有名的是弗朗茨·安东·科洛弗拉特伯爵，他是帝国国务大臣、弗兰茨一世时期梅特涅最大的政敌。[116] 尽管 19 世纪时捷克的民族主义高涨，但波希米亚人依然是皇室最坚定的支持者，其中有个人甚至宣称，即使哈布斯堡帝国现在尚未存在，它在未来也一定会被创造出来。R. J. W. 埃文斯指出，在 1848—1849 年的欧洲民族革命中，哈布斯堡帝国的救世主是两位波希米亚将军——阿尔弗雷德·温迪施格雷茨亲王和约瑟夫·文策尔·拉德茨基伯

爵，以及一位波希米亚政治家——菲利克斯·施瓦岑贝格亲王。[117] 22

与其他多民族帝国一样，哈布斯堡王朝出现了一个为帝国服务的精英阶层，他们没有受到历史分歧和新近出现的民族主义大潮的影响，自认为超越了这些分歧，为了实现王朝与帝国的理念而奉献自己，当然也因此获得了特殊的身份与利益。其成员或许会完全理解弗兰茨一世曾经的质问，当有人提到"奥地利的爱国者"时，皇帝说："爱国当然很好，但他效忠于我吗？"[118] 这个阶层形成了共同的愿景与生活方式，这种愿景与生活方式源自深宫，将帝国各地和各民族联系在一起。[119] 罗伯特·卡恩说："这充分说明，这个阶层不仅维系着帝国数个世纪的运转，而且催生了奥地利帝国的制度与习俗，这些也是奥地利人的根基与生活方式。"[120] 纵览整个帝国，高级军事阶层与官僚阶层的举止、服饰、言谈与品味成为其他阶层效仿的榜样，一个人如果想在社会中晋升，就需要学习适应。但和罗马的精英阶层一样，种族、族群和民族并非晋升的障碍。

奥地利思想

"奥地利人"这一说法略显空洞，其空洞程度或许和"苏联人"这一概念不相上下，但"奥地利思想"确实存在。为了抵御普鲁士领导的德意志民族主义和帝国内部多个民族的觉醒所带来的冲击，19 世纪不少作家和政治家开始阐述"奥地利"的内涵，为其寻求意义的最大化，以便在整个帝国凝聚民心，建立共同身份。

改宗天主教的前新教徒弗里德里希·施莱格尔首次全面阐述了奥地利思想，然而他并不是奥地利本地人。在神圣罗马帝国这一"德意志"帝国解体之后，施莱格尔受到梅特涅和外交大臣施塔迪翁伯爵的委托，宣扬一种特别的奥地利爱国主义。[121] 1810 年，施莱格尔在维也纳讲授现代史课程，从查理五世和哈布斯堡王朝继任者的经历和理念出发，驳斥了赫尔德和黑格尔宣扬的极具影响力的民族主义历史观。施莱格尔认为，哈布斯堡王朝是欧洲文明的代表，统一四方，团结了德意志人和斯拉夫人。哈布斯堡王朝捍卫基督教世界，抵抗共同的外敌土耳其人；他们试图以共同的目标来团结欧洲各个大国，主张和平解决问题，反对暴力冲突（"仁慈的奥地利"）；他们是教皇与帝国之间的桥梁。这就是所谓的奥地利原则，也是帝国所仰赖的根基，它反对狭隘的民族主义和沙文主义。为了取代民族主义，施莱格尔主张建立"一个联邦制的国家……它本身是一系列民族和国家的联盟，正如查理五世治下的奥地利那样"[122]。

在 1848 年欧洲革命期间，与其他欧陆大国一样，哈布斯堡王朝深受冲击，于是另一种重要的奥地利思想产生了。这一思想反映在捷克历史学家弗兰基谢克·帕拉茨基的回应中，当时他正受邀加入位于法兰克福的德意志国民议会。帕拉茨基表示，作为捷克人，他无意加入德意志民族，在场代表无不惊诧万分。接着他提出抗议："你们公开提出的目标不可避免要削弱奥地利作为独立帝国的地位，甚至会让奥地利难以生存。这个帝国的统一与完整，不仅对于我的国家，而且对于整个欧洲，甚至对于人类和文明的发展而言都是至关重要的。"[123]

帕拉茨基继续说，他将哈布斯堡王朝看作阻止俄国崛起的唯一屏障，虽然斯拉夫文化已经威胁到西边稍小的斯拉夫民族的独立与自由。他在一篇代表帝国而写的战斗檄文中写道："奥地利无论是出于地理原因还是历史原因，都理应作为欧洲的桥头堡，抵抗任何亚洲势力的进犯……如果奥地利不复存在，我们有义务以欧洲甚至全人类的名义，尽快创造一个奥地利。"[124]

之后，帕拉茨基对于按照民族联邦的方式重建哈布斯堡王朝不抱希望，而这是他曾提出的解决民族矛盾的方案。他的悲观论调时常被人引用——"我们先于奥地利而存在，我们也应追随奥地利。"[125] 但直到 1867

年奥匈协定，帕拉茨基仍坚定地认为，"我们仅靠自己，无法建立一个独立国家，要保护自己的历史与政治传统、民族与文化，以及经济发展，留在奥地利是最好的……如果离开奥地利，我们将失去希望以及一切政治立场"。他期待一个奥地利政府，这个政府"不属于德意志人、马札尔人、斯拉夫人，或者罗马人，而是更高或普遍意义上的奥地利政府，基于平等对待所有成员的立场……300多年前，不同民族以自由的意愿建立了奥地利帝国，我想这必定是上帝的旨意"[126]。

汉斯·科恩认为这一观点在19世纪被帝国的斯拉夫人奉为基本信条。[127]尽管1867年奥匈协定令斯拉夫人感到失望，使他们屈从于德意志人和马札尔人的领导，但斯拉夫人仍在为改革而努力，无意瓦解帝国，因为帝国的终结会给所有人带来可怕后果。[128]捷克哲学家和社会学家托马斯·加里格·马萨里克也对此深信不疑。马萨里克之后成为捷克斯洛伐克独立后的首任总统，当然这是他大多数时候不想看到的结局，直到"一战"后哈布斯堡王朝覆灭才让这件事成为必然。[129]马萨里克称自己是帕拉茨基的忠实信徒，说他是"我的方向与导师"，并且对帕拉茨基在1867年奥匈协定之后失去信仰表示遗憾。和帕拉茨基一样，马萨里克也认为，一个强大的奥地利是抵抗俄国，特别是抵抗新兴的德国的不可或缺的壁垒。1895年，他在《捷克问题》一书中提出："尽管之后发生了宪政改革，我认为帕拉茨基所构想的奥地利仍然是可靠的参照……我在表达自己的政治观点时依然比照着他的思想，如果不是奥地利强有力的保护，我们的政策绝不可能成功……在文化与政治上付出的努力，让整个奥地利及其政治体制的发展进步满足民族的期望与需求。"[130]1909年，马萨里克宣布："我们要的是奥地利联邦。离开奥地利的我们将无法独立，因为我们毗邻强大的德国，有德意志人生活在我们的国土上。"[131]

斯拉夫人最赞同在哈布斯堡王朝的稳固框架下建立一个各民族平等的

奥地利联邦。因为他们的地位相对较低，这是很自然的选择。尽管加利西亚的波兰人也和其他地区的波兰人一样，将自己视作"有历史意义"的民族，期待最终能建立一个独立的波兰，但他们认为哈布斯堡王朝是最好的保护者，能够抵抗俄国的威胁，特别是在 1863 年"波兰会议王国"爆发的波兰人起义遭到残酷镇压之后。1867 年奥匈协定之后，民众普遍对皇室表示效忠，对二元君主统治的格局相当认可，"同时波兰人也将自己视作新的政治秩序的支柱"[132]。

但帝国两大族群——德意志人和匈牙利人，对于奥地利帝国有自己的看法。他们都赞同帝国的改革，这是为了应对民族主义的挑战与其他大国的竞争，尤其是 19 世纪普鲁士的竞争。匈牙利人依然对所谓德意志人的优越性保持固有的怀疑，对他们而言，"奥地利"和"德意志"并无二致，这种看法在约瑟夫式改革期间极其盛行。[133] 23 他们对自己这一半帝国土地上的斯拉夫人和罗马尼亚人提出的要求也不以为然，尽管在 19 世纪，匈牙利人本身在"历史悠久"的匈牙利只能算少数族群（45%）。[134] 但他们充分认识到自己的利益所在，认识到是哈布斯堡王朝将他们从"土耳其人的囚笼"中拯救了出来，帝国为他们提供了保存自己文化与力量的最佳机会。早在帕拉茨基于 1848 年发表宣言之前，匈牙利自由派领导人米克洛什·韦塞莱尼在 1843 年写道：

> 服从统治家族（哈布斯堡王朝）使匈牙利人与其他民族和所有利益相关的一切建立了紧密的联系，这是匈牙利人唯一的，也是最自然的联盟。这样的外部环境是如此重要，如果我们的民族纽带和数个世纪以来的神圣关系不复存在，如果我们不曾作为哈布斯堡王朝的后裔，那么现在我们的当务之急就是要恢复这一状态。这样的观念必须写进我们的血脉，深埋在每一个匈牙利人的内心。[135]

图 4.5　利沃夫，哈布斯堡王朝统治时期加利西亚的首府。这里的居民以波兰人和乌克兰人为主，当然街上的犹太人也不少（Library of Congress）

　　1848 年欧洲民族革命爆发，在匈牙利和哈布斯堡王朝的其他领地引发了关于帝国应该采取何种体制的严重分歧。但夺回权力的哈布斯堡统治者——年轻的弗兰茨·约瑟夫和他的大臣施瓦岑贝格与巴赫，以及那些革命者，都坚定地认为国家绝对不能走回老路。[136] 随着帝国在 1859 年和 1866 年丧失了意大利领土，在 1866 年被普鲁士排除出德意志的范围，改革进一步深化，最终导致了 1867 年奥匈协定。这一协定赋予了匈牙利"地方自治权"和在处理帝国公共事务方面真正的发言权。1867 年之后，不少匈牙利人在哈布斯堡政府、外交部门和军队中担任要职，其中包括久洛·安德拉什、奥洛约什·卡罗伊、伊姆雷·塞切尼、拉斯洛·瑟杰尼、亚诺什·福尔加奇和拉约什·拜奈代克。[137] 匈牙利似乎在帝国中取得了稳固的地位。不过，斯拉夫人所持的建立民族平等的奥地利联邦的想法，对于匈牙利人似乎毫无吸引力。但匈牙利人在奥地利致力于建设多民族帝国的过程中扮演了关键的角色，这一理念本身就极具吸引力，当然也给了帝国更长的寿命。[138] 很少有匈牙利人愿意独立过活，他们甚至认为这是毫无希望的。正如斯拉夫人希望帝国施以援手，出于不同的原因，匈牙利人也持有同样的想法。无论匈牙利人过去多么反感哈布斯堡皇室，1918 年奥匈帝国的毁灭都是匈牙利历史上最大的灾难，甚于在 16 世纪被土耳其人征服。直到今天，匈牙利人还很难消化这一后果。

奥地利德意志人中的绝大部分对德意志的民族主义有抵触情绪，这有利于奥地利思想的形成，更重要的是他们不再强调帝国的德意志属性。正如在 1848 年欧洲民族革命中那样，他们成为"奥地利-斯拉夫主义"运动的支持者，这一运动力图增强皇室与斯拉夫族群的联系，抵抗德意志与匈牙利的民族主义情绪。[139] 19 世纪八九十年代，长期任职的奥地利首相爱德华·塔弗伯爵强化了这一思想，让他闻名于世的是他维护皇室的政策，即保持所有民族"同等的、适度的不满情绪"。塔弗是有着爱尔兰血统的德意志贵族，特别主张捷克的利益，安排捷克人进入政府，让捷克人和德意志人在治理波希米亚领土上享有同等权力，在布拉格建造捷克人的大学。但他也偏向波兰人和克罗地亚人，还有自由派德意志人，他组织了亲君主政治的"铁环"联盟。[140] 1893 年，塔弗被解除职务，这可以说是多民族帝国在民族主义时代寻求适当政治策略的重大损失。

哈布斯堡社会最高层的奥地利德意志人提供了奥地利思想的变体。大约在梅特涅和施塔迪翁聘请施莱格尔宣扬奥地利爱国主义的同时，1804 年，奥地利皇帝弗兰茨一世表示支持约翰大公阐述"奥地利身份"。约翰大公为此做出的其中一项努力就是推广和资助因斯布鲁克学者约瑟夫·霍马尔的宏伟研究计划，霍马尔从以神话传说为主要组成部分的古代哈布斯堡的历史中提炼出了民族身份，他出版了《民族历史手册》（1810），数年后又推出了 20 卷本的《奥地利历史名人传》。1816 年被任命为帝国史官的霍马尔，在这些著作中详细描述了与哈布斯堡家族有关的史实、象征和思想，这些为亲哈布斯堡王朝的作家和艺术家提供了参考，并在19世纪被自由派思想家采用。克劳迪奥·马格里斯认为，"这是真正的爱国者的历史书，涵盖哈布斯堡王朝辉煌的过去，介绍了奥地利和波希米亚历史上的杰出人物，成为后世启迪的来源与效仿的典范" [141]。

之后，鲁道夫皇储的计划得到了皇帝弗兰茨·约瑟夫更加热烈的支持。1884年，鲁道夫在一次会见中向其父亲解释说：

> 奥匈帝国皇室至今缺少一部民族志，我们借助最新科学研究的成果，用最富有艺术表现力的印刷方式，呈现出让人颇受教益的、能够展现帝国和各族人民的全景图……这部著作将在国内外展现帝国所有国家的人民拥有何其丰富的智力财富，以及这些财富如何合作实现一项辉煌的成就，而这项成就必将有助于培植国家认同感与……团结的爱国意识。随着对于单一族群的特性的认识以及对族群之间的互动与依赖的认识不断加深，帝国各个民族休戚与共的感受无疑会更加深刻。[142]

这项事业很快获得了资金和官方的支持，在1886—1902年的16年间，出版了24卷。但最重要的是，这部著作之所以成为哈布斯堡王朝最成功的宣传品，是因为它的第一部分采用简装本印刷，每周出版，价格在大众能负担的范围内。这和著名作家，比如英格兰的查尔斯·狄更斯的小说的出版模式一样。书中包含丰富的插图，内容涵盖历史、社会和地理学。这部著作用匈牙利语在布达佩斯同步出版，在整个帝国内发行传播。[143]在头几卷问世后，鲁道夫于1899年在梅耶林与情妇一同自杀殉情。他的愿望由继任者——他的堂兄弟斐迪南大公延续，直到后者于1914年在萨拉热窝遇刺身亡。

约翰大公和鲁道夫皇储代表了两种互补的奥地利思想。在19世纪60

年代中期，约翰大公的亲戚阿尔伯特大公提供了另一种更传统的思路，即重申王朝传统。他认为，哈布斯堡王朝要想生存，只能保持与臣民的隔绝，超脱于一切阶级与民族。绝不可鼓励军队效忠于"国家"这一"自由派的抽象概念"，而必须让其效忠于"奥地利家族，这才是祖国的化身，也是臣民为之流血牺牲的对象"[144]。这一观点得到了弗兰茨·约瑟夫的赞同，但皇帝也注意到这必须和约瑟夫式的服务国家的理念相结合，而这也是弗兰茨·约瑟夫在位 68 年一直致力的事业。[24] 他的座右铭是"以联合的力量"，表达了哈布斯堡王朝各民族在王朝的庇护下同心协作的理念，事实上，这与帕拉茨基的观念没有不同。无论如何，在皇室关于帝国未来的讨论中，首要问题是王朝本身必须在帝国占据领导地位，而不应沦为事务性的奴隶；其次，皇室如果将自身认同为某一民族或族群，必定带来灾难性的后果。多民族帝国必须要有相应的多民族观念。

其实，这也是社会上另一股势力的观点，这股势力与其说是工人和农民，不如说是一群自诩为代表工人和农民的中产阶级社会主义知识分子和政治家。并不是哈布斯堡王朝所有的社会主义者都感到必须解决多民族帝国的问题。对于很多马克思主义者来说，民族主义的文化问题就是一个非常含糊的领域，因为无产阶级是一个国际政治体，超越了民族界限，注定要取代民族的存在而催生新的全球化的社会主义国家。但对于那些"奥地利马克思主义者"来说，这种观点既无依据，也毫无帮助。这些人将哈布斯堡王朝视作反动的、阶级分明的、需要被彻底消灭的国家，正统社会主义者宁愿冒险将国内人数较少的各个民族留给毗邻的大的民族国家，比如德国和俄国。至少在当时，哈布斯堡王朝还是少数族群最好的保护者，用列宁的话说，是保护各民族利益的最佳"政治外壳"。哈布斯堡王朝或许不该被消灭，但它必须进行改革，甚至彻底转型。

最著名的奥地利马克思主义者卡尔·伦纳和奥托·鲍威尔都接受民族

的合法性。[25] 可在其他人看来，民族不只是资产阶级的利益诉求，更是一种历史、精神和文化实体，值得人们保护与提升。但民族不是国家，而民族国家作为19世纪绝大多数民族主义者的梦想，也不一定是民族最佳或者最高的政治形式。因为这使得民族与民族相争，陷入霍布斯式或达尔文式的你死我活的斗争。哈布斯堡王朝或许是独特的，包含另一种更有前途和更进步的想法的萌芽。它是一个多民族国家，以民主联邦或民族共同体的方式组织在一起，伦纳形容其为"一个自由的民族联盟"。对"社会主义的国际主义"进行重新解释之后，鲍威尔认为，在未来的社会主义国家，民族差异这种可贵的、历史上形成的宝贵财富，并不会消失，反而会更重要、更能彰显自我。"并非要消弭民族特性，而是在民族多样性的前提下，增强国际团结，这是未来国际主义的主要任务。" [145]

鲍威尔提醒，所谓的"多瑙河帝国"的工人阶级将分裂帝国视作解决自身问题的出路。这将导致德意志、意大利和俄国的"民族帝国主义"势力纷纷效仿。

如果获胜的帝国主义势力占领了奥地利的领土，如果帝国主义势力将各个小的民族整合成民族国家，这里一定会发生恶性的民族斗争，德意志人和捷克人之间，德意志人和斯洛文尼亚人之间，意大利人和南斯拉夫人之间，波兰人和乌克兰人之间，都会爆发斗争，而所有的阶级斗争都将停止……奥地利工人不能将他们的希望寄托于德意志、意大利和俄国的帝国主义，这些帝国主义是工人阶级在海外的敌人，它们的胜利必将削弱工人阶级在自己国内的力量。民族帝国主义的政治不可能成为工人阶级的政治。工人阶级必须在历史赋予他们的阵地上斗争……奥地利各民族的工人阶级的主要目标不应该是建立民族国家，而是在现有国家框架下实现民族自治。如果奥地利依然存在，

> 民族自治能为奥地利工人阶级的斗争创造最佳条件……基于地方自治的民族自治才是工人阶级与各个民族共处时应遵循的原则。[146]

社会主义者必须支持哈布斯堡帝国对抗它的敌人，同时在帝国内部寻求新的改革。罗伯特·卡恩认为："到了第一次世界大战期间，鲍威尔将多民族的奥地利帝国视作社会主义事业的策源地。"[147]

艺术家和作家也对奥地利思想做出了贡献。在"一战"期间，哈布斯堡王朝为生存而苦苦挣扎，伟大的奥地利诗人、戏剧家胡戈·冯·霍夫曼斯塔尔对奥地利思想公开表示出信任，他在 1917 年所写的一篇文章中提到了它。霍夫曼斯塔尔承认他的转变太晚了。与许多其他艺术家和知识分子一样，他此前极力讽刺批判帝国，将其视作陈腐过时的代表。而此时他认为这是懒惰又危险的行为。他写道："人们渐渐被迫将这一据说被暴政统治的'混合体'或'民族集合体'视作精神力量和历史必然性的启示。"[148] 他不再认同自由派那种将帝国形容为"民族的牢笼"的激进措辞，在霍夫曼斯塔尔看来，哈布斯堡王朝是宽容、多元和人性的圣殿。奥地利特有的混杂本性常被耻笑为混乱与低效的来源，此时被看作一种善意和出于人道的漠视，可以被解读为当法律明显违背公德和人性时不愿照章办事的态度。在发表于 1917 年的文章《普鲁士与奥地利纲要》中，"优柔寡断又温和的"奥地利与专横跋扈的普鲁士形成对比，后者坚持严苛统治，却无视其实际效果与影响。[149]

奥地利社会学家维克托·阿德勒将奥地利政府称为"温吞的专制主义"，以此赞扬奥地利的悠闲生活胜过普鲁士刻板的专制主义。[150] 这与塔弗伯爵"渐进决策、抓住机会"的说法异曲同工，这些都是奥地利政府的行事准则。[151] 26 格里尔帕策称哈布斯堡王朝失败的根源是"半途而废、缺乏毅力、拖沓涣散"，而这是对此的有力反驳。在霍夫曼斯塔尔看来，奥地利思想恰好是"兼容并包、沟通各方"的典范。哈布斯堡王朝既是保卫欧洲不受外部威胁的"前线阵地和桥头堡",也是东西方民族与文化交流沟通的"流动的边界线",联结了德意志人、拉丁人和斯拉夫人。霍夫曼斯塔尔说:"欧洲如果希望改头换面,就需要奥地利——它是有着弹性结构的有机体,内部弥漫着自我崇拜,如果没有奥地利,各方无法紧密团结在一起;欧洲需要奥地利把控复杂多变的东方。中欧的概念并不特别,但是从更高的层次上看,对于欧洲而言,奥地利无可取代。"[152]

霍夫曼斯塔尔是犹太人,至少是犹太人的后裔。而犹太人通常也被认为是对哈布斯堡王朝最忠诚的群体,他们最认可奥地利思想(就像对奥斯曼思想一样)。在维也纳、布拉格、布达佩斯、克拉科夫、利沃夫以及其他的帝国大城市,犹太人发现了欧洲其他城市无法提供的,能够满足他们精神追求、职业发展和商贸往来需求的机会。[27]许多受过良好教育的犹太人选择被同化,融入了帝国德意志人的精英圈,也有一些人选择融入马札尔、捷克和波兰文化,这完全取决于他们在哪里生活。仅有极少数犹太人完全放弃其本族特性,倒是有几位著名的犹太人改宗天主教。反犹主义依然阴魂不散,并在 19 世纪末愈演愈烈。[153]但这种情绪被社会上层普遍主张的宽容态度冲淡了,其中也有弗兰茨·约瑟夫的努力。1916 年,弗兰茨·约瑟夫去世,维也纳的大拉比莫里茨·居德曼在日记中写道:"他是一位真正的正义之士,他离开了我们,他是坚忍的英雄、战争年代的和平使者。对他的怀念将成为我们的福音。"[154]玛尔莎·罗森布利特认为,对于大部分犹太人而言,弗兰茨·约瑟夫"不只是'仁慈的皇帝',他也是法律平等之源,他捍卫犹太人的合法权利,抵御反犹主义的侵扰……所有犹太人都对哈布斯堡王朝抱有热忱的爱国心,衷心希望帝国能够续写繁荣"[155]。

哈布斯堡王朝末期,犹太人或犹太裔在著名知识分子和艺术家中占极高的比例,很多人或他们的父母已经改宗基督教,其中包括维特根斯坦、胡塞尔、赫茨尔、阿德勒(维克托和阿尔弗雷德)、凯尔森、弗洛伊德、马勒、施尼茨勒、勋伯格、霍夫曼斯塔尔、克劳斯、布伯、布洛赫、罗特，这里只列出了最著名的一些人的名字（或许还有施特劳斯家族，即老约翰·施特劳斯和小约翰·施特劳斯，尽管纳粹想把他们归为雅利安人）。1918 年，哈布斯堡王朝终结，弗洛伊德极为悲愤："奥匈帝国已经终结。我也不想在别处生活……我将生活在帝国残存的土地上，假装这依然是一个完整的国家。" [156]

小说家约瑟夫·罗特是一位犹太知识分子，他越来越相信无论对于犹太人还是整个欧洲来说，王朝的灭亡都会是一个灾难。罗特出生于加利西亚，之后改宗天主教，并非不加批判地为哈布斯堡王朝辩护。他的小说《拉德茨基进行曲》（1932）和续作《皇帝的坟墓》（1938）揭露了帝国陈腐、低效，甚至有些残暴的一面。他笔下的特罗塔家族，祖父是"索尔费里诺战役的英雄"，在战场上救出了弗兰茨·约瑟夫，因此被封为贵族，而父亲是地方男爵，儿子卡尔·约瑟夫是一名军官——他表现出帝国的魅力和臣民的决心。当卡尔·约瑟夫希望被派驻到一个斯洛文尼亚村庄，回到特罗塔家族在斯洛文尼亚的祖籍时，他的父亲表示强烈反对。

> 他自己是地区长官，但从未想过要去看一眼父亲的故乡。他是奥地利人，哈布斯堡王朝的仆人和官员，他的故乡就是维也纳的帝国宫廷。如果他有能让这个伟大繁华的帝国面貌一新的谋略，他就能使所有土地都归帝国所有，使所有民族都成为哈布斯堡王朝的仆从。他是地区的长官。在他的辖地，他代表皇帝陛下。他身着金领，头戴三角帽，佩带宝剑。他从未想过要在富饶的斯洛文尼亚锄草种地。他给儿子的那封重要的信中有这么几句话：命运让我们的家族从田间到了奥地利王朝。那才是我们应该在的地方。 [157]

《拉德茨基进行曲》被 J. M. 库切誉为"奥地利哈布斯堡王朝最伟大

的哀歌"，罗特在序言中写道："我最难忘的经历就是战争，自己的祖国被毁灭，这是我唯一的祖国——奥匈帝国。我爱我的祖国。它教我成为一名爱国者，同时也成为一名世界公民，与所有奥地利人和德意志人一样。我爱祖国的德行与辉煌，今天它已经逝去，我依然深爱着它的一切缺陷和脆弱。"[158] 因为害怕1938年纳粹政权提出的合并，在宣布合并的前夜，罗特企图面见奥地利总理库尔特·许士尼格，请他支持哈布斯堡皇室复位。罗特（他死于1939年）生命中的最后几封信写给了被流放的哈布斯堡王朝皇储奥托·冯·哈布斯堡的副官德根菲尔德伯爵，罗特请求他，"向陛下致以最诚挚的谢意，告诉陛下我必遵守他给我下达的一切命令"[159] 28。

"与其说我是捷克人或德意志人，不如说我是马札尔人，但我首先是奥地利帝国的公民，其次我才是一个马札尔人。"这是匈牙利记者奥雷尔·凯奇凯梅特在1856年写在日记里的话。[160] 哈布斯堡王朝的犹太人或许最能感同身受。他们作为帝国忠诚的臣民，能够获得安宁的生活。古斯塔夫·马勒曾感慨："我是三重意义上的流浪者：奥地利的波希米亚人、德意志人中的奥地利人，以及犹太人。"[161] 但马勒的犹太人身份未能阻止他成为维也纳皇家歌剧院的音乐指挥家（这是当时全世界最受追捧的艺术职位），也没有阻止维也纳人对他的崇拜。[162] 此外，施尼茨勒和霍夫曼斯塔尔的犹太人身份也没有影响大众对他们的赞赏与好评。[163]

与其他人相比，犹太人更有理由为哈布斯堡王朝的覆灭和奥地利思想的破灭而悲叹，特别是考虑到他们在20世纪三四十年代的遭遇。奥托·鲍威尔在1924年再版了《民族主义问题与社会民主》一书，该书第一版于1907年问世，他在书中被迫承认以联邦制度为目标的哈布斯堡王朝改革的希望已经破灭。"1907年时我支持的针对奥匈帝国民族主义问题的政治解决方案，已经被历史抛弃。"[164] "一战"、俄国革命，以及1918年哈布斯堡王朝的覆灭已经让战前的改革计划化为泡影。但鲍威尔认为，书中的核心思想和它所尊崇的传统——从施莱格尔和霍夫曼斯塔尔到帕拉茨基和马萨里克的传统，和战后充斥着相互竞争和冲突的民族国家的世界格局息息相关，特别和所谓的"非历史性民族国家的觉醒"相关，这些国家被中欧和东欧的"主要国家"鄙视。

后世的思想家对于回归这一传统报以同样的热情。在两次世界大战期间及之后，捷克斯洛伐克和波兰以及许多中欧小国的命运似乎也证明了这种观点，即在苏联和德国之间应当存在"第三国"势力作为制衡。在社会主义世界开始政治经济改革之后，捷克裔小说家米兰·昆德拉在1984年撰文并再次提出这样的论点，引发了广泛关注。昆德拉特别提到帕拉茨基的中欧"梦想"，即"民族平等的大家庭，在强有力的统一政府的领导下，各民族互相尊重，得到保护，同时维持自身的独立性"。他对哈布斯堡王朝的灭亡以及帕拉茨基的理想未能得以实现而深表哀叹。"奥匈帝国很有可能让中欧变成一个强大的统一国家。但那时奥地利人……没能建立各民族统一的同盟，这是整个欧洲的不幸。伴随着失望的情绪，其他中欧民族在1918年从帝国中分裂出来，他们未曾意识到，尽管帝国有着诸多积弊，但帝国的存在仍然不可替代……在奥匈帝国瓦解之后，中欧也就失去了坚强的壁垒。"[165]

衰落与终结？

奥匈帝国的皇储弗兰茨·斐迪南在1914年于萨拉热窝遇刺后，讽刺作家卡尔·克劳斯评价当时的哈布斯堡王朝为"世界末日的一场试验"[166]。学者和政治评论家乐于此道，将哈布斯堡王朝也列入帝国衰落覆亡的传统叙述中。奥茨卡尔·亚西的著作《哈布斯堡王朝的解体》第一版于1929年问世。亚西是匈牙利人，在20世纪之初致力于帝国的体制改革，他写这部书的目的是"描述哈布斯堡王朝倾覆和共同愿景破灭时的大众心理"[167]。

亚西首次提出"民族之间不可调和的矛盾"是帝国的核心问题，而且帝国也无力破解。他认为"一战"不应被视作帝国灭亡的原因，"而是王朝内在危机最终的外化表现"[168]。

这是 19 世纪人们对哈布斯堡王朝形势的看法。[169] 所谓"诸神的黄昏"这样的说法非常普遍。[170] 尽管和奥斯曼帝国的"病夫"形象不尽相同，但哈布斯堡王朝也被认为终将土崩瓦解，因为王朝无力解决自身的问题，特别是民族主义。一个充满活力的多民族王朝此时已经摇摇欲坠，成为典型的腐朽过时的政体。即使是习惯反叛主流思想的 R. J. W. 埃文斯也认为，"拿破仑战争后，哈布斯堡皇室沦为虚荣不堪的保守独裁者"[171]。皇帝弗兰茨·约瑟夫坚韧不拔、恪守礼仪、尊崇传统的形象，此时看来却是王朝陈腐衰败的象征。但正是弗兰茨·约瑟夫在 1916 年去世前不久说过："我早就注意到，我们国家是现代世界的一个另类。"[172]

19 世纪，哈布斯堡王朝的敌人正在宣扬哈布斯堡王朝是"民族的牢笼"。许多流亡的民族主义者被塑造成英雄，比如匈牙利的路易·科苏特和意大利的朱塞佩·马志尼，这两位都领导过抵抗王朝的起义。哈布斯堡王朝的终结被认为确实是教科书中所谓民族主义与帝国不相容的典型例子，而在现代世界，民族主义似乎必将战胜传统帝国。

1948 年，英国历史学家 A. J. P. 泰勒在《哈布斯堡王朝：1809—1918》一书中提出过这类极具影响力的观点。他批评了此前自己一度支持过的、被称为"自由派幻觉"的说法，即如果出现不同的领袖或避免某些外交的失败，哈布斯堡王朝就能继续生存。泰勒对此表示坚决反对："超越民族的王朝与民族主义必会斗争到底，宗主国与附属国亦是如此。所有的让步妥协不是来得太晚就是程度太小，而每次让步都将引发激烈不满。民族主义一旦萌发，一定会继续生长，直到结果。"[173]

图 4.6 弗兰茨·约瑟夫皇帝，执掌哈布斯堡王朝超过 60 年。乔治·格兰瑟姆·贝恩收藏〔Library of Congress〕

必须注意的是，所有的研究和反思都曾对这一传统观点做过大幅修正和激烈批判。[174] 哈布斯堡王朝的灭亡与其他欧洲帝国并无二致，其中不少在"一战"后所谓的"帝国余烬"之中死灰复燃。帝国的问题与其他内陆王朝所面对的问题也无本质区别，甚至比起英国和法国这样的海洋帝国所面对的问题要更容易处理，因为后者有更多非欧洲人口与非欧洲文化的因素。因此，摧毁哈布斯堡帝国的不是宗主国或附属国的民族主义，而是其他帝国以及帝国深陷的漫长而痛苦的战争，这些因素让哈布斯堡王朝最终在 1918 年变成历史。[29]

19 世纪所有的帝国都经历过类似的危机，我们在奥斯曼帝国身上看到的，之后还会在俄罗斯帝国和其他帝国身上看到。治理一个复杂的、多民族的、幅员辽阔的帝国的艰辛与压力，远超统治一个紧凑的、内在一致的民族国家。人们或许要说这种危机与压力是帝国特有的，这也是为什么帝国的政治家和知识分子经常对未来表示束手无策，流露出负面的看法，而当帝国真的灭亡以后，这些看法又会被后人解读为先见之明。无论如何，放马后炮总是更容易的。哈布斯堡王朝在1918年的覆灭被认为是注定要发生的事，在数个世纪前就写在其历史之中。实际上，在"一战"前夕没人希望王朝灭亡，即使是与王朝势不两立的敌人，也未料想到它会灭亡。

事实上，从哈布斯堡王朝的故事中，我们既可以看到其成功的一面也可以看到其失败的一面。[175] 在经历了拿破仑战争和1848年欧洲民族革命的风波之后，弗兰茨·约瑟夫和他的顾问（特别是他的家族成员）带领帝国重整旗鼓。即使是几次重大的动荡，如1859年丧失意大利领土和1866年被普鲁士打败，也是做出建设性重整的机会，催生了之后1867年奥匈协定和二元君主统治。这无疑延续了帝国的国祚，如果不是"一战"，也许帝国还会出台更多的改革措施。[176] 比如，在奥斯曼撤出巴尔干地区后，让斯拉夫人作为"第三国"而建立三元君主制，或许能为帝国带来新的转机。[177]

尽管心怀不满，但捷克人、斯洛伐克人、斯洛文尼亚人、克罗地亚人、塞尔维亚人、波斯尼亚穆斯林、波兰人、乌克兰人和罗马尼亚人都认为，一旦王朝灭亡，他们会失去更多。德意志人和匈牙利人当然愿意生活在王朝的保护之下，而出于不同的原因，犹太人也这么认为。在我们严格地检视这些族群在王朝的生存状况之前，我们先要考虑1918年后他们的命运。战争是对民心和忠诚的考验，而哈布斯堡王朝确实经受住了这些考验。诺曼·斯通写道：

1914年的战前动员，帝国各民族以出人意料的热情投入，即使是捷克人也毫无怨言……事实上，此前搅乱了奥匈帝国政治的民族主义情绪在1914年已完全消失……直到1916年不满情绪才再次引起人们的警觉和注意；到1917年，所谓的"少数民族"才试图在君主体制之外另寻政治解决途径；到1918年，各民族才真正无法忍受帝国的统治。[178]30

"帝国因为输掉了一场大战而灭亡。"[179]这样的说法渐渐成为哈布斯堡王朝研究者的共识。[180]这并非要忽略长期以来的历史趋势与矛盾，这些都能让哈布斯堡王朝或任何其他帝国土崩瓦解。只是，如果不是发生了意外的灾难，很难想象1914年帝国有任何灭亡的理由。[181]这样的灾难果真降临了，一场旷日持久的战争浩劫导致了奥匈帝国的覆灭。[182]

简要回顾帝国在19世纪的发展，我们能发现不少正面成果。之前人们普遍认为帝国的经济落后，今天学者强调的是帝国经济变革速度之快和工业化水平之高，尤其是在19世纪下半叶。当然，帝国的发展程度不甚均衡——到1914年，捷克斯洛伐克的总产出占奥匈帝国国民总产出的56%，而加利西亚、布科维纳相对落后——这是几乎所有的西方经济体，包括美国在内，在19世纪共同面对的难题。1913年，奥匈帝国国民生产总值占欧洲国民生产总值的10.1%，与法国持平；19世纪奥地利在欧洲仍是位列第四的经济大国，仅次于英国、德国和法国。迈克尔·曼恩说："哈布斯堡王朝的经济发展是资本主义的胜利。"[183]31

20世纪早期，帝国在政治上也相对开明，正在努力克服此前困扰它的结构性问题。"民间团体"，即致力于提供"公众意见"的大量非政府组织和团体蓬勃发展，出版发行了大量的期刊、报纸。[184]不少组织覆盖帝国全境，比如帝国中学联合会，或是奥地利妇女联合会等跨民族组织。阶级超越了民族差异，这表现为20世纪初工会和社会主义团体的兴起。[185]1848年后，官僚体系重新整顿，从帝国各地招募了大批"新人"，完成了中央政府的现代化改造。中央政府与手段灵活的市级政府积极配合，绕过了行省议会和其他地方贵族的桎梏，塑造出现代宪政国家的雏形，这个国家尽管还不是"民族国家"，但极其重视保障西方社会所倡导的公民权利和自由。[186]

1867 年的奥匈协定看起来颇有成效，对斯拉夫人和罗马尼亚人做出了妥协，他们此前感觉不受重视。弗兰茨·约瑟夫在 1907 年推动选举改革，在奥地利实行男性公民普选，并承诺将在匈牙利推广，此举缓解了各民族代表人数不平等的问题，此时德意志人在帝国议会中只占少数。[187] 著名法国学者、哈布斯堡王朝历史的研究者路易·艾森曼在他 1910 年的文章中提到，帝国已经度过数场重大危机，此时又恢复了蓬勃生机。

> 1908 年 12 月 2 日，弗兰茨·约瑟夫举行登基 60 周年庆典。在 50 周年庆典（1898 年 12 月）时，全欧洲带着恐惧与怀疑看待君主制的未来，认为君主制注定会随着弗兰茨·约瑟夫的逝世而瓦解。但 10 年过去了，当初的预言似乎已经落空。危机已经被皇室的力量化解。而外部威胁，诸如泛德意志主义和泛斯拉夫主义，也不再猖獗。泛德意志主义随着全国普选的推行而失去市场，泛斯拉夫主义更是日渐式微……当然民族之间的冲突依旧剧烈，但解决方案的形成指日可待。和解与新的东方政策进一步团结了奥地利人和匈牙利人。看起来，奥地利人、匈牙利人和奥匈帝国的问题可以在内部消化。事情正在取得进展，帝国的未来有了保障。[188]

艾森曼将这一"影响深远的和平变革"主要归功于皇帝弗兰茨·约瑟夫，因为他"有智慧、懂节制、知变通、毫无偏见"，但更要感谢他的继任者。"但 50 年的民族主义和宪政的发展，已经可以让帝国的国民共同行使权利，甚至与君主针锋相对。他们已经成年，如果愿意也可以掌控自己的命运……国民已经清楚使其团结在君主制下的共同利益为何，很快也意识到自身的力量，并以此捍卫权利。君主政体不再只系于王朝血脉，也系于他们对统一的信念。这里蕴含了内部变革和新的权力，这就是皇帝弗兰茨·约瑟夫统治所带来的深刻变化。"[189]

这是一篇不同凡响的关于帝国命运的总结，与当时和之后那些悲观的论调截然不同。它似乎有坚实的基础，尤其是它是由一位几年前曾严肃批判 1867 年奥匈协定的学者撰写的，而且这个人绝对不会被认为是哈布斯堡王朝的无耻捍卫者。当 1914 年战争爆发时，哈布斯堡军队和奥斯曼军队一样，不仅忠诚可靠，而且作战效率惊人。"所有权威学者都认为哈布斯堡军队截至 1918 年夏天都是值得赞颂的高效战争机器，甚至南斯拉夫人也战斗到最后，而没有被民族主义的障碍阻挡。"[190] 哈布斯堡王朝付出了惨痛的伤亡代价：800 万参战军人，超过 100 万人牺牲，超过 150 万人被俘或失踪，加上其他损失，"我们推断大概损失了一半的军人"[191]。

在哈布斯堡军队的战争历史上有两点值得注意：民族群体，包括斯拉夫人、罗马尼亚人和意大利人，本应该站在哈布斯堡王朝的敌对方；自 19世纪 70 年代以来，拥有如此庞大的人口规模，哈布斯堡王朝却毫不重视军事发展，"军费预算只有俄国和德国的 1/4，英国和法国的 1/3，甚至比意大利的还少"[192]。这两点清楚地表明，帝国内几乎所有的民族群体对帝国都相当忠诚，而且帝国的统治者有着运用有限的军事力量来捍卫皇室的坚定决心。尽管这两者最后都未能拯救帝国，但这并不代表帝国是不能被拯救的。我们注意到当时的历史环境是，1918 年年初，协约国主要成员，尤其英国和美国，都不希望哈布斯堡王朝解体。美国总统伍德罗·威尔逊在1918 年 1 月提出"十四点计划"，其中第一条清晰地表示，"奥匈帝国的民族……应该被给予极大的自由，选择自治发展"，这里所说的并非民族独立。只是随着局势的变化，威尔逊之后也接受了民族独立的必要性。[193]

许多关于哈布斯堡王朝末期的传统说法都是在 1918 年帝国终结前提下做出的事后判断。哈布斯堡王朝的确覆灭了，继之而起的捷克斯洛伐克、南斯拉夫、波兰都是以帝国中的民族身份而诞生，因此这些国家似乎一直存在，不过在等待独立的时机，这些国家是帝国体制中的致命漏洞。这就好比我们熟知的"睡美人"，只不过它们是民族主义历史学和民族主义宣传中的"睡美人"，我们不必太过当真。没有哪个帝国能万世永存。而哈布斯堡王朝以各种形式延续了近 600 年。王朝最终灭亡的原因异常复杂，但民族主义矛盾只是其中之一，或许还不算最重要的原因。

还有一个原因解释了哈布斯堡王朝末期为何呈现出腐朽堕落和即将解体的气息。1918 年后，"德意志奥地利"苦苦寻求某种身份认同。对于奥地利的德意志人来说，因为帝国已经瓦解，所以他们只能回归"大德意志"，于是一个崭新的德意志帝国才是最合理的解决方案。[194] 一个单纯的"奥地利"身份在当时看上去毫无意义：奥地利还剩下什么呢？在变节的奥地利人阿道夫·希特勒（出生在林茨附近）的统治下复兴的德意志无疑更具吸引力。1938 年，纳粹德国吞并奥地利，奥地利几乎举国赞同。于是奥地利的德意志人和哈布斯堡王朝的其他民族一样，认为这就是自己民族的命运，而之前的帝国遮盖或阻碍了这条路径。和其他民族一样，他们把哈布斯堡王朝当作一段不太体面的历史，认为它无非是一个"不自然的"、人为拼凑的帝国，而帝国的各个部分亟待时机分裂出去，回到原初的状态。32

当给人类带来巨大灾难的纳粹政权在 1945 年被完全推翻后，奥地利人才得以重新思考自己的身份。史蒂文·贝勒曾说："在 1945 年后，奥地利人开始认真地试图建构自己的民族身份，以使自己区别于德国人。"[195] 从各方面来说，他们的确取得了成功。[196] 但他们身份的重构是建立在回避历史的基础上的，而这段被掩盖的历史时不时地萦绕在他们的新身份周围。与所有帝国的民族一样，奥地利人不能如此轻易地无视这段帝国的历史。

第五章　俄罗斯帝国

我们这几十年来的理解都错了，彼得大帝和叶卡捷琳娜二世之后，俄罗斯就不存在了，有的只是俄罗斯帝国。

——谢尔盖·维特（1910）[1]

19 世纪俄罗斯民族主义的困境在于……它将沙俄勉强视作民族的化身，即实现民族目标与表达价值观的必要工具，然而国家在看待民族主义的自治主张时却带着恐惧与怀疑。

——汉斯·罗杰 [2]

苏联是俄罗斯历史不可分割的一部分，但苏联也几乎毁掉了俄罗斯……苏联既是俄罗斯的，又是反俄罗斯的。这是苏联面临的根本矛盾。

——杰弗里·霍斯金 [3]

两个帝国的故事

不妨以倒叙的方式讲述俄罗斯帝国的故事，这样或许我们会看得更清楚。我们的讨论从苏联开始。苏联收复了几乎所有俄国的土地。和俄国一样，苏联宣告自己的全球化使命与宗教无关，信奉无神论。和俄国一样，肩负使命的主要是俄罗斯人，他们是在俄国和苏联占统治地位的多数族群。这两个国家有着明显的区别，特别是它们所面临的国际局势不同——苏联要对付崛起的美国，而俄国则受到复兴的德国的威胁。但俄罗斯和其他地区的不少政治评论家都惊讶于两个国家之间的相似性和延续性。俄罗斯哲学家尼古拉·别尔嘉耶夫 [4] 认为，苏联是俄国作为"第三罗马帝国"的最新形态，作为罗马和拜占庭的继承者，苏联承担着类似于传播基督教的普遍使命。而对其他人（特别是西方人）而言，尽管苏联表示抗议，但苏联与俄国最大的相似之处在于两者有着同样的动力与野心。在帝国林立、互相竞争的世界，这两个国家应该被当成一个主体来看待。

苏联与俄国的重叠和延续说明苏联同样继承了此前俄国面临的棘手难题。如何面对国境内的非俄罗斯民族？是允许他们拥有自己的文化和高度的自治权，还是采取"俄罗斯化"的政策以便吸收同化？俄罗斯人本身如何自处？他们在帝国内扮演了怎样的角色？俄罗斯人是要鼓吹其文化的优越性，自命为帝国的领导力量，还是要像帝国内其他主要族群那样，为了帝国的前途和多民族的治理而弱化民族身份？在不同的时期，两种选择各有高下，不能互相替代。

当然，我们可以从苏联开始回顾历史。有时因为时间的缘故，从近代的立场检视更早之前的历史，历史的症结能被观察得更清晰。例如卡尔·勒维特在他的杰作《历史中的意义》（1949）中就从黑格尔和马克思关心的问题与观念一直上溯至《圣经》。当然在此我们不会用这样的方法，部分原因是为了和其他章节保持一致，也是因为传统的时间顺序即使在讨论俄罗斯时也是最佳选择。但一开始就阐明帝国之间的延续性，将有助于说明俄罗斯的双重面孔与两个历史时期之间紧密的联系。

俄罗斯帝国的诞生

有人认为俄罗斯历史上出现了不止 2 个，而是 4 个甚至 5 个帝国。[5] 首先是基辅罗斯（约 900—1240）。这是由维京人（"瓦兰吉人"）、斯拉夫人、波罗的海各族、芬兰人及其他族群建立的帝国，由留里克王朝统治，留里克是维京人的传奇领袖，斯拉夫部落和其他族群无不遵从他的权威。¹ 到 10 世纪中叶，斯拉夫人和维京人相互融合，在以基辅为中心的地区建立了以斯拉夫语为主的语言和文化圈，并且战略性地占据了第聂伯河中段，掌控着通向黑海和君士坦丁堡的通道。[6] "起初，基辅罗斯就是多民族的国家，对后世俄罗斯的影响不容小觑。"[7]

基辅罗斯更像一个联邦，而非统一的国家，经常受到草原游牧民族的威胁与侵扰，然而基辅罗斯依然维系了三个多世纪。它与波罗的海诸国及拜占庭建立了贸易网络，成为东西方贸易的重要枢纽之一。12 世纪，财富的增长和城市的独立导致了诸多分歧与不满，基辅罗斯开始分裂。13 世纪中叶，基辅罗斯被蒙古人这支当时草原上最令人生畏的力量毁灭。

在此之前，大约 10 世纪左右，在拜占庭的影响下，基辅罗斯发生了深刻的社会变革。基辅大公夫人奥丽加以及她的孙子弗拉基米尔一世改宗基督教（一般认为是在 988 年），并将东正教定为国教。弗拉基米尔一世娶了拜占庭皇帝巴西尔二世的妹妹安娜，进一步巩固了基辅罗斯与拜占庭的关系；他的儿子雅罗斯拉夫一世依照君士坦丁堡的同名教堂在基辅建造了圣索菲亚大教堂，作为基督教的象征与领地。拜占庭的宗教、艺术、建筑、法律与统治术对俄罗斯的历史产生了深远影响。俄罗斯的书面语言——西里尔字母就是拜占庭的发明，由 9 世纪的马其顿教士圣西里尔和圣美多德创造。"罗斯的基督教文化……按照拜占庭的样貌而塑造，完全以拜占庭为原型。"[8]

蒙古人（或鞑靼人）将近一个半世纪的统治也影响了俄罗斯的发展，不过对于这一点人们还存有争论。通过赋予俄罗斯大公相当的权力（比如亚历山大·涅夫斯基，因为打败瑞典人和条顿骑士而被誉为英雄），蒙古人帮助俄罗斯完成了统一，特别是巩固和支持了俄罗斯东正教教廷的权威。[9]这一时期，修道院（著名人物有圣像画家安德烈·卢布廖夫）成为俄罗斯文化的重要载体。[10]

通常，特别是俄罗斯人会把"东方专制主义"以及其他"亚洲"的蛮族作风都归为蒙古人的政治遗产。[11]这种说法现在较少听到了，因为欧洲有足够的专制传统提供样板，尤其是在俄罗斯初创阶段对其产生影响的拜占庭文化。但蒙古人无疑对俄罗斯文明有重要影响，不仅体现在政治集权和宗教统一上，而且体现在贸易、市场和交通建设方面。[12]

莫斯科大公率军在库利科沃战役（1380）中战胜了鞑靼人，开始反抗并最终推翻蒙古统治（尽管一个世纪之后他们才不再承认金帐汗国的权威）。新的城市莫斯科成为"统一的罗斯各国"的中心。莫斯科此前只是弗拉基米尔大公国的偏远一隅，因适宜农业种植，占据水陆交通的要道，很快这座城市的规模和财富就能与诺夫哥罗德、特维尔、弗拉基米尔匹敌。1325年，在伊凡一世（他曾受封莫斯科公国王公，后又被封为弗拉基米尔大公）统治时期，基辅的主教教区迁到莫斯科，从此莫斯科成为俄罗斯教廷和精神世界的中心。教廷在互相为敌的王公之间居中调停，并且提升了莫斯科的地位。在著名的隐士拉多尼兹的圣塞尔吉乌斯的带领下，扎根"荒野"的修道院和教士开启了莫斯科最初的殖民大业。[13]

第二个俄罗斯帝国可以被称为莫斯科大公国（约1400—1605）。这基本上是由两位大公伊凡三世（"伊凡大帝"，1462—1505年在位）和伊凡四世（"恐怖的伊凡"，1533—1584年在位）建立的。1478年，伊凡三世征服了诺夫哥罗德，诺夫哥罗德是罗斯诸国中最大的竞争者，统治着不同的非罗斯族群。据说正是征服了诺夫哥罗德"最终赋予莫斯科大公国多民族的特性",而此前公国主要由罗斯人组成。[14] 同时,对诺夫哥罗德贵族与商人阶级的清理和财富征收,以及在当地驻军的做法,是新的极权主义的表现,对此后莫斯科大公国的发展产生了重要影响。[15] 伊凡三世的冒险举措无一不带有帝国的意味。1472 年,他迎娶拜占庭末代皇帝君士坦丁十一世的侄女佐耶·帕米奥洛格,并由此宣布莫斯科为"第三罗马帝国"。伊凡三世选择罗马的象征双头鹰作为帝国标志,并多次进行修改(最后一次修改是在 1883 年),这宣告俄国要成为"世界大国,统治东方和西方"[16]。

伊凡三世的儿子瓦西里三世(1505—1533 年在位)使帝国野心彰显得更加明显,他在 1525 年不顾保守派的反对,模仿恺撒剃掉自己的胡子[17],教士菲洛费(普斯科夫的菲洛修斯)大约在 1523 年写给瓦西里三世的那封著名的信件中谈道,"基督教世界的帝国全都统一……在您的名下,两个罗马帝国先后灭亡,您将建起第三个罗马帝国,之后也不会再有第四个罗马帝国出现"[18]。对这句话的解读至今仍存在很大的争议,其对俄罗斯帝国主义的影响也有待进一步讨论。[2] 但毫无疑问,这句话的核心是,在罗马和拜占庭终结之后,基督教的火种已经交给俄国,它的神圣使命就是捍卫和传播基督教(如有必要还需和罗马天主教廷分庭抗礼)。

人们很容易注意到,俄国刚摆脱蒙古人的统治,就如有神助般地继承了拜占庭的意志。[19] 当然,教士菲洛费的预言还包含着警告:如果莫斯科的大公失败了,也不会有第二次机会,"之后也不会再有第四个罗马帝国出现",而世界也将因此终结。[20] 在君士坦丁堡陷落以及基督教内部分裂之后,这样的末世情绪同时在西方弥漫(1517 年马丁·路德发表《九十五条论纲》)。俄国的命运从此烙上了宗教的印记。履行宗教使命需要考虑非基督教徒(主要是作为帝国臣民的穆斯林)的感情,这也是所有帝国统治术的特点,但这也并未阻止这一使命成为统一的意识形态,而且变化出各种形态，甚至有时采取了世俗的形式。

没有什么比伊凡四世于1552年征服喀山更称得上神圣使命了。伊凡四世是第一个被称为"沙皇"的统治者，得到了君士坦丁堡牧首即东正教教廷的最高权威的承认。[21]3 沙皇现在肩负起了责任，也拥有相应的权力，力图建立一个基督教帝国，"将所有蛮族归于皇帝的权威之下"，这是1547年伊凡四世在加冕仪式上的宣言。[22] 原来的"统一的罗斯各国"诺夫哥罗德、特维尔、普斯科夫、斯摩棱斯克中居住着的基督徒，此时都生活在莫斯科帝国之中。而喀山的情况有所不同。此时俄罗斯人可谓开始了"统一金帐汗国各地"。安德烈亚斯·卡佩勒将这次征服视为多民族帝国的俄国的起点。他认为这次征服"是莫斯科历史上无与伦比的壮举……喀山汗国是第一个归顺俄国的独立政体，它有着独特的历史传统、王朝制度，存在说着不同语言、信奉不同宗教即伊斯兰教的上层社会"[23]。

伊凡四世的统治确实标志着一个新的起点，很多学者认为这是俄罗斯帝国主义的开端。[24] 部分原因是伊凡发明了新的独裁统治的工具——射击军，以及臭名昭著的身披黑斗篷的特辖军。特辖军是伊凡四世的私人武装，以类似宗教的组织方式进行训练，以威吓他的死敌。但此时帝国呈现出新的更为宽广的气象，沙俄试图征服更广阔的区域，统治各种族群。在征服喀山之后，俄国人又攻下了阿斯特拉罕（1556），以此作为通往南方草原和中亚的门户。拿下阿斯特拉罕便能更方便地进入高加索地区。沙俄开始了与高加索人命中注定的纠缠，以1561年伊凡四世与切尔克斯王子提姆留克的女儿成婚为开端。征服喀山和阿斯特拉罕可以被视作沙俄历史上浓墨重彩的一笔。此前，沙俄是一个斯拉夫人的、信奉基督教的欧洲国家。"莫斯科帝国沿着伏尔加河的胜利，让他们打破桎梏，成为跨越欧亚的政治实体和多元文化社会。"[25]

在沙俄南部边界进行扩张与殖民的是哥萨克人，他们是由鞑靼人、俄国人、立陶宛人和波兰人组成的非正规武装力量。哥萨克人桀骜不驯，崇尚独立与自由。哥萨克人领导了俄国历史上的两次农民起义，领导人分别为斯捷潘·拉辛（1670—1671 年起义）和叶梅连·普加乔夫（1773—1775年起义）。然而，他们还是帝国前进路上极具威慑力的军事集团。在伊凡四世统治的后期，他用哥萨克人打败了西伯利亚各个部落的抵抗，让沙俄走上了其最重要的一次殖民扩张之路。[26] 在接下来的一个世纪，哥萨克人作为沙俄的先头部队将横穿西伯利亚直抵太平洋。

图 5.1 "恐怖的伊凡"伊凡四世沙皇的肖像画（1897）。伊凡四世终结了喀山汗国。作者是维克多·米哈伊·瓦西涅瑟夫。藏于莫斯科的特列季亚科夫画廊（Bridgeman Images）

17世纪，随着留里克王朝的覆灭和连续不断的围绕继承权的战斗，沙俄陷入混乱之中。各色觊觎王位的野心家使沙俄陷入了数十年的叛乱和内战。波兰和瑞典乘势入侵，几乎要消灭沙俄。1610年莫斯科被波兰军队占领，诺夫哥罗德落入瑞典人之手。[27] 这就是俄罗斯历史上的"糟糕的时代"，穆索尔斯基的著名歌剧《鲍里斯·戈都诺夫》（1872）和未完成的作品《霍万兴那》就生动地再现了这一段历史。[4] 谁能掌握特辖军和射击军（与罗马和奥斯曼的禁卫军类似），谁就能成为沙皇。1613年米哈伊尔·罗曼诺夫被选为沙皇，但丝毫没能平定动荡的局势，不过俄罗斯第三帝国（1613—1917）终究被冠上了罗曼诺夫之名，这也是俄罗斯历史上最伟大、最持久的帝国。但直到彼得大帝时期，罗曼诺夫家族才感到政权有了保障。

在众多的挑战之中，最严重、影响也最为深远的应该是东正教教会的大分裂，即牧首尼康领导的改革派与之后被称为旧礼仪派的派系之间的斗争。改革派希望根据拜占庭传统改革仪式与经文，使沙俄教廷与拜占庭的更接近。之后拜占庭被土耳其人灭亡，沙俄教廷借势成为东正教世界的领袖。而在1591年，莫斯科拥有了独立的牧首区，这使莫斯科的权力显著增大，地位显著提高，莫斯科牧首也成为国家有力的伙伴。

旧礼仪派将尼康牧首的改革视作对沙俄传统的亵渎和倒向西方基督教模式的危险举措。沙皇阿列克谢反复斟酌，终于支持尼康牧首，将教廷与国家的力量融为一体，以对抗日渐不满的旧礼仪派。这次分裂在之后的数个世纪产生影响。旧礼仪派依然固执己见，不肯妥协。他们迁徙至帝国北部的偏远地区，经常遭受迫害，他们在当地又另建了自己的社群，像一个"平行社会"，试图保持与国教相违背的传统仪式与信仰。他们被很多激进组织视作前进的动力和追随的目标，直到20世纪初，一些激进组织根本和宗教毫无关联，却坚持旧礼仪派的生活方式。

旧礼仪派不只是一个教派，在之后的两个世纪，大俄国近1/4的人口宣称自己属于旧礼仪派。由此出现了两个俄国或两个俄国的理念：一个是帝国的俄国，将东正教教廷视作俄国成为所有国家基督教徒庇护者的手段；另一个俄国背对着教廷与国家，面向"土地"，特别是乡村和其中的人民。两种对俄国使命的解读以不同的形式在将来重现，尤其是在 19 世纪末斯拉夫派和西方派的辩论中。这也是民族愿景与帝国愿景的区别，一个关注俄国"民族"的传统，另一个强调俄国作为欧亚强国在世界历史中的作用。[28]

尽管存在这些障碍，或者正是因为这些困难，沙俄在 17 世纪大举扩张。该时期最大的成就是征服了西伯利亚。对俄国人而言，征服西伯利亚相当于西欧征服和殖民大西洋彼岸的新世界美洲。这项事业开始于 16 世纪中叶，大约在西班牙人和其他欧洲人开始跨越大洋传播欧洲文明的 50 年之后。[29] 相比西欧在美洲的殖民地，西伯利亚在苏联解体后仍在俄罗斯治下，可以说俄罗斯对这片区域的征服更为持久，产生了更大的影响。此外，20 世纪俄罗斯在西伯利亚大量开采油气资源，西伯利亚绝对称得上"俄罗斯帝国皇冠上的明珠"[30]。

蒙古人的势力在乌拉尔山以东倒台后，一支由哥萨克人、商人、猎手、出逃的农奴和冒险家组成的队伍开始稳步在西伯利亚平原上穿行，吸引他们的是能在西方宫廷售出高价的动物毛皮。[31] 西伯利亚部落的力量羸弱且分散，有的被收买，有的被彻底消灭，但他们的制度基本得以保存，因为沙俄的兴趣在于从部落的长老手中获得毛皮。此外，沙俄定居者和当地人开始通婚，不少部落居民皈依东正教。埃马努埃尔·萨尔基相茨认为，由此沙俄展现出"意识形态的而非生物学意义的身份标准。归顺帝国的条件是信仰东正教，而非人种或出身"[32]。

西伯利亚在俄国人的心目中地位极高。西伯利亚物产丰富，特别是各色动物毛皮，但随着 18 世纪末和 19 世纪初毛皮贸易的衰落，西伯利亚成为一片"广阔的荒原"，成为流放者严酷的人间地狱。这里也是俄国人眼中

"亚洲"开始的地方，俄罗斯帝国的"文明的使命"就是同化和改造这片区域的蛮族与异教徒。同样地，俄罗斯的亚洲面孔以及横跨东西方的地理位置，也让他们相较西方更具优势，并以此回击西方人天然的优越感。"本土化"在俄罗斯帝国从未像在西方帝国那样具有贬义色彩，而爱德华·萨义德用来形容东方的、带有负面含义的"东方化"的概念也不适用于俄罗斯。陀思妥耶夫斯基在 1881 年写道："当欧洲称我们为亚洲蛮族时，我们绝不能采取诌媚懦弱的态度，我们与其说是欧洲人不如说更是亚洲人。"[33]

无垠的帝国

彼得大帝（1682—1725 年在位）是俄罗斯第三帝国即罗曼诺夫王朝真正的设计师。在躲过数场血腥冲突（包括其同父异母的姐姐索菲亚摄政期间的一次严重的射击军叛乱）之后，彼得大帝在 1696 年巩固了自己的王位。彼得大帝使沙俄脱胎成为一个大国，在欧洲列强中占得一席之地，收获了欧洲人的崇拜。彼得大帝研习西欧的各种成果，多次造访欧洲诸国，特别是在 1697—1698 年来到荷兰。就像 20 世纪初土耳其的穆斯塔法·凯末尔一样，彼得大帝认为沙俄只有向西方学习才能成为强国。于是，沙俄的首都迁到了涅瓦河畔的圣彼得堡——"面向欧洲的沙俄窗口"。[5]

从莫斯科迁都到圣彼得堡（1710）并不意味着沙俄摒弃了传统，它仍是横跨欧亚的金帐汗国的继承者。这代表俄国人承认在很多方面需要向西方学习，特别是在科学、技术以及教育领域。彼得大帝建立了数学与航海学院以及其他面向精英的中学，还有被称为"贵族军校"的学校，"培养了上层社会的生活方式，以学校、军队、官僚系统和地产作为基础"[34]。彼得大帝主导建设了沙俄第一座图书馆和博物馆。他奠定了沙俄第一所大学的雏形，这所大学于 1755 年在莫斯科正式建成。彼得大帝参照英国皇家学会创立了科学院，鼓励高水平的科学研究。他推动了印刷行业的发展，鼓励书籍出版；1703 年在莫斯科出现了第一份俄语报纸。"手握专断的权柄，他大胆地播撒启蒙的种子"，这是伟大的俄国诗人普希金对彼得大帝的赞美。[6]

彼得大帝改革的核心是重建贵族统治。他镇压了作为贵族间派系倾轧工具的射击军。他将不同品级的贵族并为一类，颁布了《等级表》，作为国家公务人员晋升的参照。在彼得大帝时期，贵族进一步成为效力国家的群体，这是帝国直到终结的一大特点。[35] 彼得大帝引入了西方的服饰与风俗，要求贵族剃须（商人和农民除外）。贵族被鼓励学习法语，这是国际外交场合和上流社会的语言，同时也被鼓励游历各国。1725 年，有 12 个永久性的外交代表团被派驻到欧洲主要城市，俄国贵族开始频繁出现在巴黎、维也纳、柏林和伦敦的贵族宴会与沙龙上。[36]

在彼得大帝统治时期，帝国继续对外扩张。彼得大帝最大的功勋是击败瑞典——俄国长久以来在波罗的海地区的最大死敌。在取得决定性的波尔塔瓦战役（1709）的胜利后，俄国与瑞典签订《尼什塔特和约》（1721），俄国获得了瑞典的波罗的海各省（包括爱沙尼亚、利沃尼亚，以及芬兰部分地区）的控制权。之后，彼得大帝在波罗的海芬兰湾修建海军港口喀琅施塔得以巩固这一优势。俄国现在拥有强大的海军，掌控着通往波罗的海的战略和商贸要道。俄国成为北方强国，为之后向东和向南扩张奠定了基础。

彼得大帝在其他方面特别是在克里米亚的失败，由他的继任者叶卡捷琳娜二世（"叶卡捷琳娜大帝"，1762—1796 年在位）一举扭转。在1768—1774 年的俄土战争期间，俄国（1771）在克里米亚汗国建立了自己的摄政，以取代奥斯曼人的宗主地位。1783 年，克里米亚正式并入俄国。此外，在结束俄土战争的《库楚克-凯那尔吉和约》中，俄国获得了在黑海驻军的权力，俄国商船可以越过海峡直接驶向地中海。该条约中的部分语焉不详的条款承认俄国成为奥斯曼帝国东正教徒的"保护者",这一决定性的条款使之后的俄国人认为自己有权以保护东正教徒之名干涉奥斯曼帝国内政。[37]

图 5.2　彼得大帝的肖像画。彼得大帝努力向西方学习,是圣彼得堡这座城市的缔造者。作者是保罗·德拉罗什。藏于德国汉堡美术馆（Bridgeman Images）

　　征服克里米亚意味着俄国向南扩张的大业达到顶峰。此时帝国的疆域北起波罗的海,南至黑海,当时商船能够直达地中海,这让俄国人开始设想自己未来成为地中海帝国的远景。俄国的野心继续膨胀。克里米亚的总督格里戈里·波将金，也是叶卡捷琳娜二世的宠臣，试图煽动巴尔干地区的基督徒反对奥斯曼统治，并重建一个俄国人掌控下的拜占庭帝国。[38]19世纪20年代希腊人在俄国的支持下反抗奥斯曼的起义在一定程度上就是这一目标的体现，但俄国人的目标未能成功，因为西方列强决意将俄国的野心限制在黑海地区。

然而，俄国沿着黑海沿岸继续前进。通过与奥斯曼人交手（1787—1791），俄国占领了新的领土，1792年建立了港口城市敖德萨。从黑海往北，1806—1812年，俄国并吞了比萨拉比亚，在1828—1829年希腊独立战争之后，俄国建立起对多瑙河公国摩尔达维亚和瓦拉几亚的保护关系，这些小国都曾隶属于奥斯曼帝国。俄国对黑海和巴尔干地区的意图很清晰，却引发了英国、哈布斯堡王朝和奥斯曼帝国潜在的冲突，"东方问题"已浮出水面。

随着征服克里米亚汗国，以及此前征服喀山、阿斯特拉罕及其他鞑靼人的领地，俄国现在毫无争议地成为金帐汗国的继任者。但它的野心远不止于此，俄国同时瞄准了东西两个方向。此前，俄国向西战胜的最大的敌人是瑞典和波兰－立陶宛。在彼得大帝的带领下，俄国将波罗的海行省利沃尼亚和爱沙尼亚从瑞典分离出来。在1808年和1809年，瑞典还将芬兰给了俄国。此前，在17世纪，俄国从盖特曼①赫梅利尼茨基以及第伯聂哥萨克人反抗波兰统治中获得利益，1667年沙俄吞并了乌克兰的大量领土。对俄罗斯人而言，这无异于将东部的斯拉夫同胞即"小俄罗斯人"从波兰人的镣铐中解放出来，而将最具有历史意义的"罗斯的领地"（包括基辅）收回沙俄的统治范围内。不过那时和后来的很多乌克兰人对此持有不同观点，他们认为这将导致乌克兰的身份从与俄国平等降格为其附属。这一问

---

① 盖特曼，16—19世纪波兰、立陶宛、乌克兰等地授予军事强人或最高领袖的头衔。——译者注

题自此困扰着两个民族（俄罗斯人认为这是一个民族内部的问题）直到苏联解体，并延续至今。[7]

比起波兰在 18 世纪的遭遇，其失去乌克兰可以算是无关紧要：在 1772 年、1793 年和 1795 年波兰经历了三次领土瓜分。俄国对立陶宛和白俄罗斯，以及乌克兰和利沃尼亚的占领让人想起俄罗斯人"统一的罗斯各国"的口号，其中的各国原本都由波兰这个"异族"统治。因为这些地区的大多数居民都不是波兰人，俄国便宣称，"曾经属于俄国，居住着信仰东正教的斯拉夫同胞的土地与城镇将重新回到俄国"[39]。

1815 年拿破仑战败之后，俄国成为重新瓜分波兰的最大受益者，与奥地利和普鲁士一起，鲸吞了波兰公国的大部分领土。此时俄国不仅拥有波兰的边境地区，而且波兰的核心地区——波兰王国也成为俄国的一部分。与边境不同，波兰贵族统治着大量的乌克兰和白俄罗斯农民，核心地区主要居住着波兰人，俄国的波兰问题成了内政问题，不再是国际问题。尤其在 1830—1831 年和 1863—1864 年波兰的起义被镇压之后，波兰就成为该地区的不安定因素，也顺带影响了邻近的立陶宛人。[40]

17—18 世纪，俄国在西进的同时也开始大举向东方和东南方向迈进。作为金帐汗国的继承者，俄国现在可以通往高加索及之外的地区。俄国遭遇了奥斯曼帝国和萨非王朝的阻碍，但这或许只是该区域内最好解决的问题。难以逾越的山地，如车臣、切尔克斯、卡巴尔达、印古什、奥塞特、阿布哈兹等超过 50 个好战的部落，基督徒与穆斯林的宗教分歧，导致高加索地区成为任何意图征服它并建立有序统治的国家的梦魇。[8]

俄国在这片危机四伏的地区获得的第一次真正胜利是兼并外高加索地区，即高加索山脉之外的地区。这里居住着格鲁吉亚人，其历史之悠久几乎和俄国一样，后被蒙古人终结，他们大多信仰东正教。波将金亲王积极推动，并意在将所有基督教领土从奥斯曼帝国剥离出来，俄国终于在 1783

年在格鲁吉亚建立了保护关系。1800年，在内部的王位争夺与伊朗和奥斯曼的压力之下，俄国并吞了格鲁吉亚，将其纳入俄国的行政体系之中。

俄国成功地将两大外高加索民族吸收进来——信仰基督教的亚美尼亚人和后来被称为阿塞拜疆人的讲突厥语的穆斯林。他们和格鲁吉亚人一样，在此定居，建立了自己的国家，但居住得很分散，而他们的领土在历史上分别隶属于奥斯曼帝国和伊朗帝国。在1804—1813年的俄国-伊朗战争之后，阿塞拜疆北部的汗国并入俄国；1828年与伊朗的另一场战争之后，亚美尼亚东部的汗国也成为俄国的领地（然而大部分亚美尼亚人继续生活在奥斯曼统治之下的安纳托利亚半岛东部）。亚美尼亚人和格鲁吉亚人一样，是生活在穆斯林压迫下的基督徒的典型；大量亚美尼亚人从伊朗帝国和奥斯曼帝国涌入俄国，在俄国人眼中，这是自己作为解放者的明证。[41] 当然，这一说法在信仰伊斯兰教的阿塞拜疆人身上并不成立。于是俄国人践行的"文明的使命"，将光明带给东方的蛮族就成了一套标准说辞，之后在对亚洲的征服扩张中被反复使用。

19世纪中后期，轮到中亚草原上的各个民族被俄国熊"拥抱"了。俄国作为鞑靼人的继任者，再次将此视作"统一金帐汗国各地"的壮举。以1734年建立的奥伦堡为前沿阵地，从18世纪末到19世纪中叶，俄国首先吞并了哈萨克汗国的广袤领土。与开拓西伯利亚时一样，哥萨克人成为第一批殖民者，俄国和乌克兰的农民也被鼓励去新的土地上定居，到19世纪末，成千上万的定居者从欧洲部分的俄国来到哈萨克斯坦北部的肥沃土地，迫使哈萨克游牧部落迁徙到更加干旱、环境更严酷的南部。[42]17世纪起，俄国人开始对居住于乌拉尔山以南的巴什基尔人实行部分统治，在19世纪前叶将其彻底纳入帝国的体系内。[43]

彼得大帝坚信哈萨克是"通往亚洲各地的关键门户"，事实上也的确如此。[44]19世纪下半叶，乌兹别克人、塔吉克人和土库曼人先后屈服并被纳入俄国。相比高加索地区，征服这些民族相对轻松，只动用了少量部队，付出了极少的伤亡代价。[45]丝绸之路上的重镇布哈拉、撒马尔罕和塔什干都由俄罗斯人统辖，而此时这些城市早光彩不再。战略上和经济上的考虑，以及自始至终都非常重要的大国的威望，这些因素在俄国扩张的进程中发挥了重要作用。[46]

俄国将中亚视作俄国、中国和英国三大国争夺的战场。俄国占领中亚对英国在印度的统治造成了压力，也引发了阿富汗的抗争；这一时期俄国与英国展开了"大博弈"，这是鲁德亚德·吉卜林的小说《基姆》的主题。俄国对印度是否有企图我们不得而知（尽管有人说俄国将军斯科别列夫曾经宣布，"给我10万匹骆驼，我就能收复印度"）。9重要的是，英国认定俄国对印度存有野心。既然俄国对中国的新疆和东北表示有明确的兴趣，为什么会认为俄国会止步中亚呢？正如美国人在所谓的"天命论"的召唤下征服了大西洋与太平洋之间的北美大陆，俄国人也会怀着同样的使命感占领乌拉尔山以东的欧亚地区。[47]1860年俄国建立城市符拉迪沃斯托克（海参崴），意思是"东方的统治者"，其意昭然若揭，同时清朝被迫将乌苏里江以东的约40万平方千米的地域划归俄国。

随着中国在甲午战争（1894—1895）中落败，俄国发现了深入亚洲的良机，1891年俄国开始修建西伯利亚大铁路，更激发了这一野心。利用日本的威胁，俄国掌控了朝鲜半岛（1896—1898），但其真正目的是夺取中国东北，19世纪90年代以来俄国人已在此站稳脚跟。1897年中国大连和旅顺被割让给俄国，义和团运动爆发后，中国东北已落入俄国的掌控，直到日俄战争（1904—1905）中俄国的失利中断了其远东计划。俄国的欧亚意识形态业已形成，无论它的形式是在东方传播文明，还是将自己视作横跨欧亚的大国。10

1864年，俄国外交大臣戈尔恰科夫从俄国的角度做出了一个精准的解读，他明确地将俄国与美国和其他西方大国相提并论。

> 俄国在中亚的情况，与其他文明国家一样，俄国遇到了各种半开化的游牧民族，它们并未建立完善的社会结构。为了确保边境的安全与贸易往来，作为文明国家不得不对其邻国施以掌控，因为当地原始又剽悍的民风始终是一个威胁。

戈尔恰科夫解释道，一旦开始干预邻国事务，这一过程将无法停止，因为一旦建立定居点就会有新的未统治的民族在该地的边境出现。为了捍卫早先统治的区域，俄国不可避免地要继续向外扩张。"国家面临两个选择。要么放弃这一艰苦的统治，任由边境陷入无休止的混乱……要么不断渗透扩展进入更为偏远的地区……所有面临相似境况的国家都有着同样的命运。美国在美洲是如此，法国在非洲、荷兰在它的殖民地、英国在印度也是如此，这些国家不是出于野心，而是因为某种必要性，不得不向外扩张。"[48]

之后我们会继续讨论这一大胆的论断，这既笼统又具体地解释了俄国人对待中亚各族的方式。但在讨论俄国的发展之前，需注意到俄国是如何跨越欧亚大陆，横渡白令海峡来到美国西海岸的。这是俄国历史上一段短暂的插曲。[49] 为了获得动物毛皮，俄国人从19世纪初就开始在阿拉斯加和阿留申群岛建立定居点。到1806年他们的势力扩张到西班牙控制下的加利福尼亚州，1812年他们在博德加湾筑建堡垒，距离旧金山大约100千米。因为受到英国和美国的抵制，同时毛皮资源很快枯竭，俄国定居者开始锐减，所以在1867年俄国不得不将阿拉斯加和阿留申群岛卖给美国，换得区区720万美元。俄国被迫退回欧亚大陆。

俄国在阿拉斯加建立定居点又撤离，引发了人们对历史的另一种可能性的猜测（假设俄国一直留在北美）。我们认为这体现了俄国数个世纪以来蓬勃的生命力。俄国的扩张似乎可以没有止境。俄国的势力向四方延伸。当然俄国是内陆国家，而海洋是其发展的瓶颈。但在欧洲和亚洲，至少俄国的野心让人无法估量，不仅引起传统竞争者比如奥斯曼帝国、波斯和中国的警惕，而且让哈布斯堡王朝、英国、法国和美国有所防备。19世纪伟大的俄罗斯历史学家瓦西里·克柳切夫斯基曾说，俄国是"一个自我殖民的国家"。我们会发现，这一著名的论断在各种场合被引述。但很清楚的是俄国的壮大离不开帝国体系，无法想象失去帝国体系的俄国。在俄国人失去沙皇帝国后，出现了严重的问题。

"自我殖民的国家"

20世纪初，俄罗斯帝国达到了巅峰，它是世界历史上最大的内陆帝国，总面积仅次于英国。[11] 但"考虑到其领土面积与延续时间，俄国是独一无二的，远远胜过其他大型帝国"[50]。英国最终成为世界上最大的帝国，但俄国在之前稳坐"最大的帝国"宝座约300年之久，而英国只维系了100年左右。[51] 政治学家赖因·塔格佩拉提出一种计算方法，称为"领土面积时间积分"（Rein Taagepera），用来综合衡量国家领土面积与延续时间，俄国约拥有6 500万平方千米方-时间，对于英国和元朝灭亡后的中国这一数字是4 500万平方千米-时间，而对于罗马、巴格达、中国汉朝、波斯萨珊王朝以及蒙古帝国这一数字是2 000万~3 000万平方千米-时间。"当人们综合衡量帝国的领土面积与延续时间时，俄国远胜过英国和蒙古帝国……也超越了罗马和萨珊王朝……当我们考虑帝国的领土以及维系此领土的时间时，莫斯科-俄国-苏联这一共同体创造了世界历史之最。"[52]

俄国稳步扩张的历程从"统一罗斯各国"开始，完成于15世纪中叶，之后于1552年征服了喀山，俄国开始"统一金帐汗国各地"。1905年，俄国的领土覆盖从波罗的海至太平洋，从北极到黑海的地区，几乎达到顶峰。而之后的苏联也从未超越这一极限，除了早期丢失了部分领土外，苏联收复并维持着俄国的广袤领土。[53]

无论我们认为存在 2 个、4 个还是 5 个俄罗斯帝国（菲利普·朗沃思和其他人提出的俄罗斯第五帝国指当前普京治下的俄罗斯）[54]，这个帝国究竟是何物？唯一确定的是俄国的易变性和流动性。与其他帝国不同，俄国没有一个明确或永久的中心。在其千年历史上，帝国的中心从诺夫哥罗德迁到基辅，再到弗拉基米尔，然后是莫斯科、圣彼得堡，最后又回到莫斯科。俄罗斯人说"诺夫哥罗德是我们的父亲，基辅是母亲，莫斯科是心脏，圣彼得堡是头脑"，这一说法令人宽慰，而且掩盖了俄国政治中心的不稳定性。[55] 俄国和罗马后期类似，帝国的首都就是皇帝所在的城市。俄国缺乏一个像罗马、君士坦丁堡／伊斯坦布尔、维也纳、伦敦或巴黎这样稳定又持续的帝国政治中心（不过古代中国也缺乏一个稳定的都城）。

因此，在 1812 年与拿破仑交战时，库图佐夫将军下令从莫斯科撤军，任由法军将其占领，这并未带给俄国人多深的伤痛。将军说服亚历山大一世，"只要陛下您保有一支完整的军队……丢掉莫斯科并不意味着丢掉祖国"[56]。早在 17 世纪，波兰人和瑞典人就占领过莫斯科，但俄国仍然继续向前发展。作为帝国的象征与精神核心，首都的地位特殊，但在有些时候也未必那么重要。正如克柳切夫斯基说起圣彼得堡的建立，"俄国的中央就在边界"[57]。彼得大帝会用莫斯科交换建立在新的土地上的圣彼得堡，果戈理说，这像是"祖国土地上的外国人"，当然列宁也会用圣彼得堡交换莫斯科（而圣彼得堡人普京时常流露出迁都圣彼得堡的意向）。城市名称的频繁更迭也揭示了帝国的不稳定。圣彼得堡变成彼得堡，1914 年它又叫作彼得格勒，1924 年改名列宁格勒，1991 年又叫回圣彼得堡，而大部分时间人们简称它为彼得。[58] 在果戈理、陀思妥耶夫斯基和安德烈·别雷的作品中，我们不难发现，圣彼得堡充满了抽象和迷幻的气氛，像一座虚构的城市。[59]

俄国的一大特点就是无法区别传统意义上的宗主国（或宗主城）与殖民地。如我们所知（见第一章），与海洋帝国相比，内陆帝国或多或少都有这一特征。但和奥斯曼帝国与哈布斯堡王朝相较，俄国将这一特点体现到极致。学者因此也把俄国描述为"没有宗主国的边境"，划分两者的界线相当模糊、极不稳定。[60] 当然，为避免误解，对此的理解不能浮于字面，至少俄国还存在一个主要族群——俄罗斯人，构成了所谓俄国边境各地的"核心"。但这一夸张的说法也启发了我们，它揭示了俄国发展的特殊历程，即一次次巩固核心，又威胁包围核心，让它成为自我"殖民"创造出来的一部分。俄罗斯套娃可以作为俄国最恰当的象征：拿走一个套娃，里面还有一个，直到最后什么也不剩，没有"核心"。尤里·斯廖兹金说，18 世纪的旅行者和民族学家试图将俄国与俄罗斯人从其新占领的领土及族群中区分出来时表示极其诧异："大部分'神圣'的核心地带都是边境。"[61] 边境帝国，这是对俄国恰当的描述。

理解这一点最好的办法是通过所谓"内部殖民"的概念。在迈克尔·赫克特将英国作为"内部殖民主义"的案例进行研究后 [62]，这一概念在西方学者中非常普遍。但与我们的讨论密切相关的是，俄国人自己也在使用和演绎这一概念，俄国最著名的历史学家和评论家都在其著作中阐明了这一点。

最早阐述这一概念的是莫斯科的历史学家谢尔盖·米哈伊洛维奇·索洛维约夫（1820—1879），并且由他的学生（特别是瓦西里·奥西波维奇·克柳切夫斯基）发扬光大。[12] 索洛维约夫在 19 世纪中叶讨论早期俄国时写道："俄国是广袤的、无人开发的国度，等待人们去开拓、定居，等待历史的发生，因此，早期俄国历史就是一段国家自我殖民的历史。"索洛维约夫很清楚，这就是俄国区别于其他海洋帝国的地方。"这个国家的殖民地没有因为海洋和宗主国分隔开来：国家的核心就在这片领土上……国家的需求与功能与日俱增，俄国没有丢失其自我殖民的属性。"[63]

索洛维约夫或许是希望让现代俄国看起来更像欧洲帝国，因此将自我殖民的概念限于俄国的中世纪历史。可是他的学生克柳切夫斯基在其1904年出版的讲义中采取了更大胆的说法。克柳切夫斯基几乎逐字逐句地重复了索洛维约夫的观点（即便如此，人们还是认为这个观念来自克柳切夫斯基）："俄国的历史就是一段国家自我殖民的历史。"克柳切夫斯基继续补充道："但这一耗费数个世纪的历程延续到了今天。"克柳切夫斯基不认为古代和当代帝国之间存在区分，至少在俄国情况是这样。从中世纪开始在西伯利亚的定居，到19世纪吸收克里米亚、高加索和中亚，克柳切夫斯基认为这一征服和殖民的过程严丝合缝，没有间断。克柳切夫斯基认为"国家的殖民过程是俄国历史的最重要属性"，从中世纪到现代，俄国历史的各个阶段就是"一系列殖民活动"。[64]13

俄国唯一不变的就是扩张。虽然俄国的领土有过减少或被征服，比如12—13世纪由蒙古人统治，17世纪被波兰人和瑞典人扰攘，19世纪初拿破仑领军入侵，1917年沙俄覆灭与"二战"期间希特勒大举进攻，但每次俄国都能予以反击并重建帝国，特别是在1917年之后，早期历史也是如此，这一点让很多人认为俄国绝没有随着1991年苏联的解体而终结。[65] 俄国一直存在，今天它依然是世界上最大的国家，拥有丰富的油气、煤矿、黄金和钻石资源，不少俄罗斯邻国的历史也能追溯到俄国。和其他国家不同，"帝国的终结"并不适用于俄国，尽管人们反复谈到这一点。

索洛维约夫和克柳切夫斯基称俄国为"自我殖民的国家"究竟有何意义？最重要的是当代学者所谓的内部殖民。14 他们对俄国历史和赫克特对所谓英国的观点相似，即英格兰"殖民"邻近的威尔士、爱尔兰和苏格兰（"凯尔特边境"），将其族群纳入统一的国家。[66] 俄国和美国的发展，即

"移动的边界"也有可以类比的地方：弗雷德里克·杰克逊·特纳（1920）笔下的 19 世纪的西进运动，不仅塑造了美国民族，而且赋予了美国人"边疆意识"[67]。索洛维约夫的著作支持了这类观点，"因为俄罗斯人的自我殖民，俄国广阔土地上的人口流动从未停止"；克柳切夫斯基也有类似的说法，"这一殖民的范围在国家的领土上不断扩张"[68]。在这些案例中，核心是国家和文化是在不变的不断扩张的过程中产生的，在此过程中，邻近的土地和人民被征服、被殖民、被吸收进一个发展中的国家和社会。这些族群是被完全同化，还是保留自治权而加入俄罗斯，常常是不确定的。其中最重要的就是帝国作为"殖民国家"的属性，立国的原则是不停的殖民扩张，在理论上这一过程是没有尽头的。

这类内部殖民主义实际就是许多所谓民族国家的理论基础，而早期的殖民过程往往被后来的民族主义掩盖，将民族国家描述为某一民族的创造与化身。于是，许多民族伪装成"小型帝国"（见第一章）。但正如在原则上区分帝国与民族国家对于讨论有所裨益，区分内部殖民与普遍意义上的殖民即国家（特别是西方的海洋帝国）征服遥远的土地和文化的过程，对之后的讨论也有帮助。所以，内部殖民主义不只是许多民族国家的特点，更是内陆帝国的属性，从俄国到奥斯曼帝国和哈布斯堡王朝皆然。在这些例子中，实行殖民扩张的国家本身就是殖民的产物，即某个占支配地位的族群成为一个少数族群，比如哈布斯堡王朝的德意志人。当然程度各有不同，俄国的例子较为极端，但基本上内陆帝国在混淆殖民与被殖民的界限上情况相似，两者可能互相转化，很难进行区分。到底是谁在殖民谁成为一个需要讨论的话题，因为所谓的"宗主国"常被来自"边疆"的族群在殖民的过程中不断重构。

内部殖民主义还有一层潜在的含义，从未被详细阐述，它牵涉到某种内部殖民主义的不同定义，也是经常被人忽略的意义。用殖民主义来描述这类国家是一回事，而追溯殖民主义对于所谓"核心族群"即创造了帝国的俄罗斯人的影响是另一回事。俄国的情况用"自我殖民"而非"内部殖民"来描述或许更准确。其含义是帝国的臣民由自己的殖民活动塑造，导致俄罗斯人和其他被征服的人都成为被殖民的群体。换句话说，他们既是殖民活动的主体，也是被殖民的对象；他们看似是殖民者，实则是被殖民的群体。

之后我们会从更多的细节发现这一过程如何发生及其产生的影响。一般说来，所谓内部殖民或自我殖民通常会让帝国的民众成为殖民活动的受害者和受益者。特别是占支配地位的族群，即以自己的名字为帝国命名的族群，他们会发现这一过程将导致自我束缚，甚至"逆向歧视"，相比生活在"边缘"的帝国臣民，他们反而处于更为不利的地位。为了帝国整体的利益，他们自己的民族身份或者要被压抑，或者要被淡化处理；他们独特的制度要么不再发展，要么和帝国体制融为一体，从此失去族群特殊性；最终他们会觉得帝国不再属于他们，他们失去了对帝国的控制。这一现象在罗马人、土耳其人、西班牙人、奥地利德意志人、俄罗斯人和英格兰人，以及法国人（或许程度最低）的帝国中都发生过。帝国对他们来说充满矛盾。他们既为自己创造的国家骄傲，也会在其中感到疏离，帝国将这一族群的力量吸收殆尽，他们从中得到的收益却逐渐减少。他们对帝国的信念开始减弱，伴随着伤感的情绪，倘若没有帝国，对他们而言情况会更糟，如果帝国覆灭，他们何以自处？约瑟夫·罗特关于帝国的小说《拉德茨基进行曲》（1932）就细致入微地描写了这种骄傲、忧患与焦虑交织的复杂情感。

为了理解俄罗斯帝国，我们需要考察自我殖民的各个方面。首先要了解俄罗斯皇室，因为他们是由内部殖民过程塑造的。同时要了解治理国家的阶层，包括他们的身份与他们如何看待自己的使命，也要检讨他们对待帝国不同族群的态度与政策，当然包括俄罗斯人自己，他们是名义上的帝国民族。与所有帝国一样，俄罗斯帝国是多种族和多民族的国家；这种治理多样性直到今天对所有帝国都仍然非常重要。

其次，我们需要讨论俄罗斯人，他们既是统治者，也是帝国的臣民。"俄罗斯帝国"冠上了他们的名字。他们的影响力有多大？他们在多大程度上掌控着帝国？这将如何影响他们作为一个民族的自我意识？在帝国时代，作为一个俄罗斯人意味着什么？于是我们要讨论"俄罗斯民族主义"，虽然这个概念和"英格兰民族主义"一样古怪又不自然。

帝国及其民族

从 16 世纪起，俄国及其领土被称为"Rossiya"，人们普遍误以为它是中世纪罗斯拉丁化后产生的国家。彼得大帝在 18 世纪初宣称自己是"俄国皇帝"，这一头衔是此前更为人所知的"沙皇"的强化版（沙皇这一名号也延续下来），而他的领土就是所谓的"Rossiya"。这说明，彼得大帝心目中的俄国"在组成上不只包括大俄罗斯地区"[69]。

古罗斯或"罗斯诸国"未曾消失，在诗歌和文学语言中频繁出现，特别是出现民族危机时（类似"英格兰"一词有时会代替"不列颠"的使用情况）。在俄罗斯的历史上，该词被广泛使用。俄罗斯人的命名就来自该词，即"russky"，指俄罗斯族群，和"rossiysky"（俄罗斯公民，他们在血统上并非俄罗斯人）相对。杰弗里·霍斯金说："两者的区别正如'英格兰人'和'不列颠人'，甚至更接近于'土耳其人'和'奥斯曼人'的关系。"[70]

用两个词表示俄罗斯的民族身份或许比较不寻常，但这种情况绝不少见，正如霍斯金指出的，以及在奥斯曼帝国和哈布斯堡王朝的所见，几乎所有帝国都面临类似的情况。在所有帝国中，帝国国家（与帝国掌控的领土）同生活在其中的民众（包括占主导地位的族群）都有很大的区别。在占主导地位的族群中，上述两者的区别不那么清晰。在苏联时期这一情况最为明显，当时无论本国人还是外国人，通常用"苏联人"替代"俄罗斯人"（好比在英国，"英格兰人"取代了"不列颠人"）。但在苏联后期，俄罗斯人非常明白他们并非只是苏联人；在沙俄时期，大多数俄罗斯人对于"russky"和"rossiysky"的区别也非常清楚。这种分别催生了民众与国家的疏离，甚至隔绝的情绪。的确，通常提到的概念是"臣民"与"帝国"，或民族与国家，但在俄罗斯帝国两者有重大区别，对其大部分历史的理解必须以此为基础。[71]

我们还会在这一章继续讨论这些说法。然而，首先我们要问，俄罗斯帝国的民族构成是怎样的？"俄罗斯人"如何组成俄罗斯帝国？18世纪初，俄罗斯族（主要以使用的语言划分）占帝国人口的70%以上，乌克兰人约占13%，白俄罗斯人占2.4%。剩下的15%中，波罗的海族群（包括拉脱维亚人、爱沙尼亚人、立陶宛人、芬兰人、德意志人和瑞典人）占4%，穆斯林（鞑靼人、巴什基尔人、诺盖人及其他）占4%。最后的6%~7%包括基督教人口，比如喀山的楚瓦什人和摩尔多瓦人，以及西伯利亚的泛灵论部落，包括奥斯蒂亚克人、布里亚特人等。俄罗斯人将乌克兰人（"小俄罗斯人"）和白俄罗斯人基本算作俄罗斯人，俄国在18世纪由俄罗斯人占支配地位，基于这样的定义，帝国大约3/4~4/5的人口属于俄罗斯人。[72]

到"一战"前夕，由于俄国在18—19世纪的急速扩张，俄罗斯人在人口上少于了半数，占比低于45%。乌克兰人占18%，白俄罗斯人占4%。新加入的波兰人在帝国总人口中占比超过6%。犹太人，主要集中在立陶宛、乌克兰和白俄罗斯，也占4.2%。有1%的人口为格鲁吉亚人，1.4%为德意志人。除德意志人以外的波罗的海族群占4%。在俄国征服高加索和中亚诸部落，包括车臣、奥塞梯、哈萨克、吉尔吉斯、乌兹别克、塔吉克、土库曼和阿塞拜疆之后，穆斯林人口增加了约3倍，从4%激增至15%，穆斯林成为俄国最大的非东正教族群，尽管他们的身份各有区别，居住地高度分散。[73]

相比奥斯曼帝国的土耳其人或哈布斯堡王朝的德意志人，俄罗斯人在帝国依然占多数，如果算上乌克兰人和白俄罗斯人，他们占人口的2/3。东正教是主要宗教，71%的人口属于东正教徒。此外，帝国的主要领地在欧洲，征服波兰之后更是如此。但在两个世纪里，俄国无疑变成了一个种族和宗教更多的国家。第二宗教不再是罗马天主教，而是伊斯兰教（14%），之后是天主教（9%）、犹太教（4.3%）、路德宗（2.7%），以及亚美尼亚人信奉的格列高利教会（0.9%）。[74]"俄罗斯性"这一问题变得越来越复杂，富有挑战，文化和信仰及其他问题也极其敏感。改宗东正教是被鼓励的，民众对此也很积极。但信奉天主教的波兰人和立陶宛人、信奉新教的芬兰人和德意志人，以及穆斯林都需要被帝国容纳，当然还有有着独特宗教信仰的犹太人和亚美尼亚人。

帝国怎样管理非俄罗斯族群呢？（我会再单独讨论俄罗斯人。）一直到19世纪中叶，帝国通常会尽可能在他们被俄罗斯人同化之前保留其结构和组织，这也是出于政策实践性的考虑。在北方和西方，包括芬兰、波罗的海各地、立陶宛、白俄罗斯和乌克兰部分地区，一小部分俄罗斯行政人员、军队与定居者生活在族群和阶级分明的社会中。在芬兰，瑞典人统治着大量芬兰人；在爱沙尼亚和利沃尼亚，波罗的海德意志贵族统治着拉脱维亚人和爱沙尼亚人；在白俄罗斯、立陶宛和乌克兰的"第聂伯河右岸"地区（基辅、沃里尼亚和波多利亚），波兰贵族或波兰化的贵族阶层统治着白俄罗斯、立陶宛、乌克兰和拉脱维亚的农民。换言之，非俄罗斯精英继续统治底层农民，他们大部分生活在农奴制度下，统治者与农民，以及农民之间都存在族群的分别。从政府的角度来看，这种政策有双重优势：首先增强了本地精英对帝国的忠诚，让他们担负起维持社会秩序的责任；其次，让帝国政府能够充分利用地区的族群差异，作为调解者，在某些时候为被本地贵族"压迫"的族群提供庇护（例如，当立陶宛农民反抗波兰地主时）。[75]

在其他领域，帝国政府也采取了宽容政策，尊重地区传统。波兰在经过1772年、1793年和1795年的土地瓜分后，并入俄国的波兰领土上的贵族未受到影响，波兰地主和农民的关系不变，帝国统治阶层甚至允许通过建设学校和大学的方式进行波兰化，以波兰语为教学语言，而不是其他语言如立陶宛语和乌克兰语。而"立陶宛条例"，即波兰－立陶宛共同体的民事与刑事法在这些地区仍适用，波兰语也继续作为行政语言。没有人试图干涉当地居民的宗教信仰。波兰人和立陶宛人可以信奉天主教，乌克兰和鲁塞尼亚农民也可继续依附东仪天主教会。[76]

即使是拿破仑创造的"波兰王国"在1815年被俄国接收，大部分华沙公国的领土并入俄国，上述情况也没有改变。直到1830年，王国一直拥有自己的宪法，波兰语是官方语言，还有一支穿着波兰制服的、用波兰语下达指挥口令的波兰军队。波兰行政机关完全掌控王国预算，只对波兰国王和俄国沙皇负责。在亚历山大一世期间，波兰贵族甚至认为沙皇会成为波兰的解放者，将波兰之前被割让的土地统统收复，统一波兰王国。即使当时亚历山大一世的首席顾问和密友是波兰的自由派贵族亚当·恰尔托雷斯基，也并未浇灭波兰人的期待。[77]

直到亚历山大一世统治的末期，事情才发生变化，背后的原因是尼古拉一世刚刚掌权时的十二月党人起义（1825）显示出其与波兰人有共谋关系。然而，尼古拉一世还是宣称自己"是俄国人，也是波兰人"。他说着流利的波兰语，1829年在华沙举行的波兰国王的加冕仪式上，尼古拉一世发誓要捍卫波兰宪法。[78]导致帝国政策和态度发生戏剧性转变的是1830—1831年的波兰起义。之后波兰宪法被废，领土被并入帝国。波兰军队遭遣散或整编进入俄国军队。成千上万的士兵被流放到西伯利亚或高加索地区。[79]

尽管波兰语的官方使用受到限制，但帝国鼓励波兰人学习俄语后进入帝国的官僚系统，波兰也并未灭国。在1834年取代维尔纳大学的基辅大学，大部分学生都是学习俄语的波兰人，教授也是波兰人。到19世纪50年代，波兰人在帝国中央机构公务员中占6%，主导着有专业技能需求的各大部门。克里米亚战争失败后，人们呼吁改革并尝试安抚波兰贵族，鼓励波兰贵族参与当地治理。在中学和高等教育机构重新开设波兰语部分课程。由波兰贵族主管的农业部，也尝试修复波兰地主与农民之间的关系。政府试图向波兰贵族释放善意，唤起他们的忠心。1861年，亚历山大二世签署政令，恢复波兰的高等教育机构，同意在波兰王国选举本地行政机构。[80]

1863年的波兰起义的威胁甚于1830年的那次，终结了帝国试图调和波兰贵族的努力，尽管不少波兰人也是反对这次起义的。随着动乱遭到镇压，波兰王国彻底瓦解，其领土与行政机构并入帝国，成为"维斯瓦省"。波兰人被禁止在波兰或西部行省任职（但可以在圣彼得堡的中央机构工作）。华沙高等学校变为华沙大学，由俄国人担任教授，俄语成为唯一的语言。各方开始打压天主教廷，关闭修道院，没收教会财产，并在圣彼得堡建立监督神职人员的机构。[81]

然而，1863年的这次起义并未导致对波兰核心地区即此前的波兰王国的文化与语言的大规模压制。系统的反波兰文化的政策只在西部省份实施，因为俄国人害怕在曾经由波兰统治的地区出现波兰化倾向，而此时这些地区仍掌控在波兰贵族手中。在立陶宛，大部分信奉天主教的立陶宛人被认为是"潜在的波兰人"，当局压制波兰语和波兰语出版物。[82] 而立陶宛人不被认为是一个民族，因此对帝国尚不构成威胁。人们坚信立陶宛人早就成了俄国人，成为"西部罗斯"的组成部分，而波兰人非法占领了他们的领地。在 19 世纪末，为了对抗波兰的影响，俄国官方开始鼓励立陶宛文化，比如在教会中使用立陶宛语，用拉丁文（而非西里尔文）出版立陶宛的书籍。通常认为，除了立陶宛人信奉天主教，他们已经逐步、平和地被更优越的俄罗斯文化同化。

西奥多·威克斯对此的评价是，"俄罗斯民族富有韧性的国民性格，吸收了非斯拉夫的立陶宛人"[83]。"俄罗斯的国民性格"一词是否合适暂不清楚，因为他们并未试图将立陶宛人"俄罗斯化"[84]。立陶宛的情况更像是俄国典型的分而治之的战略。俄国政府最关切的是维护和平，保证帝国领土完整，而非将其臣民都变为俄罗斯人。波兰民族主义对帝国而言是一种威胁，立陶宛的民族主义却不是，至少俄国当局认为不是，因此无须压制立陶宛的语言与宗教（当然，鼓励立陶宛文化以对抗平衡波兰的影响导致了意料之外的结果，即之后的立陶宛民族主义运动）。威克斯认为，"'俄罗斯大家庭'的准入条件不是信仰，不是民族，而是对沙皇的忠诚"[85]。

这似乎才是问题所在。俄国的标志是保守主义。在 19 世纪六七十年代，克里米亚战争失败后，俄国的积弊暴露无遗，俄罗斯人开始了自己的"坦齐马特"时代，即一场深刻的改革，包括解放农奴、改革司法、引入地方政府选举。在遭遇波兰起义与俄国自己充满民粹和恐怖主义色彩的革命运动之后，改革很快以失败告终。另一次改革出现在 1904—1905 年日俄战争战败之后，这导致了 1905 年的俄国革命。后来这次革命被镇压，帝国开始半心半意地尝试宪政改革，结果遇上了第一次世界大战，帝国覆灭了。相比奥斯曼帝国和哈布斯堡王朝，1917 年被推翻的俄国有着极强的延续性，至少可追溯到彼得大帝时期。相比本书讨论的其他帝国，俄国在最后 200 年的历史中并未发生根本性、结构性的改变。

这并不意味着相比其他组成复杂、人口众多的帝国，俄国的历史一成不变，也不存在一以贯之的原则或行政系统，但俄国一直都希望尊重事物的本来面目，以保存帝国的框架。每当帝国征服了新的领土，当地居民的生活仍保持原状，新领土只是简单地被并入俄国的土地系统。"拥有土地和农奴的格鲁吉亚贵族，接受了俄国赋予的新头衔，并继续保有他们的土地和农奴；鞑靼商人加入了俄国的行会，得以在他们生活的城市继续做生意；乌克兰的农奴在俄国的统治下依然是农奴。"[86] 即使在亚历山大二世的改革之后，为了进一步整合帝国的人口，土地制度依旧维持不变，生怕削弱传统精英对土地的掌控。而现代化往往伴随着危险，不仅是俄罗斯人，更多的非俄罗斯族群会受到教育和启发，不断主张族群权利和地方自治。[87]

一般来说，在俄国西部位于欧洲的领土上实施保守政策更容易。那里的群体历史悠久，有很强的制度传统。那里被视作俄国思想与技术的宝库，无需更多的干涉。我们看到俄国对待波兰王国的政策，直到 1830 年和 1863 年波兰起义，帝国才不得不进行镇压。在波罗的海的爱沙尼亚和利沃尼亚这体现得更明显，那里是彼得大帝从瑞典人手中征服过来的土地。随后它们成为俄国的两个行省，由从当地传统统治阶层——波罗的海的德意志人中选出的总督统治。传统的贵族特权和城镇得以保留，德语继续作为官方语言，多尔帕特的德意志大学成为德意志文化的支柱。而且俄国从未干涉大部分信奉路德宗的居民，因为路德宗让他们成为俄国有力的盟友，可以一起对抗当地的天主教势力，特别是来自波兰人的威胁。

尽管圣彼得堡偶尔干涉，但波罗的海行省直到 19 世纪末都是帝国实施间接管理的典范。作为回报，这些地方正如亚历山大三世在 1880 年所说，"成为帝国最忠诚、最值得信赖，也最文明的行省，为帝国提供了可靠又优秀的人才"[88]。当地人从未给帝国带来任何麻烦，当地的统治阶层——波罗的海的德意志贵族，直到最后都忠于沙皇，在帝国官僚体系和军队中担任要职。1914 年俄国与德国开战后，虽然 19 世纪末当地的自治已被打破，但俄国的德意志人依然对帝国保持忠诚，直到 1917 年十月革命爆发。[89]

1809 年，芬兰大公国并入俄国，那里的瑞典人和瑞典化的精英对沙皇表现出了类似的忠诚，并保持到了 19 世纪。芬兰比起波罗的海行省拥有更大的自治权，芬兰的情况常让人联想到 1815—1830 年的波兰王国。芬兰拥有自己的议会、行政机构、法院，全部由芬兰人任职（尽管所有担任公职的芬兰人都必须接受瑞典语作为官方和教育语言）。芬兰人保留了自己的宗教——路德宗，甚至还有一支小型军队。他们与俄国的联系仅是由沙皇任命当地总督。1812 年，俄国甚至把所谓的旧芬兰还给了芬兰，这些领土从 18 世纪初就由俄国统治。难怪芬兰的社会上层比起在瑞典人统治时期享有更大的自治权，因此他们对俄国的统治表示满意。在俄国的统治下，芬兰的经济与文化高速发展。首都从图尔库迁到了赫尔辛基，隔着芬兰湾与圣彼得堡相对，也受到俄国首都文化圈的辐射。与波罗的海的德意志人一样，大量芬兰贵族进入帝国的官僚和军队系统服务。"说着瑞典语的芬兰精英……成为俄国政府的最佳帮手。"[90]

乌克兰人是帝国最大的"非俄罗斯"群体，对俄罗斯人而言授予其自治权是多余的，因为和白俄罗斯人一样，乌克兰人和乌克兰语根本就是俄国的一部分。[91] 更重要的是，很多乌克兰贵族和知识分子对于乌克兰身份认同并没有清晰的概念，在很长一段时间内，乌克兰人先后被蒙古人、波兰人，以及 17—18 世纪的俄国人统治。对乌克兰人的称呼也能反映他们身份的不确定性。在哈布斯堡王朝他们是"鲁塞尼亚人"，在俄国他们是"小俄罗斯人"。与欧洲及其他地区发生的情况一样，乌克兰的民族认同是 19 世纪中叶由乌克兰知识分子发明出来的。"1917 年乌克兰独立，他们既不是 17 世纪哥萨克的盖特曼或锡奇的后代，也不是基辅罗斯的继承者，因此乌克兰人的身份需要不断地自我构建。"[92]

乌克兰归顺俄国并不意味着影响力和权力的单向流动。17 世纪，乌克兰的东正教教廷在神学和宗教事务上不断开拓，尼康改革主要归功于乌克兰学者和神职人员。乌克兰人还传播了西方人文主义思潮，包括巴洛克艺术。"人们可以不失公允地说是鲁塞尼亚（即乌克兰人）将俄国带入现代。"[93] 1700—1762 年，俄国东正教教廷 60% 的主教来自乌克兰。[94] 此外，沙俄在 1654 年为了团结"左岸"（东部）乌克兰，赋予乌克兰统治阶层即盖特曼相当大的自治权。哥萨克精英享有特权，包括对农民的统治，与之前的波兰贵族享有类似的权力。

改变这一现状的是在北方战争中盖特曼伊万·马泽帕联手瑞典对抗彼得大帝。1709 年瑞典军队在波尔塔瓦战败，乌克兰的命运走到了尽头。盖特曼制度不断被削弱，终在 1782 年被废。作为从乌克兰引入农奴制度的回报，哥萨克人决心跟着俄国，后来成为帝国的中坚力量。乌克兰的东正教教廷成为当地俄罗斯化的媒介。[95] 乌克兰作家如尼古拉·果戈理被誉为俄罗斯文学的明星。很多俄罗斯化的乌克兰人在俄国的官僚体系和军队中担任要职。俄国傲慢地将乌克兰人称为"小俄罗斯人"，而乌克兰语则是农民使用的俄语方言，这背后的原因似乎是在 19 世纪乌克兰已沦为俄国落后偏远的农业地区，而且大部分乌克兰人的确是农民。

对俄罗斯人而言，乌克兰的大部分领土是他们祖先的基辅罗斯的南部地区，这是俄国的前身，因此也是俄国的固有政治遗产。乌克兰的命运无法脱离俄国。大多数乌克兰人也认可这一点，而且正是乌克兰人在 19 世纪发展出统一东斯拉夫的思想，让乌克兰和俄国融合为一种文化。[96] 乌克兰人认为未来的出路是统一全体斯拉夫民族，即泛斯拉夫主义，而不仅仅是和俄罗斯人联合。无论如何，在 19 世纪下半叶，为应对俄国的强势文化，乌克兰掀起了文化的互渗运动，但乌克兰的语言与文化却并未进行有效输出。[97]

融合程度不一且处于不同历史时期的波兰人、立陶宛人、拉脱维亚人、爱沙尼亚人、德意志人、芬兰人、瑞典人、白俄罗斯人和乌克兰人先后在俄国找到了自己的位置。格鲁吉亚人同样如此，他们与俄罗斯人一样信奉东正教，竭力为帝国效劳，最著名的人物有巴格拉季昂亲王，1812 年对抗拿破仑的英雄。格鲁吉亚贵族的权利得到了保障，他们中的高层与俄国贵族通力协作。亚美尼亚人与俄国人也有联系，尽管他们信奉的格列高利教会不同于东正教，也有别于其他基督教教派。亚美尼亚人认为沙皇将保护他们不受奥斯曼帝国侵犯，而在奥斯曼帝国也生活着许多信奉格列高利教会的同胞。沙皇承认了亚美尼亚教廷和修道院的自治权，埃奇米亚津的卡多利柯——亚美尼亚人的精神领袖也被认为是在俄国的亚美尼亚人的首领。与格鲁吉亚人一样，许多亚美尼亚人在俄国军队和官僚机构中任职。更重要的是，帝国将亚美尼亚人的商业头脑与人际网络视作宝贵财富，亚美尼亚人的商业经营得到沙皇政府的大力扶持。与其他"离散族群"一样，帝国内的亚美尼亚人展现了杰出的商才业能，特别是他们与东方一直保持着贸易往来。[98]

穆斯林与犹太人

以上所讨论的族群都信奉基督教。直到俄国终结的时代，宗教是人在社会中的身份象征，吸收与俄罗斯人信奉同样宗教的非俄罗斯族群相对容易（当然我们不应低估俄国吸收新教徒或天主教徒这类与东正教发生过冲突、在宗教上势不两立的对立族群的难度和成就）。那么，帝国的非基督教群体，特别是穆斯林和犹太人的处境如何？通常人们认为这些族群在帝国饱经磨难，因为不同的宗教信仰让人产生偏见，是帝国最难同化的对象。[99]此外，以穆斯林为例，人们会怀疑他们是否对帝国忠诚，因为伊斯兰教的精神领袖是哈里发，也就是俄国的敌人奥斯曼帝国的苏丹。

俄国拥有 2 000 万穆斯林臣民，是帝国最大的非东正教群体，占总人口的 15%，超过了同时期奥斯曼帝国的穆斯林人数（约 1 400 万），尤其是在 19 世纪，人们有理由怀疑穆斯林的任何联动和阴谋活动。泛伊斯兰主义和泛突厥主义在这一时期的俄国很是兴盛，泛突厥主义的创始人之一优素福·阿克丘拉就是来自喀山的鞑靼人。[100]1893 年，帝国的内务大臣说，必须警惕穆斯林希望建立"世界性伊斯兰王国，由苏丹作为其首领"的思想，警惕他们是否在"为苏丹而不是俄国皇帝祈祷"[101]。即使俄国的穆斯林在 19 世纪末开始改革，即扎吉德运动，意在让穆斯林更适应、更融入帝国的社会和制度，人们对此也心存忧虑。难道这不会增强穆斯林族群的力量，让他们意志更坚定、更难管控吗？[102]

图 5.3　1854 年喀山的穆斯林。作者是爱德华·特雷西·特勒雷尼（Edward Tracy Turnerelli）

在莫斯科时期，俄国的穆斯林遭受了严重的歧视与迫害。"恐怖的伊凡"征服了喀山汗国，作为对被蒙古人统治的复仇，也是为了让异教徒改宗。[103]喀山汗国的男性被处死；清真寺被夷平，取而代之的是基督教教堂；可汗和高层鞑靼人或被驱逐出境，或被迫改宗；俄国传教士前来劝导穆斯林和其他非基督教徒改宗。[104]之后，在征服高加索和中亚时，俄国与穆斯林部落和游牧民族的冲突更加血腥。俄国重复着西方的模式，伊斯兰教和基督教之间的全面战争爆发。穆斯林似乎注定要成为"非我族类"，其命运或是被消灭，或是被俄罗斯民族同化吸收。[105]

事实却并非如此。尽管"非我族类"一词，特别是在大众心中，可以指代一切非俄罗斯族群，但早期该词主要是指生活在西伯利亚和中亚草原上贫穷落后、居无定所的族群。该词并不能用来指代拥有宗教传统和高度文明的，特别是穆斯林这样的群体，无论俄罗斯人对他们是否心怀敌意。因此，很长一段时间，特别是生活在伏尔加河流域的穆斯林并不能归为"非我族类"，直到1832年该词有了一个正式的法律含义："'东部'各民族，游牧或半游牧的西伯利亚本地人，主要生活方式是放牧、打猎和捕鱼"。[106]之后，在1835年，犹太人被归为"非我族类"，可见俄罗斯人对他们与对穆斯林的看法完全不同，即使犹太人完全过着定居的生活，所处环境也几乎都在欧洲。20世纪初，"非我族类"一词被俄罗斯民族主义者滥用，穆斯林也被归为"非我族类"。而且正如民族志学者列夫·斯腾伯格在1910年认为的，波兰人、德意志人、格鲁吉亚人、亚美尼亚人和乌克兰人等虽然是"大俄罗斯的手足兄弟"，却"大胆地说着小俄罗斯的方言"[107]。这一分类反映了语言在身份标记上的重要意义，但语言从未取代宗教，尽管人们对穆斯林的忠诚有所疑虑，但穆斯林几乎从未被归为"异类"。

起初，大规模的穆斯林改宗政策并未取得多少成果。改宗当然是可能的，也被鼓励，但俄国很早就放弃了让穆斯林强制性改宗。当然，彼得大帝重新开始让穆斯林改宗东正教，这甚至成为他们进入统治阶层的条件，在莫斯科大公国时期，俄罗斯人并未对鞑靼人提出过这样的要求。在喀山，成百上千的清真寺被毁掉。[108]

但彼得大帝的继任者们认识到这一做法并不明智，很快就叫停了反穆斯林的举措。叶卡捷琳娜大帝启动了重大革新，她深受启蒙运动思想的熏陶，宣布实行普遍的宗教宽容政策。她禁止东正教教士的传教行为，关停了新改宗者管理局。她为穆斯林建立了穆斯林宗教管理局，由圣彼得堡指定的穆夫提（奥伦堡的穆夫提）领导。政府认为，由主教公会管理东正教的组织方式，值得其他非东正教宗教群体效仿，即使它们和东正教相互对立。因此，高度分散又缺少官方神职人员的穆斯林族群，必须接受一个集中的、等级分明的、由政府授意的宗教管理机构的领导。穆夫提负责为所有穆斯林登记"教区"，规范毛拉为"神职人员"的任命，并且监督宗教学校。政府希望借此平息内部的纷争，建立"正统"伊斯兰教教法，与东正教类似。帝国的穆斯林族群将被官方指定的神职机构管控。[109]

我们不应把这样的制度安排视作对穆斯林族群的"隔离"，任由他们自我管理。罗伯特·克鲁斯认为，沙皇政府认为宗教是规范和管控整个社会的核心机制。这里的宗教包括基督教和非基督教。任何宗教都是维护"稳定、戒律和秩序"的有力工具。[110] 俄国的臣民是不被允许宣称自己"没有信仰"的，每个人都应该属于某个宗教群体，由官方认可的机构进行监督。东正教是国教，当然是最好的选择，但有宗教信仰好过没有宗教信仰，任何宗教都可以对道德和社会秩序产生正面影响。政府将宗教视作建立共同信仰的手段，以避免教义或教派的纷争冲突。因此，"宽容"不同宗教的政策绝不是消极或漠不关心，而是积极干预并监督社会生活的方方面面，从公共到私人甚至私密空间。"在其'高度有序的警察国家传统中'，俄国直接插手每个群体的宗教生活。"[111]

令人惊讶的是，穆斯林改宗东正教对俄国政府而言并非意味着大功告成。改宗的穆斯林时常重新信仰伊斯兰教。来自奥斯曼帝国，特别是边境地区的伊斯兰教传教士非常有说服力。因此有了"伊尔敏斯基体系"，这是喀山的教育家、在喀山神学院（建于 1842 年）的尼古拉·伊尔敏斯基的发明。伊尔敏斯基并不关心传教活动，虽然这是神学院的核心业务。他认为最重要的是让皈依者彻底地从内心认同所改宗宗教的教义。这是让他们成为基督徒最好的方式，也会让他们成为所属群体中的榜样。于是伊尔敏斯基在当地挑选训练了一批非基督徒教师，他们中有鞑靼人、楚瓦什人、切列米斯人和摩尔多瓦人。基督教的经典被翻译为他们的语言。做好前期准备并学会用当地语言布道，喀山神学院的毕业生才可以进入帝国为改宗者教授基督教教义的学校工作。这一成功模式很快被推广到全帝国，东正教主教公会的总监——德高望重的波别多诺斯采夫之后也对此表示支持。[112]15

"伊尔敏斯基体系"体现的是帝国对待非俄罗斯族群的实用主义态度，苏联也继承了这一点。16 十字军的情怀还未消散，东正教教廷对帝国的宗教宽容一直心怀抵触和敌意，伊尔敏斯基体系建立后更是如此。但总体上，沙皇政府坚持认为，改宗东正教应该是自愿的，政府意在让各主要宗教归顺，让它们成为帝国道德与秩序的捍卫者。尼古拉一世颁布了新的法令，宣布东正教是帝国"至高无上"的信仰，同时帝国支持其他宗教，因为"所有生活在俄国的人民可以用不同的语言赞美全能的主，依据自己祖先流传下来的教义与信仰，为俄国沙皇的统治祈福，向造物主祈求俄国繁荣强盛"[113]。

即使尼古拉一世的教育大臣谢尔盖·乌瓦罗夫伯爵在 1833 年提出了恶名昭彰的"官方价值观"，即"东正教、专制制度和民族主义"，也并未排除或贬损其他宗教。乌瓦罗夫伯爵提出的第一个版本中甚至没有包括东正教，而将重心放在"传统"或"民族"宗教上。阿列克谢·米勒认为，"因为东正教是传统宗教，也最为盛行，乌瓦罗夫伯爵才看到了它的价值"。乌瓦罗夫伯爵认为"政府的职责是捍卫主流宗教"，并不仅仅指东正教，也包括其他历史悠久的宗教。[114] 大部分时间里，当局并不理会东正教教廷对帝国内伊斯兰势力壮大的担忧，他们"不认为宗教是国家面临的问题，因此也无意与伊斯兰势力发生冲突……'避免穆斯林族群的动乱'是俄国应对伊斯兰问题和出台相关政策的首要方针"[115]。

作为回应，穆斯林和其他非俄罗斯族群一样，试图在帝国内而非帝国外提高自身地位。在1908年和1909年与俄国国家杜马的两次会谈中，鞑靼人主张废除对穆斯林的不公待遇，并反复重申自己是"俄国最忠诚的子民"，他们认可俄语作为官方语言，发誓为俄国的"统一"效力。不过他们认为应该允许帝国内部的文化自治。[116]穆斯林从未向俄国要求独立，只不过主张拥有平等权利，穆斯林于1914年表示向国家效忠，以及杜马的穆斯林代表发誓捍卫俄国的荣誉与领土充分证实了这一点。[117]只要从公民而非族群的角度来理解，成为穆斯林或鞑靼人，与成为俄国人完全不矛盾。

帝国中犹太人的情况是否也如此？犹太人在帝国内的历史轨迹似乎恰好与穆斯林相左：俄国并未完全拒绝犹太人，起初他们有条件地被接受，之后越来越遭到排斥，至少引发了相当大的敌意。"有条件"一词很关键；犹太人从未被俄罗斯人完全接纳；对其的排斥开始于16世纪，东正教为了扑灭"犹太化"的异端，禁止犹太人进入莫斯科，这一禁令维持到18世纪下半叶。[118]但在18世纪，犹太人因其商业才能得到帝国认可，被允许在帝国某些地区，特别是新俄罗斯①定居。犹太人口向来稀少，直到波兰被瓜分，大量犹太人才涌入俄罗斯帝国。

波兰被瓜分彻底改变了俄国境内犹太人的处境。犹太人从最初的很少，到19世纪末增长至500多万，在1897年人口普查中占帝国总人口的4%（1881—1914年，约200万犹太人移民国外，其比例降至3%）。18世纪末的最后几十年间，加上比萨拉比亚（1812）和波兰王国（1815）来的犹太人，俄国从一个几乎没有犹太人的国家变成全世界犹太人口最多的国家，欧洲超过一半的犹太人在此生活。"犹太问题"在俄国被正式提上议程。[119]

---

① 新俄罗斯，18世纪末俄罗斯征服的黑海北岸地区。——译者注

18世纪末到19世纪中叶，这段时间被视作俄国犹太人的"黄金年代"。他们的境况比起在波兰－立陶宛统治时期大为改观，当时犹太人遭受各种不公（直到1830年，由波兰贵族统治的波兰王国依然如此对待犹太人）。1782年的法令将所有歧视犹太人的波兰法律全部废止；1785年的法令宣布，"以女皇陛下的名义，犹太教群体与其他族群享有同等权利"。阿列克谢·米勒说："当时，犹太人在俄国受法律保护的情况要优于欧洲各地。" [120]

犹太人在尼古拉一世时期遭受各种压制，当时沙皇希望让全部犹太人改宗 [121]，然而其他的族群也未能幸免，包括基督教的各个派别，特别是在1830年波兰起义之后。19世纪五六十年代亚历山大二世的"大改革"之后，帝国对犹太人做出了比较大的让步，但1863年波兰再次爆发起义，在一定程度上打破了犹太人的美梦。 [122] 但最重要的是犹太人在19世纪六七十年代获得了空前的解放，尽管1863年起义之后俄国弥漫着怀疑的气氛。我们注意到犹太人在波兰起义中并未支持波兰人，而对沙皇保持忠诚。为什么犹太人不继续在俄国享受平静的生活呢？ [123] 犹太人享有19世纪60年代农奴制改革之后来自帝国的庇护和机遇。当然依然存在限制，但改革为俄国社会的犹太人开辟了新的道路。

犹太人的机遇是教育。大量的犹太学生进入新增设的文法学校和大学。1853年，犹太学生在所有文法学校的学生中占1.3%；1880年，他们的占比是12%，在帝国的"栅栏区"即允许犹太人永久定居的地区占19%。在大学中，犹太学生的比例从1840年的0.5%增长到1865年的3%，到1886年这一数字变成14%。 [124] 当然，这些数字与犹太人占帝国人口的4%并不成比例。

这些变化的影响是，在19世纪六七十年代，犹太人获得了生活在"栅栏区"之外的权利。到1897年，约3.5万犹太人拥有合法身份，在首都圣彼得堡生活，此外城中还有同等数量的未获得合法身份的犹太人（1880年起，这部分人被内务大臣赦免）。无论在"栅栏区"内外，犹太人在专业领域的占比都远高于其人口占比，特别是在法律和医学行业，圣彼得堡55%的律师、52%的牙医和17%的其他科医生都是犹太人。犹太人在地理位置和社会阶层上的流动性，让我们不得不同意阿列克谢·米勒的话，"到了19世纪六七十年代，废除犹太栅栏区的政治条件已经成熟"[125]。

俄国的犹太人在商业、工业和艺术领域的地位堪比哈布斯堡王朝的犹太人。犹太银行家和承包人在俄国19世纪的工业化进程中扮演了重要角色。尤里·斯廖兹金认为，"第一次世界大战爆发前，俄国的犹太臣民取代了德意志人，成为俄国现代化的代表（正如东欧和中欧犹太人的情况一样）"[126]。犹太人还取得了杰出的艺术成就，敖德萨出现了大批世界级的音乐家（特别是小提琴家、钢琴家如米沙·艾尔曼和亚莎·海费兹），基辅和维捷布斯克的艺术家有马克·夏加尔和埃尔·利西茨基，格罗德诺出现了伟大的舞台设计师莱昂·巴克斯特。还有来自立陶宛基巴尔泰的伊萨克·列维坦，他是"最受爱戴的俄国风景画大师"[127]。

大部分受过教育的犹太人已经脱离犹太社群，学习了俄语并接受俄国文化，包括越来越多的各个行业的犹太人。部分犹太人被当时激进的知识阶层和革命团体吸引，而在必要的时候，这些力量又会反过来针对犹太人。[128]但这只是一小部分受过教育的犹太人，他们中的大部分力图在不断开放的俄国社会过上中产阶级生活。这些人与其说是俄罗斯化的犹太人，不如说是犹太化的俄罗斯人，自愿归化的犹太人已足够世俗化，但还是不接受大多数俄罗斯人信奉的东正教。与生活在小城镇的犹太人相比，这些人是极少数，而在19世纪末，犹太文化和宗教开始在这些城镇复兴。在犹太人联盟这类组织中，承认犹太人作为俄国境内的一个民族的呼声越来越高。犹太人联盟所反对的犹太复国主义在犹太群体中出现抬头趋势。[129]

我们还需讨论19世纪80年代初到20世纪初出现的屠杀和迫害，这些全然违背之前的阶层流动的社会气氛。这是人们经常讨论的话题：1881年、1903年和1905年的大屠杀，被炮制出来的《犹太人贤士议定书》，门德尔·贝利斯因出于宗教原因谋杀年轻的基督徒而受审，以及各种新的针对犹太人的歧视政策。我们需要进一步讨论这些问题。暴力事件高度集中在这一时期，1906年之后再未发生过屠杀。歧视性的政策并不是反犹主义造成的，相比欧洲其他地区，俄国的反犹情绪相对不高。当局不对屠杀负责，屠杀多是受到地方因素影响的爆发性事件，而地方机关和待命的警察反应迟缓。[130]

俄国社会高层对犹太人也怀有敌意，代表人物有沙皇亚历山大三世和尼古拉二世。而部分资深的顾问和大臣，如康斯坦丁·波别多诺斯采夫、德米特里·托尔斯泰、内务大臣维亚切斯拉夫·普列维，也和沙皇有着同样的想法。但是，也有大臣如谢尔盖·维特和彼得·斯托雷平，以及帝国财政部门的官员，将犹太人视作俄国进行工业化和现代化的紧迫过程中重要的推动力。[131] 这些人主张进一步解放犹太人，并在1905年俄国革命后成立的国家杜马中保证犹太人代表的席位。[132]

在关于俄国犹太人的著作中，人们习惯把他们当作"特殊群体"，在多种族、多信仰的帝国中，犹太人的融合问题因为很难处理，所以不在讨论范围内。人们认为这一方面是因为俄罗斯文化中的反犹主义情绪，另一方面是因为犹太人恪守传统文化和宗教的顽固本性。[133] 这两种刻板印象都缺乏事实依据。比起其他基督教国家，俄国的反犹态势并未更加严重；19世纪下半叶犹太人甚至获得了大量机遇，他们并不落后于其他族群，而在努力融入俄国的主流社会。问题的症结在于，犹太人对于追逐潮流过于热切，也过于成功。犹太人在商业上的成就招致了其他族群的妒恨，无论是俄罗斯人还是非俄罗斯族群。俄国保守主义者如康斯坦丁·波别多诺斯采夫认为犹太人代表了现代工业和金融社会最恶劣的一面，将严重损害俄国传统的道德与社会秩序。[134] 犹太人很容易成为替罪羊，无论在俄国还是别的地方，当时欧洲各地都因高速现代化而爆发了各种矛盾。时不时出现的针对犹太人的暴力事件导致1881—1914年200万犹太人从俄国移居国外，但在欧洲其他地方犹太人的命运更为悲惨。

"俄罗斯化"和俄罗斯民族主义

19世纪末，犹太人不是俄国政府唯一需要应付的族群。其他非俄罗斯族群，甚至俄罗斯人自己也有各种各样的问题。这一时期似乎出现了大规模"俄罗斯化"的潮流，随后被解读为俄罗斯民族主义的兴起。作为一个多民族帝国，俄国在这些年经历了席卷欧洲其他国家的民族主义浪潮。于是人们开始系统性地尝试让帝国变得更具俄罗斯特性，竭力根除非俄罗斯语言和文化，让帝国展现出清晰可辨的俄罗斯气质。[135]

然而，"俄罗斯化"和"俄罗斯民族主义"并非一回事，有着不同的内涵。[17] 俄罗斯化通常是"行政意义"上的，基本上考虑的是在政治上将非俄罗斯族群融入俄国，偶尔产生"文化意义"，即采用俄罗斯文化和文明同化非俄罗斯人。但在19世纪末，文化上的俄罗斯化"由政府有意识地全力支持" [136]。罗伯特·热拉西提出连续体的概念，"其中一端是文化均一的民族国家……另一端是坚定的非民族的、主张多元文化的、不施加身份概念的帝国"。他认为很少有人会选择两种极端之一，这一态度和政策通常是需要调和的，这在俄国时期关于文化融合的词语中有所体现："基督教化""同化""和解""融合""文明""俄罗斯化" [137]。我们很清楚，俄罗斯化绝不像民族主义是一个单一的过程，似乎用复数形式表示更恰当。[138]

对大多数学者而言，"俄罗斯化"主要是指19世纪末俄国政府针对非俄罗斯臣民的政策。大家普遍认同这些政策的重心是在文化上实行俄罗斯化，如贝克尔所说：让非俄罗斯人摆脱非俄罗斯的身份，在语言和文化上尽可能成为俄罗斯人。尽管人们会认同这些政策也是关于社会和政治融合的，但人们更习惯注意那些新颖又偏激的将非俄罗斯人改造为俄罗斯人的手段。可类比的是19世纪末哈布斯堡王朝约瑟夫二世的德意志化政策，以及19世纪末哈布斯堡王朝匈牙利部分的马扎尔化政策，或欧金·韦伯著作（1976）中提到的经典案例，"从农民转变成法国人"。

长期以来，俄国政府反对这种俄罗斯化。中央对非俄罗斯行省的管辖只有"一臂之距"，更倾向于通过本地精英间接管理。俄国政府尊重本地人的权利与习俗。俄国从未大范围地强迫非俄罗斯人信奉东正教或学习俄语。相比西方邻国，俄国东正教教廷并不积极开展传教，传教活动也必然由政府加以管束。[139] 改宗东正教当然是被欢迎的，也是在俄国担任高级职务的必要条件。但除了刚征服鞑靼人之后的一段时期，很少发生强迫改宗的事情。以伏尔加鞑靼人为例，他们信奉伊斯兰教，这被沙皇认为是极其有利的优势，因为他们可以充当与中亚穆斯林沟通的媒介。[140]

作为合作与忠诚的回报，俄国对非俄罗斯精英敞开晋升通道，将他们吸收进贵族阶层，也允许他们担任政府公职。其他族群，如亚美尼亚、希腊和犹太商人也在不同时期被赋予特权，鼓励他们为帝国创造更多财富。在历史上，这一模式很适合俄国和其他帝国。正如弗雷德里克·斯塔尔所说，"俄国政治生活的目的就是维系帝国本身。这比在帝国境内传播俄国价值观、宗教、习俗或语言更重要"[141]。

这一政策在19世纪是否发生了改变？人们通常认为是的，出于不同的原因，19世纪下半叶俄国采取了更积极的政策实行文化上的俄罗斯化。[142] 此外，这一时期新的俄罗斯民族主义进一步助长了这种做法，不免与帝国统治的古老传统发生碰撞，并最终占据上风。席卷欧洲全境的民族主义运动也波及俄国。在所有多民族帝国中，臣民和统治者都受到了冲击。[18]

这一时期俄罗斯民族主义产生了怎样的影响？俄罗斯化的政策在多大程度上得以贯彻？当然不是每个人都被俄罗斯化，需要达到的程度也不尽相同。比如，俄国就不曾同化犹太人，一个原因是在俄罗斯人眼中犹太人早已被俄罗斯化，另一个原因是部分有影响力的俄国人认为犹太人是无法改变的异族。俄国也从未有意试图在穆斯林中实现俄罗斯化。人们想当然地认为，所谓"非我族类"的穆斯林，即高加索、外高加索和中亚的穆斯林，也包括西伯利亚本地人，随着时间的推移会摒弃落后野蛮的习俗，接受更高级的俄罗斯文化。俄罗斯化会悄然发生。[143]

另一个与文化上的俄罗斯化相对的战略是，建立本地文化和身份认同，所谓"本土故乡"，作为"泛俄罗斯身份认同的基础"，即创造一个融合了本土和民族属性的家园。[144]从这个角度看，穆斯林的身份就像布里亚特人或卡尔梅克人，不再是俄罗斯身份认同的对立，而是作为其重要的组成部分，建构成一种公民意义上的、包含多种族的民族。此举不再是文化的统一，而是统一的"公民权"，暗含了某种道德和文明的标准。在"俄国的东部"，大部分东方主义者和本地统治阶层将文化上的俄罗斯化视作在当地构建民族认同的威胁。他们认为，"强制性的俄罗斯化把本地人吓跑了，使他们不敢再效仿俄国的习俗"。这一战略也影响了20世纪20年代苏联的"本地化"政策。[145]

对于伏尔加河的鞑靼人，伊尔敏斯基体系关注的不是穆斯林的改宗，而是如何让改宗的穆斯林更加依附帝国。伊尔敏斯基体系在这方面取得了可观成果。伊尔敏斯基体系被人们，特别是其支持者（比如康斯坦丁·波别多诺斯采夫和教育大臣德米特里·托尔斯泰）认为是某种程度上的俄罗斯化政策。[146]但伊尔敏斯基体系采用的是本地语言而非俄语，俄罗斯民族主义者认为这在非俄罗斯人中煽动了危险的民族情绪。[147]俄罗斯化在这里至少是一把双刃剑，而且也不能认为是俄罗斯民族主义的胜利。

19 世纪末，帝国在格鲁吉亚和比萨拉比亚实施的是另外一些俄罗斯化举措，主要目的在于扩张东正教的势力范围。比萨拉比亚地区的罗马尼亚语和格鲁吉亚的格鲁吉亚语都受到了限制，但一般认为这些举措并未收到应有的成效。无论如何，俄罗斯化在格鲁吉亚和比萨拉比亚早已发生。俄国被当地人视作保护神和解放者，使他们不受奥斯曼帝国的侵扰。当地人也信仰东正教，已然成为俄罗斯人天生的盟友，所以没有必要在当地实行彻底的俄罗斯化。

亚美尼亚人的情况则不然，在 19 世纪他们的基督教格列高利派享有很崇高的地位。此时他们受到帝国的压制，主要是因为在邻国奥斯曼的亚美尼亚人的民族主义情绪不断高涨，而俄国害怕这种情绪会传染。在大众媒体上，亚美尼亚人被刻画得如同犹太人一样，被称为剥削者、寄生虫和潜在的叛国分子。1885 年，亚美尼亚学校或被关停，或其课程被迫做出调整以加强俄国的影响。1903 年，亚美尼亚教廷的财产被没收。这些举措导致当地强烈的反俄情绪和对俄国官员的攻击。作为回应，俄国政府召回总督戈利岑亲王，代之以更懂得调和各方势力的沃龙佐夫-达什科夫伯爵。1905年革命之后，政府废除了没收财产的政令，大部分歧视性的政策被叫停。俄罗斯化并未带来当地人的同化，反而严重损害了亚美尼亚人长期以来建立的亲俄的感情，并且激发了俄罗斯人最为畏惧的境内亚美尼亚人的民族主义情绪。[148] 然而，1914 年俄国与奥斯曼帝国开战时，亚美尼亚人表示支持俄国，比起在俄国相对安全的处境，他们更担心奥斯曼帝国境内亚美尼亚同胞的命运。[149]

深入研究后人们很快发现，这些年俄罗斯化主要限定在帝国西部边境。[150] 不难看出背后的原因。帝国认为比起俄国南部或东部，西部才是对帝国安全与领土完整最大的威胁。其最大的不安全因素来自波兰民族主义，以及波兰在当地的影响，这里自古就被波兰人和波兰文化主导。[151]

其次，还有德意志和芬兰民族主义的问题，特别是 19 世纪末德意志的民族主义的兴起挑战了俄国在巴尔干和其他地区的权威。

波兰起义的失败在波兰王国引发了一系列反波兰的政策，包括将波兰王国降格为维斯瓦省。天主教教廷受到攻击，波兰语被严格限制在教学机构（而非教堂）中使用，此外都只能使用俄语。[152] 如果这算"文化上的俄罗斯化"，它也是失败的。波兰文化被打压，但并不意味着被俄罗斯文化取代。波兰语和宗教都得以流传，波兰人充分利用了帝国提供的商业机会。波兰领袖决心放弃起义之后，开始竭力恢复波兰的自治权力，1905 年俄国革命后自由主义改革部分实现了这一目标。1914 年，国家杜马的波兰民族民主党代表罗曼·德莫夫斯基反对波兰社会党代表约瑟夫·毕苏茨基的分离主义主张，并在帝国需要的时候宣誓效忠。[153]

在西部各省，波兰语和天主教教廷被严加管控，以减弱波兰在乌克兰、白俄罗斯和立陶宛农民中的影响。这些群体并没有被认为是对俄国利益的威胁。他们并未产生任何民族意识，俄国政府将包括信奉天主教的立陶宛人在内的这些群体，视作罗斯历史的一部分，也是俄国的有机组成部分。禁止他们的语言而推广俄语，并非针对乌克兰、白俄罗斯和立陶宛的民族主义（此时暂可忽略），而是为了压制在当地占支配地位的波兰文化。波兰人被视作这些族群文化复兴运动的幕后推手，并利用后者作为反俄国的政治工具，而帝国压制这一政治运动的目的正是打压波兰人。[19]

乌克兰人、立陶宛人和白俄罗斯人感觉他们需要提防波兰地主甚于俄国政府，芬兰人、爱沙尼亚人和拉脱维亚人则担心瑞典人和德意志人的统治甚于来自俄国的压制或俄罗斯化政策。这也是为什么波罗的海地区的爱沙尼亚人和拉脱维亚人欢迎俄罗斯化政策以便抵制德意志文化的影响。19世纪上半叶，东正教教廷成功地让爱沙尼亚人和拉脱维亚人改宗。波罗的海各省的农民在 1816—1819 年得到解放，比俄国的农民早了近 50 年，他们通过自治的农村团体开始培植本土语言和文化。这一举措得到了官员和宣传部门的鼓励，比如斯拉夫派的尤里·萨马林，此举的目的是对抗波罗的海的德意志精英推行德意志化的举措。[154]

19世纪中叶，改宗已被叫停。1870年的市政体系改革蔓延到波罗的海各省，削弱了德意志人的控制，在亚历山大三世的统治下，帝国开始推行更持久的俄罗斯化政策。这些政策得到了新兴的爱沙尼亚知识阶层的拥护，1881年他们派遣代表请求亚历山大三世将俄国的体制改革推行到波罗的海各省。[155]1889年俄国改革之后的司法体系被引入当地，伴随而来的还有新的警察系统。俄语成为中学和大学的必修课程，也应用在当地政府层面。多尔帕特的德意志大学被关停，被改造成了一所俄国大学。路德宗教廷被严加管制，新的改宗东正教的政策卷土重来。[156]

爱沙尼亚和拉脱维亚的知识界欢迎这些变化，因为德意志贵族遭到打压，而他们正好能从中获益。[157]甚至引入俄语也被视作一项进步，因为此前德语被要求作为教育和行政机构用语。用俄语学习、接受俄罗斯教育是爱沙尼亚人获得"空前的职业成功"的前提，他们在当地官僚机构中的占比从1871年的不到2%猛增至1897年的超过50%。[158]但爱沙尼亚人和拉脱维亚人对本地语言缺乏支持表示失望，特别是在教育系统中。他们对地方自治制度没有被引入波罗的海各省也表示失望，因为这项制度可以用于对付波罗的海的德意志人。俄国政府发现它会使爱沙尼亚和拉脱维亚的受教育阶层产生过剩的政治意识。1905年的革命中，波罗的海的农民和工人在其影响下反抗德意志地主与俄国军队。俄国政府受到这些事件的冲击，在1905年后叫停了俄罗斯化政策，和波罗的海的德意志人联起手来，这些人尽管受到打压，但依然对帝国相当忠诚。同时，爱沙尼亚和拉脱维亚的语言与文化在这一时期得到发展，正如在立陶宛和其他地区一样，这也让他们产生了新的民族认同感，并在"一战"的混乱中利用了这种认同感。20

波罗的海各省的俄罗斯化旨在削弱当地德意志人的权势，以加强行政上的集权，因此与在波兰和芬兰的俄罗斯化历程截然不同。帝国希望芬兰与其他各省保持一致，在此规范和集中帝国政府的权力。自 1809 年芬兰并入俄国后，与各省相比，它一直享有极大的自治权。瑞典和瑞典化的上层人士掌控着行省事务，在所有主要机构和芬兰文化中占支配地位。他们的权柄因亚历山大二世被进一步加强。芬兰议会被赋予新的权力，芬兰有权发行独立于卢布的货币。1878 年，芬兰甚至创建了自己的军队。19 世纪 60 年代的改革并未波及芬兰，本地瑞典精英的权势再次获得保障。

直到 19 世纪 90 年代情况才发生改变，帝国其他地区的改革措施终于在芬兰落地。1899 年，尼古拉二世签署文件，宣布限制芬兰议会的权力，并将此作为"帝国的重大关切"。征兵法很快在芬兰实施，独立的芬兰军队被整编进入俄国。俄语成为芬兰统治高层的语言。芬兰也失去了其独立的邮政系统。[159]

很多反芬兰的政策来自芬兰总督尼古拉·伊万诺维奇·博布里科夫，他认为芬兰自治极不正常，芬兰的分离主义对帝国而言是一大威胁。正如在波罗的海各省一样，俄国政府试图利用当地农民和瑞典地主的矛盾来打压芬兰的统治精英。但是博布里科夫的铁腕手段惹恼了各方势力，1904 年他被芬兰学生刺杀，俄国政府开始调整政策，特别是在 1905 年革命之后。芬兰议会的权力得到了巩固，有了更广泛的选民基础和更大的权力。征兵法被废止。芬兰人进入了帝国杜马和帝国议会。但是芬兰人再次遭到审查，因为他们被怀疑同情德意志人，以及高度自治的芬兰极易成为俄国极端分子的避难所。于是，在斯托雷平施政时期，俄国试图限制芬兰自治，让它和帝国的行政系统进一步融为一体。1914 年"一战"爆发，这些新政都化作泡影，却让分离主义者的态度更为坚决，并在 1918 年芬兰独立时达到顶峰。[160]

西奥多·威克斯认为，"很少有学者会认同这样一个简单粗暴的结论，即俄国政府试图清除所有非俄罗斯文化并用俄罗斯文化和东正教将其取代"[161]。薇拉·托尔兹认为一个被"普遍认可"的俄罗斯化是"毫无依据的神话"[162]。但无论这一说法是否简单粗暴,人们的确经常发现这样的说法,即在19世纪末俄罗斯化是由俄国政府坚决并有意执行的政策,而且这种说法不仅仅来自专家。21这种说法暗示着俄罗斯化政策中断了此前的宗教宽容政策和保存非俄国领地上的自治传统。

我们发现这种观点具有相当的误导性。19世纪俄罗斯民族主义兴起,正如欧洲各国的情势一样。有些势力希望将多民族的俄国塑造成民族国家,而其中俄罗斯文化自然占据统治地位。问题在于,俄罗斯民族主义者在"俄罗斯性"这一概念上没有达成共识。是要像斯拉夫主义者那样强调斯拉夫文化吗?在当时的情况下,推行泛斯拉夫主义比起狭隘的俄罗斯民族主义要更合理。而如果"西方派"是对的,作为前马克思主义者和泛斯拉夫主义者的彼得·斯特鲁维则会抱怨,这些人的普遍理想与对西方价值观的迷恋让他们脱离了广大的俄国群众,他们的民族主义将很难成为未来民族国家的根基。[163]还有另一条路,俄国可以将自己视作一个欧亚大国,而不只是欧洲国家,这将带来完全不同的对民族性格和民族命运的解读(亚历山大·勃洛克于1917年写道:"是的,我们是西徐亚人。是的,我们是亚洲人!")。

我们在下一节将讨论"俄罗斯性"。这里要阐述的是俄罗斯化的边界与我们对它的误解。在俄国时期,从未出现持续的、系统性的俄罗斯化,直到19世纪末和20世纪初都是如此。无论俄罗斯民族主义者持有何种观点,大多数沙皇和政治家认为民族主义有损帝国,而如何维护帝国才是他们的首要关注点。[164]帝国末期的沙皇中,只有亚历山大三世(1881—1894年在位)似乎相信俄罗斯化,并竭力推行。22亚历山大二世(1855—1881年在位)和尼古拉二世(1894—1917年在位)都认为俄罗斯化是危险的尝试，他们要么顶住压力拒绝实行俄罗斯化政策，要么取缔此前实施的政策。我们很容易就能识别出哪些政策在 19 世纪末属于俄罗斯化，这些举措不规范、不持续，经常自我矛盾，基本上以失败告终。[165]民族主义者的诉求没有得到国家的回应。"王朝式的帝国爱国主义阻碍了民族意识的传播"，而知识阶层与农民之间的割裂也限制了民族主义的发展，对农民而言，民族主义并不具有吸引力。[166]直到 1917 年，俄国都是一个等级社会，阶级与身份的关系要胜过民族纽带。即使是产业工人也被纳入了等级社会的体制。[167]23 等级之间的联系靠的是对沙皇和帝国的忠诚，而非民族感情。

无论如何，俄罗斯化历时极短，俄罗斯化的推行也有其特殊背景。所有主要的俄罗斯化政策都在 19 世纪 80 年代之后的 20 年内推行，始于 1881 年亚历山大二世遇刺，终结于 1905 年的俄国革命。同时伴随着革命和恐怖主义运动的兴起，亚历山大二世、内务大臣维亚切斯拉夫·普列维都葬身其中（之后总理大臣彼得·斯托雷平也在 1911 年被刺杀）。其他地区的民族主义运动带动了非俄罗斯行省的民族主义兴起，并且和境外的民族同胞存在潜在的联系。统一的德国成为新的威胁，俄国畏惧德意志的民族主义将影响境内的德意志臣民。[168]1904—1905 年日俄战争中俄国战败，举国震惊，也挫败了俄国在远东地区的野心。

所有这些变化注定渲染出一种恐惧与焦虑的气氛，让帝国有意地反思和重构自我，与同时期的哈布斯堡王朝和奥斯曼帝国一样。俄国的应对方案之一是推动工业化和现代化，这些终于在 19 世纪末有了长足的进步。此外则是帝国行政体制的理性化与集权化，这是从 18 世纪彼得大帝和叶卡捷琳娜大帝时期就开始的尝试。19 世纪末，帝国推行的与其说是文化上的俄罗斯化，不如说是行政上的俄罗斯化。[169]和之前一样，这些措施让各方势力感受到威胁，并激起了他们的反对。但这些举措绝非种族意义上的俄罗斯化。

文化上的俄罗斯化，即强制学习俄语，压制非俄罗斯文化，在 1905 年革命之后被彻底摒弃，不少重要的俄罗斯化的政策被废止。1905 年 4 月，俄国政府颁布了一项宽容政策，在确保东正教地位的同时，严禁针对其他宗教的歧视。压制俄语之外的其他语言的做法也被取缔。10 月，政府签署了一份宣言，确保公民的权利和自由，并批准一切民族组织和聚会。除了芬兰人，所有民族都有代表进入新的国家杜马，因此国家杜马中的非俄罗斯代表人数首次超过半数。[170] 到"一战"前夕的这段时间，政策出现多次逆转和反复，但从未实行上下一致的俄罗斯化政策，因为其危险性是非常明显的。这一政策无疑是成功的，最为重要的证据就是直到 1918 年，在战乱的背景下，只有波兰人和芬兰人要求摆脱俄国的统治而独立。[171] 其他民族当然也在寻求自治权和政治平等，但它们的诉求都在帝国的框架之内。和哈布斯堡王朝一样，直到俄国终结，大部分的臣民，基督徒、穆斯林和犹太人都对帝国保持忠诚。

帝国中的俄罗斯人和俄罗斯性

俄罗斯人如何代表俄国？他们能在多大程度上代表帝国最主要族群的身份、利益与使命？俄罗斯人从 18 世纪初就是帝国的大多数，直到 19 世纪末他们仍是最大的族群，占总人口的 44%。官方统计上，乌克兰人（小俄罗斯人）和白俄罗斯人的人数并不另外计算，和俄罗斯人一起占人口的 2/3。无论如何，俄罗斯人作为主要族群在帝国中的占比远高于德意志人在哈布斯堡王朝或土耳其人在奥斯曼帝国中的占比。

俄语和俄罗斯东正教在帝国的地位显赫。大部分时间，其他语言和宗教在帝国允许存在，改宗东正教从来都不是强制性的政策，但掌握俄语几乎是在帝国官僚体系服务的必要条件，而改宗东正教无疑会让晋升更为顺利。因此在 19 世纪，了解俄罗斯文学和文化就成为被圣彼得堡与莫斯科上流社会接纳以及担任政府高级职务的必要条件。

考虑到这些因素，从很早开始，有些学者就认为俄国的身份认同与民族主义体现为俄国本身。利娅·格林菲尔德认为，尽管叶卡捷琳娜大帝出身于德意志，但她也是"坚定的民族主义者"，竭力为俄罗斯民族谋求利益，她在讲话中不断提及"俄罗斯民族"的字眼。[172] 之后，俄国的民族主义开始呈现越来越严重的种族倾向和极权主义特征，并"对西方怀有妒恨"[173]。

很少有学者会像格林菲尔德这么极端，将俄国与俄罗斯民族等同起来。可在俄国研究中确实存在一种趋势，把俄罗斯帝国直接当作俄罗斯民族（对于苏联也是如此）。这背后的原因是，俄罗斯人自己也这么看，特别体现为之后被列宁和布尔什维克谴责过的"大俄罗斯沙文主义"。在 19 世纪，这种观点背后有历史学家尼古拉·卡拉姆津、米哈伊尔·波戈金、谢尔盖·索洛维列夫、瓦西里·克柳切夫斯基等学者的支持。他们清楚地意识到俄国作为多民族国家，以及它的殖民历史，还是会被当作效仿西欧的统一模式、追求文化同质性的民族国家。俄国的扩张对于国家安全以及履行向东方传播文明的使命是必要的，也让许多非俄罗斯民族和文化并入俄国——无论自愿与否，它们的命运都被俄罗斯文明影响了。[174]

尽管这些是很重要的思想，但对俄国的统治者似乎并未产生影响。沙皇和大臣尽管偶尔赞许俄罗斯化的做法，但大多数人对帝国的多种族和多民族的基本属性了然于胸。无论是俄罗斯还是非俄罗斯的民族主义，与大多数帝国的统治者一样，俄国统治者也将其视作对帝国的威胁，甚至是他们在 19 世纪面临的最大威胁。[175] 国家与社会的分离被很多人视为俄国众多积弊的根源，却让帝国维系了长久的国祚。沙皇的专制统治几乎不受民众的影响与压力，却也能开辟一条道路。而采纳民族主义，让帝国成为民族国家，虽然能安抚俄罗斯民族，但会让帝国面临瓦解的危险。最后，沙皇经受住了民族主义的诱惑，获得了俄罗斯和非俄罗斯各族的忠诚拥护。1917 年，俄国的终结并非像哈布斯堡王朝或奥斯曼帝国一样，是因为民族主义。是"一战"直接摧毁了俄国的国家机器，民族主义重整旗鼓，布尔什维克在俄国登上了舞台。

俄国的统治阶层最能体现俄罗斯非民族性的一面。直到帝国解体，统治阶层都是由多民族构成的。随着俄国的扩张，被征服领地的统治阶层直接进入俄国的统治阶层。这一过程是非常容易的。"被征服地区的上层，只要愿意为帝国效力，就能获得头衔，让他或者他的子孙与俄国'体制'内的统治者站在同样的基础上"[176]。对这些上层家族来说，俄罗斯化是自然又自愿的选择。种族从来就不是障碍（英国和法国的情形也是如此），因为许多贵族家庭都有鞑靼人或亚洲血统。[177]而宗教也不是问题。多数情况下，改宗东正教是进入政府高层的条件，但对于较低层次，特别是各地行省的职位就不存在宗教的门槛。喀山的许多部门都有穆斯林任职。[178]

即使对于社会高层，改宗东正教也并非多么严格的要求。最好的例子就是波罗的海的德意志贵族，他们保留路德宗的信仰，却在沙皇的军队和官僚机构中出任重要职位。他们学习俄语的同时，也没有摒弃德语和德意志文化，同时他们还是波罗的海各省的统治者。[179]他们建立的机构包括多尔帕特的德意志大学，以及为精英服务的、位于圣彼得堡的皇村中学（之后的亚历山大高中）和帝国法学院。此外，还有位于首都的贵族预备学校，德意志贵族将自己的后代交由这些机构培养，和俄国贵族的后代共同生活和成长。因为可以保留路德宗的信仰，波罗的海的贵族对东正教并不抵触，完全接受自己的子女与俄罗斯人联姻并改宗东正教。[180]

约翰·阿姆斯特朗认为，"毫无疑问，在俄国的最高统治者中，包括法庭、军队和官僚系统的高层都有德意志人的身影。18 世纪末到 19 世纪，比较合理的估计是，德意志贵族在其中的比例为 18%~33%"。德意志人在外交部门尤其受到器重，即使在 1915 年，俄国与德国交战期间，俄国外交部 53 位高级官员中也有 16 个德意志人。[181] 因为与欧洲宫廷和贵族建立了广泛的纽带，他们最适合出任大使或外交官。例如，在 "1812—1917 年的 105 年间，共有 93 年是由波罗的海贵族代表沙皇在伦敦的圣詹姆斯宫呈递国书"[182]。其他比较著名的在政府任职的德意志人包括：外交官冯·迈恩多夫男爵和亚历山大·凯泽林伯爵；尼古拉一世时期掌管着第三厅的亚历山大·冯·本肯多夫；教育大臣卡尔·利芬；康斯坦丁·冯·德尔·帕伦伯爵，1867—1878 年任司法大臣；尼古拉·冯·邦格，1881—1887 年任财政大臣；在军队中有 K. P. 冯·考夫曼将军，伟大的中亚征服者以及第一任总督。[183] 即使在 19 世纪末 "俄罗斯化" 的艰难时期，波罗的海的德意志人对帝国的忠诚都堪称传奇。[184]

波罗的海的德意志人在俄国军队和官僚体系中或许只是显赫一时。从帝国扩张之初，随着俄国征服喀山和阿斯特拉罕，非俄罗斯上等阶层可以自由地成为为帝国服务的贵族。[185] 16—17 世纪，鞑靼人加入进来，下个世纪里又来了格鲁吉亚和巴什基尔贵族、乌克兰的哥萨克 "长老"、波罗的海的男爵、瑞典贵族、波兰的施拉赤塔（贵族）以及高加索地区的亲王。著名人物有：查尔卡斯基亲王，喀山鞑靼人的后裔，彼得大帝的顾问；亚历山大·苏沃洛夫，瑞典后裔，叶卡捷琳娜大帝时期的常胜将军；来自格鲁吉亚的彼得·巴格拉季昂亲王，1812 年博罗季诺战役中的英雄；亚当·恰尔托雷斯基伯爵，波兰贵族，亚历山大一世的心腹；来自亚美尼亚-格鲁吉亚家族的米哈伊尔·洛里斯-梅利科夫伯爵，亚历山大二世时期的内务大臣。[186]

成为为俄国服务的贵族的不止以上这些 "外国人"。在历史上，沙皇政府愿意授予爱尔兰人、苏格兰人、法兰西人、意大利人和来自西欧各地的人贵族头衔，只要他们受到帝国的欢迎并愿意为国效力。在帝国时期（1700—1917），在国家机关担任高级职务的 2 867 名人员中，有约 1 079 名或者说有约 37.6% 的人有俄罗斯之外的血统；19 世纪中叶，在帝国中央政府中信奉路德宗的人就占 15%。"其他国家的贵族阶层是不会向外来的或没有本地血统的家族开放的。"[187] 更重要的是，尽管受过教育的俄罗斯人的数量不断增加，而且社会上时不时地出现俄罗斯化倾向，但俄国精英的多民族属性直到帝国终结都未受影响。"直到第一次世界大战爆发，沙皇政府遵循着特有的宗旨，即崇尚忠诚、专业知识和贵族血统，而非宗教或种族。"[188]

图 5.4　康斯坦丁·冯·考夫曼，"波罗的海贵族"，俄罗斯中亚属地的首任总督（Library of Congress）

不仅有的俄国贵族来自"外国"，俄国沙皇皇室也是如此，至少从彼得大帝开始，甚至此前也有先例。当然，很多欧洲的君主也并非来自本土，在这一点上英国不亚于俄罗斯。18—19世纪英国几乎所有的王子和公主都来自德意志诸邦。彼得大帝之后的俄国沙皇也效仿先祖，迎娶外国（主要是来自德意志的）妻子（其中出了两位德意志女皇，两位叶卡捷琳娜）。嫁到俄国的妻子改用俄国名字，改宗东正教，但对她们的家族和故乡的文化怀有深情，也与之保持紧密的联系。她们和丈夫与德意志、丹麦和英国的王室来往密切。亚历山大三世和他的丹麦妻子——丹麦国王的妹妹达格玛（玛丽），每年都和丹麦王室会晤（也常在那里见到自己的英国亲戚）；尼古拉二世和来自德国的妻子阿历克斯（亚历山德拉）最爱的去处是妻子位于黑森–达姆施塔特的老家，当然他们也没有忘记阿历克斯的外祖母——英格兰的维多利亚女王。米兰达·卡特说："罗曼诺夫家族不像'俄罗斯人'，他们过着西欧贵族的生活。他们的宫廷礼仪来自德意志，他们的花园与宫殿是新古典主义风格的，他们的家庭是英格兰式的。即使在血统上他们也算不上俄罗斯人，他们是与德意志贵族世代联姻的产物。"[189] 据说，"从家族谱系来看，到罗曼诺夫王朝的后期，大概有90%的人拥有德意志而非俄罗斯血统"[190]。

在俄国，皇室与"外国"的联系要强于其他帝国。大多数来源于外国的王朝，比如英格兰的汉诺威王朝，竭力淡化自己海外的血统，尽可能地"本地化"，至少在18世纪中叶之后是如此。[191] 俄国沙皇恰好相反，他们强调自己来自国外，试图与被统治的民众区分开来，产生距离。伊凡四世甚至拒绝承认自己是俄罗斯人，并且认为在谱系上自己与罗马的第一任皇帝奥古斯都都有着血缘关系。伊凡三世采用"沙皇"的头衔是为了继承拜占庭的传统；当彼得大帝自称"皇帝"时，俄国进一步接近西欧帝国的模式，尽管这些帝国都宣称受到了罗马的影响。[192] 但其背后的目的是一样的：在俄罗斯之外寻找政权合法性的象征和政治资源，说明"皇室来自国外"[193]。"15世纪到19世纪末，俄国皇室的旺盛生命力离不开统治者和精英的外国背景。"[194]

当然，早期欧洲的不少君主都拥有海外血统，与特洛伊或罗马人之间的关系是人们最爱援引的例子。但到 18 世纪，君主们都放弃了这样的做法。理查德·沃特曼认为，"沙皇的特点是，他们在欧洲放弃这一做法后，依然坚持从国外借用各种政治符号与形象"。从加冕仪式、宫廷礼仪、官方典礼、艺术到建筑都传递着这样的信息。[195]

我们注意到，在 18—19 世纪，俄国皇室和贵族很乐意学习德语与法语，并在私下和公共场合以这些语言交流，俄语则用来与仆佣或庶民交流。之后，特别是在尼古拉二世和亚历山大三世的影响下，英语也成为上流社会在宫廷中使用的语言。[196] 这种主要来自西方文化的外来性成为帝国为了"展示权力"而组织的各种公开的典礼的主题。

> 如此公开甚至炫耀性地展示拜占庭或西方文化，与本地人较低的生活水平形成强烈对比，他们与俄国的光荣历史格格不入。彰显权力的典礼，包括加冕仪式、基督降临节、宫廷晚宴和游行，让俄国在形式上更接近遥远的西方：这些仪式彰显了外来者的特性，确立并赞美了统治者和精英的国外血统与无上权威。[197]24

亚历山大三世和尼古拉二世时期，俄国试图变得更加具有俄罗斯的特性，与俄罗斯人民建立更紧密的关系。[198]1881 年亚历山大二世遇刺后，人们感觉沙皇已经脱离了普通民众。为了帝国的未来，沙皇需要表现出对"真正的"俄罗斯价值观和传统的尊重，即彼得大帝开启西方化之前的俄罗斯。康斯坦丁·波别多诺斯采夫是这一时期最具影响力的人物，他也是亚历山大三世和尼古拉二世的启蒙导师。波别多诺斯采夫还是国会议员，以及俄罗斯东正教主教公会的总监。作为政治家和沙皇的亲信，他对俄国沙皇与帝国的未来有着举足轻重的影响。波别多诺斯采夫坚信彼得大帝的改革导致俄罗斯误入歧途，效法西方现代化与理性化的道路对俄罗斯有着致命的威胁。亚历山大二世的自由主义改革也具有同样的危险性。此时需要重新回到 17 世纪的沙俄，回到专制与东正教统治的轨道上来。[199]

因此这一时期出现了针对非俄罗斯人的俄罗斯化政策，以及无数内容保守的、说明何为"真正的俄罗斯性"的文件。于是相较西方派，斯拉夫派更受欢迎。农民与其村社组织被认为是俄国社会的基础。哥萨克人的地位得到了提升，因为他们代表俄罗斯人对沙皇忠诚献身的精神。蓄须作为传统俄罗斯的男性气质的标志又被允许，甚至被鼓励。人们开始大量谈论"神圣俄罗斯""俄罗斯灵魂"以及古罗斯和莫斯科大公国的传统。亚历山大三世在圣母升天大教堂举行加冕仪式时被称赞为"莫斯科与整个罗斯的真正的俄国沙皇"[200]。

与"异域风情"的圣彼得堡形成对比的是莫斯科，这座城市再次成为俄罗斯文化的神圣中心，象征着人民对沙皇的拥护。东正教的崇高地位也再次得到保障，东正教被认为承载了俄国的民族精神。在为亚历山大三世登基而谱就的康塔塔套曲中，"第三罗马帝国"的说法再次被提出，并引起反响，俄国不仅要在东方承担起"文明的使命"，而且在必要时还要履行解放世界各地东正教徒的义务。

这套说辞很适合建构帝国的意识形态，即"帝国民族主义"，承认俄罗斯人和俄罗斯文化的统治地位，并承担帝国的使命。但这是否能够作为民族主义的意识形态，即把俄罗斯人的地位置于其他族群之上呢？即便承认非俄罗斯人，也只是将他们视为地位卑微的异族，注定要被俄罗斯文化吸收或放逐。但事实证明并非如此。因此这个时期的"俄罗斯民族主义"的概念与在同一时期的"英格兰民族主义"一样，显得有些古怪和不切实际。

"神圣俄罗斯"的概念由来已久，在"一战"期间，这是俄国军队在战场上鼓舞士气的口号。[201] 迈克尔·切尔尼亚夫斯基认为，"神圣俄罗斯"的说法出现在 17 世纪，作为"一种极其流行的意识形态的标志"。这一概念将信奉东正教的俄罗斯人与国家区别开来，而官方文件中很少提到这一说法。"神圣俄罗斯"常常写作一个词用在"神圣俄罗斯的领土"中，暗含着与俄国国家相对立的概念。俄国的旧礼仪派对这一说法很欢迎，他们认为彼得大帝是反基督的，因此认为自己不受他统治下的俄国的管辖。很多人认为俄罗斯思想中有无政府主义的倾向，"神圣俄罗斯"的说法与此有着重要的关联。"神圣俄罗斯"的说法蕴含着俄罗斯民族的永恒性，不涉及任何特定的政治代表。"在民谣和传说中广为流传的'神圣俄罗斯'的说法并未对俄国社会的形态做出规定，也就是说，无论有没有沙皇，俄罗斯都依然是'神圣俄罗斯'。"[202]

根据"神圣俄罗斯"的说法，俄罗斯民族的第一特征就是东正教信仰。这是俄罗斯性的定义。成为俄罗斯人首先就要成为东正教徒。由鞑靼人、波兰人和立陶宛人组成的哥萨克人接受"神圣俄罗斯"的说法，因为他们都信奉东正教，都可以算作俄罗斯人。改宗东正教的德意志人、芬兰人、犹太人和穆斯林也是如此。种族或族群绝不是成为俄罗斯人的障碍。俄国民间作品中包含很多外来族群改宗东正教并成为俄罗斯一员的故事。在这些故事中，改宗东正教、向沙皇效忠就足以让任何人成为俄罗斯人。更流行的还有俄罗斯人和东方人之间的爱情故事，爱人改宗东正教，于是得到俄国社会的普遍接受。这些故事的套路都一样，改宗东正教是唯一的要求。杰弗里·布鲁克认为，改宗"更像是民族的而非宗教的要求……改宗是异族转变为俄罗斯人的标志"[203]。到 19 世纪 70 年代，斯拉夫主义者伊凡·阿克萨科夫认为，"犹太人、天主教徒、穆斯林当然可以成为俄罗斯的臣民，但不能成为俄罗斯人。然而在俄罗斯人的眼中，任何改宗东正教的人都可以成为俄罗斯人"[204]。

迈克尔·切尔尼亚夫斯基认为，"俄国的灵魂在东正教"，"俄罗斯人不必再有其他的标签，我们要记住'俄罗斯'与'东正教'实际上是同义词"[205]。农民想要成为俄罗斯人就要成为基督徒农民，也就是东正教徒。[206] 在这一基础上，经历了1861年数个月的解放农奴运动之后，东正教的主教公会宣布为扎顿斯克的圣吉洪封圣，即"人民的圣人"。成千上万的俄国农民涌入他的圣祠，表达自己对沙皇亚历山大二世的感激，也再次明确了自己和他一样作为东正教徒的身份。[207]

但无论是"神圣俄罗斯"还是东正教，都并非俄罗斯民族主义可以借用的力量，至少俄罗斯民族主义者这么认为。因为"神圣俄罗斯"和国家有分别，甚至相互对立，无法达到民族主义团结国家和民族的目标。国家与民族之间因不同的甚至相冲突的命运而产生了让人不安的矛盾。这一区别反映在"俄罗斯人"和"俄国人"两个概念中，即民族与国家。"成为俄罗斯人意味着成为东正教徒，这是永久的身份，而俄国人则是政治身份。于是我们面对两种身份，每个都对应着一套说法：一般意义上的'俄罗斯人'，是神圣俄罗斯的实际承担者，而'俄国人'是政治意义上的国家公民，由沙皇统治。"[208] 俄国人容纳了俄罗斯人，即俄罗斯民族，赋予他们支配地位；俄罗斯人却不可能等同于整个帝国，而且在不同时期他们和其他民族一样都是帝国的受害者。

东正教当然与帝国关系密切，大多数时间也是俄国的国教，但这也导致东正教无法只作为俄罗斯民族主义的独特印记。如果说"神圣俄罗斯"比帝国的范围要小，那么东正教的内涵要大于俄国，超出帝国的边界。因为很多民族都信奉东正教，不只是帝国内的小俄罗斯人和白俄罗斯人，还有其他改宗东正教的教徒，也包括帝国境外的教众。其中最重要的群体是希腊人，他们作为东正教教的历史更久，俄罗斯人信奉的东正教教义就是由他们确立的。拜占庭作为东正教的圣殿，俄罗斯人对其相当尊崇；即使拜占庭被奥斯曼帝国征服，俄国获得东正教世界的领导权，我们在 17 世纪的宗教大分裂中会发现，希腊东正教的影响力依然不容小觑。早期莫斯科的东正教牧首，以及圣像画家比如西奥芬尼，都是希腊人。同时，在巴尔干地区，还有奥斯曼帝国的臣民信奉东正教，包括保加利亚人、波斯尼亚人、马其顿人等。俄罗斯帝国宣称自己担负着解放这些受压迫的信徒的责任。与其他伟大的宗教一样，东正教也具有普遍性，它很难适应狭隘的民族主义。尼康牧首在责备旧礼仪派的"本土主义"时宣布，"我是俄罗斯人，但在信仰上我是希腊人"，他认为从单纯的民族立场来认识东正教是不可能的。[209] 如果说东正教是俄罗斯民族的信仰，那么它只是帝国的一个许诺，即俄国要为所有东正教徒建立一个信仰的共同体。

这正是坚信"第三罗马帝国"的俄罗斯人肩负的使命。1393 年，君士坦丁堡的牧首安东尼批评莫斯科的瓦西里大公企图控制教廷，"对基督徒来说，只有教廷而没有皇帝是不可接受的，因为皇帝与教廷是统一的整体"[210]。这里说的皇帝当然指君士坦丁堡的拜占庭皇帝。1453 年君士坦丁堡陷落，拜占庭覆灭，希腊人的这一观点此时也可以用来反驳他们自己。俄罗斯教会认为，1438—1439 年费拉拉 – 佛罗伦萨大公会议上希腊人试图拉拢罗马教廷，君士坦丁堡的沦陷正是上帝对此"叛教"行为的惩罚。帝国的王位与首都都空了出来。于是俄国沙皇成为东正教的捍卫者与东正教世界的领袖，莫斯科成为帝国新的首都、东正教的圣地。奥斯曼人征服了巴尔干地区，其他东正教群体也纷纷臣服，没有人再与俄国竞争。俄国成为世界上唯一一个自由的东正教国家。根据希腊人制定的教条，由俄国沙皇担任皇帝是其义务，否则东正教教廷就不再完整。

1492 年，莫斯科牧首佐西姆斯宣布伊凡三世是"新的君士坦丁堡，即莫斯科的君士坦丁大帝"。这是俄国沙皇第一次被称为皇帝，莫斯科成为帝国的首都。[211] 教士菲洛费在 1523 年前后致信瓦西里三世，提到俄国成了

"第三罗马帝国",而莫斯科也可能是最后的弥赛亚,"两个罗马帝国先后灭亡,您将建起第三个罗马帝国,之后也不会再有第四个罗马帝国出现,您的基督教帝国……也不会再有人来继承"[212]。25

人们对教士菲洛费的这句预言有多种解读,但无论意图如何,俄国成为"第三罗马帝国"的信念很难为俄罗斯民族主义者所采用,除非要强调民族主义中"帝国"或"使命"的层面。这句话不是针对作为民族的俄罗斯,而是要求作为帝国的俄国,作为"第三罗马帝国"要继承上帝的旨意,延续之前两个罗马帝国作为基督教和文明的使者的伟业。这种帝国的抱负让俄国产生了对巴尔干地区的野心,作为奥斯曼帝国中东正教徒的庇护者和潜在的解放者,特别是在泛斯拉夫主义者的眼中,这会激起俄国为基督徒重新夺回君士坦丁堡、重建拜占庭的决心,当然,是在"俄罗斯雄鹰的双翼"下实现统治。[213]它甚至还会让俄国进军东方的战略获得合法性,俄国东进的目的是给亚洲各地的异族和异教徒带去基督教与文明。这些体现了"第三罗马帝国"所肩负的使命的转化与重构。这也很难适用于单纯的民族国家。

俄国说到底是一个基督教帝国,东正教是其自我建构中最大的特征。[214]成为俄罗斯人的首要条件就是信奉东正教,而没有选择改宗的人,无论职位如何提升,也将意识到这一点。帝国都有其使命,捍卫和传播东正教就是俄国全部的使命。而履行"文明的使命",特别是将其向东方传播也是帝国使命的一部分,有时甚至是全部。但在帝国的历史上,世俗的目标从未取代宗教的使命。透过最后一任沙皇尼古拉二世的生平与思想我们能清楚地发现这一点,他和其家族成员都是虔诚的教徒,对宗教圣地与仪式极为关注。`[215]

但是尼古拉二世统治时期,他和前任沙皇一样对俄罗斯化政策缺乏兴趣,这也证明履行帝国的使命终有其极限,最重要的是帝国的实力与生存,只有保障这两点才有机会实现帝国的理想。作为一个多民族的帝国，俄国和许多帝国一样，必须平衡帝国的传教使命与帝国的管理需求。因此帝国必须有一定程度的自我约束和自我否定。如我们所见，俄国压制了东正教徒的传教冲动，对其他宗教信仰与传统采取相当宽容的政策。同样地，这种实用主义的态度让俄国对民族主义的极端诉求置之不理，除非涉及帝国的利益。在芬兰、波罗的海各省、波兰以及鞑靼人居住的伏尔加河一带，强制性的俄罗斯化遭到抵抗，并非因为俄国尊重"多元文化"，显然俄罗斯文化在帝国地位最高，具有压倒一切的支配力量，而是因为强制性地推行俄罗斯化将有损帝国的安全，政治上极不明智。帝国使命的极限就是帝国面对的现实以及基于此现实的考量。

斯拉夫派和西方派

斯拉夫派清楚地证明了在民族和帝国之间划清界限是一件非常困难的事，人们往往会颠倒混淆两个概念。当我们用"灵魂"来定义俄罗斯民族时，最后总要归于泛斯拉夫主义，即联合所有斯拉夫人。斯拉夫派的首要原则并非定义一个种族意义上的俄罗斯民族。[216] 与他们针锋相对的是所谓的西方派，自彼得大帝时期开始，斯拉夫派反对一切对俄国社会，特别是对俄国精英影响甚深的西化倾向。即便彼得大帝不是旧礼仪派所谓的"反基督"，他主张自西方引入的理性主义和物质主义也被认为损害了传统斯拉夫人的德行与精神。他建造的"异域之城"（圣彼得堡）代表能够摧毁俄罗斯的新力量。圣彼得堡已取代了古老的首都莫斯科——俄罗斯传统精神的中心。

斯拉夫派的代表人物包括几位极具影响力的理论家（伊万·季列耶夫斯基、阿列克谢·霍米亚柯夫和康斯坦丁·阿克萨科夫），他们强调东正教是斯拉夫力量和德行的来源。[26] 东正教最忠诚地保留了基督教思想，而西方的基督教则为理性主义所污染，甚至导致一些人踏上了无神论的歧途。东正教保持了基督教教廷的集体性与共有性，而西方的基督教从社会的制度可以看出，屈服于分裂与个人主义。斯拉夫的地方传统表现为公社和合作社，这些组织由米尔（意为"村社"）会议的长老负责管理。所谓协同性、共享性或和谐性是俄罗斯社会的重要标记，与西方的个人主义相对。"社会主要由道德纽带维系，一种信仰的纽带将整个罗斯的领土凝聚成一个大的米尔，一个基于信仰、土地和习俗的全国性的共同体。"[217]

斯拉夫派为国家找到了其应有的定位，即国家的权力应当限定在社会的"外部"事务上，比如法律、战争和"高层政治"。国家无权也无必要干涉人民的"内部"事务，这部分有宗教、传统和习俗作为规范。因此，西方所要求的议会或宪法也毫无存在的理由，俄国历史上的缙绅会议对于沙皇了解民意已经足够，也是应该恢复的一项制度。统治者与被统治者的关系是相互信任，而非法律上的契约。自彼得大帝以来，俄国在国家层面不正当地、灾难性地利用官僚机器干预农村地区的事务。因此俄国政府与民间社会、西化精英和普罗大众之间产生了重大分裂。霍米亚柯夫认为，西化的俄罗斯人已经成为"本国的殖民者"[218]。

斯拉夫派在部分上层政治家那里找到了同情的声音，包括康斯坦丁·波别多诺斯采夫、沙皇亚历山大三世和尼古拉二世。斯拉夫派心目中"保守的乌托邦"[219] 在帝国统治下不具有可行性。所谓协同性的信条，只有在不触及恢复缙绅会议时才被接受，斯拉夫派强烈要求波别多诺斯采夫劝服亚历山大三世接受。[220] 在伊万·阿克萨科夫（波别多诺斯采夫的兄弟）的主张下，政府对泛斯拉夫主义产生兴趣，并希望以此支持其对巴尔干地区的企图。1875—1876 年，俄国回应了保加利亚和波斯尼亚的斯拉夫人反对奥斯曼帝国的起义，并导致了 1877—1878 年的俄土战争。[221] 但波别多诺斯采夫马上意识到了过度推行泛斯拉夫主义的危险。[222] 在 1878 年的柏林会议上，泛斯拉夫主义作为一种政治策略表现出其局限性。在会议上，俄国和其他大国一起，承担其作为大国的责任，宣布放弃在《圣斯特凡诺和约》中获得的利益。[223]

相比其他思想流派，泛斯拉夫主义清楚地表明斯拉夫派和俄罗斯民族主义并不能和谐共处。泛斯拉夫主义作为一种帝国主义信条，体现在尼古拉·丹尼列夫斯基所谓的"解放所有斯拉夫民族，建立在俄国领导下的泛斯拉夫联盟"的计划之中。[224] 即使由俄罗斯人来领导，他们也只是众多斯拉夫族群中的一支。斯拉夫派关注的斯拉夫族群也不完全一致：有些仅仅关注俄罗斯人，有些的关注点包括所有东斯拉夫人，还有的在意的是所有斯拉夫人，即不仅包括巴尔干地区的信奉东正教的南斯拉夫人，而且包括信奉天主教的波兰人和捷克人在内的西斯拉夫人。[225]

泛斯拉夫主义有合理的思想基础，包括相关的斯拉夫语言和其他文化特征。但条顿和拉丁民族也是如此，除了希特勒所谓的"雅利安主义"，这些族群并未形成民族。实际上，泛斯拉夫主义是在捷克人和斯洛伐克人而非俄罗斯人之中兴起。一般认为是从捷克作家杨·科拉尔的诗剧《斯拉娃之女》开始，呼唤所有斯拉夫民族在文化上的统一。但这不具有政治含义，至少没有由俄罗斯人统治的意思。许多波兰和捷克的学者和"发言人"，比如波兰诗人亚当·密茨凯维奇、捷克历史学家弗兰基谢克·帕拉茨基以及捷克记者卡雷尔·哈夫利切克，义正词严地反对俄国想要成为斯拉夫各民族领袖的意图。[226] 对他们而言，比起奥地利、匈牙利或德国，俄国是一个更严重的威胁，俄国的泛斯拉夫主义中隐藏着帝国的野心。哈夫利切克认为，俄罗斯人"开始在各处使用斯拉夫语，因此不久之后他们就又能用俄语替代斯拉夫语了"[227]。

斯拉夫主义永远也无法避免其主张的信条中的矛盾。斯拉夫主义究竟是种族的还是宗教的、文化上的还是族群上的、民族的还是帝国的？这些问题的答案引出了一系列不同的策略。但斯拉夫主义从来都不是一种政治规划，更像是精神和文化上的复兴运动，在各种方面充满力量和创造力，正如费奥多尔·陀思妥耶夫斯基，甚至亚历山大·赫尔岑的作品所表现的那样。在这方面，斯拉夫主义试图超越包括俄罗斯民族在内的一切民族，将自身与全人类的命运联系在一起。E. H. 卡尔写道："俄罗斯民族不仅是众多民族中的一员，而且通过成为普遍人类的原型拥有了超越民族性的使命，这是斯拉夫主义的核心信条。"因此康斯坦丁·阿克萨科夫在 19 世纪 50 年代写道："俄罗斯民族不是一个民族，它就是全人类；之所以认为它是一个民族是因为它被其他民族包围，俄罗斯民族的普遍性看起来就像其民族性。"陀思妥耶夫斯基认为普希金的诗歌非常伟大，不是因为他是俄罗斯人，而是因为他是全人类的典范；而且俄罗斯民族之所以重要也不仅仅是因为自身，还因为它是"承载上帝旨意的民族"[228]。

西方派基本上也是道德主义者，特别是其公认的领袖维萨里昂·别林斯基。他们反对斯拉夫派推崇的一切价值，特别是专制统治和东正教，但也反对狭隘的民族主义。从根本上说，他们将自己的事业视作追寻真理和正义的启蒙运动。对他们而言，当时的俄国阻碍了对这两者的探索，因此他们要竭力清除这一障碍。[229] 民族主义对他们的事业毫无助力，因为民族主义要求其民族拥有特定的历史，而西方派眼中的俄国并不具备一段他们可以拿来利用和宣传的历史。

西方派跟随彼得·恰达耶夫的脚步，1836 年，他的《哲学书简》被亚历山大·赫尔岑誉为"响彻黑夜的枪声，迫使我们每个人都醒过来"[230]。恰达耶夫认为俄国的悲剧在于，"我们不属于任何人类的大家族。我们不属于西方，更不属于东方，因此我们不具备东西方的传统。因为身处在时代之外，人类的普遍教育并未触及我们"。当彼得大帝开始教化俄罗斯人时，他无法凭借任何民族的传统。"彼得大帝掌权时，他面对的是一张白纸，他力透纸背地写下了欧洲和西方两个词：从那时起，我们就是欧洲和西方的一部分。"但是，"请不要误解：无论这位皇帝多么有才华，他的意志多么坚定，他的事业的基础都是民族，而且需要这个民族的历史不会在将来成为障碍，民族的传统没有力量改写未来，民族的记忆可以被大胆的立法者毫无顾虑地清除干净。我们是如此顺从地跟随这样一位君王，他带领我们走向新的生活，我们先前经历的一切都不构成反对他的理由"[231]。

西方派继续着彼得大帝的事业，但狭隘或自负的民族主义情绪对此毫无裨益。在克里米亚战争期间，恰达耶夫针对狭隘的民族情绪写道："我们知道俄国国力强盛，在未来必有一番作为。但是……我们很难想象俄国的价值观能为任何社会问题提供解决方案，很难想象俄国能独立于世界而生存……也很难想象俄国肩负着吸收所有斯拉夫民族的使命，更难想象的是俄国将带给人类重生。"恰达耶夫所批评的就是斯拉夫派，他懊悔地说，"所谓民族情绪已经上升为一种单一主义的狂热病，正在俄国受过教育的人群中蔓延"[232]。

追随恰达耶夫的西方派也同意，没有可用的历史，就意味着要从别处包括西方寻找构建国家未来的思想材料。当然，民族主义被排除在外。别林斯基是恰达耶夫之后最具影响力的西方派代表，他也盛赞彼得大帝将俄国从"蛮荒的亚洲"中解放出来，以及叶卡捷琳娜大帝将西方的启蒙思想带给俄国，通过她的教育政策开启民智。于是，"我们成为西方主义的学生，而非狂热崇拜者；我们不再盼望成为法兰西人、英格兰人或德意志人，我们是有着欧洲精神的俄罗斯人"。他们最终的目标是使"欧洲的民族理念在俄国全面渗透"[233]。

但为了让俄罗斯人成为欧洲人，就得减少民族主义倾向，而像小说家屠格涅夫或那些受到法国、德国社会主义思想家影响的受过教育的俄罗斯人那样成为世界公民。又或是开辟新的思路，如亚历山大·赫尔岑一样，在立足国情的同时吸收西欧的思想与经验。[234] 西方派的首要目标就是消灭专制与教廷统治下的无知、奴性和愚昧。因此，他们主张破坏甚于创造，他们坚信俄国当前需要的并非建设性的改革，而是破除旧的思想与偏见。别林斯基为此称赞 18 世纪，这一时期"贵族、牧首和上帝，理性与人性的敌人被一一斩首"。他说："我的上帝是反对派！历史上我崇敬的英雄都是打破腐朽的毁灭者，路德、伏尔泰、百科全书派、革命家、拜伦。"[235]

西方派希望创造的民族并非建立在过去的传统之上，而是全新的事物，习得启蒙运动的理性、世界主义等理念，让西方人另眼相看，而非以沙文主义"出名"。别林斯基认为，"民族主义"需要让位于"更伟大的人性。每个民族都将意识到自己是人类大家庭中的一员。他们意识到要以兄弟般的情谊互相分享民族的精神财富……今天，只有最羸弱和狭隘的民族才会认为人性的胜利将有损于民族，以至需要建造一座长城来保护我们的民族主义"。别林斯基鄙视那些"欧洲文明的仇恨者"，他们阻止了"俄国社会受过教育的群体（西方派）的进步……而把不修边幅、肮脏不堪的大众当作值得俄罗斯民族效仿的榜样……民族主义绝不是一件外套、一双拖鞋、一杯廉价的伏特加或一坛酸菜"。他认为，"神秘主义、苦行主义或虔敬主义拯救不了俄国的灵魂，俄国的救赎是文明、启蒙和人性"[236]。

帝国民族主义：民族与帝国

陀思妥耶夫斯基曾说："俄罗斯人不仅是欧洲人，而且也是亚洲人。我们的希望更寄托于亚洲，而非欧洲。在未来，亚洲似乎为我们提供了最终的可能性。"[237] 别林斯基也承认，斯拉夫派对"俄罗斯欧洲主义"的部分批判的确有合理之处，他同意"俄罗斯人生活中存在双重性，因此相比欧洲民族，我们缺乏一种道德上的统一性来定义我们的民族性格。这让我们成为极为独特的族群，我们能用法语、德语或英语思考，却很难用俄语思考……用俄语思考变得极其困难，因为俄国对我们而言是一个谜，我们祖国的命运与意义仍处在一片混沌之中，远未发展成熟，正如一个谜"[238]。

尤其重要的是，斯拉夫派和西方派都认为俄罗斯民族有特殊性，存在不同的指向，即西方与东方，因为其发展不完善或存在扭曲，就像一个难解的"谜题"。即使是尼古拉·丹尼列夫斯基也认可这种说法，他曾反对"俄国因存在上百种民族而无法团结统一"的观点。人们或许忘了，"民族的差异性在俄罗斯人数量和地位的优势面前荡然无存"。俄国作为唯一一个独立的斯拉夫国家，有责任解放"同胞手足"，因此俄国"必须独立自主，以泛斯拉夫主义的立场面对自己和所有斯拉夫民族"[239]。

丹尼列夫斯基的观点指出了斯拉夫派关于俄罗斯民族身份的所有矛盾之处。为了自我拯救，也为了成全自我，俄国需要拯救所有斯拉夫人，因此也必须和奥斯曼帝国进行一场战争，甚至还需要和哈布斯堡王朝乃至霍亨索伦王朝交战。斯拉夫派的诗人费奥多尔·丘特切夫曾坦言，"俄国必须成为斯拉夫帝国"，这是在"希腊－斯拉夫"的基础上重建基督教世界的先决条件。这意味着在俄国的支持下重建拜占庭帝国，这也是斯拉夫派不懈的目标。而且俄国还有更深层次的追求，即俄罗斯命运中弥赛亚式的使命——重建整个世界。建立斯拉夫帝国，恢复君士坦丁堡，在丘特切夫看来，将使俄国焕然一新，远远超越一个帝国。"俄国将成为它自己，但同时会更为完善，发生蜕变，而它的名字却没有更改。俄国不再是一个帝国，而是整个世界。"[240]

通常来说，这是非常另类的民族主义。可以想见，俄罗斯民族可以以斯拉夫人作为核心而发展壮大，如我们所见，这是 19 世纪末的情形。但我们发现了这些思想与政策的局限所在，过度推行这些政策会威胁帝国的根基。即使俄罗斯人等同于斯拉夫人（是所有斯拉夫民族，还是部分斯拉夫民族呢），帝国中也还有大量非斯拉夫人，到19世纪末他们占帝国人口的近1/3。极端民族主义者如米哈伊尔·卡特科夫主张将这些非斯拉夫人驱除出去，为了让俄国更为纯洁，连东斯拉夫民族也都可以排除在外。这是带有复仇性质的"大俄罗斯沙文主义"[241]。但即使在极端保守派中，这也只是极少数人的观点，从未被沙皇或政客认真考虑，即使是最主张民族主义或唯一的民族主义者沙皇亚历山大三世也从未予以考虑。[242]"在文化层面（修建教堂或节日庆典），俄国政府推崇'俄罗斯性'，但其政策不免暗含了国家主义和俄国王朝的思想。"[243]

民族与帝国，在19世纪之后成为相互对立的两个选项。[244]支持其中一方就意味着压制或威胁另一方。艾瑞克·霍布斯鲍姆认为，民族或许已成为"新的国家宗教"[245]。但是，为国家服务而采用的民族主义原则却需要人们万分小心，避免帝国生存受到威胁。在这一点上，俄国与奥斯曼帝国、哈布斯堡王朝、英国和其他帝国的境况是类似的。某个民族身份认同过强，特别是那些占有支配地位的民族，将威胁到帝国的稳定与生存。最后，尽管存在重叠和相似之处，帝国和民族国家毕竟指向不同的方向（见第一章）。

俄国政客接受了这一观点，19世纪很多俄国官员开始小心地使用"官方民族主义"一词。"官方民族主义"是1875年自由派历史学家A. N. 佩平评价尼古拉一世政策时提出的说法。此后，这一说法开始流传，作为尼古拉一世的教育大臣谢尔盖·乌瓦罗夫伯爵1833年提出的"东正教、专制制度和民族主义"的一个注解。佩平当然认为这一说法迎合了俄罗斯民族主义，而大多数学者对一般意义上的"俄罗斯化"仍有疑虑。[246]

图 5.5　沙皇尼古拉一世的肖像画。作者是弗兰兹·克鲁格。藏于俄罗斯冬宫博物馆
〔Bridgeman Images〕

　　"东正教、专制制度和民族主义"这一说法中的"民族主义"注定要产生歧义。在俄语中，民族主义是"narodnost"，来自"narod"（民众）一词。对于熟悉西方民族概念的别林斯基和其他学者，它与来自"natsiia"（民族）一词的"natsionalnost"（民族主义）完全不同。别林斯基认为，"一种是自然的、直接的、从父权概念延伸出来的民族概念，另一种是经过历史的发展和理性运动后产生的民族概念"[247]。乌瓦罗夫和斯拉夫派唤起的是保守主义者的兴趣，是来自民众的、"直接的"民族主义，而不是来自法国大革命的、充分发展的"民族"主义。[248] 民粹主义和"官方民族主义"的支持者都借此发挥，表现其概念的多义性，可以被任意解读。[249] 在"官方

民族主义"中，民族主义的意义在于将沙皇和民众联系在一起，民众对此认识模糊，却很容易被唤起，但这不代表俄国是建立在民族基础上的国家（所谓现代民族主义）。民族主义在俄国依然有着传统王朝专制的一面，"官方民族主义恰好是对种族划分的否定 [250]。" 27

"官方民族主义"特别适合用来形容 19 世纪俄罗斯民族与帝国的关系。我们清楚看到其中民族是为帝国效力，而非相反。帝国直到其解体的那一天依然是所有统治者和政治顾问最关注的问题。[251] 无论是俄罗斯民族还是非俄罗斯民族的民族主义，都是对帝国的威胁。民族主义在 19 世纪的欧洲十分强大，俄国当然也无法不受影响。帝国内非俄罗斯民族主义兴起的同时，俄罗斯民族主义也在逐渐壮大，但是从未产生全国性的影响，甚至没有影响大部分的俄国知识阶层，其发展依然显得狭隘和局限。[252]

俄罗斯人无疑在帝国中占有支配地位，无论是人口还是其影响力。俄罗斯帝国避免将自己的身份与俄罗斯人过于紧密地联系起来，因为它是一个多民族国家，统治阶层也由多民族构成。俄语是帝国的主流语言，俄罗斯文学、艺术、音乐也是地位最崇高的艺术形式。每个人都崇拜普希金、托尔斯泰、陀思妥耶夫斯基、穆索尔斯基、柴可夫斯基和格林卡。帝国是将这片广袤土地上诞生的不同文化融为一体的工具。而俄罗斯人并不只是一种民族文化的使者（其文化根源既来自帝国各地，也来自西欧），还承担着普遍使命。大部分时间里，东正教是其中最重要的使命，被视作拯救和联合所有人的最纯净的基督教。其终极目标是弥赛亚式的对全人类的救赎，而非针对某个特定民族。但是某个民族可以认为自己被赋予神圣的使命来完成这一伟业。因此民族和帝国产生了联系，通过某个民族和它肩负的普遍使命。

"帝国民族主义"是我之前（见第一章）使用的说法，用于表达帝国及其民族载体的关系。这一说法的问题在于，我们更强调其中的民族主义，而忽略了帝国的要素。这样做是错误的。帝国民族主义是指，某个民族在无意间产生了自我认知，找到了超越自身的意义，他们通常生活在肩负着"改变世界历史"或普遍使命的帝国中。民族国家也一样，至少其中一部分人认为自己也肩负使命。因此帝国民族主义的另一个说法可以是"传教民族主义"（见第一章）[253]。但这不是一般意义上的民族主义，在很多方面这是民族主义的反面。作为民族的载体，所谓"立国"民族，必须不能过度强调自身的民族身份，以致脱离帝国中的其他民族。这将威胁到帝国的完整，甚至帝国的生存。立国民族的身份要求他们不动声色，甚至自我压抑，完成帝国的使命，以创造出一般民族国家不可企及的成就。

这就是俄罗斯人在俄国所做的一切。俄罗斯帝国与奥斯曼帝国或哈布斯堡王朝或许在名称上很类似，但罗曼诺夫王朝的情况与后两者完全不同。但我们不应该认为帝国只是因为其王朝才得以延续。罗曼诺夫王朝甚至会认为自己是帝国的受害者，甚至比帝国的非俄罗斯人受到的伤害更深。此后，这成为苏联时期俄罗斯民族主义的经典叙事主题，而在沙俄时期，俄罗斯人享有的是光荣而非遗憾。

杰弗里·霍斯金引用文化历史学家格奥尔基·加切夫的话说，"民族是国家的受害者"。这是他的著作《民族与帝国，1552—1917》（1998a）一书的主题。他说这本书是关于"国家如何阻碍民族的发展壮大，或换句话说，帝国如何影响一个民族的形成"。19世纪的俄国思想家因俄罗斯民族身份的问题而痛苦焦虑，认为与西方相比俄罗斯的民族身份极不完善。霍斯金认为这些思想家如此担忧是有道理的。"我们认为俄罗斯人是对的，一个支离破碎的、发育不全的民族身份在帝国最后的200年中是他们最大的历史包袱，这种影响一直延续到苏联时期和今天的俄罗斯。"[28]

诚然，19世纪俄罗斯民族主义并无长足的发展，主要原因或许是俄国的多民族属性。问题在于俄国无法产生民族主义，而这似乎又是帝国面临困境时的唯一出路。霍斯金和其他学者认可一般的观点，即存在于19世纪的帝国本身就是"时代错误"，帝国作为前现代的产物，却因为各种原因留存在现代的世界。适应现代的是民族国家的形态，无法转型为民族国家的俄国似乎已亲手给自己判了死刑。[29]

以上的说法忽略了19世纪之后，帝国不仅发展繁盛，而且是几乎所有欧洲大国（也许还包括美国）的梦想。[254] 为什么在帝国林立的世界，一个帝国还需要培植民族主义呢？帝国本身一定会成为其第一个受害者。俄国的主要对手都是帝国，包括奥斯曼、哈布斯堡、英国、法国，甚至德国。这些国家都面临民族主义的威胁，也都或多或少地试图转移或压制民族主义。对俄国而言，发展民族主义无异于宣布放弃帝国以及帝国的无上地位，让自己降格为像匈牙利和塞尔维亚那样的国家。[255] 假使帝国真的这么做，而俄罗斯民族又缺乏明确的内涵，我们难以理解俄国政客为什么会执着于民族主义。

在"一战"和1917年十月革命的混乱之中，关于俄罗斯性的各种争论引发了连绵不休的流血争斗。最后，取代俄国的不是俄罗斯民族国家，而是一个崭新的苏联。看起来俄罗斯民族主义的兴起仍有待时日。

第六章　大英帝国

位于欧洲西北部的几座阴雨绵绵的小岛，是如何统治世界的？这不仅是英国史，更是世界史的根本问题。

——尼尔·弗格森[1]

无论是古代还是现在，从未有过这样一个国家。甚至恺撒或查理曼也未曾统治过这样的国家。

——本杰明·迪斯雷利，《论大英帝国》，
1878年4月8日在英国上议院的演讲[2]

奇怪！最典型的岛国人居然建立起世界上最大的帝国。不，不奇怪，他们的岛国性给了他们建造帝国所需的超强自信和道德优越感。

——保罗·斯科特，《分配战利品》（"英属印度四部曲"）[3]

海陆帝国

之前三章所讨论的帝国——奥斯曼帝国、哈布斯堡帝国和俄罗斯帝国——都属于内陆帝国。这些国家的扩张是从一个中心出发，吞并并统治邻近的领土。因为在地理上，宗主国和附属地的关系紧密，所以两者的文化和社会距离比起海洋帝国更接近。这会让部分评论家，比如 19 世纪俄国历史学家将这些帝国视作民族国家。这是不妥当的，更像是观察家的主观判断而非事实。奥斯曼帝国、哈布斯堡帝国和俄罗斯帝国绝不是民族国家。民族主义在统治民族和其他族群中的兴起，意味着帝国的终结，而非帝国的形成。但宗主国和附属地相对接近，两者很难区分，这会使得内陆帝国中统治民族与其他族群的关系与海洋帝国中二者的关系有显著差别。

所有帝国都有普遍目标，无论是内陆帝国还是海洋帝国，这样的目标并不会因疆域和地缘而改变。与现代帝国相比，罗马面积相对较小，但罗马从未放弃对普遍主义的追求，对普遍主义的追求甚至成为罗马传给后世的重要政治遗产。奥斯曼帝国希望传播伊斯兰教，哈布斯堡王朝希望传播天主教，俄罗斯帝国希望传播东正教。无论领土大小与国家性质，所有帝国都认为自己掌握了世界的真理，并希望将其传扬四海，让世界成为一个共同体。

但国家的基本属性之一——领土面积，对普遍性的追求是有影响的。领土面积可以影响国家的信誉。俄国幅员辽阔，却局限于欧亚大陆。除了那次短暂的涉足北美洲的尝试，俄国从未将它的统治延伸到欧亚之外。奥斯曼帝国和奥地利哈布斯堡王朝亦是如此，除了偶尔的几次冲动，它们的权势也仅限于大陆。或许它们认为自己肩负了普遍主义的使命，但一个未建立全球秩序的帝国又将如何履行这一使命呢？伊斯兰教能广泛传播，除了奥斯曼帝国还有其他国家在共同为之努力。天主教也在全球传播，但这不能主要归功于奥地利哈布斯堡王朝（尽管建立了海外帝国的西班牙哈布斯堡王朝也起到了关键作用）。如果不是因为俄国在非洲和拉丁美洲的影响，东正教要如何在那些地区扎根？

海洋帝国的面积相对较大，西班牙哈布斯堡王朝、葡萄牙帝国、荷兰帝国、大英帝国和法兰西帝国的情况都是如此。但比起幅员更重要的是海洋帝国的特性。与内陆帝国不同，这些帝国在建立之初就打上了全球化的印记。

它们在每块大陆、世界的每个角落建立根基。它们产生了世界性的影响，也留下了世界性的政治遗产。与内陆帝国不同，它们追求普遍的使命，绝不是一句仅有象征意义的空话。通过宗教、语言、法律，以及在全世界各地殖民定居，它们将普遍的追求变成实实在在的、制度化的现实。世界一度真的可能被西班牙、英国或法国统治，而且这种统治不单单是名义上的。

欧洲海洋帝国是帝国史上较新的事物。人类历史上曾有过幅员辽阔、横跨大陆的亚历山大帝国，而短命的蒙古帝国是历史上已知的最大帝国。当然，如果算上腓尼基人和雅典人，海洋帝国的历史并不算短，但欧洲海洋帝国的规模与扩张程度前所未有。自15世纪起，在一段极其短暂的时间里，欧洲帝国在世界各地抢夺地盘，发现并殖民了此前只为当地原住民所知的陆地。与亚历山大帝国相比，欧洲海洋帝国在某种程度上对世界历史的影响更大，今天的世界格局和欧洲海洋帝国有着莫大关联。

本章和下一章会讨论两大海洋帝国：英国和法国。两者之间有值得玩味的相似之处，也有不少差异。当然，它们与本书简单讨论过的另一个海洋帝国——西班牙相比也是如此。不过它们与西班牙的相似点要更少一些。在这里，历史时期的差异是关键。英国和法国都是在西班牙衰落之后才达到自己的巅峰。这倒并不妨碍我们去比较，只不过限制了我们从中得到的历史教训。英国和法国分别兴起的18世纪和19世纪，这段时期与西班牙帝国兴起时所处的现代史开端时期截然不同。西班牙人（以及葡萄牙人）是建立海洋帝国的开路先锋，法国人和英国人从他们身上学到了经验。这虽然不一定会让英国人和法国人成为更好的帝国主义者，但或多或少影响了他们的行为。

更重要的是，技术和通信的变革颠覆了宗主国与附属地的关系。在西班牙帝国与法国和英国的帝国崛起之间，工业革命出现了，带来了铁路、蒸汽船、电报、加特林机枪以及众多崭新的发现和发明。这让英国和法国获得了大量新的统治工具，同时这些工具也被帝国内外的敌人掌握。此外，新的反帝思潮，比如民族主义、社会主义也开始兴起，英国和法国所处的环境与 16 世纪西班牙和葡萄牙所处的环境完全不同。因此可以理解，英国和法国为什么会偏离现代早期帝国统治的模式。

最大的帝国：有多"特别"

大英帝国成为历史上最大的帝国。[4] 它在"一战"后达到顶峰，占据了世界上 1/4 的陆地面积和近 1/4 的全球人口，规模是排名第二的竞争对手法兰西帝国的三倍多。[5] 俄罗斯帝国维持最大帝国地位之时间或许最长，但它从未像大英帝国那样将触角伸向全球，而在 19 世纪初大英帝国就已超越了俄罗斯帝国成为世界上最大的帝国。

英格兰人是统治民族，是所谓大英帝国的"核心族群"。实际上，尽管有些尴尬，但英格兰人可以宣称自己是世界上最具帝国主义色彩的民族之一，这种色彩强于俄罗斯人所具有的帝国主义色彩，或许只有罗马人才能与之媲美。在开拓海洋帝国之前很长的一段时间，英格兰人已经在本土建立了"第一英格兰帝国"。[6] 10 世纪，编年史家艾特尔维德提出，"不列颠现在被称为英格兰，拥有了胜利者的名号"。11 世纪初，英王"忏悔者"爱德华推翻了这个称谓，自称"全不列颠的国王"。1066 年，诺曼征服之后，这些名号很快成了确凿的事实，威尔士和爱尔兰相继并入不列颠，苏格兰也几乎被征服（直到 1707 年才完全合并）。"大不列颠及爱尔兰联合王国"在 19 世纪初终于成形，数个世纪以来英格兰对"本土"的征服已经完结，一个"内帝国"，以英格兰为中心的"欧洲的大英帝国"，登上了历史舞台。[7]

英格兰人早年作为帝国民族，要面对所有帝国民族都要面对的问题：如何定义自身与帝国的关系？与帝国中有着更确定身份的其他民族相比，自己究竟是谁？在其他国家的历史中，答案通常是将民族身份与帝国身份融合，从而在帝国这个更宏大、更重要的家园中，失掉自己的身份。英格兰人亦是如此，在大不列颠的"内陆帝国"中，他们将自己定位为不列颠人，或将英格兰和不列颠的身份混为一谈，他们往往用"英格兰"指代不列颠，而说起"不列颠生活方式"时，他们又赋予其英格兰的内涵。[8] 与俄罗斯人以及其他帝国民族一样，英格兰人很难区分民族与帝国。

我们在此讨论的是建立了海外领土的英国，即所谓"外帝国"，而非本土帝国。但必须记住，英格兰人在海外扩张之前早已是帝国民族了。他们的帝国身份已在 16 世纪确立，在接下来的两个多世纪里，他们开始海外殖民和征服，并最终塑造了一个世界帝国。在征服、统一不列颠岛的过程中产生的不列颠身份认同，因海外帝国的建立而得到进一步巩固，因此成立之初的联合王国就是不列颠人的帝国。

英国的海外帝国是英格兰 / 不列颠帝国本土的延续；本土产生的不列颠身份已经可以被用来对外传播（正如西班牙人在重新征服半岛的同时征服美洲并在那里定居）。这是约翰·西利爵士的《英格兰的扩张》（1883）一书的核心话题，并包含在"大不列颠"这一概念中。正如倡导这一说法的思想领袖 C. P. 卢卡斯所说，"大不列颠大规模地重复着自己的历史，并最终扩张为英联邦，其所有重要的元素都已在旧国家存在"[9]。这一有趣的观点也存在漏洞和限制，但它说明了关于英国的一个根本事实，以及本土和殖民地民众的看法。

爱尔兰贯穿了帝国成形的始终，与恩格斯的观点一样，爱尔兰是英格兰的"第一殖民地"。[10] 12 世纪，爱尔兰被征服和殖民，因此它无疑属于英格兰帝国首轮殖民的对象。此后的第二个浪潮是建立种植园，包括在爱尔兰的阿尔斯特，以及在 16 世纪末、17 世纪上半叶的北美：这时英格兰人开始在北美建立定居点。二者在时间上如此吻合，在殖民方式上也存在相似之处，我们自然会发现其中的联系。爱尔兰似乎同时属于英格兰第一

和第二帝国。尼尔·弗格森认为，"爱尔兰是不列颠殖民主义的实验室，阿尔斯特是种植园的原型"。[11] 1

爱尔兰和威尔士无疑都属于"英格兰第一帝国"。这是联合王国建立过程中的关键一步。[12] 但它们是否可以归入英格兰/不列颠第二帝国，即海洋帝国的体系中呢？爱尔兰在多大程度上是一个殖民地，或如托蒙德伯爵在 17 世纪所说，它是"英格兰人的另一个印度"？[13] 这是爱尔兰整整一代民族主义者，以及英格兰人，还有像马克思和恩格斯这样的人最爱引用的类比。近年来，它在爱尔兰历史学家和文化理论家当中也流行起来。

许多理由都可以证明这种类比的可信性。爱尔兰存在一个"外来"的统治阶层，特别是在 17 世纪后，这个统治阶层变成了所谓的"新教徒统治阶层"。当然像在不列颠的其他殖民地那样，这里也有当地的合作者，包括天主教徒和新教徒。整套英格兰的法律和行政体系被移植到爱尔兰。"压迫者的语言"——英语也被引入爱尔兰，而爱尔兰当地的凯尔特语受到压制。在英格兰宗教改革之后，大多数爱尔兰人信奉的天主教受到压制，爱尔兰圣公会被强行定为国教。爱尔兰人的土地被没收，"外来的"苏格兰人和英格兰人开始建立种植园，带来了与当地截然不同的风俗和宗教。爱尔兰人无法直接买卖土地，这与北美殖民地的情形类似。爱尔兰人通常被夸张地塑造为落后的野蛮人。在爱尔兰制定政策的英格兰人，比如汉弗莱·吉尔伯特、沃尔特·雷利、威廉·佩恩，在早期弗吉尼亚、马里兰和其他北美殖民地也发挥了关键作用。最重要的是，19 世纪 40 年代暴发的爱尔兰大饥荒与 1942 年的孟加拉大饥荒不相上下，人们因此谴责爱尔兰的殖民统治者。再加上爱尔兰实行总督管理，总督以英王的名义在都柏林城堡实施统治，这种帝国主义景象让人们更会把爱尔兰视作经典的受压迫和受剥削的殖民地。2

但许多人表示，有足够的理由质疑这一结论。爱尔兰可以被视作英格兰陆地帝国的一部分。与传统观点不同，爱尔兰与英格兰在地理上的比邻关系并不妨碍我们从帝国主义的角度思考二者的关系。正如之前讨论过的俄罗斯人与鞑靼人的关系，与帝国接壤容易促进殖民征服。英格兰征服并统治爱尔兰的决心之所以如此之大，是因为它担心这里会成为其敌人——先是西班牙、法国，后来是德意志——入侵其领土的后门。[14] 即使不考虑其他因素，仅从国土安全的角度出发，爱尔兰也必须被纳入英格兰的"内部殖民地"。

如果将爱尔兰放在海洋帝国体系中来考察，其与英格兰比邻而居这个特点就格外重要。爱尔兰和不列颠岛之间的人员往来对于附属地与宗主国之间的关系而言极不寻常。同样，在不列颠的各大城市，比如利物浦、伦敦和格拉斯哥，有不少爱尔兰人定居，这被概括为"反向殖民"。3 爱尔兰的其他特点让人们很难将它算作典型的殖民地。直到 1801 年，爱尔兰都是独立王国（尽管与英格兰人和苏格兰人拥有同一个君主），在都柏林有自己的议会。1801 年并入大英帝国之后，爱尔兰和苏格兰一样，成为宗主国的核心组成部分。1829 年《天主教解放法案》签署之后，100 位信奉天主教的爱尔兰议员进入威斯敏斯特议会，并在 19 世纪下半叶下议院两党角力时起到了平衡作用。在经济和社会发展方面，盎格鲁-爱尔兰乡绅成为不列颠的统治阶层；盎格鲁-爱尔兰文学家，包括乔纳森·斯威夫特、乔治·贝克莱、埃德蒙·伯克、奥斯卡·王尔德、叶芝、萧伯纳等，成为英国文化的代表。从经济上看，爱尔兰也不像一个被剥削的、落后的殖民地，爱尔兰农业和工业的发展得益于与英格兰的联系；而在帝国和爱尔兰的贸易中，爱尔兰人总能得到实惠。更能说明问题的是，大量爱尔兰人，包括新教徒和天主教徒，以官僚、军人、定居者、传教士、商人、医生和教师的身份参与到大英帝国的治理中。这让爱尔兰看起来又不像典型的殖民地。4

当然，爱尔兰似乎是"不列颠世界"的异类，1921 年爱尔兰（南部 26郡）独立以及 1949 年退出英联邦，都能说明这一点。爱尔兰公民可以自由出入不列颠岛，工作不受限制，甚至在不列颠也拥有投票权。爱尔兰与新独立的英联邦国家不同，能够以平等条件享有联合王国及其殖民地的公民享有的同等权利：这对于一个在"二战"时恪守中立，战争结束后立刻宣布独立，之后便脱离英联邦的"前殖民地"而言是极大的优待，在英联邦中是独一无二的。[15]

爱尔兰或许被认为是英国的异类，但很多人认为大英帝国中这样的异类很多。最近，人们越来越喜欢谈论帝国的混乱本性，即帝国由各部分无序地拼凑在一起。约翰·达尔文认为，"帝国主义"一词在19—20世纪的英国没有确定含义，"因为英国统治的内涵丰富到了令人困惑的程度。真实的大英帝国并非只是被统治的领土，而是一幅巨大的拼图，上面布满了附属国和保护国、殖民地和'势力范围'、停战诸国和通商口岸、飞地和运转口岸、炮艇和卫戍部队、海洋航路和装煤站、电报线路和航线、领事馆、基础设施和投资，以及废弃的矿场。这些如何维系，如何成为一个整体，甚至如何被创造出来，都会让哪怕最聪明的统治者头疼……人们在英语中找不到一个词为这个古怪的集合体命名：最接近的是一个拉丁文说法——不列颠治下的和平"[16]。在之后更翔实的论述中，约翰·达尔文回避了"大英帝国"这个说法。相反他效仿亚当·斯密，认为英国"从来就不是一个帝国，而是一项帝国计划"，于是约翰·达尔文将自己的书定名为《帝国计划》。[17] 为了进一步表明这层含义，他的另一本书叫作《未终结的帝国》①，再次强调英国的"即兴性与临时性"，英国是"成形中的帝国，一个半成品帝国"。[18] 5

约翰·达尔文的观点与关于英国发展的最著名论点是一致的。约翰·西利在1883年提出，"我们似乎在没有意识到的情况下，征服了世界上一半的领土，统治了世界上一半的人口"[19]。尽管未必同意这个观点，几位著名学

---

① 《未终结的帝国》简体中文版已由中信出版社出版。——编者注

者近几年却和西利一样强调英国无计划、无意识的本性。例如，比尔·纳森认为帝国是"由特殊的碎片构成的，来自世界各地的、截然不同的元素偶然构成了大英帝国"，"帝国的构建缺乏一致的模式"。[20] 大英帝国完全是自然地飞速"生长"出来的。对其他人而言，大英帝国或许是有史以来最大的帝国，英国人自己却认为帝国出现的原因依然神秘莫测。

缺乏自我意识，以及那种没有完全理解或把握的感觉，将产生不安全感，导致人心不稳。琳达·科利认为，当时的人非常清楚英国本土领土有限，与竞争对手比如法国、俄国、奥斯曼帝国和之后的德国和美国相比，或者与大英帝国自身相比都显得局促狭窄，因此他们害怕坚持帝国模式会过于冒险。1902 年，地理学家 J. H. 约翰逊认为，"更大的不列颠，就是英国人在海外占有的一切，是不列颠岛的 125 倍"。琳达·科利认为，"因为帝国内核极其有限，而它又依赖海上力量，英国的消耗和负担过重，统治流于表面，维系时间也并不长久"[21]。马娅·亚桑诺夫同样强调不列颠的"裂缝与不安全感"。她认为，所谓"白人的负担"透露出的沾沾自喜是一种"一厢情愿的想法，一种为根植在英国统治中的脆弱与矛盾寻找辩解和补偿的心理"[22]。

如果大英帝国不在自己和他人面前表现得国力显赫，英国人或许意识不到自己帝国的权威。西利做出关于英格兰的所谓无心帝国主义的评论，是因为他认识到"我们对民族发展与领土扩张这一重大现象表现出冷漠"。西利认为，我们"不允许帝国的存在影响我们的想象或思维方式，我们现在也认为自己只是欧洲大陆北部小岛上的民族而已"[23]。众多历史评论家，从约翰·斯图尔特·穆勒到 BBC（英国广播公司）的工作人员，都惋叹大众对帝国的无知和冷漠。米尔纳勋爵在 1906 年说过："很不幸的是，我们必须向那些傻瓜说明为什么我们需要一个帝国。"即使在那些应该关心国家事务的人中，对帝国的热情也很难被激起。当要讨论帝国事务时，下议院通常空无一人。6

伯纳德·波特的《无心的帝国主义者》可谓这一思潮的顶点。[24] 该书认同西利的观点，而且更进一步，波特提出在历史上，英国人对帝国知之甚少，毫不关心，生活也未被帝国打扰。少数上层或中上层人士，即真正主导帝国前途的人才会有兴趣参与到帝国事务中，而其他人看重的是国内事务，比如就业和家庭问题。换一种说法，大英帝国是一个"阶级产物"。"只要那一小部分男人（及其伴侣）在治理这个国家，剩下的人就可以关心其他事务。帝国不需要从大多数人那里获取多少物质资源——至少大多数人并未意识到这点——也不需要这些人的支持或热情。大众的漠不关心不会影响帝国的维系。"[25]

波特和其他人的观点提醒我们，不能想当然地认为强大的大英帝国在英国大众心目中也很重要。这些观点也质疑了后殖民主义学者提出的稍显刻板的假说，即无论是在英国还是在其他国家，帝国对宗主国社会的影响与对殖民地的影响一样既深刻又普遍。这些观点需要证据，无论采取怎样的经验主义的手段来获取；如果缺乏证据或证据不够有力，这些后殖民主义理论家的观点就是值得质疑的（这些人的代表是爱德华·萨义德，波特略显挑衅地称他们为"萨义德主义者"）。

凑巧的是，近些年研究英国的学者出版了大量著作，无论是考据细节还是涉猎广泛的论述都表明，不管在过去还是在现在，帝国对英国社会的影响既深刻又持久。波特了解其中许多观点，事实上他的研究就是为了反驳这些观点。[7]但无论我们如何看待这些论著——包括所有或大部分后殖民主义理论家的论证及波特的回应，我们都不能简单地认为缺乏可验证的史料证据，认为帝国对英国社会的影响只是观念上的或假想的。这种观点无疑是教条的，和与其相反的说法，即英国社会的各个角落都能发现帝国的踪影一样偏狭。

我们还有一层顾虑。"经验主义"的最明显做法不免简单粗暴。依赖民意调查或测试大众关于帝国某一方面的知识，是评估影响力的糟糕方式。[26]即使是帝国中学或大学教学中设置的考试，或流行文化中的表现（两者都是波特研究中的关键），也不一定能揭示帝国是否能够或如何影响人的意识或行为。不必成为结构主义者或心理分析师，我们也清楚文化与意识形态以不同的方式运作，并在更深层次上产生影响。意识形态有隐蔽性，被影响的人往往在最后才意识到这点。意识形态的结构，无论在社会和政治理念还是在日常生活中，主要在"我们背后"起作用。我们须知存在"平实帝国主义"，它与所谓的"平实民族主义"一样在我们意识层面之下发挥影响。[27]

约翰·达尔文和其他学者关于英国庞杂无序、脆弱不堪的断言也值得警惕。哪一个帝国不曾自视为无序的组织，并竭力要给混乱的社会结构带来秩序和理性呢？[8] 哪一个帝国不曾为自身的稳定与延续而感到恐惧与焦虑呢？人们或许会说这种种表现都是界定帝国的特性（这不禁令人想起罗伯特·穆齐尔对哈布斯堡王朝混乱状况的讽刺）。大多数帝国都会顺应环境变化而采取各种投机行为，按部就班的计划并不存在（德意志第三帝国迅速覆灭说明试图为帝国制订计划是行不通的）。而大多数帝国惧怕环境的改变会削弱或损害国家的根基。

尽管英国编年史学家的观点有可取之处，但他们最大的问题在于缺乏对比的重点。大英帝国是一个奇观，势力触及全球，因此我们可以理解为什么很少有人能够以对比的方式来分析它。[9] 结果是，关于英国的种种结论在比较史学的框架下都不能成立。帝国是不尽相同的、各有特点的。但它们也有共同特征，面临同样的问题，它们看待自己和被人看待的方式也有相似之处。大英帝国是一个分散的、笨重的集合体，由迥然不同的各部分聚合而成。它是一件半成品，是一项永远处在发展中的"计划"。大约从一开始，大英帝国就为未来担忧。当然其他帝国也面临这种处境。帝国多少是缺乏组织的，它变化多端，总是有规律地表现出对帝国稳定与发展的焦虑（而衰亡是所有帝国不可逃避的命运）。大英帝国或许是有史以来世界上最大的帝国，但其领土规模也不能帮助它逃脱帝国的宿命。

拼凑的帝国

　　与俄罗斯帝国一样，大英帝国也经历了一系列演变，才从英格兰变成了大英帝国。令本地人和外来者困惑的是，英格兰和大英帝国究竟是什么关系。正如俄罗斯人在他们的帝国中占支配地位，英格兰人在自己的帝国中也是如此。但对于英格兰人和俄罗斯人而言，这种统治地位带来了强烈的不确定性，或是一种对于自身民族认同的中立立场。有人认为这是帝国的代价，其他人的看法是这是神圣的遗产（用以减轻民族主义之恶）。但相比邻近的爱尔兰人、威尔士人和苏格兰人，帝国境内的英格兰人更容易忽略或无视自己的民族身份，认为这是不适合帝国人民的问题。与俄罗斯人一样，在帝国终结后，这个问题不可避免地再次浮出水面。

　　格德·马丁曾问："是否真的存在一个大英帝国？"[28] 这使人们开始反思应该如何描述并分析一个庞大又复杂的政治体。通常，我们可以按照时间和地理要素辨别一系列帝国。首先是"大英第一帝国"，它基于北美和加勒比地区的殖民地，16世纪末建立，1783年丢失北美殖民地。紧接着是"大英第二帝国"，其重心放在印度以及"白人殖民地"，比如加拿大、澳大利亚、新西兰和南非。1927年，历史学家、政治家阿尔弗雷德·齐默恩提出"大英第三帝国"，即"一战"后的所谓英联邦。它的成立基于主权原则，各成员在帝国统治下地位逐渐平等。"英联邦"一词出现在"一战"前，而"一战"期间，南非的政治家扬·史末资将军的数次演讲让这概念为人所知。"英联邦"正式出现是在1921年的《英爱条约》上，条约提出在爱尔兰南部设立自由邦作为英联邦的成员。[29]

　　齐默恩的"大英第三帝国"最近颇受到部分学者的欢迎。[30] 但对于传统上人们关于大英第一帝国和第二帝国的分野，以及关于帝国延续性的看法，学者们仍持保留态度。还有一个被忽略的"英格兰第一帝国"，即中世纪帝国，是盎格鲁－诺曼人在 11—12 世纪统领威尔士和爱尔兰时建立的帝国。我们发现，这个帝国和 16—17 世纪在西印度群岛及北美建立海外领地的大英第一帝国之间存在清楚的联系，特别是爱尔兰在其中的角色。因此，大英第一帝国并不是英格兰人的第一个帝国。

图 6.1　托马斯·卡文迪许、弗朗西斯·德雷克爵士、约翰·霍金斯爵士，三位都是伊丽莎白时期的冒险家、英格兰早期海外征服者。藏于英国国家海事博物馆

　　此外，第一个海洋帝国在多大程度上是不列颠帝国？詹姆士一世——苏格兰、英格兰和爱尔兰的国王，也许会自称"大不列颠"国王，但这个名号在英格兰和苏格兰议会中未获通过，在整个 17 世纪，这个名称很少被人使用，也不符合现实。直到 1707 年苏格兰并入不列颠，"大不列颠"才算成立；1801 年爱尔兰加入后，大不列颠及爱尔兰联合王国出现。那么大英第一帝国事实上最初只是一个英格兰帝国（尽管有苏格兰人、威尔士人

和爱尔兰人的参与），直到 18 世纪，才称得上大英帝国。英格兰和不列颠的重叠在各种语境中延续，衍生出了更多困扰。

即使接受了大英第一帝国和第二帝国的说法和区别，它们之间的延续性仍是一个问题。两个帝国存在分野的前提是，必须承认北美殖民地的丢失意味着英国历史上一个根本性的断层和一次方向性的调整。通常来说，在失去北美殖民地后，英国人用了一小段时间调整振作，将重心从大西洋向东转移到了亚洲，向南转移到了太平洋。

这种断层论在近些年受到不少著名历史学家的批评。[31] 他们认为，无论在时间上，还是在关于帝国性质的观点和假设上，大英帝国都有着基本的延续性。把重心放在"西半球"的大英第一帝国并没有被把重心放在"东半球"的大英第二帝国取代。当时，特别是七年战争（1756—1763）及之后，英国政府试图重新安排并加强在北美殖民地的统治，同时东印度公司开始在孟加拉为英国的统治打下基础，将其作为将来统治整个印度的跳板。同样，英国早期被认为是"海洋帝国"，代表"新教徒、商业、海洋和自由"，与西班牙和法国的专制统治形成鲜明对比 [32]，当时英国也认识到了宗主国在帝国领土上加强统治的重要性。

北美殖民地的"自由英格兰人"或许可以自行其是，但英国的统治覆盖美洲和澳大利亚原住民，以及讲法语的加拿大人和印度人。根据英国的标准观念，这些人不是新教徒，也不是英国人，更不是自由民。[33] 于是英国需要发明新的帝国模式。罗马，而非希腊，更应该是英国效仿的典范。至少罗马式的集权，而非希腊式的自治，也许会在帝国将来的治理体系中扮演重要角色。[34] 克里斯托弗·贝利认为，1780—1830 年，"政府中发生了一场帝国革命"。新的总督统治定型，"忠诚、尊王、贵族主义、军事主义"，带有强烈的罗马色彩。[35]

大英帝国的传统定义与时期划分的最大挑战来自"非正式帝国"这

个概念，这是由研究帝国的历史学家约翰·加拉格尔和罗纳德·鲁宾逊在 1953 年一篇名为《自由贸易的帝国主义》的重要文章中提出的。加拉格尔和鲁宾逊反对只通过那些正式拥有的领土来认识大英帝国。他们认为，这就好比"从浮出水面的部分来认识冰山"[36]。这导致人们过于强调 1880 年后的历史，当时英国和其他国家正在世界上扩张领土，特别是加入了非洲抢夺战。帝国主义者如西利，或反帝主义者如霍布森和列宁，在各自的论述中（不免误解地）都在突出这个时期的重要性。他们认为，维多利亚时代中期，英国人对帝国的态度是中立的，甚至对帝国有抵触情绪，因为自由贸易取得了空前的成功，而殖民地似乎是毫无必要、消耗资源的负担。到 19 世纪末，当自由贸易的理念受到冲击时，传统观念认为，帝国重新成为英国人的选项，甚至是必选项。

但加拉格尔和鲁宾逊认为，即使我们只考虑正式帝国，认为英国人在 19 世纪中期的几十年对帝国是冷漠的，这种观点也禁不起推敲。"1841—1851 年，英国占领或兼并了新西兰、黄金海岸（加纳）、纳闽岛、纳塔尔、旁遮普、信德和中国香港。之后的 20 年，英国人控制了贝拉尔、奥德、下缅甸、拉各斯和塞拉利昂、巴苏陀兰、格里夸兰、德兰士瓦；还在昆士兰和英属哥伦比亚建立了新的殖民地。"[37] 如果英国政府和公众反对帝国，那么帝国如此广泛的扩张行为需要一个解释。"无心的帝国主义"是一种说法，但不太有说服力。

加拉格尔和鲁宾逊反对传统观点有更重要的原因，那就是它忽视了"非正式帝国"在这一时期和 19 世纪的蓬勃发展。他们提出即使没有领土兼并，英国人也拥有"至高权力"，大英帝国的力量和影响力也占支配地位。19 世纪英国的工业化进程和对外扩张需要市场和原料，从正式还是非正式的渠道获得这些根本不重要。很明显非正式的渠道成本更低，不牵涉直接或烦琐的行政手续。因此只要有机会，无论是在阿根廷、巴西还是在拉丁美洲的其他地区，英国都很乐意把握时机走非正式渠道。但在印度和东南亚等无法使用此渠道的地方，英国政府会毫不犹豫地主张正式控制，即便在所谓恪守中立的时期。因为最重要的是为英国的发展和扩张营造良好的环境，让英国的货物、思想和人民能更普遍地被世界接纳。这种双重政策在 19 世纪被证明是行之有效的。

> 如果可能的话，则使用非正式手段，而如果需要的话，就正式扩张兼并，英国的至高统治正在稳步前进……经非正式手段获得的收益已经足够……尽管 19 世纪中叶及之后英国的霸权地位被外国势力挑战，但这不应掩盖政策的基本延续性。自始至终，英国政府竭力维系至高霸权，采取不同手段以顺应环境，确保英国在各地的利益。[38]

近些年，非正式帝国这个观点在学术界影响不小，加拉格尔和鲁宾逊无疑让人们重新思考大英帝国及其他帝国的历史与政策。[10]他们尤其强调历史的延续性，认为帝国历史最早可追溯到 18 世纪，从而消弭了大英第一帝国和第二帝国之间的沟壑。这种延续性也可以被推广至 20 世纪，从而质疑大英第三帝国作为某种新理念的化身（自治领的概念早在 19 世纪就存在）。但在其他方面，非正式帝国这个概念导致了严重的问题。其中之一是在研究正式帝国的统治，即考察其宪法、行政体系、军队与治理时界限相对明显。但如何在权力结构和边界不存在的情况下衡量英国的权势与影响呢？比如，如何比较英国在阿根廷和在印度的影响？毫无疑问，19 世纪英国在阿根廷的势力很大，但这与其在印度、加拿大或澳大利亚的势力存在可比性吗？[11]失去了正式统治的支持，权势与影响力的运行方式似乎截然不同。这需要我们用别的方法分析。[39]

无论如何，这些关于英国的反思都局限在关于正式帝国的讨论中。正式帝国与非正式帝国是两回事，我们当然需要指出两者的相似处和关联，但这并不意味着用同样的模式分析它们。相似性也许在于帝国的延续。这对于传统论述是有力的回击，而且我们在相关的领域需要考虑延续性（比如在考量英国与全球各地的经贸往来时）。但我们依然有理由强调不同之处，即大英第一、第二和第三帝国的差别。与所有帝国一样，大英帝国也发生了变化，但并非所有变化都同等重要。

在传统的论述中，人们很容易将大英帝国分为三个部分。[12] 第一部分是"定居殖民地"，之后（1907 年之后）的正式说法是"自治领"，或口语中所谓的"白人自治领"，指的是不列颠人和其他欧洲白人定居的地区，他们驱逐了全部或至少大部分当地居民。北美殖民地，即之后的美国就属于这一类。纽芬兰岛（"二战"后并入加拿大）以及加拿大、澳大利亚和新西兰的情况也一样。南非也属于这一范畴，尽管它由荷兰和英国两大欧洲势力分管，但南非的黑人并未被驱逐，反而占人口的绝大多数。1923 年之后南罗得西亚（津巴布韦旧称）享有类似自治领的地位，但这种地位从未被承认。1921 年爱尔兰自由邦成立后，爱尔兰也成为自治领，尽管它并不愿意以此自居，最终在 1949 年脱离英联邦。

帝国的第二个部分以印度为代表。这里的"印度"比起今天的印度内涵更丰富，更像是"大印度"。印度是"微帝国"或"次帝国"的中心，在大部分历史中，这个帝国不仅包括缅甸，也包含从"苏伊士以东的"亚丁湾到缅甸的整个地区。在不同的时期，其范围还包含东非海岸和马来半岛的"海峡殖民地"。严格来说，只有印度有皇帝或女皇，这个称号在 1876 年由本杰明·迪斯雷利用在维多利亚女王身上，他称她为"印度女皇"。维多利亚之后，英国君主一直是英国国王兼印度皇帝（1953 年伊丽莎白二世即位前这段时间没有女王和女皇），这说明英国君主在印度是皇帝，而在帝国的其他地区是国王（类似奥地利的皇帝和国王）。维多利亚时代中期，英国民众对帝国相当敏感，他们认为"帝国"一词暗含拿破仑三世的法兰西第二帝国和罗马的专制色彩，迪斯雷利只好将"皇帝"这个称呼限定于"印度"。[40]

图 6.2　弗朗西斯·海曼的《罗伯特·克莱武和米尔·贾法在普拉西战役中》。克莱武征服了孟加拉地区，奠定了英国统治印度的基础。此画的题词是："展示力量／彻底征服／显示仁慈。"藏于伦敦的英国国家肖像馆

　　帝国的第三个部分，有时也被称为"殖民帝国"，该部分因为基本上是由殖民地部管理的，所以更像一个大杂烩，包含印度和自治领之外的所有地区。殖民帝国包括直辖殖民地和受保护国，包括西印度群岛及大部分非洲殖民地（1937 年后），还有亚丁湾。殖民帝国是帝国中最复杂的部分，让"大英帝国"这个概念变得极难定义。但有些地区，特别是西印度群岛和非洲殖民地，在帝国的想象和政策中地位很关键，我们在衡量帝国对英国民族身份的影响时，当然不能忽视它们的存在。

"更大的不列颠"和自治领

一个基本假设是自治领的人民直到现在都属于英国。[41] 这种说法对于大多数英国人也适用：出生在英国或者出生在澳大利亚、新西兰、加拿大和南非的英国人后代就是海外的英国人，属于家族延续。新西兰的坎特伯雷和英国肯特郡的坎特伯雷有着同样的英格兰风情。澳大利亚政治家亨利·帕克斯爵士关于自治领的看法很流行，他认为"自治领的人民和我们血脉相连"[42]。即使在大多数自治领获得自治或独立之后，这个观点从 19 世纪初一直到 20 世纪中叶都没有失去市场。13

1866—1867 年，查尔斯·温特沃思·迪尔克爵士"跟随英格兰的步伐环游世界"。他在美国、新西兰、澳大利亚、印度和地中海部分地区游历时，发现所到之处都是"讲英语的或由英国统治的土地"。他被"我们这个似乎命中注定要统领全球的伟大民族"震惊。他发明了这个广为流传的帝国的新名称——"更大的不列颠"（Greater Britain）。"如果仅拥有两个小岛不足以自称为'大'，那么拥有美国、澳大利亚、印度之后，我们终于可以自称为'更大的不列颠'。"[43]

"更大的不列颠"逐渐被认可，在 19 世纪末、20 世纪初的英国扮演了重要角色。但它的内涵是多重的，有时甚至会刻意地引起歧义。"更大的不列颠"是指代英国的所有部分？或仅指白人自治领，即英国移民在人口上占据多数的殖民地？或指整个英语世界，即盎格鲁文化圈或盎格鲁世界？因为拥护更大的不列颠而凝聚在一起的人们，会因这个概念的定义产生分歧。此外，特别难以处理的是两大政治实体，即美国及印度。它们中的一方或双方是否属于这个"更大的不列颠"？14

迪尔克坚信美国和印度都是英国的一部分。"通过美国，英格兰开始与世界对话。"[44] 将美国纳入说英语的盎格鲁世界是 19 世纪末英格兰和美国兴起的盎格鲁－撒克逊主义运动的通常做法。[45] 美国曾是大英帝国的一部分，一场家族内部矛盾让那里的人成立了自己的国家。但在 19 世纪美国越来越亲近英国，与英国有着基本相同的国家愿景与利益。[46] 他们不再臣服于或依赖英国，而是变为遍布全球的盎格鲁－撒克逊大家庭中的平等一员。1897 年，庆祝维多利亚女王登基 60 周年之际，《纽约时报》说："我们是英国的一部分，一个重要部分，命中注定要征服世界。"[47] 这种情感在英国思想家和政客中引发共鸣，他们清楚这个位于大西洋彼岸的第二"盎格鲁宗主国"正在飞速发展。[48]

拥有古老文明和大量印度教教徒的印度，进入大英帝国体系就比较困难。但迪尔克相信，印度文明已不可逆转地腐朽衰败了，印度人已准备接受来自英国的文化和文明。与麦考莱一样，迪尔克认为，教授英语和英国文学是让印度人"英国化"以及将来自治不可或缺的第一步。[49] 印度人"既像同胞，也像臣民"，与英国人效忠同一位女王；英国政府应该关心如何将印度人真正转化为"我们的同胞"，让印度成为大英帝国的一部分。[50] 迪尔克此后越发强调："无论澳大利亚或加拿大的发展多么惊人，无论未来会多么辉煌，我们在想起更大的不列颠的时候，首先想到的应是印度。"[51]

需要注意，将印度纳入英国或欧洲文明体系并不那么古怪。18 世纪伟大的东方学家威廉·琼斯曾提出"印欧语"的概念，使英国人和印度人在语言上成为"远亲"；琼斯认为，大英帝国扮演的是让各个家族成员团聚的角色。[52] 马克斯·米勒是维多利亚时代中期著名的东方学家，他将发现印欧语的过程用更抒情的方式加以详述。"分离了数千年的两种语言，因一个魔咒而重新相聚，我们为历史骄傲，这是神圣的雅利安家族的荣耀……东方属于我们，我们是东方的继承者，有权继承东方的遗产。"[53] 米勒写道："印度不像你想象的那样，是一个遥远、陌生，甚至奇怪的国家。印度的未来属于欧洲，它在印欧体系以及我们的历史中都占有一席之地。"[54] 印度和欧洲的东方学家通常会把《罗摩衍那》和《摩诃婆罗多》与著名的荷马史诗，即《伊利亚特》和《奥德赛》进行对比，暗示两者具有相似性。19世纪"孟加拉文艺复兴"时期的一些最著名的思想家、诗人，比如亨利·刘易斯·维维安·德罗齐奥和迈克尔·马杜苏丹·杜特会在欧洲古代经典、历史、文学的基础上自由发挥，创造出有印欧色彩的传奇，并憧憬属于英国－印度的未来。无论是印度人还是英国人，都对亚历山大大帝无比迷恋，他们认为英国人在印度继续着亚历山大的事业，试图在东西方传统的基础上建立世界性帝国。[55]

图6.3　密莱司的《西北航线》（1874）。这幅画在维多利亚时代的英国非常流行，展示了英国的英雄主义和男性气质，尤其是在1845年约翰·富兰克林探索西北航线失败的悲剧发生之后。私人收藏品（Bridgeman Images）

　　一部分人，比如托马斯·麦考莱并不关注欧亚共同的历史，而是放眼未来，认为印度人或相当一部分印度人在将来会被吸收进入英国文明的体系。这是麦考莱在其著名（或恶名昭彰的）演讲《印度教育备忘录》（1853）中传达的观点，他主张建立一个"在我们与被统治者之间传达信息的阶层，这个阶层有印度的血统和肤色，以及英国人的品位、观念、道德和智慧"[56]。印度的英国化是把印度纳入大英帝国的过程。几年后，殖民地总督、未来官僚制度的改革者查尔斯·特里维廉也提出了相似的看法。正如罗马人开化了欧洲各个民族，英国人也在开化印度人，这种说法后来极为流行。"我希望，印度之于我们，就像我们当年之于罗马。"[57]需要强调的是，这个观点对许多印度人，比如拉姆亨·罗伊、泰戈尔、达达拜·瑙罗吉（他是英国议会中的第一位印度人）并非没有吸引力。这个观点之后也常被人引述。15

然而让"更大的不列颠"一词变得流行的思想家、历史学家约翰·西利却强烈反对将印度纳入英国的体系。或许这是1857年印度民族起义后低沉情绪的反映，印度人和英国人之间出现了前所未有的分裂。16 在被誉为"更大的不列颠的《圣经》"[58]的《英格兰的扩张》[59]中，西利表示更愿意承认美国在更大的不列颠中的地位，因为它曾是大英帝国的一部分，独立后和英国有着密切的血脉和文化关系。西利认为，"历史上，从未有哪两个国家之间的关系像英国和美国的关系一样"。尽管两国是独立的主体，"美国对我们而言就是殖民地，我们移民美国后还能使用英语，生活习惯也能保持不变"[60]。

但对西利而言，美国之所以对英国重要，是因为它是一个帝国的典范。它表明领土规模与多样性绝不是建立伟大国家的障碍，而且与传统的殖民地不同，在那里自由可以得到保证，社会欣欣向荣。美国给当时缺乏理论和制度基础的大英帝国提供了一种新模式。在陈旧的殖民体系中，英国将殖民地视作自身财产，从中攫取利益，这最终导致了美国独立战争，英国失去了北美殖民地。此时急需的，以及美国所表现出来的，是一种新的帝国概念，一种对宗主国和殖民地关系的全新理解。

如果不把殖民地视作英国的财产，它们就是英国的组成部分，我们必须真诚地坚信这个观点。我们不能再把英国当作欧洲西北方向的一个小岛，一个拥有 12 万平方英里①和 3 000 多万人口的国家。我们不能再把移居殖民地的国民视作离开了英国或是英国的损失。我们不能再把英国的历史局限于威斯敏斯特议会之中，而把没在议会中讨论的事务排除在英国历史之外。当我们习惯于将帝国视作整体，并将它叫作英国时，我们会看到这里也是一个美国。那是一个伟大而和谐的国家，和我们血脉相连，使用同样的语言，信奉同样的宗教，遵循同样的法律，但那里的人们生活在一片广袤无垠的土地上。[61] 17

西利观点的特别之处在于，他认为英国根本不是"通常意义上的帝国。它并不是靠武力将一些民族拼凑在一起，大家构成了同一民族，就像它是一个普通的国家，而非一个帝国"[62]。西利继续讨论帝国的其他层面，与学者争论英国的性格与命运。但他相信"更大的不列颠"，也是这个概念最狂热的拥趸。他强烈支持大英帝国应该且有能力转变为一个"帝国联盟"，这是美国给他的启示。[63] 但比起迪尔克，西利直言不讳地将帝国视作单一民族，"一个范围广泛的英格兰民族"。电气化时代之前，英国在全球各地的组成部分过于分散，以至于阻碍了人们意识到有一种"基于种族和宗教的强力纽带"，这种纽带能让帝国的各部分团结起来。然而，"一旦科技将距离缩短……更大的不列颠就变为现实，而且是牢不可破的现实"[64]。

因此，"如果不考虑印度"，更大的不列颠很难称得上帝国。[65] 这正是症结所在。作为"王冠上的明珠"，印度在这个体系中的地位究竟如何？西利认为，印度在更大的不列颠的体系中找不到未来，如果更大的不列颠执

---

① 1 平方英里 ≈2.59 平方千米。——编者注

意吸收印度，它本身也毫无未来可言。通常人们认为，大英帝国有两个基本组成部分。第一个部分是"殖民帝国"，各殖民地和英国本土组成了"更大的不列颠"。像所有国家一样，殖民地与本土的关系主要通过血统以及种族、宗教和利益方面的共同体维系。第二个部分包括"印度帝国"，它的民众是"陌生的种族，信奉不同的宗教，仅靠征服与英国产生了联系"。它的地位在帝国将来的发展中值得怀疑。因此，西利总结，"在考虑英国的未来时，我们应更多地思考殖民帝国问题，而不是印度帝国"[66]。

但如果没有印度，大英帝国可算作哪种帝国呢？大英帝国是否仅是不列颠岛的延续、不列颠民族的扩张？换言之，大英帝国是否仅是一个扩张之后的民族国家呢？这正是西利的观点。因此，如果不考虑印度，殖民帝国，即"更大的不列颠"，根本就不必被当作帝国来讨论。

许多思想家和政治家认为这是让人不安的结论，他们把印度当成英国事业的核心，不只是将其当成丢失北美殖民地的补偿，正是印度让英国站在了历史舞台的中心。英国跟随亚历山大大帝的脚步，试图征服东方与西方，建立统一的世界。历史学家爱德华·弗里曼支持更大的不列颠这个说法，但他反对帝国联盟的提议，原因是大多数倡导者没有为印度在其中找到位置。"每个人心中都有印度，作为帝国之花的印度，王冠上的明珠……好像忽然之间被人遗忘。"[67] 18 弗里曼认为，没有印度（迪尔克认为没有美国）的英国是不成立的。同时，与西利的观点一样，他承认印度和其他殖民地的区别。印度想要融入一个讲英语的英国文明体系的确非常困难。[68]

戴维·德德尼曾说："更大的不列颠是一个民族理想主义的概念，体现了一种与20世纪的物质约束和机会格格不入的情感。"[69] 其中"情感"一词似乎被过分低估了。包括大英帝国在内的所有帝国，除了有追求物质利益的一面，其本身就代表着一种情感。更大的不列颠这个理念之所以有力，是因为它唤起了人们对英国的遗产与文化的感情，以及一种扩展到海外的共同的英国公民身份的理想。英国获得了来自社会各个阶层的广泛支持，在所有殖民地都是如此。英国的影响可以从国内和海外殖民地的公共政策来衡量。我们看到越来越多的移民与投资活动改变了此前的历史趋势。

毫无疑问，弗里曼指出了这种观点的致命之处。不仅是印度，随着帝国在 19 世纪继续扩张，征服大片非洲领地，英国若想生存，必须掌控上百万有着非不列颠血统、身处英国文化圈之外的帝国臣民。最后，一个同质的、文化近似的更大的不列颠需要另一种帝国样板。罗马帝国曾是拥有多元文化、多民族的政治体。这难道不是一个扩张后的更大的不列颠，一个广袤且构成复杂的大英帝国所需要的符合自身多元性的样板？这在 19 世纪下半叶越来越成为共识，当时严格基于更大的不列颠概念的帝国联邦运动，面对帝国的种种现实而无法进行下去。[19]

大英帝国的印度

西利与当时不少评论家不同，他并不贬低印度文明，并且认为印度文明历史悠久、富有创造性。但这都是历史，而问题正在于此。与其他"既无历史，未来发展无限制的"殖民地相比，印度"受困于历史，我认为它毫无未来可言"。印度深陷"迷信、宿命论、多妻制、最原始的宗教和专制制度"[70]。"再也没有哪两个族群之间的差距比英国人和印度人之间的差距更大了……他们的传统和我们毫不相干。他们的宗教比伊斯兰教距离我们更遥远。"[71]

西利承认英国对治理广袤的印度帝国有着不可推卸的责任。在《英格兰的扩张》一书的第二部分，西利冷静客观地论述了英国在印度的统治，今天我们仍可以从这段分析中获得启发。[20] 他认为英国的统治依赖印度被动或主动的支持，而印度人可被认为是他们自己国家的共治者，至少在税务、常规行政、执法和军队领域是这样。[21] 但英国发觉印度存在某种"狂野的无政府"状态，在可见的未来必须将印度拉回正轨，让它获得自治能力。"必要时，我们会离开印度让它实现自治，但目前仍需在印度建立长久统治。"[72]

对印度和其他非欧洲殖民地实行类似托管的方式，是"自由帝国主义者"，比如麦考莱和 J. S. 穆勒非常普遍的想法。这种观念意味着发展阶段更"先进"的国家有权且有义务去统治其他国家，但这种统治必须照顾到其他各方的利益，而且，当地社会在殖民力量托管下发展出一定程度的文明之后，其最终目标是实现自治，只有这样，这种观念才具备正当性。这是欧洲"文明的使命"的核心。[73]

对西利而言将印度纳入帝国是必然的，但它可能是个累赘，所以这并不是一件值得庆贺的事情。他不看好印度在英国长远发展中扮演的角色。他对帝国的反思影响了许多英国的自由主义思想家，著名的古典学家、杰出的知识分子吉尔伯特·默里就是其中之一，他在 1900 年说，"大英帝国"是一个容易引起误会的说法。"'帝国'是一个国家对其他国家的统治。我们统治印度，也统治苏丹，但我们没有统治加拿大和澳大利亚。比起那些英国通过征服得来且作为外来专制者统治的热带国家，自由的加拿大和澳大利亚才是英国之所以伟大的明证。'帝国'一词混淆了其中的区别。"[74][22] 对默里和大多数自由主义者而言，更大的不列颠想要壮大就必须摆脱东方帝国。

但维多利亚时代英国最著名的诗人阿尔弗雷德·丁尼生有不同看法。他认为印度和东方帝国都是英国的光荣，是英国作为罗马真正继承者的有力凭证。他鄙视那些希望摆脱殖民地的人，认为那样会让英国沦为"被海洋包裹的三流岛国"。丁尼生赞美道："我们的海洋帝国，家园广阔无垠 / 无边无际的英格兰，和它的权威 / 就在辽阔的东方。"[75] 在为 1886 年印度和殖民地博览会开幕所写的颂歌中，他盛赞"英国各地的馈赠"，并呼吁"英国的多元声音"汇聚成"统一的帝国强音"。正如维吉尔笔下的罗马，丁尼生眼中的英国也肩负着统一世界的使命。作为"上帝最有力的子民"，英国的命运是成为人类之师、世界帝国的中心。[76] 英国不能忽视，更不能放弃印度，就像罗马不能放弃西班牙或叙利亚。

丁尼生是维吉尔的狂热崇拜者，维吉尔是他心目中最伟大的古典诗人，在 19 世纪后期的维吉尔热中，丁尼生起到了一定的推动作用。18 世纪和 19 世纪初，与荷马相比，维吉尔的声誉有所下降，这也与维吉尔和奥古斯都统治的密切关系有关，因为人们相信是奥古斯都终结了自由的罗马共和国。希腊，而非罗马，才是浪漫主义诗人如济慈、雪莱和拜伦所崇拜和盛赞的对象。对希腊的崇拜延续到伟大的希腊史学家乔治·格罗特、自由主义者领袖（研究荷马的专家）威廉·格莱斯顿，以及自由主义者 W. E. 福斯特、约翰·莫利、吉尔伯特·默里和阿尔弗雷德·齐默恩。对他们而言，希腊式的殖民，即由拥有希腊血统、接受希腊文明的人建立自治社区，同时与宗主国的同胞保持关系，是最适合更大的不列颠的模式。[77]

出于对"恺撒主义"的恐惧，国内的自由主义者对海外的专制统治深感厌恶，这和罗马时期的情况一样，这种情绪成为 19 世纪笼罩在英国思想界的阴霾。[78] 印度以及东方帝国似乎成了一种威胁。"东方的英国不是我们所知道的那个英国，"迪尔克提醒大家，"而是污秽的不列颠尼亚，带着它的船舶，变成神秘的东方独裁者，统治着 1/6 的人类。"[79] 然而，迪尔克也发现了英国占据印度的不少正面理由和结果。

无论如何，19 世纪下半叶，印度的紧张局势超乎英国人的想象，出台新政变得尤为紧迫。1857 年印度民族起义后，英国政府收回了东印度公司的行政权，开始在当地建立更稳固、更系统的统治。1877 年，本杰明·迪斯雷利，英国政治家中最具有帝国思想的一位，宣告维多利亚女王拥有了"印度女皇"这一头衔。尽管维多利亚本人从未到访印度，但以她的名义进行的各项仪式已成为英国在印度统治的一部分。1877 年，在帝国大会上，维多利亚女王正式成为印度女皇，这次会议布置奢华，极具戏剧性，成为此后彰显帝国气度、印度贵族展现忠诚的示范。[80]同样，女王登基50周年和60周年庆典也是展现大国权威的契机。这一系列活动的巅峰是1911年在德里举行的觐见仪式，"规模空前绝后"，英王乔治五世和王后出席，在场的10万名观众目睹了盛装出席的印度亲王们挨个儿向帝国的统治者致敬。英国媒体报道了这些活动，1911年的觐见仪式被拍成纪录短片，将鲜活的印度带到了普通英国民众的面前。[81]

同样引起公众关注的还有，1911年印度首都由加尔各答迁至曾作为莫卧儿帝国首都的德里，由埃德温·勒琴斯和赫伯特·贝克设计的新德里融合了欧洲与印度的传统要素。这清楚地表明英国就是莫卧儿帝国的继承者，与此前的统治者一样，开始影响印度人生活的细枝末节。没有印度的英国越来越不可想象，特别是新德里的建设，不仅体现了印度的传统，也有意呼应了帝国其他领地（特别是南非）的建筑特色，以此强调帝国的整体统一。[82]

象征意义只是占有印度的重要性的一个方面。1857年本杰明·迪斯雷利使英国成为苏伊士运河公司的控股股东。他阐述了对印度与东方殖民地的安全问题的担忧，对他而言帝国绝非有两个部分，即殖民地与东方，而是一个不可分割的整体。在讨论购买股权的事宜时，他在下议院义正词严地说："这次购买对于维系帝国是必要的。"[83]印度突然离英国近了许多：乘坐汽船去印度只需要三个星期，而此前绕道好望角要耗费三个月。

这时，印度的战略地位得到了突显。印度成为"英国世界权力的第二中心"[84]。控制苏伊士运河，确保人员和货物能顺利抵达印度，成为英国的非洲和中东政策的关键。为了保护运河，1882年英国干涉埃及，而且不太情愿地在接下来的半个世纪监管埃及。在19世纪的最后几十年，英国在南非的统治也以确保对好望角和通往印度的海上航线的控制为着眼点。[85]无论是地缘政治的因素，还是作为象征，印度已成为帝国的重心。无论对印度抱以希望还是恐惧，在 19 世纪末 20 世纪初，人们很难再想象一个没有印度的大英帝国。

19 世纪与 20 世纪之交，前印度总督、英国外交大臣寇松勋爵反对将印度排除在帝国联邦和关税改革之外。他对人们忽视印度在人力和资源上的贡献，以及印度在英布战争中的牺牲表示了出奇的愤怒。寇松认为失去印度对英国的经济、军事和文化将是致命一击。1909 年在爱丁堡的一次题为"印度在帝国中的地位"的演讲中，他提醒大家，当前人们把印度"排除出英国体系，将印度视作帝国的一个外表华丽、镶嵌珠宝的吊饰，哪怕去掉它也无足轻重"。他指出，大量事实表明印度是"英国在地中海以东和以南的地区采取行动的关键因素"，任何放弃印度的做法都会导致帝国解体。"如果印度丢失了，而此前的北美殖民地也已不在，你以为我们的损失会就此打住吗？我们的港口和装煤站……直辖殖民地和保护国都会丢失。"[86] 事实证明他的预言是正确的。1948 年印度脱离帝国难道不就是一场预示着未来 20 年帝国将彻底解体的历史灾难吗？放弃印度，实际上就是放弃帝国。[87]

大英帝国的罗马

1899 年，70 多岁的前印度官员罗伯特·卡斯特在回忆录中写道："在我不到 30 岁时，我发现成百上千的城镇和村庄以及其中数百万的人都由我们统治，我不禁想起维吉尔的诗句：'罗马人擅长在和平中统治万民；他们宽待臣服者，征服骄横者。'"[88]

在印度，卡斯特绝不是唯一一个在印度时想起维吉尔《埃涅阿斯纪》第六卷中诗句的人。这几句诗被派遣去统治印度民众的政府高层、军官和专职人员反复引用。它提醒我们两点：古典学背景对于训练帝国官员极为重要；受此启发，官员很容易将大英帝国和罗马进行对比。23

古典学对于英国乃至所有欧洲统治阶层而言都是重要的必修课，从1855年起，印度官员选拔需进行公开的考试，这进一步增加了古典学的权重。在托马斯·麦考莱和牛津大学贝利奥尔学院院长本杰明·乔伊特的倡导下，希腊语和拉丁语的知识成为考试重点。牛津大学和剑桥大学的学生表现最好，比较优秀的是在牛津大学学习"经典"（希腊罗马古典学）的学生，最优秀的学生来自牛津大学贝利奥尔学院。学习古典学被认为是训练学生成功管理全世界千百万英国臣民，特别是统治那些风俗文化与本土英国人不同的族群的最佳方法。[89]成为被派驻印度的官员吸引着英国最优秀的年轻人，这一职位的薪资和地位远超本土其他职业，于是在19世纪晚期，印度在英国想象中的地位通过英国对驻印官员的考量而得到确立。[90]

随着古典学的推广，维吉尔与罗马的地位重新确立。荷马与希腊也未被抛弃，特别是在文学学者中享有很高的地位，但政治家和政治理论家认为，罗马和罗马帝国为帝国的发展提供了最佳的目标。[24]印度的重要性毋庸置疑，再加上19世纪八九十年代参与"非洲抢夺战"，大英帝国变得越来越像一个多民族和多元文化的国家，急需有关治理多元政体的指引，这正是罗马曾遇到的挑战。19世纪许多英国思想家接受过古典学的熏陶，很自然地会从罗马历史中汲取适用于大英帝国的经验教训。拉玛·曼特纳认为，"罗马提供了一个帝国的框架，即在单一政体中如何实现多元文化"[91]。"更大的不列颠"和希腊的模式依然有其拥护者，但两种模式都有局限性，只适用于白人殖民地，无法满足一个非欧洲元素日益增长的帝国的需求。

转向罗马，或者回归罗马可以追溯到19世纪中期，以帕默斯顿勋爵的一次著名演讲作为标志，他为自己在唐·帕西菲科事件中采取高压手段辩护，提出了一个关键问题："在古代，作为一个罗马人，当他说出'我是罗马公民'时，是否能免于屈辱和伤害；而作为英国国民，无论他身在何处，应该相信信息畅通、国力强盛的英国会提供保护，会主持公平和正义。"[92][25]公民权是人们在比较大英帝国与罗马帝国时经常提到的问题。人们喜欢引用克劳狄安对罗马政策的评论，罗马"以公民权作为召唤被它打败的对手的手段，并与陌生的种族建立情感联系"[93]。英国的政客试图模仿罗马皇帝卡拉卡拉，让大英帝国的臣民获得同样的公民地位。讽刺的是，直到帝国解体前夕，即1948 年《英国国籍法》颁布，公民权的问题才接近解决。虽然问题解决得较晚，有些最终也没有解决，其过程也不甚顺利，但帝国公民权及附带的荣誉和保护依然是比较罗马和大英帝国时的中心问题。[94] 通常的说法有：罗马治下的和平与不列颠治下的和平、罗马公民与英国公民。

1869 年，殖民地官员查尔斯·阿德利爵士写过一篇有关政府政策的评论，文中区分了大英帝国的"希腊元素"，即具备英国血统的自治殖民地，和大英帝国的"罗马元素"，即或多或少受到专制统治的非欧洲部分。与许多自由主义者一样，阿德利害怕罗马元素会冲击英国本土政治，他认为帝国应该只包含自治领。[95] 这个观点在希腊和罗马之间做出对比，被许多支持更大的不列颠的人采纳。吉尔伯特·默里在此基础上提出，"英国在英格兰本土像希腊，但在帝国层面更像罗马"[96]。

作为对阿德利批评帝国体系的回应，英国前首相约翰·罗素也借助以上的经典类比，提出了截然不同的观点。他认为现在还不是讨论放弃英国的领地、让帝国变得更"希腊"而不是更"罗马"的时候。国际局势的趋势是强国林立。英国的对手包括法国、德国、俄国和美国，这些国家无一例外，都有扩张领土的计划。

> 作为英格兰、苏格兰和爱尔兰联合王国，我们曾经独霸一方。可今非昔比。我们征服加拿大并在那里定居，我们占领澳大利亚、范迪门斯地和新西兰。我们将印度纳入帝国。现在只有向前开拓，没有后路。就像那句诗，"罗马人擅长在和平中统治万民"。[97]

19世纪40年代，托马斯·卡莱尔提出英国就是新的罗马，英国人就是新的罗马人。约翰·罗素支持"罗马"精神，并援引维吉尔的诗作为结尾，这迎合了19世纪末英国不断增长的帝国主义情绪，然而不少激进分子和自由主义者依然对此表示恐惧和焦虑[98]，人们担心成为罗马一样的帝国会导致腐败，丧失自由。为了缓解这种情绪，本杰明·迪斯雷利于1879年在伦敦市政厅向听众表示所谓"不列颠治下的和平"就意味着和平与自由，并引用了一段被误认为是塔西佗《阿古利可拉传》中的话。"我知道英国人不会误认为维系帝国就会丧失自由。曾有位伟大的罗马人，在被问及他心目中的政治主张时，他的回答是帝国与自由。这对于英国绝不是一个错误的选择。"[99]

本杰明·迪斯雷利补充说，塔西佗在《阿古利可拉传》中虽然抨击了帝国，但也阐明了罗马统治给英国人带来了福祉。塔西佗借叛军领袖表现了反帝情绪，这是古罗马文学常用的手法，但塔西佗强调罗马对英国的文明开化作用，特别是在阿古利可拉担任总督时期。《阿古利可拉传》在维多利亚和爱德华时代的英国广为流传，阿古利可拉的雕像被用来装点曼彻斯特市政厅和巴斯的罗马浴场。阿古利可拉不仅被当作带给英国艺术和文明的罗马人而受到称颂，正如大卫·休谟在其著作《英国史》中所言，更被当成奠定了英国帝国伟业、使英国走上与罗马相似的帝国之路的英国人而受到赞扬。罗马开化了英国和欧洲其他部分，就像英国将开化印度和其他缺乏现代西方理念和制度的地区。[100]

对不少作家而言，罗马所代表的是以亚历山大为榜样的世界主义和普遍主义。迪尔克和丁尼生都认同这一观点，迪尔克提出，"占有'殖民地'能让我们摆脱狭小岛国的宿命，而狭隘的观念只会认为我们比根西岛大一点"[101] 26。帝国是狭隘偏见的对立面，这也是帝国的魅力所在。迪尔克的宏伟构想是建立所谓"大撒克逊"，但其他人认为这过于局限，也不切实际。某种意义上，当时倡导"更大的不列颠"的人其实有"小英格兰主义者"

的嫌疑，尽管这些人自己并不承认。可现实是英国是一个势力遍布全球的帝国，统治着各种民族。这对于英国是一个挑战，但也有不少人认为这是荣誉或值得庆贺的创举。世界最大帝国的统治者，比起罗马的皇帝有过之而无不及，彼时的英国是当之无愧的罗马继承者。与罗马一样，英国也是"无边无际的帝国"；与罗马一样，它也肩负文明的使命。1898 年，在成为印度总督前夕，乔治·寇松怀着这样坚定的信念，说起他和同时代的人不得不"开始思考罗马的气度、威严、法律和罗马对生活的影响"[102]。

罗马的德行以及罗马人教给英国的治国思想，就是 19 世纪最流行的一部著作——麦考莱的《古罗马叙事诗》（1842）讨论的核心。作为前印度官员、古典学教化作用的倡导者，麦考莱提升了古典学在驻印官员考试中的重要性，他将英国完全视作罗马的化身。[27] 在《古罗马叙事诗》一书中，他提出的品德包括"坚韧、克制、诚实、反抗精神、尊重法治、爱国主义"，正是这些让罗马成为伟大的帝国。而英国统治阶层所受教育的核心就是古典学，麦考莱认为这些经典同样向学习古典学、了解罗马历史的年轻人传达了德行。理解并接受罗马及其文化的人是最适合统治大英帝国的人。1857 年印度民族起义后，人们对于重建帝国统治的秩序达成共识，麦考莱的《古罗马叙事诗》变得格外流行，罗伯特·沙利文认为这本书好像"一部民族史"。[103] 这本书描述了适合统治有着多元文化和风俗的，并非仅仅依靠血统维系的帝国的统治者应有的性格。

相信罗马可以作为帝国典范并产生正面影响的人，并非没有反对者。吉本带给后人的影响是对帝国会导致腐败的恐惧和对帝国侵蚀本土自由的担忧，这在 19 世纪依然有很强的影响力，尽管所谓帝国会不可避免走向衰亡的说法在某种程度上遭到了反驳[104]，下一章我们还将讨论这一点。我们需要注意，关于罗马对大英帝国的重要性，20 世纪初众多杰出的学者和政治家做了一系列系统性的比较研究，这类作品包括克罗默伯爵的《古代和现代的帝国主义》(1910)、C. P. 卢卡斯的《大罗马与大不列颠》(1912)、詹姆斯·布莱斯的《古罗马帝国与在印度的大英帝国》。[105] 这些著作的作者不仅是优秀学者，还是真正的政治家，也是学院派的代表。第一代克罗默伯爵艾弗林·巴林曾在印度效力，负责过埃及公债事务，担任过 25 年（1883—1907）的驻埃及总领事，是埃及实际的统治者。C. P. 卢卡斯是牛津大学的古典学学者，英国殖民地部自治领事务的负责人，后来成为牛津大学万灵学院的教师。后来被封为子爵的詹姆斯·布莱斯，是一位杰出的律师和历史学家，曾在格莱斯顿、罗斯伯里、坎贝尔·班纳曼这三届自由党政府中效力，1907—1913 年，他出任英国驻美国大使。这些人的著作得到关注，引发广泛讨论。书中的观点为公众讨论提供了许多素材，而参与讨论的人不少拥有同样的古典学训练背景和阶级背景。[28]

这三位作者的观点和克罗默伯爵的观点一致，"假如历史真的是哲学案例，我们的确可以从中学到不少"，特别是从罗马的经历中吸取教训。[106] 他们基本同意布莱斯关于罗马帝国和大英帝国肩负全球化与文明的使命的观点。"在早期罗马是传播文明的主要力量，而英国后来就继承了这一使命。罗马将其法律和制度推广至很多地区，从而重塑了这些地区的种族，而大英帝国将其语言、商业、法律、制度传播到了更广阔、人口更多的地区。"[107] 更让这些思想家感到震撼的，同时也曾让迪尔克和西利感到震撼的，是交通和通信的发展带来了铁路、蒸汽船、电报，这样一来，英国比起罗马能更快、更广泛地传播其文明。借助现代科技的手段，英国打造了罗马人不可想象的一统局面。[108]

英国人与罗马人确有相似之处，但区别也非常显著。通常认为，大英帝国比罗马帝国更大、更多元化。卢卡斯认为，"英国一个行省（加拿大）的面积就是整个罗马面积的两倍"[109]。克罗默比较了两国的人口，大英帝国有 4.1 亿臣民，数量"占世界人口的 1/5"，而罗马鼎盛时的人口不过 1

亿。[110] 但区别远不只是这些人口统计数字，还有人口成分。克罗默估算4.1亿臣民中，欧洲（包括联合王国本土）人口不超过5 500万，剩下的是3.05亿印度人和其他亚洲人，以及4 800万非洲人。克罗默认为这对于帝国而言是一个巨大的挑战。"帝国未来发展面临的最大难题就是，3.5亿在血统、宗教、语言、习惯和风俗上与我们有天壤之别的帝国臣民，他们可能选择自治或被我们统治。"[111] 正如卢卡斯所言，大英帝国与罗马不同，它实际上是"两个帝国"，一个是由白人自治领组成的帝国，另一个的中心在印度。[112] 如何将这两个分离的部分凝聚在一起呢？

布莱斯将这个问题视作罗马与大英帝国最根本的区别。罗马也统治着大量不同的族群。但随着时间推移，这些人逐渐融合，最终即使远在西班牙行省或叙利亚行省的人也可以担任帝国的高级官职，甚至登上皇位。"最后，罗马没有属于自己的历史，除了它的建筑的历史，罗马本身已经高度融合在帝国中。"[113] 但英国的族群融合是一个大问题，特别是在牵涉印度时。"英国的不同之处在于，它的民众与印度的民众是不可能真正融合的。"[114]

正如之前讨论过的，西利坦率地面对过这个难题，他认为更大的不列颠最终是不能把印度包含在内的。布莱斯、克罗默和卢卡斯都同意，无论白人自治领如何自治，它们与英国依然可以靠着血统和文化建立联系。在这个意义上，它们的人民永远都是英国人，它们永远都是所谓英联邦的成员。但与西利不同，这三位思想家很难设想一个没有印度的大英帝国。印度对帝国而言太过重要，特别是在大国竞争激烈的20世纪初，各国都蓄势待发，希望能从其他国家抢夺地盘。因此，尽管困难重重，但在可预见的未来，印度必须是帝国不可分割的一部分。这对于印度人的利益，以及英国的国力与安全而言都是有好处的。克罗默坦言："这对于英国是一件好事，对印度有益，而对于文明的进步更是不可或缺，如果从一开始就承认这一点，那么无论我们做出的让步看上去多么慷慨，或者在未来还会做出怎样的让步，我们都不会有放弃印度的念头，因为这样做不会给后代带来任何收益。"[115]

这是一项艰巨的使命，在这方面，罗马即使没有提供实际的案例，也再次提供了灵感。卢卡斯认为，与罗马人一样，"英国人有着极高的建设性的天赋"；人们可以信赖"英国的本性"，可以相信它会作为帝国的延续推动世界进步向好。[116]罗马曾经推动这样的进步，经过一场深刻的权力更迭，现在轮到英国在更加宽广的舞台上传承罗马人的精神。正如托马斯·卡莱尔在 1840 年所言，"世界历史的洪流已经改变了世界的面貌，罗马成为过去，英国人开始登场"[117]。

争论中的帝国：衰亡与终结？

1897 年，英国诗人鲁德亚德·吉卜林创作了《退场赞美诗》，其中蕴含着警告与焦虑的情绪。"远去，我们的军舰消失不见 / 海角和沙丘上的狼烟低沉 / 啊，我们昔日的荣耀与尼尼微和推罗一起，被付之一炬！"

与礼拜结束时神职人员唱的退场赞美诗一样，这首诗的标题暗含了终结与撤退的意味。但这里并没有批判帝国的意思，而是在呼唤反省帝国的目标与正义性，提醒大众忘却帝国的本质是相当危险的——"我们不能遗忘"。吉卜林对帝国仍有感情，他在两年后的一首诗中表达得更为清楚，这首诗便是《白人的负担》，写于美西战争后，当时他希望美国能取代西班牙在太平洋地区继续帝国的使命。吉卜林在诗中呼唤牺牲以及帝国民众庄严的使命感："耐心顺从他们 / 别使用恐怖威胁 也不要流露骄傲情绪…… / 为他人谋福利 / 为他们寻好处…… / 填饱苦受饥荒的嘴 / 极力消除疾病。"帝国的臣民或许见不到这些利益，却心怀期待（"那些不如你们的人会责怪，那些你们守护的人会厌恶"）。但白人的责任在于忍受怨恨、坚持使命，正如诗中所云，"你的每一声呼喊或低语 / 你留下的一切，你做的全部 / 那些沉默、

阴郁的人 / 由此将衡量你所信的上帝和你"。

20世纪初出现了一场关于大英帝国形势与前景的激烈又广泛的讨论。[29]尽管帝国国力强盛，外表光鲜，但人们依然会为其发展和安全感到担忧。1857年印度民族起义之后，帝国境内几乎所有地区都出现了公开的叛乱和危机。[118]1860年新西兰爆发毛利人起义，遭到长达三年的军事镇压之后，起义又断断续续延续了10年之久。1865年牙买加莫兰特湾爆发起义（有人称其为英国的"德雷福斯事件"），虽然起义被残酷镇压，但英国本土的民意却出现了分裂。因为惧怕俄国通过阿富汗插手印度事务，1878年英国干涉阿富汗，却发现踏入了一个乱局，英国驻喀布尔的使节被杀害，作为报复，上百名阿富汗人被处以绞刑（1839—1842年英国曾入侵阿富汗，过程更为血腥残暴）。在这样的背景下，阿富汗的埃米尔们绝无理由在英国和俄国进行"大博弈"时站在所谓"正义"（英国）的一边。

英国不仅要担心俄国在中亚的大举扩张。德国的势力也在壮大，它试图在世界秩序中找到新的位置。尽管俾斯麦警告过，但德国依然希望在非洲和其他地区获取领地，更不必说在19世纪末它曾试图取代英国在奥斯曼帝国的影响。1870年之后，法国开始从1870—1871年的普法战争中恢复元气，试图在非洲和东南亚扩张，为帝国在欧洲的劣势找回平衡。与18世纪的情形类似，英国发现自己面对着觊觎帝国霸权地位的各路势力。此外还有美国，或许因为曾经属于更大的不列颠，美国并未直接挑战英国在海外的领地。但美国在各方面都是一个可怕的对手，是一个挑战英国在全球贸易中统治地位的经济巨人。在各条战线上，英国都感受到了一丝寒意，担心自己是否有能力维持世界霸主的地位和它的世界帝国。1902年约瑟夫·张伯伦对此有段著名的评论，"疲惫的巨人在命运的重压下蹒跚前行"，这表现了当时普遍的不安情绪。[119]

新的挑战来自帝国的臣民，19世纪末民众的力量日益壮大。以19世纪

80 年代印度国民大会党（下称"印度国大党"）成立（1885）为开端，以反殖民为目的的民族主义兴起，开始在帝国境内缓慢地发展起来。它一度影响到白人自治领，那里的人们公开对英国的统治表示不满，认为英国有时（如英布战争期间）的行为过于专横。[120] 爱尔兰民族主义可被视作英国内部反殖民民族主义的先驱——爱尔兰、印度和阿富汗的民族主义者当然有密切联系——在 19 世纪末经历过一次复兴，在接下来的数十年间成为摆在英国政府面前的最棘手难题。反殖民民族主义来自欧洲的民族主义，在很多方面也是欧洲帝国的产物。民族主义本身并不能终结一个帝国。帝国之间的战争，比如"一战"和"二战"才能让帝国瓦解。[121] 与欧洲掀起的其他思潮一样，反殖民民族主义成为大英帝国以及其他帝国面对的又一难题。

对英国而言，它在 19 世纪最后 20 年带着迟疑踏入非洲，又不可避免地陷入困境，这无疑让帝国的处境更加戏剧化。非洲的局面让英国民众意识到维持帝国的框架将付出的代价。1885 年查尔斯·戈登将军在喀土穆牺牲，他成为帝国的英雄，但也给帝国蒙上了恐惧的阴霾。1898 年，苏丹爆发法绍达危机，标志着英法争夺非洲东北部的斗争开始，几乎引发了英法之间的全面战争。在非洲南部，英国人还陷入与祖鲁人和科萨人的争斗中，1879 年祖鲁部落在伊桑德尔瓦纳大败英军。

其中最重要的是英国和南非白人之间爆发的英布战争（1899—1902）。正是英布战争让人们开始怀疑英国的主张，战争也揭示了足以威胁帝国未来发展的种种弊端。英国实行焦土政策，焚烧田地，建立集中营，之后在矿场使用中国苦力，这些被全面报道出来，在英国本土引发讨论，而且造成了公众观念的分裂。正如自由党领袖罗斯伯里勋爵写给《泰晤士报》的公开信所言，这场战争的支持者与反对者之间的对立"并不仅仅在于这场战争本身，两方在帝国的原则上产生了正面的、根本性的、不可调和的对峙"[122]。无休止的战争、战斗的方式，以及最终不确定的结局，让民众感到极其不安。"历史上最强大的帝国耗费 4 年时间，牺牲成百上千人的性命，花费上百万英镑，才打败了'一个不起眼的族群，后者人数有限，在战场上却游刃有余'，这给英国人带来极大震撼。"[123] 张伯伦、米尔纳和其他帝国主义者认为，重新反思帝国、从头建构帝国是当务之急；而自由党人认为战争揭露的是帝国道德的败坏。[30]

在英国、欧洲乃至全世界都享有极高声誉的社会学家赫伯特·斯宾塞在晚年所写的作品中，表达过对英国人对付德兰士瓦共和国①的手段的愤怒，他谴责英国"帝国主义"是一种"奴隶制"。而且受害的不仅仅是奴隶，征服者本身也成了奴隶。他认为"从比例上说，随着自由在英国统治的各地的减少，自由在英国本土也在消亡……奴役其他民族的国家本身也会被奴役"[124]。在 19 世纪，人们普遍认为帝国已经堕落，而且会以 19 世纪激进分子最喜欢讨论的专制统治的面貌回归本土。[125] 这是反对英布战争最常见的论调，特别见于 J. A. 霍布森的《帝国主义研究》（1902），这部著作出版于 20 世纪初，深刻批判了帝国主义。霍布森对比的是罗马时期的"寡头政治"与现代帝国主义，他认为两者会导致相似的后果，即削弱国家的道德基础和物质基础。[126]

但在英布战争进入白热化期间、霍布森出版他的著作两年前，古典学家兼历史学家 J. A. 克拉姆所写的几乎拥有同样影响力的著作《英国的起源与命运》（1900）问世，这部书在白人自治领和美国相当流行。[127] 克拉姆认为，战争代表了两个原则的冲突：布尔人主张的"民族"与英国人为之奋斗的"帝国"——"英国未来之所系"。[128] 与霍布森一样，克拉姆也提及罗马，却得出了截然相反的结论：罗马是世界文明的推动力，英国亦是如此。克拉姆的评论不免夸张："英国为不存在的国家以及人类无法想象的文明奠定了

---

① 德兰士瓦共和国：南非布尔人建立的国家。——编者注

基础，正如塔西佗时代的罗马也为后世未知的国家与文明铺设了道路。"[129]

比较英国和罗马是历史学家常用的手法，克拉姆认为衰亡未必是所有帝国的宿命，而英国也许可以避免罗马和其他古代帝国衰亡的结局，而英国的宗旨也让这点成为可能。克拉姆写道，英国"建立在比雅典或安东尼时期的罗马更为自由的基础上。英国也开疆拓土，但几乎所有民族都在它的统治下得到庇护，它的征服更像是为了全人类的利益而非为了自己的利益"[130]。因此，爱国主义与帝国主义之间不存在矛盾，正如罗斯伯里勋爵所说，帝国主义是"扩大的爱国主义"。[131]

图 6.4　托马斯·琼斯·巴克的《英国伟大的秘密》（1863）。画中一位来自非洲的使者向维多利亚女王询问英国如此成功的秘密，女王向他展示一本《圣经》，并告诉他："这个就是英国如此伟大的秘密。"基督教一直是英国"文明使命"的一部分（特别是在非洲）。藏于伦敦的英国国家肖像馆（UK/Photo © Stefano Baldini/Bridgeman Images）

我们应该留意，这一时期布莱斯、克拉姆和卢卡斯都在比较英国和罗马。克拉姆认为英国所取得的成就要高于罗马，即便不能免于最终的衰亡，也能确保更长久的国祚。我们习惯于忽略 20 世纪以来的英国，新近的文献中随处可见衰亡的征兆和瓦解的迫近。但是出于未知的原因，帝国依然延续了 50 年之久。我们无视了帝国生命力延续的证据，以及帝国更加坚定的承担文明使命的信念方面的证据。我们还无视了帝国的进步，以及"一战"前后帝国对自己的未来进行的根本性反思。人们认为帝国应该且有能力延续下去，只不过需要改换形式。

20 世纪初，一部分人下定决心推广起极富野心的"帝国教育"，其中包括 C. P. 卢卡斯、休·埃杰顿、A. P. 牛顿、利奥·S. 埃默里、西德尼·洛、W. 彭伯·里夫斯。其中不少人有着深厚的学术修养，C. P. 卢卡斯任职于牛津大学万灵学院，休·埃杰顿是牛津大学殖民史教授，A. P. 牛顿是伦敦大学帝国史教授，彭伯·里夫斯任职于伦敦政治经济学院。他们出版了一系列著作，在皇家殖民地研究院、维多利亚联盟和帝国联盟等机构的帮助下，这些人试图在中学、大学、工人大学，甚至如阿尔伯特演奏厅这样的公共场合宣传帝国的理念，以及帝国在推动世界进步中扮演的重要角色。[132]

最重要的是，尽管他们中大多数人的观点来自西利，但他们却拒绝接受更大的不列颠仅限于白人自治领的观点。大英帝国的内涵不止于此，卢卡斯写道："大英帝国是一个伟大的、有益的政治体，形式和规模极其独特，发展结果举世无双"。[133] 在这样一个政治实体（卢卡斯习惯称之为大家庭）中，多元性与统一性并存不悖。帝国的每一个部分，无论风俗文化与宗主国有何不同，都可以在帝国中做出独特的贡献。亚洲和非洲与加拿大和澳大利亚同是帝国的一部分，将它们凝聚在一起的是帝国家庭成员的身份。就像家庭中的小孩，他们长大成人，乃至独立自主，却依然因亲情和忠诚与父母保持着紧密的联系。[134]

约翰·麦肯齐在其多部著作中，都发表过极有说服力的观点，他认为在 20 世纪初，人们对帝国的情绪并非不满的或失望的，帝国在大众心中的地位越来越高，至少英国本土的情形如此。[31] 帝国的支持者现在拥有各种新式的传播技术，比如日报、电影和广播，他们运用这些新技术以及一些老技术，来传播帝国的影响力。一年一度的圣诞节英王讲话开始于 1932 年，开播便大获成功，帝国境内上百万国民成为听众。同一年，BBC 的帝国服务开播，固定向整个帝国覆盖的地区广播，并面向全帝国招募广播员。此前，1924—1925 年帝国博览会在温布利开幕，总共吸引了 1 700 万游客到访，新生的 BBC 第一次参与了博览会的现场广播，并且确立了其为帝国代言的地位。在创始人里思勋爵的带领下，BBC 致力于推广帝国的思想，支持帝国的行动。

从 1904 年开始设立的非官方帝国日（5 月 24 日），于 1916 年成为官方庆典日，并在 20 世纪二三十年代成为万民同庆的节日，这一天的活动有公众音乐会和广播节目，包括一场首相演讲。所谓的"帝国电影"有《轻骑兵的冲锋》（1936）、《桑德斯河》（1953）、《四片羽毛》（1939）、《古庙战笳声》（1939），无一例外都以庆祝为主题。这些电影改编自流行作家，比如 G. A. 亨蒂、埃德加·华莱士、约翰·巴肯等人的作品，巴肯的作品将帝国作为主角冒险活动的背景。[135] 基钦纳是乌姆杜尔曼战役（1898）的英雄，在 20 世纪二三十年代依然是帝国的光荣。同一时期，"一战"的英雄 T. E. 劳伦斯，即"阿拉伯的劳伦斯"被塑造为一个浪漫又理想的角色，从一个饱受磨难的知识分子变身为帝国的战士。

之后，帝国市场委员会使帝国的产品，比如锡兰的茶叶、黄金海岸（加纳）的可可、新西兰的黄油，成为英国家庭的必备品。帝国拥有前所未有的丰富物产。市场委员会认为，要让消费者改变购买外国商品，比如阿根廷的牛肉和加利福尼亚的水果罐头的习惯，只有"让帝国焕发活力"。这是英国的帝国身份得以延续的明证，"购买英国商品"和"购买帝国商品"的口号一并得到了认同和推广。市场委员会的电影部门在导演约翰·格里尔逊的带领下，创作了不少质量和影响力都极佳的产品纪录片，影片内容围绕如何推广帝国不同地区的产品这一主题展开。事实上，市场委员会不只关心让英国消费者购买帝国产品这一短期目标，这个杰出的公关和宣传团队立志推广的是幅员辽阔、物产丰富的帝国本身（正如威尔士亲王在市场委员会所拍摄的宣传片中评论的，"英国拥有世界资源的1/4"）。通过书籍、宣传册、海报、电影、演说以及在学校、火车站、十字路口的展览，市场委员会获得了令人注目的成功，他们简单重复着这一信息，即"帝国的价值和德行"[136]。

人们或许记得，"二战"前夕，英国高涨的帝国情绪的最后表现是童子军运动和女童子军运动。这场运动是由英布战争期间梅富根城战役（1899—1900）的英雄贝登堡勋爵领导的，童子军运动和女童子军运动是英布战争后，人们因担忧英国社会和帝国命运而做出的直接反应。贝登堡勋爵《童子军手册》（1908）的推出既利用了公众的紧张情绪，又安抚了公众的不安，这种情绪是由《英国衰亡史》（1905）这本匿名出版的著作引起的，作者实际为埃利奥特·米尔斯。此外，与同时代大多数人习惯将帝国问题集中在帝国的"亲属"，即白人自治领中考虑不同，贝登堡勋爵将视角拓展到帝国的所有地区，包括印度和南非，也包含加拿大。《童子军手册》第四条规定："无论国家、阶级、信仰，童子军相互之间都是兄弟。"两次世界大战之间那段时间举办了大型国际童子军联欢会，世界各地的童子军相聚一地。贝登堡勋爵的童子军运动和女童子军运动不仅弥合了国内阶级和宗教的裂痕，"它本身就是真正的帝国产物，高效又有创造性地凝聚了英联邦的成员，是帝国多种族理念的化身"[137]。20世纪30年代初，帝国拥有150万童子军和50万女童子军，在印度还有32.6万童子军。印度政府经过一段时期的犹豫，最终也支持这项运动。[138]

贝登堡勋爵认为锻造和彰显品行是帝国的关键。他认为，品行最能在边境而非城市中显露出来，这种观点让他赢得了不少自治领民众的欢迎，尽管事实上这种欢迎不仅出现于自治领（英格兰的乡村和草原一样，也算得上"边境生活"）。[139] 因此，世界各地的童子军能够经受住"二战"后帝国的衰亡而生存下来，借由露营和户外活动团结在一起。[140] 品行也是许多作家描写20世纪初的帝国时常见的主题。他们认为，帝国与品行"存在根本性的象征关系"，品行塑造了帝国，成为帝国的一部分，并因帝国的延续而得到加强巩固。[141] 最好的辨别方法就是进行研究，以帝国的英雄为研究对象，比如旁遮普的约翰·劳伦斯和亨利·劳伦斯，喀土穆的戈登爵士，弗雷德里克·塞罗斯——作家哈格德笔下的艾伦·夸特梅因的原型，以及非洲的弗雷德里克·卢吉。[142] 人们对帝国衰亡的恐惧是19世纪末最普遍的情绪，尤其是被征召参与英布战争的年轻人的身体素质都令国民担忧。[143] 但是，英布战争和"一战"中涌现出来了相当一批帝国领袖，包括埃及的克拉姆和基钦纳、印度的寇松、非洲的米尔纳和卢吉，这些人为帝国而战斗的品行打消了英国人对自己是否还有能力统治的重重顾虑。[144]

A. P. 桑顿说出了大众的担忧，他认为，因为英布战争，"帝国的理念打了折扣，失去了道德基础，而且帝国从此再也没有恢复过来……大英帝国虽然在南非的战争中存活了下来，但是扩张领土的自信与活力已不复存在"[145]。我们此前和之后将讨论的都与这种观点相左。有证据表明，尽管英布战争和"一战"给英国带来重创，对帝国的信心与支持却未被彻底抹去。英国民众依然将国家视作帝国——而且是在世界上推动文明进程的帝国。

对英国人而言，帝国的重要性在"一战"后有所强化。[146] 具体表现为"帝国主义者"，如寇松和米尔纳重掌权力，出任劳合·乔治首相的战时内阁中的高级职位。自治领在伦敦设立代表处，自治领总督获邀加入新成立的特殊组织——帝国战时内阁。南非将军扬·史末资深受英国人民爱戴，效力于战时内阁，和其他白人自治领的长官一道作为官方代表参加战后的巴黎和会。战争期间还定期召开帝国会议，印度从1917年开始也出席会议。在巴黎和会上代表英国人的是大英帝国，而非联合王国。[147] 1921年，首相劳合·乔治说："曾经唐宁街控制着帝国，今天整个帝国管控着唐宁街。"[148] 这当然是夸张，但也道出了某种事实，即战争之后帝国的重要性得到强化。利奥·埃默里之后写道，我们参与这场战斗，"作为团结的英联邦和帝国，并从中赢得了帝国的高度统一，这是任何政治家都没有设想过，更未达到过的高度"[149]。

图 6.5　约翰·辛格·萨金特的《瑞天咸爵士》(1904)。瑞天咸爵士是马来诸邦的高级官员、海峡殖民地总督。萨金特将其描绘为忠诚的帝国官员的典型。藏于伦敦的英国国家肖像馆

此外，公众没有忘记帝国在战争中的贡献与付出。人们很清楚"一战"是一场帝国战争，而非民族战争，因此帝国需要团结一致对抗外敌。大英帝国不仅召集了士兵，更是军需粮草的供给中心（战胜的原因或许正是英国的供给得到了保障，而德国却没有这样的条件）。但最重要的是，人力的贡献体现了这场战争中帝国的一面。大约 250 万来自殖民地的民众为帝国而战。加拿大派出 63 万名士兵；澳大利亚尽管拒绝征召，但也有 41.5 万志愿军参战；新西兰派遣 13 万人——占国内成年男性人口的近 20%。澳大利亚和新西兰士兵组成的澳新军团在 1915 年的加利波利战役中表现英勇，牺牲巨大，在英国本土获得了不亚于在澳大利亚和新西兰所获的尊崇与同情（当然在澳大利亚也引发了民族主义与反英国的情绪）。尽管南非白人表示反对，但南非还是派出 19.5 万名士兵参战，包括 4.4 万名南非黑人；英属西非和东非派遣了 6.2 万人，大部分是黑人。[150]

印度因自身实力与核心的战略地位，派遣了 150 万名士兵，他们出现在从法国到中东的各条战线上。甘地在向印度民众发表的演讲中说："我们首先是大英帝国的公民。我们要和英国人一起，为了人类的尊严和文明而战斗……我们清楚自己的使命：尽一切可能支援英国人，用我们的生命与财产换取胜利。"[151]32 在 1917 年的《蒙塔古宣言》中，印度获得了赞许，印度的"自治制度逐渐成熟，在印度有望出现一个负责任的政府，这个政府同时也是大英帝国的一部分"[152]。这句称赞中的暧昧情绪让不少印度民族主义者失望。但更重要的是，在战争期间，印度和其他地区都没有出现真正反对大英帝国、破坏统一的大英帝国的事件。与"二战"不同，几乎没人利用英国的困境去发动民族主义叛乱与大规模的不合作运动。唯独爱尔兰除外，1916 年爱尔兰复活节起义证明了爱尔兰的确是帝国境内的一个异类。

"一战"不仅团结了帝国上下，更扩张了帝国实际的边界。巴黎和会之后，通过国际联盟的授权，英国在伊拉克、巴勒斯坦和外约旦获得了新的帝国领土（1914 年埃及就已成为英国的保护国，尽管这一关系在 1922 年被宣布废除，但英国对埃及的实际控制直到"二战"后才结束）。与伊朗缔结的条约也让英国在当地有相当的影响力。英国外交大臣寇松主导了这一时期英国势力在中东的扩张，他或许会感到满意，因为自己终于为英国带来了他一直期待的地中海地区和印度之间的大片领土。英国也获得了大量的德国殖民地，特别是坦噶尼喀和德属非洲西南部，以及太平洋岛屿新几内亚和萨摩亚。在获得东非之后，英国拥有了一片连续的土地，从好望角一直到开罗。1920 年是大英帝国的鼎盛时期，帝国占据了世界上 1/4 的陆地和 1/4 的人口——这是有史以来最大的帝国。"1920 年的大英帝国没有开始衰亡，比起 1900 年时的帝国变得更为稳固。"[33]

此外还有证据表明，帝国非但并未开始衰亡，而且对帝国成员来说，它变得越来越重要。比如在贸易投资领域，情况就是如此。虽然在 19 世纪，帝国对英国的重要性要超过其他欧洲帝国的海外领地对这些欧洲国家的重要性，但海外领地不是英国主要的贸易和投资地区。1814—1914 年，海外领地对英国的出口保持稳定，大约在 30%（1814）~35%（1914），但随着白人自治领和印度的地位不断上升，西印度群岛的比重显著下降。英国本土从帝国进口的食物和原材料依然有限，1850 年至"一战"期间，从帝国的进口从未超过总进口的 1/4，有的时候甚至降至 1/5。海外投资的情况与此类似，大约 2/3 的投资流向帝国之外的地区（19 世纪 60 年代至 1914 年，以帝国为对象的海外投资占海外总投资的 38%）。自由贸易方面，无论是贸易还是投资，最大的受益方都是西欧、美国和南美这些非英国殖民地，而非被许以最高利润和回报的英国殖民地；同样，不少重要的进口物资，英国本土依赖于帝国之外的来源。[34]

移民情况也说明了这一点，美国再次成为关注的焦点。在 19 世纪的大部分时间里，尽管有些波动，美国几乎一直是英国最大的移民目的地，超过 2/3 的英国移民选择美国。剩下的 1/3 去了其他白人定居地——加拿大、澳大利亚和南非。"盎格鲁世界"依然是吸引移民的目的地，但美国作为前殖民地，却为普通英国公民提供了最多机会（即使是被查尔斯·狄更斯这样的大人物严厉批判过，美国在移民心中的地位依然不变）。[35]

"一战"结束后，情况发生了戏剧性的变化。对帝国的出口占英国本土出口的平均比例从 1909—1913 年的 35% 上升到 20 世纪 20 年代的 37.2%，到 1934—1938 年增至 41.3%。"二战"后这一比例继续上升，占到英国本土出口的 48%。来自帝国各地的进口占英国本土进口的比例变化更为显著：从 1909—1913 年平均 26.9% 上升到 20 世纪 20 年代的 32.9%，再到 1934—1938 年的 41.2%。"二战"后，来自帝国各地的进口占英国本土进口的比例从 1948 年的 45% 上升到 1954 年的 48.3%。[153] 从这些趋势中我们清楚地发现，帝国各地的经济地位迅速提高，当然这与 1932 年《渥太华协定》规定的帝国特惠制有关。由于 1918 年之后的国际环境，以及 1929 年大萧条的影响，英国本土以及各殖民地感觉帝国是一个安全的避风港，是在动荡的世界中为它们提供庇护的堡垒。英国已经丧失在全球的霸主地位，市场也在日益萎缩，可无论对本土民众还是对殖民地的民众而言，帝国的存在变得越发重要。[154]

英国海外投资的情况更说明了这一点，揭示出更深刻的变化。"一战"前，2/3 的海外投资流向帝国之外，这一情况在两次世界大战之间这段时间发生了逆转。1929 年，超过 2/3 的新兴资本被投入帝国内部，到 1938 年这一比例超过了 4/5。海外投资情况的变化说明"二战"后帝国内部市场对于英国资本市场来说更加不可替代，这一情况至少延续到了 20 世纪 60 年代。[155]

20 世纪上半叶，移民的情况也反映了当时帝国重要性的增强。[156] 到 19 世纪末，大约 1/3 英国移民选择移民到帝国各地，到 1946 年这一比例上升至 4/5，并且情况一直延续到 20 世纪 60 年代初，而且这段时间移民的总人数并未出现大幅下降。[157] 此外，这段时期的移民流动不只是从宗主国移向各个附属领地，帝国各地区间的人口流动也越来越频繁。移民中不仅包括低等级劳工，还有工匠、神职人员、技工和专业人员。新兴的都市比如多伦多、墨尔本和约翰内斯堡为有技能的劳动力提供了大量工作机会，他们可以在学校、医院和新建的大学等各种机构就业。随着印度官僚机构的本地化，那些牛津大学和剑桥大学的毕业生被渐渐排挤出这一体系，而他们选择去发展势头正旺的殖民地效力，特别是非洲的殖民地。尽管没有最终定论，但似乎"在 20 世纪大英帝国和英联邦成为一个统一的劳动力市场，劳动力和技能顺应服务要求，特别是帝国内大都市的生产和消费需求，不停流动"[158]。

西里尔·诺思科特·帕金森在他的杰作《帕金森定律》（1961）中，详细阐述了社会和个人组织遵循的原则，即在行将灭亡之时，组织和个人都容易做出最详细和最有野心的计划。他断言，"完美的计划是衰亡的象征"，"完美意味着定局，定局代表死亡"。他特别提到印度新首都新德里的例子。1911年德里觐见仪式上乔治五世提议开始建设新德里。"于是，埃德温·勒琴斯开始打造这一英国的凡尔赛宫，它构思巧妙，细节丰富，规划堪称大师级，建筑规模无与伦比"，但是建设过程中的每一步都预示着英国在印度的统治即将走到终点。1929 年，第一位搬入新建的总督府的是欧文勋爵，"这一年印度国大党主张独立，印度圆桌会议召开，非暴力不合作运动在第二年爆发"。之后，新德里建设的每个阶段都表现出印度人的觉醒、英国统治的式微与帝国从印度撤退的意图。"最终建成的无非只是一座巨型陵墓而已。"[159]

这方面还有许多值得探讨的鲜活案例，其中都暗含着某种普遍性的真理。但用这些来解释 20 世纪初大英帝国的境况则相当具有误导性。特别是在印度，事实上英国并没有撤退的想法，印度民族主义者也从未预想英国会这样做。普遍来说，尽管英布战争和"一战"让英国面临压力，尽管爱尔兰、印度、埃及和中东各地的民族主义运动风起云涌，尽管本土也出现了相当有影响力的反帝国主义的情绪，但大英帝国不仅没有灭亡，甚至可以说经过这些考验反而更加强盛。帝国的各个成员联系得更为紧密，它们相互间在经济、社会和文化上都建立了更牢靠的联系。在英国本土，帝国的形象获得广泛的关注，这是历史上前所未有的局面。[160]

在某种意义上，特别是在回顾历史时，我们会发现帝国当时的确在英国人心中激起了很强的帝国意识，因为当时帝国的版图达到历史最大，这或许给了帕金森的"定律"些许合理性（正如黑格尔的名言，"密涅瓦的猫头鹰总在黄昏起飞"）。在帝国的鼎盛时期，自负将难以避免地导致悲剧性的转折以及帝国的衰亡。但这种文学色彩的叙述不能替代历史，我们不能因为大英帝国"终结"于20世纪下半叶而歪曲对20世纪上半叶帝国情势的认识。

人们普遍坚信的观点是，欧洲的海洋帝国在"一战"后开始缓慢地但不可逆转地走向衰落。这也许是受到战争中内陆帝国，比如奥斯曼帝国、哈布斯堡王朝和罗曼诺夫王朝崩溃的影响。似乎所有帝国的辉煌都留在过去。如我们所见（第一章），这种观点在根本上是错误的。但是许多研究大英帝国的学者和历史学家都表达过类似的看法。[161]尽管我们看到"一战"后帝国有复苏的迹象，尽管在贸易、投资和移民数据上我们看到帝国的实力得到了强化，尽管帝国文化在本土和海外领地广为传播，但有些人还是认为帝国正处于衰落中。衰亡与终结就是帝国的宿命，既然"二战"之后大英帝国宣告解体，那么其解体的原因即便不能追溯到更早的英布战争时期，也可以追溯到"一战"前后。

但是将终结的原因追溯到终结之前的半个世纪的做法，是一种特别的思考历史的方式。那么我们是否应该将丢失北美殖民地视作"大英第一帝国"在18世纪初发生的一系列事件的原因呢？或许我们可以，但这种做法未必可信。正如我们所知，在研究奥斯曼帝国和哈布斯堡王朝时，这种预测是很普遍的。无论是在研究这些例子时，还是在研究大英第一帝国和大英第二帝国时，目的性太强的做法都会严重扭曲帝国真正的历史。凡是活着的必有一死，但这不意味着可以将死亡的原因归于活着的任一阶段。

约翰·加拉格尔曾写道："通常认为，帝国兴起、繁盛、衰落、终结，而它的终结意味着使命的完成。但是这种说法感情色彩太强，源自庸俗的历史目的论。事实上，衰亡的过程有时是可逆的，而逆转也确实发生过。我们看到 1919—1945 年的非殖民化趋势，可以认为在这段时间内大英帝国既在衰亡，又在复兴。"[162] 36 当然，衰亡是不当的说法，1918 年之后帝国确实发生了重大变化，在"一战"前数十年人们就对这场变化盼望已久。无论是左翼还是右翼，无论是自由主义者、费边主义者还是像张伯伦一样的保守党成员，大家一致认为帝国需要重新振作，帝国内部成员的关系需要重新厘清。从 1907 年开始，人们在帝国会议上总是谈起"英联邦"这个概念，在会上，自治领的总督和英国的首相平起平坐。37 尽管帝国优先的思想在 1906 年被全体选民否决了，但在"一战"前后，特别是战后混乱时期，这种思想又浮出水面，人们越来越认可，这对于英国本土和整个帝国都是必要的。[163]

有人可能会讽刺地说，所有事物都改变就意味着没有任何改变。当然，提出这些改变是为了挽救和巩固帝国。但它们不仅是表面功夫，不只是向自治领和其他殖民地做出的妥协姿态。这些改变是通过促使各个成员国之间的关系发生根本性改变来延续帝国的存在。1905 年，张伯伦在伯明翰的一次演讲中重申了西利的观点："大英帝国的帝国概念与以往是不同的。英国殖民地也不是原先的殖民地……我们与各国的关系形同兄弟姐妹，只不过英国本土因为其历史和曾经取得的成就而在平等的各国中排在首位。"[164] 如人们所言，大英帝国当然是一个家庭，但和所有家庭一样，其中的成员需要厘清甚至重新审视相互间的关系。

"大英第三帝国"

1917 年，帝国会议通过了一项决议，"承认自治领为帝国联邦中的独立国家，印度也应获得同样的地位"。该决议还宣布这些国家"完全保有当前的自治权力，在国内事务上完全自主"，而且"在外交政策和外交关系上享有充足的发言权"，将"继续参与帝国共同关切的事务的磋商"。[165]

1926 年，在另一次帝国会议上，这一决议得到进一步巩固。会议上通过的《贝尔福报告》确定了英国及其自治领是"大英帝国内部独立自治的共同体，地位平等，无论是在内政还是在外交事务上，一国不能凌驾于另外一国之上，它们共同效忠帝国的君主，自由地结合为英联邦组织"。该决议不应只被理解为某种禁令，或各成员国之间互不干涉的条约。"大英帝国的基础不是消极的。帝国的建立是基于某种积极的理念。自由的制度是它的血液。自由的合作是它的手段。和平、安全、进步都是帝国追求的目标。"这些目标就是将帝国所有成员团结在一起的"共同的事业"，它们愿意为此而合作。[166]

对于古典学家和政治家阿尔弗雷德·齐默恩而言，这两次帝国会议讨论的正是他在 1927 年提出的"大英第三帝国"这个核心理念。他认为，这个理念最早可以追溯到 1791 年的《加拿大宪法法案》以及 1839 年的《达勒姆报告》。他知道"英联邦"这个概念早已在 20 世纪初便由一些思想家和政客阐述清楚，但他觉得只有在"一战"期间及之后，环境压力和帝国的发展才让这些原则落地发芽。思想家和政客已充分认识到，帝国已发展到新的阶段，类似于 18 世纪帝国从大英第一帝国向第二帝国转型。1905年张伯伦的演讲质疑了传统的帝国概念，作为回应，齐默恩认为，"1914年的大英帝国成为一个联盟，其中，一系列国家都拥有独立地位，对其政策完全自主，因为对帝国的情感以及不定期举行的帝国会议而联系在一起"[167]。大英第三帝国时期,帝国的臣民变成了公民,附属国升级为独立平等的国家。

这项决议很明显带有理想主义色彩,同样,在后续的主张中,在操作和原则上(特别是托管制度),大英帝国都比国际联盟要领先一步。[168] 但这些决议背后是有事实基础的。齐默恩和其他"圆桌会议"的成员,包括莱昂内尔·柯蒂斯、菲利普·科尔、爱德华·格里格、雷金纳德·库普兰,都在筹划建立联合国;"二战"期间,他们又致力于联合国的设立与推广。通过不懈的努力,他们和两度担任南非总理的英国资深政治家,同时也是英联邦倡导者的扬·史末资联系起来。他们都期待一个国际共同体的出现,在各个重要方面,该共同体都是英国的延续甚至替代品。扬·史末资认为,英联邦已经具备"未来世界政府的雏形",也许真的会朝那个方向发展。[169]

作为古典学家和畅销书《希腊共同体》(1911)的作者,齐默恩认为,大英帝国可以给世界带来高等文明和道德领导,就像雅典给古代社会带来的改变一样。无论大英帝国实际经历了什么,帝国的理念,即黑格尔意义上的理念,将化身为国际联盟和联合国继续存在。[170] 但这仅是20世纪上半叶一些极具影响力的知识分子和政治家所提出和推崇的一个理念或一种理想而已。[171]

在主张大英第三帝国的概念时,齐默恩清楚地表示不会跟随西利和其他笃信"更大的不列颠"的狂热分子提出的路径,也就是说,不会把印度和非欧洲部分排除出帝国的范围。菲利普·科尔作为圆桌会议成员的代表,在1912年表示:"如果我们成功地将印度塑造为自治的、负责任的自治领,而如果印度真的有这么一天,并通过选举留在大英帝国内,我们将解决当今世界最大的一个难题。"[172] 当圆桌会议的成员谈起英联邦时,他们指的是整个帝国,而不仅是白人自治领。"圆桌会议的创始人认为,'英联邦'一词的内涵是各国民众在不同的起点、以不同的速度迈向自治,同时又在国际事务上保持一致。"[173]

齐默恩认为种族问题是"这个时代亟待解决的难题",也是大英帝国必须面对的问题。"为大英帝国投票的大多数人不是白人,而是有色人种。迄今为止,白人天生被赋予了统治者的地位;但第三帝国要成为基于成员之间的平等伙伴关系的英联邦,我们必须思考如何将自身的特权……为了共同的利益而转化为更平等的合作关系。"[174] 齐默恩认为,英国因其独特的历史和传统,在各大国中最适合回应多民族国家的挑战。与欧洲大陆和其他地区的帝国不同,英国人从不支持民族主义,更不会将国家与民族直接画上危险的等号。他认为,英国不是民族国家,而是多民族国家,英格兰人、威尔士人、苏格兰人和爱尔兰人联合起来,由单一政府统治。英联邦是这一传统的产物与延续。"人们总将政府与民族混为一谈,而统治的艺术在于将不同族群、不同民族、不同社群、不同宗教和不同文化用同一套律法来管辖,这就是所谓的'不列颠治下的和平'。"[175]

齐默恩对西利以"英格兰的扩张"作为他那本关于大英帝国的书的书名表示不满。"大英帝国不是,也从未被人当作英格兰帝国。没有人会用'英格兰帝国'这个说法。"[176] 同样,也不应该像迪尔克一样将其称为"更大的不列颠"。齐默恩引述 1774 年的《魁北克法案》,在该法案中英国承认英属北美殖民地法语人口的文化与制度。"该法案永久性地保护海外领地不受所谓英格兰帝国的政策的影响。我们也承诺宽容非英格兰的和非不列颠的制度,这是当时对不列颠一词的理解。从《魁北克法案》的角度来看,大英帝国既不是英格兰的扩张也不是大不列颠的扩张。"英国没有且不应该拥有"盎格鲁中心帝国"。通过鼓励帝国各成员的"文化自觉",帝国各成员之间的纽带会加强而非削弱。帝国不是英格兰帝国——对英格兰人而言,英格兰只是一个文化概念——而是政治意义上的"无民族色彩的"不列颠帝国,这种政治意义随着帝国的扩张发展出来。[177] 同一政治经济空间下的民族多样性可以确保"英联邦作为肩负其成员共同使命和目标的长久伙伴关系而继续存在"[178]。

当时，齐默恩并不是少数对帝国充满信心的人，这与我们通常的印象不符。20 世纪 20—30 年代，不只是英国将世界当作由帝国组成的世界，认为无论未来发生怎样的变革，各个帝国仍将统治世界。威尔逊自决意义下的民族主义或许是当时的主流意识形态，国际联盟也试图倡导这一原则。但现实是，国际秩序，或者说失序的国际体系中，帝国仍是最重要的成员，而其他国家也在竭力成为帝国。[179]"一战"之后，不仅大英帝国的版图得以扩张，法国也在叙利亚、黎巴嫩和摩洛哥大举进发。"大法兰西"更加壮大。荷兰人、比利时人、葡萄牙人都加强了宗主国对各地的管控，实施了影响深远的行政改革。1919 年被剥夺海外领地的德国，在纳粹的主张下，试图在欧洲重新建立帝国。意大利的墨索里尼开启了重建罗马帝国的计划，以非洲的索马里、利比亚和埃塞俄比亚作为计划的起点。在远东，日本第一个试图建立亚洲帝国，并对欧洲帝国构成了威胁（同时也威胁到美国——另一种意义上的帝国势力）。帝国并没有被扫入历史的垃圾堆，反而发展壮大、生机勃勃。

在回应两次世界大战之间那段时间帝国衰退和人们丧失对帝国信心时，约翰·达尔文说："在殖民帝国在很大程度上被认为是符合自然秩序的时期，令人惊讶的是大英帝国已做好政策准备去解体它最大和最富有的殖民体系。"[180] 1926 年的《贝尔福报告》并非通常认为的那样，是"一份有意识的非殖民化法案"，而是旨在"加强统治地位，挫败加拿大、南非和爱尔兰各地的分离主义思潮"。政策的制定者相当自信，"文化、经济和战略上的相互依存会打败威胁帝国统一的地区性民族主义思潮"[181]。

约翰·达尔文在一定程度上同意齐默恩的看法，这种看法绝非天真的或不切实际的。自治领思想构成了"大英第三帝国"的基础，因为其建立在"文化自信的根基上。尽管受到战争和大萧条的影响，在两次世界大战之间那段时间，大英帝国各地的人们仍然认为其制度、国民精神、文化和普遍的文明散发着极高的魅力"[182]。人们再一次用20世纪60年代的眼光来检视20世纪30年代的生活，于是对"二战"前大英帝国的认识与真实状况产生了偏差。在各个方面，与20世纪初的焦虑相比，人们大概会认同的是，虽然这一时期的大英帝国在国力上没有处于顶峰，但其国民的信心一定上升到了最高点。英国的文化影响了世界上很大一部分地区，大部分民族希望继续汲取英国的文化，使其成为自身民族文化的一部分，无论他们的政治未来如何。而英国人自己在两次世界大战之间那段时间也发现这是帝国历史上最集中且最广泛的一次文化传播。无论帝国的成就多么有争议，人们很难想象大英帝国不存在的世界。

事实上，英国的政治家并未打算肢解帝国体系，英国存在一个普遍的共识，即无论改革如何进行，帝国永远是英国和其殖民地未来的中心和根本。这种观念也影响了殖民地民众的想法，与这种观念同时存在的还有另一种理解，即争取自治才是成为帝国成员的条件。爱尔兰在1921年内战后脱离了英国，但依然以自治领身份隶属于英联邦。在1917年、1926年和1930年帝国会议之后，1931年《威斯敏斯特条例》正式确立，所有自治领，包括爱尔兰、澳大利亚、新西兰、加拿大和南非不仅拥有处理国内事务的自主权力，而且有权处理外交事务，不受英国议会的管控。[183]来年的《渥太华协定》清楚地说明，这并不会导致帝国的瓦解，帝国特惠制和自由贸易早在30年前就已经开始。帝国必须有所改变，但目的是强化自身，而不是终结自我。

在处理印度问题时，帝国也秉承着同样的态度。1917年的帝国会议承认印度尽管不是自治领，但也是"帝国共同体"的"重要成员"。约翰·达尔文认为，印度"作为英国统治下的一大块稳定的领地，在20世纪二三十年代与 1914 年以前一样，都具有重要的地缘政治地位；如果失去了印度，英国体系将无法以任何形式延续下去"[184]。同时，面对印度不断出现的自治呼声，英国必须做出适当妥协。

1917 年的《蒙塔古宣言》许诺不久后印度会获得自治领的地位，而接下来 20 年的变化似乎也预示着这将成为现实。1919 年和 1935 年的《印度政府法案》扩大了德里和地方首府的立法机构，在有些地方，当选的印度人在这些机构中成为多数，他们掌控了金融系统，在政治上也有了更大的话语权。1919 年之后，"双头体制"中的省长直接管理各地方政府事务；1935 年，"双头体制"被引入中央政府，地方获得完全的自治权。同时，印度人在印度官僚体系（所谓帝国统治的"钢架"）中的比例也急剧上升。1905 年，印度人在官僚体系中占比 5%；1929 年这一比例上升至 1/3（367 名印度人对 894 名欧洲人）。[185] 38 印度民族主义者当然要争取更大的让步，国大党拒绝了 1935 年的《印度政府法案》。但是许多印度人和伦敦的不少官员将法案视作获得自治领地位的踏板：这与 1929 年欧文勋爵那次戏剧性的演讲完全一致，他认为自治领是印度发展的目标。[186]

这些事件都无意成为印度独立的序曲。正如朱迪思·布朗所说，"尽管《蒙塔古宣言》被认为是权力有序交接的'神话'，但 1919 年和 1935 年的宪政改革是在稳定印度的基础上重建帝国的举措，而非暗中破坏帝国的政治手段"[187]。埃及的情况与此类似，英国一直将埃及视作苏伊士以东帝国部分的战略中心。1914 年埃及成为英国的保护国，在国内民族主义者的强压之下，1922 年保护关系被废止。但这不意味着英国在埃及失去控制力，从 19 世纪 80 年代开始，总领事克罗默采取了更为有效的非官方管控。直到 20 世纪 50 年代纳赛尔出现，英国对埃及内政的控制才算是真正被终结。[188] 因此，无论是在自治领还是在印度或者埃及，我们发现更多的是对帝国政权的修复，而非终结，不是企图颠覆大英帝国，而是在更新、更稳健的基础上巩固帝国统治。"自治领的平等地位、埃及的'独立'、印度各邦的自治，这些举措使'一战'后的反英国的民族主义情绪忽然失去了支持。同时，这些变化也让大英帝国的治理更高效。"[189]

"二战"的压力打破了"从帝国到英联邦"的相对平稳的进程。朱迪思·布朗认为，如果没有战争，很难想象印度会如何发展。"1938—1939 年，帝国的改革措施都已奏效，印度的政治理想得到满足，印度与英国和自治领正朝着融合统一的方向前进……而战争改变了这一切。"[190] 帝国其他地区的情况也与此类似。经历了英布战争和"一战"的摧残后，1931 年各个自治领因为在战争中支持帝国而获得奖赏，它们继续效忠帝国，所以获得了更完整的独立地位。如果任何成员像爱尔兰在 1949 年那样想要脱离帝国，英国也确实无力阻止。但是大部分成员无意这样做，而在"二战"中这些地方都倾尽人力、物力支援英国（当然爱尔兰除外）。在帝国的其他地区，比如非洲和中东，民族主义情绪偶尔会引发纷乱，打乱日常行政治理。在埃及和巴勒斯坦，冲突尤其严重。但是，这些都没有对大英帝国的统治构成严重威胁。[191] 约翰·达尔文认为，20 世纪 30 年代的政策制定者"所惧怕的并不是殖民地民众的叛乱，而是英国的竞争对手入侵毫无防备的帝国各领地"[192]。这是"二战"带来的最大冲击，比起"一战"，"二战"是更全球化的战争，耗费了更多的人力、物力资源，新的大国怀抱着帝国的野心纷纷登场亮相。直到"二战"期间，英国才意识到维系帝国是危险的，而且找不到任何维护帝国体系的正当性。

"二战"："帝国的巅峰"

保罗·斯科特的"英属印度四部曲"的主题是帝国的终结，在最后一卷，作者借主角盖伊·佩龙对英国与印度的关系进行反思。"印度成为塑造英国思想的一部分已经至少有 100 年的时间了。"佩龙发现变化发生在 20 世纪之初，"应该是 1918 年之后"。从那时候起，英国出于道德压力必须让印度独立。"印度在英国人思想中所扮演的角色就是提醒我们没有资格再拥有印度。我们的理念已经不允许将印度交给印度人之外的什么人，这就是我们作为英国人的理念。"[193] 1945 年工党赢得选举的第二天，这样的声音就在英国出现，而且呼吁承诺让印度尽快独立。

如果认为这标志着印度人和英国人都接受印度独立，未免为时尚早。因为"二战"的冲击才是加快这一进程的推动力，尽管这场战争并未使它像预想的那样发生。1947 年印度独立，整个过程过于匆忙，几乎没有经过完备筹划，因此带来了不少短期和长期的可怕后果（比如分离主义骚乱，这在保罗·斯科特四部曲的最后一卷《分配战利品》中有生动的描绘）。斯科特借佩龙回顾了印度独立方式的合理性。好像英国经历了很长时间的考虑，逐渐认识到以"英国理念"占有并统治印度是不道德的，因此优雅地将权力交还印度人。事实上，"二战"前夕，除了少数印度民族主义者，大部分人都不这么认为。与所有战争一样，"二战"不仅凝聚了人心，还加快了此前含糊的历史进程，而且导致了新的危机，危机导致的结果中不少是人们始料未及也不愿看到的。这是印度和帝国都要面对的处境。

"二战"的目标之一就是保卫大英帝国，为之而战，绝不放弃。当然这是"二战"时期英国首相温斯顿·丘吉尔的观点，1942 年他有一段著名言论："成为国王的首相绝不是来处理大英帝国失败后的清算事宜，我很荣幸成为这个围绕在古老不列颠君主身边强大联邦的一员，如果没有大英帝国，一切伟大的事业都将在地球上烟消云散。"[194] 对丘吉尔而言，打败法西斯和保卫大英帝国在根本上是一致的，帝国所代表的一切就是法西斯所愤恨并发誓要消灭的。1940 年，丘吉尔作为首相第一次发表演讲时提到，帝国的目标就是"胜利，付出一切代价也要换取胜利……如果没有胜利我们就无法生存"，这意味着"英国将无法生存，英国代表的一切也不复存在，这个时代人类进步的一切动力与渴望都将消失殆尽"。1940 年 6 月敦刻尔克大撤退之后，丘吉尔提出，"虽然我一刻也不愿相信（会如此），但即使不列颠岛或帝国更多的领土沦陷，由英国军舰武装和捍卫着的海外领地也将继续抵抗"[195] 39。

在 1943 年的一次演讲中，丘吉尔试图解释为什么他对帝国抱有坚定的信念。他说，在敦刻尔克大撤退时，英国濒临绝境，这对于帝国各个殖民地是绝好的机会，它们可以借助"纳粹和法西斯势力"，摆脱英国的管控。"但是实际的情况呢？尽管我们与各殖民地的纽带柔软且富有弹性，但实际上它比钢筋还牢固……在那个黑暗、绝望，却无比光荣的时刻，我们得到了来自大英帝国所有从最大到最小、从最强到最弱的自治领的承诺，我们会携手并肩，抵抗到底。"[196] 人们发现，在这些表示支持的成员中，除了自治领，还有附属的殖民地，而这些地区大可以离开帝国这艘大船而投靠法西斯。

丘吉尔不是唯一将保卫帝国与抵抗法西斯看得同样重要，甚至将两者视作同一场斗争的两个方面的人。战争期间，英国政府中不少大人物，比如劳埃德勋爵、布伦丹·布拉肯、比弗布鲁克勋爵、陆军元帅扬·史末资、利奥·埃默里关于帝国的观点都和丘吉尔一致，用罗斯伯里勋爵经常被引用的一句话来说，"大英帝国是人类有史以来最伟大的世俗政权"[197]。他们认为，英国如果战败，不仅是英国民众的失败，而且会使整个人类失去希望。1944 年，丘吉尔时期的印度事务大臣利奥·埃默里表达了他坚定的信念："大英帝国与英联邦提供了一个框架，其中每个成员可以捍卫其自由，获取资源，增加社会福祉，同时推动世界和平与繁荣……事实上，在战争期间及之后，英国和英联邦将继续竭力保存自身的力量，为捍卫世界做出表率。"[198]

利奥·埃默里接受"帝国"与"英联邦"有相似内涵这种说法，但他真正认可的是"帝国"，理由是"'帝国'一词不仅表达了多样性的统一，更代表实行和平与善意统治的责任感，以及对弱小和落后地区的托管责任"[199]。埃默里认为，"大英帝国传统的精髓"是宽容，"具体而言是对宗教、语言和种族的宽容"。英格兰人是这种传统的缔造者，也是主要继承人，但他们并不排斥其他人。"苏格兰人、爱尔兰人、讲法语的加拿大人、南非白人、穆斯林和印度人，都以各自的方式在丰富大英帝国的传统，也增强了大英帝国的国力。"[200]这是这一信息最好的传达时机，整个帝国所有的成员都陷入了这场与轴心国的生死较量之中，而轴心国的种族清洗和种族优越感完全站在了帝国传统的反面。

在战争爆发之初，古典学家和政治学家欧内斯特·巴克为战争做出了独特的贡献，他创作了一本小书——《大英帝国的思想与理想》（1941）。巴克认为大英帝国在众多帝国中独一无二，几乎是"当今世界的一个悖论"，因为它试图在拥有不同文明和处于不同发展阶段的民族中推行自由与自治政府。它是"没有帝国主义的帝国，一个以自由为原则的帝国"[201]。特别是在处理与殖民地和"附属帝国"的关系时，英国有"双重责任"，正如提出过"间接统治"的卢加德勋爵所说，这是一种"双重授命"，英国"作为受托人，有其特殊使命，一方面是为了促进帝国臣民的福祉，另一方面是为了促进全人类文明的进步"[202]。在战争发生的最初几个月，他目睹了"帝国各地自发地援助物资、派遣人力，以支持英国继续抵抗"，巴克因此确信英国确实履行了自己的职责，帝国各地的民众都对帝国无比忠诚。[203]与丘吉尔和埃默里一样，巴克坚信为大英帝国而战就是捍卫全人类。[204]

对于以上对帝国过于理想化的描述，我们尽可以保持怀疑。不可否认的是，巴克认为，"二战"期间帝国各地确实在响应英国请求援助的呼唤。基思·杰弗里说："英国对来自帝国各地的援助表示高度认可，无比感激。"[205]帝国各地响应之积极远胜"一战"时期。印度派遣了 250 万士兵，加拿大派遣了超过 100 万士兵，澳大利亚派遣了将近 100 万士兵，新西兰出兵 25 万。在"一战"中被分裂的南非，在史末资的领导下投入了战事，派出近 50 万士兵为帝国作战。英联邦中唯独爱尔兰保持中立，但仍有 4.3 万爱尔兰志愿军踏上战场。此外，37.4 万非洲人应征入伍，还有 6 400 名来自西印度群岛的士兵（大部分进入后勤保障部队）。投入战争的殖民地士兵在人数上相较英国本土的 650 万英军毫不逊色，投入的比例也远超"一战"期间所投入的。[206]此外，与"一战"不同的是，除了印度，其他自治领都自行承担了战争的费用。这次也没有出现"一战"时期出现的那种对殖民地士兵的吹毛求疵或批评指责。到了"二战"时期，全体民众更是真心实意地盛赞殖民地军队英勇无畏的表现。[207]

当然，帝国也经历了数次挫折。最为严重的威胁出现在 1941—1942 年，来自亚洲的对手日本。珍珠港事件之后，日本占领了中国香港。1940 年法国投降，中南半岛由傀儡政权维希政府控制，日本在东南亚的进攻路径非常清晰：先是占领马来西亚，然后占领新加坡、缅甸。印度似乎很快要成为日军的下一个目标，特别是国大党宣布取消对英国的支持，发起了"退出印度"运动（尽管甘地和"一战"时一样，表示支持参战，他认为应以"一颗英国心"对待战争）。20 世纪初，日俄战争中日本打败俄国，欧洲强国不可战胜的神话就此破灭。各殖民地的民众发现来自英国、法国和荷兰的欧洲统治者在亚洲新兴力量面前俯首称臣。日军在千百万由西方统治的亚洲民众面前树立起"解放者"的形象。他们支持并鼓动各地的民族主义者，征召他们入伍来对抗欧洲人。许多后殖民时代的领袖在这个时期由日军扶持上位，这更说明击败欧洲帝国的不是民族主义，而是其他的帝国势力。

但大英帝国没有灭亡，至少当时没有。因为英帕尔战役（1944 年 3—6

月）中印度士兵的英勇抵抗，日军在缅甸的进攻受阻。印度得救了。战争末期，英国收复了所有失去的领土，甚至暂时获得了更多领地。英国不仅收复了被日军掠去的殖民地，而且在此前属于意大利的索马里兰、利比亚、马达加斯加、西西里岛和叙利亚也建立了军事管理机构。战争期间，英军抢在德国入侵之前进入伊朗南部。阿什利·杰克逊提醒我们，"准确地说，大英帝国版图最大的时期不是在'一战'之后，而是在1945年'二战'结束之后"[208]。

基思·杰弗里认为，"二战"确实"见证了大英帝国的巅峰"[209]。英国的"本土前线"和海外领地从未如此紧密团结。为了凝聚士气民心，防止信心动摇，帝国官方制作了一档宣传节目，该节目得到广泛传播。"英国身份"是象征帝国统一的标志之一，"二战"时期，所谓的"英国性"得到了强化，达到顶峰。[210] 英国性被视作一种共性，通过 BBC 的帝国服务、殖民地电影部门和王室在圣诞节的讲话，在帝国各个地区的各种族群之间获得广泛的认同。英国演员莱斯利·霍华德成为集中体现英国品质的代表，他的作品与广播节目将英国的价值观传播到帝国的每个角落。英国制作的新闻短片既表现澳大利亚、加拿大、新西兰、南非、印度和西印度群岛的军人在英国城市里悠然自得的生活，也反映他们上阵英勇作战。电影《魔影袭人来》（1941）表现了一个多民族帝国与主张"新世界秩序"的纳粹的对抗。这些作品共同的主题是帝国团结一致，对抗威胁，并捍卫自己的生活方式。共同的场景，如英王乔治五世在1941年的圣诞广播讲话中所说，是"一个大家庭，即大英帝国和英联邦大家庭"。这使得普通民众，无论是在农田还是在工厂劳动，都能与上战场的士兵感受到类似的压力。英国本土"人民战争"的精神与帝国内所谓"人民帝国"的说法相辅相成。[211]

有人认为，以上帝国团结的迹象不过是一场表演，掩盖了真正致命的缺陷（好比帝国"不可逆转"的衰亡可以追溯到爱德华时代，或1918年，或 19 世纪 60 年代，或任何出现衰亡迹象的时期）。但是，这假如真是一场表演，那也是非常难得的表演。无论如何，没有证据表明"二战"前的帝国比起此前所谓鼎盛时期的帝国要糟糕。1931 年的《威斯敏斯特条例》使英国和自治领的关系前所未有地稳固。1935 年的《印度政府法案》让印度获得了自治领的地位，也满足了印度提出的多项条件。巴勒斯坦仍存在许多问题（这里总是问题重重），帝国在中东的领地也面临困难，但依靠强硬的政策，这些都不难应付。各个附属地，即所谓"殖民地帝国"，出现了民族主义运动，但这与其他欧洲帝国面临的情况一样，况且没有严重威胁英国的统治。[212]

认为"二战"作为"人为"因素延长了帝国国祚的说法已经不具备可信度。这种观点假定帝国在"二战"前夕就已到达崩溃的边缘，而这点尚缺乏证据支持。约翰·加拉格尔曾说，"1941—1945 年的情况与 1916—1922 年的情况极其相似"，"二战"爆发之初实际"在相当程度上巩固了帝国的统治"[213]。这和战争期间英国本土与海外对帝国的看法是吻合的。帝国遭遇的挫折，特别是在东南亚遭遇的挫折，无疑让帝国的对手松了一口气（苏巴斯·钱德拉·鲍斯组建的印度国民军是最好的证明）。但是，这些失败也激发了英国人的抵抗，而大英帝国的各殖民地也确实在奋勇抵抗，尽管代价高昂。同样，尽管在 1942 年的"克里普斯使命"中英国提出的立即给予印度自治领地位的意见遭到了国大党的拒绝，但这再次证明英国有意将印度在宪法层面提升到与其他自治领平等的地位。对帝国而言这是它的一项使命。1943 年，殖民地事务大臣奥利弗·斯坦利告诉下议院，英国政府"承诺在大英帝国的框架下带领殖民地人民走向自治"[214]。这些地区的自治要等到战争结束才能实现，但战争期间帝国就已经开始朝着这个方向努力。1943 年，帝国承诺让锡兰和马耳他实行自治。1944 年，牙买加获得完全的自治地位，建立了一个由全体成年人选举产生的议会。特立尼达、英属圭亚那、黄金海岸（加纳）、尼日利亚都实行了新的宪法，并设立了选举产生的立法委员会。[215] 大英帝国似乎重新振作，在战后更加坚定地站在"大英第三帝国"的立场之上，而且从未讨论或设想过放弃帝国体系。

帝国的终结，还是帝国的重生？

帝国的终结是如此突然，过程简单粗暴，令人不安。"1945 年印度的独立已经是大势所趋，但谁也想不到在未来的 20 年内，大英帝国即将分崩离析。"[216] "二战"结束的两年后，印度完全独立，同时分裂为两个国家：印度和巴基斯坦。之前作为印度一部分的缅甸也在 1948 年获得独立，经过投票脱离英联邦。同年，锡兰（更名为斯里兰卡）独立，英国撤离巴勒斯坦，遗留了严重的政治问题，即犹太人和阿拉伯人的对峙。

帝国极不情愿地放弃了非洲、东南亚、地中海和中东的领地，而且起初并无此打算。英国在马来亚（1948—1958）、肯尼亚（1952—1956）和塞浦路斯（1954—1959）打了几场主要的战役。当然这些比不上法国人在阿尔及利亚和越南、荷兰人在印度尼西亚，和比利时人在刚果的战斗那么惨烈。但这些残酷的战事也足以打破一个谎话，即大英帝国是在平静中终结的。许多人认为，对民族主义诉求做出让步既不负责任，又有损帝国的利益。印度和巴基斯坦的先例让人感到不安。包括丘吉尔和继任首相安东尼·艾登在内的一些人，都做好了为帝国而战的准备。

但 1956 年爆发的苏伊士运河事件让英国人感到羞耻，英法两国和埃及总统纳赛尔为争夺苏伊士运河开战，最后铩羽而归，这导致许多英国人不再那么肯定和支持帝国体系。最重要的是，苏伊士运河事件之后，美国人不再支持英国，这是帝国解体的重要原因。"苏伊士运河事件清楚地表明，只有与美国同心协力，英国才能继续作为殖民大国，掌握世界霸权。"[217]

英国失去中东领地之后，在 1957—1966 年的几年时间里，安东尼·艾登的继任者哈罗德·麦克米伦和殖民地事务大臣伊安·麦克劳迅速终结了帝国在非洲和西印度群岛大部分地区的殖民。[40] 英国撤离新加坡和亚丁的时间分别是 1963 年和 1967 年。1968 年 1 月，工党宣布 1971 年之前英国将撤出苏伊士运河以东的地区。[218] 人们认为这项决定既有象征含义，也是出于战略考量。一个多世纪以来，人们坚信如果失去苏伊士运河以东的地区，英国的存在将毫无意义。这个观点已不再适用。首相哈罗德·麦克米伦在下议院宣布这项决定时，引用了吉卜林的《退场赞美诗》中的几句，"骚动、喧哗都将沉寂／国王、长官寿数将尽"，认为这项决定标志着一个新的时代的到来。[219] "如果要为大英帝国的终结找到一个确定的日期，那么必定是 1968 年 1 月 12 日。" [220] 还有几项未了结的事务，香港直到 1997 年才被交还中国，此外还进行了几场帝国战争（比如 20 世纪 80 年代的马岛战争），但从正式的帝国层面上看，1968 年确实可以算作延续 400 多年的大英帝国的终点。

在这里，我们不再详细讨论帝国如何以及为何终结。物质力量和道德因素相互纠缠，共同作用，这是一切帝国灭亡的根本原因。[41] 更重要的是，我们今天比较关注英国人为维系和延续帝国体系做出了怎样的努力，尽管他们需要割舍掉帝国的一部分。学术界的共识是非殖民化并非等同于终结，而是"帝国以另外形式的延续" [221]。战后世界的危机包括厌战情绪、金融崩溃、美国的压力、战争期间对民族主义者许下的承诺等，这些让英国比之前想象的更快地放弃了帝国最重要的领地。但这绝不意味着英国放弃了帝国，不再扮演帝国的角色。英国的希望在于，通过将其正式和非正式的帝国混合，它依然能保住作为世界大国的地位，而这凭借的是英国盟友的支持以及它在前殖民地的影响力，即使这些殖民地都已正式独立。[222] 最后，这点希望也破灭了。英国慢慢接受了自己地位下降，而将注意力与未来放在了本土和欧洲大陆。更重要的是，英国继续成为世界强国的意愿非常强烈，而且在战后多变的国际环境中，英国也仍从未放弃这样的想法。对英国的这种愿景而言，其核心就是帝国，尽管帝国进行了实质性的重大变革。

1945 年，将丘吉尔联合政府挑下马的工党政府比起丘吉尔和保守党，更无意放弃帝国及相应的大国地位。这是工党领袖，包括首相克莱门特·艾德礼、外交大臣欧内斯特·贝文、财政大臣斯塔福德·克里普斯，以及不少前座议员的坚定共识。[223] 贝文有一个庞大的计划，在冷战的背景下，英国可以成为"西方阵营"捍卫西方文明的重要角色。英国的大国地位不会因为美苏而被降格。贝文在 1948 年说："我们可以发展国力，施加影响力，取得与美国和苏联同等的地位。我们在殖民地拥有资源，如果善加利用，作为精神领袖，我们完全可以履行使命，这种方式将清楚地表明我们不是美国或苏联的附庸。"[224]

在战争期间及之后，一部分左翼人士（尽管在工党中不占多数）倡导的反殖民主义运动未获得民众响应。[225] 相反，两党达成了共识，至少两党的上层都认可并愿意继续捍卫帝国的价值。[226] 此外，英国民众尽管对帝国的诸多细节不甚明了，但仍为帝国感到骄傲，并且支持帝国，这是英国获得特殊国际地位的基础。战争期间提出的"人民的帝国"在战后的大众文化中继续流行。更有"民主"色彩的"英联邦"一词，在大众和官方语境中渐渐取代了"帝国"。《星期日泰晤士报》比齐默恩更进一步，该报于 1947 年提出，人们理解的"英联邦"就是"独立的国家自由结合而成的大英第四帝国"。1953 年，当帝国各地代表前来参加伊丽莎白二世的登基典礼时，这种关于帝国的形象已经深入人心。"登基之年所宣扬的'人民的帝国'强调的是一个由平等国家所构成的多种族共同体，它通过将帝国进行现代化改造而维持英国的全球身份。"[227]

有的历史评论家，比如 W. K. 汉考克认为，英联邦的出现就是亚里士多德所谓的帝国的最终"目的",大英帝国有意或无意地朝这一方向演进。这是权力与自由的终极结合。[228]1948年,印度和巴基斯坦正式加入英联邦,这被视作未来的转折点,印度最后一任总督蒙巴顿勋爵认为这是"帝国获得的最好机会"[229]。从此,"自治领"一词被弃用,"英联邦"中的"英国"似乎也可以被省略,现在它被简称为含有平等意思的"联邦"。[230]印度为亚洲和非洲的前殖民地铺平了道路,这些地区之后都成为共和国,在20年内先后加入了英联邦。这个组织可能不完全是战前那种成员以白人自治领为主的舒适的俱乐部(这一点很自然,因为1997年英联邦共有54个成员,比1945年的联合国规模还要大)。但是,正如大英帝国当年着手筹备国际联盟一样,英联邦也在1945年之后成了联合国的补充。古老的帝国催生了年轻的英联邦,但此前建立的纽带依然存在,让英国人能继续沿着自己相信的道路走下去。作为自由主义者和帝国主义者的欧内斯特·巴克在给晚年定居美国的阿尔弗雷德·齐默恩写信时认可了相关的观点:"对我而言……世界的希望在于英联邦作为一股中间力量而继续存在下去。"[231]

英联邦重新确立了各个成员国之间的关系,一个多民族的共同体已经不再只是理想,而是一种现实,对各个成员国而言,英联邦在经济上也越发重要,无论是贸易还是投资都超越了两次世界大战战间期的水平。来自帝国各地的进口占英国所有进口的比例从战前的39.5%,提高到1950—1954年的49%,并在1955—1959年依然维持在47%。向帝国各地的出口占英国总出口的比例从战前的49%,提高到1946—1949年的57.5%,1950—1959年依然保持50%以上。和之前一样,资本的流出依然处于高位,1950—1954年65%的资本流入帝国各地,1958—1960年这个比例依旧维持在60%。[232]当然,有的人会把这些数字解读为英国经济的衰退、英国的产品受到来自全球的竞争者的冲击和打压,但这些数字也清楚地表明了帝国的重要性在增加,帝国体系依然是进口的安全保障,也是英国商品和资本流向的目的地。竞争越激烈，维持帝国至少在经济上越必要。同样，许多前殖民地经济体与前宗主国的关系也变得更为紧密（因此，英国加入欧洲经济共同体被视作背叛之举）。

对英国人而言，最重要的进口商品来自热带殖民地，包括金属（铜、锡、钴、金、铀）、种植作物产品（橡胶、棕榈油）和食品（可可、咖啡、花生）。为了履行在战争期间及之后做出的承诺，1945 年之后英国人长期致力于热带殖民地的深度开发，特别是在非洲。约翰·加拉格尔认为，"工党政府放弃了大部分亚洲领土，却积极投身英属非洲的建设。非洲成为印度的替代品，它更顺从，更具备可塑性，宗教信仰更虔诚"[233]。战前非洲是被英国人遗忘的土地，此时他们在此细心经营，并找到了大量需要的资源用以延续帝国国祚。

战后加强帝国纽带的措施中，最为激进的或许是 1948 年的《英国国籍法》。"二战"期间，公民权作为维系各个阶级的纽带，成为官方宣传和大众媒体的核心主题。公民权也是英国对帝国其他民族的一个长期许诺，尽管落实相当缓慢。这时，英国政府高度认可了帝国各地对战争的全力以赴，于是终于开始兑现这一承诺。一夜之间，帝国自治领、附属国，以及加入了英联邦的前殖民地（包括印度）的居民都成为英王治下的地位平等的子民，有权在联合王国生活或工作。当然自治领也有权制定自己的有关公民权的法律，而联合王国作为"母国"，态度非常鲜明：帝国的子民一律平等，而英国就是帝国的核心。正如总检察长哈特利·肖克罗斯所说，《英国国籍法》出台的"目的在于建构平等的身份，维护宗主国的传统，即英国是英联邦的中心"。战争期间提出的大家庭的说法再次出现：大法官乔伊特说，"平等的公民权或国籍标志着各成员同属一个家庭，而不仅仅是朋友"[234]。批评者则认为，《英国国籍法》似乎赋予了移民过多的权利，或许会给未来留下隐患。但是当时没有人怀疑《英国国籍法》代表着大英帝国的理念与希望，甚至能让帝国的生命得到延续。

最后，帝国延续的希望不仅取决于民众是否接受重塑后的帝国，还会受到国际局势，以及国际政治主要玩家的态度的影响。对大英帝国而言，最重要的就是美国的影响。战争期间，英国主要依靠美国的经济支持，此后的数十年，英国发现在国防和外交政策上，自己和这位大西洋彼岸的伙伴命运与共。历史上，美国人对帝国——不论是大英帝国还是其他帝国——向来没有好感，富兰克林·罗斯福总统不止一次提出要在"二战"后终结所有的欧洲帝国。但随着冷战爆发，杜鲁门上台，美国的态度发生改变。"美国人认为，反共产主义要比反帝国主义更优先，这给了大英帝国继续存在的机会。"[235] 此时，欧洲帝国，特别是颇具影响力的大英帝国和法兰西帝国如果能服从部署，使其海军基地和陆军基地得到利用，将会是对抗共产主义和亲苏反殖民主义运动的有力手段。欧洲各个帝国成为美国的"代理人"，美国人成为"英法帝国身边沉睡的伙伴"，身居幕后，把苦活累活都交给欧洲人承担。[236] 有人认为，这是非正式的美利坚帝国的一种"外包"行为，这个帝国凌驾在欧洲各个帝国之上，掌控其发展——这是对 19 世纪英国"非正式"原则的最新运用。[237]

无论如何，美国的支持是英国人认为他们还可以延续帝国那套做法的另一个原因。他们甚至平静地接受了前殖民地的独立，前提是这些国家还在英联邦内，以及新国家的民族主义领袖还能对英国表示顺从。这样英国还能继续施加影响，维护重要的军事基地，以保住英国作为世界大国的地位。[238] 于是，旧的原则依然得到承认，20 世纪 20 年代的"大英第三帝国"重新登场，这个原则即一切都必须改变才能保持不变。

这些想法是否仅是幻觉，英国是否越来越难以控制那些新独立的国家，即使它们还留在英联邦，还留在英美阵营里，这些都不是我们关注的重点。重要的是，许多评论家和政策制定者在"二战"后 20 多年里一直坚信一个想法，即帝国的故事远未结束，大英帝国将以某种形式继续存在。战后国际形势风起云涌，民族主义和反殖民主义运动获得节节胜利；而有着数个世纪历史的不列颠人，尤其是英格兰人，却依然坚信自己是为帝国而生，无法想象没有帝国的世界。

保罗·肯尼迪（1983）曾在一篇文章中问："为什么大英帝国能延续如此之久？"他给出了许多理由，但最重要的是英国精英长期形成的政治文化。他称之为"对极端的厌恶、对思辨的推崇，以及相信政治的理性和妥协的必要性"[239]。这可谓是谦逊的美德，但没有包括一些重要又似乎没那么起眼的维护帝国的必要要素。但是，其中也透露出部分真相，也解释了为什么英国人可以使帝国延续数个世纪之久。肯尼迪以此解释了为什么"英国的衰落是一个相对平和的过程，有时略有不光彩甚至有失颜面，但避免了罗马帝国、德意志第三帝国，以及规模较小的葡萄牙帝国崩溃和终结后出现的灾难性后果以及本土的撕裂"[240]。许多人认可这一观点，并将法兰西帝国、荷兰帝国和比利时帝国终结时的血腥场面，与大英帝国进行鲜明对比。[241]

英国人为什么能创造一个有史以来最大的帝国并使它延续如此之久，我们就此还可以补充几点。与我们讨论过的其他民族，比如奥斯曼土耳其人、俄罗斯人、奥地利人相比，英国人信仰帝国，并为之献身。英国人认为自己的命运就是成就世界帝国，然后凭借这样的力量奉行正义。换言之，正如我们之前讨论过的，英国人的使命就是作为"基督教、商业、文明"的使者，就像著名的探险家、教士戴维·利文斯通一样。任何一个延续长久的帝国都有其使命，没有使命的帝国是不存在的。

20世纪60年代，大英帝国正式终结后，一种说法开始流行，即帝国对英国人，至少对大部分英国人而言从来就不重要，因此帝国也没留下多少政治遗产。极端的例子是保守党的政客伊诺克·鲍威尔，他曾是激进的帝国主义者，之后随着帝国各地的移民行使他们的权利，入境英国，他又激烈地反对帝国曾经代表的一切价值。鲍威尔对此的回应就是否定帝国的存在。"政治历史上的一大神话就是大英帝国，人们幻想大英帝国是如何被创造出来的，但在历史上英国根本无意去做这些事，甚至很清楚地认为自己没有做这些事。"[242] 在学术界，这种说法作为对西利的意见完全相反的回应，缺乏说服力，难以令人信服。[243]

　　无论我们对以上观点的看法如何，有一点毫无争议，那就是帝国从未远去，仍在施加影响。只要看看它给世界造成的麻烦，我们就可以明白这一点。否认帝国的存在与事实是不符的。种种迹象表明，帝国，特别是欧洲帝国依然留下了重要的、影响深远的政治遗产。[244] 大英帝国或许已终结，但它的灵魂仍在英国人（或不仅仅是英国人）的心头萦绕。

第七章　法兰西帝国："帝国民族国家"

永远待在后花园里，是成为不了一个伟大国家的。

——费里，《越南北圻与宗主国》，1890 [1]

在治理其他民族的问题上，法国可以说是最成功的国家：与其他国家不同，法国从不消灭这些民族，法国更懂得如何实施同化。

——阿尔弗雷德·兰博，《殖民的法国》，1886 [2]

无论是地理位置、领土面积，还是人口规模，法国都算得上一流的欧陆大国。陆地是法兰西民族争夺荣耀的舞台，海外贸易只是他们生存的附属品。大海从未激发，也不会激发法兰西民族对航海家或商人的同情与敬意。法国并不关注海外扩张，更不会投入多少人力物力。

——亚历克西斯·德·托克维尔，《为什么法国没有获得好的殖民地?》[3]

作为民族的帝国

法兰西民族是最具帝国色彩的民族，也是最不像帝国子民的民族。他们是帝国主义者是因为他们相信自己能影响世界，建立世界帝国。同时他们认为世界文明应具备法国特色和法兰西民族的烙印。曾有一段时期，这种想法与法兰西民族是上帝选民联系在一起，他们肩负传播天主教和忠君思想的使命。法国大革命之后，理性主义、共和思想、世俗化成为法国新的帝国使命。但无论形式如何，与其他帝国相比，法国最接近帝国与民族的融合，法国可以理解为"向外扩张的民族"（见第一章）。与奥斯曼帝国、哈布斯堡王朝和其他帝国的民族不同，法兰西人不接受多元化和多民族的帝国。法国首先必须属于法兰西人，具备法兰西民族的特有品质。所以加里·怀尔德将两个概念混用，提出"法兰西帝国民族国家"，用来形容法兰西人及其帝国似乎相当准确。[1]

在关于民族主义的文献中，法国通常被视作民族国家的原型。某种意义上，这很荒谬，反映出部分学者只顾自己的研究领域，不愿全面了解相关问题的倾向。法兰西人和英国人的帝国历史几乎一样长，如果把法国最初的建立（"六边形国家"）也归为帝国历史的话。20世纪初，法国仅次于英国，是世界第二大的帝国。如果我们在想起法兰西人时不能像想起罗马人、俄国人和英国人一样将他们与帝国联系在一起，那是因为他们与英国人一样，建立过不止一个帝国。

但如果一时无法将法兰西人与帝国联系起来，也情有可原。他们异常坚持法兰西的民族性，而使其他人忽视了他们对帝国的统治。当然，法国的非欧洲子民对此是有意见的，法兰西人在部分地区实行的统治格外暴力。但欧洲的观察家和评论者认为法兰西人更重视的是建立和维系一个民族国家。19—20世纪，一系列革命运动和周期性危机冲击法国，人们的精力不可避免要放在国内事务上，法国政客疲于应对团结和凝聚国内各民族的难题（19世纪法国社会思想的主题）。1789年后，法国经历了至少4场重大革命，建立了5个共和国，遭遇了3次灾难性的军事失败，法兰西人如何能不重视民族的生存和民族荣誉感呢？

我们须从民族的角度讨论法兰西帝国。当然，帝国还有许多可讨论的层面，也不能忽略。任何关于帝国的论述都不会漏过法国。但与此前讨论的其他帝国相比，法国最大的不同在于，法兰西人尽一切可能将帝国塑造为他们自身，他们文化与身份的扩张。其他帝国的统治阶层通常会压抑自身的民族主义情绪和民族身份，但法兰西人显然是个例外，他们恰好相反：法兰西人表现出强烈的民族主义，坚信法国文化可供世界各地借鉴学习，具备法兰西特性之后世界将变得更加美好。因此，与其他帝国相比，法国最重要的特点在于同化的理念。这种观念有很多变体，理念与现实往往有天壤之别。但这是法国历史上根本性的统治思想。奥斯曼帝国、哈布斯堡王朝和英国接受了差异性，但对于法兰西人这是不可想象的，他们认为一旦接触法兰西文化，每个人都要尽一切可能将这种文化贯彻到极致，成为真正的法国人。

此外，民族与帝国在法国之所以关系密切，或在近代为什么两者间的差异容易被忽略，背后还有深层原因。法国大革命期间，法兰西人认为自己具有普遍性，这体现为《人权宣言》，其中自由、平等、博爱的理想和用理性评估一切是法兰西人衡量自己的标准，也适用于帝国。法兰西民族的普遍性很容易移植到法兰西帝国身上。对法兰西人有益就对全人类有益：理性和自由的统治、法兰西共和思想。法国大革命期间，法国民众承担起的文明使命很容易扩大影响，推广到全世界。法兰西帝国的正当性在于，民族与帝国同时具备普遍性。"大法兰西民族"与"更大的法兰西"有一定重合和延续的部分，这在其他海洋帝国并不常见，在那些帝国中宗主国和殖民地的差别相当显著。在这个意义上，作为海洋帝国的法国更接近内陆帝国，宗主国和殖民地可以毫无区别地融为一体。但事实并非如此，部分原因是法兰西人并不像英国人那样大量在各地拓殖定居。法兰西人与"本地人"（大部分是非洲人和亚洲人）的区别，实在无法忽视。但使法国与其他海洋和内陆帝国不同的是，民族与帝国依然具备同样的意识形态。1886

年，阿尔弗雷德·兰博认为这是法兰西独特的成就："迄今为止，只有法国有勇气将宗主国和殖民地视作一个整体，一个国家。"[4]

法兰西诸帝国

与英格兰人或不列颠人一样，法兰西人创造了许多帝国。与英格兰一样，法兰西人的第一个帝国出现在中世纪和现代历史的早期。与英格兰也一样，这是一个内陆帝国，即六边形的"内帝国"，在法国国王的带领下经数个世纪而创立。法兰西民族国家，与英格兰/不列颠类似，具备"小型帝国"的所有特征（见第一章）。通过卡佩王朝的国王以法兰西岛（巴黎首都圈）为基础向外扩张，逐渐成为完整的国家。他们相继征服了布列塔尼、勃艮第、朗格多克、诺曼底、加斯科尼、阿基坦、普罗旺斯和其他属于加洛林王朝、西法兰克王国、东法兰克王国和洛陶林吉奥的继承者的独立公国。总共耗费了数百年时间，镇压了无数叛乱，法国国王终于将不同的领地合并为他们的"内帝国"[5]。

即便是法国大革命产生的巨大向心力也有辐射不到的地区，比如人口占多数的乡村。欧根·韦伯（1976）认为，到 19 世纪末，操着不同口音、遵循不同传统的农民才开始真正转变为法国公民。罗杰斯·布鲁贝克指出，"文明的使命"通常被用来给法国建立海外殖民地进行辩护，但其最初是指让本土居民接受法国文明。"内文明使命"是由学校教师来完成的，"他们的使命就是将民族的概念传递下去"[6]。欧根·韦伯认为，"这个著名的六边形国家（当前的法国）是经过数个世纪才成形的殖民帝国：征服各种领地，政治和行政上兼并统一，各地区有着强烈的民族和地区特性，有些地区的传统甚至是反法兰西的"[7]2。

当法兰西的第一个"帝国民族国家"成形时，在 16—17 世纪，它也在北大西洋建立了第一个海洋帝国。[8]与英国人一样，为法国效力的乔瓦尼·达·韦拉扎诺和雅克·卡蒂埃寻找前往东方的航线失败导致法国人在圣劳伦斯河附近定居，就是之后的魁北克（1608）和蒙特利尔（1642）。这就是"新法兰西"，以捕捞鳕鱼和买卖皮毛为支柱产业，带来了法属大西洋港口的繁荣，包括波尔多、圣马洛、鲁昂、迪耶普和翁弗勒尔。

从新法兰西开始，法国商人和探险家渡过五大湖区，沿着密西西比河一路向南，抵达墨西哥湾的出海口。1718年，新奥尔良建成。法属路易斯安那涵盖了密西西比河流域的大片土地，大约是法国本土面积的5倍。

法国的殖民活动也出现在加勒比地区。法国在瓜德罗普（1635）和马提尼克（1653）先后建立定居点，17世纪30年代，法国加强对圣多明各（伊斯帕尼奥拉岛的东部）的控制。1612年，法属圭亚那殖民地建立，这是法国历史最悠久的海外领地（至今仍属于法国），而这或许也是最臭名昭著的地区：1852—1937年，这块流放地被称为"魔鬼岛"（最有名的囚犯应是德雷福斯上尉）。作为殖民地，圭亚那并不成功，但其他西印度群岛的殖民地因为蔗糖贸易（雇佣奴隶）而发展壮大。到1700年，超过4.4万人（包括3万名奴隶）生活在法属西印度地区；而在新法兰西（加拿大）仅有1万人。[9]

法国并没有将自己局限于大西洋，它对亚洲也抱有野心。1664年，法属东印度公司成立，在印度的本地治里（1674）和金德讷格尔（1684）建立据点。法国人还在印度洋的波旁岛（今留尼汪岛）和毛里求斯建立定居点，那里是通往亚洲的重要跳板。

18世纪初，法国似乎在帝国的道路上站稳了脚跟，甚于它的主要竞争对手英国。"北美大部分地区，包括新法兰西和美国腹地的一部分地区，在18世纪都属于法国，法国从与加拿大的皮毛贸易中获取了巨额利润。西印度群岛的蔗糖产业兴盛壮大，需要雇用大量非洲黑奴。在印度，法属印度的领地让法国成为南亚次大陆的重要力量。"[10] 18世纪末，事情发生了变化。法国丢掉了加拿大和印度的领地。加勒比地区曾经最富庶的地区法属圣多明各也爆发叛乱（1791），1804 年成为独立的国家——海地。1803 年，法属路易斯安那被卖给了新成立的美国。经历了三个世纪的海外扩张，法国的海外领地仅剩下一小部分加勒比岛屿与少数非洲和亚洲的贸易港口。这一切是怎么发生的？

答案几乎可以只用一个词来概括：英国。正是英国人与法国人在北美展开竞争，1707 年之后，新成立的大不列颠及爱尔兰联合王国在世界的各个战场上都胜过法国。英国人在 18 世纪的大部分时间与法国人陷入冲突，并在多数时间占据上风。最重要的是七年战争（1756—1763），也能称为"第一次世界战争"（Frist World War）。英国人在北美、印度和加勒比地区都打败了法国，法国人建立的第一个海外帝国基本上就此覆灭，英国人成为最大受益者。《巴黎条约》（1763）签订后，法国割让了新法兰西（加拿大）和密西西比河以东的整个路易斯安那（直到 1803 年，路易斯安那剩下的部分被割让给西班牙，作为西班牙将佛罗里达让给英国的补偿）。法国还丢掉了部分加勒比殖民地，但瓜德罗普、马提尼克和圣多明各还在法国的控制之中。独立战争期间，法国与其他反抗英国的殖民者站在同一战线，法国甚至收回了部分领土，比如塞内加尔和多巴哥。但比起丢失的海外帝国领土，这些收获不过是聊作慰藉。

18—19 世纪，与英国争夺世界霸主的地位激发了法国人的帝国野心。早在 17 世纪，法国已是欧洲大陆上的大国，正在海外扩张领地。在英国人之前，早在 14 世纪，法兰西人就宣称自己是上帝"选中的子民"。连教皇在各种场合也认可这种说法。[11] 这种特殊、神圣的使命感让法国国王经受住了各种考验，包括 16—17 世纪的投石党运动和宗教战争。17 世纪下半叶，"太阳王"路易十四似乎真的履行了这一使命。法国领土急剧扩张，至少在倍感焦虑的邻国眼中情况如此，似乎马上要吞并整个欧洲大陆。法国人在北美站稳脚跟，也在印度建立了定居点。新落成的凡尔赛宫散发出权力与荣誉的耀眼光芒。[12]

在西班牙王位继承战争（1702—1713）中，虽然法国的力量一时受到英国和荷兰的削弱，但在18世纪，法国迅速恢复了竞争世界大国的实力。[13]此时，在许多人眼中，法国已成为欧洲文明的灯塔，为其他欧洲国家树立了榜样与标准。法语成为大多数欧洲宫廷和贵族使用的语言（包括俄国）。启蒙运动时期的法国思想与思想家备受推崇。法国人发明了"文明"和"文明进程"的概念，而法国文明理所当然成了样板。[14]

因为英国，法国遭遇了各种挫折和失败，严重伤害了民族尊严。17世纪下半叶，法国患上了"恐英病"，而英国也有"恐法病"。[15]英国丢掉北美殖民地当然让法国人欢欣鼓舞，他们盛赞美国英雄本杰明·富兰克林、托马斯·杰斐逊和支持美国独立事业的英国人托马斯·潘恩。伏尔泰和孟德斯鸠可能会赞许英国的自由和宪政体制，但对于法国民众而言，英国是敌人，英国在阻碍法国的帝国之路。[16]

利娅·格林菲尔德认为，现代世界的民族主义来自"怨憎"，按尼采的说法，这是"因为压迫而产生的嫉恨心理，而这些情绪绝无抚平的可能"[17]。一般来说，格林菲尔德的观点有些夸大，但在分析法国的情况时，她的理由非常充分。[18]法国人发展出的不是模糊暧昧的英式"民族主义"，英国的民族思想也并未影响法国人（即便有，影响也是相反的）。18—19世纪，法国人的怨憎来自英国的屡次胜利，法国人与之对抗毫无胜算。一次又一次，无论在什么时间和什么场合，无论在北美、加勒比、印度还是非洲，只要遇到英国人，法国人总会失败，遭遇挫折。法国习惯于将自己视作大国、欧洲文明的中心，而反复被一个新兴的世界大国羞辱令他们感到格外不堪。最终，法国还是收复了海外领地，成为世界第二的帝国。但症结在于，法国并不乐意屈居第二，尤其是第一名是与自己争斗百年，却总是获胜的竞争对手。

应该是在英法的百年战争（1337—1453）时期，法国人第一次使用了"背信弃义的英国人"这个说法。但这个概念直到18—19世纪才普及开来。18世纪法国开始在不同场合使用这个说法，也被那些对英国人怀恨在心的人借用，比如在七年战争末期被英国人抛弃的普鲁士，他们在法国大革命和拿破仑帝国时期取得了正式的独立地位。罗伯斯庇尔和拿破仑在其任上竭力宣扬反英思想。拿破仑在欧洲建立了庞大的帝国，所以这种思想也在欧洲传播开来，19世纪，任何对英国崛起为世界霸主心怀怨恨的人都开始采用这个说法。但整个19世纪，作为英国最大的竞争对手，法国最常用这个说法攻击他们总也战胜不了的死敌。[19]

拿破仑帝国

丢掉了海外领地之后，法国立刻投身第二个内陆帝国的建立（如果说第一个内陆帝国是六边形国家的话）。第二帝国的名字当然与拿破仑·波拿巴有关，他首先作为督政府的将军（1795—1799年任职），之后成为执政府第一执政（1799—1804年任职），最终在1804年自命为"法兰西皇帝"（1806年拿破仑终结了神圣罗马帝国，1810年迎娶哈布斯堡皇帝之女玛丽-路易丝，这使拿破仑成为神圣罗马帝国合法的继承人）。之后建立了所谓"法兰西第一帝国"（1804—1815），再之后就是拿破仑的侄子拿破仑三世，即路易·波拿巴建立的法兰西第二帝国（1852—1870）。

拿破仑帝国最终几乎是一个内陆帝国。这并不是因为，亚历山大大帝的狂热崇拜者拿破仑没有超越欧洲的野心。法国暂时占领埃及（1798—1801），本意是向东开拓帝国边界，试图将英国人从印度驱逐出去，重新建立法国人在亚洲的影响力。1798年，英国海军司令霍雷肖·纳尔逊在"尼罗河战役"

（阿布吉尔湾）中，粉碎了法国人的这一梦想，又一次挫败了法国人的帝国宏愿。[3] 但法国人仍在埃及攫取利益，持续产生影响，到 19 世纪，又是英国人在 19 世纪八九十年代终结了法国人的事业。拿破仑本人对埃及文化和宗教非常热衷，常身着伊斯兰服饰，鼓励对埃及历史的研究和考证，大批埃及文物被运往巴黎。拿破仑敏锐地觉察到，亚历山大大帝征服埃及时和自己一样是 29 岁，因此他立志和亚历山大一样在这里留下烙印。对于最后的失败，拿破仑一直耿耿于怀。[20]

拿破仑还尝试用其他手段建立海洋帝国，但均告失败。在东方受挫，他立志在西方建立新的法兰西帝国，希望复兴法国在北美和加勒比的统治。重新收复的路易斯安那与圣多明各一起将成为和其他加勒比殖民地的联系紧密的关键。但 1803 年与英国的交战很快让这些构想落空，1803 年法国不得不将路易斯安那以 150 万美元的价格卖给美国，这是一场世纪交易。同时，拿破仑在圣多明各恢复了奴隶制，尽管抓捕了杜桑·卢维杜尔，却引发了黑人起义，并在 1804 年最终导致海地独立。法国试图重建大西洋帝国的努力却导致了西半球第一个黑人国家独立，之后，这成为其他国家的动力。拿破仑对此的回应家喻户晓："该死的蔗糖，该死的咖啡，该死的殖民地！"[21]

1815 年，拿破仑失败后，法国失去了仅剩的海外领地。法国丢掉了毛里求斯、塞舌尔及众多加勒比岛屿。但瓜德罗普和马提尼克、圭亚那、留尼汪岛（大革命之前的波旁岛）、纽芬兰岛附近盛产鳕鱼的圣皮埃尔和密克隆群岛（今天仍是法国领地），以及 5 个印度贸易港口仍在控制之中（本地治里、马埃岛、金德讷格尔、雅隆、加里加尔），此外还有塞内加尔外海的格雷岛和圣路易。[22] 这些就是所谓的"旧殖民地"，与 1830 年后法国获得的新殖民地区别开来，这些领土与法国鼎盛时期的海外领土相比只是九牛一毛。同时，虽然英国人丢掉了北美殖民地，但他们重建加拿大，加强对印度的管控，在澳大利亚、新西兰和南非建立新的殖民地。相较之下，法国人因被他们最大的对手所主导的反法联盟打败而异常痛苦。

即便拿破仑未能建立一个海洋帝国，他仍创造了一个伟大的欧洲帝国。拿破仑帝国和其他帝国一样，涵盖了各种与皇帝本人产生密切联系的领地。1812 年，拿破仑帝国的版图几乎等同于今天的欧盟，甚至一度和俄国发生联系。拿破仑的"大陆体系"可以视作英国封锁法国海外贸易的结果，这是最早且最成功的一个欧洲经济共同体。拿破仑建立的帝国是自查理曼后最伟大的国家，两者常常被拿来对比。同样，拿破仑和建立罗马的恺撒也是经常被拿来比较的对象。拿破仑与横跨东西方的亚历山大大帝相比或许欠缺几分，但他的成就至少不低于罗马的皇帝。[23]

与罗马的比较让我们清楚地认识到拿破仑帝国留下来的最重要的政治遗产：法国的"文明的使命"。这不是法国人第一次将帝国与文明的使命联系在一起。从中世纪开始，法国从法兰西岛的邻近领土，即"内帝国"开始，之后成为海洋帝国，法国国王认为自己的使命是将法国的文明传播给世界。这时的文明指的是天主教和法国的专制制度。[24] 而这一使命具有普遍性：与罗马帝国和大英帝国一样，法兰西帝国的帝国统治者认为他们拥有最能让世界进步发展的文明。

法国大革命戏剧性地、彻底地终结了这些所谓的帝国使命。教廷、国王、教士、贵族，这些人遭到血腥清洗。取而代之的是"人民"和"民族"。君主制的国家变成共和国，臣民变成公民，理性取代了宗教（或者成为新的"世俗宗教"），平等与博爱代替了特权与阶级。法国依然是全世界的导师，地位更为崇高，但授课内容已完全不同。"法国文明"有了崭新的内涵，因此其文明的使命也要相应调整。

这是拿破仑的功劳。拿破仑帝国在历史上的意义在于它将帝国的使命从效忠君主与天主教彻底转变为共和思想与世俗主义。拿破仑的诋毁者认为，他玷污甚至损害了法国大革命。帝国与独裁和"自由、平等、博爱"看上去毫无关系。但长远来看，拿破仑反而巩固了大革命的成果。[25]《拿破仑法典》汲取了大革命时期的法律和行政的革新思想，并且成为拿破仑帝国治下各地的法律基础，即便这些地区之后重获独立。大革命的歌曲《马赛曲》被拿破仑的军队传唱到欧洲大陆的每个角落，讽刺的是，这首歌激发了各地民众寻求社会变革的热情，也成为他们反抗法国统治者的意识形态武器。法国的文明使命有了全新的、彻底现代化的特点。它带给世界的不再是宗教和皇权，而是理性与共和思想，必要的话，可以采用革命的手段夺取胜利。

马娅·亚桑诺夫阐述过，这些新的变化如何深刻影响了法国人对自己的看法，以及数个世纪的英法争夺世界霸权的斗争的本质。

起初英法间的冲突是英式的自由、新教和君主制与法国的君主专制和天主教的斗争。1793年开始，英法间的冲突不再是不同的君主、教廷和国家模式之间的斗争，而是两者截然不同的社会愿景的较量。英国人认为，他们要捍卫自己熟悉的社会秩序，抵抗没有君主的、不信神的、宣扬共和平等的恐怖统治。而法国的革命者认为，这场冲突是理性、平等和自由在对抗宗教、特权和暴政。这些信念的力量让革命的拿破仑战争与七年战争的关系就像是"二战"与"一战"的关系一样。七年战争为权力、土地和国家安全而战，而此时的英法是在捍卫和扩展各自的生活方式。[26]

法国使命的内容与特征或许发生了改变，但与早先的帝国仍有千丝万缕的联系，也预示着之后为帝国而奋斗的方向所在。与此前的帝国不同，也与英国不同，新的文明的使命与民族紧密结合。法国大革命最伟大的发明就是现代意义上的"民族"概念，并以此为基础发展出一套民族主义的思想。[27]法兰西民族是第一个现代民族，是他们告诉世界民族究竟为何物。

与许多民族国家一样，法国依然是一个帝国，却不可避免地带上民族的特性在发展壮大。法国革命的民族，凭借国民军和拿破仑的征服，将自己的思想传递到欧洲各地，甚至远到南美、加勒比和中东。法兰西民族用革命定义自己的身份，就像他们的共和与自由思想一样。有些评论家或许觉得矛盾，这样一个民族竟然创造了帝国，而这个帝国也深深地烙上了法国民族的特征。作为帝国的法国，与此前的诸帝国一样，是法兰西民族的扩张，也是法兰西民族国家的扩张。

在法国，民族与帝国在其他方面也有紧密的联系。首先是为了开拓海外领地而建立的私人特许公司纷纷失败。法国西印度公司由科尔伯特在1664 年建立，专门管辖加勒比殖民地事务，勉强维系 10 年后，由政府接管。法国东印度公司也在 1664 年成立，状况稍好，但也不过是在印度建立了几处贸易点（英国的东印度公司统治印度超过一个世纪，荷兰的东印度公司也大获成功）。其他的公司，比如塞内加尔的佛得角公司、中国公司等迅速破产倒闭。部分原因是法国政府强势干涉，压制了地方自主性。[28] 无论原因为何，法国的海外领地从很早开始，就由政府资助开发，直接听从来自巴黎的指示。[29] 法国大革命后，法国成为民族国家，多少会在帝国事务上倾向于集权式的管控，反映出新兴的民族特色。

法国殖民帝国还有一个历史悠久的特点。法国人很难被说服去海外的法属殖民地定居。17 世纪末，新法兰西只有区区 1 万法国定居者，而英国人光在南边一点的美洲殖民地就有 2 万多人。这一状况延续到了 18 世纪。18 世纪中叶，超过 200 万英国殖民者生活在美洲东海岸，而散居在圣劳伦斯河、五大湖区以及密西西比河流域的法国人只有 7 万。只有相距 1 500英里 ① 的魁北克和新奥尔良算得上大一点的城市。[30]

---

① 1 英里 ≈1.6 千米。——编者注

尽管有来自政府的压力和补助，法国人还是不愿定居海外，这或许是因为18—19世纪法国人口相对有限，同时土地资源丰富，农民生活相对富裕［这是托克维尔在《旧制度与大革命》（1856）中的观点］。换言之，祖国的"压力"不够大，人们不愿牺牲现有的生活与财富去一个气候变化无常、瘟疫肆虐的陌生环境。[31] 随着19世纪英国人口暴涨和工业化引起的破坏，大量英国人离开本土，在澳大利亚和南非定居，同时也带来了北美人口的急剧增长（包括加拿大和美国）。19世纪，法国人口增长停滞，这让政治家和商人伤透了脑筋。1870年，法国人口3 600万；1911年，法国人口达3 900万，1870年后只增长了8.6%。同期，德国的人口从4 100万上升至6 500万，增长了60%；而本土面积比法国小的英国，人口从2 900万增加到4 500万左右。法国人口的年增长率是0.3%，是全欧洲最低的。[32]

"拯救小法国，必须要有一个'更大的法兰西'"，这是"一战"前法国流行的口号，因为过低的生育率可能会带来灾难性的后果。人们鼓励法国的女性帮助法兰西民族建立一个"海外法国"。最终，19世纪末，北非的殖民地聚集了一定数量的法国人，特别是阿尔及利亚和摩洛哥。但19世纪70年代到20世纪50年代，法国在海外的定居者人数依然低得出奇。奥托·冯·俾斯麦打趣道："法国有殖民地，但没有殖民者。"

"一战"前夕，总共有70万法国人生活在海外殖民地，其中50万生活在阿尔及利亚（他们也仅仅在由意大利、西班牙和马耳他人组成的欧洲人口中占多数）。有时在欧洲人口中法国人也是少数：1911年突尼斯有8.8万意大利人，但只有4.6万法国人（此外还有1.1万马耳他人）。1914年摩洛哥的法国人刚过当地欧洲人的半数：他们在4.8万欧洲人中占53%，剩下的是西班牙人和意大利人。法属中南半岛有2.4万法国人，而原住民人口是1 600万。法国人在撒哈拉以南非洲的殖民地所占比例更低。法国人的鼎盛时期是"一战"之后，经过国际联盟的授权，法国的海外领地的面积达到 1 200 万平方千米，拥有 6 500 万人口。法兰西帝国成为仅次于大英帝国的大帝国（大英帝国的面积是其 3 倍，人口是其 7 倍），但法国在海外的定居者从未超过 147.5 万人。[33]

与"更大的不列颠"不同，"更大的法兰西"更重视土地，而非从本土移居的人口。法国从来没有英国的"白人自治领"，没有生活着上百万本国人的澳大利亚和加拿大。最接近的就是阿尔及利亚和摩洛哥，人数少的法国人在庞大的当地族群中艰难生存，这与大英帝国统治的南非或肯尼亚的情况类似，这些殖民地对帝国政府和当地民众而言都是制造麻烦的根源。

第二海洋帝国

马娅·亚桑诺夫等人的观点很有说服力，法国更早以前建立的第一海洋帝国，与 1830 年征服阿尔及利亚之后建立的第二海洋帝国存在连续性。起初法国人希望继续在印度立足，于是寻求各种反英的贵族的支持，最著名的是迈索尔的蒂普苏丹。征服东方对法国政客及其顾问依然有极大吸引力。拿破仑撤出埃及后，法国的利益依然得以保留，可以通过伯纳德诺·德·罗韦蒂和让·弗朗索瓦·商博良在 19 世纪 20 年代的收藏得到印证。1805 年，穆罕默德·阿里被奥斯曼任命为埃及总督，法国开始支持这位精力旺盛、极富野心的政治家。但英国反对法国继续在埃及活动，这意味着法国不可能在当地实现任何政治目的，至少当时情形如此。无论如何，穆罕默德·阿里与法国领事马蒂厄·德·莱塞普和德·罗韦蒂过往甚密，几乎成为法国的代理人。但法国没有忘记阿尔及利亚，法国进犯阿尔及利亚可被视作对埃及和整个北非与中东的企图的延续。"转向北非是基于法国长期参与该地区事务的历史，特别是在埃及，可以说，法国如果没有在埃及的影响力，是不可能征服阿尔及利亚的。"[34]

法国人认为，阿尔及利亚的地位特殊，因为它靠近法国的地中海沿岸。法国对阿尔及利亚的兴趣可以追溯到 16 世纪，在当地建立贸易基地和堡垒，之后双方保持贸易往来。非洲的奇珍异宝和中东的黄金、香料、鸵鸟羽毛从这里转运到法国。[35] 阿尔及利亚和其他北非国家浪漫的异域风情经常出现在欧仁·德拉克洛瓦的画作中，或福楼拜的笔下。马娅·亚桑诺夫认为，"阿尔及利亚之于现代历史上的法兰西帝国如同印度之于大英帝国：这是一片东方殖民地，与法国关系最为密切，是最早征服，也是最不愿丢失的领地"[36]。

征服阿尔及利亚是一个漫长、残暴又血腥的过程，其中包括英雄人物阿卜杜·卡迪尔的抵抗和法国比若将军的残酷镇压。据说 1/10 的阿尔及利亚人死于这场冲突。1847 年，阿卜杜·卡迪尔被迫投降，1871 年法国人开始真正控制阿尔及利亚。1830 年之后，阿尔及利亚由军队管控，官僚系统直到 1879 年才建立完成。[37]

但阿尔及利亚长期以来是法兰西帝国孤悬海外的堡垒。这让人们想到，尽管存在连续性，但阿尔及利亚只是一个标志，在法国于 18 世纪丢掉北美和印度的大片土地后，这里是帝国的新起点。[38] 大英第一和第二帝国之间的联系更紧密，因为英国人的势力在北美依然存在（加拿大），同时克莱武和黑斯廷斯开始征服印度，某种程度上弥补了北美殖民地的损失。19 世纪初，在拿破仑试图建立海洋帝国而以失败告终后，法兰西第一帝国几乎荡然无存。蒂普苏丹的失败宣告法国对印度再无任何影响力。将路易斯安那售予美国也结束了法国人在北美的统治。在征服阿尔及利亚前，小部分西印度和印度洋群岛就是法国人全部的海外领地。此后，法国人无心觊觎印度或北美。新的法兰西帝国重点在非洲，从北非开始。同时亚洲也是新帝国的覆盖范围，但南亚除外：19 世纪，法国人开始将目光投向东南亚和东亚。

19 世纪 30—70 年代，帝国并未放弃尝试，但不再主张过去国王或皇帝的帝国野心。1815 年恢复帝制，1830 年七月革命爆发，出现了"资产阶级君主"路易·菲利普的新政权：法国人觉得自己最好还是将重点放在国内，特别是经济和商业发展方面。"致富"是路易·菲利普时期的首相弗朗索瓦·基佐提出的口号，这比追求帝国梦要更实际。1842年在国民议会讲演时，基佐首相解释他为何反对旧式殖民主义，以及为何法国需要的不是殖民地，而是世界各地"支持法国的贸易点"。

> 我坚信，总的来说，法国继续在远离本土的地区开拓新的大型殖民地是不合适的，我们要么会陷入与当地人漫长的战斗，要么会与其他大国为敌。最适合法国的、当前法国所急需的是在世界各地占据关键贸易点，建立稳固而强大的海军基地为法国的全球贸易提供支持，同时为我们的舰队提供补给和庇护。[39]

当时，英国政治家理查德·科布登反对英国开拓殖民地，他大概会同意基佐首相的观点。但英国很快走到另外一条道路上，至少是接受了帝国的存在。而基佐首相代表的是19世纪法国对海外殖民的看法。即便在1871年之后，法国又回到帝国的老路，许多人还是觉得这是很危险的尝试，法国人应该关注国内和欧洲事务，而不是纠缠于海外领地。比起英国人，法国人在19世纪算得上是"不情愿的帝国主义者"。

从1830年开始征服阿尔及利亚到1871年恢复第三共和国，其间还发生了不少插曲。1838年埃及的穆罕默德·阿里宣布脱离奥斯曼帝国独立，背后的势力是法国，法国发现这是重新掌控埃及的最好机会。而英国在外交大臣帕默斯顿子爵的主张下，迅速迫使穆罕默德·阿里承认奥斯曼帝国的统治，并正告法国任何轻举妄动都会导致英法开战。当时英国已支持希腊独立，不愿进一步削弱奥斯曼帝国，更不愿法国人从中获益。[40] 英国人再一次打乱了法国人的帝国设想。

路易·波拿巴，即拿破仑三世的"第二帝国"（1852—1870）时期也发生了不少帝国事件。这与欧洲有关，包括法国希望将边界扩张至莱茵河、支持波兰独立、帮助意大利人对抗哈布斯堡王朝，这些都让人怀疑法国人的帝国野心，特别是意大利战争后法国吞并了尼斯和萨伏依。法国在海外也有不少动作，最重要的要数在1862—1867年吞并南圻国（原越南南部），并使柬埔寨成了保护国。法国继续安抚阿尔及利亚，拿破仑三世效仿他的叔叔，宣布自己"既是阿拉伯人也是法国人的皇帝"[41]。在塞内加尔，身兼工程师的军官路易·费代尔布在1854—1865年继续加强法国人的控制。他在当地设立了三级行政系统，成为整个法属非洲殖民地的典范，他还建立了著名的塞内加尔步兵团，从法属西非征调士兵，这支部队为20世纪两次世界大战时法军提供了大量兵力。[42]

法国当时试图恢复在北美的统治，当然这更像是一场白日梦。1862年英法远征军进入墨西哥，拿破仑三世命令法军劝告墨西哥政府的胡亚雷斯总统将皇位让给斐迪南·马克西米利安大公，即哈布斯堡王朝皇帝弗兰茨·约瑟夫的弟弟。马克西米利安大公在墨西哥的皇位并不稳固，很快就被法国人抛弃：1867年他在墨西哥起义中被捕并遭枪决。[43]

拿破仑三世的目标与野心常令历史学家困惑。败走流亡之时，他辗转欧洲各大城市，将自己描绘成"命运之子"，号召大家跟随他完成他的叔叔拿破仑一世开创的伟大事业。他的《拿破仑的思想》（1839）勾勒出一幅模糊却宏大的世界图景，以民族主义为最高原则，人民过上了平静和谐的生活。他致力于废除1815年《维也纳条约》，他认为条约将欧洲拱手让给了反动的大国，比如英国、俄国和奥地利。倘若人们认真对待拿破仑三世的想法，就早该警觉。

掌权之后，"命运之子"拿破仑三世的举止变得谨小慎微，与早年的形象完全不同。他反对"帝国意味着和平"这种说法，他将精力放在法国的经济和社会发展上。塞纳区的行政长官奥斯曼男爵主持重建了巴黎。铁路开始铺满法国国土，大型银行纷纷建成，法国的外贸额急剧增长。拿破仑三世身边充斥着圣西门主义者，比如斐迪南·德·雷赛布，他主张的苏伊士运河工程于1859年动工。拿破仑三世不愿重蹈他叔叔的覆辙，不再与英国交恶，转而与英国一起参加克里米亚战争，并在1860年第二次鸦片战争结束时与英国组成联军入侵北京。拿破仑三世不顾法国实业家的反对，1860年与英国签订了《科布登自由贸易协定》，开启了两国间自由贸易的时代，推动了法国工业化的急速发展。[44]

同时，欧洲各国对拿破仑三世的意图产生了猜疑，特别是有关波兰、意大利和其他"受压迫民族"的政策。拿破仑三世对法国的"天然边界线"，以及占领莱茵河地区表现出极大兴趣。拿破仑式的野心引起了欧洲人的不安。特别是英国，帕默斯顿勋爵尤其怀疑这位法国皇帝的企图，甚至一度怀疑法国可能入侵英国。苏伊士运河的动工也引起了恐惧，被视作法国重新占领埃及的开始。[45]

最终，普法战争终结了拿破仑三世的帝国，也让整个法兰西第二帝国蒙上了阴影。法国的政客和知识分子竞相诋毁帝国及其统治者。拿破仑三世被描述为无赖和小丑，成为辛辣讽刺画的主角。在杜米埃的画作、雨果的《惩罚集》，以及埃米尔·左拉的《卢贡－马卡尔家族》小说中，第二帝国粗鄙腐朽，沦为贪婪的资本家和阴谋家的玩物。[4] 与第二帝国相关的"帝国"一词充斥着负面色彩，不仅法国，连英国和德国都不愿使用这个称呼。[46]

事实上，1870—1871年的普法战争及其后果深刻地改变了法国人对帝国的态度。从1830年征服阿尔及利亚到1871年建立第三共和国，其间法国断断续续地进行着海外开拓，有些相当重要，法兰西第一帝国和第一个海外帝国覆灭后，民众已经无法从复兴帝国中获得多少收益。1830年的七月革命、1848年的二月革命，第二共和国以及法兰西第二帝国：法国人的国内事务已经足够复杂，他们无暇顾及海外领地。邻国也在细致观察，提防法国冒险主义的迹象，比如 1840 年埃及危机中法国的一举一动。

1871 年，普法战争的失败，以及东部德国的统一，让法国不再抱有建立帝国（无论是欧洲帝国还是海洋帝国）的幻想。面对战争的惨败与国内的动荡，法国人还怎么执着于帝国呢？普法战争后，巴黎马上爆发了工人起义，1871 年建立了巴黎公社。法国政府（出于安全考虑已迁至凡尔赛）的路易-阿道夫·梯也尔残酷地镇压了巴黎公社运动。大约 2 万 ~3 万公社成员在冲突中身亡，其中不少是被政府军就地枪决的。这是 19 世纪，甚至有史以来法国工人阶级最惨痛的一次失败。第三共和国建立在被外敌打败的基础上，也建立在国内同胞自相残杀的背景下。巴黎公社被残酷镇压使第三共和国从建立之初就产生了社会和思想上的撕裂，直到另一场灾难——"一战"爆发。自 1871 年以来，"一战"是法国人第一次团结对外。

国内政局的稳定与秩序或许抑制了帝国的野心（当然我们不能认为帝国就没有国内问题），但是当时法国人认为更大的障碍在于，他们在普法战争之后巨大的困境。1871 年缔结和约后，法国被迫将富庶的阿尔萨斯－洛林地区割让给了德国，还包括 500 万法郎的赔款，直到款项还清德军才撤退（这是法国人不会遗忘，更不会原谅的），这是前所未有的羞辱和损失。如何洗刷羞辱、以牙还牙成为法国人的当务之急。而其他的问题，包括建立海洋帝国的计划，都要为这一最要紧的任务让路。[5]

在这种危机四伏的情势下，帝国的理想不免有些脱离实际。但在 19 世纪 80 年代到 20 世纪初的短短几十年内，法国就在大范围内重建起一个海洋帝国，并使自己成为世界第二大的帝国。[6]当然，任何事情都有代价，在这么短的时间内取得成就可以追溯到 16 世纪法国所打下的基础（比如塞内加尔的格雷岛和圣路易）。与其他欧洲帝国一样，商人、探险家、传教士是开拓的先锋。但法国所经历的挫折与失败却不尽相同。1830 年征服阿尔及利亚后，法国花费了 40 年才抚平动荡的局势，站稳脚跟。1870 年之前，法国占领的其他地区，比如中南半岛、太平洋和印度洋岛屿的情况也类似。帝国的计划只能搁置，为法兰西第三共和国的发展让路。

北非的马格里布从很多方面都可以说是法兰西帝国的心脏，而阿尔及利亚是该区域的核心。1848 年法兰西第二共和国将阿尔及利亚分成三个部分实行统治，直到 1879 年才建立完整的官僚体系。阿尔及利亚成为法国向东和向西进一步扩张的基础。1881 年突尼斯成为法兰西帝国众多的保护国之一。实际上，无论是否正式吞并，保护国与殖民地的区别并不显著（"一战"后交由法国正式"托管"的叙利亚和黎巴嫩的情况与此类似）。

摩洛哥的情况要比突尼斯复杂得多。1903 年在法国军官路易·于贝尔·利奥泰的带领下，法军进入摩洛哥，这位军官后来成为法国最负盛名的殖民地统治者。这次入侵为之后法国开拓殖民地建立了样板，利奥泰无视巴黎的命令，拒不撤退。但与突尼斯不同，摩洛哥本身就是国际问题的焦点，英国、德国、西班牙和意大利都在伺机对摩洛哥施加影响。虽然利奥泰再三逼迫，但法国政府还是相当谨慎。1905 年和 1911 年发生了两次"摩洛哥危机"，几乎引发欧洲大国之间的战争。1907 年，法军洗劫了卡萨布兰卡，破坏城市，杀害了上千市民。最后，法国用法属刚果的一部分领地收买了德国，同时保证英国在埃及的势力不受影响，终于在 1912 年把摩洛哥变成自己的保护国。利奥泰晋升为驻摩洛哥总驻扎官，拥有极大权力。[47]

19 世纪八九十年代，撒哈拉以南非洲也被划入法国的势力范围。法属西非在更早建立的定居点［比如塞内加尔、几内亚、达荷美（贝宁旧称）、科特迪瓦］的基础上巩固和强化在这些地方的统治。法国进一步扩张，征服中非，包括上沃尔特（今布基纳法索）和马里，将著名的通布图以及尼日尔并入法属西非的范围。尼日尔是一大片干旱地区，但对法国有重要的战略意义，它连接着北非和中非，法国希望它也成为非洲西部和东

图 7.1　路易·于贝尔·利奥泰，法国驻摩洛哥的总驻扎官（1912—1925 年任职），他在摩洛哥践行了"联合主义"和"双重城市"的政策。利奥泰组织了 1931 年巴黎世界博览会（Library of Congress）

部的枢纽，但 1898 年的法绍达危机让法国人的梦想破灭了。[7] 让·巴普蒂斯特·马尔尚上尉带领法军从法属刚果出发进入苏丹，遭遇了从上苏丹向南进发的基钦纳勋爵带领的英军，就像在埃及取代奥斯曼人一样，英军也占据了这个地区。两军相遇在位于苏丹的上尼罗河流域的法绍达，在喀土穆以南 400 英里。英国人捍卫苏丹和上尼罗河的决心很坚定，更要守住新建立的保护国埃及。法国当时还沉浸在德雷福斯事件的冲击之中，法国民众主张对英宣战，但法国政府迟迟不肯行动。马尔尚上尉接到了撤退的命令。1899 年英法缔结和约，法国可以保有尼罗河以西的领地，但无权涉足尼罗河流域，这就终结了法国对于从达喀尔到吉布提，再到红海边的索马里兰的统治。之后法国的海外领地在此区域仅剩吉布提和索马里兰，这大大有利于英国人建立一个从开罗到好望角的非洲帝国。英国这个老对头再一次，不仅破坏了法国的帝国梦，还在它面前展示出了更宏大的帝国野心。

法国占领了毛里塔尼亚，那里和尼日尔一样广袤无边，它的面积是法国本土的两倍，但九成土地都是荒漠，不过这也是战略的一部分，这里既联系了法属西非的各个领地，也可作为其他国家进军的障碍。毛里塔尼亚还为法国提供了一个通道，通往其北非的领地——摩洛哥和阿尔及利亚。"一战"之后，法国人从德国人的手中拿到了刚果，使其成为法属西非的一部分。

从德国获取的另一处托管领地喀麦隆，成为法属赤道非洲的一部分。法属赤道非洲离不开探险家皮埃尔·萨沃尼昂·德·布拉柴，他在法国人心中的地位就如同斯坦利与利文斯通在英国人心中的地位一样。[48] 布拉柴沿着奥果韦河出发，而他误认为这是刚果河的支流，后来他于 1882 年来到刚果河附近，与贝特克族人的首领马科科签订协议，法国人在此获得一块土地。这项协议甚至在法国也备受争议，最初也没有得到其他欧洲大国的认可，但在 1884 年的柏林会议上得到了承认，并成为法国殖民地中央刚果的核心（为了纪念布拉柴，该地主要城市后改名布拉柴维尔）。

1886—1898 年，布拉柴作为法属赤道非洲的政府特派员，还兼并了大量领地。新增的地区包括加蓬、法属乌班基 – 夏利（今中非共和国）和乍得。与尼日尔和毛里塔尼亚的情况类似，乍得面积很大，但极度干旱，经济落后。这里主要实行军事管制。20世纪初，大约只有20名左右的欧洲人在此生活。与法属西非相比，法属赤道非洲更加贫穷落后，也不为人知，常被忽略，就像是法属非洲帝国中的灰姑娘。直到"一战"前，法属非洲最根本的特点是：经济上极其落后，而在军事和战略上又相当关键。

非洲是法国建立的海洋帝国中面积最大的一部分。在世界的另一端，法国建立了海洋帝国的第二个部分，即东南亚地区。与在非洲一样，法国在此面对的还是英国。英国此时已经将法国赶出了印度，占领了缅甸，正向暹罗（今泰国）进发。在东部，英国人占领了马来半岛，建成了重要的港口城市新加坡（1819）。两次鸦片战争期间（1840—1842年和1856—1860年），英国向中国施加了巨大压力，占领了香港，并占据着广州、上海等重要贸易港口。法国还有什么选择呢？远东还有什么地方留给法国呢（别忘了荷兰还牢牢把控着东印度群岛）？

与非洲的情况类似，法国会选择与它有历史渊源的地方作为征服对象。法国传教士早在17世纪初就来到中南半岛，18世纪东印度公司聘用了大量法国教士；经与越南皇帝、大臣协定，法国在此获得了贸易特惠的地位。之后的越南统治者时而保护，时而迫害天主教徒。但在教皇的支持下，足智多谋、意志坚定的法国传教士在19世纪三四十年代成为东亚最主要的传教团体。

19世纪50年代，天主教徒遭到迫害，法国决定干预中南半岛。1859年法国占领西贡（今胡志明市），1862—1867年法国吞并南圻，之后柬埔寨成为法国的保护国。但是之后，特别是普法战争失败后，法国再无进一步动作。直到1883年，安南和北圻（以河内为中心的越南北部地区）两个越南行省才变成法国的保护国。1887年，法属中南半岛成形，由总督负责统治包括南圻、安南、北圻和柬埔寨在内的地区。1897年，老挝也成为保护国，并入法属中南半岛。与北非的情况一样，这里的保护国和殖民地没有实质差别：运行管理与殖民地无异。[49] 前后历经近 40 年，最终法国人在东南亚建立了一个人口众多的广袤帝国。

法国在东南亚和非洲建立的帝国，对法国人有何意义呢？此前法国人对建立帝国不太情愿，是什么原因支撑他们在 19 世纪末的短短几年开始征服扩张？法国人统治帝国的思想与理念究竟是什么？法国人与其他统治者有何异同？

代表权力与威望的帝国

1885 年 7 月 28 日，刚离任的费里在众议院为其殖民政策辩护，这后来成为 1871—1914 年最重要的关于殖民地的演说。费里在 1879—1881 年担任法国教育部部长，实现了整个教育系统的世俗化。与莱昂·甘贝塔（1881—1882 年任法国总理）一起，他们是 1871 年第三共和国政治领域最具代表性的共和派人物。受到保罗·勒鲁瓦－波利欧《现代国家中的殖民主义》（1874）的影响，费里在左右两翼势力面前为法国的殖民主义辩护。1880—1881 年，在他的第一个任期内，突尼斯成为法国的保护国，尽管许多议员表示抗议。1883—1885 年，在第二个任期内，费里继续大力推动法国在非洲和中南半岛的殖民政策。因为法国在越南北圻的利益受损，他被迫在 1885 年辞职，众议院的议员喊出"北圻－费里"的口号。7 月 28 日，费里在辞职后做了最后的演讲，他不仅为法国在中南半岛的行动辩解，也为法国整个殖民主义运动找到了合理性。[8]

费里的第一个论点是殖民地的经济意义，这一点和保罗·勒鲁瓦－波利欧非常接近，也启发了之后霍布森撰写《帝国主义》（1902）一书。"殖民政策是工业化的产物。"法国这样的国家大量依靠出口，需要外销市场，"建立殖民地就是建立市场"。与其他发达工业国家一样，法国需要将过剩的资本投向海外，而殖民地就是最佳的投资对象。殖民地的经济管控意味着政治管控："假如宗主国和殖民地的关系能维系稳固，本土作为生产者，可以控制其建立的殖民地的经济命脉，也就能在一定程度上控制其政局。"

图 7.2　费里，法兰西帝国主义的重要支持者。一位法国摄影师人私人藏品（Bianchetti/Leemage/Bridgeman Images）

费里关于占有殖民地的第二个论点与"人文主义和文明的使命"有关。他的立场非常坚定："高等民族在次等民族面前享有特权……他们的权力来自他们的责任。他们有责任将文明传播给次等民族。"费里坚信权力与责任的关系。其中包括对欧洲商人和定居者行为的规范，反对奴隶制和奴隶买卖，将"物质和精神的秩序"，包括西方的政府、教育、医疗和道德观念传递给当地人。如果没有文明的使命，西方占有殖民地将失去正当性。

费里的第三个论点是政治性的，也最能体现其高超的辩论技巧：法国为了维持世界大国的地位，也必须拥有殖民地。他反对有些议员提出的，殖民地是"当前法国在欧洲受到孤立后在东方寻求的一种补偿"。他认为这种观点轻视了法国所遭遇的悲剧，"我们所遭受的灾难，无论如何都是无法弥补的"。

费里认为，法国人面临的最大问题就是这些灾难是否让法国失去成为一个欧洲强国的能力。法国政府是否要"沉溺于这些痛苦而无所作为？是否准备当一个看客，任由其他民族控制突尼斯和越南……法国政府是否会让其他人掌控赤道非洲地区？是否要让其他人决定埃及的事务？而在许多人看来，埃及的事务与法国有着莫大的关联"。

费里十分关注欧洲和世界局势的变化，他关注着能与法国抗衡的新兴大国，这些国家能影响法国的兴衰，甚至存亡。

> 在欧洲，我们面临许多竞争对手，而且它们的实力越来越强……在欧洲，乃至全世界，如果还采取自我孤立或放弃的政策无异于毁灭！在我们生活的时代，一个民族是否伟大在于它遵循怎样的发展路径……如果只是向外传播文化，却没有实际行动，不参与世界事务，永远站在欧洲，将对非洲和远东的扩张视作陷阱和危险的举动，但凡我们还试图建立一个伟大的国家，我保证这样的态度会使我们的国家很快走向终结。因为我们不再是一个一流的强国，而会沦为三流甚至四流国家。在场的每一位，包括我自己都不能想象我们的国家落到这样的局面。法国不能落后于任何国家。所有欧洲大国都在进行殖

民扩张。我们也应该如此。不然，我们的命运可想而知……就像三个世纪前的世界大国，过去它们的权威与国力不可小视，而今天它们已沦为三流，甚至四流国家……

法国不只是一个自由的国家，它必须成为一个伟大的国家，我们经历了命运的种种考验。现在，我们必须将它的影响力扩散至全球，将我们的语言、习俗、旗帜和军队带到世界各地。[9]

演讲过后的第 5 年，费里出版了一本小册子——《越南北圻与宗主国》（1890），他再次阐述了演讲的主题，"殖民政策是工业化的产物"，但经济和政治议题又一次纠缠在一起。费里说："永远待在后花园里，是成为不了一个伟大国家的。"他对法国当时海外扩张和捍卫殖民政策的立场表示赞扬。作为对人们批评的回应，费里否认殖民扩张会使法国人遗忘 1871 年惨败给德国人的羞耻。将来总有机会报复德国，而此时最紧要的，是不能在世界大国的竞争中落后。"我们是否要放任沙文主义和短视的政策使法国陷入绝境；我们是否安于孚日山脉内，对现状感到满足？"突尼斯的意大利人、南圻的德国人、越南北圻的英国人已经因为法国的犹豫而在攫取利益。费里担心再次出现"1763 年条约"，即七年战争之后的《巴黎和约》，正是这些和约让法国尽数丢失了北美和印度的领地。[50]

费里强调殖民地的经济价值，这代表了当时普遍的观点，并在霍布森的《帝国主义》一书中展示得淋漓尽致。但这种观点也常被批判，因为维系欧洲的殖民地往往得不偿失[10]，而且在法国的案例中尤其如此，至少在"一战"前的这段时期是这样。法国没有急着派遣定居者，这说明法国人不愿离开法国本土；同时法国的金融家、投资者和工业巨头也对殖民地兴趣不大，反而对其他非法属地区的市场与商机更加重视。

数据清楚地说明了这一点。1882—1886 年和 1909—1913 年，法国与殖民地的外贸额（进口和出口）起初只占总额的 5.71%，最后达到 10.2%，亨利·不伦瑞克认为两个数字微不足道，而且法国外贸总额也只占国内和国际贸易总数的一小部分。而这一时期，英国 30% 左右的外贸额来自英国本土与殖民地（见第六章）。法国的对外投资更倾向于奥斯曼帝国、欧洲东南部、俄国和南美，而非法属殖民地。1914 年，海外投资增加，对欧洲的投资比例下降至 61.1%，法属殖民地只占 8.8%。法国的投资者和商人比起英国人，更加不顾及国家的殖民战略。北非的贸易与投资是个例外，与北非的贸易额超过了与其他所有殖民地的贸易总和。[11]

亨利·不伦瑞克认为，尽管费里在 1885 年 7 月 28 日的演讲中强调帝国的经济利益，"但是众议院给费里的掌声是因为演讲的结尾提到了政治因素"[51]。这样看来，众议院比起费里更敏锐地觉察到民众对帝国的情绪，尽管费里也充满激情地阐述了相应的政治原因。当然，无论出于什么动机，所有帝国的建立归根到底都是政治性的。帝国的建立需要政治意愿，更需要政治手段来维系。但是，有些帝国的政治性要更强。法兰西帝国更是如此，法兰西人的帝国几乎完全是靠强大的民族意愿推动的。

建立帝国的政治动力可以追溯到 1870—1871 年法国在普法战争中的失败。我们无法估计这场灾难给法兰西人造成的创伤。1870 年 9 月 2 日，拿破仑三世在色当战役中被俘后投降，俾斯麦要求法国割让阿尔萨斯－洛林地区，而赔偿的数字与当初拿破仑一世在耶拿打败普鲁士（1806）所要求的赔偿是一样的。这是一场在精神和物质上的惨败。与俾斯麦会面时，新共和国的外交部部长朱尔·法夫尔对此无比愤怒："这是在毁灭法国！" 1870 年 9 月 15 日，著名学者欧内斯特·勒南写道："积弱难返、饱受屈辱的法国将难以生存。割让阿尔萨斯－洛林地区标志着法国的终结。"[52] 法国人还在艰苦抵抗，直到 1870 年 10 月 28 日巴赞将军在梅斯投降，战争结束了。新成立的德意志帝国获得了富庶的阿尔萨斯－洛林地区，而法国必须咽下苦果。[53]

对外战争的失利引发了一场国内阶级的战争，1870—1871 年，巴黎工人起义爆发并建立了巴黎公社。这是法国人永远铭记的历史，巴黎公社惨遭镇压，成为法国左派不能磨灭的记忆。法兰西第三共和国成立时面临着其他国家不可想象的困难局面。福楼拜曾经写道："这个国家，一半民众想要掐死另一半，另一半人亦是如此。"[54] 多年后，在"二战"前夕，也是法国第二次遭遇德国羞辱之前，夏尔·戴高乐是这样描述法国在1870—1871 年之后的情况的：

> 这是一场灭顶之灾，和平没有希望，悲痛无法抚平，国家失去根基，从战俘营归来的军人寥寥无几，阿尔萨斯－洛林地区被割让，上百万的赔款还需偿还，侵略军占据着 1/4 的领土，首都因为内战而血流成河，其他欧洲国家对此不闻不问：这就是朝着命运进发的法国在当时面临的境遇。[55]12

尽管如此，法兰西第三共和国却一直延续到 1940 年，成为目前为止法兰西的 5 个共和国中国祚最长久的一个。[56] 尽管发生了布朗热事件和德雷福斯事件，但法国人还是渐渐达成了共识。世俗化进程接近完成，1906 年教廷和国家正式分离。左翼和右翼势力不相上下，共和国大部分时期保持中立态度。最重要的是，通过一系列的帝国扩张，法国又重新成为一个大国，与英国展开了全球领土之争，也成为其他欧洲国家极力拉拢的对象。

法国虽然发展壮大，却要面对反对的声音，即发展殖民地是浪费精力，忽视了法国的爱国者真正应该履行的使命——收复阿尔萨斯－洛林地区，为 1870—1871 年的普法战争复仇。[57] 在过去的 200 年里，法国的主要敌人是英国。19 世纪下半叶，与英国的斗争是推动法国扩张的动力之一。英法之间爆发战争的可能性并非不存在，1898 年的法绍达危机就是证明。但法国的外交政策此时必须提防欧洲大陆上另一个可怕的对手：一个统一的、崛起中的德国。从这时起，法国无论是在国内政策还是外交立场上，需要一面警惕西边的老对手英国，另一面小心新的威胁——位于欧洲大陆的德国。法兰西帝国依然怀着"怨憎"的情绪，不过这种情绪更多指向德国，而非英国。

新成立的德意志帝国是不容小觑的对手。德国人口远超法国，生育率也较高。在工业上，德国不仅超过法国，更挑战了英国和美国的地位。在军事上，德国取得了三场战事的胜利：1864 年战胜丹麦，1866 年战胜哈布斯堡王朝，以及最重要的 1870—1871 年战胜法国。毫无疑问，德国此时是欧洲大陆的军事强国。它占据了法国最为繁荣富庶的两个省，让法国人倍感屈辱。20 世纪初，德国开始在摩洛哥挑衅法国，几乎引发了两国间的战争，也激起了法国的反德情绪。"复仇"二字成为法国所有爱国政党领袖的口头禅。此外，包括建设海外帝国的计划，都排在打败德国这一最高使命之后。

殖民主义者，即帝国的支持者没有忘记，也不会允许自己忘记，在建立帝国的历程中履行复仇和收复领土的使命。他们认为，即使没有那么直接，建立一个法兰西世界帝国也会在一定程度上弥补这些损失，从而恢复法国的尊严和权力。他们对于使用"安抚""补偿"这类词特别小心，我们已见到费里是如何激烈地反驳这些说法了。这些都是稍逊一筹的策略。保罗·德鲁莱德认为征服非洲殖民地可以作为丢失阿尔萨斯–洛林地区的补偿，这种观点就像是"你用两个仆人来交换我的两位亲姐妹"一样。[58] 反殖民主义者对这种"补偿说"的反击还包括，"孚日山脉的裂纹不能用非洲的沙砾和亚洲的污泥来填补"[59]。

无论如何，在短时间内，法国在与德国的较量中暂无胜算，殖民主义者还有另外一张王牌。费里认为，没有什么能真正弥补 1871 年普法战争的损失，但将来一定有机会反击德国。但在重建国家声望和世界地位的同时，法国能做的还有很多。法国可以塑造新的帝国，与世界大国抗衡，以证明自己依然是大国中的一员。这对于将来反击是有助益的。内阁总理保罗·伯特于1885年回应人们认为开拓殖民地是对失去阿尔萨斯－洛林地区的补偿时说："补偿或安抚这一损失都是不可能的。殖民地当然不能替代阿尔萨斯－洛林地区，但开拓殖民地是提升民族实力的手段，当时机成熟我们可以重新夺回失去的土地。"[60]

保罗·勒鲁瓦－波利欧于1874年出版的《现代国家中的殖民主义》一书表达的也正是上述观点，开启了法国新一轮的殖民运动。拉乌尔·吉拉尔代认为，这本著作相当及时，也全面揭示了1871年给法国留下的"巨大创伤"。只有通过成功的殖民活动，建立一个大帝国才能抚平国家的伤口。勒鲁瓦－波利欧竭力阐释殖民化的重要意义，它会让世界烙印上法兰西民族独特的文明印记。

> 殖民就是一个民族的扩张，权力的复制，将一个民族的语言、习俗、思想传播到世界的过程。拥有最多殖民地的民族是高等的民族，即便现在不是，有朝一日也会成为高等的民族。[61]

"拥有最多殖民地的民族是高等的民族"，这成为后来法国的殖民党或殖民游说团的口号，这些团体在19世纪八九十年代鼓吹各种殖民活动。[13]费里非常认同保罗·勒鲁瓦－波利欧关于殖民地的思想，他在1885年的演说已经充分证明了这一点。离职之后，费里参与各项非官方的社会活动，成为殖民主义运动的领军人物之一。这些人的地位显赫，包括加布里埃尔·阿诺托和泰奥菲勒·德尔卡塞，他们在不同时期担任过法国外交部部长。还有探险家，比如布拉柴、约瑟夫·西蒙·加列尼、让·巴普蒂斯特·马尔尚，殖民理论家约瑟夫·沙耶－贝尔，圣西门主义者费迪南·德·雷赛布。他们中的一些人经常参加法瑟卢·洛巴领导的、颇具影响力的巴黎地理学会的聚会，这个聚会也吸引了不少官员、军人、神职人员、学者和探险家。殖民党还包括重要的军事将领，比如阿希尔纳和利奥泰将军；杰出的商人，比如拥有苏伊士运河公司和巴黎－里昂－地中海铁路的阿伦贝格亲王，以及泛大西洋航运公司的总裁夏尔·鲁；还有金融家，包括巴黎国民贴现银行的埃米尔·梅塞，阿尔及利亚、马达加斯加和叙利亚当地银行的总裁，曾经出任法国商务部部长的安德烈·勒邦。

一般认为，殖民党人的领袖人物是欧仁·艾蒂安。1844 年他出生在阿尔及利亚的奥兰，他给法国政坛带来了来自阿尔及利亚的边疆视角，也是帝国的狂热支持者。1870 年的惨败给了他很大冲击，他发誓要为恢复法国的尊严和地位而奋斗。1881 年作为来自奥兰的众议员，他迅速成为莱昂·甘贝塔和费里的有力支持者，并与他们成为密友，自视为他们两位的门徒（1882 年甘贝塔临死时要见的人就是艾蒂安）。直到 1919 年艾蒂安一直是来自奥兰的众议员，此后他成为法国的参议员直到 1921 年去世。他也历任殖民地事务部长、内务部部长、战争部部长，还做了 20 年的众议院委员会副主席。他还是一位多产的作家，写作主题涉及殖民地事务，还创办了一份报纸——《殖民地快报》。除此之外，他还参与商业，管理巴黎公共汽车公司和殖民地建筑公司。艾蒂安与政界、新闻界和商界有着广泛联系，他是殖民游说团的杰出代表。[62]

艾蒂安在众议院中成立殖民团体，使殖民党人在议会中有了正式席位。1902 年，大约 1/3 的众议员属于这个团体，时常与有着同样观点的参议员组织聚会。他们因为"想要确保法国在殖民地及海外领地的力量"而团结在一起。[63] 1894—1899 年，7 位殖民地事务部长来自这个团体。殖民团体是众议院中组织得最成功的团体之一。正是他们让法国开始在埃及重新获得一定地位，直到法绍达危机爆发。之后，他们决定把埃及让给英国，同时要求英国承认法国在摩洛哥的地位：1905 年英法签订了协约，艾蒂安的目的达到了。[64]

可这个殖民团体从来都不是正式的政党，也不只是依靠议会或各部门的权力。它还吸收了各种议会内外的组织和个人。这些人走到一起的理由是建立法兰西帝国，并反击怀疑论者和反对者。探险家、地理学家、军官、议员频繁举行宴会，商议对策。每个殖民地都建立了相应的委员会：法属非洲委员会（创始人之一是阿伦贝格亲王）、马达加斯加委员会（艾蒂安任主席）、法属亚洲委员会（艾蒂安任主席）、法属摩洛哥以及法属大洋洲委员会。他们举行演说，授予奖励，资助博览会。他们还出版刊物介绍殖民地的风土人情，重点宣扬总督和定居者取得的种种成就。他们游说各个部长和商业组织。其中最特别的一个是法国殖民地联盟，成立于 1893 年，将400 多家"对殖民地感兴趣"的法国企业联合在一起。颇具影响力的刊物《殖民地半月谈》由杰出的殖民理论家约瑟夫·沙耶－贝尔任主编，强调"殖民地的价值变现"，理性地开发殖民地的自然和人力资源，为当地人和宗主国共同创造价值。[14]

殖民党人的真正影响何在？他们在多大程度上影响了政府政策？他们在多大程度上为帝国在公众心中建立了好感？"殖民党有两大特点：规模极小，影响极大。"[65] 1914 年之前，殖民主义者只有不到 1 万人。他们组织松散，在政治议题上无法发出统一的声音。尽管他们认可帝国的重要性，却分成了非洲派和亚洲派。民众对他们的主张并不关心，左翼、右翼政党对他们百般刁难，经常以叛国的罪名威胁他们，认为他们要放弃收复阿尔萨斯－洛林地区，放弃反击德国。这是殖民主义者需要面对的责难。

但他们的反对者，无论左翼还是右翼，内部更分裂，而且势力有限。布朗热将军掀起的右翼浪潮对共和国的挑战，德雷福斯事件，以及关于世俗化的激烈冲突，这些都让左右两翼势不两立。他们反对殖民地的观点无论如何也不能超越两派的政治分歧。此外，殖民主义者之所以团结是因为有欧仁·艾蒂安，他在20多年内主导了法国的殖民政策。"他让殖民党成为第三共和国历史上最大的游说团体。"[66] 因为他们不懈地游说与宣传，"一战"时期，法国建立了一个庞大的非洲帝国，贯通了北部和西部的各方领土。在东方，即东南亚地区，法国也建立了一个人口众多的殖民地，足以牵制英国人在当地的势力，还因为中国的妥协而获得了极大的利益。

尽管人数不占优势，但殖民主义者之所以能成功是因为他们能将反对者指责他们的问题为自己所用：民族主义。右翼攻击他们背叛祖国。他们被认为不关心欧洲事务和法国在欧洲的利益，也不积极在德国面前找回法国的地位。帝国主义和民族主义被认为是互为替代的，甚至互相敌对的战略选择。

殖民主义者同样拿这些问题质疑右翼，而部分左翼人士也加入了他们。1871年之后，法国面临的局势是不可能马上与德国开战夺回失去的阿尔萨斯-洛林地区的。这不仅会引起全欧洲的警觉——法国似乎又在重走冒险主义的路线，而法军也无力对抗德军。而法绍达危机也反映了法国无力与英国交战，即使右翼已挑起了国内民众的情绪。法国与两个主要的对手，无论是英国还是德国发生正面冲突，似乎都不能确保法兰西民族的利益不受损害。

这样一来，法国面临来自欧洲之外，甚至来自全世界的竞争。正是在这种环境中，法国重建其权威，恢复世界大国的地位。"拥有最多殖民地的民族是高等的民族。"这就是法国成为大国的一条路径，就像在19世纪为全世界设立文明标准的帝国那样。之前由法国国王向法国的民众，以及拿破仑一世向欧洲各国子民践行的文明使命，此时由法国向更广阔的世界践行。法国要将它的文明传播到非洲、亚洲和太平洋地区，对于任何民族而言，还有什么使命比这更高贵呢？民族主义者又怎么能指责殖民主义者背叛了法兰西民族呢？在法兰西帝国，法兰西民族被投射到更大的历史背景之中，法语、法国文化、法国的制度成为全世界的典范。

沃尔夫冈·希弗尔布施认为，1890 年前后，人们发现反殖民主义的力量在法国政治和文化界有所削弱。"事情似乎发生了逆转：法兰西民族的使命从复仇变为殖民。殖民扩张此前被视作为复仇而做的准备，而此时地位显著提高，殖民主义被认为是民族复兴必不可少的计划。此时不必为殖民活动寻找任何正当的理由，殖民本身就是理所应当的。" [67]

此外，殖民主义者也很有技巧，他们可以在不与其他欧洲大国发生正面冲突的情况下建立帝国。1871—1914 年，除了一些国际纷争，每当战争一触即发时法国政府都选择退避三舍。法绍达危机中面对英国是如此，20 世纪初在摩洛哥面对德国时也是如此。法兰西的第二个海洋帝国的建立充斥着暴力，但这暴力仅仅与非欧洲人——阿拉伯人、非洲人、中南半岛人——相关，与欧洲人并未发生多少暴力冲突。法国人特别留意，尽量不招惹欧洲的竞争对手。非洲在几次国际会议中已经被欧洲瓜分殆尽。法国在东南亚的殖民地还未被欧洲大国视作威胁，而英法在泰国发生的冲突，最后也得到和平解决。法国和英国、德国、俄国、美国一道参与瓜分了中国，有了自己的势力范围（只有日本在这个过程中与各国发生了分歧，也预示着未来的危机）。

1914 年之前，法国代表的是权力与威望，而非经济利润或工业产值。帝国主义受民族主义推动。法国从未提出要放弃殖民地，"殖民地政策从未被仅仅当作经济事务。帝国主义脱胎于民族主义，也将继续保有民族主义这一面" [68]。当然，帝国的反对者也反对这种民族主义，认为法国应该管好发生在欧洲大陆自己后花园里的事。但"永远待在后花园里，是成为不了一个伟大国家的"，而且这个后花园的空间本就极其有限。殖民者将三色旗带去海外，使其在阿尔及尔、丹吉尔、布拉柴维尔、西贡和河内的上空飘扬。莱茵河流域丢掉的土地已经从尼日尔、刚果、湄公河和红河流域重新夺了回来。1914 年，欧洲再次陷入大战，"上百万人响应帝国的号召而战，证明帝国的确蕴含着民族的力量"[69]。塞内加尔步兵团英勇作战，使法兰西民族倍感自豪。

最后，法国还有一个推动力。帝国的建立离不开军人，包括陆军和海军。[70] 军人最能体会 1870—1871 年普法战争战败的羞耻。军官也首当其冲，在失利后成为被指摘的对象。在梅斯投降的巴赞将军失去了名誉，被判叛国罪，处以死刑（最后幸免逃脱）。甘贝塔在判决后评论道："只有这样，法国才能开始踏上荣誉、正义和复仇的征程。"[71]

军人暂时无法在欧洲的战场上重建声誉，帝国给了他们更宽广的舞台来证明自己的实力。在撒哈拉的荒漠和中南半岛的丛林中，他们可以彻底洗刷 1870—1871 年战败的耻辱。此外，他们比任何人都愿意完成这一使命，这或许是他们最好的机遇。有时，他们各行其是，不理会也不寻求来自巴黎的上级的指令。比若将军说，"命令应该被烧毁，以免我们忍不住地想看"，他认为"军队中的不服从现象已经上升为一种艺术"。他在阿尔及利亚就按自己的意愿行事；1844 年，他直接违抗军令，入侵摩洛哥。在塞内加尔，路易·费代尔布也是如此。1843 年海军上将图阿尔兼并塔希提岛，1862 年海军上将博纳尔强令越南政府将南圻的三个省割让给法国，1867 年拉格朗迪埃完全征服了南圻，这些都是指挥官罔顾命令、擅自行动的结果。[72]

与在英国一样，商人和传教士也是法国最积极的推动者。此外是地理学家和探险家。但是，与英国不同，法国军人冲在帝国最前沿。罗纳德·鲁宾逊说："不是地理学家或知识分子，而是军人最希望恢复民族的荣誉。这也是他们职业的需要，他们因为在殖民地战场上的无数次胜利而获得了勋章、认可和荣耀，在巴黎混乱的政治环境下，他们有机会将三色旗带去远方。法军的军官都是一只手抱着格林机关枪，另一只手书写着回忆录。而英国的军官早在东印度公司统治印度时期就失去了这样的机会。"[73]

英国人当然也有自己的军事英雄，但大多都与帝国有关，比如印度的克莱武、加拿大的乌尔夫、尼罗河和特拉法尔加的纳尔逊、苏丹的戈登和基钦纳。除了印度的克莱武，其他人取得的只是军事胜利。而法军将领的特别之处在于，他们既是军人，又是统治者、探险家、理论家和帝国的评论家。阿尔及利亚的比若、塞内加尔的费代尔布、苏丹的阿希纳尔、中南半岛和马达加斯加的加列尼，以及摩洛哥的利奥泰，他们不仅是杰出的军事人才，更因其统治和著作而闻名。芒然将军提到"黑色的力量"，非洲部队弥补了法军的不足，将法国的影响力带到非洲腹地。马尔尚上尉尽管未能将苏丹变为法国领地，但他进军法绍达的行动也被人追随，被视作民族英雄。弗朗西斯·加尼耶不仅深入湄公河流域，为法军占领越南铺平道路，他以亲身经历和法兰西帝国在远东的前景为主题撰写的著作也大获成功。[15]

1815—1882 年，除了阿尔及利亚，法国的殖民地都由海军部门管辖。阿尔及利亚直到 1870 年都由陆军部管辖。帝国 1882 年才设立一个负责殖民地事务的副部长职位，1894 年才有了专门的殖民地事务部。殖民地的统治者都是海军或陆军军官，在军校接受过训练。1889 年，殖民地学院建成，开始为殖民地培养高级官员。[74] 这段历史也反映了殖民地被征服的过程。军人将帝国视作自己的帝国，因此尽心尽责。在很多国家，军人是民族的代表、民族荣誉的捍卫者，但这不意味着他们可以等同于国家。[16] 著名的商人，如塞西尔·罗德斯、乔治·戈尔迪、威廉·渣甸、詹姆斯·马地臣；教士和探险家，如戴维·利文斯通；以及远见卓识者，如阿拉伯的劳伦斯；这些人在英国都被当作帝国英雄，而非军事人物。而商人从未出现在法国的帝国英雄之列，他们的席位都被军人占据了。

1871 年之后，军队感到有希望恢复民族尊严、增强国力，同时他们自己也想重振士气，帝国的舞台可以实现这两个愿望。军人的成功在"一战"时得以体现，许多像芒然将军一样在殖民地大获胜利的将军回到欧洲，与协约国一起战胜了德国，收复了阿尔萨斯－洛林地区。法国民众永远不会忘记殖民地军队，特别是著名的塞内加尔步兵团的功绩。"一战"时期，帝国与民族是法兰西大家庭的两大分支；而军队既是帝国与民族融为一体的推动者，也是这二者的化身。

文明，同化，联盟

1910 年，在法国殖民地联盟举行的晚宴上，法属赤道非洲的总督梅兰完整地阐述了这段时期法国殖民主义运动的原因及目标。

> 1870 年战败之后，我们要克制，并从欧洲事务中抽身出来。但法兰西民族的复兴远未完成，无论悲观主义者怎么说，在孤立封闭了一段时间之后，我们必须采取行动了。我们在欧洲的自由受到了限制，于是我们迈向远方，开启了伟大的殖民时代，几年后，我们在全世界与强大的殖民强国英国不相上下，1870 年德国打败了我们，但他们在殖民时代被我们远远甩在身后。
>
> 我们征服了新的领土。我们凭借着作为文明的、发达的民族的权利占领这些土地。这片荒置土地上的民众愚昧落后，无力在这片土地上创造财富……我们来到这里行使权利，就意味着对他们负有责任，我们绝不要忘记这种责任。[75]

在本书讨论的帝国中，唯有法国为了文明的使命投入了最多的精力，连"文明的使命"这一法语词都在欧洲人心中成了专有名词。法国人有心延续罗马的使命。罗马人将文明传播给了高卢人，作为高卢人的后代，法国人要将这个使命贯彻到底，传扬四海。罗马的使命包括语言、文化、制度和公民权。罗马的文明使命意味着罗马化，因此法国的文明的使命就是法国化，其本质就是"同化"。[76]

1889 年七八月，在巴黎举行的国际殖民地大会上，社会心理学家古斯塔夫·勒庞猛烈地抨击了"同化"政策和法国人试图教化"蛮族"、"野人"或"劣等民族"的企图。人们"必须认清所谓劣等民族的同化或法兰西化是一个危险的妄念。我们不要干涉当地人的习俗、制度和法律"[77]。高等殖民委员会的成员弗朗克·皮奥以罗马为例回应了勒庞的观点。

> 设想一下，如果在罗马征服高卢之际，所谓的智者奉劝罗马人，任由高卢人继续生活在蒙昧中，如果罗马人听从了这看似人道的做法，我们今天将在什么地方？别忘了，正是因为一个拥有高等文明的民族将艺术、法律等传递给我们的先民，我们才成为今天的法兰西人。我们是否有权独享这一份丰厚的文明遗产？难道我们不该效仿 2 000 年前的罗马人将文明传播出去吗？[78]

英国人也希望输出自己的文明，而且在以欧洲人为主的白人自治领几乎成功地做到了这一点。而在大英帝国非白人的地区，比如亚洲和非洲，英国人则更为小心谨慎。政治和法律制度虽然引入了当地，英语也几乎成为官方语言，但在 19 世纪下半叶，英国人不再愿将完整的英国文化灌输到有着不同的文化和文明传统的民族身上。特别是在当地人民族起义后，印度是一个典型，非洲也是如此。"间接统治"的概念开始在当地被提出来，尊重当地传统和权力结构成为英国在殖民地的主要政策。当然我们不能说英国殖民政策中没有"同化"的元素，麦考莱的《印度教育备忘录》

就是一个反例，但英国的确在稳步改变想法，不再尝试让非欧洲人口完全英国化。

　　同样也不能认为法国人就采取了与英国人截然相反的政策。在法国，彻底的同化政策是任何政治势力都不能接受的，甚至遭到强烈反对。但是，在法国的殖民历史上，相比其他手段，法国人确实更倾向于同化。[79] 这又一次源于法国人认为民族和帝国这两者应紧密统一。如果说帝国是法兰西民族直接的表达，如果法兰西民族因为帝国而光荣，那么使法兰西的文化与文明产生全球性的影响有什么不好？法兰西人又坚信自己的文明的优越性，那么文明的使命不就是让世界法兰西化吗？不就是让整个帝国成为法兰西文明的博览会吗？这是罗马给法国殖民主义者的启发，即便他们的野心或许没有那么大。"更大的法兰西"就像"更大的不列颠"，但与拥有自治领的英国人，或拥有各地行省的罗马不同，法兰西帝国内的非法兰西趋势被明显稀释了。巴黎在法国的重要位置，是罗马城在罗马，或伦敦在英国所无法比拟的。

　　所有帝国都试图自我复制。罗马时期，高卢、西班牙和不列颠行省的城镇，无论是布局还是建筑，都带有罗马和其他意大利城市的特点。英国人也在大英帝国的不同地区，特别是欧洲人聚集的南非、加拿大和澳大利亚创造出"小英格兰"，甚至"小苏格兰"或"小爱尔兰"。但是，法国人明显更愿意在帝国中复制自己，特别是在非洲和亚洲的热带地区，而欧洲人在当地并不是主流。美国外交官弗雷德里克·奎因曾被派驻独立后的前法属殖民地上沃尔特（布基纳法索旧称），他写道：

　　　　这里的官僚体系、制服、勋章、庆典仪式，皆脱胎于法国。咖啡和可颂是最普遍的早餐，热带和撒哈拉以南非洲也时兴用圣诞树装点节日，铃兰花和工人游行是 5 月 1 日的主题，巴士底日（法国国庆日）

是一年庆祝的高潮。

他在其他地方也见到了类似的画面,"法国试图在海外领地施加影响力"。

　　殖民地的文具、字体和信纸的尺寸与法国的一样,建筑更像是出自同一个巴黎设计所的作品,尽管略带阿拉伯或东方情调。最令我震惊的是法国殖民地城市的布局,哪怕是最偏僻的城镇也反映出法兰西帝国的气息。最好的地段经常会建一个圆形广场,种满树木,四周有大路连通,指向殖民地的首府和法国。宾格大道、斯特拉斯堡大街、福煦广场、达喀尔大道,帝国各地的建筑来自同一个全球性规划。[80]17

在北美和中南半岛,殖民地城市并未摧毁当地古老的建筑和传统。法国人的典型做法是建立"双重城市",这是路易·于贝尔·利奥泰在摩洛哥确立的形式。新的法国式的城市,即所谓的"新城",建立在本地人的老城旁边,老城的街道、市场、清真寺和寺院等得以保存。欧洲人住在新城,本地人住在老城。但是我们清楚地看到,权力落在了哪里,以及未来会发生什么。"传统"和"现代"的融合掩盖了帝国试图"教化"本地居民的意图。"保留传统是为了减少抵抗,减轻本地人对现代化的抗拒与干扰。"[81]帝国只要存在,殖民地在行政管理、文化和经济上就接近法国,但旧文化的形象依然存在,就像巴黎的孚日广场和蒙马特高地。

艾丽斯·康克林说:"到1895年,文明的使命已经成为法兰西第三共和国的官方意识形态。"[82]地理学会、保罗·勒鲁瓦-波利欧等作家、费里等政治家,以及殖民党人这类组织,成功地让法国人建立了这种观念(尽管左右翼政治势力不乏反对的声音)。教科书反复强调法国有权教育全人类,就像在启蒙时代一样,这可以上升为法国文明的一部分。但文明到底是什么？如果文明就是同化，让世界学习法国的这一套，这种同化到底意味着什么？同化采取了什么手段，它的局限是什么？

文明的使命及其种种概念发源于法国大革命。[83]19 世纪 80 年代，法国大革命的共和思想，除去令人恐惧的暴民政治成分，已经变为法兰西第三共和国的官方意识形态。[84]7 月 14 日，攻陷巴士底狱的这一天成为国庆日。三色旗成为国旗，《马赛曲》成为国歌，玛丽安这一优雅的女性形象成为共和国的化身，在法国任何一个小镇村庄都能看到她的纪念碑。革命思想中的自由、平等、博爱被铭刻在全法国的市政厅、博物馆和学校等建筑上。

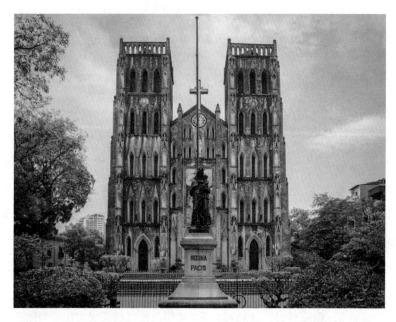

图 7.3　河内的圣约瑟夫大教堂。这是法国试图在其他地区重建法国文化的标志（Marcyano79/Dreamstime.com）

文明的使命就是将这些思想传递到世界各地。这一方面反映了启蒙思想，以及将理性作为统领人类行为和社会组织的最高原则。另一方面与 19

世纪的进步思想有关，特别是人类在物质和精神上的提升与飞跃。法国的文明、第三共和国的文明被认为与这些思想紧密相关，并视这些思想为最高的方针。

法兰西第三共和国继承了法国大革命的遗产，其文明的使命更注重的是物质主义、理性主义和世俗化，胜过传统的帝国式的传播宗教，特别是天主教的愿景。但这并不意味着传教士和宗教机构在法国殖民地的作用不重要。相反，传教士相当活跃，他们甚至是法国最初进入中南半岛的主要原因。在第三共和国期间，与在宗主国的情况一样，宗教团体与思想也试图在殖民地建立权威和影响力。[85] 但是在德雷福斯事件之后，教会和军队上层的声誉受损，世俗的力量占了上风，由 1905 年的政教正式分离可见一斑。[86] 此后，文明的使命接续了法兰西第一共和国时期世俗化、反神权的传统。

法国的这种共和意识形态在殖民地管理者的思想和政策上体现得淋漓尽致，艾丽斯·康克林用"掌控"一词来总结所谓文明的使命：不只是掌控其他民族，当然这是必要的，更是"掌控自然，包括人，也包括所谓社会行为……文明就是摆脱任何暴政的手段，如同健康战胜了疾病，理性克服了直觉，新知取代了愚昧，自由必定淘汰专制。掌控这些领域是法兰西第三共和国的立国之本"[87]。对于帝国而言，比起在宗主国，在殖民地更容易阐发这些目标，实现种种大胆的计划。文明的使命通常会对传统和制度有所冲击，比起中南半岛和苏丹的农民和牧民，法国的农民更难接受这些思想。

在不同的时间、不同的地域，文明的使命的内涵有所不同，有的注重政治文化方面，有的侧重经济发展方面。而对于在多大程度上将非洲人和亚洲人转换为法国人的这个问题，也发生过争论。这样的纷争以法国殖民理论和政策中的"同化"与"联盟"为主题展开。这意味着文明的进程具备不同的意义。所谓同化，就是尽可能地让法兰西帝国的非欧洲人转变为法国人。可以说这种文明的过程就是法国化。这也是法国殖民主义的初衷。[88]18 之后，这种思想被联盟替代。雷蒙德·贝茨提供了一个权威的解释，这种转变"不再是试图在行政上或文化上吸收本地人，法国开始采取更灵活的政策，保留本地制度，让本地人在殖民过程中与法国结成联盟"[89]。许多人曾指出，这种"联盟"的思想与大英帝国的卢加德勋爵的间接统治理念不谋而合。[90]

将不同模式的帝国统治视为"连续"的整体，这种观点被很多人批评。[91] 部分原因是同化与联盟是多层面的，在不同的时空，两者被强调的程度不同，而非互相替代的关系。[92] 同化主要是指政治和管理上的融合，比如殖民地选举出的议员代表进入法国的议会、公民权逐渐开放给所有帝国的民众、法国的法律在宗主国和殖民地平等执行。这与法兰西第一共和国督政府时期的宗旨是吻合的，"法兰西共和国是不可分割的整体……殖民地是其组成部分，也服从同样的法律"[93]。

同化也可以被认为是文化和心理层面的融合，让不同肤色的法国人与欧洲本土的法国人尽可能地接近。官方文件是不会有类似表述的，但是法国理论家以及有关帝国的研究都显示，这的确是帝国隐秘的目标。这是法兰西第一共和国的政治遗产，当时法国人就试图让"犹太人转变为法国人"[94]。而且看起来似乎是奏效的，殖民地的民众在文化上认同了法国，以至于弗朗茨·法农对此表示强烈不满，并撰写了《全世界受苦的人》（1961）。弗朗茨·法农出生于马提尼克，在阿尔及利亚成为一名精神科医生，他对法国殖民主义体制产生出了心甘情愿的"帮凶"感到诧异，他认为只有通过暴力才能让当地人摆脱殖民主义的精神桎梏。

而所谓的联盟也未必是照搬英国间接统治的模式，尽管官方在方向上已经认可。卢加德勋爵是间接统治的理论家，他对此非常笃定。他认为，"法国一切制度的基础是，殖民地属于法国，殖民地的民众是法国人"[95]。法国从未像英国那样给予本地领袖和传统权力机关自由裁量权和自治权。

法属西非的总督约斯特·范·沃伦霍芬（他是主张联盟政策的重要人物）说得非常清楚："不存在法国和当地两套权力体系，只有一套。总督是其中唯一的掌权者……本地领袖只是起辅助作用的工具……本地领袖无权发号施令，他必须听从总督的命令。"[96]

迈克尔·克劳德记录下了20世纪初法属非洲的情况，"一般说来，为了维护统治，法国的体制有意削弱了当地传统酋邦的力量"。法国的殖民政策总体的目标依然是同化，"尽管官方更倾向于认为他们实行的是联盟政策"[97]。使本地人成为法国人的尝试从未放弃，只不过这个过程要比此前认为的更加长久。法国在殖民地的统治高度集权化，与联盟本地领袖的政策完全不符。法国继续推进着文明的使命，在教育领域尤其如此。"幼儿入学的第一天就开始学习法语。"[98]与英国人不同，法国人绝不允许采用当地语言教学。

在行政上，法国人从未根据不同殖民地的特点而有所调整（与英国在非洲的策略截然不同）。法国人将同一套体制照搬到所有殖民地，其结果便是殖民地官员毫无动力学习当地语言或文化，这也与英国形成鲜明对照。同样，一个受过良好教育的本地人便可以担任殖民地的高级管理职务，这在英国是不可想象的。在非洲，法国人的殖民手段是培养高度法兰西化的本地精英，使他们与本土的法国人没什么差异。英国人类学家露西·梅尔在1936年记录过法属非洲的情况，她对法属和英属殖民地的本土精英之间的差异感到惊讶。

> 法国对待当地人的态度是，法兰西文明是最高等级的文明，非洲人只需接受这一文明。只要接受了法国人的这一套，当地人就可以参与殖民地的任何事务。如果他确实被法兰西教育所同化，他可以从事任何职业，担任殖民地的管理职务，被法国社会接纳。这种对待受过

教育的当地人的态度让英属殖民地的本地人极为羡慕。[99]

20世纪30年代，于贝尔·德尚担任法属象牙海岸（科特迪瓦）的总督，他认为"联盟"这种说法过于"虚伪"。"'联盟'这个词似乎告诉我们，统治者和臣民之间存在契约关系，好像他们真正的关系是主人和他的马匹。"[100] 所谓联盟，只是同化的一种委婉说法。德尚坚定地支持同化政策，他赞同启蒙运动和法国大革命，他认为唯一的问题是官方措辞和不彻底的联盟政策很难让殖民地真正成为法国的翻版。"二战"之后，当法国人觉察到这一点，并开始系统地改进时，已经不太可能有大的成效了。

朱尔·阿尔芒在《统治与殖民》（1910）一书中完整地表述了联盟的思想。阿尔芒反对"同化"，认为这是"乌托邦式的思想""基于人人平等，人人皆可进步达到完善的假设"。但是，阿尔芒认为联盟与英国人的间接统治并不相同，而且也很难实现。因为联盟政策意味着"保留统治者的所有权力……它的目的不是为了不可能实现的平等做准备，而是建立某种对等服务的补偿"。毫无疑问，"殖民地是为宗主国而产生的，其种种利益必须输送给宗主国"。他还认为，"安南（越南古名）人、黑人或阿拉伯人"绝对不会因为"学习了法国的习俗、语言或文学"就真的变为法国人。他警告说，这样的尝试只会让本地人"成为更难对付的敌人。我们不要忘记圣多明各的教训"[101]。

阿尔芒不仅不赞成同化，而且认为这是不可能实现的政策，因为本地精英会用共和思想来对抗法国统治者，就像图桑·卢维杜尔在圣多明各所做的那样。无论如何，在20世纪初，同化与联盟在操作层面的区别相当模糊。1917年，在联盟政策占主流的时期，法国众议院通过一项决议，确立法国"将继续在殖民地推行联盟政策，让殖民地民族进一步融合，让法国统治下的各个领土关系更加紧密"。这与1889年12月殖民地大会提出的同化政策没有多大差别。那次决议提到，"在法国统治的海外领地，殖民化的内容包括推行法语、法国的管理方式，以及传播法兰西的精神与文明"。刘易斯认为，无论哪种说法，"法国化是最终目标"[102]。

在本书讨论的所有欧洲帝国中，法国是最执着于同化政策的。这多少和法国18世纪的启蒙运动与大革命的普遍主义有关系，他们认为自己发现了文明的秘密，有责任将此传递给全人类。成为法国人，对他们而言绝对不是强迫性的，而是一种解放。殖民意味着文明化的过程，即让世界成为法国式的。克里斯托弗·米勒曾说："所谓同化指的是，法兰西文明就是最完善的文明，但这个文明并非为某个民族或国家所独有。法国性可以被传授，也可以后天习得；通往文明的道路是法语，它的实际物质性被视为价值和技能的体现。同化的真正含义是，如果你在文化上成为我们的一员，你将和我们享有同等地位。"[103] 德尚认为，同化是法国本土和海外领土长期存在的一种观念，"这种思想在1789年大革命时悄悄潜进了非洲大陆"[104]。

同化如果是目的，那么实现的手段是什么？文化和传统的差异意味着同化本身就是断断续续、缺乏完整性的一项计划。马丁·刘易斯说："'同化'之所以有问题，不是因为它是不合逻辑、不现实，或不可能的政策，而是根本没有切实可行的做法能实现它。"[105] 德尚也承认，同化政策实施得太晚，原因是联盟政策引起了人们的误解。1963年德尚在布鲁塞尔发表的演讲中提到自己在20世纪30年代的观点，当时他身为殖民地行政长官，反对联盟政策，"我们不应该浪费精力维护过时的体制，而是要用教育的手段为更加现代化的未来打好基础"。他说："直到1945年我们才意识到这一点，仅仅15年的时间根本不够。这不是非洲的问题，而是我们实施这一政策的时间拖得太晚。"[106] 到了1945年，帝国培养出来的各地的民族主义力量已成为棘手的势力。

最大的困难集中在公民权的问题上。法国的行政与法律已经移植到了殖民地，那么在政治和法律上的所谓同化是相对容易实现的，至少对殖民地的法国后裔而言如此。[107] 问题在于，谁有权进入完全参照了共和国本土的殖民地体制。法兰西第二共和国时期，自1848年起，法国的成年男性拥有选举权，这一权利在法兰西第三共和国时期得到强化。而这一制度什么时候能引入殖民地？公民权在多大程度上可以是普遍的？如果不行，原因何在？1789年大革命塑造的共和国有什么理由不让殖民地的民众获得与本土法国人一样的权利呢？殖民主义者喜欢拿罗马类比，罗马皇帝卡拉卡拉在212年颁布《安东尼努斯敕令》，罗马全体自由臣民都获得了公民权，为什么作为罗马继任者的法国不这么做呢？

法国的"旧殖民地"，包括瓜德罗普、马提尼克、几内亚、留尼汪岛、毛里求斯和本地治里，与"新殖民地"，即"法兰西第二海洋帝国"在1830年征服阿尔及利亚之后的殖民地，两者情况有所区别。在旧殖民地，除了在印度的少数地区，本地人几乎都因欧洲人的征服和疾病而灭绝。这些殖民地可以说是一张白纸，于是法国引入奴隶，以及来自印度、中国和其他地区的劳工，还有欧洲的殖民者。同化政策的实施没有遭遇抵抗，因为本地的传统与制度早已荡然无存。法兰西第二共和国于1848年明确废除奴隶制，于是法国人开始将殖民地的民众转变为法国公民。这个过程是缓慢的，并不顺利，但最后这些殖民地在1946年都成为法国的海外领地。而在法属太平洋地区，包括新喀里多尼亚、法属玻利尼西亚、科摩罗群岛等，一系列类似政策使它们成为海外领地，与法国本土的联系没那么紧密。这些法国于19世纪获得的领地与旧殖民地的相似之处是，人口稀少，同化政策容易施行。也是因为同化政策，以及没有本地人或制度的抵抗，这些地区至今都是法国领土的一部分。

严格说来，法兰西帝国与大英帝国一样，复杂而多元，其领地分为三部分：殖民地、保护国及其他。通常可以分为定居殖民地和征服殖民地，后者具有经济价值，既为法国提供自然资源，又是法国商品的市场。这说明这些领地存在各种各样的法律法规和行政机关。与英国一样，不存在某一个政府部门全权管辖这些殖民地。比如阿尔及利亚就被视作法国本土的一部分，由内务部管理。而撒哈拉以南非洲、亚洲和大洋洲领地是由 1894年成立的殖民地事务部管理。保护国比如突尼斯和摩洛哥，以及越南北圻（南圻被定位为殖民地）和老挝，则由外交部负责。而"一战"后交由法国托管的叙利亚、黎巴嫩、多哥、喀麦隆也由外交部管辖。

普遍认为，比起英国，这些部门在法国实际并无多少差别。同化或者联盟政策虽然通常起源于特殊地区，但实施起来或多或少都有其普遍性。其实，法国不同的部门并不会因为管理领域不同而受到限制，比如外交部，这是法国最资深且最具权威的部门，常常干涉新成立的殖民地事务部。同时，与英国一样，对帝国一概而论一般来说是很危险的，但有时也能得出启发性的结论。比如法国与西班牙一样，实行高度集权化，其有重要影响的思想与政策都来自法国本土。

法国人当然认识到自己帝国中存在的差异（这种感觉在 20 世纪初变得越发普遍，也是受到殖民地民众在两次世界大战中英勇表现的影响）。19世纪末，进化社会学风靡整个欧洲，法国学者也参与其中，古斯塔夫·勒庞和吕西安·列维－布留尔及其他人都留下了很多著作。[108] 法国被认为存在一种"文明的等级制度"，欧洲人在顶端，越南人次之（因为他们受到了古代中国的影响），阿尔及利亚人（柏柏尔人和阿拉伯人）紧随其后，然后是撒哈拉以南非洲的民族，最后是新喀里多尼亚的"蛮族"和波利尼西亚、美拉尼西亚的原住民。根据其文明的等级不同，各个民族被授予了相应的自治权。[109]

这些想法影响了公民权的普及。当然，公民权的目标最终是要在帝国每个人身上实现，但大部分时间里，"公民"与"臣民"之间有明显的区别。[110]法国的人民尽管都属于法国"国民",即在法律上属于法国,也服从其权威,但他们不是真正的"公民",没有相应的政治和法律权利。19世纪,在法国本土,"国民"和"公民"的界限开始模糊,因为国民几乎拥有了公民的所有权利。[111]

但这两者在殖民地的融合却进展得相当缓慢。殖民地的欧洲后裔属于公民,殖民地的非欧洲人满足一定的条件也能获得公民权。但是非欧洲公民的数量极少,直到"二战"后才有所增加。[19] 这样一来,殖民地大多数民众要遵守本地的刑法典,这是专为殖民地非公民制定的法律,同时吸收了习惯法的内容,以便控制("规训")本地民众。这种"本地人"的概念就是国民与公民之间的障碍,其存在也是对所有法国国民一律平等这一共和理念的侮辱。[112]

我们必须看到,尽管将公民与臣民区别对待与法兰西的理念有所冲突,但也与同化政策的目标息息相关。[113] 比如阿尔及利亚,本地的刑法典基于习惯法,由当地机关执行,因此在1830年被征服后,法典非常重视本地人的"宗教、风俗、婚姻和家庭结构"[114]。换言之,法典也体现了早期联盟政策的精神,托克维尔于1847年写道:"我们没有迫使本地人走上欧洲文明之路,而这本就是他们该走的道路。"[115]

不同的法律和司法体系只是权宜之计,直到"文明的进程"真正完成,本地人不仅享有权利,更懂得公民肩负的责任和义务。费里坚定地支持同化政策,他认为,"当然,同化的过程或许要耗费数个世纪,但文明就是为了提升本地人,帮助他们,这就是一个伟大民族最基本的责任"[116]。同化是一个渐进的过程,需要日积月累的努力和政策的稳步推进。同化是最终的目标。同时,出于现实的考量,在处理个人或本地事务上,还需尊重本地法律与习俗。

这完全与法国的"文明的使命"相吻合,也很接近英国自由主义者如约翰·斯图尔特·穆勒提出的殖民地"托管"理论。也与 19 世纪大多数的法律判决和宣言一致，在殖民地实行不同的法律的原因是，此时不应该置当地传统的习惯法和本地人的信仰于不顾。"对于安南人而言，受中华文明影响的《嘉隆法典》有哪里比不上法兰西的民法典呢？"[117]

原则上，法国的所有国民都可以成为公民。1865 年参议院颁布了一项法案，提出阿尔及利亚及 1880 年之后其他殖民地的民众"可以申请成为法国公民，并将服从法国的相关法律"[118]。与任何一个国家的归化法一样，法国也要求申请成为公民的人具备相应条件。其中包括学会法语，接受法国文化中的基本信条和习俗，特别是婚姻方面的规定。因此，公民权可以说是和法国人的"日常风俗"密切相关，显然这脱胎于欧洲，特别是法国的文化。[119]

并非所有本地人都试图获得公民权。成为公民意味着放弃传统，比如摒弃一夫多妻制，而且必须遵守法国的法律，不再受本地法律或当局的管控。这一点，再加上法国人的偏见，一定程度上可以解释公民权在殖民地迟迟没有普及的原因。[120] 但是，本地人被同化也并非完全不可能，实际上有很大一部分本地人确实被同化了。比起英属殖民地，法属殖民地的民众更容易成为法国人。两个帝国都存在种族偏见，这是整个欧洲普遍的问题，但法国的种族问题似乎没有英国的那么严重。20

因此，法国不存在南非的那种种族隔离制度，尽管有时种族主义会被视作法兰西帝国意识形态的一个典型。[121] 面对越南人和阿拉伯人时，因为他们已经存在强势的传统文化，哪怕是出于权宜之计，法国人也不得不予以尊重。随着法国国力提升和法国教育系统支持，法国的文化与文明终将被本地人接受，本地人也准备好成为法国公民。在 19 世纪 80 年代关于公民权的争论中，这个文化传播过程通过学校和军队的教化，也发生在法国本土。传统的公民权的赞同者认为，外国人也可以被同化，其过程与法国农民被"教化"为法国公民并无二致。"内在的和外部的同化在社会学上是没有区别的，如果学校和军队能让'法国农民变成法国公民'，殖民地的民众当然也能成为法国人。"[122] 这种做法完全适用于法国海外领地的民众。1946 年法国通过《拉明·盖依法》，赋予帝国国民公民权，这可被认为是上述观点的最终胜利。[123]

帝国的阿尔及利亚

年轻的亚历克西斯·德·托克维尔从美国游历归来，撰写了《论美国的民主》(1835)，又将目光转移到了阿尔及利亚，法国人从 1830 年开始了对这里的征服。托克维尔的同胞对重新建立帝国的做法表示怀疑，可托克维尔坚信，只有通过殖民扩张法国才能将破碎的民族凝聚起来，在欧洲重新获得地位与荣耀。[124] 阿尔及利亚是一个起点。托克维尔在 1837 年写道："我相信，我们将在非洲的海岸线上树立起一座法国的纪念碑。"[125]

托克维尔同样相信，阿尔及利亚不应只是"一块被征服的殖民地"，像英属印度那样，而应该是一块定居者的殖民地，并尽可能实现欧洲化。"没有殖民，只有统治"的做法是不恰当的："法国的最终目标应该是在非洲建立一个欧洲人的社会。"[126] 就像古希腊在地中海的殖民地或罗马建立地方行省，法国人应该去阿尔及利亚定居，让那里成为"新的家园"。[127] 最终，殖民活动会抹去法国本土与阿尔及利亚的区别。"我们不是要在阿尔及利亚建立殖民地，而是要让法国的边界扩张到整个地中海。"[128]

托克维尔的帝国论调让很多人感到困扰，他们认为这和《论美国的民主》一书中的自由主义思想不太吻合。[129] 但 19 世纪欧洲确实存在像 J. S. 穆勒或托克维尔这样提倡"带有自由主义色彩的帝国主义"的人。[130] 无论他对于帝国征服的手段有何意见，托克维尔都接受了欧洲社会中的文明的使命。以大革命的普遍主义作为指导的法国，更要承担其义务。阿尔及利亚就是新法兰西帝国的试验田。

托克维尔很早就意识到，阿尔及利亚是法国非常特殊的一部分，可以说享有独一无二的地位。它邻近法国本土，是法国新的海外领土，从此法国开启了重建帝国的计划，因此法国人更加重视阿尔及利亚。1848 年它被正式纳入法国政府管辖，其公民享有完整的政治权利，更凸显了其特殊地位：直到 1946 年，阿尔及利亚是法国唯一与本土地位完全平等的殖民地。

1871 年普法战争失利后，法国失去了阿尔萨斯－洛林地区，阿尔及利亚的地位急剧上升。很多前往阿尔及利亚的定居者就来自沦陷的阿尔萨斯－洛林地区，他们来此是为了逃脱德国的统治。1871 年，阿尔及利亚大主教查尔斯·拉维热里告诉新来的定居者，"法属非洲"和"你们失去的家园一样。我们在这里静候你们，无论你们的苦难多么深重，我们都会用爱来抚平"[131]。1877 年，奥古斯丁·富耶以 G. 布鲁诺为名，出版了《爱国二童子传》。之后又以来自阿尔萨斯－洛林地区的移民为题材，创作了《马赛的孩子》(1887)，在这部同样畅销的小说中，来自阿尔萨斯的家庭在阿尔及利亚站稳了脚跟，生活越来越好。书中的祖母这样描述这片"应许之地"："对我而言，这里和祖国一样重要。经历了那么多的坎坷磨难，我的子孙在这里安居乐业。死后我要在这片土地上长眠，绝无悔恨，这里是新的阿尔萨斯。"[132]

事实上，对阿尔及利亚的征服正好赶上 1871 年战败后的民族复兴。阿尔及利亚也是法兰西第三共和国开启殖民扩张的关键一步。保罗·勒鲁瓦－波利欧的《现代国家中的殖民主义》(1874)便是为阿尔及利亚而写的，他说："这里能够与法国辉煌的历史匹配。"[133] 希弗尔布施认为，"因为阿尔及利亚在心理和地理上都与法国接近，这里成为整个殖民事业的中心。反殖民主义者瞧不起这片'非洲的荒漠'，但从 19 世纪 90 年代开始，阿尔及利亚在民族复兴的语境中，是一片欣欣向荣、制度严明，并洋溢着阳刚之气的土地"**[134]**。

阿尔及利亚有时被誉为"法兰西帝国皇冠上的明珠",类似印度在大英帝国的地位。**[135]** 如果我们考察一下 19 世纪法国作家和政治家关于阿尔及利亚重要性的相关说法,我们会发现这里当之无愧是帝国的珍宝。无论作为帝国的诅咒还是祝福,阿尔及利亚在法国人的集体记忆中都无法磨灭。**[136]** 但是,拿它与英国的印度相对比似乎存在误导,至少在某些方面是如此。印度当然在英国人对帝国的"想象"中非常特殊,但是印度从未存在过真正重要的欧洲人定居点社区:在印度出生的人,都把这里当作故乡。军人、官员、工程师、教师、传教士和商人都来到印度。1948 年后,他们撤离印度,这对于个人而言是艰难的选择,也由此产生了大量的文学作品和回忆录。但是,这都比不上 1962 年阿尔及利亚脱离法国时给当地欧洲人所带来的伤害。与其说像印度,阿尔及利亚对法国人而言,更像是英属南非和东非的情况。因为那里有强大而数量众多的英国定居者社区,羁绊也更加深,²¹ 撤离时的苦痛也是相似的。

到 20 世纪初,阿尔及利亚的欧洲人口超过 100 万,来自法国、意大利、西班牙、马耳他,还有一部分犹太人,占到阿尔及利亚总人口的 1/10(稍低于同时期美国的黑人人口)。对他们而言,自己就是法国人,阿尔及利亚就是法国不可分割的领土,这一点毋庸置疑。直到 20 世纪 50 年代末,法国各个阶层都这样认为。²² 在法兰西第四共和国发生危机之时,戴高乐在法国陆军和阿尔及利亚军队的支持下,于 1958 年重返政坛,避免了内战,拯救了共和国。他似乎站在阿尔及利亚的法国后裔那边,但出人意料的是,1958—1962 年,他允许阿尔及利亚独立。

在阿尔及利亚的法国人看来,此举无异于对他们的抛弃和背叛。他们不断提醒法国本土的同胞,在最黑暗的时刻,在维希政府和纳粹占领时期,1942 年 11 月,正是在阿尔及利亚,戴高乐开始领导自由法国运动。1962 年,反对独立的阿尔及利亚人用歌声来表达，"我们是非洲人／我们自远方归来／拯救故土"，他们呼吁人们别忘记当年团结一心捍卫法国的情景，他们坚信阿尔及利亚是法国不可分割的一部分 [137]。

阿尔及利亚的欧洲人的情绪与行动很快为右翼表达法西斯和种族主义观点提供了机会。当然，欧洲定居者的残暴，比如"秘密军队组织"的行径是无法否认的（虽然阿尔及利亚民族解放阵线已经予以还击）。但是托德·谢泼德认为，这远远不是故事的全部。阿尔及利亚的欧洲定居者凭借的是法国的共和传统，以及将阿尔及利亚视作法国"唯一且不可分割"的领土的决心，因此他们反对法国放弃阿尔及利亚。但阿尔及利亚的独立是法国历史上唯一一次主动放弃合乎宪法的领土（其他殖民地远未达到阿尔及利亚的宪法地位）。戴高乐等人必定在法律层面费尽了心机，才做到这一点。他们将定居者当作共和国的敌人，以掩饰实际上他们是在肢解共和国以维护宗主国法国的更高利益。其背后的代价是，法兰西第五共和国总统的权力空前强大，而立法机关的权力受到严重压制。[138]

小说家阿尔贝·加缪出生在阿尔及利亚，1957年获得诺贝尔文学奖，也是定居者满怀悲情的典型代表。人们无法指责他反动，甚至抱持种族主义的观念。他一直是正直和精神独立的化身。在阿尔及利亚独立战争期间，从1954年直到1960年加缪去世，他身处阿尔及利亚的法国人及其反对者，即阿尔及利亚民族解放阵线及其在法国本土的左翼同盟之间。他对双方的暴力行径都予以批判。他呼吁停火，希望"法国能真心维护阿尔及利亚的自由传统，平等对待阿尔及利亚各个族群，不搞区别对待" [139]。

虽然随着冲突加剧，加缪受到左翼的朋友的压力，但他依然不能抛弃阿尔及利亚，不能抛弃这里的人民，作为一个作家，他的故土是他灵感的来源。在加缪逝世后出版的自传体小说《第一个人》（1994）中，他生动地再现了在阿尔及利亚度过的早年生活对他成为一个作家有多大的影响，他不仅受到家庭与学校的影响，这个国家的风格、风土人情，甚至气候都对他产生了深刻的影响。他在书中宣称无论接受了多少法国文化的熏陶，自己始终是阿尔及利亚人。当双方的对抗升级，许多人都同意一个独立的阿尔及利亚才是最佳的解决方案时，加缪却认为法国不能任由其命运掌握在占多数的穆斯林手中。"法国不能这么做，因为它绝不会让 120 万在阿尔及利亚出生的法国人陷于水火之中。"[140] 他不同意阿尔及利亚的法国人是外来的闯入者，而应该把国家交到本地人（阿拉伯人）的手中。他指出，大部分的法裔阿尔及利亚人，像他自己，就出生在阿尔及利亚。这些人也应该被当作本地人。"当前来看，阿拉伯人不能代表阿尔及利亚。法国定居点的规模与历史已经是不可忽略的事实。法裔阿尔及利亚人同样是这个国家的本地人。"[141]

1957 年，在斯德哥尔摩，加缪接受诺贝尔奖后参加了一场新闻发布会，被阿尔及利亚的一名学生问及他关于阿尔及利亚民族解放战争的态度。加缪的回答被后人反复引用（也被多次误解）："人们正在往阿尔及尔的电车上扔炸弹。我的母亲或许就在某一辆电车上。如果这种做法是正义的，我选择捍卫我的母亲。"[142] 戴维·普罗查斯卡对此的理解是，"如果在正义和母亲之间做选择，我选择母亲"，而正义指的是阿尔及利亚的独立。[143] 这是对加缪的误解，他认为的正义应该是满足双方合理的诉求，包括阿拉伯人和欧洲人。但加缪至少在描述阿尔及利亚在其成长过程中产生的影响方面是准确的。克莱尔·梅苏德是一位出生在阿尔及利亚的小说家，她认为，"如果说法国是加缪的父亲，那么阿尔及利亚就是加缪的母亲。对这位孩子而言，父母离异是不能接受的"[144]。

加缪的希望是否不切实际？阿尔及利亚注定要获得独立，而其他人在此毫无未来可言吗？这成为阿尔及利亚冲突之后，许多法国人的心声，他们认为这是"历史的潮流"（就像英国人说的"风向的改变"），一切都不可逆转地朝着非殖民化发展，法国人与阿拉伯人绝无融合的可能。阿尔及利亚必须留在法国的信念已经被彻底颠覆。[145]很多人开始发觉加缪心中多元文化的国家理想是没有可能实现的。[146]

问题在于，不仅阿尔及利亚的欧洲人希望处于不同的发展阶段、有着不同的文化习俗的不同族群能和谐共处，甚至互相融合，这样的想法在阿拉伯的知识分子当中也很普遍，特别是在两次世界大战期间。他们成立了著名的"青年阿尔及利亚党"，也许是受到了"青年突尼斯党"和"青年土耳其党"的启发。组织中的思想家认为，阿尔及利亚的未来在于"更大的法兰西"，只有凭借法兰西的思想与制度所创造的现代文化，才能让阿尔及利亚在今天的世界中生存并且发展下去。一位名为 L. 塔哈拉特的成员在1927年提出，两个民族可以互相融合创造出新的独特民族，"既是阿尔及利亚人，又接受了法国文化"[147]。

萨利哈·贝梅索斯曾仔细研究过这个团体，他提出："19 世纪，法国在阿尔及利亚主要施行的是同化政策，但一个世纪后，特别是两次世界大战期间，同化已成为当地知识分子的政治纲领。"[148]阿尔及利亚当然不能代表整个法国，甚至不能当作殖民地的代表。法国人总认为阿尔及利亚的地位特殊，但这也给了本地人希望——他们或许能走出新的道路。这种希望绝不限于阿尔及利亚或马格里布地区。其他殖民地，比如撒哈拉以南非洲、中南半岛、加勒比和太平洋地区的民众在不同的时期都希望建立一个各民族平等相处的"更大的法兰西"。[149]

这种信念在"二战"期间，特别是维希政府时期备受考验。1943 年，前青年阿尔及利亚党的领导成员、同化政策的狂热支持者费尔哈特·阿巴斯宣称同化政策已经失败，呼唤阿尔及利亚独立，尽管还可以留在法兰西联盟的体系内。[150]当日本战胜欧洲帝国时，亚洲各地的民族主义运动得到极大鼓舞。法兰西帝国与大英帝国一样，想生存下去就必须有所改变。

大法兰西：理想典范

与大英帝国一样，不同于我们对一战后欧洲帝国的通常理解，两次世界大战期间，法兰西帝国达到了新的高度，获得了民族自信。既没有呼唤帝国终结的声音，也没有帝国终结的任何迹象。法兰西帝国与大英帝国一样似乎一切正常，却在 20 世纪 60 年代烟消云散，这只会让法国人比 20 世纪二三十年代的英国评论家更为惊讶。罗伯特·奥尔德里奇认为，"1918—1940年是法兰西殖民帝国的'黄金年代'"[151]。拉乌尔·吉拉尔代称之为"大法兰西的理想典范"："公众从未对殖民思想产生如此大的兴趣和热忱。"[152]

与英国一样，法国在"一战"中扮演了重要角色，法国民众也没有忘记其中的教训。非洲人的参与，特别是塞内加尔步兵团给世人留下深刻印象：17.1 万人英勇奋战，超过 3 万人牺牲在战场上，这是各殖民地征调部队中损失最惨重的。"第一次世界大战期间，塞内加尔步兵团的英雄事迹改变了人们对非洲人的刻板印象，他们不再是丛林中的野人，而是面露微笑、勇敢杀敌、愿为法兰西献身的英雄。"[153] 来自帝国各地超过 80 万征调的士兵参与了战斗，7.8 万人牺牲，占法军 140 万人损失的近 6%[154]。特别是像"一战"这种规模的战争最能激发起各族人民的斗志，使其意识到自身的力量与缺陷。维持帝国体系对于法国的大国地位和国家安全是不可或缺的。

与英国一样，法国凭借庞大的帝国才走出战争的阴霾。在奥斯曼帝国的废墟中，通过国际联盟的认可，法国接管了叙利亚、黎巴嫩，从德国手中接管了多哥和喀麦隆。最重要的是，法国收复了阿尔萨斯-洛林地区，170 万法国人重回祖国，对于人口增长停滞，并在战争中损失了 100多万士兵的法国而言，这极大地提升了士气。[155] 管理过殖民地事务的阿尔贝·萨罗总理在 1923 年说："一个更大的法兰西，其安全不仅靠本土的 4 000 万人口，更是依靠帝国的 1 亿民众来捍卫，而且能够从比法国大

20 倍的统一的殖民帝国中获取所需的资源。"[156] 法兰西帝国的面积达到 1 100 万平方千米，是世界第二大的殖民帝国。它的影响力和英国一样，其语言和文化覆盖了数百万人。

战争及其后果让公众对帝国的重要性有了新的认识。雷蒙·贝茨说："其实，两次世界大战期间，'帝国'和'法兰西海外领地'这类词语开始被公众使用，这说明海外领地的观念已经深入人心，也的确是事实。"[157] 人们总是听到，就像莱昂·阿尔尚博在《大法兰西》（1928）一书中所说，"我们的殖民地是不可分割的一部分……没有殖民地的法国就不再是法国"[158]。这段时期，法国的学生开始接触诸如皮埃尔·萨沃尼昂·德·布拉柴、约瑟夫·加列尼和利奥泰的英雄事迹和杰出成就。新闻和广告中开始大量使用殖民地风情的服饰、配色和制品。最著名的广告来自一款叫作巴娜尼亚的饮品，广告中有一位来自塞内加尔的士兵开怀大笑，另一款萨迪咖啡的广告也有非洲女性角色出演。"帝国的电影"也纷纷开拍，其中不乏异域风情和浪漫色彩。还有不少演说家在帝国本土各地讲述殖民地的故事。[159] 与英国相同，这一时期民众对帝国产生了强烈感情。

这种感情表现的顶点是 1931 年在巴黎举办的世界殖民地博览会，规模甚至超过了 1924 年在温布利举办的那一届。罗伯特·奥尔德里奇说："这是法国殖民主义的巅峰时期，也是更大的法兰西一次前所未有的庆典，更是其文明的使命的成果展示。"[160] 著名的帝国主义者利奥泰组织了这次盛事，博览会吸引了来自法国和世界各地的 800 多万参观者。人们在博览会上看到了完整的吴哥窟的复制品、西非杰内的古城堡、摩洛哥宫殿的喷泉、苏丹的清真寺、突尼斯的市集、中南半岛的丝绸。[23] 这次展览意在表现法国统治给殖民地带来的正面变化，游客指南上写道："在这里，您将看到，因为法国的庇护……上百万殖民地的男人、女人和孩童从奴隶制和死亡的黑夜中得到拯救。"利奥泰在介绍博览会时也提到，"我们走进展会，在这里会汲取过去、现在和将来的经验与智慧。我们走出展会时，应该下定决心为更大的法兰西的发展与壮大付出更多努力"[161]。在一次访谈中，利奥泰说起举办这次展览的目的："法国人越来越相信，我们的国家就是由不同的殖民地组成的，这些海外领土是我们未来之所系。"[162] 保罗·雷诺曾经管理过殖民地事务，在博览会开幕时，他提出，"帝国是法国人向来坚持的一个理念，也是施行政策的结果……殖民扩张是文明的手段"[163]。

图 7.4　埃里克·卡斯特尔的《三种肤色》。"一战"时期的海报，帝国宣扬统一和跨越种族的爱国主义。有趣的是，本土法国人并没被画上去。私人藏品（Archives Charmet/Bridgeman Images）

两次世界大战期间，民众对殖民地的热情可以从当时的出版物中得见。加布里埃尔·阿诺托曾撰写过 6 卷本的介绍法属殖民地的历史著作，他在 1929 年写道："如果不将法国殖民扩张的历史算在内，法国历史就不算完整。法国总是试图扩张。从远古时期，法国不是凭借自负的本性，也没有一味向外征服，仅是出于对人类和世界的好奇，去发现和开拓新的领土。"[164] 这段时期"殖民地文学"蓬勃发展，不少作家有军官背景，表现了阿尔及利亚、摩洛哥、撒哈拉以南非洲、中南半岛的生活。与同类的英国作品一样，作家们发现殖民地的异域色彩很适合表现英雄和冒险的主题。[165] 对法国的民众而言，"殖民地不再是模糊的概念，而是熟悉的现实。殖民地逐渐与法国人的日常生活交织在一起"[166]。

帝国正常化，即大众对帝国的接纳，这是法国本土反殖民思想的最大障碍。但反对的声音依然存在，特别是在艺术家和作家群体中，比如安德烈·纪德。社会主义者和成立不久的共产党带头反对在殖民地的暴行与剥削。但是，他们很少支持殖民地的反殖民地运动，或主张法国撤出殖民地。20 世纪 20 年代至 30 年代初，最为强硬的共产党也改变了态度，因为在 1936 年共产国际组织了人民阵线。于是社会主义者也接受了合作，因为他们也致力于维护帝国，笃信法国肩负着文明的使命。

帝国早期的评论家，比如乔治·克列孟梭、莱昂·布鲁姆也是如此。1925 年，布鲁姆刚成为社会党的领袖，他宣布，"我们如此深爱这个国家，我们无法批判法国思想和文明的传播……我们认可高等民族有权，也有责任将自己的文明带给欠发达的民族"，这是关于文明的使命的经典论述。[167] 1936 年，作为人民阵线的领袖，莱昂·布鲁姆支持莫里斯·维奥莱特的提议，赋予 2.5 万法裔阿尔及利亚人投票权，并且宣布一项大胆的改革措施以改善殖民地民众的生活条件。但是维奥莱特的计划落空了，随着 1937 年布鲁姆领导的人民阵线政府的垮台，改革也不了了之。即便改革能实现，也需要除社会主义力量之外的因素来推进。

对法国而言，帝国体系的重要性还体现在经济层面。我们看到1914年之前，殖民地对于法国经济的贡献并不可观。"一战"之后，与英国一样，法国本土和殖民地在两次世界大战期间建立了更牢固的经济纽带，原因都是战争，1929年的大萧条和国际局势的动荡使法国及其殖民地在经济上紧密协作。1913年，殖民地只占到法国外贸额的10%，远低于法国在俄国和拉美的海外投资。1933年，殖民地占到法国外贸额的27%（占法国进口的23%、出口的33%），法国的殖民地成为法国本土最大的贸易伙伴，这一状况保持到1960年。[168]

大萧条时期，法国本土进一步依赖殖民地，特别是在某些领域和某些关键的资源上。20世纪30年代，仅阿尔及利亚就占到法国出口的45%和进口的40%。法国所有进口的农产品都来自其殖民地，比如茶叶、大米和玉米来自中南半岛。中南半岛也是橡胶及其他原料，包括煤矿和锡的来源地。1938年，中南半岛53%的出口产品去往法国本土，57%的进口产品来自法国本土（1911—1930年，这两个数据分别是20%和30%）。投资方面也呈现同样的趋势。1918年之后，殖民地成为法国本土首要的投资目的地。20世纪20年代，在殖民地的投资额占海外投资总额的30%~40%。大型的法国银行，比如西非银行，大型的商业公司，比如法属西非公司，完全掌控了殖民地的经济命脉。[169]法国的经济走向越来越接近20世纪30年代"大英第三帝国"。

两次世界大战期间，还出现了一股帝国联盟的思潮。与英国的情况不同，这样的思想并非来自本土，或出自本土的法国人，而是殖民地的民众，他们激烈地讨论法国的未来和他们将来的地位。其中最重要的人物包括来自塞内加尔格雷岛的布莱兹·迪亚涅，1914年他成为法国国民议会的第一名黑人议员，1931年成为第一位出生在非洲的殖民地次官；列奥波尔德·塞达·桑戈尔同样来自塞内加尔，也是法国国民议会的成员（成为独立后塞内加尔的首位总统）；艾梅·塞泽尔来自马提尼克，和桑戈尔一样是国民议会的议员，也是一名诗人，他是著名的"黑人性"运动背后的理论家；莱昂－贡特朗·达马来自圭亚那，是桑戈尔、塞泽尔的同伴，"黑人性"运动中的著名诗人。[170]

图 7.5　列奥波尔德·塞达·桑戈尔，"黑人性"的理论创始人、塞内加尔共和国国父、第一届塞内加尔总统（AGIP/Bridgeman Images）

这些来自非洲和加勒比的知识分子持有截然不同的政治观点，迪亚涅比较保守，桑戈尔和塞泽尔比较激进。他们之所以团结在一起是因为相信"在民族不独立的条件下解放殖民地"[171]。他们竭力表现非洲的特殊文化，在他们的作品中传达了非洲的形象、声音和风采。同化并不是均一化，并非简化为单一的法兰西文化。但无论如何，他们和费尔哈特·阿巴斯一样坚信法国教育、共和国文化的优势。他们本身就是这一政策的受益者；正是借由法兰西文化的资源，他们领导了黑人性运动。[172] 他们不排斥法兰西文化与文明，事实上他们将其视作新兴文化的基础，并最终寻求与法国的融合。

1950 年 10 月 3 日，桑戈尔作为法国代表在联合国发表了著名的演说。他为法国在托管地多哥和喀麦隆，乃至在整个非洲的政策做了辩护，他特别强调自己非洲农民的出身，后来通过法国教育系统不断提升了自我。未来的希望就在于非洲农民与法国知识分子，是否能产生出黑人性运动与法国人文主义相结合的某种新的思想 [173]。桑戈尔在 1945 年的一篇短文中写道，最终的目标是"道德和精神上的融合与嫁接。换言之，施行同化政策也必须允许联合，但同化政策必须由本地人执行"[174]。

这与此前对同化政策的理解的区别并不大。同化指的是政治上的融合，未必要在文化上达到同质性，而如今在完整的帝国框架下，人们强调文化的多元，比如 20 世纪艺术中对"原始性"的重新发现。[175] 无论如何，在两次世界大战期间，桑戈尔、塞泽尔等人与法国"人文主义"思想家，比如阿尔贝·萨罗或奥克塔夫·翁贝格并无本质区别。[176] 那时人们更看重对殖民地的经济开放，能否给当地人与法国本土的民众带来收益。如果这是可行的，那么未来无可忧虑。著名银行家、商人奥伯格在《法国与世界的五个部分》（1927）一书中，详细阐述了所谓"整体法兰西"的概念，即围绕在统一原则下，又兼顾多元性的更大的法兰西的愿景。

> 我们的目标……是让殖民地与本土紧密联系在一起，强化法国的凝聚力。与我们此前的政策一样，我们试图将不同的地区联合起来……组成一个统一的法国，今天的共和国应该尊重不同殖民地的特点，将它们纳入我们本民族，直到"生活在不同殖民地的法兰西人"

最终成为流着同样血液、有着同样心跳频率的整体。[177]

黯然离场

与约翰·西利和伯纳德·波特笔下的英国人相比，法国人更不太愿意成为帝国主义者。[24] 与英国人不同，除了北非的部分地区，法国人不愿在他们的殖民地定居。1945 年的一次调查，第一次涉及帝国的问题，结果表明法国人对帝国不感兴趣，甚至抱有敌意。[178] 与同时期的英国人不同，尽管英国人对殖民地知之甚少，但仍为之骄傲，可人们认为法国人可能更希望摆脱帝国的框架。

当然，民意调查难免有误导。因为意见的剧烈波动、公众情绪的变化，甚至局势的压力都会影响结果。1949 年的一次调查显示，84% 的民众支持，其中 77% "强烈"支持拥有殖民地，认为对法国而言这是最好的选择。[179] 至少受过教育的法国人，包括政治家、商人、官员、作家、知识分子和军官都认为，在 20 世纪帝国变得越发重要。1945 年之后，法国致力于改革帝国，使帝国的根基更加稳固。

最终这些尝试全部失败了，但直到最后法国人也并未放弃。这不是因为在阿尔及利亚、中南半岛及其他地区还有法国定居者。与英国不同，法国殖民活动与定居的关系并不大。法国的殖民更接近帝国行为，是为了权力和荣誉，以及法兰西国家与民族的扩张。如果英国的殖民可以类比古希腊，那法国的殖民更接近罗马的模式，法国的文化通过生活在海外领地的法国人传播给了当地人。阿尔及利亚有超过 100 万欧洲定居者，中南半岛到 1945 年大约有 4 万欧洲定居者。两者有区别，但不是根本性的。阿尔及利亚和中南半岛都是帝国皇冠上的珍宝。这两处殖民地的丧失都严重影响了法国在世界上的地位。这是法国人为什么会那么激烈地争夺。

此外，我们应该警惕对历史的简化。与英国一样，尽管原因不尽相同，"二战"将战前人们所讨论的一切变成了现实。人们希望强化和延续帝国的统治，而绝非放弃。而在1914—1918年，"一战"让人们更无法回避帝国各地为战争做出的贡献。1940年，来自殖民地的部队占法军全体人数的10%。法国投降后，殖民地部队在戴高乐领导的"自由法国"中占据更高的比例。1942年，盟军解放了阿尔及利亚和摩洛哥，这两个地方成为"自由法国"抵抗德国纳粹和维希政府的桥头堡。1944年，63.3万"自由法国"的战士中，60%是除阿尔及利亚以外的各个殖民地的民众，来自阿尔及利亚的被称作"黑脚"的部队占剩下的40%的绝大部分。[180] "因为有帝国各地民众的支持，法国的荣誉才得以挽救。"[181] 1945年5月25日德军刚刚投降时，来自圭亚那的代表加斯东·莫纳维尔在咨询议会上提出："如果没有帝国各地的支援，法国今天就只是被解放的国家。而正是因为帝国各地的支援，法国才成为战胜国。"[182]

然而，战争还是给法国带来了严重伤害。1940年法国向德军投降，这是在不到一个世纪的时间里法国遭受的第二次耻辱，也让法国不可一世的形象在各个殖民地民众的心中打了折扣。而在东方，日本更是占领了中南半岛，宣称亚洲人也是可以战胜欧洲帝国的。各地的反殖民力量大受鼓舞，更不必说还获得大量的道义上的支持和物质援助。[183] 奉行种族主义和不宽容政策的维希政府进一步玷污了法国的声誉，从1871年开始，作为法国政治原则的共和思想深受质疑，共和思想为帝国推行文明的使命提供了主要元素。

维希政府的反对者很清楚，如果法兰西帝国要继续存在，他们就必须马上采取行动。1943年，戴高乐在已经解放的阿尔及利亚成立了临时政府，1944年，他邀请来自非洲殖民地的管理者在布拉柴维尔召开会议，会议由费利克斯·埃布埃主持，他是法属赤道非洲的黑人总督。会议讨论了对帝国宪法进行必要修正的问题。会议得出的结论是，当前要做的是实施改革，而不是废除帝国体制。"法国肩负的文明的使命已经结束，排除了殖民地任何自治的想法以及在帝国的框架之外发展的可能性；即便在遥远的将来，殖民地自治政府也是不可能的选项。"[184]

但布拉柴维尔会议得出了明确的结论——殖民地的发展既是当地民众，也是本土法国人的利益所在。"法国将荣誉和利益寄托在这些殖民地，这也是法国重新建立大国地位的最便捷的途径。"[185]人们也承认，殖民地的民众必须进一步参与政府和社会管理，一定程度的非殖民化手段也是必需的。大家最关注的公民权的问题，却没得到多少回应，至少本地人的领袖对此是不满的，因为他们并未被邀请参加布拉柴维尔会议，他们继续施压。同时，中南半岛出现了更极端的事件。1945年，日军占领中南半岛，并且支持胡志明的越南独立联盟，其诉求是完全脱离法国，越南独立。作为回应，戴高乐发布宣言，提出新法兰西帝国的一种模式，即"法兰西联邦"。

> "法兰西联邦"将由法国本土和中南半岛以及法国其他殖民地共同组成，其总体利益仍将由法国代表。在这个联邦内中南半岛将享有一定的自治权力。中南半岛的民众将同时获得法兰西联邦公民的身份。没有对种族、宗教或出身的歧视，他们全都有机会获得中南半岛或法兰西联邦工作。[186]

这当中也有暧昧不清的地方，特别是公民权的相关问题，但总的方向是明确的。1946年，戴高乐提出，"为了1.1亿民众的未来，我们必须选择联邦制"[187]。正如大英帝国转换成了英联邦，法兰西帝国也计划采取帝国联邦的形式，各个成员享有一定程度的自治权利。当然，那时也不能忽视各殖民地的意见。1946年的制宪会议为法兰西第四共和国制定了新的宪法，参会代表包括最著名的殖民地的人物，比如桑戈尔、塞泽尔和费尔哈特·阿巴斯；来自象牙海岸的费利克斯·乌弗埃－博瓦尼也出席了会议，与桑戈尔和阿巴斯一样，他之后也成为一个独立国家的总统。出席会议的还有塞内加尔的拉明·盖依，以他名字制定的《拉明·盖依法》于 1946 年 5 月 7 日出台，让所有法国"臣民"变成了法国"公民"。与英国在 1948 年出台的国籍法一样，法国最终也履行了承诺，让帝国所有成员真正成为法国公民。这项法律以一位塞内加尔人命名的原因是，1916 年出现了"塞内加尔模式"，即在不要求个人放弃"个人身份"的情况下，获得完整的公民身份，正是这一做法最终被《拉明·盖依法》采纳。[188] 费尔哈特·阿巴斯和其他人这些年苦苦争取的就是在不放弃个人宗教和其他个人权利的同时，获得公民身份，而在战后这一切成为现实。

殖民地事务部的官员罗伯特·德拉维涅特在反思这些年的变化之后，在 1945 年写道："帝国、法兰西联盟、帝国共同体、法兰西联邦，无论用什么样的名称，我们都在试图修补新的国际关系，寻求统一。已经没有传统意义上的殖民地了，也没有与宗主国相关的殖民地帝国了……法国不再拥有一个帝国，法国就是帝国。"[189] 在制宪会议上，不止一个代表引用了上述这段话，并且投票支持公民权的法案。如果这一切是真的，那么"更大的法兰西"就将实现：1.1 亿帝国民众，无论来自欧洲、非洲还是亚洲，都属于法兰西联邦这个大家庭，"唯一的共和国，不可分割"。

1946 年 10 月通过的法兰西第四共和国宪法的序言中对此有所暗示，它表明法国与"海外领地享有同等权责，共同组成联邦，无分种族与宗教"[190]。1946 年的公民权法案中仍有不少矛盾和含糊的地方，直到 1958 年，法国政府在民族主义者的不断施压下才试图解决。[191]1958 年，特别为了缓和阿尔及利亚人的情绪，法兰西第五共和国的宪法明确表示，在新的"法兰西共同体"中，一切成年男女都将获得公民身份。

政治变革不是唯一能拉近宗主国和殖民地关系的因素，还有经济因素。

在战前就开始的经济发展指引了同样的方向。在战后，法属西非公司进一步掌控撒哈拉以南非洲的经济命脉。尽管中南半岛爆发了内战，但中南半岛银行在当地依然照常运营，直到 1975 年越南共产党取得胜利。法国本土与殖民地的贸易往来继续呈上涨趋势：1952 年，法国对殖民地的出口占到法国总出口额的 42%，达到历史最高点。[192]法国越发接近英国。"二战"后，帝国体系在经济上对于法国本土的重要性有增无减。

帝国对法国非常重要。这也是法国人竭力想维持帝国的原因，特别不能放弃的是阿尔及利亚和中南半岛，这被认为是延续帝国的关键。不存在把权力和平地交到民族主义者手中的选项，虽然某种程度上他们是法国的合法继承人。两次漫长的战争，1946—1954 年在越南，1954—1962 年在阿尔及利亚，对于法国人而言是必要的，直到他们终于退让，无力再维持帝国体系。法军最终于 1954 年在越南的奠边府被击败，法国在中南半岛的统治就此结束。同年，阿尔及利亚爆发起义，导致了一场血腥残暴的内战，并最终使法兰西第四共和国解体。1958 年军队重掌权力，建立法兰西第五共和国，并在新宪法中承诺建立新的"法兰西共同体"取代法兰西联邦，到 1961 年，戴高乐宣布帝国的时代已成为历史，法国的未来在欧洲。阿尔及利亚必须选择自己的道路。[193]

丢掉最重要的两处殖民地之后，法国人失去了维系帝国的动力。1954 年，法国承诺归还在印度的领地，1961 年正式归还。1956 年，突尼斯和摩洛哥获得独立。1959 年后，轮到撒哈拉以南非洲的领地做出抉择。新的法兰西共同体的宪法规定，海外领地有权选择独立。1958 年，只有几内亚选择独立。到 1960 年，其他撒哈拉以南非洲的领地也纷纷取得独立。而法国仍与独立后的突尼斯和摩洛哥保持密切关系，或许是因为其领导人是哈比卜·布尔吉巴、桑戈尔和乌弗埃－博瓦尼。与英联邦类似，新的"法兰西共同体"似乎是一个可能的结果，让法国得以随心意继续影响这些地区的发展。[25]

帝国的终结不可避免吗？还是像戴高乐和其他人在1958年提出的，属于"历史的大潮"？无论英法，答案同样不明朗。原因之一当然是反殖民的民族主义运动在战前的势力尚且有限，而在"二战"后力量急剧膨胀，同时也有日本和中国的因素，以及美国和苏联政府的反殖民主义态度。[194]但是，无论英法，假设帝国毁灭有某种必然性是错误的。"二战"后，法兰西帝国内部很少有民族主义者呼吁终结帝国，主张殖民地完全独立，当然胡志明可以算一个例外。他们依旧认为殖民地留在帝国内是最好的选择，因为在被赋予平等的公民权之后，每个人都能获得同等的对待和发展机会。只有在面临不公待遇，或出现武装冲突时，他们才开始考虑殖民地独立这个选项。我们只有回头看，带着历史决定论的观点，才会发现在非殖民化过程中存在一种"逻辑"，这种"逻辑"预示了每个欧洲帝国的命运。

"二战"时期，法国的统治阶层比以往任何时候都支持帝国。20世纪二三十年代的教育工作已经贯彻下去。托尼·史密斯认为，左右翼政治势力都存在一种"近乎执念的殖民共识"，认为帝国的存在是维希政府倒台后，重新恢复法国荣耀和地位的必要手段[195]，否则一切无从谈起。整整一代法国人都相信更大的法兰西的存在对全世界和法国人都是不可或缺的。这并不能阻止批评的声音，尤其在越南和阿尔及利亚独立战争期间异议确实越来越多。但是，大多数政治家和知识分子，包括左翼，认为修补，而不是终结帝国，才是正确的选择。他们也得到了殖民地的知识分子和艺术家领袖的认同。无论如何，就像1789年的启蒙运动，法国的文明依然鼓舞了全世界。到1960年，帝国很明显已经无法维系，法国人只能寄希望于其文明仍能对之后的国家产生影响。

自此，至少在形式上欧洲帝国都已成为历史。但帝国时代是否已经过去？帝国的影响与政治遗产究竟是什么？帝国会演变出新的形态吗？我们似乎有必要简要回答一下这些疑问，从而结束对帝国的讨论。

尾 声　帝国之后的国家

仅仅几年前，世界性的帝国体系似乎还牢不可破，影响或扰乱了大部分人的生活……一个如此大规模的政治结构在短时间内被彻底终结，在历史上是不是绝无仅有的？

——鲁珀特·埃默森[1]

帝国的时代已经终结，而且被彻底埋葬了。

——沃尔夫冈·莫姆森[2]

我们这个时代的帝国都很短命，但足以改变世界；帝国的灭亡是它们最不重要的特征。

——V. S. 奈保尔，《模仿者》[3]

与古代帝国相比，现代帝国的国祚相对较短。古埃及延续了 3 000 多年。相继在美索不达米亚出现的阿卡得帝国、巴比伦帝国和亚述帝国延续了约 2 000 年。算上此前约 200 年的共和国时期与西罗马覆灭后的约 1 000 年时间，罗马也有近 2 000 年的国祚。

现代帝国中，奥斯曼帝国的历史最长，从 15 世纪到 20 世纪初——超过了 500 年。俄国——算上苏联——从 16 世纪延续到了 20 世纪末，几乎与奥斯曼帝国一样悠久。哈布斯堡家族统治了两大帝国——西班牙和奥地利帝国，加起来的延续时间也和俄国相当，尽管其与沙俄和苏联之间的延续性有所区别。大英帝国始于16世纪末，终结于20世纪中，但在18世纪末也经历了一次断层。法国与其他帝国相似，始于16世纪，但法兰西第一帝国几乎终结于18世纪，法兰西不得不在19世纪卷土重来，但在不到一个世纪后，第二帝国再次覆灭。

无论如何，现代帝国的寿命以世纪为单位——大约500年是其大限——而不像古代帝国以千年来衡量。这很重要吗？现代帝国对世界的影响是否因此就不如古代帝国呢？当然不是。罗马或许把自己当成了整个世界；古代中国将自己视作世界的中心。但两个帝国离统治全球都有距离（倒是亚历山大大帝建立的帝国，尽管持续时间短，但比较接近世界帝国）。而这恰恰是区分欧洲帝国的地方，至少是欧洲的海洋帝国，包括西班牙、葡萄牙、荷兰、英国和法国。即使是奥斯曼帝国、俄国和哈布斯堡王朝也都处在一个由其欧洲竞争者创造的全球化局势中。这些国家的思维模式与战略部署都不得不顾及海洋帝国带来的全球化影响。例如，克里米亚战争的参战国包括奥斯曼帝国、俄国、英国和法国，陆地和海洋的利益与观念在此交织纠葛，而"一战"和"二战"则是真正意义上的全球规模的战争。

欧洲帝国不是单纯地想要采取全球化思路和政策。新的组织和技术力量赋予欧洲帝国世界霸权，让它们的势力能渗透全球。欧洲的陆军和海军、武器和军事组织、工业和交通通信手段——铁路、蒸汽轮船、电报和电网——赋予了欧洲统治地位，而其他文明，比如古代中国，曾经几乎在这些方面都领先世界。而此时挑战摆在了各国人面前：要么接受和适应欧洲的方式，要么维持软弱和落后的现状。大多数国家选择了西方化，而日本和中国也走上了自己的道路，基于本国的文化积累同时向西方学习。

但在过去的两个世纪左右，欧洲帝国重塑了这个世界，那它们的覆灭将带来怎样的影响？欧洲帝国不复存在之后，世界局势发生了什么变化？世界从根本上被欧洲化或西方化了，但欧洲如何接受自己已不再是世界或世界大部分地区的主宰？这对它们自身的认知有何冲击？当帝国最终（比想象的要晚得多）变成民族国家后，将产生怎样的后果？

"非殖民化"，即失去或抛弃殖民地的过程，主要适用于海洋帝国，较少适用于内陆帝国，但有时同时适用于两者。这一过程是痛苦的，甚至会带来永久的创伤。[1] 对于非宗主国的国民而言这无疑是痛苦的，尽管在名义上它们是受益者，因为它们是获得独立的民族国家。但作为帝国的一部分，它们又与帝国进行了割裂。从非欧洲国民的角度，有许多作品表现了这一历史历程，从弗朗茨·法农的讽刺小说《全世界受苦的人》（1961），到尼拉德·乔杜里的伤感挽歌《一个不知名的印度人的自传》（1951）。人们通常发现，在新的本地精英的领导下，前殖民地民众的生活未必会比在过去帝国时代时的要好。此外，帝国的统治者依然会通过非官方的各种手段对新独立的国家施加影响（"新殖民主义"）。

本书关注的是帝国及其灭亡对统治民族的影响。各个内陆帝国在战争和革命的炮火声中纷纷解体，大部分终结于"一战"。在奥斯曼帝国的废墟上建立的崭新的民族国家土耳其，失去了全部希腊和亚美尼亚人口。在国父穆斯塔法·凯末尔的带领下，土耳其开始了激烈的现代化和西方化的改造。土耳其人很快变得像现代的西方人：坚持世俗主义，崇尚科学，发展工业。土耳其前进的野心将带来怎样的结果尚且不明，但遭遇了复兴的宗教势力的强大阻力，即所谓"帝国的反击"。这带来了"奥斯曼复兴"的说法，在土耳其学术界引发热议，而多年来官方对此采取漠视态度，不愿回答奥斯曼帝国究竟代表什么，以及伴随奥斯曼帝国的灭亡，土耳其到底失去了什么的问题。土耳其占据地理要冲，土耳其文化对其边境——大部分是苏联原先的领地——产生了重要影响，这让有些人再次开始幻想出现一个大土耳其帝国，除了作为民族国家的土耳其的居民，还包括大量其他地方的居民。当然这会让土耳其被排除在欧盟之外，而加入欧盟是土耳其政府一直追求的目标。

在奥匈帝国的土地上，除了此前独立的国家，还出现了由前统治民族建立的新国家——奥地利和匈牙利。两者都是帝国的简化版本，都要面临权力与优越感锐减带来的阻碍。奥地利人一度成为新的大德意志的一部分，直到之后发生了灾难性的后果，他们才开始反思自己的身份与未来。1945年后，两国均将自己视作中欧小国，即使在冷战期间，也充当了东西方沟通的桥梁。对哈布斯堡王朝的怀旧情绪被正式摒弃，尽管还留存一丝骄傲和暗示，有人表示欧盟在某种程度上就类似哈布斯堡王朝。

匈牙利在两次世界大战之间也经历了艰难岁月，曾倒向法西斯主义，"二战"期间站在纳粹一方。战后匈牙利成为共产主义国家，加入苏联阵营。苏联解体后的匈牙利加入欧盟，发展得也远未让人满意。历史的幽灵以反犹主义和极权主义的形式在匈牙利上空徘徊不去。与匈牙利不同，奥地利已在欧洲民族共同体中找到合适的位置，匈牙利似乎还在寻找定位，以忘却自己曾是奥匈帝国统治者之一的历史。

所有内陆帝国中，俄罗斯帝国的历史最显赫。或许是因为帝国的经历要远比其他内陆帝国都长久。在俄国的废墟上，俄罗斯人建立了一个基于新原则的国家——苏联，并且延续了70年之久，终结于1991年。从那时起，俄罗斯拥有最大的国土面积和极度丰富的资源，努力找寻新的身份。有时俄罗斯人强调俄罗斯民族主义，但有时也对此表示不满——这意味着俄罗斯人只是众多民族中的一员。俄罗斯的弥赛亚意识，即俄罗斯来到世间带有特殊使命，不断浮现，也助力于俄罗斯东正教的复兴。欧亚意识形态，即俄罗斯是从俄罗斯到远东广袤土地上的核心与统治灵魂，也迎来了热潮。[4]

大部分海洋帝国在20世纪五六十年代终结。与内陆帝国情况不同，因为"一战"，海洋帝国在20世纪二三十年代享受了一段平静时期，尽管其间部分殖民地的民众怨声载道。"二战"证明这些殖民地对于统治者依然重要，同时在国民心中这些地方也相对脆弱。尽管帝国在殖民地的发展方面做出了有力贡献，同时在政治上也进行了大幅度的退让，但在"二战"后，几大帝国还是在20世纪40年代末和50年代相继开始瓦解。

大多数学者认同大英帝国的覆灭伴随的暴力与痛苦程度是最低的。[5]但我们注意到，印度脱离英国后还存在着"印巴分治"的问题，分治使上百万人背井离乡，双方死伤上千人，英国对此负有责任。此外，英国在东非的殖民者不愿撤退，引发了暴力冲突和大量暴行，当地白人应对此负主要责任。因此大英帝国的终结绝不像某些英国人认为的那么和平，更谈不上"优雅"。但相较法国、荷兰、葡萄牙和比利时，大英帝国的瓦解所带来的暴力与流血事件的确较少。

比起其他终结过程更痛苦的帝国，大英帝国的覆灭给人民带来的影响未必会更小。相较而言，帝国更轻松的终结会带来更深远的影响，甚于那些因残酷的殖民战争所产生的愤怒与仇恨，会导致民众希望彻底埋葬帝国，将帝国历史从集体记忆中完全抹去。荷兰人、比利时人、葡萄牙人以及西班牙人的帝国在更早的时代就已覆灭，今天他们并不太在意曾经的帝国或帝国带给他们的荣誉。

对英国人而言，帝国曾是集体身份的重要部分，失去帝国的影响注定非常深刻。英国人一度假装不在意，或在某些时候选择将帝国视作国家历史上一段耻辱的插曲。在20世纪六七十年代，帝国的历史在英国各大学里，无论在学生还是教师当中，都不是一个受欢迎的话题。从前英国殖民地回国的侨民经常发现自己成了恶意嘲讽的对象。

最近这些年的情势发生了变化。英国国内出现了大量有关帝国的书籍和电视节目，对帝国历史的兴趣出现热潮，五卷本的《牛津大英帝国史》

（1998—1999）就是最好的证明。社会学家和文学研究者怀着极大的热情研究帝国，试图从中寻找今天社会思潮与关注重点的根源。[6]

大部分英国人对帝国的关注焦点是民族身份的纠结。这个问题对于英格兰人而言越发尖锐。他们是帝国的缔造者和推动者。联合王国的其他族群当然也扮演了重要角色，但一旦帝国瓦解，它们都能找到自己相当成熟的民族身份——苏格兰人、威尔士人和爱尔兰人。英格兰人没有这样的身份可以回归，他们在历史上的大部分时间里都不需要这样一种身份，因为他们只需投身帝国事业。[7] 因此，随着帝国丢失了海外殖民地，英格兰人要面临更严峻的挑战，尤其是在联合王国本身也存在解体的威胁之下，他们再也无法以一个广泛的不列颠身份安然自处。[8]

与英国人一样，法国人在 1962 年后也一度不愿面对和反思帝国前身。特别是阿尔及利亚民族解放战争，这是他们极力回避的一道伤口。最好的策略就是遗忘。"1962 年，大部分法国机构和民众选择将过去和现在存在的帝国痕迹完全抹去。"[9] 正如英国的伊诺克·鲍威尔所说，法国人认为帝国是不自然的，是一个错误，是法国对其扮演的欧洲大国角色的偏离。戴高乐时期，法国将自己塑造为欧洲共同体的领导力量，与德国建立了伙伴关系（排斥英国），确保法德关系成为欧洲团结与进步的核心动力。

在这样的气氛下，帝国的记忆只会让人难堪。马赛历史学家让－雅克·若尔迪曾在 20 世纪 90 年代建造了一座殖民时代主题的博物馆，他回忆起人们数十年来宣传帝国的行动，从 1962 年开始，"殖民文化与帝国形象被强行遗忘，引起耻辱甚至仇恨，成为法国人的禁忌……殖民化曾是法国在 20 世纪 30 年代引以为傲的历史，今天已没有任何地位"[10]。吉洛·彭特科沃的电影《阿尔及尔之战》（1965）将这种耻辱感发挥到极致，电影生动地刻画了法军的残暴。起初这部电影不允许在法国发行，1971 年起法国人能看到这部电影，认识到帝国此前的所作所为，并进行自我谴责。

20世纪90年代建立的殖民历史博物馆显示情况发生了巨大变化。20世纪60年代，作为遗忘工程的一部分，巴黎的殖民博物馆被改造为非洲和大洋洲艺术博物馆。到了2007年，法国海外博物馆在1906年马赛殖民地博览会的旧址隆重开幕。同时开馆的还有新世界博物馆和东印度公司博物馆，这进一步证明了大众对法国早期帝国历史兴趣的重燃。[11] 尼古拉·萨科齐在2007年2月竞选总统期间表示，"法国的历史值得我们骄傲，所以必须停止这套'追悔莫及'的胡话"[12]。当选总统后，萨科齐使法国殖民历史成为义务教育的内容，强调法国对世界文明做出的正面贡献。

同样是在2007年，人们对帝国的态度发生转变。位于万塞讷的国家移民历史中心向大众开放，这里是举办1931年巴黎殖民地博览会的地方。在20世纪60年代后的数十年间，许多北非伊斯兰移民进入法国，法国遭遇了新的族群融合的问题，与英国一样，这也提醒人们这些移民正是来自帝国时期的殖民地。这的确是一次"帝国的反击"，也引发了关于帝国的意义与影响的追问。

这并不意味着人们重新欢迎帝国，至少没有这么简单。这些举动更像是一种认可，不只是对帝国在法国历史上的重要性，更是对帝国正式灭亡为法国带来的持续影响的认可。1997年，法国社会学家艾蒂安·巴利巴尔在谈起阿尔及利亚时说："今天的法国是在阿尔及利亚建立的（并且还在受其影响），支持阿尔及利亚但也与阿尔及利亚针锋相对。"他认为，法兰西民族"是帝国的一部分"，"在长期的实际与法理上的分割之后，帝国依然是法兰西民族的一部分"。他坚信，法国和阿尔及利亚彼此需要，组成了"法–阿共同体"，而两者之间是不可能产生任何"界限"的。巴利巴尔认为这种情况对于所有的前欧洲帝国都适用，即前殖民地与前帝国的互相渗透。[13]

我们清楚地看到，对于法国人和英国人，帝国的话题已回归国家层面。试图掩盖帝国历史的做法遭遇普遍抵制，但帝国的回归总令人不安。至少人们已认可法国人的身份与帝国的历史有关，事实上法国人的身份来自"帝国民族国家"。直面帝国的历史对于理解今天的法国，甚至看清未来都是必不可少的。

关于帝国的终结对民众的影响——土耳其人、奥地利人、俄罗斯人、不列颠人和法兰西人——也许要用另一本书才能交代完整。但作为结尾，人们或许要问帝国是否真的终结了？世界历史的"帝国时代"是否已经完结？民族国家是否不仅是一种理念，更是集体归属与身份认同的实际形式？我们是否在最近的 50 年内完成了通常所说的"从帝国到民族国家"的转型？

沃尔夫冈·蒙姆森写道："毫无疑问，西方大国的殖民统治正式结束，其殖民地很少完整保留，这是人类历史的重要断层。"随后他又表示，"仔细观察这一断层……发现它并不真正存在" [14]。鲁珀特·埃默森作为研究"帝国到民族"这一重大转型的著名学者 [15]，也不禁发出疑问："我们现在是否遇到了历史的拐点？还是下一次全球局势的变化将带来新的帝国主义和殖民主义？" [16]

两位学者和其他人所关注的是后殖民世界最显著的特征。首先是西方大国的所谓"新殖民主义"，在大多数情况下，这些国家通过非官方的经济、政治和文化手段成功地将前殖民地置于"附属"状态下。前殖民地或已成为独立国家，联合国反复通过决议反对任何形式的殖民主义，而事实是，正如加拉格尔和鲁宾逊（1953）提出的关于此前时代的重要观点，出现了"非正式帝国"，而且西方在由新独立国家组成的"第三世界"的大部分地区获得了支配地位。[2]

之前在第三世界，西方和 20 世纪新的大国——苏联争夺影响力和控制权。因为作为西方代表的美国的存在，也挑战着广为接受的民族国家的理念。因为无论两者代表什么，苏联和美国都不符合民族国家的传统模型。美国是不是帝国或是否应该成为帝国是几十年来热议的话题，但大多数人承认美国的一些做法已经相当"帝国","二战"后美国在世界上的霸权统治，无论其是否愿意，都赋予了美国帝国的地位。[3]

还有很多迹象表明民族国家并未占据今天世界的中心，或许永远不会，尽管这是主流观点所认定的趋势。欧盟作为一个超越民族和国家的组织就是一场实验：它不是传统的帝国，但有人将欧盟与神圣罗马帝国联系起来[17]，也有人评论，"欧洲的未来不得不借助帝国模式"[18]。人们建立了联合国和各种下属机构，这标志着各国已致力于某种形式的国际监管，至少在原则上约束了国家主权和国家独立。此外，还有一系列的"国家非政府组织"——人道主义机构如无国界医生，环保机构如绿色和平组织——共建了一个"全球性公民社会"[19]，作为各民族国家公民社会的延伸。同时，人们对民族国家高度关注，如果违背其国家责任或国际条约，将受到国际社会的谴责与审判。当然这种情况最近有增多的趋势，民族国家的领导人可以被传唤到海牙国际法院或国际刑事法庭。由此看来，传统的民族国家在未来或许不再能够占据主导地位。

还有一项因素在影响欧洲国家，特别是那些有着海洋帝国前身的国家（但不限于这些国家）。大量来自亚洲、非洲和加勒比地区前殖民地的移民迁徙进入前宗主国。萨尔曼·鲁西迪在评论英国问题时写道，这种行动将建立英国内部的"新帝国"，英国"最后的殖民地"。[20]人们对待欧洲人与大量非欧洲的新移民的态度由帝国时期的经验所决定。民族国家再次开始管控其人口和边境，巩固民族身份认同，如果可能的话尽量清除帝国的记忆。而这些努力再次被证明只是徒劳，因为帝国不断打断和干扰民族国家的秩序，强迫其面对自己的历史，使民族国家与已经退回欧洲本土的帝国达成妥协。

简·伯班克和弗雷德里克·库珀在《世界帝国史》中讨论了帝国的长久国祚与新近的民族国家，"民族国家是历史地平线上的昙花一现，是在帝国背景下出现的国家形态，民族国家对世界政治的想象很可能是不完整的或者短暂的"。两位作者发出疑问："帝国的常态已经结束了吗？难道剩下的唯一选择，就只有在打造同质社群的过程中同时带来暴力的民族国家吗？或者仍然有其他选择存在，可以接纳形态迥异的政治组织，而不坚持统一性或阶级制度？仔细阅读帝国的历史，不仅能让我们直面极端的暴力与傲慢，也能提醒我们主权是能分享、分解与改变的。过去不是一条单行道，不是只能通向早已命定的未来。"[21] 这是相当智慧和中肯的结论，近年来很多学者都表示赞同。[22] 历史上帝国或许显赫一时，但我们不清楚其最好的替代品是否就是今天的这 200 多个主张拥有主权与民族统一的民族国家，因为这看似更像是引发无尽国内与国际纷争的源头。尽管帝国有各种弊病，但是在治理多样化与差异性上仍给我们指出了新方向，而这种多样化和差异性正是民族国家几乎不可避免要遭遇的难题。这足以让我们继续有关帝国的研究，并思考能从帝国的历史中获得怎样的教训。

| 引　文 |

第一章　帝国的理念

[1] 1937: 7.

[2] In Pagden 1995: 64.

[3] [1748] 1987: 471.

[4] Strang 1991: 437.

[5] Lichtheim 1974: chaps. 7–9; Mommsen 1982: 113–41.

[6] Howe 2002a: 126–27; cf. Kappeler 2001: 3, 392.

[7] Lichtheim 1974: 60.

[8] cf. Pagden 1995: 1–2.

[9] see, e.g., Ashcroft, Griffiths, and Tiffin 1995; Young 2001.

[10] Howe 2002a: 1; Pagden 2003: ix; Ferguson 2005: xii.

[11] Gallagher and Robinson 1953: 1; cf. Morrison 2001: 3.

[12] e.g., Eisenstadt [1963] 1993; Kautsky [1982] 1997.

[13] 1.278–79.

[14] Koebner 1961: 5–6; cf. Richardson 1991: 2.

[15] Elton 1982: 353; see also Ullmann 1979.

[16] Koebner 1961: 57.

[17] Koebner 1961: 52.

[18] Koebner 1961: 4–5.

[19] Gibbon [1776–88] 1995, 1:31; cf. Schumpeter [1919] 1974: 50–51; Finley 1978a: 2.

[20] OED 1989: s.v. "emperor".

[21] Koebner 1961: 7.

[22] Koebner 1961: 11–16; Lichtheim 1974: 25–26; Woolf 2001: 315.

[23] Lichtheim 1974: 24.

[24] Richardson 1991: 1, 7; Pagden 1995: 13; Woolf 2001: 313.

[25] Folz [1953] 1969: 121–68; Bloch 1967; Heer [1968] 2002: 22–93.

[26] In Pagden 1995: 19.

[27] Pagden 2003: 19; cf. Pagden 1995:

11–12.

[28] Howe 2002a: 41.

[29] Koebner 1961: 18; cf. Richardson 1991: 1.

[30] Pagden 2003: 176.

[31] Carlyle [1840] 1971: 202.

[32] Weber 1963: 1.

[33] Doyle 1986: 45.

[34] Doyle 1986: 81.

[35] Doyle 1986: 129.

[36] Finley 1978a: 1; see also 1978b: 104.

[37] Lieven 2001: 25.

[38] OED 1989: s.v. "imperialism," "colonialism".

[39] Fieldhouse 1961: 187–88; Koebner and Schmidt 1964: chaps. 4–8; Hobsbawm 1987: 60.

[40] Howe 2002a: 27.

[41] Hobsbawm 1987: 57–60.

[42] see, e.g., Offer 1993.

[43] see, e.g., Adas 1998: 371.

[44] Carrère d'Encausse 1989; Di Cosmo 1998: 307.

[45] Adas 1998: 382–88.

[46] Finley 1978b.

[47] see also White 1961.

[48] Finley 1976: 170.

[49] e.g., Howe 2002a: 25–31.

[50] [1975] 1999.

[51] Gallagher and Robinson 1953; Wood 2005.

[52] [1967] 1985: 32.

[53] Breuilly 2000: 217.

[54] In Elliott 1984: 74.

[55] Anderson 2006: 9.

[56] Gellner 1983: 11; see also Gellner 1998a: 14–24; Breuilly 2000: 198–99.

[57] Gellner 1983: 1.

[58] Pagden 2003: 131–32; see also Pagden 1994: 172–88; Muthu 2003: 210–58.

[59] In Muthu 2003: 248.

[60] Mehta 1999: 77–114; Pitts 2005: 123–62.

[61] Seton-Watson 1964: 19–23; Hobsbawm 1994: 31; Kappeler 2001: 213; Ferguson 2005: 172–73.

[62] e.g., Emerson [1960] 1962.

[63] Ferguson 2005: xxii, 6, 61–104; cf. Teschke 2006:137.

[64] Quoted MacLachlan 1996: 15.

[65] Armitage 2000: 29–32; see also Pagden 1995: 12–13.

[66] Ullmann 1979.

[67] Koenigsberger 1987; Elliott 1992; Russell 1995; Armitage 2000: 22–23.

[68] Koebner 1961: 52; Armitage 2000: 14–23; Pagden 1995: 13–14.

[69] Marx 2003: 29–32.

[70] Armitage 2000: 14.

[71] Bartlet 1994: 314.

[72] Ferguson 2005: xii.

[73] Kumar 2003: 60–88; cf. Cooper 2005: 17.

[74] in Carr 2000: 6.

［75］see, e.g., A. Smith 1991: 55.

［76］e. g., 1986, 2004.

［77］for other examples, see Kaufmann 2004.

［78］see, for a good discussion of the English case, Mandler 2006.

［79］Kumar 2000, 2003: 30–35.

［80］cf. Smith 2003.

［81］Alter 1994: 19–23, 39–65; Mazower 2015: 48–54.

［82］Alter 1994:16–38;Hobsbawn 1992: 101–30; Zimmer 2003:80–106.

［83］Mommsen 1990: 215; see also Mommsen 1978.

［84］Mommsen 1990: 212.

［85］Hobson [1902, 1938] 1988: 6.

［86］Hobson [1902, 1938] 1988: 11.

［87］Bayly 2004: 230, 242–43.

［88］see, e.g., Seeley [1883]1971.

［89］See Schivelbusch 2004: 103–87.

［90］Weber 1978: 2:910.

［91］See Tornton [1959] 1968: 1–56; Got 1989.

［92］Baumgart 1982: 55–68; Schivelbusch 2004: 176–87.

［93］Hobson [1902,1938] 1988: 8–9.

［94］See, e. g. Folz [1953] 1969; Muldoon 1999; Münkler 2007.

［95］Hobson [1902,1938] 1988: 10–12.

［96］Pagden 1995: 156–200; Mehta 1999: 153–89; Muthu 2003; Pits 2005: 25–122.

［97］Koebner and Schmidt 1964: 1–26.

［98］Mehta 1999: 97–114; Pits 2005: 123–62, 204–39.

第二章　罗马帝国：帝国之父

［1］[1909] 1974: 1: 4–5.

［2］1957: 130.

［3］2004: 79.

［4］Zielonka 2006.

［5］Huet 1999.

［6］Marx [1851–52] 1962: 1:247; see also Jenkyns 1992a: 27.

［7］Hinsley 1963: 154.

［8］Heer [1968] 2002: 278.

［9］Heer [1968] 2002: 278–79.

［10］In Nelis 2007: 396, 403.

［11］Visser 1992; Nelis 2007; Arthurs 2012.

［12］Berezin 1997: 57; Visser 1992: 12; Stone 1999: 207.

［13］In Berezin 1997: 125.

［14］Stone 1999: 215–16; Visser 1992: 15–16; Scobie 1990: 10–11, 27–28.

［15］Mack Smith 1977: 32, 84.

［16］Wyke 1999: 190–91.

［17］Taddia 2007; Stone 1999: 209; Nelis 2007: 399–400, 404.

［18］Scobie 1990: 6, 35; Koshar 1998: 165.

［19］Losemann 1999: 222.

［20］Losemann 1999: 224–25.

[21] Losemann 1999: 226, 234; Scobie 1990: 20–22.

[22] Kennedy 1999: 20; see also Edwards and Woolf 2003; Samman 2007: 70–83.

[23] Jenkyns 1992a.

[24] Feenstra 1992.

[25] Schorske 1980: 189–93; 1991.

[26] Eliot 1957: 130; cf. Edwards 1999a: 18.

[27] Jenkyns 1981; Bernal 1987: 281–336; Vidal-Naquet 1995; Edwards 1999a: 8–13.

[28] Jenkyns 1981: 331–35.

[29] Pagden 2008: 62–68.

[30] Bosworth 1993: 161.

[31] In Pagden 2008: 62.

[32] Plutarch 1871: 481.

[33] Tarn 1948: 1:400.

[34] Sabine 1960: 117–53; Burn 1962: 187–88.

[35] Wells 1937: 372–73.

[36] Gergel 2004.

[37] Lane Fox 1986: 26; Bosworth 1993: 180–81; Pagden 2008: 66; Baynham 2009.

[38] Bosworth 1993: 260.

[39] Brunt 1978: 178–79, 1990c: 449; Spencer 2009.

[40] Tarn 1948, 1:145–48; Bosworth 1993: 278–90.

[41] Oliver 1953: 887.

[42] Oliver 1953: 898.

[43] Oliver 1953: 896.

[44] Oliver 1953: 896–97.

[45] Oliver 1953: 898–99.

[46] Oliver 1953: 899.

[47] Oliver 1953: 901.

[48] Oliver 1953: 902.

[49] Oliver 1953: 905.

[50] Oliver 1953: 906.

[51] Gibbon [1776–88] 1995: 1:31.

[52] Gibbon [1776–88] 1995: 1:56.

[53] Gibbon [1776–88] 1995: 1:82, 103.

[54] Schiavone 2000: 16–17.

[55] Maier 2006: 76–77, 286.

[56] Shumate 2006.

[57] Claudian [c. 370–404 CE] 1922, 1: vii.

[58] Claudian [c. 370–404 CE] 1922: 1:385, 2: 129.

[59] 1: 389.

[60] Claudian [c. 370–404 CE] 1992: 2: 51.

[61] Claudian [c. 370–404 CE] 1922:2: 53–55.

[62] Kelly 1975: 304.

[63] Coyle 1987.

[64] Cameron 1970: 419–51.

[65] Vance 1997: 233–34.

[66] *Aeneid* 6.851–53.

[67] in Champion 2004: 259–60; see also Nutton 1978; Woolf 1994: 119, 1998: 54–60; Edwards and Woolf 2003; Woolf 2012: 226–29.

[68] Woolf 1998: 57.

[69] Woolf 1994: 120, 1998: 74; cf. Walbank 1972: 149–50; Sherwin-White 1973: 8; Miles 1990: 633–38; Dench 2005.

[70] Sherwin-White 1973: 32–37, 96–116; Woolf 1998: 65–67, 2012: 219–20.

[71] Sherwin-White1973:114; see also 414–15; but see also the demur of Brunt 1990b: 268.

[72] in Heather 2006: 234.

[73] Machiavelli [1531] 1970: 281–82.

[74] Bacon [1625] 1906: 120–21.

[75] Heather 2006: 283–84.

[76] Tacitus 1996: 242–44 [Annals 11.22–24]; see also Sherwin–White 1973: 237–41; Griffn 1990; Woolf 1998: 64–65; Dench 2005: 117–18.

[77] Sherwin-White 1973: 287.

[78] Burns 2009: 35; Sherwin-White 1973: 445–46, 451–60.

[79] Koebner 1961: 15–17; cf. Miles 1990: 649; Brown 2003: 101.

[80] Doyle 1986: 97; see also 12, 45.

[81] Finley 1978a: 2; cf. Crone 2006: 109.

[82] Brunt 1978: 185; Dench 2005: 131.

[83] Bryce [1901] 1914: 40–41.

[84] Lucas 1912: 95.

[85] In Pagden 1995: 23.

[86] In Sherwin-White 1967: 3.

[87] Syme 1958: 17; see also Ando 2000: 52.

[88] Livy [c. 25 BCE] 1998: 13 [1.8].

[89] In Champion 2004: 209.

[90] Livy [c. 25 BCE] 1998: 18 [1.13]; see also Edwards and Woolf 2003: 9–10; Dench 2005: 11–26.

[91] In Champion 2004: 209.

[92] [1901] 1914: 40, 71; see also Cromer 1910: 37–38.

[93] Brunt 1965: 274.

[94] Toynbee 1962–63: 1:52–58; see also vols. 7a and 7b.

[95] Gibbon [1776–88] 1995: 2:510–11.

[96] Gibbon [1776–88] 1995: 2:511; see also 3:1068–70.

[97] Pirenne 1939: 45, 124.

[98] in Isaac 2006: 491.

[99] [413–27 CE] 1984: 198–99; see also Heather 2006: 125; Ando 2000: 48, 63–64, 346–51.

[100] Augustine [413–27 CE] 1984: 201–2.

[101] Augustine [413–27 CE] 1984: 205.

[102] Augustine [413–27 CE] 1984: 211.

[103] Macaulay [1840] 1907: 38.

[104] Jenkyns 1992a: 9.

[105] Turner 1999: 173–74; see also Vance 1997: 236, 1999: 121.

[106] Montaigne [1580] 1958: 278–79.

第三章　奥斯曼帝国

[1] 1995: 84.

[2] 1962–63: 3: 49.

[3] 2008: 1–2.

[4] Elliott 1993: 155.

[5] In Smith 2007: 354; see also Elliott 1993: 157–58.

[6] Woodhead 1987: 22; see also Mantran 1980: 231–33; Yapp 1992: 148; Cirakman 2001: 53.

[7] Said 1979: 59; cf. Yapp 1992: 135.

[8] Newman [1853] 1894: 220, 222–23.

[9] Gladstone 1876: 9.

[10] Woodhead 1987: 23.

[11] Bodin [1586] 1962: 537; see also Hentsch 1992: 68–75.

[12] Locke [1689] 2010: 14.

[13] Voltaire [1763] 1912: 23; see also Hentsch 1992: 104–7.

[14] Wittek 1938: 5.

[15] Köprülü [1935] 1992: 32–42; Inalcik 1981–82: 72–75; Darling 2000: 156.

[16] Wittek 1938: 14.

[17] Wittek 1938: 2.

[18] Wittek 1938: 2–3.

[19] Lowry 2003: 96.

[20] Imber 2002: 28; Finkel 2007: 48.

[21] Inalcik [1973] 2000: 23; Finkel 2007: 50.

[22] 2000: 2; see also Elliott 1993: 154, 162; Gottman 2002: 103, 110–11; Gottman and Stroop 2004: 135–41.

[23] 1995: 140–41; see also Lindner 1983: 1–50.

[24] Lowry 2003: 132.

[25] Lowry 2003: 43, 46, 54; see also Darling 2000: 137.

[26] Barkey 2008: 54–55; see also Lowry 2003: 56–57, 136; Go man and Stroop 2004: 137.

[27] Lowry 2003: 117, 119; Inalcik 1954: 114–17; Kunt 1982; Toynbee 1962–63, 3:40.

[28] Lowry 2003: 138; cf. Inalcik [1973] 2000: 188–90; Kunt 1982: 57–58; Goffman 2002: 39; Barkey 2008: 65.

[29] Georgacas 1947: 367.

[30] Finkel 2007: 57.

[31] Lowry 2003: 119; Go man and Stroop 2004: 132.

[32] Inalcik 1993: 68; Göçek 1993: 93, 96; Imber 2002: 125; Goffman 2002: 107–9; Şahin 2015.

[33] In Inalcik [1973] 2000: 56–57; see also 26, 29–30, 181.

[34] Finkel 2007: 80, 82; Göçek 1993: 97–98.

[35] Goffman 2002: 13.

[36] Imber 2002: 116–18; Finkel 2007: 48, 54, 153.

[37] In Inalcik [1973] 2000: 41; see also Inalcik 1993: 67–68; Şahin 2015.

[38] Toynbee 1962–63, 1:370; see also 3:26–27; and cf. Shaw 1976: 59.

[39] Nicol 1967: 334.

[40] In Nicol 1967: 334; cf. Clogg 1982: 191.

[41] Lewis 1968: 1.

[42] [1935]1992:87.

[43] 2002: xiv.

[44] Lewis 1968: 1–2; see also 332–33.

[45] Imber 2002: 3; Finkel 2007: 548.

[46] Quoted Armstrong 1976 : 397.

[47] Kafadar 1995: 4; Lieven 2001: 133.

[48] Bennison 2002: 90.

[49] Lewis 1968: 1.

[50] [1935] 1992: 5; cf. Goffman 2002: 65; Finkel 2007: 74.

[51] Findley 2005: 230; see also Goffman and Stroop 2004: 141.

[52] Mazower 2005: 281; cf. Goffman 2002: 51.

[53] Findley 2005: 156; Hanioglu 2008: 34–35.

[54] Seton-Watson 1964: 10.

[55] Kafadar 1995: 4.

[56] Imber 2002: 3; cf. Rodrigue 1995: 84; Bayly 2004: 220.

[57] Sugar [1977] 1993: 273.

[58] Inalcik 1954: 113.

[59] Walzer 1997: 14.

[60] Braude and Lewis 1982b: 1.

[61] Braude and Lewis 1982b: 5–6; Bosworth 1982: 46–48; Finkel 2007: 213; Barkey 2008: 121, 151.

[62] Bosworth 1982: 41; Sugar [1977] 1993: 5; Karpat 1982: 149; Shaw 1991: 10.

[63] Braude 1982; cf. Lewis 1968: 335.

[64] Braude 1982: 74; cf. Go man 1994: 153–54.

[65] Clogg 1982: 185; Karpat 1982: 146.

[66] Karpat 1982; Sugar [1977] 1993: 252–54.

[67] Goffman 1994: 146–50.

[68] Armstrong 1976: 400; Goffman 2002: 16–18, 85–91.

[69] Mantran 1982: 129; Go man 2002: 172–73, 185.

[70] Olson 1979: 76; Shaw 1991: 26–29.

[71] Shaw 1991: 88–89.

[72] Mantran 1982: 133; Goffman 1994: 147, 2002: 179–82; Mazower 2005: 52–55.

[73] Shaw 1991: 36, 147ff .; see also Olson 1979: 77–78.

[74] Sugar [1977] 1993: 48; Dumont 1982: 221–22; Mazower 2005: 10; Gilbert 2010.

[75] Sugar [1977] 1993: 45–47; Clogg 1982: 186–87; Kitsikis 1994: 69.

[76] Kitsikis 1994.

[77] Mantran 1982: 130; Clogg 1982: 196.

[78] Finkel 2007: 378.

[79] Toynbee 1962–63, 2:223–25; Lewis 1968: 62, 87; Sugar [1977] 1993: 128.

[80] Toynbee 1962–63, 2:225, 7a:30; Armstrong 1976: 401; Finkel 2007: 430; Findley 2010: 26.

[81] Lewis 1968: 87; Clogg 1982: 192–93;

Finkel 2007: 429–30.

[82] Quataert 2000: 81.

[83] Clogg 1982: 196; see also Zürcher 1997: 50; Lieven 2001: 153.

[84] Clogg 1982: 200.

[85] Zürcher 1997: 171; Clark 2006.

[86] Sugar [1977] 1993: 56; Itzkowitz 1980: 49–54; Braude and Lewis 1982b: 11–12; Imber 2002: 137.

[87] Yapp 1992: 137.

[88] Goffman 2002: 68.

[89] Imber 2002: 136–37.

[90] Sugar [1977] 1993: 58; Go man 2002: 68; Barkey 2008: 124.

[91] Rodrigue 1995.

[92] Rodrigue 1995: 90.

[93] Inalcik 1993: 67–69; Imber 2002: 126.

[94] Lowry 2003: 96.

[95] Lewis 1968: 13; see also Lewis [1982] 2001: 171–73; Imber 1995: 139; Findley 2010: 64.

[96] Cirakman 2001; see also Hentsch 1992: 107–13; Faroqhi 2006: 61; Pitts 2016.

[97] Quataert 2000: 80; Lewis 1968: 118, 122.

[98] Inalcik [1973] 2000: 73.

[99] Kunt 1982: 58; see also Imber 2002: 244–51.

[100] Kafadar 1993: 38; Göçek 1993: 104; Howard 1988: 58; Inalcik [1973] 2000: 70–72.

[101] Göçek 1993: 103..

[102] Inalcik [1973] 2000: 141–50.

[103] Inalcik [1973] 2000: 111–16; Imber 2002: 194–206.

[104] Howard 1988: 59; Inalcik [1973] 2000: 73; Imber 2002: 244–46.

[105] Howard 1988: 59.

[106] Lewis 1962: 73–74; cf. Itzkowitz 1980: 37; How ard 1988: 53.

[107] Howard 1988: 62; Kafadar 1993: 42; Woodhead 1995: 187.

[108] Howard 1988: 64.

[109] Imber 2002: 108–15; Finkel 2007: 196–97.

[110] Woodhead 1987: 26; Imber 2002: 119, 143.

[111] Imber 2002: 210–13, 284–85; Itzkowitz 1980: 90–91; Shaw 1976: 173–4.

[112] Lewis 1968: 36–38.

[113] Itzkowitz 1962: 85, 91, 1977.

[114] Faroqhi 1994: 552–61; see also Quataert 2000: 98–100.

[115] Finkel 2007: 273–75.

[116] Faroqhi 2006: 57, 73.

[117] Quataert 2000: 41.

[118] Hess 1977.

[119] Lewis 1968: 37.

[120] Naff 1977b; Faroqhi 2006: 73.

[121] Lewis 1968: 324; cf. Findley 2010: 25–26.

[122] Deringil 1999: 46–47, 174–75;

Hanioglu 2008: 130, 142.

［123］cf. Findley 2010: esp. 18–22.

［124］Quataert 2000: 54.

［125］Quataert 1994: 782; Findley 2010: 115.

［126］Findley 2010: 4; cf. Hanioglu 2011: 199.

［127］Hanioglu 2008: 51–53.

［128］Hanioglu 2008: 82.

［129］Finkel 2007: 486; see also Zürcher 1997: 85; Hanioglu 2008: 121–23.

［130］Hanioglu 2008: 173.

［131］Finkel 2007: 524–25; Hanioglu 2011: 200–201.

［132］Lewis 1968: 50–52, 187–94; Hanioglu 2008: 94–96.

［133］1977a: 14; see also Lewis 1968: 40–73; Zürcher 1997: 23–31; Findley 2010: 24–34.

［134］Lewis 1968: 80; cf. Zürcher 1997: 41.

［135］Lewis 1968: 101–3; Quataert 2000: 65.

［136］Hanioglu 2008: 100; Findley 2010: 177.

［137］cf. Zürcher 2010: 61; Reinkowski 2011: 457.

［138］Zürcher 1997: 64; Findley 2010: 24, 94.

［139］Inalcik 1973.

［140］Mardin 1962: 4; Findley 2010: 104.

［141］Deringil 1993; Zürcher 1997: 72; Findley 2010: 123–32.

［142］Findley 2010: 106.

［143］Mardin 1962: 13.

［144］Lewis 1968: 155.

［145］Fortna 2008: 50.

［146］Zürcher 1997: 83.

［147］Samman 2007: 136.

［148］Deringil 1999: 50–52.

［149］Deringil 1999: 14, 19, 168, 176.

［150］In Deringil 1999: 66–67.

［151］Lewis 1968: 178–79.

［152］Lewis 1968: 181–83; Deringil 1999: 93–111, 130–33; Fortna 2008: 51.

［153］Findley 2010: 199–200.

［154］Zürcher 1997: 138–70; Findley 2010: 245; Hanioglu 2011: 33–43.

［155］Lewis 1968: 197; Zürcher 2010: 99.

［156］Lewis 1968: 195–97; Hanioglu 2011: 23.

［157］Hanioglu 2008: 145; Findley 2010: 161.

［158］Lewis 1968: 197.

［159］Lewis 1968: 198; Zürcher 1997: 91; Fortna 2008: 59.

［160］In Hanioglu 2011: 200; see also Zürcher 2010: 31.

［161］Zürcher 2010: 95–109, 118–19.

［162］Finkel 2007: 516–17; Aksin 2007: 57–64; Zürcher 2010: 73–83.

［163］Lewis 1968: 326; Zürcher 1997:134.

［164］Lewis 1968: 351; Zürcher 1997:124.

［165］Gökalp 1959: 103.

［166］Gökalp 1959: 71–76.

［167］Gökalp 1959: 305.

［168］Zürcher 2010: 120; Hanioglu 2011:

37–38.

[169] Kayali 2008: 127; Zürcher 2010: 137–38, 148, 228.

[170] cf. Aksin 2007: 146.

[171] Zürcher 2010: 278.

[172] Kayali 2008: 129; Zürcher 2010: 143.

[173] Hanioglu 2011: 131–59; see also Deringil 1993: 176–81.

[174] Hanioglu 2011: 86–109.

[175] Lewis 1968: 236, 267.

[176] Hanioglu 2011: 201–4; Lewis 1968: 358–60.

[177] Hanioglu 2011: 165–66.

第四章　哈布斯堡帝国

[1]（1948）1990：12

[2] 1964：183.

[3] Ingrao 1994: 237.

[4] in Spiel 1987: 97.

[5] in Pagden 1990: 50.

[6] in Pagden 1990: 55.

[7] in Kamen 2003: 487.

[8] Kamen 2003: 489; see also 2005: 244–47; Braudel 1975, 1:208–14.

[9] Kamen 2003: 332.

[10] Elliott 1970: 19.

[11] Braudel 1975, 1:343–44, 500–508.

[12] Kamen 2003: 333–35.

[13] Elliott 1970: 128–29; cf. Braudel 1975, 1:163; Lynch 1991: 3–4, 25–26.

[14] Kamen 2003: 348–49.

[15] 1970: 125; cf. Lynch 1991: 5–9.

[16] Pagden 1990: 3.

[17] Muldoon 1999: 114–27; Elliott 1989b: 7; Pagden 1995: 15–16.

[18] in Kamen 2003: 9.

[19] Muldoon 1999: 120.

[20] in Kamen 2003: 93.

[21] Yates 1975: 20–28; Braudel 1975: 2: 674–75; Pagden 1995: 40–46; Headley 1998.

[22] Yates 1975: 22–23; Elliott 1989b: 8.

[23] in Lynch 1991: 96.

[24] Yates 1975: 25.

[25] Headley 1998: 59–65.

[26] Pagden 1995: 41–42; cf. Elliott 1989b: 8–9.

[27] Syme 1958: 27; cf. Parry [1966] 1990: 37; Fradera 2007: 45; Kamen 2003: 16–17; Elliott 2006: 20.

[28] 1986: 110.

[29] Kamen 2003: 493.

[30] in Elliott 1989b: 25.

[31] Elliott 1989d: 246; see also Elliott 2006: 67.

[32] Macaulay [1840] 1907: 50.

[33] Pagden 1987: 52; cf. Muldoon 1999: 88; Elliott 2006: 5.

[34] Pagden 1987: 63–64, 1995: 137–40; MacLachlan 1991: 17, 25; Elliott 2006: 66–69, 121–22, 238.

［35］Elliott 2006: 234–42, 319–24.

［36］Elliott 1989b: 14; cf. Pagden 1987: 54–56; Parry [1966] 1990: 274.

［37］Parry [1966] 1990: 213–28; Crosby 1972: 35–63.

［38］Parry 1940: 5; see also Parry [1966] 1990: 139.

［39］Lupher 2006; MacCormack 2009.

［40］Díaz 1963: 131, 158–59.

［41］2006: 321.

［42］Elliott 2006: 405–10; Fradera 2007: 67.

［43］in Kamen 2003: 92.

［43］Lynch 1991: 51–59.

［45］e.g., Chudoba 1952: 14.

［46］Kann 1980: 92.

［47］Wandruszka 1964.

［48］Kamen 2003: 382–86; Chudoba 1952: 242.

［49］Wandruszka 1964: 102–23.

［50］Lynch 1991: 342–85; Kamen 1991: 177–90.

［51］Chudoba 1952: 132–33, 147–52, 179–82.

［52］Kamen 2003: 385.

［53］Chudoba 1952: 239–48; Ingrao 1994: 32–33.

［54］Kamen 2003: 68, 71, 80, 184.

［55］Lynch 1991: 117.

［56］Kamen 2003: 54–55.

［57］Chudoba 1952: 73; Lynch 1991: 52.

［58］Evans 1991: 3–40; Ingrao 1994: 28–29.

［59］Kann 1980: 46–47; Ingrao 1994: 48.

［60］Kann 1980: 67; cf. Bérenger 1994: 335–36; Ingrao 1994: 83.

［61］Kann 1980: 91–93.

［62］Bérenger 1997: 24; cf. Kann 1980: 68.

［63］Ingrao 1994: 121.

［64］e.g., Taylor [1948] 1990: 14; Evans 1991: 443.

［65］Kann [1950] 1970, 1:9–12, 1980: 58–60; Ingrao 1994: 129–30; Judson 2016: 22–23.

［66］Ingrao 1994: 237; Taylor [1948] 1990: 38, 137; Sked 2001: 107–8.

［67］Ingrao 1994: 102.

［68］Wangermann 1973: 60–105, 158–59; Okey 2002: 25–39; Judson 2016: 28–36.

［69］Ingrao 1994: 188–91.

［70］Wangermann 1973: 175–76; Okey 2002: 40–67; Judson 2016: 51–85.

［71］1937: 39.

［72］Okey 2002: 33.

［73］Wangermann 1973: 107–11.

［74］Ingrao 1994: xi–xii; see also 212–19; cf. Judson 2016: 97–102.

［75］Musil [1930–32] 1979, 1:32–33.

［76］Evans 1991: 447.

［77］Wheat–croft 1996: 48.

［78］Mamatey 1995: 6.

［79］Whaley 1994, 2012.

［80］Kann [1950] 1970, 1:361–62, 1991b:

53–55; John 1999: 30.

［81］ Taylor [1948] 1990: 27, 285; Déak 1990: 14.

［82］ Kann [1950] 1970, 1:51–53; Taylor [1948] 1990: 25.

［83］ Evans 2006: 175–92.

［84］ Kann [1950] 1970, 1:109–11; Sked 2001: 212–23.

［85］ Cohen 2007: 242–43.

［86］ Wandruszka 1964: 2–13; Kann 1991b: 65; Urbanitsch 2004; Unowsky 2011: 238.

［87］ in Sked 2001: 270.

［88］ Wandruszka 1964: 15–23; Wheatcro 1996: 41–50.

［89］ Wheatcro 1996: 81.

［90］ Werfel 1937: 14; Wessel 2011: 344.

［91］ Johnson 1986: 183..

［92］ Bucur and Wing eld 2001; Cole and Unowsky 2007; Judson 2016: 233–44.

［93］ Unowsky 2001: 23–26; Wessel 2011: 346–47.

［94］ Frank 2009.

［95］ Francis 1985: 31–35.

［96］ Judson 2016: 281–88.

［97］ Unowsky 2001: 27–34, 2005: 33–76; Judson 2016: 233–35.

［98］ Beller 2001; Unowsky 2005: 77–112.

［99］ Urbanitsch 2004: 121-29,135; Vnowsky 2011: 244–57.

［100］ Wandruszka 1964: 117.

［101］ Deák 1990: 213.

［102］ Wandruszka 1964: 130.

［103］ Beller 2011: 126.

［104］ Kann 1991c.

［105］ Stone 1966: 100.

［106］ Deák 1990: 133; Stone 1966: 99; Urbanitsch 2004: 116, 134–35.

［107］ Deák 1990: 181.

［108］ Deák 1990: 183–84; cf. Jászi [1929] 1961: 141–48; Stone 1966: 97; Kann [1957] 1973: 8, 180, 1991c: 225–35; Wheatcro 1996: 277–78.

［109］ Kann [1957] 1973: 178–7.

［110］ 197：36.

［111］ Judson 2016: 298.

［112］ Evans 2006: 32.

［113］ Evans 2006: 86–90.

［114］ Evans 2006: 87.

［115］ Evans 2006: 95, 197.

［116］ Sked 2001: 29–31.

［117］ Evans 2006: 97; cf. Sked 2001: 228.

［118］ Taylor [1948] 1990: 25.

［119］ Johnston 1986: 184; Urbanitsch 2004: 137–38; Kuzmics and Axtmann 2007: 179–214.

［120］ Kann [1957] 1973: 190; also 7–24.

［121］ Beller 2011: 109–10.

［122］ in Timms 1991: 902–6.

［123］ in Kohn 1961: 119.

［124］ Kohn 1961: 120.

［125］ Evans 2006: 98.

[126] Kohn 1961: 51–53.

[127] 1961: 49–57.

[128] Sked 2001: 226–28; Cohen 2007.

[129] Gellner 1994: 115–23.

[130] Kohn 1961: 52.

[131] in Sked 2001: 228.

[132] Sked 2001: 228.

[133] Evans 1994, 2006: 137.

[134] Evans 2006: 127; Cohen 2007: 262–64.

[135] in Evans 1994: 27.

[136] Taylor [1948] 1990: 84–90; Evans 2006: 268–72; Beller 2011: 130–33.

[137] Evans 2006: 207, 238–39, 249.

[138] Kann 1991d: 216–17; cf. Sked 1981: 180–83, 2001: 191–202.

[139] Okey 2002: 143–44; Brubaker et al. 2006: 62.

[140] Taylor [1948] 1990: 169–82; Sked 2001: 226–27; Okey 2002: 268–69.

[141] in Wheatcro 1996: 248; see also Wandruszka 1964: 165–67.

[142] in Wheatcro 1996: 279–80.

[143] Wheatcro 1996: 280–81; Judson 2016: 327–28.

[144] Wandruszka 1964: 170.

[145] Bauer [1907, 1924] 2000: 18; see similarly Otto Neurath in Sandner 2005: 282.

[146] Bauer [1907, 1924] 2000: 403–4.

[147] Kann [1950] 1970, 2:168.

[148] in Le Rider 1994: 121.

[149] Johnston [1972] 1983: 22–23; Kuzmics and Axtmann 2007: 14, 179–80.

[150] Johnston [1972] 1983: 22.

[151] Morton 1980: 159.

[152] in Le Rider 1994: 122.

[153] Schorske 1980: 116–80; John 1999: 59.

[154] Rozenblit 2005: 1.

[155] Rozenblit 2005: 2–3, 13; cf. Schorske 1980: 129–30; Déak 1997: 137.

[156] in Coetzee 2002: 18; see also Jones 1964: 645.

[157] Roth [1932] 1995: 125–26.

[158] in Coetzee 2002: 18.

[159] Roth 2012: 528.

[160] Evans 2006: 282.

[161] in Janik and Toulmin 1973: 109.

[162] Spiel 1987: 165–67.

[163] Schorske 1980: 3–23.

[164] Bauer [1907, 1924] 2000: 6.

[165] Kundera 1984: 33–34, 37; cf. Timms 1991: 909–10; Kumar 2001: 93.

[166] McCagg 1992: 63.

[167] Jászi [1929] 1961: .

[168] Jászi [1929] 1961: 23; see also Kann 1980: xi; Cornwall 2002: 2–3.

[169] Deak 2014: 338–57.

[170] e.g., Namier 1962.

[171] Evans 2006: 108.

[172] in Wank 1997a: 48.

[173] Taylor [1948] 1990: 9; for a later view

see Taylor 1967; cf. Namier 1962; John 1999: 20.

［174］see, e.g., Wessel 2011; Unowsky 2011; Deak 2014: 357–61.

［175］cf. Wandruszka 1964: xx; Deak 2014: 361–79; Judson 2016: 1–15.

［176］Stourzh 1992: 17–20.

［177］Eisenmann 1910: 198; Kann 1977; Sked 2001: 247–51.

［178］Stone 1966: 103.

［179］Sked 2001: 301.

［180］e.g., Unowsky 2011: 237–38; Zückert 2011: 517; Deak 2014: 379, 2015: 261–74.

［181］Kann [1966] 2011: 205.

［182］Cornwall 2002.

［183］1993: 333; see also 262–64, 333–36.

［184］Cohen 2007.

［185］Berenger 1997: 245–47; Okey 2002: 336–42.

［186］Deak 2015: Judson 2016: 336-63.

［187］Okey 2002: 349–50.

［188］Eisenmann 1910: 212.

［189］Eisenmann 1910: 212.

［190］Sked 2001: 266; cf. Zückert 2011: 510.

［191］Deák 1990: 192–93.

［192］Taylor [1948] 1990: 247; cf. Stone 1966: 96, 103; Sked 2001: 266–67; Zückert 2011: 516.

［193］Namier 1962: 184, 188; Cornwall 2002: 177–78.

［194］Bruckmüller 1993: 198, 219, 2003: 304–11.

［195］Beller 2011: 1.

［196］Bruckmüller 1993: 199, 221.

第五章　俄罗斯帝国

［1］In Hosking 1998a: 479.

［2］1962: 253.

［3］2006: 347.

［4］[1947] 1992: 263.

［5］Longworth 2006; cf. Berdyaev [1937] 1960: 7, [1947] 1992: 21.

［6］Franklin and Shepard 1996: 141.

［7］Milner–Gulland 1999: 55.

［8］Franklin and Shepard 1996: 210; cf. Milner-Gulland 1999: 73–74; Pipes [1974] 1995: 223–26.

［9］Kivelson 1997: 642; Hosking 2012: 57.

［10］Pipes [1974] 1995: 226–27; Longworth 2006: 49–51.

［11］Pipes [1974] 1995: 56–57, 74–76; Stone, Podbolotov, and Yasar 2004: 28.

［12］Pipes [1974] 1995: 203–5; Kivelson 1997: 642–43; Figes 2002: 366–75; Riasanovsky 2005: 62–69.

［13］Longworth 2006: 58–61; Milner-Gulland 1999: 109–10; Hosking 2012: 72–78.

［14］Kappeler 2001: 16; Martin 1988: 26–29.

［15］Lieven 2001: 240.

[16] Hellbirg-Hirn 1998: 17; see also Riasanovsky 2005: 65.

[17] Longworth 2006: 86.

[18] Hosking 2012: 103.

[19] Lieven 2001: 238.

[20] Bushkovitch 1986: 358.

[21] Hosking 2012: 131.

[22] Cherniavsky 1975: 124–26; Longworth 2006: 87.

[23] Kappeler 2001: 14, 21; cf. Hu enbach 1988a; Lieven 2001: 231; Hosking 2012: 117.

[24] e.g., Hosking 1998a: 3; Longworth 2006: 87.

[25] Huttenbach 1988a: 68.

[26] Huttenbach 1988b: 77–80; Kappeler 2001: 34, 49–50.

[27] Longworth 2006: 117–26.

[28] Hellberg-Hirn 1998: 90–93; Milner-Gulland 1999: 119–26; Hosking 1998s: 64–74, 2012: 165–74.

[29] Huttenbach 1988b:70; Bassin 1999: 61–62.

[30] Lieven 2001: 224; see also Breyfogle, Schrader, and Sunderland. 2007: 21–37 and passim.

[31] Slezkine 1994: 11–45; Bassin 1999: 19–20; Etkind 2011: 72–90.

[32] Sarkisyanz 1974: 73; see also Slezkine 1994: 42–45.

[33] Figes 2002: 415; see also 377–84, 415–20; Bassin 1991; Slezkine 1994: 47–92; Lieven 2001: 217–20.

[34] Hosking 2012: 207.

[35] Pipes [1974] 1995: 124–25.

[36] Etkind 2011: 120; Hosking 2012: 183, 205.

[37] Finkel 2007: 378.

[38] Hosking 2012: 233.

[39] in Kappeler 2001: 80.

[40] LeDonne 1997: 70–80; Weeks 2001.

[41] Kappeler 2001: 175, 178.

[42] Donnelly 1988: 204–6.

[43] Donnelly 1988: 191–96; Steinwedel 2007.

[44] Donnelly 1988: 203.

[45] MacKenzie 1988: 231.

[46] MacKenzie 1988: 211; Lieven 2001: 210–11.

[47] Becker 1986: 42; Bassin 1999: 27.

[48] In Kappeler 2001: 194; cf. Rae 1971: 25; MacKenzie 1988: 212.

[49] Vinkovetsky 2011.

[50] Taagepera 1988: 1.

[51] Taagepera 1978a: 125.

[52] Taagepera 1988: 4–6.

[53] Taagepera 1988: 3.

[54] Longworth 2006: ix; Beissinger 2008: 1; Etkind 2011: 4.

[55] Hellberg-Hirn 1998: 35–37.

[56] Longworth 2006: 194.

[57] In Etkind 2011: 97.

［58］Brodsky 1987: 71, 84.

［59］Berman 1983: 173–286; Hellbirg-Hern 1998: 40–51.

［60］Semyonov, Mogilner, and Gerasimov 2013: 54; cf. Lieven 2001: 226; Tolz 2001: 2.

［61］Slezkine 1997: 50.

［62］Hechter [1975] 1999.

［63］In Etkind 2011: 62–63.

［64］In Etkind 2011: 67.

［65］e.g., Hosking 2012: 4.

［66］Hechter [1975] 1999.

［67］Bassin 1993.

［68］Bassin 1993: 498.

［69］Raeff 1971: 22; Milner-Gulland 1999: 1; Tolz 2001: 158.

［70］Hosking 2006: 7; cf. Kristof 1967: 244–45; Cherniavsky 1969: 119–20; Brooks 1985: 219.

［71］e.g., Rogger 1962; Pipes [1974] 1995, Hosking 1998a.

［72］Rywkin 1988: xv; Kappeler 2001: 115–17, 395–99.

［73］Rywkin 1988: xv; Kappeler 2001: 285–86, 395–99; Crews 2006: 13–14.

［74］Kappeler 2001: 286, 396.

［75］Kappeler 2001: 119–20.

［76］Raeff 1971: 31–32; Kappeler 2001: 78–84; Miller and Dobilov 2011: 426–27.

［77］LeDonne 1997: 71–72; Kappeler 2001: 85–89.

［78］Miller and Dobilov 2011: 430.

［79］Miller and Dobilov 2011: 434–36.

［80］Miller and Dobilov 2011: 438–42; Kappeler 2001: 249–50, 252–53.

［81］Miller and Dobilov 2011: 443–49; Löwe 2000: 69–71.

［82］Weeks 2001: 99–104.

［83］2001: 114.

［84］Weeks 2001: 104–7.

［85］Weeks 2001: 107.

［86］Geraci 2009: 247.

［87］Löwe 2000: 77.

［88］in Armstrong 1978: 92.

［89］Armstrong 1978: 95–96; see also Haltzel 1977; Kappeler 2001: 71–75.

［90］Kappeler 2001: 98; cf. Hosking 1998a: 37–38.

［91］Rogger 1983: 184; Slocum 1998: 188; Tolz 2001: 198.

［92］Prizel 1998: 301.

［93］Torke 2003: 106; cf. Prizel 1998: 159; Tolz 2001: 211.

［94］Kappeler 2001: 135.

［95］Prizel 1998: 305; Löwe 2000: 59–60.

［96］Prizel 1998: 310; Tolz 2001: 211–12.

［97］Rogger 1983: 183–86; Prizel 1998: 311; Kappeler 1992: 111, 121–22, 125–26.

［98］Kappeler 2001: 171–78; Armstrong 1976.

［99］Löwe 2000: 53–54.

［100］Geraci 2001: 277–78.

［101］Crews 2003: 50.

［102］Geraci 2001: 265–73; Findley 2005: 152–54; Campbell 2007: 328–31.

［103］Kappeler 2001: 26–72.

［104］Geraci 2001: 15–18.

［105］Becker 1986; Slocum 1998.

［106］Slocum 1998: 174, 185; Geraci 2001: 31.

［107］in Slocum 1998: 189.

［108］Löwe 2000: 54; Geraci 2001: 19–20.

［109］Crews 2006: 52–91; Löwe 2000: 55–58; Geraci 2001: 21–22; Steinwedel 2007: 99–102.

［110］Crews 2003: 54, 2006: 1–30.

［111］Crews 2003: 57.

［112］Kreindler 1977: 93–95; Geraci 2001: 47–85.

［113］Crews 2003: 59.

［114］Miller 2008: 141.

［115］Campbell 2007: 342–43; cf. Brower 1997: 119.

［116］Geraci 2001: 272.

［117］Rogger 1983: 198.

［118］Miller 2008: 93.

［119］Klier 1986; Miller 2008: 98.

［120］Miller 2008: 96; cf. Klier 1989: 124–26.

［121］Klier 2001: 96.

［122］Klier 1995: 152–58; Lieven 2001: 209.

［123］Klier 1995: 153–57.

［124］Slezkine 2004: 124; Miller 2008: 115; generally, Nathans 2002: 201–56.

［125］Miller 2008: 117; see also Klier 1989: 134; Slezkine 2004: 125.

［126］Slezkine 2004: 123; cf. Nathans 2002: 376–79.

［127］Slezkine 2004: 126.

［128］Slezkine 2004: 150, 155; Haberer 1995: 256–57; Miller 2008: 123.

［129］Rogger 1983: 203–4; Kappeler 2001: 271–72; Slezkine 2004: 140–55.

［130］Rogger 1983: 201–6; Hosking 1998a: 390–96; Kappeler 2001: 267–73.

［131］Hosking 1998a: 392–93.

［132］Kappeler 2001: 270, 342; Miller 2008: 124–25.

［133］e.g., Hellbirg-Hirn 1998: 181.

［134］Rogger 1983: 201; Kappeler 2001: 271; Slezkine 2004: 155–65; Miller 2008: 121–22.

［135］e.g., Kaspe 2007: 465–88.

［136］Becker 1986: 26; cf. Thaden 1990c.

［137］Geraci 2001: 9; cf. Jersild 2000: 542n19; Tolz 2005: 132–33, 135.

［138］Miller 2008: 45-65..

［139］Geraci and Khodarkovsky 2001: 6–7.

［140］Starr 1978: 18.

［141］Starr 1978: 31; cf. Rae 1971: 29; Steinwedel 2007: 98.

［142］Raeff 1971: 38–40; Rodkiewicz 1998: 13–14, 269; Carrère d'Encausse

1992: 216.

[143] Becker 1986, 1991; Brower 1997: 122; Hosking 1998a: 388–89.

[144] Tolz 2005: 144.

[145] Yaroshevski 1997: 59–61; Jersild 1997: 101–9; Brower 1997: 131; Tolz 2005: 141–49.

[146] Kaspe 2007: 475–76.

[147] Kappeler 2001: 263; Seton-Watson 1986: 22.

[148] Hosking 1998a: 386–88.

[149] Rogger 1983: 194–96; Kappeler 2001: 266–67.

[150] cf. Becker 1986: 26, 43; Seton-Watson 1986: 21–22.

[151] Rodkiewicz 1998: 16–18.

[152] Hosking 1998a: 376–78.

[153] Rogger 1983: 187–89.

[154] Armstrong 1978: 84–85.

[155] Raun 1977: 127–29.

[156] Hosking 1998a: 382–84.

[157] Raeff 1971: 33; aden 1990d: 224, 227.

[158] Miller 2008: 51.

[159] Thaden 1990d: 225–27; Hosking 1998a: 380–81.

[160] Rogger 1983: 189-91; Kappeler 2001: 260–61; Wortman 2006: 370.

[161] Weeks 2001: 96; cf. Kappeler 2001: 274.

[162] Tolz 2001: 8; see also 174–77.

[163] Rogger 1962: 254.

[164] Lieven 2001: 275.

[165] Seton-Watson 1986: 21–22; Löwe 2000: 75–80.

[166] Kappeler 2001: 243; cf. Hosking 1998a: 397; Miller 2008: 55.

[167] Morrison 2012: 337.

[168] Armstrong 1978: 91; Miller 2008: 22; Carter 2010: 73.

[168] cf. Rogger 1983: 182.

[170] Kappeler 2001: 334, 341.

[171] Sarkisyanz 1974: 71.

[172] Greenfeld 1992: 201–2.

[173] Greenfeld 1992: 250, 261, 270–71.

[174] Saunders 1982; Becker 1986: 43; Tolz 2001: 155–81.

[175] Sakharov 1998: 8–13.

[176] Rae 1971: 34; cf. Wortman 2011: 267.

[177] Steinwedel 2007: 98.

[178] Rywkin 1988: 14.

[179] Raeff 1971: 35.

[180] Armstrong 1978: 71–72.

[181] Armstrong 1978: 75, 88; Kappeler 2001:300; Bushkovitch 2003: 145, 153–54.

[182] Haltzel 1977: 149.

[183] MacKenzie 1988: 219–28.

[184] Pipes [1974] 1995: 1; Hosking 1998a: 160–61.

[185] Lieven 2001: 250.

[186] Jersild 1997: 104–5; Steinwedel 2007: 98.

［187］ Pipes [1974] 1995: 182; cf. Starr 1978: 17–18; Kappeler 2001: 103–4, 124–41, 151–53; 300–302.

［188］ Kappeler 2001: 302.

［189］ Carter 2010: 70.

［190］ Hellbirg-Hern 1998: 78n12; see also Carter 2010: xiv.

［191］ Hobsbawm 1987: 149.

［192］ Wortman 2006: 9–10, 21–39.

［193］ Hellberg-Hirn 1998: 69.

［194］ Wortman 2006: 1; cf. Wortman 2011: 266–68; Cherniavsky 1969: 42.

［195］ Wortman 2006: 2.

［196］ Hellberg-Hirn 1998: 69; Carter 2010: 66, 133.

［197］ Wortman 2006: 411.

［198］ Wortman 2006: 245–409; cf. Tolz 2001: 100–101.

［199］ Walicki 1979: 297–300.

［200］ Wortman 2006: 276.

［201］ Cherniavsky 1969: 222.

［202］ Cherniavsky 1969: 115; cf. Tolz 2001: 79.

［203］ Brooks 1985: 216, 220; cf. Slezkine 1997: 32.

［204］ in Tolz 2001: 193.

［205］ Cherniavsky 1969: 123; cf. Hellberg-Hirn 1998: 101–3; Lieven 2001: 236–37; Figes 2002: 300–301.

［206］ Figes 2002: 376.

［207］ Chulos 2000: 33–40.

［208］ Chernivasky 1969: 120.

［209］ Berdyaev [1947] 1992: 31; Stremooukho 1970: 119.

［210］ Stremooukho 1970: 110.

［211］ Stremooukho 1970: 113.

［212］ Stremooukho 1970: 115.

［213］ Walicki 1979: 114, 292.

［214］ Kristof 1967: 244–46; Brooks 1985: 217.

［215］ Wortman 2006: 347–60.

［216］ Prizel 1998: 163; cf. Sarkisyanz 1974: 57.

［217］ Walicki 1979: 96.

［218］ Walicki 1979: 99.

［219］ Walicki 1975.

［220］ Walicki 1979: 299; Hosking 1998a: 373–74; Wortman 2006: 272.

［221］ Hunczak 1974: 103–4.

［222］ Kristof 1967: 248; Lieven 2001: 247.

［223］ Hosking 1998a: 371–73.

［224］ In Kohn 1962: 196.

［225］ Miller 2008: 21–22.

［226］ Kohn 1962: 69–90.

［227］ In Kohn 1962: 88; see also Sarkisyanz 1974: 63–66; Hunczak 1974: 84–88; Hosking 1998a: 370.

［228］ Carr 1956: 371; see also Hosking 1998a: 368–69.

［229］ Berlin 1979: 150–85.

［230］ Walicki 1979: 88.

［231］ In Kohn 1962: 39, 53.

［232］In Kohn 1962: 37.

［233］In Kohn 1962: 128.

［234］Lampert 1957: 171–259; Berlin 1979: 186–209; Tolz 2001: 93–99.

［235］In Kohn 1962: 130.

［236］In Kohn 1962: 131–23, 135–36; cf. Carr 1956: 376; Berlin 1979: 158, 172–73; Walicki 1979: 140–41.

［237］In Hellberg-Hirn 1998: 227.

［238］In Kohn 1962: 134–35.

［239］In Kohn 1962: 202–3, 210.

［240］In Kohn 1962: 92–93; see also Kristof 1967: 248; Bassin 1999: 45–49.

［241］Tolz 2001: 172; Hosking 1998a: 375.

［242］Miller 2008: 165, 177n15.

［243］Bushkovitch 2003: 157.

［244］cf. Prizel 1998: 164–65.

［245］Hobsbawm 1987: 149.

［246］Miller 2008: 139–54.

［247］Walicki 1979: 136; cf. Dixon 1998: 155–56; Steinwedel 2000: 73–75.

［248］Tolz 2001: 78–79, 85–86.

［249］Knight 2000.

［250］Knight 2000: 56.

［251］Weeks 1996: 12–13; Rowley 2000; Bushkovitch 2003.

［252］Kristof 1967: 248; Hosking 1998a: 397; Tolz 2001: 103; Miller 2008: 165.

［253］cf. Bassin 1999: 13, 15, 274–76.

［254］Kumar 2010.

［255］cf. Knight 2000: 59–60.

第六章　大英帝国

［1］2004: xi.

［2］In koebner and Schmidt 1964: 136.

［3］[1975] 1977: 106.

［4］Taagepera 1978a.

［5］Ferguson 2004: 240–41.

［6］Davies 2000.

［7］Kumar 2003: 60–88, 180; cf. Hirst 2012.

［8］Kumar 2003: 1–17; Colley [1992] 1994.

［9］In Lee 2004: 129.

［10］Marx and Engels 1972: 83.

［11］Ferguson 2004: 57.

［12］Hechter [1975] 1999.

［13］Ohlmeyer 2006: 26.

［14］Bartle 2006: 61.

［15］Hansen 2000: 44–48.

［16］Darwin 2005: 6.

［17］Darwin 2009: 25.

［18］2012: xii.

［19］Seeley [1883] 1971: 12.

［20］Nasson 2006: 11.

［21］Colley [2002] 2004: 378.

［22］2005: 8, 11; cf. Deudney 2001: 192–93; Price 2008: 6–7, 57, 344.

［23］Seeley [1883] 1971: 12–13.

［24］2004b.

［25］Porter 2004b: 307; see also 2008.

［26］Thompson 2005: 207–9.

［27］Kumar 2012a: 298–304.

［28］1972: 562.

［29］Zimmern 1927: 3.

［30］e.g., Darwin 1999; Sinha 2014.

［31］e.g., Bayly 1989; Marshall 2007.

［32］Armitage 2000: 142–43, 193.

［33］Marshall 2007: 7, 160–61.

［34］Kumar 2012b.

［35］Bayly 1989: 116–21, 160, 194, 250; Gould 1999: 485.

［36］Gallagher and Robinson 1953: 1.

［37］Gallagher and Robinson 1953: 2–3.

［38］Gallagher and Robinson 1953: 3, 12.

［39］cf. Baumgart 1982: 6–7.

［40］Koebner and Schmidt 1964: 117–23; Parry 2001: 168–69, 173.

［41］Cole 1971.

［42］Cole 1971: 169; cf. Hyam 1999: 58.

［43］Dilke 1869: vi–vii.

［44］1869: 230.

［45］Horsman 1981; Brundage and Cosgrove 2007: 137–63; Young 2008: 177–95.

［46］Belich 2009: 479–82.

［47］In Morris [1968] 1980a: 28.

［48］Belich 2009: 68–70.

［49］Dilke 1869: 543–49.

［50］1869: 560.

［51］1899: 17.

［52］Koditschek 2011: 60.

［53］Müller [1876] 2003: 242.

［54］In R. Mantena 2010: 55–56.

［55］Hagerman 2009; Vasunia 2013: 33–115, 239–52, 301–33.

［56］Macaulay [1835] 2003: 237.

［57］in R. Mantena 2010: 60–61.

［58］[1883] 1971.

［59］Bell 2007: 150.

［60］[1883] 1971: 50, 119–20.

［61］[1883] 1971: 126; see also 134–35.

［62］[1883] 1971: 44; see also 233.

［63］[1883] 1971: 18, 62.

［64］[1883] 1971: 63; cf. Deudney 2001: 191.

［65］[1883] 1971: 63.

［66］[1883] 1971: 14–15; see also Bell 2007: 8–10, 171–81.

［67］Freeman 1886: 140.

［68］Freeman 1886: 41–43.

［69］2001: 203.

［70］[1883] 1971: 140–41.

［71］[1883] 1971: 147.

［72］[1883] 1971: 154; see also 241.

［73］Mehta 1999; Pitts 2005.

［74］Murray, Hirst, and Hammond 1900: xv.

［75］"To the Queen," *Idylls of the King*, 1872.

［76］Kiernan 1982.

［77］Kumar 2012b: 87–91; Vasunia 2013: 252–53, 302–16.

［78］Betts 1971: 153–54; Taylor 1991: 13–14; Matikkala 2011.

［79］1869: 550.

[80] Cohn 1983.

[81] Cohn 1983: 208; James 1998: 320–21.

[82] Metcalf 2005; Vasunia 2013: 172–76.

[83] in Koebner and Schmidt 1964: 116.

[84] Darwin 2009: 181.

[85] Robinson and Gallagher [1961] 1981; Darwin 2009: 241–42.

[86] In Grainger 1986: 196; see also Thompson 2000: 33, 1997: 151–52; Moore 1999: 443.

[87] cf. Brown 1999: 421–22.

[88] In Vasunia 2013: 252.

[89] Larson 1999: 197–207; Majeed 1999; Vasunia 2013: 203–35.

[90] Grainger 1986: 133; Moore 1999: 429–30.

[91] 2010: 60; cf. Hagerman 2013: 62.

[92] in Vance 1997: 226.

[93] see Chapter 2, above, and Kumar 2012b: 94.

[94] Brunt 1965: 270–74.

[95] Koebner and Schmidt 1964: 91–93; Betts 1971: 154.

[96] In Jenkyns 1981: 337.

[97] In Koebner and Schmidt 1964: 94.

[98] Parry 2001: 175; Matikkala 2011: 98–99, 109–18.

[99] In Vance 1997: 230–31; on the misquotation, see Cramb [1900] 1915: 13–14; Bradley 2010b: 139–40.

[100] Bradley 2010b: 131–57.

[101] 1869: 398; cf. Joseph Chamberlain in Grainger 1986: 216.

[102] In Hagerman 2013: 36.

[103] 2009: 258; see also Edwards 1999c; Hagerman 2013: 44–45.

[104] Dowling 1985.

[105] [1910] 1914.

[106] 1914: 4.

[107] [1901] 1914: 4.

[108] Lucas 1912: 35–48; Bryce [1901] 1914: 2–3. See also Bell 2007: 63–91; Deudney 2001.

[109] 1912: 61.

[110] 1910: 18.

[111] 1910: 18.

[112] 1912: 131–55.

[113] [1901] 1914: 70–71; cf. Cromer 1910: 73; Lucas 1912: 94.

[114] [1901] 1914: 59; cf. Cromer 1910: 72–77; Lucas 1912: 77–78.

[115] 1910: 126–27; cf. Lucas 1912: 176–78; Bryce [1901] 1914: 73–78.

[116] 1912: 170.

[117] [1840] 1971: 202.

[118] burroughs 1999: 172–96; MacKenzie 1999a: 280–82; Porter 2004a: 81–100.

[119] Hyam 1999: 50; see also Thornton 1968 [1959]: 71–77; Porter 2004a: 124–37.

[120] Eddy and Schreuder 1988.

[121] Kumar 2012b.

[122] in Thornton [1959] 1968: 124.

[123] Green 1999: 361.

[124] 1902: 159–60, 162.

[125] Taylor 1991.

[126] Hobson [1902, 1938] 1988: 366.

[127] Grainger 1986: 188–91.

[128] [1900] 1915: 100–101.

[129] [1900] 1915: 231.

[130] [1900] 1915: 100.

[131] In Matikkala 2011: 95.

[132] Greenlee 1976, 1979; Grainger 1986: 190–92; Lee 2004.

[133] in Greenlee 1976: 274.

[134] Greenlee 1976: 276.

[135] MacDonald 1994: 205–31.

[136] Constantine 1986: 215.

[137] Warren 1986: 241.

[138] Warren 1986: 249.

[139] MacDonald 1993.

[140] Warren 1986: 252–53.

[141] Cain 2007: 255, 263, 269; Bivona 1998: 99–130.

[142] Tidrick 1992.

[143] Pick 1989: 189–221.

[144] Grainger 1986: 134–39, 182–218; Cain 2007.

[145] [1959] 1968: 125; cf. Porter 1982: 128.

[146] Lloyd 1996: 276–79; Holland 1999; Marshall 2001: 76–84; Porter 2004a: 227–39.

[147] Zimmern 1927: 29–30; Darwin 1999: 68.

[148] In Marshall 2001: 83.

[149] In Grainger 1986: 323.

[150] Holland 1999: 117; Marshall 2001: 78–79; Martin and Kline 2001: 270–71; Thompson 2003.

[151] in Burbank and Cooper 2010: 375; cf. Albertini 1969: 19.

[152] Porter 2004a: 233; Holland 1999: 122–24; Brown 1999: 430.

[153] Fieldhouse 1999: 98–103.

[154] Kennedy 1983: 206, 211; Porter 2004a: 252–53.

[155] Fieldhouse 1999: 97, 105; Darwin 1999: 71–72.

[156] Murdoch 2004: 111–15.

[157] Constantine 1999: 167.

[158] Constantine 1999: 181.

[159] Parkinson 1961: 96–99.

[160] Marshall 2001: 81–82.

[161] e.g., Porter 2004a: 251–55, 346–47.

[162] 1982: 86; cf. Darwin 1999: 66.

[163] Louis 1999a: 12.

[164] In Green 1999: 356.

[165] In Zimmern 1927: 30.

[166] In Zimmern 1927: 41–42; see also Darwin 1999: 68–69.

[167] 1927: 44–45.

[168] Zimmern 1927: 87–90.

[169] Maxower 2009: 37; see also More

eld 2007: 360–61.

[170] Morefield 2005, 2007: 346–54; Mazower 2009: 66–103.

[171] Rich 1990: 54–69; May 2001.

[172] In Rich 1990: 58–59.

[173] May 2001: 47.

[174] 1927: 91–92.

[175] 1927: 144.

[176] 1927: 148.

[177] 1927: 150–51, 155–56; cf. Amery 1944: 10.

[178] 1927: 158.

[179] Pedersen 201.

[180] 1980: 658; cf. Lloyd 1996: 282.

[181] Darwin 1980: 667; see also 1999: 69.

[182] 1999: 86.

[183] Barker 1941: 97–100.

[184] 1980: 673.

[185] Brown 1999: 423–25, 430; Louis 1999a: 7.

[186] Brown 1999: 430; Gallagher and Seal 1981: 406–7; Darwin 1999: 79.

[187] 1999: 437–38; cf. Darwin 1980: 677.

[188] Darwin 1980: 668–72.

[189] Darwin 1980: 678; cf. Gallagher 1982.

[190] 1999: 435–36.

[191] Kennedy 1983: 207–8.

[192] 1980: 679.

[193] Scott [1975] 1977: 105.

[194] In Amery 1944: 19.

[195] In Clarke 2008: 5–6.

[196] In Porter 2004a: 291.

[197] e.g., Amery 1944: 18; Ashley Jackson 2006: 7–9.

[198] Amery 1944: v–vi; see also Louis 1992.

[199] 1944: 5.

[200] 1944: 10.

[201] 1941: 8.

[202] In Barker 1941: 146.

[203] 1941: 163.

[204] Stapleton 1994: 186–97.

[205] 1999: 307; cf. Thornton [1959] 1968: 360–63.

[206] Jeffery 1999: 308; Ashley Jackson 2006: 45–46.

[207] Ashley Jackson 2006: 526.

[208] 2006: 5.

[209] 1999: 326; cf. Thornton [1959] 1968: 362.

[210] Kumar 2003: 233–38; Mandler 2006: 187–95.

[211] Webster 2007: 19–54; Kumar 2012a: 316–17.

[212] Porter 2004a: 277.

[213] 1982: 139.

[214] In Jeffery 1999: 321.

[215] Porter 2004a: 296.

[216] Louis 1999b: 331; cf. Hopkins 2008: 228.

[217] Louis 1999b: 342.

[218] Darwin 1988: 293–96; Hyam 2006:

393–97.

[219] Hyam 2006: 397.

[220] Porter 2004a: 322.

[221] Darwin 1986: 42.

[222] Darwin 1984; Louis and Robinson 1994.

[223] Louis 1999b: 333.

[224] In Hyam 2006: 137–38.

[225] Howe 1993: 82–142.

[226] Porter 2004a: 297–98; Ashley Jackson 2006: 526–30; Hyam 2006: 94–95.

[227] Webster 2007: 8; see also 55–56, 92–118.

[228] Hyam 2006: 71.

[229] Louis 1999b: 336.

[230] McIntyre 1999: 696.

[231] In Stapleton 1994: 192.

[232] Porter 2004a: 306–7.

[233] 1982: 146; cf. Hyam 2006: 95, 130–36.

[234] In Paul 1997: 16–1.

[235] Louis 1999b: 330.

[236] Louis and Robinson 1994: 472.

[237] Go 2011: 136–45.

[238] Darwin 1984: 199; Louis and Robinson 1994: 487.

[239] 1983: 216.

[240] 1983: 217.

[241] see, e.g., Spruyt 2005.

[242] Powell 1969: 247.

[243] e. g., Porter 2004b.

[244] see, e.g., Ward 2001; Thompson 2012.

第七章　法兰西帝国："帝国民族国家"

[1] In Brunschwig 1966: 84.

[2] In Bay croft 2004: 150.

[3] [1833] 2001: 1.

[4] In Baycroft 2004: 150.

[5] Collins 1995.

[6] Brubaker 1992: 11.

[7] Weber 1976: 485; see also Kuzio 2002: 32; Quinn 2002: 109; Baycro 2004: 149–51.

[8] Aldrich 1996: 10–19; Quinn 2002: 11–65; Hart 2004: 188–92.

[9] Quinn 2002: 56.

[10] Quinn 2002: 67.

[11] Strayer 1971: 313.

[12] Goubert 1970; Hart 2008: 112–18.

[13] Jones 2003.

[14] Febvre 1973.

[15] Acomb 1950; Newman 1987; Bell 2003: 78–106.

[16] Tombs and Tombs 2007.

[17] 1992: 15.

[18] Greenfeld 1992: 177–84; see also Kumar 2003: 89–120.

[19] Schmidt 1953.

[20] Englund 2004: 136; Jasano 2005: 117–48; Cole 2007.

[21] Quinn 2002: 77.

[22] Aldrich 1996: 20.

［23］Englund 2004: 332–39.

［24］Stanbridge 1997.

［25］Woolf 1992: 95–98; see also Woolf 1989.

［26］2005: 118–19.

［27］Brubaker 1992: 35–49.

［28］Quinn 2002: 44.

［29］Stanbridge 1997.

［30］Quinn 2002: 52, 68.

［31］Aldrich 1996: 138–39.

［32］Conklin, Fishman, and Zaretsky 2015: 76; Livi-Baci 1992: 139; Quinn 2002: 110.

［33］Aldrich 1996: 144–45; Quinn 2002: 114, 183, 210; Ferguson 2004: 240–41; Frémeaux 2007: 157.

［34］Jasano 2005: 286; and see generally 211–306.

［35］Aldrich 1996: 24.

［36］2005: 286; see also Gildea 2009: 222–24.

［37］Aldrich 1996: 25–28; Quinn 2002: 121–27; Kiser 2009.

［38］Andrew and Kanya-Forstner 1988.

［39］in Aldrich 1996: 94; see also Andrew and Kanya-Forstner 1988: 10, 15.

［40］Jasano 2005: 301–3; Gildea 2009: 221–22.

［41］In Quinn 2002: 125.

［42］Cobban 1961: 174; Andrew and Kanya-Forstner 1988: 11; Quinn 2002: 155–56.

［43］Cobban 1961: 180–82; Bérenger 1997: 273; Cunningham 2001.

［44］Cobban 1961: 175–77; Parry 2001: 149, 156–62.

［45］Parry 2001: 148–49.

［46］Koebner and Schmidt 1964: 1–26; Parry 2001: 169–73.

［47］Aldrich 1996: 31–35; Quinn 2002: 129–31.

［48］Brunschwig 1966: 43–49; Murphy [1948] 1968: 95–102; Aldrich 1996: 51–55.

［49］Brunschwig 1966: 59–61; Aldrich 1996: 108.

［50］Brunschwig 1966: 82–85; see also Baumgart 1982: 40–41.

［51］1966: 81.

［52］In Schivelbusch 2004: 110.

［53］Gildea 2009: 229–39.

［54］In Gildea 2009: 244.

［55］In Ousby 2003: 113.

［56］Ousby 2003: 128–35.

［57］Schivelbusch 2004: 128–39.

［58］Aldrich 1996: 100.

［59］Schivelbusch 2004: 181.

［60］In Schivelbusch 2004: 180; see also Gildea 2009: 410–19.

［61］in Girardet 1972: 55–56; see also Murphy [1948] 1968: 137–38.

［62］Andrew and Kanya-Forstner 1971: 114–15, 121, 127–28; Cooke 1973:

passim; Aldrich 1996: 101–2.

[63] Brunschwig 1966: 107.

[64] Brunschwig 1966: 118–19; see also Andrew and Kanya–Forstner 1971: 108, 111–16, 122–25; Schivelbusch 2004: 186.

[65] Andrew and Kanya–Forstner 1971: 126; 1988: 26–28; cf. Brunschwig 1966: 117.

[66] Andrew and Kanya–Forstner 1971: 127.

[67] 2004: 182; see also Andrew and Kanya-Forstner 1988: 23–24.

[68] Brunschwig 1966: 89; see also 182–83; cf. Schivelbusch 2004: 178; Andrew and Kanya-Forstner 1988: 19.

[69] Andrew and Kanya-Forstner 1971: 128.

[70] Betts 1961: 109–20; Andrew and Kanya-Fortsner 1988: 12–15.

[71] in Schivel-busch 2004: 120.

[72] Andrew and Kanya-Forstner 1988: 13–14.

[73] in Brunschwig 1966: x; see also 16–17, 164–65.

[74] Brunschwig 1966: 194.

[75] in Brunschwig 1966: 170–7.

[76] Belmessous 2013.

[77] Betts 1961: 68.

[78] In M. D. Lewis 1962: 140.

[79] cf. Belmessous 2013: 1–12.

[80] Quinn 2002: xv.

[81] Wright 1997: 339.

[82] 1997: 11.

[83] Betts 1961: 30–32; Miller 1994.

[84] Hobsbawm 1984: 269–73; Gildea 1994: 34–42; Hazareesingh 1994: 80–89.

[85] Daughton 2006; White and Daughton 2012.

[86] Gildea 2009: 337–60.

[87] 1997: 5–6.

[88] Betts 1961: 8.

[89] 1961: vii.

[90] e.g., Deschamps [1963] 1994.

[91] e.g., Conklin 1997: 75–211, 305n2; Lebovics 1994: 69n26; Belmessous 2013: 119–204.

[92] Lewis 1962; Lebovics 1994: 80–81n40.

[93] In Deschamps 1994: 169.

[94] Kates 1989; Miller 1994; Hazareesingh 1994: 73.

[95] 1965: 228.

[96] In Conklin 1997: 182–83.

[97] [1964] 1994: 183–86.

[98] Crowder [1964] 1994: 187.

[99] in Crowder [1964] 1994: 186; see also Wilder 2005: 149–200.

[100] [1963] 1994: 170.

[101] In Lewis 1962: 148–49; see also Be s 1961: 122, 144–45.

[102] Lewis 1962: 143, 150; see also Lorcin 1995: 7–8; Conklin 1997: 248; Belmessous 2013: 119–204.

[103] 1994: 115–16.

［104］[1963] 1994: 172.

［105］1962: 153.

［106］[1963] 1994: 178.

［107］Saada 2013: 329.

［108］Betts 1961: 59–89.

［109］Saada 2013: 326–27.

［110］Saada 2012: 95–115; Cooper 2014: 6–7, 13–18.

［111］Saada 2012: 98–99.

［112］Aldrich 1996: 213–14; Belmessous 2013: 148–49.

［113］Shepard 2008: 20–39.

［114］Saada 2012: 100.

［115］2001: 142.

［116］In Belmessous 2013: 149; see also Baycro 2008: 157.

［117］In Saada 2012: 107.

［118］In Saada 2012: 100–101.

［119］Saada 2012: 111–15.

［120］Aldrich 1996: 212–13; Belmessous 2013: 139–40.

［121］e.g., Saada 2013: 335.

［122］Brubaker 1992: 108–9; see also Weber 1976; Weil 2008: 30–53; Shepard 2008: 13.

［123］Aldrich 1996: 281; Cooper 2014: 26–60.

［124］Tocqueville 2001: xiv; Pitts 2005: 204–39; Veugelers 2010: 351.

［125］Tocqueville 2001: 24.

［126］2001: 61–63, 122.

［127］2001: 110.

［128］2001: 161.

［129］see, e.g., Richter 1963.

［130］Mehta 1999; Pitts 2005.

［131］In Schivelbusch 2004: 183.

［132］Translated from Girardet 1972: 183–84.

［133］In Murphy [1948] 1968: 144; cf. Conklin 1997: 19–22.

［134］Schivelbusch 2004: 183.

［135］e.g., Jasanoff 2005: 286.

［136］Lorcin 2006.

［137］Shepard 2008: 118; see also Frémeaux 2007: 169.

［138］Shepard 2008: 101–35.

［139］In Messud 2013: 56; see also Judt 1998: 116–21.

［140］In Messud 2013: 56.

［141］In Prochaska 1990: xvii.

［142］In Messud 2013: 58; for another version, see Judt 1998: 131.

［143］Prochaska 1990: xvii.

［144］Messud 2013: 58.

［145］Shepard 2008: 55–81.

［146］e.g., Thody 1985: 13.

［147］In Belmessous 2013: 161; generally, 160–200; see also Shepard 2008: 28–38.

［148］2013: 167.

［149］Wilder 2005.

［150］Belmessous 2013: 195–96.

[151] 1996: 114.

[152] 1972: 176; and generally 175–99; see also Wilder 2005: 24–40.

[153] Aldrich 1996: 223; see also Andrew and Kanya-Forstner 1971: 128; Betts 1978: 90–91.

[154] Quinn 2002: 186–87.

[155] Jones 1999: 248.

[156] in Frémeaux 2007: 168–69; see also Wilder 2005: 30–31.

[157] 1978: 90.

[158] In Wilder 2005: 32.

[159] Frémeaux 2007: 169; Goerg 2002: 92–97.

[160] 1996: 261.

[161] In Aldrich 1996: 261.

[162] In Lebovics 1994: 53.

[163] In Quinn 2002: 205.

[164] In Aldrich 1996: 4.

[165] Girardet 1972: 238–46; Baycro 2008: 160–61.

[166] Girardet 1972: 185.

[167] In Aldrich 1996: 115; see also Derrick 2002: 54–64.

[168] Girardet 1972: 180.

[169] Aldrich 1996: 118, 188–98; Wilder 2005: 26–27.

[170] Atlan and Jézéquel 2002; Wilder 2005: 149–294; 2009.

[171] Wilder 2009: 104.

[172] Wilder 2005: 149–57.

[173] Atlan and Jézéquel 2002: 109–13.

[174] In Belmessous 2013: 199.

[175] Lebovics 1994: 94.

[176] Wilder 2005: 76–117.

[177] In Wilder 2005: 32.

[178] De Gantes 2002: 15.

[179] Lebovics 1994: 93; Aldrich 1996: 283; Frémeaux 2007: 169.

[180] Frémeaux 2007: 169.

[181] Cooper 2014: 8.

[182] In Girardet 1972: 281; see also Marshall 1973: 208–9.

[183] Albertini 1969: 26–29.

[184] In Smith 1978: 73; see also Aldrich 1996: 280; Marshall 1973: 102–15.

[185] In Marshall 1973: 110.

[186] In Cooper 2014: 30.

[187] In Cooper 2014: 1; see also 44–45.

[188] Cooper 2014: 8.

[189] In Cooper 2014: 38, 54.

[190] In Aldrich 1996: 281; see also Smith 1978: 74.

[191] Marshall 1973: 215–72; Cooper 2014.

[192] Aldrich 1996: 197; Thomas, Moore, and Butler 2008: 159–61.

[193] Shepard 2008: 73–77; Evans 2012.

[194] Smith 1978: 70–71.

[195] Smith 1978: 80.

尾声　帝国之后的国家

［1］1969: 3.

［1］182: 113.

［1］[1967] 1985: 32.

［4］Chamberlain 2015.

［5］e.g., Smith 1978: 100.

［6］see, e. g., Ward 2001; Kwarteng 2012; Bailkm 2012.

［7］Kumar 2003.

［8］Kumar 2015.

［9］Shepard 2008: 272.

［10］in Aldrich 2005: 329.

［11］Lebovics 2004: 143–77; Aldrich 2005: 328–34.

［12］*New York Times*, October 17, 2007.

［13］Balibar 1999: 162, 166–67.

［14］1986: 333.

［15］[1960] 1962.

［16］1969: 16.

［17］Lieven 2001: 86.

［18］Münkler 2007: 167; see also Zielonka 2006; Foster 2015.

［19］Keane 2003.

［20］1992: 130.

［22］2010: 3, 22; see also 413–15, 458–59.

［22］e.g., Kappeler 2001: 3.

| 注　释 |

第一章　帝国的理念

1. 关于这些研究，参见 Hobson ([1902, 1938] 1988); Lenin ([1917] 1939); Schumpeter ([1919] 1974); Burnham ([1941] 1962); Neumann ([1944] 1966)。Mommsen (1982) 中有个很好的调查。

2. Hardt 与 Negri 合著的《帝国》（2001）一书讨论的是全球资本主义后期所形成的高度不定形态的"帝国"，与历史上的帝国关系不大。

3. 除了本段中提到的书名，还有一些过去20年关于帝国的重要出版物，其中包括 Alcock et al. (2001); Aldrich (2007); Burbank and Cooper (2010); Calhoun, Cooper, and Moore (2006); Cooper and Stoler (1997); Duverger (1980); Ferro (1997); Hobsbawm (1987); Kupchan (1994); Lustick (1993); Maier (2006); Miller and Rieber (2004); Motyl (2001); Muldoon (1999); Munkler (2007); Osterhammel ([1995] 2005); Pagden (1995, 2003, 2015); Parsons (2010); Snyder (1991), Steinmetz (2013)。Mann (1984) 和 Finer (1999) 的著作则展现了更加广阔的视野和观点。我们应当留意洛克、孟德斯鸠、埃德蒙·伯克、狄德罗、托克维尔和穆勒这些伟大的政治与社会思想家关于帝国的思考。优秀的例子参见 Mehta (1999), Muthu (2003, 2014), Pitts (2005), and K. Mantena (2010)。大众媒体上关于帝国的作品包括2003年1月在英国BBC4频道播出的尼尔·弗格森的《帝国》系列节目（6集），以及2011年 Jeremy Paxman 在 BBC 播出的《不列颠帝国》（2012年播出时更名为《帝国》）系列节目。还可关注以帝国为主题的电影，包括《特洛伊》（2004）、《亚历山大大帝》（2004）和《英雄》（2002）。在 HBO 电视网出品的热门美剧《权力的游戏》中也不乏帝国的影子。

4. "帝国"与"帝国主义"两个概念需要厘清：前者渊源较久，后者更新。19 世纪下半叶，"帝国主义"才第一次出现，以形容拿破仑三世建立的法兰西第二帝国，而"帝国"一词暗含高贵的志向与理想，但之后两个词都带有了贬义。See on all this Koebner and Schmidt (1964). 1919 年 Joseph Schumpeter ([1919] 1974: 71) 提到"今天'帝国'一词用在我们敌人身上，含贬损之意"。而"帝国"一词的贬义由来可参见 Pagden (2003: xxi)、Howe (2002a: 9, 22, 126)。如今仅余纽约州的别名为"帝国州"，这或许是唯一正面或中性的"帝国"了，而美国的诞生与其反抗帝国有着密切关系，想来不免讽刺。

5. John Gaddis (2004) 称美国"是天经地义的帝国"，他认为自美国诞生起，其思想与做法无不是帝国的典型，而且还将继承延续。尼尔·弗格森观点类似，他认为美国是"口头否认的帝国"（2005: 6），并认为美国应该更自信、更积极地履行其帝国使命。

6. 近些年"欧洲"或欧盟也被视作帝国（如 Zielonka 2006、Foster 2015）。Charles Maier 认为，因为"决策与身份空间中的假定身份"的丧失，帝国因所谓"治外法权"而备受关注（Maier 2000: 820）。

7. Lord Acton 在为英国和奥地利帝国辩护时，将它们称为自由的堡垒，反抗压迫与排他的民族主义，"为了让主权国家与民族在理论上相匹配，其前提条件是所有民族都有其界限"［Acton（1862）1996: 36］。

8. See, e.g., Barkey and von Hagen (1997); Beissinger (2006); Dawisha and Parrott (1997); Hirsch (2005); Lieven (2001); Lundestad (1994); Martin (2001); Miller and Rieber (2004); Motyl (2001); Rudolf and Good (1992); Suny and Martin (2001). 俄罗斯杂志 *Ab Imperio* 是继续这方面讨论的一个很好的基础。

9. 一些生动的贡献，参见 Bacevich (2003); Calhoun, Cooper, and Moore (2006); Ferguson (2005); Gaddis (2004); Go (2008, 2011); Kagan (2004); Maier (2006); Mann (2003); Münkler (2007); Porter (2006); Roy (2004); Steinmetz (2005, 2013); Todd (2003); Wood (2005)。这些著作都强调美国为一个帝国，这是一个值得注意的观点，无论是出于美国在美洲内部的扩展，还是其针对其他国家的政策。John Pocock 指出其矛盾之处，"一个新生的共和，打着反抗帝国的旗号，却行使其帝国的使命，这是深植于美国体制内部的特征，也是其母国英国不曾出现的情况"（Pocock 1985: 86、cf. Lichtheim 1974: 59–61、Muldoon 1999: 140–41）。这与美国的"例外主义"关系密切，参见 Tyrell (1991)。反对将美国称为帝国的著作包括 Walzer (2003)、Pagden (2004) 和 King (2006)，尽管 Walzer 对"实际上的帝国"一词基本表示认可。

10. "单一超级大国"是 Samuel Huntington 的说法（1999），"新的无序世界"一词来自 Kenneth Jowitt (1992)。

11. 关于这方面的一些初步研究，参见 Kumar (2012a)。

12. Richardson（1991: 3）认为，严格说来，"imperium"一词最初具有宗教色彩，"imperium"并不一定是人民赋予的，而是与神有关：imperium 的宗教属性在于，古罗马的贵族得到执政官提名后，由罗马宗教的主神朱庇特确认其"imperium"。Richardson 认为，这种具备神性的半宗教力量加诸个人后，就成为后世罗马共和国元首或罗马帝国皇帝的特权。

13. Imperium 一词在中世纪和文艺复兴时期的演变参见 Folz［（1953）1969］、Koebner（1961: 18–60）、Muldoon（1999: 21–113）。Koebner 强调，意大利的人文主义者重塑了"imperium"一词的合法性，起到了重要作用。这也让神圣罗马帝国之外的诸国有了自立为帝国的理论基础。但人们对于帝国的认知并未完成，查理五世治下领土广袤，但他仍只是神圣罗马帝国的皇帝；即便他占领西班牙，查理五世也只是一个国王，而他在西班牙的继任者腓力二世则只是 20 多个王国的君主（后者并未承袭神圣罗马帝国的帝位）。因此，不存在"西班牙帝国"，只存在西班牙的"普遍君主制"，同理，直到 19 世纪，才有了所谓的"大英帝国"，这一观点参见 Koebner 1961: 56，Muldoon 1999: 9、114、137。"普遍君主制"一词通常带有贬义，用来指代早期现代统治者的帝王抱负，比如西班牙的腓力二世和法国的路易十四。"到 16 世纪末，普遍君主制已经取代了 imperium 一词，用来描述超越国家边界的权力"（Pagden 1995: 43）。

14. 弗朗西斯·培根的《论帝国》［（1625）1906: 73–79］仅仅讨论了王权问题，并未涉及今天意义上幅员辽阔的帝国。培根在其另一篇文章《论邦国的真正伟大之处》［（1625）1906: 115–27］中强调海权的重要性，"亚克兴之战决定了罗马帝国的运势"；海权未必是海洋帝国的根本。"海洋帝国"一词来自维吉尔的《埃涅阿斯纪》，当时已普遍使用；莎士比亚也用过这一词（"塞克斯都·庞培……掌控海洋帝国"，《安东尼与克娄巴特拉》，1.2）。但是，"海洋帝国"一词只停留在抽象的统治，而并非指代具体的如何建立海洋帝国。之后，这一词与大英帝国的建立有了确凿的关联，参见 Koebner（1961: 77–105）、Armitage（2000: 170–98）。

15. 不少近世学者很赞同帝国肇始于共和国体制的活力与扩张性（参见 Brunt 1978、Lintott 1981）。但 Anthony Pagden (2003: 21) 指出，以罗马为例，尽管其展现出了王权的一面，但罗马也有共和体制甚至民主的特性。此前 5 世纪的雅典"帝国"，即民主的城邦国家也体现出这一点。进入现代，法兰西第三共和国就是一个极好的例子，美国或许也是另一案例。See on this Lichtheim (1974: 87–88).

16. Andrew Lintott 提出："对奥古斯都而言，罗马帝国不仅是其控制下的世界，而且是等同于全世界……实际上，罗马帝国希望其他民族能遵循其意志——这就是'imperium'一词的本质……"（Lintott 1981: 53–54, 64，Brunt 1978: 161、168–70，Veyne 1980: 121–22，Pagden 1995: 23，Woolf 2001: 317–18）。Pagden (1995: 23) 引述 Theodor Mommsen 的话："对罗马人而言，他们的国家不仅是世界上第一个强国，更是唯一的强国。"Lintott 和 Woolf 提出，罗马帝国是一个全球性的"多民族"——"在这个帝国中，一个民族统治着另一些民族"（Woolf 2001: 314、Richardson 1991: 6），其他早期思想家也持这一观点，包括 Polybius 和 Sallust；有关西塞罗和恺撒的类似观点，参见 Brunt (1978: 162–68)。这也是一些早期基督教思想家对罗马帝国的共同观点。这与基督教的思想相关，上帝让世上各国尊奉唯一的统治者，即罗马皇帝。See Fanning (1991: 10–14); Muldoon (1999: 101–4); Swain (1940: 18–21).

17. See Koebner (1961: 60). 早期观点会被后世的观点推翻或超越，但具体的时间点不好确定，17 世纪后期似乎是这个时间。除了法国作家 Gabriel Gérard 在 1718 年的记载，Koebner 还引述了 Sir William Temple 在 1672 年一篇文章中的话："这样的国家覆盖了广袤的陆地，统治了大量人口，无论是古代的王国还是现代的帝国。"（Koebner 1961: 59）Sir William Temple 对"帝国"一词的理解似乎是在回应 Francis Bacon 和 James Harrington 的著作中的"帝国"的古典用法，他本人也有了一定的"现代"意识（在 17 世纪晚期，有关古典与现代的争论中，Temple 是站在"现代"这一方的）。但他从未意识到，古罗马人对帝国的这番含义亦不陌生，到中世纪及之后，神圣罗马帝国也体现了帝国的这些含义（参见 Benson 1982: 383–84）。

18. "帝国"一词最早具有比喻意义，比如"海洋帝国"或"文字帝国""思维帝国"。这些概念都蕴含某种具有统治力量的要素，而不只是实际的对实体的占有［Hugo Grotius 在《海洋自由论》中提出过类似的说法（1609）］。

19. 关于神圣罗马帝国及中世纪帝国的一般概念，参见 Koebner (1961: 18–43); Bloch (1967); Folz ([1953]1969); Ullmann (1979); Benson (1982: esp. 370–84); Muldoon (1999: 21–100); Moreland (2001); Heer (2002); Wilson (2016). 关于直至 1806 年的晚期历史，参见 Wilson (1999); Evans, Schaich, and Wilson (2011); Whaley (2012).

20. 尽管对许多中世纪的学者，"empire"一词仅指独一无二的罗马帝国（无论是西罗马帝国，还是东罗马帝国），"imperium"被用在许多中世纪统治者身上，比如盎格鲁－撒克逊人称呼他们的国王为"不列颠统治者"，包括埃塞尔斯坦和克努特。11—13世纪的西班牙，莱昂－卡斯提尔的数位国王也将自己称为"最高统治者"（在1245年教皇将弗里德里希二世逐出教门之后，卡斯提尔的阿方索十世甚至试图竞选神圣罗马帝国的皇帝）。之前提到的列位国王，似乎将自己视作"国王中的国王"，他们对大量的领土，即不同的王国，声称有统治权［Folz（1953）1969: 40–44、53–58, Muldoon 1999: 53–58, Fanning 1991］。因此，他们再度确认了，帝国就是对多个民族施行统治。人们甚至会将不少中世纪的王国，比如安茹王朝称为帝国，尽管他们自己并不如此认为。毕竟，亨利二世不仅仅是英格兰的国王，他还是阿基坦公爵、安茹伯爵、苏格兰国王和爱尔兰的高王。Muldoon认为："假如我们认可帝国的定义就是对多个民族施行统治，那么我们会很清楚地看到中世纪欧洲在制度上，其政府在本质上就是帝国……无论以何种标准，中世纪的王国就是帝国，尽管人们不用'帝国'一词，但早期现代的欧洲王朝的确占领了大量领地。"（Muldoon 1999: 63）。中世纪诸国的征服和殖民本性，参见Bartlett（1994）。

21. 关于罗马的教化使命，详见本书第二章。

22. 有关罗马的普遍主义，无论是传统意义上的罗马，还是之后的神圣罗马帝国，相关内容参考Folz［（1953）1969: 4–5、108–11、171–77］、Bloch（1967: 31–32）、Brunt（1978: 168–72）、Veyne（1980）、Pagden（1995: 19–28）。维吉尔在《埃涅阿斯纪》（bk. 6, 847–53）中提及了罗马的使命："你记住，罗马人，用你的方式统治诸国，用法律带来和平，饶恕那些卑贱的人，在战争中驯服那些骄傲的人！"波利比阿提出的"世界历史"与罗马的"世界帝国"，相关概念参考Polybius（1979: 41–45）。

23. 伊斯坦布尔这个名字的起源引发了很多争论，详见第三章。

24. 追随多伊尔观点的包括Howe (2002a: 30); M. Smith (2001: 129–32); Münkler (2007)。

25. Finley认为Koebner (1961) 和 Eisenstadt [(1963) 1993] 是"混淆帝国与领土主权国"的代表人物（1978a :1）。当然这对Koebner未必合适，他很好地展示出帝国的概念的演变，即帝国为对多民族的统治。Eisenstadt是这种观点更为典型的代表，他提出"绝对主义的欧洲"国家属于"历史上的集权化官僚帝国或国家"的一般范畴（Eisenstadt [1963] 1993: 11）。

26. 有关帝国的经济理论的文献众多，特别是和英国经济学家约翰·霍布森或列宁有关的，相关研究参见Owen and Sutcliffe (1972)、Kiernan (1974)、Etherington (1984)，以及Fieldhouse (1961)、Landes (1961)、Lichtheim (1974: 110–21)，Mommsen (1982: 66–69)。

27. 弗格森（2005: 169）同样认为"殖民化"，即"大量有组织的移民建立定居点"的过程，是"先于有记载的历史"的，与帝国有所区分，帝国是"文明的扩张，通常是以军事手段，统治其他民族"。因此，"殖民化"不一定依赖宗主国的力量，这也是 Finley 对"殖民主义"的看法，尽管弗格森并不像 Finley 将殖民主义与帝国主义区别开。因此，殖民地不必牵扯殖民主义，帝国也不必和殖民地或殖民主义有联系，但通常认为，殖民主义本身包含宗主国和殖民地两个部分，必是帝国的某个变种。

28. 与 Finley 的观点类似，拒绝将印度视作殖民地，这一观点参见 Seeley［（1883）1971］和 Hobson［（1902、1938）1988:6–7］。但两种说法相互也有区别。详见本书第六章。

29. 此处及之后内容基本参考本人著作 *Nation-States as Empires, Empires as Nation-States* (Kumar 2010)。这部分内容中，我用"国家"（nation）代替了"民族国家"（nation-states）（如联合国是由民族国家组成的组织）。两者区别较大之处，已特意指出。

30. 对此我持类似的反对观点，与马科斯及相关著作类似，参见 Gorski（2000）。参见 Kumar（2005）；关于反对"宗教民族主义"的看法，见 Brubaker（2015: 102–18）。

31. 马克斯·韦伯将大国的"威望"与"上帝的旨意"联系在一起，往往带有帝国扩张的冲动。同样，此威望也与"一个民族"的理念紧密相连，"那些此前极力主张民族理念的代表，被寄予希望，转而肩负起帝国使命"（Weber 1978: 925）。

32. For these examples, see Kumar (2000) and the references therein. 关于英国和西班牙在美洲的不同的基督教使命，参见 Elliott（2006: 57–87, 184–218）。

33. 有关小英格兰人的说法来自 William Cobbett，"维护英格兰是我，也是每一位英格兰人的使命…我们的使命不是解救全世界；而是保护好自己"（Gott 1989: 94）。

第二章　罗马帝国：帝国之父

1. 爱德华·吉本认为，拜占庭帝国"政体并未成熟，腐朽落后"，并且存在了 1 000 年之久［Gibbon（1776–88）1995: 2:237］，这一观点对后世学者影响颇深，甚至在今天的学者和公众心目中也有一席之地［Lewis Mumford 认为，拜占庭"延续千年……在某种压抑中向前发展"（Mumford 1961: 241）］。但今天研究拜占庭帝国的学者的观点恰好相反，他们强调拜占庭帝国的生命力与创造力，特别是在艺术和学术领域，以及帝国直至其存在的最后几个世纪在所在地区取得的政治上的成功。参见 Herrin (2008)，最近的综述性研究，参见 Treadgold (1997); Cameron (2006)。

2. 奥斯曼征服君士坦丁堡之后，用星星和新月作为其标志。这一符号来自拜占庭的硬币，为了纪念在公元前340—前339年与马其顿的战争中，城市幸免于难。人们相信这是女神赫卡忒居中说情的缘故，其象征正是星星和新月。

3. See Lane Fox (1986: 372); Burn (1962: 204); Ray and Potts (2008); Hagerman (2009); Vasunia (2013: 33–115).

4. 关于亚历山大大帝的确凿记录很少。相关最新研究及人们对其目标的讨论，参见 Lane Fox (1986); Bosworth (1993); Bosworth and Baynham (2000); Thomas (2007)。

5. 有人认为，Tarn 对于国际联盟和之后联合国的构想，受到了亚历山大大帝的影响，并且希望将亚历山大描绘成两个组织的先驱人物。对此表示怀疑的观点，参见 Badian (1958) 和 Bosworth (1993: 160–61)；对 Tarn 表示理解的观点，参见 Lane Fox（1986: 417–29）。值得注意的一点是，亚历山大大帝在其帝国中施行了某种"种族混乱"，即鼓励希腊人和亚洲人通婚，这一点减弱了希特勒对亚历山大的崇拜（Scobie 1990: 20）。

6. 关于这两篇作品的影响，参见 Oliver (1953: 981–82); Claudian ([c. 370–404 CE] 1922: 1:xix–xxiv); Cameron (1970: 349–89)。吉本对阿里斯提得很了解，在《罗马帝国衰亡史》第一卷的前三章多次引用其作品 (e.g., Gibbon [1776–88] 1995: 1:64, 82)；还可参见 Schiavone (2000: 16–19)。关于19世纪人们对克劳狄安作品的引用，参见 Lewis ([1841] 1891: 128n2, 129n1)；其他例子参见 Cameron (1970: 448–50); Vance (1997: 233–34, 254); Koebner (1961: 15)。

7. 我对阿里斯提得的研究基于 Oliver (1953); Bowie (1970); Sherwin-White (1973: 425–44); Nutton (1978); Schiavone (2000: 3–15). See also Ando (2000: 54–69 and passim); Edwards and Woolf (2003: 2–5). Oliver 的研究作品包含了阿里斯提得罗马演说的希腊文和英文全文。

8. 有关这一文学和艺术传统的讨论，以及一些维多利亚时代英国的代表性事例，参见 Vance (1997: 197–268)。See also Edwards (1999b: chaps. 6–10). 关于欧洲传统认知中关于帝国衰落的总体观点（罗马在其中扮演了主要角色），参见 Burke (1977)。

9. 有关罗马帝国意识形态的塑造，特别是其受到希腊"哲人、修辞学家和文学家"影响的说法，参见 Nutton（1978: 210）、Sherwin-White（1973: 465–67, 关于克劳狄安）。希腊的受过教育的阶层将罗马视作东部希腊化诸王国的合法继承者，"希腊人"与"罗马人"的结合在 Sherwin-White 看来"本质上是罗马世界统一的伟大成就"（1973: 428，又可参见 Brunt 1990b: 269）。

10. 有关克劳狄安的论述，特别是其对罗马的态度，参见 Cameron（1970）。吉本认为："克劳狄安沉湎诗人和宠臣，于是有人指出必须将这些虚构的、夸大的言语，转换成简明的真理。"[Gibbon（1776–88）1995: 2:106]。但是他欣赏这些诗人及其对斯提利科和当时帝国的描述（2:106–64）。他说："克劳狄安的作品在帝国境内，乃至拉丁语世界被人欣赏。"其声誉如同文艺复兴时期的 Balthazar Castiglione（2:163–64）。

11. 罗马遭洗劫后，奥古斯丁用"仁慈"与"宽厚"评价野蛮人，认为这与他们的基督教信仰相关，并且与信奉异教的希腊人和罗马人的暴行比较［Augustine（413–27 CE）1984: 10, 12］。Peter Heather（2006: 227–29）认为，西哥特人的国王阿拉里克征服罗马是"有史以来最为文明的一次占领"。西哥特人皆信仰基督教（虽然他们是阿里乌派），他们没有破坏圣彼得和圣保罗大教堂。有关阿拉里克的征服和其过程中表现出的对基督教的敬意，参见 Gibbon［(1776–88)1995: 2:167, 200–209］。罗马城遭洗劫是罗马历史上的一次插曲，这与其说预示着帝国的终结，不如说彰显了阿拉里克的软弱与失败，参见 Goffart（2008: 879n65）；其在罗马历史上意义的讨论，参见 Ward-Perkins（2005: 16–17）、Kelly（2009: 56–57）。

12. 有些人认为，"帝国"与"文明"都是罗马剥削与奴化其他民族的掩饰。"掠夺、屠杀、偷盗，他们打着帝国的名号，留下一地荒芜，他们却称之为和平。"塔西佗借不列颠起义军领袖卡加库斯（Calgacus）之口，发出这样的指控。塔西佗嘲笑布立吞人学习罗马的生活方式，"这些天真的原住民将自己的被奴役状态称为文明"（Champion, 2004: 264, 276。参见本书第六章）。当代学者中，不乏对罗马化与其文明的批判，参见 Hingley（2005）和更为温和的 Brunt（1978）。

13. 关于希腊人，尤其是雅典人对本土性概念及其重要性的观念，参见 Isaac（2006: 109–33）。

14. 吉本："保存纯粹的本地血统，排除外来者，扼制了财富的增长，加快了雅典人和斯巴达人的灭亡。罗马的精神是，将虚荣让位于野心，行事谨慎，充满荣誉感，无论他们身处何方，无论身边是否有奴隶、外族人、敌人或蛮族，罗马都能展现出德行。"（[1776–88] 1995, 1:61）

15. 对罗马化最早也是最有力的描述来自 Mommsen（[1909] 1974）。更近期的研究参见 Sherwin-White (1973: 399–437); Brunt (1990b); Laurence and Berry (1998); Macmullen (2000); Brown (2003: 45–58); Champion (2004: 214–77); Hingley (2005), Heather (2006: 32–45); Woolf (2012: 222–29)。专题研究参见 Barton (1972), Africa; Ebel (1976) and Woolf (1998), Gaul; Syme (1958: 1–23) and Knapp (1977), Spain; Price (1984) and

Sartre (2006), Asia Minor; Hingley (2000, 2008), Mattingly (2006), and Creighton (2006), Britain。对当时作家也能认识到的罗马身份多元性的广泛研究，参见 Dench (2005)。对帝国内及由帝国创造的共识，即罗马逐渐被当成所有公民和非公民的"共同的祖国"，参见 Ando (2000)。

16. See Walbank (1972: 155); Miles (1990: 653); Laurence and Berry (1998); Woolf (1998: 208); Sartre (2006); Burns (2009: 55–58).

17. 罗马的大部分时期，希腊语一直作为书面语和通用语，特别是在 5 世纪西罗马帝国覆灭之后。Brunt 认为"最后希腊语被称为 Rhomaioi。这是罗马化在观念上的胜利"（1990b: 269）。See also Woolf (1994); Dench (2005: 314–15); Gruen (1992: 31, 50–51).

18. Mary Beard 在最近的罗马史著作中，将《卡拉卡拉敕令》称为"革命性的决定……1 000 年来历史进程的巅峰……在 212 年，卡拉卡拉完成了自罗马城创建者罗慕路斯以来的使命"（2015: 527）。卡拉卡拉是亚历山大大帝的崇拜者，他认为自己也肩负了亚历山大大帝式的统一世界各民族的使命。

19. See, e.g., Syme (1958: 17); Brunt (1965: 270–78); Sherwin-White (1967); Walbank (1972); Jenkyns (1992a: 6–7); Woolf (1998: 238–41); Miles (1990); Geary (2002: 49–50); Dench (2005: 222–97). 最主要的反例是 Isaac (2006)，他提出了古代存在的"原始种族主义"。他也承认"原始种族主义"与 19—20 世纪的"科学种族主义"有区别。此外，他承认，与希腊人不同，罗马人对种族问题不甚关心，也完全接受其他民族的罗马化，支持征服者与被征服者的融合（2006: 192–93）。

20. 奥古斯丁将罗慕路斯此举视作这座神圣之城本身建立的预兆：因为"诸罪的豁免，承诺各民族进入这座永恒之都，让罗慕路斯的城市成了一座避难所，各种罪孽在此得到宽恕，这是罗马城建立的基础"[Augustine（413–27 CE）1984: 207]。

21. See on this also Syme (1958: 3–9); Hopkins (1965: 13, 23); Brunt (1990b: 273–74); Sherwin-White (1973: 259–61); Edwards and Woolf (2003: 11).

22. Edwards and Woolf (2003: 11).22. 3 世纪非洲基督教神学家德尔图良（160—225）对罗马的不道德与偶像崇拜做了最尖锐、最具影响力的批判，并将其与基督教德行进行比较，极力主张基督徒与异教社群分离。受 3 世纪基督教虔修运动影响，对世俗的舍弃进一步加深了。See Rayner (1942: 118–19 and passim).

23. 在《罗马帝国衰亡史》的末尾有一段著名的话，"在之后的罗马历史中，我将此视作野蛮人和宗教的胜利"[Gibbon（1776–88）1995: 3:1068]。但他们是什么蛮族？信奉怎样的宗教？一般来说，吉本指的是日耳曼部落和基督教信仰，但是 John Pocock (1977: 118) 认为历史是一个整体，因为《罗马帝国衰亡史》的最后几卷也讨论了拜占庭帝国及其被伊斯兰力量征服的历史，因此吉本的这段话也可能指阿拉伯人和他们的伊斯兰信仰。

24. 早在 5 世纪，基督教历史学家奥罗修斯写道，"耶路撒冷被攻陷……犹太人被打败，提图斯以上帝之名为耶稣基督复仇，与其父亲韦斯巴芗一道关闭了雅努斯神庙，作为胜利占领的标志"（Lupher 2006: 38）。David Lupher 认为这一事件集中体现了基督教思想，此前圣奥古斯丁也提过这点。

25. 麦考莱认为"倘若某位来自新西兰的游人，站在伦敦桥上，描绘着圣保罗教堂的废墟，这说明天主教教廷仍有其魅力"（[1840] 1907: 39）。麦考莱对天主教的复杂态度，参见 Sullivan（2009: 206–29）。

第三章　奥斯曼帝国

1. 最近的两部作品强调了这一点：Goffman (2002) 和 Faroqhi (2006)。也有不少关于早期奥斯曼人和奥斯曼帝国起源的讨论与反思。

2. See, in order, Gibbons (1916); Köprülü ([1935] 1992); Wittek (1938). 大量的历史争论，参见 Kafadar (1995: 9–59); Darling (2000: 133–38); Goffman (2002: 29–34); Lowry (2003: 5–31)。另见 Imber (2002: 120–22) 对奥斯曼帝国统治下的"加齐假说"的总体描述，正如他所示的那样，直到 19 世纪还在更新。

3. 在本节中，我主要依靠以下关于早期奥斯曼帝国的著述：Köprülü ([1935] 1992); Wittek (1938); Itzkowitz (1980: 3–36); Inalcik ([1973] 2000: 3–52); Kafadar (1995: 1–9, 122–50); Imber (2002: 1–30); Lowry (2003); Finkel (2007: 1–80)。Arnold Toynbee 的著作 (1962–63, 2: 150–54) 生动地描绘了早期奥斯曼的历史，奥斯曼人的性格因"生存压力的刺激"得到塑造，这一观点对后世影响颇大。

4. 东正教徒有理由相信，相较拜占庭，奥斯曼人更有能力保护他们免受天主教徒的侵扰。在拜占庭帝国的末期，东正教教廷的一位高层神职人员宣称，他宁肯君士坦丁堡被土耳其人拿下，也不愿其落入西罗马帝国之手（Nicol 1967: 335、Clogg 1982: 191、Shaw 1976: 58–59）。

5. 关于德米舍梅制度的起源和发展，参见 Inalcik ([1973] 2000: 77–80); Sugar ([1977] 1993: 55–59); Imber (2002: 134–42); Goffman (2002: 67–68); Finkel (2007: 28); Barkey

(2008: 123–28)。对德米舍梅制度生动、详细的论述见 Toynbee (1962–63, 3:32–44)。

6. "在第一任苏丹统治君士坦丁堡时，东正教教廷的大量土地得到保存，牧首与大维齐尔的位阶一致"（Stone, Podbolotov, and Yasar 2004: 29）。Sugar 认为"正是穆罕默德二世的影响，东正教教廷这一组织成为国中之国"（Sugar [1977] 1993: 47）。See also Clogg (1982: 185–87); Karpat (1982: 145).

7. 奥斯曼人或许拯救了信奉东正教的希腊人，但奥斯曼人急切地想把自己和罗马联系起来，自称特洛伊的后代（"Teucri-Trojans"一词与"Turci"，即"Turks"同源），即传说中罗马人的祖先和希腊人的宿敌。因此，奥斯曼人征服拜占庭可以视作特洛伊罗马人被希腊人击败后的复仇。See Spencer (1952); Kafadar (1995: 9). 至于罗马人为何选择特洛伊人，而非希腊人作为其祖先，参见 Gruen（1992: 6–51）。值得注意的是，尽管拜占庭与希腊文化更为紧密，但拜占庭人自视为罗马人，延续的是罗马帝国的血脉。

8. 引自一段确定性的论述，参见 Seton-Watson (1964: 10); Lieven (2001: 133); Goffman and Stroop (2004: 144n26); Stone, Podbolotov, and Yasar (2004: 33); Findley (2005: 20)。Serif Mardin 认为奥斯曼人和土耳其人的区别，类似 Robert Redfield 提出的某种"大文化"与"小文化"之别。土耳其人的"小文化"，基于部落与农民社群，一直未能与受过良好教育、充分城市化的奥斯曼人的"大文化"充分融合。直到 19 世纪，土耳其人依然是一群所谓的"乡巴佬"，与"举止优雅，一切向着巴黎看齐"的奥斯曼人截然不同（Mardin 1969: 270–74）。

9. "土耳其人作为民族主义的一个范畴，诞生于 1908 年的革命。尽管欧洲人坚持使用它，但奥斯曼人一直拒绝土耳其人这一名号"（Aksan 1999: 121n54、Lewis 1968: 333）。

10. 关于帝国的基本社会结构和管理组织，参见 Inalcik ([1973] 2000: 65–69, 89–118); 还可参见 Inalcik (1993: 59–67, 1954: 112); Sugar ([1977] 1993: 31–44); Woodhead (1987: 27–37); Göçek (1993: 103–5)。有趣的是，帝国在欧洲部分的领地，即鲁米利亚，要比安纳托利亚的重要性更高，帝国的非洲领地的重要性排在第三（Inalcik [1973] 2000: 106）。

11. Dale (2010) 是一部优秀的关于伊斯兰诸帝国的比较历史学研究。

12. Braude and Lewis (1982b: 1–2). 引文出自 J. S. Furnivall, *Colonial Policy and Practice* (1957). 下列作品对奥斯曼社会有着相似的看法：Mazower (2005: 304); Quataert (2000: 181 and generally 172–83); Findley (2010: 64)。

13. 在对待帝国内的多样性问题上，Karen Barkey 惯于在奥斯曼与哈布斯堡王朝及俄国之间做比较。这是因为伊斯兰教与基督教对于无信仰者的态度不同："伊斯兰教对于犹太人和基督徒有一套措施，而基督教自视一个排他的宗教，组织严密，有着普遍的权威。"(Barkey 2008: 153; cf. Goffman 2002: 9, 111–12) 从国家形态而不是意识形态或文化的角度来解释差异，参见 Salzmann (2010)。

14. 参见以下文章：Kevork Bardakjian, Mark Epstein, Joseph Hacker, Kemal Karpat, and Richard Clogg in Braude and Lewis (1982a, 1:89–126, 141–69, 185–207)。关于米勒特制的经典研究是 Gibb and Bowen (1950–57, vol. 1, pt. 2: 207–261)，但请注意 Braude (1982) and Owen (1975) 对 Gibb 和 Bowen 的研究提出的一些警示。还可参见 Sugar ([1977] 1993: 44–49); Goffman (1994, 2002: 47, 170–72); Barkey (2008: 130–50)，Barkey 的结论是"奥斯曼和平的几个世纪相对平静，没有种族或宗教冲突"(2008: 146)。

15. 犹太人认为，奥斯曼人身负天命，从基督徒手中拯救了他们。"土耳其人也被称为基督教毁灭者，或犹太教的捍卫者。"这是 15 世纪一位生活在伊斯坦布尔的犹太人写的（Armstrong 1976: 398）。

16. 理论上说，非穆斯林无法进入帝国的统治阶层，但实际上，从一开始，非穆斯林是有能力购置土地，担任政府官职。比方说，犹太人一度控制了奥斯曼的海关，甚至外国人有时也担任奥斯曼帝国的重要职务：英国人 Henry Hyde 在 17 世纪初成为帕特雷的地方官和海关官员。

17. 亚美尼亚米勒特，以及亚美尼亚人在帝国内所扮演的角色，参见 Kevork Badarijan and Hagop Barsouminan in Braude and Lewis（1982a: 89–100、171–84），以及 Barkey (2008: 140–42)。1915 年亚美尼亚大屠杀是历史与政治研究的焦点。通常我们会注意到大屠杀发生的战争背景，以及土耳其民族主义的萌发，颠覆了奥斯曼人对待非穆斯林族群的态度。参见 Göçek (2015) 和 Suny (2015)。

18. Caroline Finkel 认为："毫无疑问，这些青年远离家乡和亲人时一定眼含热泪，但征兵政策并未在基督教臣民中激起抵抗，它被当成服从于君主的法定义务，绝非暴君的横征暴敛。"（Finkel 2007: 233）。

19. "奥斯曼人的国家，摒弃了先前的折中主义路线，在政策上、制度上和文化上，成为典型的伊斯兰哈里发国"（Inalcik 1993: 72）。参见 Barkey (2008: 70–71、85–86)。

20. 关于"红头巾"的崛起，参见 Inalcik ([1973] 2000: 194–97); Finkel (2007: 98–100); Barkey (2008: 175–78)。安纳托利亚东部的游牧民族不满奥斯曼统治，转向什叶派的

伊朗，参见 Lindner (1983: 105–12)。直到 19 世纪，帝国需要担心的是穆斯林内部的异端，而非信奉基督教的臣民（Goffman 2002: 23、Woodhead 1987: 32–33）。

21. 征服了阿拉伯领地之后，奥斯曼开始了与萨非王朝的竞争，"奥斯曼帝国开始变得更保守，更加遵奉伊斯兰教教义"，参见 Inalcik [1993: 70–72, (1973)2000: 34, 179–85]、Finkel(2007: 110)、Sugar([1977] 1993: 252)、Kafadar(1993: 42–44)、Kunt (1982: 63–64)、Imber(1995: 148, 2002: 121)、Lieven(2001: 143–44)、Barkey(2008: 70–71、85–86、102–4、177–78)。在各种压力下，这一时期奥斯曼帝国的"伊斯兰教逊尼派身份认同感开始加强"。

22. 关于这些发展，参见 Naff (1977b); Quataert (2000: 75–81); Goffman (2002: 192–225); Finkel (2007: 369–71)。

23. Jennifer Pitts（2016）认为，到了 18 世纪，宗教分歧已经不是国际关系的重点。在西方看来，伊斯兰教，或身为"异教徒"的土耳其人已经不是他们与奥斯曼帝国打交道的障碍，真正的问题在于奥斯曼的"东方专制主义"。

24. 关于奥斯曼帝国精英中西式教育的发展，以及普遍的世俗化趋势，参见 Göçek (1996: 80–85); Lewis (1968: 53–73, 117–18)。

25. Woodhead 指出，"尽管在文学作品中，奥斯曼人守卫着圣城，但历史记载中苏丹从未去麦加朝觐"，Donald Quataert 指出了这一值得注意的事实（Woodhead 1987: 27n18; Quataert 2000: 97）。世俗与宗教精英之间的斗争，参见 Naff (1977a: 6–7); Aksan (1999: 124); Cirakman (2001: 62)。

26. 关于衰亡文学的调查和讨论，参见 Lewis (1962); Itzkowitz (1980: 87–109); Woodhead (1987); Howard (1988); Hathaway (1996); Goffman (2002: 112–27); Finkel (2007: 188–90)。Howard 指出，有关帝国衰亡的文学已经成为一个独立门类。

27. 关于苏莱曼"黄金时代"的论述，参见 Inalcik and Kafadar (1993); Kunt and Woodhead (1995). See also Itzkowitz (1980: 79); Woodhead (1987: 25–26), Howard (1988: 52–53, 64); Goffman (2002: 112–13, 229–30). Hathaway 对此提出了尖锐的批判，他认为"对于一个延续了 6 个世纪的庞大帝国，很难用某一个时期来评价整个帝国的兴衰得失"（1996: 26）。

28. 对于"后宫政治"、宫廷派系斗争和"女性苏丹国"的抱怨，参见 Shaw (1976: 170); Itzkowitz (1980: 75); Inalcik ([1973] 2000: 60); Kafadar (1993: 46); Imber (2002: 87–96, 323); Goffman (2002: 124, 214); Finkel (2007: 196)。对于传说和事实都有启发性的论述，参见 Peirce (1993); see also Goffman (2002: 124–25)。

29. 关于这些发展，参见 aff (1977a: 8–9); Itzkowitz (1977: 22, 25–26); Inalcik (1977); Karpat (1982: 152–54); McGowan (1994); Göçek (1996: 60–65); Aksan (1999: 116, 124, 132–34); Barkey (2008: 197–263); Findley (2010: 28–31)。Itzkowitz 认为"这是一份政治文件，旨在从苏丹那里获得对地方权贵新地位和权利的承认。这是 19 世纪奥斯曼帝国宪法斗争的开始，直到土耳其共和国成立问题才得到解决"（1977: 26），另参见 Zürcher (1997: 31)。其他学者认为地方显贵是与政府，而非苏丹本人缔结的协约。马哈茂德二世本人没有签署。苏丹可以拒绝协约的内容，实际上他们也是如此做的（Findley 2010: 35–36）。

30. See on this Itzkowitz (1962: 73–83); Naff (1977a: 3–4); Howard (1988: 73–77). 将奥斯曼帝国"衰落"文学的观点传递给西方学者的关键著作是 Paul Rycaut, *The History of the Present State of the Ottoman Empire* (1688); Dimitrie Cantemir, *History of the Growth and Decay of the Othman Empire*, trans. N. Tindal (1734–35); Muradgea D'Ohsson, *Tableau générale de L'Empire othoman* (1787–1820); Josef von Hammer-Purgstall, *Geschichte des osmanischen Reichs* (1835)。

31. 关于衰落的有力论述，参见 Gibb and Bowen (1950–57, vol. 1, pt. 1: esp. 215–16); Lewis (1958, 1968: 21–36); Toynbee (1962–63, 3:47); Shaw (1976: 169–216); Inalcik ([1973] 2000: 41–52); Kitsikis (1994: 85–101)。更多优秀的论述见 Naff (1977a); Itzkowitz (1980: 87–108); McGowan (1994: esp. 639–45); Lieven (2001: 138–57, 包含与俄国的有趣对比)。关于该主题好的批判性讨论有 Owen (1975, 1977); Faroqhi (1994: esp. 552–73, 1995, 2006: 96–7, 213); Howard (1988); Goffman (2002: 112–27); Barkey (2008: 22–23, 197–204)。

32. See on this Owen (1975: 107–8, 111); Naff (1977a: 9); Salzman (1993, 2004); Faroqhi (1994, 1995); Goffman (2002: 125); Quataert (2000: 46–50); Barkey (2008: 226–63). 这些学者都表示"去中心化"与帝国的衰亡不能简单画上等号，至多只能视作在复杂经济和政治局面下的应对之策。

33. 对勒班陀海战和北非斗争的解释，尤其可以参考 Hess (1972, 1978)；还可参见 Shaw (1976: 178–79); Itzkowitz (1980: 63–68); Lewis ([1982] 2001: 43–44); Goffman (2002: 158–61); Biceno (2003)。关于征服希俄斯岛和塞浦路斯岛，参见 Goffman (2002: 151–58); Biceno (2003: 182–202)。今天人们习惯淡化勒班陀海战的重要性，至少奥斯曼人持这种观念："这场战斗缺乏战略影响。"这是 Colin Imber (2002: 63) 的观点，参见 Mantran (1980: 232)。Goffman (2002: 189)、Faroqhi (2006: 38)。伏尔

泰似乎是第一位质疑勒班陀海战重要性的人，这一战役在基督教世界的地位相当重要，但伏尔泰指出"土耳其人"在 1574 年重新夺回突尼斯，"未遭遇任何抵抗"，"这场战役的胜利应该要算在土耳其人身上"（1901: 270–71）。Fernand Braudel 认为，"人们非常奇怪，认为这场战役本应该影响深远"，"战役之后，土耳其不可一世的光环被打破了"，它终结了基督教世界的"压抑和自卑的情结"（1975, 2:1088、1103–4）。

34. Daniel Goffman 有关帝国衰落的评论："将早期现代奥斯曼世界视作一个多面的实体而非一个狭隘的国家……是很合理的，其中部分的腐朽并不意味着整体的衰败，甚至反映出国家和社会治理的智慧。"（2002: 127）

35. 关于坦齐马特，参见 Lewis (1968: 106–28); Welker (1968); Karpat (1972); Inalcik (1973); Zürcher (1997: 52–74); Quataert (2000: 61–68); Hanioglu (2008: 72–108); Findley (2010: 76–132)。

36. 关于马哈茂德二世的改革，参见 Lewis (1968: 76–106); Zürcher (1997: 41–51); Hanioglu (2008: 60–71); Findley (2010: 39–44, 88–90)。

37. 关于新奥斯曼人，参见 Mardin (1962); Lewis (1968: 154–74); Deringil (1993): Zürcher (1997: 71–74); Hanioglu (2008: 103–4); Findley (2010: 104–6, 123–32)。

38. 对于阿卜杜勒·哈米德二世的统治和重新评价，参见 Lewis (1968: 175–209); Zürcher (1997: 80–94); Hanioglu (2008: 109–49); Fortna (2008); Findley (2010: 133–91)。

39. 有些学者开始怀疑对坦齐马特评价，开始强调改革中的伊斯兰特色。See, e.g., Manneh (1994).

40. See on this Lewis (1968: 184–94); Deringil (1999: 46–50, 60–63); Zürcher (1997: 83); Quataert (2000: 82–83); Finkel (2007: 491–99); Hanioglu (2008: 142); Findley (2010: 139, 150, 168).

41. 类似的评述见 Quataert (1994: 766); Zürcher (1997: 81); Hanioglu (2008: 125); Fortna (2008: 38); Findley (2010: 150)。

42. 关于这些争论，参见 Lewis (1968: 230–37, 323–61); Aksin (2007: 82–88); Hanioglu (2008: 138–49, 183–88, 210–11; 2011: 48–67, 130–59); Findley (2010: 194–206), Zürcher (2010: 95–123, 147–50, 213–35)。

43. 关于戈卡尔普思想的很好的简明论述是 Niyazi Berkes's "Translator's Introduction," in Gökalp (1959: 13–31); 还可参见 Lewis (1968: 350–51); Findley (2010: 236–38)。关于他对凯末尔的影响，以及二人的分歧，参见 Hanioglu (2011: 64–65, 174–75); Zürcher (2010: 149–50)。关于戈卡尔普的全面研究是 Parla (1985)。

44. 关于伊斯兰教在"一战"及之后的抵抗运动中的重要性，尤其参见 Zürcher (2010: 221–28, 271–84)；还可参见 Kayali (2008: 118, 122, 129)。

45. 2016 年 7 月在土耳其发生了一场失败的军事政变，这是土耳其社会矛盾的一次爆发。随之而来的强力镇压也无力弥合被撕裂的土耳其社会。

第四章　哈布斯堡帝国

1. 这是 Spiel (1987) 一篇很好的总论的标题。这一时期许多其他的文化事件，都带有某种怀旧的忧伤气质。更学术化的研究是 Janik and Toulmin (1973); Schorske (1980); Johnston ([1972] 1983); Gellner (1998b)。关于作为"20 世纪之都"的维也纳，参见 Francis (1985); Stourzh (1992: 4–9); Beller (2011: 169–77)。

2. 西班牙在欧洲的领地在何种程度上能被称为帝国，参见 Elliott (1970: 166–67, 2006: 120–22); Lynch (1991: 67–68); Kamen (2005: 243)。比较流行的说法是"复合"或"多重"君主制，参见 Elliott (1992)。

3. 关于衰落的经典论述是 Hamilton ([1938] 1954)。一项批判性的研究见 Elliott (1989c, 1989d, 1989e); Kamen (1978); Parry ([1966] 1990: 229–50); Thompson (1998: 135–88)。

4. See Pagden (1987: 65–70, 1990: 91–132); Lupher (2006: 325); Elliott (2006: 241).

5. 关于血统纯正问题，参见 Elliott (1970: 220–24, 2006: 171); Lynch (1991: 36–38); Wheat-croft (1996: 161–64)。

6. 关于这些争论，参见 Parry (1940, [1966] 1990: 137–51); Pagden (1990: 13–36, 1995: 47–61, 91–102); MacLachlan (1991: 47–66); Lupher (2006); Elliott (2006: 69–78)。Las Casas 在其著作 *The Devastation of the Indies*（1552）中批判西班牙殖民者，这些内容成为后世抨击西班牙殖民者残酷专制的所谓"黑色传说"，在欧洲的新教国家广为流传。

7. 萨伏依公爵获得西西里岛之后，在 1718 年拿它交换了撒丁岛（Bérenger 1997: 29）。

8. 将巴洛克作为一种帝国风格的作品是 Evans (1991: 443)；还可参见 Wandruszka (1964: 125–37); Wangermann (1973: 28–45); Ingrao (1994: 95–101, 120–26); Kuzmics and Axtmann (2007: 123–24)。

9. 然而，哈布斯堡王朝并未放弃其海外领土与成为"非正式帝国"的可能，在 19 世纪逐渐建立起港口城市的里雅斯特，将其作为与奥斯曼帝国及亚洲、拉丁美洲进行贸易的中心。其中的关键人物是弗兰茨·约瑟夫的兄弟马克西米利安，他随后成为一位短命的墨西哥皇帝，这是哈布斯堡王朝在海外扩张的野心的表现。一般认为，哈布斯堡王朝作为一个陆地帝国，放弃了殖民地及各种海外领土，这一传统观念或许要被修正。See especially Frank (2011); and see also Sauer (2007: 214–18); Judson (2016: 32, 113–15, 172).

10. 除特别说明，本书使用"奥地利"一词指代哈布斯堡王朝的领地，有时也将其作为哈布斯堡王朝的同义词（Evans 1991: 157）。这个词与神圣罗马帝国有所区别，后者包括哈布斯堡王朝之外的属于德意志领土的权利和义务。此外，严格说来，"奥地利帝国"是在 1804 年后，伴随 1806 年神圣罗马帝国解体出现的，本书与 Robert Kann 及其他学者的作品一样，使用奥地利或哈布斯堡王朝一词，来称呼哈布斯堡王朝继承的领地，以及 1526—1527 年波希米亚、匈牙利和克罗地亚王国的领土（Kann 1980: xi 及全书；反对观点参见 Evans 1991: xiii）。和西班牙君主一样，1804 年以前，"奥地利君主"在通常意义下统治着一个帝国。之后的章节会继续探讨相关话题。

11. 约瑟夫二世平成就最完整的记录来自 Beales (1987, 2009)。在 19 世纪，"约瑟夫主义"一词在自由派、激进派、保守派和德意志民族主义者中的用法，参见 Wingfield (2007)。

12. 我们可以通过几部杰出的文学作品了解哈布斯堡王朝晚期的形势，包括雅洛斯拉夫·哈谢克的《好兵帅克》（1921）、罗伯特·穆齐尔的《没有个性的人》（1930）和约瑟夫·罗特的《拉德茨基进行曲》（1921）。弗朗茨·格里尔帕策的剧作也极具启发性（参见 Kuzmics 和 Axtmann 2007: 265–84）。当然还包括弗朗茨·卡夫卡，尽管他的作品，包括《审判》（1925）和《城堡》（1926）都在其死后才出版，帝国在这些作品中的形象比较隐晦。

13. 关于哈布斯堡王朝的早期历史以及哈布斯堡王朝土地的基本划分，参见 Wandruszka (1964: 1–77); Kann (1980: 1–24); Evans (1991: 157–308); Wheatcroft (1996: 1–68); Mametey (1995: 1–27); Fichtner (2003: 1–30); Beller (2011: 10–35)。

14. 关于哈布斯堡帝国的各个民族，参见 Kohn (1961: 141–43); Kann ([1950] 1970, 1: 29–332); Taylor ([1948] 1990: 25–38, 283–91); Deák (1990: 11–14); John (1999); Okey (2002: 12–25), Sked (2001: 334–35); Cornwall (2009)。数据主要来自 1910 年的人口普查。关于非德意志群体，也就是"东部哈布斯堡土地上的人"的具体讨论，参见 Kann and David (1984)。

15. 1867 年奥匈协定签署后，"奥匈帝国"诞生，"匈牙利"部分即"大匈牙利"地区，自 16 世纪就一直存在，现在包括特兰西瓦尼亚；但是"奥地利"部分一直没有正式名称，有时被叫作内莱塔尼亚，或莱塔河在奥地利一侧的各王国和行省。"奥地利"或"宪法上的奥地利"实际上是指除了匈牙利的全部地区，不仅包括今天的奥地利，还包括波希米亚、摩拉维亚、加利西亚、达尔马提亚、布科维纳，以及沿海的戈里察，及自由城市的里雅斯特等，1908 年后还包括波斯尼亚和黑塞哥维那（它们属于"奥匈二元帝国"的领土，但不属于奥地利，实际上是这个帝国的"第三部分"）。1917 年这些地区才被确认为"奥地利"，1918 年它们随着哈布斯堡王朝的瓦解而分崩离析（Okey 2002: 193）。通常认为，穆齐尔对奥匈帝国时期的哈布斯堡王朝的复杂性的表述最为到位。"与我们所想象的有所不同，这个国家并非由奥地利和匈牙利两部分简单组成的一个整体，而是由匈牙利和奥匈合成体组成的，后者即奥地利部分，但是奥地利的国家观念毫无根基。'奥地利人'的说法仅存在于匈牙利；而奥地利人称自己为奥匈帝国的臣民，或直接称呼自己为捷克人、波兰人、斯洛文尼亚人，甚至德意志人，这就是帝国崩坏的源头。"［Musil (1930–32) 1979, 1:198–99、Stourzh 1992: 10–20］

16. 这句格言在许多宗教和公共建筑上都能见到，特别是在举世瞩目的科隆大教堂。在维也纳的圣斯蒂芬大教堂的腓特烈三世的墓碑上也能见到这句话。这句格言有多种解读，其中一种据说出自腓特烈三世本人。

17. 弗兰茨·约瑟夫本人坚持包容其他宗教在其帝国内存在，这些宗教包括新教、伊斯兰教、犹太教、东正教和希腊天主教，他拒绝任何试图限制宗教自由的主张（Unowsky 2001: 26、Judson 2016: 235–36）。

18. Beller 注意到 Karl Kraus 对 1908 年弗兰茨·约瑟夫的登基典礼不乏讥讽，即便如此，Kraus 也得承认这是一场成功的仪式，"场面组织毫无秩序，结果却算成功"（Beller 2001: 59）。

19. 罗特的《拉德茨基进行曲》中有一处重要情节：犹太军医德曼特博士因某位贵族的反犹言论，而与之决斗（[1932] 1995: 107–11）。这反映了"宽容君主制度与犹太人之间存在独特的关系，犹太人可谓是帝国最忠诚的群体"（Deák 1990: 172、Stone 1966: 99、Urbanitsch 2004: 114–15、Judson 2016: 235）。

20. 这些例子的来源主要在 Evans (2006) 的各个章节中。See also Wandruszka (1964: 2–3); Wangermann (1973: 61–63); Kann ([1957] 1973: 168–95); Bérenger (1994, 1997: passim); Okey (2002: 30–33)。

21. 德意志民族主义者在 19 世纪试图让约瑟夫二世成为其庇护人，因为约瑟夫及其继任者重视德语，但这与民族主义无关，仅仅出于效率的考虑。德语被认为是最适合帝国的"高级语言"，如同拉丁语在中世纪的地位。捷克语和匈牙利语都属于"民族"语言，而德语不是，这是最适合教育、通信和管理的语言。1875 年，德语作为布科维纳大学的官方语言，"只有德语具有普适性"，因此对于"布科维纳的非德意志学生也适用"（Judson 2016: 79、297–98、322）。

22. 为哈布斯堡王朝服务的民族不止这些，其他参见 Evans (1991: 308)。Wandruszka (1964: 2) 认为，"没有统治者能在其统治的末期，还有如此多来自不同欧洲国家的人为其服务"。

23. 赞美都是相互的，正如 Metternich 著名的断言，"亚洲起始于兰德大道"，这条大道从维也纳通向匈牙利（Evans 2006: 129）。

24. 1910 年，Louis Eisenmann 写道："君主制的存在并非只依赖这位皇帝，但因为他的品质与不幸，他强化了帝国子民的忠诚。这位君主，并不具备天纵奇才，但他勤勉、仁慈、尽责，自 1859 年起，他的统治将名留青史。"（Eisenmann 1910: 175）所谓"不幸"，Eisenmann 指的是这位皇帝的兄弟马克西米利安大公在 1867 年在墨西哥被处决；儿子鲁道夫与其情妇维瑟拉在 1889 年自杀；兄弟卡尔·路德维希大公于 1896 年饮用了圣地的河水，因感染而病逝；妻子伊丽莎白于 1898 年死于一位意大利的无政府主义者之手（这一年约瑟夫登基 50 周年）。1914 年，侄子斐迪南大公及其夫人在萨拉热窝遇刺。弗兰茨·约瑟夫因践行斯多葛学派的精神而闻名。当萨拉热窝的噩耗传来，他"第一时间询问最近完成的演习的进度"[Wandruszka 1964: 180、Morton 1980、Johnston (1972)1983: 33–39]。约瑟夫皇帝晚年的情况，参见 Werfel (1937: 18–33)。

25. 关于奥地利马克思主义者，参见 Kann ([1950] 1970: 2:154–78); Johnston ([1972] 1983: 99–111); Nimni (2000); Sandner (2005); Munck (2010)。

26. Fortwursteln 一词是维也纳人的俗语，即"勉强度日""艰难前行""蒙混过关"的意思。许多人认为这个说法反映了奥地利人的典型性格，与普鲁士人的作风截然相反。奥地利作家 Franz Werfel 将奥地利人使用的德语视作德语的一种变体，"复杂含糊的用法让这门语言成为遮蔽情感、隐藏动机、混淆阴谋的理想工具。这是一种相当有魅力，却又经过了精心设计的语言"（Werfel 1937: 34）。

27. 关于哈布斯堡帝国的犹太人，参见 Janik and Toulmin (1973: 58–61); Johnston ([1972] 1983: 23–29, 357–61); Beller (1989, 2011: passim); Stourzh (1992: 7–9); Gellner (1998b: 30–66, 46–58, 100–106); Rozenblit (2005); Kuzmics and Axtmann (2007: 319–21)。

28. 关于约瑟夫·罗特对哈布斯堡家族和哈布斯堡帝国的态度，参见 Roth (2012) 中的信。See also Manger (1985); Le Rider (1994: 127); Coetzee (2002); Kuzmics and Axtmann (2007: 314–22); Hoffmann (2012); Raphael (2012).

29. 最好的并参考了新近研究成果的解释是 Cohen (2007)。Cf. also Bérenger (1997: 288, 296); Unowsky (2011: 237–38); Deak (2014: 365–67, 373–80); Judson (2016: 387–407). Sked 断言："1918 年之前，无论来国内还是国际的威胁都不存在。"(Sked 2001: 6、191) 帝国之间的冲突，而非民族主义的挑战最终在"一战"及"二战"后瓦解了帝国，参见 Kumar (2010)。

30. 与 1918 年后的民族主义观念相反，现在人们认可战时帝国获得了极大的支持。See also Déak (1990: 199); Mann (1993: 347–50); Cornwall (2000: 16–39, 2002: 2–3); Sked (2001: 235–36, 301); Cohen (207: 242–43); Zückert (2011: 501). 大量捷克人"逃离"帝国的说法是一种方便的虚构，之后的德国人或捷克的民族主义者都乐意接受，因此这个说法后来一直流传（Judson 2016: 406–7）。

31. See also Good (1984); Bérenger (1997: 225–35, 257–59); Schulze (1997); Sked (2001: 202–6, 301, 310–12). 从 19 世纪 20 年代末到"一战"期间，奥地利的工业产值以每年 2.5% 的速度增长，与欧洲最强的经济体相比也十分可观（Schulze 1997: 296）。

32. 参见 1918 年 11 月 3 日维也纳 *Arbeiter-Zeitung* 的文章《军事君主制的终结》，该文章抨击了奥地利的"国家思想"和"各民族保持忠诚的传奇"（Namier 1962: 200–201）。

第五章　俄罗斯帝国

1. 留里克和他的子民出现于 11 世纪晚期的 *Primary Chronicle* 中，这一群体是俄罗斯历史学家和公众争论的核心话题。一项考察参见 Etkind (2011: 45–60)。目前的学术观点参见 Kivelson (1997: 636–39)。

2. "莫斯科即第三罗马帝国"的说法，出自 *The Legend of the White Cowl*，据说在 1490 年由俄罗斯传教士 Dmitrii Gerasimov 在梵蒂冈的档案中发现。相关内容为："古城罗马出于傲慢与野心，背离了耶稣的荣光与信仰。在新的罗马，即君士坦丁堡，基督信仰由于穆斯林的到来也终将消亡。在第三罗马帝国，即罗斯，圣灵的荣光将继续照耀。要知道，基督徒终将因为东正教而联合在俄罗斯的领土上。"（Hosking 2012: 103; see also Stremooukhoff 1970: 113, 122n46）也有人认为，这段话出自 Gerasimov 本人，目的是为了在权力膨胀的沙皇面前捍卫教廷的立场。

3. "沙皇"一词最早是俄罗斯人在金帐汗国时期称呼可汗的说法，有人认为伊凡四世被称为"沙皇"是为了继承金帐汗国的帝国。这种说法有一定道理。Michael Cherniavsky 提出了这一观点，同时也认为这一称号以第三罗马帝国的名义继承自拜占庭帝国。俄罗斯的身份问题一直很值得玩味，很多种形式同时并存［Cherniavsky 1975: 133、Pipes（1974）1995: 74–76、Kivelson 1997: 643、Lieven 2001: 216、Figes 2002: 369、Riasanovsky 2005: 62–67］。

4. "糟糕的时代"一词特指 1589—1613 年这段时间，即费奥多一世去世到第一任罗曼诺夫沙皇即位。但有时这一说法也指整个 17 世纪，直到彼得大帝掌权。

5. 这一说法最早出自一位到访俄罗斯的作家 Joseph Brodsky，他认为彼得大帝"不想模仿欧洲，而是希望俄国成为欧洲，就像他自己在某种程度上自视为欧洲人"（Brodsky 1987: 72）。有关荷兰人是现代欧洲典范的说法，参见 Etkind (2011: 97–101)。

6. Balakirev 对此有一个负面评论："彼得大帝终结了俄国本土的生活。"人们对彼得大帝的评价总是有分歧。有关文化转向的问题，参见 Figes (2002: 4–13)、Cracraft (2004)；有关彼得大帝改革的论述，参见 Anisimov (1993)、Tolz (2001: 23–66)、Hosking (2012: 175–209)。有关彼得大帝个人最为生动的描述，出自 19 世纪历史学家 Vasilii Klyuchevsky 的手笔（Klyuchevsky 1958）。

7. 关于俄国人和乌克兰人，参见 Seton-Watson (1986: 16–17); Horak (1988: 106–8); Prizel (1998: 158); Kappeler (2001: 61–69); Lieven (2001: 259–61)。

8. 关于俄国在高加索的经历，参见 Atkin (1988: 141–63); Kappeler (2001:179–85); Tolz (2001: 137–40); Figes (2002: 384–90); Longworth (2006: 200–203)。

9. Kappeler (2001: 193); see also Sarkisyanz (1974: 48–49, 60–61); MacKenzie (1988: 225–31); Yapp (1987).

10. 关于俄国对远东的态度和政策，参见 Chang (1974); Sarkisyanz (1974: 66–68); Becker (1986, 1991); LeDonne (1997: 178–215); Bassin (1999: 52–55, 278); Figes 2002: 414–15, 423–29)。关于欧亚主义，参见 Lieven (2001: 219–20); Laruelle (2008)。

11. 成吉思汗的蒙古帝国被认为是最大的陆地帝国，也是有史以来第二大的帝国，但其持续时间极短。此外，大英帝国被认为是最大的帝国，俄罗斯帝国次之（Taagepera 1978a: 126）。

12. 索洛维约夫和克柳切夫斯基的论述我主要引自 Etkind (2011: 61–71)；还可参见 Becker (1986); Bassin (1993), Breyfogle, Schrader, and Sunderland (2007: 2–6)。

13. 俄罗斯与英格兰有很多有趣的比较，John Seeley 认为英格兰是一个通过殖民扩张而组成的国家，尽管其领土大多在海外。相关论述参见第六章。

14. Etkind (2011: 6–8) 研究了 19 世纪一大批俄罗斯作家，包括 Afanasi Schapov，以及更为近代的 Hannah Arendt。

15. Isabelle Kreindler 认为，列宁的父亲在喀山的一位同事伊尔敏斯基，对列宁的民族主义政策有极大的影响。"早在苏联成立之前，就存在'形式是民族主义，内容是社会主义'的说法，伊尔敏斯基的说法从本土语言出发，经受住了俄罗斯民族主义者的攻击，强调的是'内容的正统性'而非'形式的民族性'。"（Kreindler 1977: 87）

16. As stressed by Geraci (2001: 80–81); Thaden (1990c: 216); Löwe (2000: 73–74); Kaspe (2007: 475–76); Campbell (2007: 332).

17. 关于"俄罗斯化"的不同含义，参见 Becker (1986); Pearson (1989: 88–94); Thaden (1990c: 211); Rodkiewicz (1998: 7–12); Miller (2008: 45–65)。

18. Kappeler (2001: 213, 247); Hosking (1998a: 367); Jersild (2000: 542); Kaspe (2007: 465–86).

19. See Rogger (1983: 184–87); Rodkiewicz (1998); Prizel (1998: 166); Kappeler (2001: 224–28, 255–56).

20. 关于拉脱维亚人和爱沙尼亚人中的这些发展，参见 Raun (1977: 132–43); Haltzel (1977: 150–56); Rogger (1983: 191–93); Thaden (1990d: 228); Kappeler (2001:257–60)。

21. 关于这样的说法，参见 Walicki (1979: 298); Rodkiewicz (1998); Wortman (2006: 283–84); Kaspe (2007: 470–76); Carter (2010: 72)。

22. See Wortman (2006: 284–85, 2011: 276–77); Riasanovsky (2005: 185); Kaspe (2007: 483–85).

23. 关于 19 世纪土地制度给民族主义的发展所设置的障碍，参见 Burbank (2007a:83–84)。See also Burbank (2006, 2007b); Steinwedel (2000: 69–70); Dixon (1998: 155); Löwe (2000: 77).

24. Michael Cherniavsky 意识到俄罗斯政治文化与民族意识中的"不确定性"，莫斯科公国、罗马、拜占庭、蒙古这些都是开放的身份选择。Cherniavsky 补充道："克里姆林宫与众多宫殿的建造出自意大利设计师，外交官有着希腊–拜占庭血统，军队的炮手来自意大利和德意志，园艺师、医生和占星术士来自波斯，来自匈牙利的花花公子、同性恋者也组成其民族意识的一部分。"（Cherniavsky 1975: 124）

25. Paul Bushkovitch 认为，大部分人对菲洛费的解读比较"乐观"，菲洛费认为俄罗斯是最后的世界帝国，并且有责任保存并扩张其正统信仰。当然对此也有"负面的解读"，即"如果俄罗斯背离其信仰，这正是菲洛费所担忧的，这意味着最后一个帝国的崩溃和世界的终结"（Bushkovitch 1986: 358–60）。乐观的观念似乎更胜一筹，最终成为俄罗斯思想界的主流，但守旧派对于俄罗斯东正教的发展依然持相当负面的看法（Stremooukhoff 1970: 119）。

26. 关于斯拉夫主义者及其反对者西方派，参见 Riasanovsky (1965); Berdyaev ([1937] 1960: 19–36); Walicki (1975; 1979: 92–114)。一份优秀的文献选编是 Kohn (1962: 104–115, 191–211); Raeff (1966: 174–301); Leatherbarrow and Offord (1987: 61–107)。一些有用的讨论有 Carr (1956: 366–77); Hunczak (1974); Berlin (1979); Becker (1991: 53–58); Pipes ([1974] 1995: 265–69); Hellberg-Hirn (1998: 197–208); Hosking (1998a: 270–75, 368–74, 2012: 274–77); Prizel 1998: (160–66); Tolz (2001: 81–99); Figes (2002: 310–18)。正如意识形态对立的辉格党和托利党，"斯拉夫派"和"西方派"两个说法，都是对方阵营先发明的，之后才成为对两方的固定称呼（Carr 1956: 368、Walicki 1979: 92）。

27. 如今人们对"官方民族主义"的拥护者的主张已达成很大的共识。See Riasanovsky (1959: 124–66, 2005: 133–34, 141–43); Saunders (1982: 58–62); Bassin (1999: 38–40); Tolz (2001: 78); Stone, Podbolotov, and Yasar (2004: 32); Miller (2008: 142–46).

28. Hosking (1998a: xix–xx; see also 1998b); and cf. Szporluk (1997: 65–66); Dixon (1998: 159); Prizel (1998: 180–238, esp. 154–55, 178–79); Becker (2000); Rowley (2000: 32–33).

29. Nicholas Riasanovsky 对此的态度不免有些调侃的意味："沙皇俄国转变为现代民族国家的道路似乎比较崎岖。德意志的转变似乎又快又顺利，不过这条路因希特勒的出现而终结"（2005: 210）。Dominic Lieven 认为，"拯救帝国最稳妥的做法就是让它转变为一个民族国家"，这正是沙皇时期俄罗斯精英努力的目标，可结果不太理想（2001: 281–84）。

第六章　大英帝国

1. Cf. Canny (1973: 596–98); Kenny (2006a: 7); Ohlmeyer (2006: 57); Nasson (2006: 25, 36).

2. 从广泛的殖民主义角度出发，并对爱尔兰的特殊性提出适当质疑的作品有 Canny (1973, 2003); Ohlmeyer (2006); Alvin Jackson (2006); Cleary (2006); Gibney (2008)。还可参见关于爱尔兰的先例和关于其他英国殖民地原型的作品，如 Cannadine (2001: 15, 45; McMahon 2006: 185)。对于殖民主义模式的持续批判，参见 Howe (2002b,

2006）；还可参见批判性的讨论，如 Armitage (2000: 148–69); McDonough (2005); McMahon (2006: 185–89); Cleary (2007)。爱尔兰是不是殖民地、它与加拿大和印度模式的对比，这些讨论在 19 世纪 80 年代异常激烈（Dunne 1982: 154–73）。殖民主义者的立场并非全然激进的。

3. 西印度群岛人和其他来自亚洲英属殖民地的人在英国各大城市定居，有人认为这是"逆向殖民主义"，或是来自帝国的"反击"。但这是相对较近一段时间的现象，因为此前数百年间爱尔兰人已经在英国定居。时间的确重要，能够让这些问题"中性化"。随着时间流逝，在经历最初的排斥和敌对之后，这些移民会和爱尔兰人、犹太人一样，被认为是英国人的一部分。

4. See on all this Morgan (1994); Jeffery (1996); Kumar (2003: 140–45); Bartlett (2006: 88); Kenny (2006b: 93–95, 102); Alvin Jackson (2006: 135).

5. 关于大英帝国的非均质性，参见 Martin (1972: 562); Thompson (1997: 150); Burroughs (1999: 171); Ashley Jackson (2006: xi–xii); Cleary (2006: 253)。

6. 提出"令人哀叹的无知"（帝国日运动的推动者米斯伯爵），和英国民众对于帝国的"无知、冷漠和偏见"（BBC 海外频道负责人 R. A. Rendell），以及议员对帝国事务的无视态度，参见 Bodelson [(1924)1960: 41–2]、MacKenzie (1986: 231)、Kendle (1997: 57)、Nicholas(2003: 225–26)、Gallagher(1982: 79)、Darwin(1988: 229)、Bell(2007: 31–32)。威尔斯在"一战"期间指出："中低阶层的民众，大部分对帝国毫无所知。帝国与他们毫无干系。"（Porter 2004a: 273）20 世纪四五十年代，英国民众对帝国依旧不甚关心，参见 MacKenzie(2001: 28)、Thompson(2005: 207–9)、Kumar(2012a: 298–99)。

7. 波特对"萨义德主义者"持批判态度，但他承认约翰·麦肯齐的著作对于帝国在英国社会的影响力有推动作用（MacKenzie 1984, 1986, 1999a, 1999b, 2001, 2011: 57–89）。曼彻斯特大学出版社近期出版了近百种约翰·麦肯齐的著作，这些作品以不同的方式和讨论范围，介绍了大英帝国在本土及海外的种种影响。有关这些作品的完整列表以及对其贡献的评估，参见 Thompson (2014)。关于帝国对英国身份认同、文化和社会的影响的不同论述，参见 Burton (2003: 1–23, 2011); Hall (2000, 2002); Hall and Rose (2006); Wilson (1998, 2003, 2004); Kumar (2000, 2003, 2012a); Thompson (2005, 2012); Gilroy (2004); Buettner (2004); Schwarz (2013)。尽管有争议，但相关话题的讨论依然产生了大量的研究著作。

8. 在对 *The Empire Project* (2009) 的一篇评论中，Denis Judd 指出："我们在同一层面

上讨论‘罗马帝国’、‘奥斯曼帝国’和‘第三帝国’。”（2010: 22）

9. 英国学者，包括 Bayly(2004)、Darwin(2008)，完成了各种"世界史"的著作，但他们并不将英国特殊化。那些将大英帝国视作特例的历史学家，其专业并不在这个领域，参见 Lieven(2001)、Go(2011)。

10. 二人的另一项重要贡献是 Robinson and Gallagher ([1961] 1981)。对非正式帝国运作的优秀研究——以在乌拉圭的运作为例，参见 Winn (1976)。约翰·达尔文自己也承认他的作品深受 Gallagher and Robinson (2009: xii, 2012: 11–12) 的影响。See also Cain and Hopkins (2002: 26–30). 对于加拉格尔和鲁宾逊的方法的有价值的讨论，参见 Louis (1976)。

11. James Belich 采用了"盎格鲁世界"这一说法，也接受"非正式帝国"的说法。以阿根廷为例，其经济衰退与来自英国各领地的竞争，以及英国消费者对本国商品的偏好有关联。作为大英帝国的成员，"英国性"显然是问题的关键（Belich 2009: 536–40）。对于非正式帝国概念的批判性评论，参见 Porter (1999: 8–9); Lynn (1999: 115–20); Marshall (2001: 11–12)。

12. 关于这些部分，参见 Ashley Jackson (2006: xi–xiii); Marshall (2001: 34–51); Darwin (2009: 9–12)。这种三分法的早期形式，见 Barker (1941: 8, 47–48)。所有试图分裂帝国的做法都导致了异常，譬如南罗德西亚在理论上是王家领地，实际运作如自治领；苏丹在理论上由英国和埃及政府"共管"，但实际是英国的殖民地，尽管其由英国的外交部门，而非殖民地部负责；埃及本身也是特例，理论上埃及不是殖民地，可实际运作恰恰相反。约翰·达尔文将"非正式帝国"的说法应用到他的理论中，似乎让问题变得更为复杂。

13. 大多对不列颠自治领的"英国性"的讨论，都可被归入"不列颠世界"的范畴中。See especially Bridge and Fedorowich (2003); Buckner and Francis (2003); Darian-Smith, Grmshaw, and Macintyre (2007); Ward (2008); Darwin (2009: 144–79); Belich (2009); Bickers (2010); Magee and Thompson (2010) Fedorowich and Thompson (2013a, 2013b)。今天的"不列颠世界"的说法，与维多利亚时代"更大的不列颠"的概念有相当的重合之处。当然，在"不列颠世界"的概念中，英国与亚洲和非洲格格不入，但美国当然是在这个范围内的，参见 Belich(2009)。

14. 对"更大的不列颠"的讨论，见 Doyle (1986: 257–305); Gould (1999: esp. 485–89); Deudney (2001); Lee (2004); Bell (2007: esp. 6–12, 93–119); Belich (2009: 456–73); Koditschek (2011); Vasunia (2013: 119–55)。

15. See Koditschek (2011: 90–97, 263–313). 在我们这个时代激情地重述这一观点，参见 Nirad C. Chaudhuri (e.g., 1990: esp. 773–80)。

16. 关于起义引起的情绪变化，参见 Metcalf (1997: 43–44, 160–65); MacKenzie (1999a: 280–81); Burroughs (1999: 174–75); Baucom (1999: 100–134)。

17. 关于美国在更大的不列颠以及帝国联邦中的地位，参见 Deudney (2001: 195–99); Bell (2007: 231–59)。帝国联邦制思想的一个后果是亚当·斯密在这些方面的建议的复兴 (Palen 2014; see also Benians 1925: 282–83)。

18. John Morley 指出，那些"鼓吹帝国的人选择放弃印度，将其扔到帝国的后厨，而印度可以说是大英帝国最不寻常的一部分"（Green 1999: 365）。See also Matikkala (2011: 153–55).

19. 关于帝国联邦思想以及帝国联邦运动，参见 Bodelson ([1924] 1960: 205–14); Kendle (1997: 37–57); Bell (2007: 92–119); Matikkala (2011: 150–58)。根据帝国联邦联盟的说法，组建正式的帝国联邦的运动非常短暂（1884–1893），在帝国主义者中也造成了分歧，但一般说来，这一思想可以追溯到亚当·斯密，联盟的解体也并不意味着联合帝国计划的终结，这种联合可以是政治的，也可以是商业的（只要对帝国有益）。参见 Green(1999)、Porter(2004a: 186–91) 的所谓"建设性的帝国主义"。

20. Thornton 认为"西利著作中最精彩的就是他对印度未来的看法"[（1959）1968: 59]。Eliga Gould 对此有截然相反的看法："英国的帝国大业带有道德优越感与沾沾自喜的情绪，西利提出的英格兰扩张的想法在当时只不过被认为是纸上谈兵。"（1999: 486）。

21. 无论是英国还是印度，对此的批判来源于这样的事实，即英国正在"榨干"印度，强迫印度承担所有开支，无论是用于维持其自身的统治，还是用于帝国在其他地区，譬如阿富汗和埃及的扩张事业（Matikkala 2011: 54–74）。

22. 这种区别的另外一种表述，就是"帝国"与"帝国主义"的差别。帝国，包括加拿大和澳大利亚这样的殖民地，是其重要的组成部分；帝国主义，蕴含对非欧洲民族，特别是印度的武力征服，是不义的、压迫性。关于"没有帝国主义的帝国"，参见 Matikkala (2011: 11–18, 145–58)。

23. 关于古典学在大英帝国中作用的广泛研究，参见 Webster and Cooper (1996); Goff (2005); Bradley (2010a)。See also Dowling (1985); Reid (1996); Freeman (1996); Larson (1999); Hingley (2000, 2001, 2008); Bell (2007: 207–30); Kumar (2012b). 关于古典学和印度帝国，参见 Hutchins (1967: 144–52); Majeed (1999); R. Mantena (2010);

Vasunia (2013); Hagerman (2009, 2013)。

24. 关于诉诸维吉尔和罗马，参见 Faber (1966: 22–26); Jenkyns (1981: 333–37); Reid (1996: 3–4); Vance (1997: 141–43); Kumar (2012b: 91–96); Vasunia (2013: 252–78)。

25. Thornton 将这种说法视作"最早的，也是最有名的一则信条，在两代人之后，人们会将其视作成熟的帝国思想"[（1959）1968: 4–5]。

26. 1893 年 W.E.H. Lecky 提出："在曼彻斯特学派看来，英格兰变成了一个被剥夺了其尊严的主要要素的英格兰。"（Matikkala 2011: 110）

27. 经典在多大程度上是"开化"的，以及经典在多大程度上重建了性格，无论是个人性格还是国家性格，都是值得讨论的问题。对于不同立场的优秀讨论，参见 Hagerman (2013: 1–36)；还可参见 Larson (1999: 189); Adler (2008: 210)。

28. 对这些作品及其作者的讨论，见 Freeman (1996); Larson (1999: 218–21); Majeed (1999); Reid (1996: 7); Owen (2005: esp. 25–26, 378–79); Adler (2008: 194–205); Reisz (2010); Kumar (2012b: 96–100); Vasunia (2005, 2013: 140–55)。

29. 关于这场讨论，参见 Thornton ([1959] 1968: 57–122); Porter (1982); Darwin (1986); Hyam (1999: 49–53); Marshall (2001: 52–77)。

30. 关于英布战争引起的争论和分歧，参见 Thornton ([[1959] 1968: 121–73); Porter (1968, 1982); Greenlee (1976: 271–72); Green (1999: 361–62); Matikkala (2011: 50–52, 87–89)。关于当代人的研究成就，参见 Burton (2001: 285–329); Harlow and Carter (2003b: 629–708)。Ronald Hyam 认为英布战争"是失去美洲殖民地后，大英帝国最重要的，也是划时代的一场战争"（1999: 50）。

31. See MacKenzie (1984, 1986, 1999a, 1999b, 2011: 57–89). 关于"曼彻斯特学派"的其他作品，请参见本章的注释 8。对帝国对外宣传的质疑，特别是对其在工人阶级中宣传的有效性的质疑，参见 Porter (2004a: 273)。

32. 印度对此问题深有感触：在各殖民地部队中，印度部队的死亡人数是最多的，达到 62 056 人。之后是澳大利亚（59 330 人）、加拿大（56 639 人）、新西兰（16 711 人），以及南非（白人 7 121 人，黑人约 2 000 人）。Porter 2004a: 229，Marshall 2001: 79 中给出的数据略高。

33. Marshall (2001: 84). See also Kennedy (1983: 199); Lloyd (1996: 279–81); Porter (2004a: 239–42); Pedersen (2015: xv–xvii).

34. 关于这些数据，参见 Cain (1999); Offer (1993, 1999); Fieldhouse (1999: 98–100); Dilley (2008: 102–3)。

35. 关于 19 世纪移民到美国和帝国其他地方的英国人的相对人数，参见 Cain (1999: 37); Louis (1999a: 14); Constantine (1999: 167); Martin and Kline (2001: 255); Murdoch (2004: 107); Fedorowich (2008: 71)。

36. 约翰·达尔文提出："'衰亡'一词对于帝国的历史来说，是一个异常含糊的概念。"（1984: 187、1986: 27）。Kennedy(1983: 202) 认为，关于英国衰亡开始的时间，有各种说法，比如 1921 年、1897 年、19 世纪 60 年代，甚至 19 世纪。Kennedy 认为这种"衰亡"的说法，是"辉格派历史解释"的对立面：帝国稳步的、必然的进步是不可能的，衰亡不可避免。

37. 1884 年，在澳大利亚的一次演讲中，罗斯伯里勋爵首次提出"英联邦国家"这个词指的是大英帝国。在 20 世纪头十年的早期，这一概念在自由主义者和费边主义者中被普遍接受，在帝国的议会和"一战"期间，这一概念变得更加普遍。从 1910 年起，在帝国主义者，如 Lionel Curtis 组织的圆桌会议中，这一概念得到进一步的推广（Morefield 2007: 329）。1917 年 5 月，史末资将军在一次演讲中，提到大英帝国作为一个"充满活力、不断进化的体系"，逐步演变成今天的"英联邦"。

38. 1947 年，印度人官员与欧洲人官员在人数上已接近持平：在印度殖民地部门，有 429 名欧洲人和 510 名印度人（Brown 1999: 439）。这说明对于英国的毕业生来说，去印度工作已不再具有吸引力（Porter 2004a: 281）。

39. 1955 年，丘吉尔卸任首相，在最后的演讲中，他提到他依然抱有希望，"将英联邦，或者他愿意称之为'帝国'，紧紧维系在一起"（Clarke 2008: 5）。

40. 1957—1966 年"殖民地革命"的细节，参见 Darwin(1988: 244–78)、Louis(1999b: 351–54)、Porter(2004a: 320–21)、Hyam(2006: 411–12)。1960 年，时任英国首相麦克米伦在开普敦发表了著名演讲《变革之风》。

41. 对英国非殖民化的优秀论述，参见 Darwin (1984, 1988, 1991); Louis and Robinson (1994); Louis (1999b); Hyam (2006); Hopkins (2008)。简短的论述有 Lloyd (1996: 320–80); Chamberlain (1999: 15–69); Porter (2004a: 297–325); Stockwell (2006); Stockwell (2008b)。关于截至 1948 年的第一阶段，参见 Clarke (2008) 的生动论述。关于肯尼亚发生的不幸事件，参见 Anderson (2005) and Elkins (2005)。一如既往，Morris ([1978] 1980b) 中有敏锐且可读性很强的论述。

第七章 法兰西帝国："帝国民族国家"

1. 应该注意到，"帝国民族国家"一词来自 Wilder，但本书中这个词的意思略有不同。Wilder 认为，这个词表达了关于法兰西民族及其帝国原则的矛盾统一，本书中这个词只用来表示帝国作为民族这一概念的延伸。但我们都同意，在法兰西帝国和民族存在不同寻常的统一性。参见 Wilder(2005: esp. 3–23)。相似的说法来自 Cooper(2007: 358)，即法国不是一个民族国家，而更像一个"帝国国家"。

2. 欧内斯特·勒南认为，法兰西国家是因为征服而产生的。他的著名论断提醒我们，"遗忘，甚至是历史性的错误，是法兰西国家诞生的主要因素"。法兰西民族和其他民族一样要学会遗忘，而且必须遗忘，"统一是暴力的结果。南北法国的融合是因为族群残杀，也是近百年残酷统治的结果"［Renan（1882）2001: 166］。

3. 英军击败了法国人在印度的主要盟友——迈索尔的蒂普苏丹，并在 1799 年占领了塞林伽巴丹。这一事件终结了法国人试图建立印度帝国的宏大志向。打败埃及之后，拿破仑曾一度试图远征红海，意欲与蒂普苏丹取得联系，这样，双方便能共同在印度对抗英军。1799 年，拿破仑在阿卡要塞大败于奥斯曼和英国联军，之前的种种计划都付诸东流（Jasanoff 2005: 123, 149–76）。

4. 对拿破仑三世和第二帝国的评价，参见 Farmer (1960); Cobban (1961: 156–210); Zeldin (1973: 504–60); Smith (1991); Gildea (1994: 67–72, 117–18)。因为法国画家杜米埃、作家雨果和左拉对其进行了有力的批判，由此产生的负面色彩很难消除。

5. 关于普法战争和 1870—1871 年的巴黎公社有很多记载，简短但有用的记载请参阅 Cobban (1961: 196–210); Schivelbusch (2004: 111–18); Ousby (2003: 113–22); Gildea (2009: 229–45)。Horne (1965) 是关于巴黎公社的优秀作品。

6. 细节详见 Betts (1978); Andrew and Kanya-Forstner (1988: 16–28); Aldrich (1996); Quinn (2002); Frémeaux (2007)。

7. 关于法绍达危机，参见 Taylor (1954: 381–83); Brown (1970); Cooke (1973: 81–97); Baumgart (1982: 63–68); Quinn (2002: 164–65)。

8. 关于费里的思想和行动，参见 Cobban (1961: 220–22); Brunschwig (1966: 75–81); Girardet (1972: 80–88); Cooke (1973: 23–27); Baumgart (1982: 40–41, 70–71); Ozouf (2015)。关于勒鲁瓦–波利欧及其影响，参见 Murphy ([1948] 1968: 103–75); Brunschwig (1966: 27–28); Girardet (1972: 53–57)。费里个人在内阁并不受欢迎，1885 年后再未掌权。

9. 费里 1885 年 7 月 28 日的演讲全文，见 Brunschwig (1966: 75–81)，其法语原版见 Girardet (1972: 82–86)。See also Aldrich (1996: 97–100).

10. 对帝国主义经济理论的优秀讨论，参见 Baumgart (1982: 91–135); Etherington (1984); Wolfe (1997)。

11. On all this see Betts (1961: 134–35); Brunschwig (1966: viii–ix, 87–96); Baumgart (1982: 114–19, 127–29) Andrew and Kanya-Forstner (1988: 28); Aldrich (1996: 195–98). See also Kanya-Forstner (1972).

12. 相似的论述参见 Gildea (2009: 244–45)。这期间法兰西的"民族创伤"和"失败文化"参考 Schivelbusch(2004: 103–87)，其著作描述了失败是如何让民众产生斗志，并重新塑造了法兰西民族的。也可参见 Ousby(2003: 113–35)。

13. 关于殖民狂热，参见 Brunschwig (1966: 105–34); Andrew and Kanya-Forstner (1971); Cooke (1973: 52–68); Persell (1974); Baumgart (1982: 78–80); Aldrich (1996: 100–106)。Agnes Murphy 的重要著作［(1948) 1968］，着重研究 1871—1891 年的法国，特别是地理学会、探险家，以及杰出理论家，如勒鲁瓦－波利欧、加布里埃尔·沙尔姆等人在 19 世纪 80—90 年代的殖民运动中的作用。法国各省的地理学会主要成立于 19 世纪 70—80 年代，在 1900 年，其研究成员总计约为巴黎地理学会人员的 7 倍，参见 Goerg(2002: 83–86)。

14. 关于这些活动，参见 Brunschwig (1966: 120–34, 146–49); Betts (1961: 147–52); Persell (1974); Aldrich (1996: 171–77); Conklin (1997: 6–7)。

15. 关于于贝尔·利奥泰这位著名的军人管理者的生动论述，参见 Singer (1991)。关于费代尔布、加列尼和利奥泰，还可参见 Betts (1961: 109–20)。关于加尼耶和其他军人探险家，参见 Murphy ([1948] 1968: 41–102)，关于芒然及"黑色的力量"，参见 Girardet (1972: 152–53)。

16. 法国军队与哈布斯堡王朝的军队，甚至罗马的军队有共同之处。但是，无论是哈布斯堡王朝还是罗马，其军队的组成是多民族的，正如他们所捍卫的多民族帝国一样。法国军队的特殊在于，这是一支法兰西国民军队，由他们自己承担帝国的重任。法兰西帝国的军队是国家的荣誉，在法兰西民族眼中，他们是重获荣誉的力量保障。我们再次发现，法兰西民族与帝国的关系密不可分。

17. See also Ross and Telkamp (1985: 171–206); Prochaska (1990: 206–29); Wright (1991, 1997); Aldrich (1996: 232–33).

18. 同化的历史可追溯到黎塞留，以及改宗的传统，参见 Betts(1961: 12–21)。Belmes-

sous(2013: esp. 1–12)认为，同化肩负了文明开化的使命，"是外来社会整合进入欧洲文明的过程"。

19. 随着1848年法国废除奴隶制，瓜德罗普、马提尼克、法属圭亚那和留尼汪岛等"旧殖民地"的人民被赋予公民权。同年，塞内加尔和法属印度领地的人民拥有了投票权；1916年，塞内加尔人拥有了完整的公民权（Aldrich 1996: 212、Saada 2013: 333）。塞内加尔模式的内涵包括，公民权与民众的个体地位并行不悖，因此1945年之后法国的公民权很快覆盖所有法属殖民地的本土人群（Cooper 2014: x–xi、8、29）。

20. 这当然是一个有争议的话题。有关法国种族的讨论，参见Hargreaves (2007)；相关话题在英国的讨论，参考Favell(2001)和Bleich(2003)。

21. 作为殖民主义的一种特殊形式，有关"定居者殖民主义"的讨论，参见Prochaska（1990: 1–28）。这一观念清楚地将印度排除在殖民地之外，而将阿尔及利亚、肯尼亚、罗得西亚（津巴布韦的旧称）、南非纳入讨论的范围。

22. 反对这一共识的代表人物有Jean-Paul Sartre与Raymond Aron。在阿尔及利亚独立之前，很少有人认同这两位的观点（Shepard 2008: 63–73）。See also Girardet (1972: 335–65).

23. 关于1931年这次博览会的全部记录，参见Hodeir and Pierre (1991)；还可参见Girardet (1972: 175–76); Lebovics (1994: 51–97); Aldrich (1996: 261–64); (2005: 702–5)。

24. Betts (1961: 1–2); Goerg (2002: 82); Chafer and Sackur (2002: 1–9); Evans (2004: 2). Baycroft (2004: 153, 2008: 147–48, 161–62). 但Baycroft认为，在更深层次上，帝国的思想植根在法兰西文化中。这一点与有关英国的讨论很相似，参见第六章。

25. 20世纪40—50年代的非殖民化历史，参见Betts(1991)、Ross(1995)、Aldrich (1996: 266–306)。1950年弗朗索瓦·托姆巴巴耶（François Tombalbaye）的演讲反映了这批反殖民英雄的态度，他之后出任乍得首任总统，宣称"坚信法国教给他们的民主原则"（Betts 1991: 126、Howe 2005: 596–97）。

尾声　帝国之后的国家

1. "非殖民化"一词与"第三世界主义"有关，在20世纪50年代的法国引发激烈讨论，但这个说法更可能是由德国经济学家Moritz Bonn在20世纪30年代创造的，之后这个说法被法国和英国的学术界采纳（Shepard 2008: 5、56、72, Thomas、Moore和Butler 2008: 2–3）。对于20世纪欧洲非殖民化的很好的综论，参见Albertini (1969);

Betts (2004); Chamberlain (1999); Holland (1985); Thomas, Moore, and Butler (2008)。Duara (2004) 包括反殖民主义领导人本人的重要声明。关于理论性和比较性的方法，参见 Smith (1978); Morris-Jones and Fischer (1980); Kahler (1984); Spruyt (2005); Shipway (2008)。Howe (2005) 中有很有价值的评论文章。长时段（1500—1987）的论述参见 Strang (1991)。

2. 关于"新殖民主义"和"依附"理论的优秀讨论，以及主要贡献者的参考资料，参见 Mommsen (1982: 113–41, 1986: 344–50)。

3. 关于作为帝国的美国，参见 Mommsen and Osterhammel (1986), Calhoun, Cooper, and Moore (2006), and Steinmetz (2013) 中有用的篇章，这些书中都包含关于这个主题的大量参考文献。See also Steinmetz (2005).

| 参考文献 |

Aasland, Aadne. 1996. "Russians outside Russia: The New Russian Diaspora." In Smith 1996: 477–97.

Abernethy, David B. 2000. *The Dynamics of Global Dominance: European Overseas Empires 1415–1980*. New Haven, CT: Yale University Press.

Acomb, Frances. 1950. *Anglophobia in France 1763–1789*. Durham, NC: Duke University Press.

Acton, John Emerich Edward Dalberg, First Baron. [1862] 1996. "Nationality." In *Mapping the Nation*, edited by Gopal Balakrishnan, 17–38. London: Verso.

Adas, Michael. 1998. "Imperialism and Colonialism in Comparative Perspective." *International History Review* 20 (2): 371–88.

Adler, Eric. 2008. "Late Victorian and Edwardian Views of Rome and the Nature of 'Defensive Imperialism.'" *International Journal of the Classical Tradition* 15 (2): 187–216.

Agursky, Mikhail. 1987. *The Third Rome: National Bolshevism in the USSR*. Boulder, CO: Westview Press.

Aksan, Virginia H. 1999. "Locating the Ottomans among Early Modern Empires." *Journal of Early Modern History* 3 (2): 103–34.

Aksin, Sina. 2007. *Turkey: From Empire to Revolutionary Republic*. Translated by Dexter H. Mursaloglu. London: Hurst and Co.

Albertini, Rudolf von. 1969. "The Impact of Two World Wars on the Decline of Colonialism." *Journal of Contemporary History* 4 (1): 17–35.

Alcock, Susan E., Terence N. D'Altroy, Kathleen D. Morrison, and Carla M. Sinopoli, eds. 2001. *Empires: Perspectives from Archaeology and History*. Cambridge: Cambridge University Press.

Aldrich, Robert. 1996. *Greater France: A History of French Overseas Expansion*. Houndmills, Basingstoke: Macmillan.

———. 2005. *Vestiges of the Colonial Empire in France: Monuments, Museums and Colonial Memories*. Houndmills, Basingstoke: Palgrave Macmillan.

———, ed. 2007. *The Age of Empires*. New York: Thames and Hudson.

Allworth, Edward, ed. 1971. *Soviet Nationality Problems*. New York: Columbia University Press.

————. 1980a. "Ambiguities in Russian Group Identity and Leadership of the RSFSR." In All-worth 1980b: 17–38.

————, ed. 1980b. *Ethnic Russia in the USSR: The Dilemma of Dominance*. New York: Pergamon Press.

————, ed. 1989. *Central Asia: 120 Years of Russian Rule*. Durham, NC: Duke University Press.

Alter, Peter. 1994. *Nationalism*. 2nd ed. London: Edward Arnold.

Amery, L. S. 1944. *The Framework of the Future*. Oxford: Oxford University Press.

Anderson, Benedict. 2006. *Imagined Communities: Reflection on the Origin and Spread of Nationalism*. 2nd rev. ed. London: Verso.

Anderson, David. 2005. *Histories of the Hanged: The Dirty War in Kenya and the End of Empire*. New York: W. W. Norton and Co.

Ando, Clifford. 2000. *Imperial Ideology and Provincial Loyalty in the Roman Empire*. Berkeley: University of California Press.

Andrew, C. M., and A. S. Kanya-Forstner. 1971. "The French 'Colonial Party': Its Composition, Aims and Influence, 1885–1914." *Historical Journal* 14 (1): 99–128.

————. 1988. "Centre and Periphery in the Making of the Second French Colonial Empire, 1815–1920." *Journal of Imperial and Commonwealth History* 16 (3): 9–34.

Anisimov, Evgenii V. 1993. *The Reforms of Peter the Great: Progress through Coercion in Russia*. Translated by John. T. Alexander. Armonk, NY: M. E. Sharpe.

Arendt, Hannah. 1958. *The Origins of Modern Totalitarianism*. 2nd ed. New York: Meridian Books.

Armitage, David, ed. 1998. *Theories of Empire, 1450–1800*. Aldershot, UK: Ashgate Publishing.

————. 2000. *The Ideological Origins of the British Empire*. Cambridge: Cambridge University Press.

Armstrong, John A. 1976. "Mobilized and Proletarian Diasporas." *American Political Science Review* 70 (2): 393–408.

————. 1978. "Mobilized Diaspora in Tsarist Russia: The Case of the Baltic Germans." In Azrael 1978: 63–104.

Arthurs, Joshua. 2012. *Excavating Modernity: The Roman Past in Fascist Italy*. Ithaca, NY: Cornell University Press.

Ashcroft, Bill, Gareth Griffiths, and Helen Tiffin, eds. 1995. *The Post-Colonial Studies Reader*. London: Routledge.

Atkin, Muriel 1988. "Russian Expansion in the Caucasus to 1813." In Rywkin 1988: 139–87.

Atlan, Catherine, and Jean-Hervé Jézéquel. 2002. "Alienation or Political Strategy? The Colonised Defend the Empire." In Chafer and Sackur 2002: 102–15.

Atlee, Clement. 1961. *Empire and Commonwealth*. Oxford: Oxford University Press.

Augustine, St. [413–27 CE] 1984. *Concerning the City of God against the Pagans*. Translated by Henry Bettenson. London: Penguin Books.

Azrael, Jeremy R., ed. 1978. *Soviet Nationality Policies and Practices*. New York: Praeger.

Bacevich, Andrew. 2003. *American Empire: The Realities and Consequences of U.S. Diplomacy*. Cambridge, MA: Harvard University Press.

Bacon, Francis. [1625] 1906. *Essays, or Counsels Civil and Moral*. Edited by Frederick Harrison.

London: Blackie and Son.

Badian, E. 1958. "Alexander the Great and the Unity of Mankind." *Historia* 7 (4): 425–44.

Bailkin, Jordanna. 2012. *The Afterlife of Empire*. Berkeley: University of California Press.

Balibar, Etienne. 1999. "Algeria, France: One Nation or Two?" In *Giving Ground: The Politics of Propinquity*, edited by Joan Copjec and Michael Sorkin, 162–72. London: Verso.

Barghoorn, Frederick C. 1980. "Four Faces of Soviet Russian Ethnocentrism." In Allworth 1980b: 55–66.

————. 1986. "Russian Nationalism and Soviet Politics: Official and Unofficial Perspectives." In Conquest 1986: 30–77.

Barker, Ernest. 1941. *The Ideas and Ideals of the British Empire*. Cambridge: Cambridge University Press.

Barkey, Karen. 2008. *Empire of Difference: The Ottomans in Comparative Perspective*. Cambridge: Cambridge University Press.

Barkey, Karen, and Mark von Hagen, eds. 1997. *After Empire: Multiethnic Societies and Nation-Building. The Soviet Union and the Russian, Ottoman, and Habsburg Empires*. Boulder, CO: Westview Press.

Bartlett, Robert. 1994. *The Making of Europe: Conquest, Colonization and Cultural Change 950–1350*. London: Penguin Books.

Bartlett, Thomas. 2006. "Ireland, Empire, and Union, 1690–1801." In Kenney 2006c: 61–89.

Barton, I. M. 1972. *Africa in the Roman Empire*. Accra: Ghana Universities Press.

Bassin, Mark. 1991. "Inventing Siberia: Visions of the Russian East in the Early Nineteenth Century." *American Historical Review* 96 (3): 763–94.

————. 1993. "Turner, Solov'ev, and the 'Frontier Hypothesis': The Nationalist Signification of Open Spaces." *Journal of Modern History* 65 (3): 473–511.

————. 1999. *Imperial Visions: Nationalist Imagination and Geographical Expansion in the Russian Far East, 1840–1865*. Cambridge: Cambridge University Press.

Baucom, Ian. 1999. *Out of Place: Englishness, Empire, and the Locations of Identity*. Princeton, NJ: Princeton University Press.

Bauer, Otto. [1907, 1924] 2000. *The Question of Nationalities and Social Democracy*. Edited by Ephraim J. Nimni. Translated by Joseph O'Donnell. Minneapolis: University of Minnesota Press.

Baumgart, Winfried. 1982. *Imperialism: The Idea and Reality of British and French Colonial Expansion, 1880–1914*. Translated by Ben V. Mast. Oxford: Oxford University Press.

Baycroft, Timothy. 2004. "The Empire and the Nation: The Place of Colonial Images in the Republican Visions of the French Nation." In Evans 2004: 148–60.

————. 2008. *France*. London: Hodder Education.

Baycroft, Timothy, and Mark Hewitson, eds. 2009. *What Is a Nation? Europe 1789–1914*. Oxford: Oxford University Press.

Bayly, C. A. 1989. *Imperial Meridian: The British Empire and the World, 1780–1830*. London: Longman.

————. 2004. *The Birth of the Modern World 1780–1914: Global Connections and Comparisons*.

Oxford: Blackwell.

Baynham, E. J. 2009. "Power, Passions, and Patrons: Alexander, Charles Le Brun, and Oliver Stone." In Heckel and Tritle 2009: 294–310.

Beales, Derek. 1987. *Joseph II*. Vol. 1, *In the Shadow of Maria Theresa*. Cambridge: Cambridge University Press.

———. 2009. *Joseph II*. Vol. 2, *Against the World, 1780–1790*. Cambridge: Cambridge University Press.

Beard, Mary. 2015. *S.P.Q.R.: A History of Ancient Rome*. New York: Liveright.

Becker, Seymour. 1986. "The Muslim East in Nineteenth-Century Russian Popular Historiography." *Central Asian Survey* 5 (3/4): 25–47.

———. 1991. "Russia between East and West: The Intelligentsia, Russian National Identity and the Asian Borderlands." *Central Asian Survey* 10 (4): 47–64.

———. 2000. "Russia and the Concept of Empire." *Ab Imperio* 3–4: 329–42.

Beissinger, Mark R. 1995 "The Persisting Ambiguity of Empire." *Post-Soviet Affairs* 11 (2): 149–84.

———. 2002. *Nationalist Mobilization and the Collapse of the Soviet State*. Cambridge: Cambridge University Press.

———. 2006. "Soviet Empire as 'Family Resemblance.'" *Slavic Review* 65 (2): 294–303.

———. 2008. "The Persistence of Empire in Eurasia." *NewsNet* 48 (1): 1–8.

Belich, James. 2009. *Replenishing the Earth: The Settler Revolution and the Rise of the Anglo-World, 1783–1939*. Oxford: Oxford University Press.

Bell, David. 2003. *The Cult of the Nation in France: Inventing Nationalism, 1680–1800*. Cambridge, MA: Harvard University Press.

Bell, Duncan. 2007. *The Idea of Greater Britain: Empire and the Future of World Order, 1860–1900*. Princeton, NJ: Princeton University Press.

Beller, Steven. 1989. *Vienna and the Jews, 1867–1938: A Cultural History*. Cambridge: Cambridge University Press.

———. 2001. "Kraus's Firework: State Consciousness Raising in the 1908 Jubilee Parade in Vienna and the Problem of Austrian Identity." In Bucur and Wingfield 2001: 46–71.

———. 2011. *A Concise History of Austria*. Cambridge: Cambridge University Press.

Belmessous, Saliha. 2013. *Assimilation and Empire: Uniformity in French and British Colonies, 1541–1954*. Oxford: Oxford University Press.

Benians, E. A. 1925. "Adam Smith's Project of an Empire." *Cambridge Historical Journal* 1 (3): 249–83.

Bennison, Amira K. 2002. "Muslim Universalism and Western Globalization." In *Globalization in World History*, edited by A. G. Hopkins, 74–97. London: Pimlico.

Benson, Robert L. 1982. "Political *Renovatio*: Two Models from Roman Antiquity." In *Renaissance and Renewal in the Twelfth Century*, edited by Robert L. Benson and Giles Constable, with Carol D. Lanham, 339–86. Cambridge, MA: Harvard University Press.

Berdyaev, Nicholas. [1937] 1960. *The Origin of Russian Communism*. Ann Arbor: University of Michigan Press.

———. [1947] 1992. *The Russian Idea*. Translated by R. M. French. Hudson, NY: Lindisfarne Press.

Bérenger, Jean. 1994. *A History of the Habsburg Empire 1273–1700*. Translated by C. A. Simpson. London: Longman.

———. 1997. *A History of the Habsburg Empire 1700–1918*. Translated by C. A. Simpson. London and New York: Longman.

Berezin, Mabel. 1997. *Making the Fascist Self: The Political Culture of Interwar Italy*. Ithaca, NY: Cornell University Press.

Berlin, Isaiah. 1979. *Russian Thinkers*. Harmondsworth: Penguin Books.

Berman, Marshall. 1983. *All That Is Solid Melts into Air: The Experience of Modernity*. London: Verso.

Bernal, Martin. 1987. *Black Athena: The Afroasiatic Roots of Classical Civilization*. Vol. 1, *The Fabrication of Ancient Greece 1785–1985*. New Brunswick, NJ: Rutgers University Press.

Betts, Raymond F. 1961. *Assimilation and Association in French Colonial Theory 1890–1914*. New York: Columbia University Press.

———. 1971. "The Allusion to Rome in British Imperialist Thought of the Late Nineteenth and Early Twentieth Centuries." *Victorian Studies* 15 (2): 149–59.

———. 1978. *Tricouleur: The French Overseas Empire*. London: Gordon and Cremonisi.

———. 1991. *France and Decolonisation 1900–1960*. Houndmills, Basingstoke: Macmillan.

———. 2004. *Decolonization*. 2nd ed. New York: Routledge.

Biceno, Hugh. 2003. *Crescent and Cross: The Battle of Lepanto 1571*. London: Cassell.

Bickers, Robert, ed. 2010. *Settlers and Expatriates: Britons over the Seas*. Oxford: Oxford University Press.

Birnbaum, Pierre. [1998] 2001. *The Idea of France*. Translated by M. B. DeBevoise. New York: Hill and Wang.

Bivona, Daniel. 1998. *British Imperial Literature, 1870–1940: Writing and the Administration of Empire*. Cambridge: Cambridge University Press.

Bleich, Erik. 2003. *Race Politics in Britain and France: Ideas and Policy-Making since the 1960s*. Cambridge: Cambridge University Press.

Blitstein, Peter A. 2001. "Nation-Building or Russification? Obligatory Russian Instruction in the Soviet Non-Russian School, 1938–1953." In Suny and Martin 2001: 253–74.

———. 2006. "Cultural Diversity and the Interwar Conjuncture: Soviet Nationality Policy in Its Comparative Context." *Slavic Review* 65 (2): 273–93.

Bloch, Marc. 1967. "The Empire and the Idea of Empire under the Hohenstaufen." In *Land and Work in Medieval Europe: Selected Papers by Marc Bloch*, translated by J. E. Anderson, 1–43. Berkeley: University of California Press.

Bodelsen, C. A. [1924] 1960. *Studies in Mid-Victorian Imperialism*. London: Heinemann.

Bodin, Jean. [1586] 1962. *The Six Bookes of a Commonweale*. Translated by Richard Knolles (1606). Edited by Kenneth Douglas McRae. Cambridge, MA: Harvard University Press.

Boerner, Peter, ed. 1986. *Concepts of National Identity: An Interdisciplinary Dialogue*. Baden-Baden: Nomos Verlagsgesellschaft.

Bosworth, A. B. 1993. *Conquest and Empire: The Reign of Alexander the Great*. Cambridge: Cambridge University Press.

Bosworth, A. B., and E. J. Baynham, eds. 2000. *Alexander the Great in Fact and Fiction*. Oxford: Oxford University Press.

Bosworth, C. E. 1982. "The Concept of *Dhimma* in Early Islam." In Braude and Lewis 1982a: 1:37–51.

Bowersock, G. W., John Clive, and Stephen R. Graubard, eds. 1977. *Edward Gibbon and the Decline and Fall of the Roman Empire*. Cambridge, MA: Harvard University Press.

Bowie, E. L. 1970. "Greeks and Their Past in the Second Sophistic." *Past and Present* 46: 3–41.

Bradley, Mark, ed. 2010a. *Classics and Imperialism in the British Empire*. Oxford: Oxford University Press.

———. 2010b. "Tacitus' *Agricola* and the Conquest of Britain: Representations of Empire in Victorian and Edwardian England." In Bradley 2010a: 123–57.

Brandenberger, David. 2001. "'. . . It Is Imperative to Advance Russian Nationalism as the First Priority': Debates within the Stalinist Ideological Establishment, 1941–1945." In Suny and Martin 2001: 275–99.

Braude, Benjamin. 1982. "Foundation Myths of the *Millet* System." In Braude and Lewis 1982a: 1:69–88.

Braude, Benjamin, and Bernard Lewis, eds. 1982a. *Christians and Jews in the Ottoman Empire: The Functioning of a Plural Society*. 2 vols. New York: Holmes and Meier.

———. 1982b. "Introduction." In Braude and Lewis 1982a: 1:1–34.

Braudel, Fernand. 1975. *The Mediterranean and the Mediterranean World in the Age of Philip II*. 2 vols. Translated from the French by Sian Reynolds. London: Fontana.

Bremmer, Ian, and Ray Taras, eds. 1997. *New States, New Politics: Building the Post-Soviet Nations*. Cambridge: Cambridge University Press.

Breuilly, John. 2000. "Nationalism and the History of Ideas." *Proceedings of the British Academy* 105: 187–223.

Breyfogle, Nicholas B., Abby Schrader, and Willard Sunderland, eds. 2007. *Peopling the Russian Periphery: Borderland Colonization in Eurasian History*. London: Routledge.

Bridge, Carl, and Kent Fedorowich, eds. 2003. *The British World: Diaspora, Culture and Identity*. London: Frank Cass.

Brodsky, Joseph. 1987. "A Guide to a Renamed City." In *Less than One: Selected Essays*, 69–94. London: Penguin Books.

Brooks, Jeffrey. 1985. *When Russia Learned to Read: Literacy and Popular Culture, 1861–1917*. Princeton, NJ: Princeton University Press.

Brower, Daniel R. 1997. "Islam and Ethnicity: Russian Colonial Policy in Turkestan." In Brower and Lazzerini 1997: 115–35.

Brower, Daniel R., and Edward J. Lazzerini, eds. 1997. *Russia's Orient: Imperial Borderlands and Peoples, 1700–1917*. Bloomington: Indiana University Press.

Brown, Judith M. 1999. "India." In Brown and Louis 1999: 421–46.

Brown, Judith M., and Wm. Roger Louis, eds. 1999. *The Oxford History of the British Empire*.

Vol. 4, *The Twentieth Century*. Oxford: Oxford University Press.

Brown, Peter. 2003. *The Rise of Western Christendom*. 2nd ed. Malden, MA: Blackwell Publishing.

Brown, Roger Glenn. 1970. *Fashoda Reconsidered: The Impact of Domestic Politics on French Policy in Africa 1893–1898*. Baltimore: Johns Hopkins University Press.

Brubaker, Rogers. 1992. *Citizenship and Nationhood in France and Germany*. Cambridge, MA: Harvard University Press.

———. 1996. *Nationalism Reframed: Nationhood and the National Question in the New Europe*. Cambridge: Cambridge University Press.

———. 2015. *Grounds for Difference*. Cambridge, MA: Harvard University Press.

Brubaker, Rogers, Margit Feischmidt, Jon Fox, and Liana Grancea. 2006. *Nationalist Politics and Everyday Ethnicity in a Transylvanian Town*. Princeton, NJ: Princeton University Press.

Bruckmüller, Ernst. 1993. "The National Identity of the Austrians." In Teich and Porter 1993: 196–227.

———. 2003. *The Austrian Nation: Cultural Consciousness and Socio-Political Processes*. Translated by Lowell A. Bangerter. Riverside, CA: Ariadne Press.

Brundage, Anthony, and Richard A. Cosgrove. 2007. *The Great Tradition: Constitutional History and National Identity in Britain and the United States, 1870–1960*. Stanford, CA: Stanford University Press.

Brunschwig, Henri. 1966. *French Colonialism 1871–1914: Myths and Realities*. Translated by William Glanville Brown. Introduction by Ronald E. Robinson. New York: Frederick A. Praeger.

Brunt, P. A. 1965. "Reflections on British and Roman Imperialism." *Comparative Studies in Society and History* 7 (3): 267–88.

———. 1978. "Laus Imperii." In Garnsey and Whittaker 1978a: 159–91.

———. 1990a. *Roman Imperial Themes*. Oxford: Clarendon Press.

———. 1990b. "The Romanization of the Local Ruling Classes in the Roman Empire." In Brunt 1990a: 267–81.

———. 1990c. "Roman Imperial Illusions." In Brunt 1990a: 433–80.

Bryce, James. [1901] 1914. *The Ancient Roman Empire and the British Empire in India*, and *The Diffusion of Roman and English Law throughout the World: Two Historical Studies*. London: Oxford University Press.

Buckner, P., and D. Francis, eds. 2003. *Rediscovering the British World: Culture and Diaspora*. London: Taylor and Francis.

Bucur, Maria, and Nancy M. Wingfield, eds. 2001. *Staging the Past: The Politics of Commemoration in Habsburg Central Europe, 1848 to the Present*. West Lafayette, IN: Purdue University Press.

Buettner, Elizabeth. 2004. *Empire Families: Britons and Late Imperial India*. Oxford: Oxford University Press.

Burbank, Jane. 2006. "An Imperial Rights Regime: Law and Citizenship in the Russian Empire." *Kritika* 7 (3): 397–431.

———. 2007a. "The Rights of Difference: Law and Citizenship in the Russian Empire." In Stoler, McGranahan, and Perdue 2007: 77–111.

———. 2007b. "Thinking Like an Empire: Estate, Law, and Rights in the Early Twentieth Century." In Burbank, von Hagen, and Remnev 2007: 196–217.

Burbank, Jane, and Frederick Cooper. 2010. *Empires in World History: Power and the Politics of Difference*. Princeton, NJ: Princeton University Press.

Burbank, Jane, Mark von Hagen, and Anatolyi Remnev, eds. 2007. *Russian Empire: Space, People, Power, 1700–1930*. Bloomington: Indiana University Press.

Burke, Peter. 1977. "Tradition and Experience: The Idea of Decline from Bruni to Gibbon." In Bowersock, Clive, and Graubard 1977: 87–102.

Burn, A. R. 1962. *Alexander the Great and the Hellenistic World*. New ed. New York: Collier Books.

Burnham, James. [1941] 1962. *The Managerial Revolution*. Harmondsworth: Penguin Books.

Burns, Thomas S. 2009. *Rome and the Barbarians, 100 B.C.–A. D. 400*. Baltimore: Johns Hopkins University Press.

Burroughs, Peter. 1999. "Imperial Institutions and the Government of Empire." In Porter 1999: 170–97.

Burton, Antoinette, ed. 2001. *Politics and Empire in Victorian Britain: A Reader*. New York: Palgrave.

———, ed. 2003. *After the Imperial Turn: Thinking with and through the Nation*. Durham, NC: Duke University Press.

———. 2011. *Empire in Question: Reading, Writing, and Teaching British Imperialism*. Durham, NC: Duke University Press.

Bushkovitch, Paul. 1986. "The Formation of National Consciousness in Early Modern Russia." *Harvard Ukrainian Studies* 10 (3/4): 355–76.

———. 2003. "What Is Russia? Russian National Identity and the State, 1500–1917." In Kappeler et al. 2003: 144–61.

Cain, P. J. 1999. "Economics and Empire: The Metropolitan Context." In Porter 1999: 31–52.

———. 2007. "Empire and the Languages of Character and Virtue in Later Victorian and Edwardian England." *Modern Intellectual History* 4 (2): 249–73.

Cain, P. J., and A. G. Hopkins. 2002. *British Imperialism 1688–2000*. 2nd ed. Harlow, Essex: Longman.

Calhoun, Craig, Frederick Cooper, and Kevin W. Moore, eds. 2006. *Lessons of Empire: Imperial Histories and American Power*. New York: The New Press.

Cameron, Alan. 1970. *Claudian: Poetry and Propaganda at the Court of Honorius*. Oxford: Clarendon Press.

Cameron, Averil. 2006. *The Byzantines*. Oxford: Blackwell Publishers.

Campbell, Elena. 2007. "The Muslim Question in Late Imperial Russia." In Burbank, von Hagen, and Remnev 2007: 320–47.

Cannadine, David. 2001. *Ornamentalism: How the British Saw Their Empire*. Oxford: Oxford University Press.

Canny, Nicholas. 1973. "The Ideology of English Colonization: From Ireland to America." *William and Mary Quarterly* 30: 575–98.

———. 1988. *Kingdom and Colony: Ireland in the Atlantic World, 1560–1800*. Baltimore: Johns

Hopkins University Press.

———. 2003. *Making Ireland British 1580–1650*. Oxford: Oxford University Press.

Canny, Nicholas, and Anthony Pagden, eds. 1987. *Colonial Identity in the Atlantic World, 1500–1800*. Princeton, NJ: Princeton University Press.

Carlyle, Thomas. [1840] 1971. "Chartism." In *Thomas Carlyle: Selected Writings*, edited by Alan Shelston, 151–232. Harmondsworth: Penguin Books.

Carr, E. H. 1956. "'Russia and Europe' as a Theme of Russian History." In *Essays Presented to Sir Lewis Namier*, edited by Richard Pares and A.J.P. Taylor, 357–93. London: Macmillan.

Carr, Raymond 2000. "Introduction." In *Spain: A History*, edited by Raymond Carr, 1–9. Oxford: Oxford University Press.

Carrère d'Encausse, Hélène. 1989. "Organizing and Colonizing the Conquered Territories." In Allworth 1989: 151–71.

———. 1992. *The Great Challenge: Nationalities and the Bolshevik State 1917–30*. Translated by Nancy Festinger. New York: Holmes and Meier.

Carter, Miranda. 2010. *The Three Emperors: Three Cousins, Three Empires and the Road to World War One*. London: Penguin Books.

Carter, Stephen. 1993. *Russian Nationalism*. London: Pinter Publishers.

Chafer, Tony, and Amanda Sackur, eds. 2002. *Promoting the Colonial Idea: Propaganda and Visions of Empire in France*. Houndmills, Basingstoke: Palgrave.

Chamberlain, Lesley. 2015. "New Eurasians." *Times Literary Supplement*, May 15, 14–15.

Chamberlain, M. E. 1999. *Decolonization: The Fall of the European Empires*. 2nd ed. Oxford: Blackwell Publishing.

Champion, Craige B., ed. 2004. *Roman Imperialism: Readings and Sources*. Malden, MA: Blackwell.

Chang, Sung-Hwan. 1974. "Russian Designs on the Far East." In Hunczak 1974: 299–321.

Chaudhuri, Nirad C. 1990. *Thy Hand, Great Anarch: India 1921–1952*. London: The Hogarth Press.

Cherniavsky, Michael. 1969. *Tsar and People: Studies in Russian Myths*. New York: Random House.

———, ed. 1970a. *The Structure of Russian History: Interpretive Essays*. New York: Random House.

———. 1970b. "The Old Believers and the New Religion." In Cherniavsky 1970a: 140–88.

———. 1975. "Russia." In *National Consciousness, History, and Political Culture in Early-Modern Europe*, ed. Orest Ranum, 118–43. Baltimore: Johns Hopkins University Press.

Chinn, Jeff, and Robert Kaiser. 1996. *Russians as the New Minority: Ethnicity and Nationalism in the Soviet Successor States*. Boulder, CO: Westview Press.

Chudoba, Bohdan. 1952. *Spain and the Empire 1519–1643*. Chicago: University of Chicago Press.

Chulos, Chris J. 2000. "Orthodox Identity at Russian Holy Places." In Chulos and Pirainen 2000: 28–50.

Chulos, Chris J., and Timo Pirainen, eds. 2000. *The Fall of an Empire, the Birth of a Nation*.

Aldershot: Ashgate.

Chulos, Chris J., and Johannes Remy, eds. 2002. *Imperial and National Identities in Pre-revolutionary, Soviet, and Post-Soviet Russia*. Helsinki: Suomalaisen Kirjallisuuden Seura/ Finnish Literature Society.

Cirakman, Asli. 2001. "From Tyranny to Despotism: The Enlightenment's Unenlightened Image of the Turks." *International Journal of Middle East Studies* 33 (1): 49–68.

Clark, Bruce. 2006. *Twice a Stranger: The Mass Expulsions That Forged Modern Greece and Turkey*. Cambridge, MA: Harvard University Press.

Clarke, Peter. 2008. *The Last Thousand Days of the British Empire: Churchill, Roosevelt, and the Birth of the Pax Americana*. New York: Bloomsbury Press.

Claudian. [c. 370–404 CE] 1922. *Claudian*. Translated by Maurice Platnauer. 2 vols. Loeb Classical Library. Cambridge, MA: Harvard University Press.

Cleary, Joe. 2006. "Postcolonial Ireland." In Kenny 2006c: 251–88.

———. 2007. "Amongst Empires: A Short History of Ireland and Empire Studies in International Context." *Eire-Ireland: A Journal of Irish Studies* 42 (1/2): 11–57.

Clogg, Richard. 1982. "The Greek *Millet* in the Ottoman Empire." In Braude and Lewis 1982a: 1:185–207.

Cobban, Alfred. 1961. *A History of Modern France*. Vol. 2, *1799–1945*. Harmondsworth: Penguin Books.

Coetzee, J. M. 2002. "Emperor of Nostalgia." *New York Review of Books*, February 28, 18–21.

Cohen, Ariel. 1996. *Russian Imperialism: Development and Crisis*. Westport, CT: Praeger.

Cohen, Gary B. 2007. "Nationalist Politics and the Dynamics of State and Civil Society in the Habsburg Monarchy, 1867–1914." *Central European History* 40 (2): 241–78.

Cohn, Bernard S. 1983. "Representing Authority in Victorian India." In Hobsbawm and Ranger 1984: 165–209.

Cohn, Bernard S., and Nicholas B. Dirks. 1988. "Beyond the Fringe: The Nation State, Colonialism, and the Technologies of Power." *Journal of Historical Sociology* 1 (2): 224–29.

Cole, Douglas. 1971. "The Problem of 'Nationalism' and 'Imperialism' in British Settlement Colonies." *Journal of British Studies* 10 (2): 160–82.

Cole, Juan. 2007. *Napoleon's Egypt: Invading the Middle East*. New York: Palgrave Macmillan.

Cole, Laurence, and Daniel Unowsky, eds. 2007. *The Limits of Loyalty: Imperial Symbolism, Popular Allegiances, and State Patriotism in the Late Habsburg Monarchy*. New York: Berghahn Books.

Colley, Linda. [1992] 1994. *Britons: Forging the Nation 1707–1837*. London: Pimlico.

———. [2002] 2004. *Captives: Britain, Empire, and the World, 1600–1850*. New York: Anchor Books.

Collins, James B. 1995. *The State in Early Modern France*. Cambridge: Cambridge University Press.

Collins, Robert O., James McDonald Burns, and Erik Kristofer Ching, eds. 1994. *Historical Problems of Imperial Africa*. Princeton, NJ: Marcus Wiener Publishers.

Conklin, Alice L. 1997. *A Mission to Civilize: The Republican Idea of Empire in France and West Africa, 1895–1930*. Stanford, CA: Stanford University Press.

Conklin, Alice L., Sarah Fishman, and Robert Zaretsky. 2015. *France and Its Empire since 1870*.

2nd ed. New York: Oxford University Press.

Connor, Walker. 1984. *The National Question in Marxist-Leninist Theory and Strategy*. Princeton, NJ: Princeton University Press.

Conquest, Robert, ed. 1986. *The Last Empire: Nationality and the Soviet Future*. Stanford, CA: Hoover Institution Press.

Constantine, Stephen. 1986. "'Bringing the Empire Alive': The Empire Marketing Board and Imperial Propaganda, 1926–33." In MacKenzie 1986: 192–231.

———. 1999. "Migrants and Settlers." In Brown and Louis 1999: 163–87.

Cooke, James L. 1973. *New French Imperialism 1880–1910: The Third Republic and Colonial Expansion*. Newton Abbot: David and Charles; Hamden, CT: Archon Books.

Cooper, Frederick. 2005. "States, Empires, and Political Imagination." in *Colonialism in Question*, 153–203. Berkeley: University of California Press.

———. 2007. "Provincializing France." In Stoler, McGranahan, and Perdue 2007: 341–77.

———. 2014. *Citizenship between Empire and Nation: Remaking France and French Africa, 1945–1960*. Princeton, NJ: Princeton University Press.

Cooper, Frederick, and Ann Laura Stoler, eds. 1997. *Tensions of Empire: Colonial Cultures in a Bourgeois World*. Berkeley: University of California Press.

Cornwall, Mark. 2000. *The Undermining of Austria-Hungary: The Battle for Hearts and Minds*. Houndmills: Macmillan.

———, ed. 2002. *The Last Years of Austria-Hungary: A Multi-National Experiment in Early Twentieth-Century Europe*. Exeter: University of Exeter Press.

———. 2009. "The Habsburg Monarchy." In Baycroft and Hewitson 2009: 171–91.

Coyle, J. Kevin. 1987. "Augustine and the Apocalyptic: Thoughts on the Fall of Rome, the Book of Revelation, and the End of the World." *Florilegium* 9: 1–34.

Cracraft, James. 2004. *The Petrine Revolution in Russian Culture*. Cambridge, MA: Harvard University Press.

Cramb, J. A. [1900] 1915. *The Origins and Destiny of Imperial Britain and Nineteenth Century Europe*. New York: E. P. Dutton and Company.

Creighton, John. 2006. *Britannia: The Creation of a Roman Province*. London: Routledge.

Crews, Robert. 2003. "Empire and the Confessional State: Islam and Religious Politics in Nineteenth-Century Russia." *American Historical Review* 108 (1): 50–83.

———. 2006. *For Prophet and Tsar: Islam and Empire in Russia and Central Asia*. Cambridge, MA: Harvard University Press.

Crisp, Olga, and Linda Edmondson, eds. 1989. *Civil Rights in Imperial Russia*. Oxford: Clarendon Press.

Cromer, Earl of. 1910. *Ancient and Modern Imperialism*. New York: Longmans, Green and Co.

Crone, Patricia. 2006. "Imperial Trauma: The Case of the Arabs." *Common Knowledge* 12 (1): 107–16.

Crosby, Alfred W. 1972. *The Columbian Exchange: Biological and Cultural Consequences of 1492*. Westport, CT: Greenwood Press.

Crowder, Michael. [1964] 1994. "Indirect Rule—French and British Style." In Collins, Burns, and Ching 1994: 179–88.

Cunningham, Michele. 2001. *Mexico and the Foreign Policy of Napoleon III*. Houndmills: Palgrave.

Dale, Stephen F. 2010. *The Muslim Empires of the Ottomans, Safavids, and Mughals*. Cambridge: Cambridge University Press.

Darian-Smith, Kate, Patricia Grimshaw, and Stuart Macintyre, eds. 2007. *Britishness Abroad: Transnational Movements and Imperial Cultures*. Melbourne: Melbourne University Press.

Darling, Linda. 2000. "Contested Territory: Ottoman Holy War in Comparative Context." *Studia Islamica* 91: 133–63.

Darwin, John. 1980. "Imperialism in Decline? Tendencies in British Imperial Policy between the Wars." *Historical Journal* 23 (3): 657–79.

———. 1984. "British Decolonization since 1945: A Pattern or a Puzzle?" *Journal of Imperial and Commonwealth History* 12 (2): 187–209.

———. 1986. "The Fear of Falling: British Politics and Imperial Decline since 1900." *Transactions of the Royal Historical Society*, 5th ser., 36: 27–43.

———. 1988. *Britain and Decolonisation: The Retreat from Empire in the Post-War World*. Houndmills: Macmillan.

———. 1991. *The End of the British Empire: The Historical Debate*. Oxford: Basil Blackwell.

———. 1999. "A Third British Empire? The Dominion Idea in Imperial Politics." In Brown and Louis 1999: 64–87.

———. 2005. "Bored by the Raj." *Times Literary Supplement*, February 18, 5–6.

———. 2008. *After Tamerlane: The Rise and Fall of Global Empires, 1400–2000*. London: Penguin Books.

———. 2009. *The Empire Project: The Rise and Fall of the British World-System 1830–1970*. Cambridge: Cambridge University Press.

———. 2012. *Unfinished Empire: The Global Expansion of Britain*. London: Allen Lane.

Daughton, J. P. 2006. *An Empire Divided: Religion, Republicanism, and the Making of French Colonialism, 1880–1914*. Oxford: Oxford University Press.

Davies, R. R. 2000. *The First English Empire: Power and Identities in the British Isles 1093–1343*. Oxford: Oxford University Press.

Dawisha, Karen, and Bruce Parrott, eds. 1997. *The End of Empire? The Transformation of the USSR in Comparative Perspective*. Armonk, NY: M. E. Sharpe.

Deák, István. 1990. *Beyond Nationalism: A Social and Political History of the Habsburg Officer Corps, 1848–1918*. New York: Oxford University Press.

———. 1997. "The Habsburg Empire." In Barkey and von Hagen 1997: 129–41.

———. 2012. "Where's Charlemagne When We Need Him?" *New York Times*, July 1, SR4.

Deak, John. 2014. "The Great War and the Forgotten Realm: The Habsburg Monarchy and the First World War." *Journal of Modern History* 86 (2): 336–80.

———. 2015. *Forging a Multinational State: State Making in Imperial Austria from the Enlightenment to the First World War*. Stanford, CA: Stanford University Press.

de Gantes, Gilles. 2002. "Migration to Indochina: Proof of the Popularity of Colonial Empire?"

In Chafer and Sackur 2002: 15–28.

Dench, Emma. 2005. *Romulus' Asylum: Roman Identities from the Age of Alexander to the Age of Hadrian*. Oxford: Oxford University Press.

Deringil, Selim. 1993. "The Ottoman Origins of Kemalist Nationalism." *European History Quarterly* 23 (2): 165–91.

———. 1999. *The Well-Protected Domains: Ideology and the Legitimation of Power in the Ottoman Empire 1876–1909*. London: I. B. Tauris.

Derrick, Jonathan. 2002. "The Dissenters: Anti-Colonialism in France, c. 1900–40." In Chafer and Sackur 2002: 53–68.

Deschamps, Hubert Jules. [1963] 1994. "Association and Indirect Rule." In Collins, Burns, and Ching 1994: 165–78.

Deudney, Daniel. 2001. "Greater Britain or Greater Synthesis? Seeley, Mackinder, and Wells on Britain in the Global Industrial Era." *Review of International Studies* 27: 187–208.

Díaz, Bernal. 1963. *The Conquest of New Spain*. Edited and translated by J. M. Cohen. London: Penguin Books.

Di Cosmo, Nicola. 1998. "Qing Colonial Administration in Inner Asia." *International History Review* 20 (2): 253–504.

Dilke, Sir Charles Wentworth. 1869. *Greater Britain: A Record of Travel in English-Speaking Countries during 1866 and 1867*. 3rd ed. London: Macmillan and Co.

———. 1899. *The British Empire*. London: Chatto and Windus.

Dilley, A. R. 2008. "The Economics of Empire." In Stockwell 2008a: 101–29.

Dixon, Simon. 1996. "The Russians and the Russian Question." In Smith 1996: 47–74.

———. 1998. "The Past in the Present: Contemporary Russian Nationalism in Historical Perspective." In Hosking and Service 1998: 149–77.

Donnelly, Alton. 1988. "The Mobile Steppe Frontier: The Russian Conquest and Colonization of Bashkiria and Kazakhstan to 1850." In Rywkin 1988: 189–207.

Dowling, Linda. 1985. "Roman Decadence and Victorian Historiography." *Victorian Studies* 28 (4): 579–607.

Doyle, Michael W. 1986. *Empires*. Ithaca, NY: Cornell University Press.

Duara, Prasenjit, ed. 2004. *Decolonization: Perspectives from Now and Then*. London: Routledge.

Dumont, Paul. 1982. "Jewish Communities in Turkey during the Last Decades of the Nineteenth Century in the Light of the Archives of the Alliance Israélite Universelle." In Braude and Lewis 1982a: 1:209–42.

Duncan, Peter J. S. 2000. *Russian Messianism: Third Rome, Revolution, Communism and After*. London: Routledge.

Dunlop, John B. 1983. *The Faces of Contemporary Russian Nationalism*. Princeton, NJ: Princeton University Press.

———. 1993. *The Rise of Russia and the Fall of the Soviet Union*. Princeton, NJ: Princeton University Press.

———. 1997. "Russia: In Search of an Identity?" In Bremmer and Taras 1997: 29–95.

Dunne, Tom. 1982. "*La trahison des clercs*: British Intellectuals and the First Home-Rule Crisis." *Irish Historical Studies* 23 (90): 134–73.

Duverger, Maurice, ed. 1980. *Le Concept d'empire*. Paris: Presses Universitaires de France.

Ebel, Charles. 1976. *Transalpine Gaul: The Emergence of a Roman Province*. Leiden: E. J. Brill.

Eddy, John, and Deryck Schreuder, eds. 1988. *The Rise of Colonial Nationalism: Australia, New Zealand, Canada and South Africa First Assert Their Nationalities, 1880–1914*. Sydney: Allen and Unwin.

Edwards, Catherine. 1999a. "Introduction: Shadows and Fragments." In Edwards 1999b: 1–18.

———. 1999b. *Roman Presences: Receptions of Rome in European Culture, 1789–1945*. Cambridge: Cambridge University Press.

———. 1999c. "Translating Empire? Macaulay's Rome." In Edwards 1999b: 70–87.

Edwards, Catherine, and Greg Woolf. 2003. "Cosmopolis: Rome as World City." In *Rome the Cosmopolis*, edited by Catherine Edwards and Greg Woolf, 1–20. Cambridge: Cambridge University Press.

Eisenmann, Louis. 1910. "Austria-Hungary." In *The Cambridge Modern History*, vol. 12, *The Latest Age*, edited by A. W. Ward, G. W. Prothero, and Stanley Leathes, 174–212. Cambridge: At the University Press.

Eisenstadt, S. N. [1963] 1993. *The Political Systems of Empires*. New Brunswick, NJ: Transaction Publishers.

Eley, Geoff, and Ronald Grigor Suny, eds. 1996. *Becoming National: A Reader*. New York: Oxford University Press.

Eliot, T. S. 1957. "Virgil and the Christian World." In *On Poetry and Poets*, 122–40. London: Faber and Faber.

Elkins, Caroline. 2005. *Imperial Reckoning: The Untold Story of Britain's Gulag in Kenya*. New York: Henry Holt.

Elliott, J. H. 1970. *Imperial Spain 1469–1716*. London: Penguin Books.

———. 1984. *Richelieu and Olivares*. Cambridge: Cambridge University Press.

———. 1989a. *Spain and Its World 1500–1700: Selected Essays*. New Haven, CT: Yale University Press.

———. 1989b. "Spain and Its Empire in the Sixteenth and Seventeenth Centuries." In Elliott 1989a: 7–26.

———. 1989c. "The Decline of Spain." In Elliott 1989a: 215–40.

———. 1989d. "Self-Perception and Decline in Early Seventeenth-Century Spain." In Elliott 1989a: 241–61.

———. 1989e. "Art and Decline in Early Seventeenth-Century Spain." In Elliott 1989a: 263–86.

———. 1992. "A Europe of Composite Monarchies." *Past and Present* 137: 48–71.

———. 1993. "Ottoman-Habsburg Rivalry: The European Perspective." In Inalcik and Kafadar 1993: 153–62.

———. 2006. *Empires of the Atlantic World: Britain and Spain in the Americas, 1492–1830*. New Haven, CT: Yale University Press.

Elton, G. R., ed. 1982. *The Tudor Constitution: Documents and Commentary*. 2nd ed. Cambridge:

Cambridge University Press.

Emerson, Rupert. [1960] 1962. *From Empire to Nation: The Rise to Self-Assertion of Asian and African Peoples*. Boston: Beacon Press.

———. 1969. "Colonialism." *Journal of Contemporary History* 4 (1): 3–16.

Englund, Steven. 2004. *Napoleon: A Political Life*. Cambridge, MA: Harvard University Press.

Epstein, Mark A. 1982. "Leadership of the Ottoman Jews in the Fifteenth and Sixteenth Centuries." In Braude and Lewis 1982a: 101–15.

Etherington, Norman. 1982. "Reconsidering Theories of Imperialism." *History and Theory* 21 (1): 1–36.

———. 1984. *Theories of Imperialism: War, Conquest and Capital*. London: Croom Helm.

Etkind, Alexander. 2011. *Internal Colonization: Russia's Imperial Experience*. Cambridge: Polity Press.

Evans, Martin, ed. 2004. *Empire and Culture: The French Experience, 1830–1940*. Houndmills, Basingstoke: Palgrave Macmillan.

———. 2012. *Algeria: France's Undeclared War*. New York: Oxford University Press.

Evans, R.J.W. 1991. *The Making of the Habsburg Monarchy 1550–1700: An Interpretation*. 3rd impression. Oxford: Clarendon Press.

———. 1994. "Austrian Identity in Hungarian Perspective: The Nineteenth Century." In Robertson and Timms 1994: 27–36.

———. 2006. *Austria, Hungary, and the Habsburgs: Essays on Central Europe, c.1683–1867*. Oxford: Oxford University Press.

Evans, R.J.W., Michael Schaich, and Peter H. Wilson, eds. 2011. *The Holy Roman Empire 1495–1806*. Oxford: Oxford University Press.

Faber, Richard. 1966. *The Vision and the Need: Late Victorian Imperialist Aims*. London: Faber and Faber.

Fanning, Steven. 1991. "Bede, *Imperium*, and the Bretwaldas." *Speculum* 66 (1): 1–26.

Farmer, Paul. 1960. "The Second Empire in France." In *The New Cambridge Modern History*, vol. 10, *The Zenith of European Power 1830–1870*, edited by J.P.T. Bury, 442–67. Cambridge: Cambridge University Press.

Faroqhi, Suraiya. 1994. "Crisis and Change, 1590–1699." In Inalcik with Quataert 1994: 413–636.

———. 1995. "Politics and Socio-Economic Change in the Later Sixteenth Century." In Kunt and Woodhead 1995: 91–113.

———. 2006. *The Ottoman Empire and the World Around It*. London: I. B. Tauris.

Favell, Adrian. 2001. *Philosophies of Integration: Immigration and the Idea of Citizenship in France and Britain*. 2nd ed. Houndmills: Palgrave.

Febvre, Lucien. 1973. "*Civilisation*: Evolution of a Word and a Group of Ideas." In *A New Kind of History: From the Writings of Febvre*, edited by Peter Burke, 219–57. New York: Harper and Row.

Fedorowich, Kent. 2008. "The British Empire on the Move, 1760–1914." In Stockwell 2008a: 63–100.

Fedorowich, Kent, and Andrew S. Thompson. 2013a. "Mapping the Contours of the British

World: Empire, Migration and Identity." In Fedorowich and Thompson 2013b: 1–41.

———, eds. 2013b. *Empire, Migration and Identity in the British World*. Manchester: Manchester University Press.

Fedyshyn, Oleh S. 1980. "The Role of Russians among the New, Unified 'Soviet People.'" In Allworth 1980b: 149–58.

Feenstra, Robert. 1992. "Law." In Jenkyns 1992b: 399–420.

Ferguson, Niall. 2004. *Empire: How Britain Made the Modern World*. London: Penguin Books.

———. 2005. *Colossus: The Rise and Fall of the American Empire*. Paperback ed. New York: Penguin Books.

Ferro, Marc. 1997. *Colonization: A Global History*. Translated by K. D. Prithipaul. London: Routledge.

Fichtner, Paula Sutter. 2003. *The Habsburg Monarchy 1490–1848: Attributes of Empire*. Houndmills: Palgrave Macmillan.

Fieldhouse, D. K. 1961. "'Imperialism': An Historiographical Revision." *Economic History Review*, 2nd ser., 14 (2): 187–209.

———. 1999. "The Metropolitan Economics of Empire." In Brown and Louis 1999: 88–113.

Figes, Orlando. 2002. *Natasha's Dance: A Cultural History of Russia*. New York: Picador.

Findley, Carter Vaughn. 2005. *The Turks in World History*. New York: Oxford University Press.

———. 2010. *Turkey, Islam, Nationalism, and Modernity: A History, 1789–2007*. New Haven, CT: Yale University Press.

Finer, S. E. 1999. *The History of Government from the Earliest Times*. 3 vols. Oxford: Oxford University Press.

Finkel, Caroline. 2007. *Osman's Dream: The History of the Ottoman Empire*. New York: Basic Books.

Finley, M. I. 1976. "Colonies—an Attempt at a Typology." *Transactions of the Royal Historical Society*, 5th ser., 26: 167–88.

———. 1978a. "Empire in the Greco-Roman World." *Greece and Rome*, 2nd ser., 25 (1): 1–15.

———. 1978b. "The Fifth-Century Athenian Empire: A Balance Sheet." In Garnsey and Whittaker 1978a: 103–26.

Flenley, Paul. 1996. "From Soviet to Russian Identity: The Origins of Contemporary Russian Nationalism." In Jenkins and Sofos 1996: 223–50.

Folz, Robert. [1953] 1969. *The Concept of Empire in Western Europe from the Fifth to the Fourteenth Century*. Translated by Sheila Ann Ogilvie. London: Edward Arnold.

Fortna, Benjamin C. 2008. "The Reign of Abdülhamid II." In Kasaba 2008: 38–61.

Foster, Russell. 2015. *Mapping European Empire: Tabulae imperii Europaei*. London: Routledge.

Fradera, Josep. 2007. "Spain: The Genealogy of Modern Colonialism." In Aldrich 2007: 44–67.

Francis, Mark, ed. 1985. *The Viennese Enlightenment*. Beckenham, Kent: Croom Helm.

Frank, Alison. 2009. "The Pleasant and the Useful: Pilgrimage and Tourism in Habsburg Mariazell." *Austrian History Yearbook* 40: 157–82.

———. 2011. "Continental and Maritime Empires in an Age of Global Commerce." *East European Politics and Societies* 25 (4): 779–84.

Franklin, Simon, and Jonathan Shepard. 1996. *The Emergence of Rus 750–1200*. London: Longman.

Freeman, Edward A. 1886. *Greater Greece and Greater Britain and George Washington, the Expander of England: Two Lectures with an Appendix*. London: Macmillan and Co.

Freeman, Phillip. 1996. "British Imperialism and the Roman Empire." In Webster and Cooper 1996: 19–34.

Freeze, Gregory L. 1986. "The *soslovie* (Estate) Paradigm in Russian Social History." *American Historical Review* 91 (1): 11–36.

Frémeaux, Jacques. 2007. "France: Empire and Mère Patrie." In Aldrich 2007: 112–75.

Gaddis, John Lewis. 2004. *Surprise, Security, and the American Experience*. Cambridge, MA: Harvard University Press.

Gallagher, John. 1982. *The Decline, Revival and Fall of the British Empire: The Ford Lectures and Other Essays*. Edited by Anil Seal. Cambridge: Cambridge University Press.

Gallagher, John, and Ronald Robinson. 1953. "The Imperialism of Free Trade." *Economic History Review*, new ser., 6 (1): 1–15.

Gallagher, John, and Anil Seal. 1981. "Britain and India between the Wars." *Modern Asian Studies* 15 (3): 387–414.

Garnsey, P.D.A., and C. R. Whittaker, eds. 1978a. *Imperialism in the Ancient World*. Cambridge: Cambridge University Press.

———. 1978b. "Introduction." In Garnsey and Whittaker 1978a: 1–6.

Geary, Patrick J. 2002. *The Myth of Nations: The Medieval Origins of Europe*. Princeton, NJ: Princeton University Press.

Gellner, Ernest. 1983. *Nations and Nationalism*. Oxford: Blackwell.

———. 1994. "The Price of Velvet: Tomas Masaryk and Vaclav Havel." In *Encounters with Nationalism*, 114–29. Oxford: Blackwell.

———. 1998a. *Nationalism*. London: Phoenix.

———. 1998b. *Language and Solitude: Wittgenstein, Malinowski and the Habsburg Dilemma*. Cambridge: Cambridge University Press.

Georgacas, Demetrius John. 1947. "The Names of Constantinople." *Transactions and Proceedings of the American Philological Association* 78: 347–67.

Geraci, Robert P. 2001. *Window on the East: National and Imperial Identities in Late Tsarist Russia*. Ithaca, NY: Cornell University Press.

———. 2009. "Minorities and Empire." In *The Blackwell Companion to Russian History*, edited by Abbott Gleason, 243–60. Oxford: Blackwell.

Geraci, Robert P., and Michael Khodarkovsky, eds. 2001. *Of Religion and Empire: Missions, Conversion, and Tolerance in Tsarist Russia*. Ithaca, NY: Cornell University Press.

Gergel, Tanya, ed. 2004. *Alexander the Great: Selected Texts from Arrian, Curtius and Plutarch*. London: Penguin Books.

Gernet, Jacques. 1980. "Comment se présente en Chine le concept d'empire?" In Duverger 1980: 397–416.

Geyer, Dietrich. 1986. "Modern Imperialism? The Tsarist and Soviet Examples." In Mommsen and Osterhammel 1986: 49–62.

Gibb, H.A.R., and Harold Bowen. 1950–57. *Islamic Society and the West: A Study of the Impact of Western Civilization on Moslem Culture in the Near East.* Vol. 1, *Islamic Society in the Eighteenth Century*, in two parts. London: Oxford University Press.

Gibbon, Edward. [1776–88] 1995. *The History of the Decline and Fall of the Roman Empire.* 3 vols. Edited by David Womersley. London: Penguin Books.

Gibbons, Herbert A. 1916. *The Foundation of the Ottoman Empire.* Oxford: Clarendon Press.

Gibney, John. 2008. "Early Modern Ireland: A British Atlantic Colony?" *History Compass* 6: 1–11.

Gilbert, Martin. 2010. *In Ishmael's House: A History of Jews in Muslim Lands.* New Haven, CT: Yale University Press.

Gildea, Robert. 1994. *The Past in French History.* New Haven, CT: Yale University Press.

———. 2009. *The Children of the Revolution: The French 1799–1914.* London: Penguin Books.

Gilroy, Paul. 2004. *After Empire: Melancholia or Convivial Culture?* Abingdon, UK: Routledge.

Girardet, Raoul. 1972. *L'Idée coloniale en France de 1871 à 1962.* Paris: La Table Ronde.

Gladstone, W. E. 1876. *Bulgarian Horrors and the Question of the East.* London: John Murray.

Go, Julian. 2008. *American Empire and the Politics of Meaning: Elite Political Cultures in the Philippines and Puerto Rico during U.S. Colonialism.* Durham, NC: Duke University Press.

———. 2011. *Patterns of Empire: The British and American Empires, 1688 to the Present.* Cambridge: Cambridge University Press.

Göçek, Fatma Müge. 1993. "The Social Construction of an Empire: The Ottoman State under Süleymân the Magnificent." In Inalcik and Kafadar 1993: 93–108.

———. 1996. *Rise of the Bourgeoisie, Demise of Empire: Ottoman Westernization and Social Change.* New York: Oxford University Press.

———. 2015. *Denial of Violence: Ottoman Past, Turkish Present and Collective Violence against the Armenians, 1789–2009.* Oxford: Oxford University Press.

Goerg, Odile. 2002. "The French Provinces and 'Greater France.'" In Chafer and Sackur 2002: 82–101.

Goff, Barbara, ed. 2005. *Classics and Colonialism.* London: Duckworth.

Goffart, Walter. 2008. "Rome's Final Conquest: The Barbarians." *History Compass* 6 (3): 855–83.

Goffman, Daniel. 1994. "Ottoman Millets in the Early Seventeenth Century." *New Perspectives on Turkey* 11: 135–58.

———. 2002. *The Ottoman Empire and Early Modern Europe.* Cambridge: Cambridge University Press.

Goffman, Daniel, and Christopher Stroop. 2004. "Empire as Composite: The Ottoman Polity and the Typology of Dominion." In *Imperialisms: Historical and Literary Investigations, 1500–1900,* edited by Balachandra Rajan and Elizabeth Sauer, 129–45. New York: Palgrave Macmillan.

Gökalp, Ziya. 1959. *Turkish Nationalism and Western Civilization.* Translated with an introduction by Niyazi Berkes. New York: Columbia University Press.

Good, David F. 1984. *The Economic Rise of the Habsburg Empire, 1750–1914.* Berkeley: University of California Press.

Gorski, Philip S. 2000. "The Mosaic Moment: An Early Modernist Critique of Modernist Theories of Nationalism." *American Journal of Sociology* 105 (5): 1428–68.

Gott, Richard. 1989. "Little Englanders." In *Patriotism: The Making and Unmaking of British National Identity*, edited by Raphael Samuel, 3 vols., 1:90–102. London: Routledge.

Goubert, Pierre. 1970. *Louis XIV and Twenty Million Frenchmen*. Translated by Anne Carter. New York: Vintage Books.

Gould, Eliga. 1999. "A Virtual Nation: Greater Britain and the Imperial Legacy of the American Revolution." *American Historical Review* 104 (2): 476–89.

Grainger, J. H. 1986. *Patriotisms: Britain, 1900–1939*. London: Routledge and Kegan Paul.

Green, E.H.H. 1999. "The Political Economy of Empire, 1880–1914." In Porter 1999: 346–68.

Greenfeld, Liah. 1992. *Nationalism: Five Roads to Modernity*. Cambridge, MA: Harvard University Press.

Greenlee, J. G. 1976. "'A Successions of Seeleys': The 'Old School' Re-examined." *Journal of Imperial and Commonwealth History* 4 (3): 266–82.

———. 1979. "Imperial Studies and the Unity of Empire." *Journal of Imperial and Commonwealth History* 7 (3): 321–35.

Griffin, Miriam. 1990. "Claudius in Tacitus." *Classical Quarterly* 40 (2): 482–501.

Gruen, Erich S. 1992. *Culture and National Identity in Republican Rome*. Ithaca, NY: Cornell University Press.

Guroff, Gregory, and Alexander Guroff. 1994. "The Paradox of Russian National Identity." In *National Identity and Ethnicity in Russia and the New States of Eurasia*, edited by Roman Szporluk, 78–100. Armonk, NY: M. E. Sharpe.

Haberer, Erich. 1995. *Jews and Revolution in Nineteenth Century Russia*. Cambridge: Cambridge University Press.

Hagerman, C.A. 2009. "In the Footsteps of the Macedonian Conqueror: Alexander the Great and British India." *International Journal of the Classical Tradition* 16 (3/4): 344–92.

———. 2013. *Britain's Imperial Muse: The Classics, Imperialism, and the Indian Empire, 1784–1914*. Houndmills: Palgrave Macmillan.

Hall, Catherine, ed. 2000. *Cultures of Empire: A Reader*. Manchester: Manchester University Press.

———. 2002. *Civilising Subjects: Metropole and Colony in the English Imagination 1830–1867*. Chicago: University of Chicago Press.

Hall, Catherine, and Sonya O. Rose, eds. 2006. *At Home with the Empire: Metropolitan Culture and the Imperial World*. Cambridge: Cambridge University Press.

Haltzel, Michael H. 1977. "National Elites and Russification in the Baltic Provinces of the Russian Empire, 1861–1914: The Case of the Baltic Germans." In Rowney and Orchard 1977: 148–63.

Hamilton, Earl J. [1938] 1954. "The Decline of Spain." In *Essays in Economic History*, edited by E. M. Carus-Wilson, 1:215–26. London: Edward Arnold.

Hanioglu, M. Sukru. 2008. *A Brief History of the Late Ottoman Empire*. Princeton, NJ: Princeton University Press.

———. 2011. *Atatürk: An Intellectual Biography*. Princeton, NJ: Princeton University Press.

Hansen, Randall. 2000. *Citizenship and Immigration in Post-war Britain*. Oxford: Oxford University Press.

Hardt, Michael, and Antonio Negri. 2001. *Empire*. Cambridge, MA: Harvard University Press.

Hargreaves, Alec G. 2007. *Multi-Ethnic France: Immigration, Politics, Culture and Society*. 2nd ed. New York: Routledge.

Harlow, Barbara, and Mia Carter, eds. 2003a. *Archives of Empire*. Vol. 1, *From the East India Company to the Suez Canal*. Durham, NC: Duke University Press.

———, eds. 2003b. *Archives of Empire*. Vol. 2, *The Scramble for Africa*. Durham, NC: Duke University Press.

Harris, Bob. 1996. "'American idols': Empire, War and the Middling Ranks in Mid-Eighteenth-Century Britain." *Past and Present* 150: 111–41.

Hart, Jonathan. 2004. "'English' and French Imperial Designs in Canada and in a Larger Context." In Rajan and Sauer 2004: 187–202.

———. 2008. *Empires and Colonies*. Cambridge: Polity Press.

Hathaway, Jane. 1996. "Problems of Periodization in Ottoman History: The Fifteenth through the Eighteenth Centuries." *Turkish Studies Association Bulletin* 20 (2): 25–31.

Hazareesingh, Sudhir. 1994. *Political Traditions in Modern France*. Oxford: Oxford University Press.

Headley, John M. 1998. "The Habsburg World Empire and the Revival of Ghibellinism." In Armitage 1998: 45–79.

Heather, Peter. 2006. *The Fall of the Roman Empire*. London: Pan Macmillan.

Hechter, Michael. [1975] 1999. *Internal Colonialism: The Celtic Fringe in British National Development*. 2nd ed. New Brunswick, NJ: Transaction Books.

Heckel, Waldemar, and Lawrence A. Tritle, eds. 2009. *Alexander the Great: A New History*. Malden, MA: Wiley-Blackwell.

Heer, Friedrich. [1968] 2002. *The Holy Roman Empire*. Translated by Janet Sondheimer. London: Phoenix Press.

Hellberg-Hirn, Elena. 1998. *Soil and Soul: The Symbolic World of Russianness*. Aldershot: Ashgate.

Hentsch, Thierry. 1992. *Imagining the Middle East*. Translated by Fred A. Reed. Montreal: Black Rose Books.

Herrin, Judith. 2008. *Byzantium: The Surprising Life of a Medieval Empire*. London: Penguin Books.

Hess, Andrew C. 1972. "The Battle of Lepanto and Its Place in Mediterranean History." *Past and Present* 57: 53–73.

———. 1977. "The Forgotten Frontier: The Ottoman North African Provinces during the Eighteenth Century." In Naff and Owen 1977: 74–87.

———. 1978. *The Forgotten Frontier: A History of the Sixteenth-Century Ibero-African Frontier*. Chicago: University of Chicago Press.

Hingley, Richard. 2000. *Roman Officers and English Gentlemen: The Imperial Origins of Roman Archaeology*. London: Routledge.

———, ed. 2001. *Images of Rome: Perceptions of Ancient Rome in Europe and the United States in the Modern Age*. Portsmouth, RI: Journal of Roman Archaeology Supplementary Series Number 44.

———. 2005. *Globalizing Roman Culture: Unity, Diversity and Empire*. London: Routledge.

———. 2008. *The Recovery of Roman Britain, 1586–1906: A Colony So Fertile*. Oxford: Oxford University Press.

Hinsley, F. H. 1963. *Power and the Pursuit of Peace: Theory and Practice in the History of Relations between States*. Cambridge: Cambridge University Press.

Hirsch, Francine. 2005. *Empire of Nations: Ethnographic Knowledge and the Making of the Soviet Union*. Ithaca, NY: Cornell University Press.

Hirst, Derek. 2012. *Dominion: England and Its Island Neighbours 1500–1707*. Oxford: Oxford University Press.

Hobsbawm, Eric. 1984. "Mass Producing Traditions: Europe, 1870–1914." In Hobsbawm and Ranger 1984: 263–307.

———. 1987. *The Age of Empire, 1875–1914*. London: Weidenfeld and Nicolson.

———. 1992. *Nations and Nationalism since 1780*. 2nd ed. Cambridge: Cambridge University Press.

———. 1994. *Age of Extremes: The Short Twentieth Century 1914–1991*. London: Abacus.

Hobsbawm, Eric, and Terence Ranger, eds. 1984. *The Invention of Tradition*. Cambridge: Cambridge University Press.

Hobson, J. A. [1902, 1938] 1988. *Imperialism: A Study*. 3rd ed. London: Unwin Hyman.

Hodeir, Catherine, and Michel Pierre. 1991. *L'Exposition colonial, 1931*. Brussels: Editions Complexe.

Hoffmann, David L., and Yanni Kotsonis, eds. 2000. *Russian Modernity: Politics, Knowledge, Practices*. Houndmills, Basingstoke: Macmillan Press.

Hofmann, Michael. 2012. "Joseph Roth: Going over the Edge." *New York Review of Books*, December 22, 79–80.

Holland, R. F. 1985. *European Decolonization 1918–1981: An Introductory Survey*. Houndmills, Basingstoke: Macmillan.

Holland, Robert. 1999. "The British Empire and the Great War, 1914–1918." In Brown and Louis 1999: 114–37.

Hopkins, A. G. 2002. "The History of Globalization—and the Globalization of History?" In *Globalization in World History*, edited by A. G. Hopkins, 11–46. London: Pimlico.

———. 2008. "Rethinking Decolonization." *Past and Present* 200: 211–47.

Hopkins, Keith. 1965. "Elite Mobility in the Roman Empire." *Past and Present* 32: 12–26.

Horak, Stephan M. 1988. "Russian Expansion and Policy in Ukraine 1648–1791." In Rywkin 1988: 103–22.

Horne, Alistair. 1965. *The Fall of Paris: The Siege and the Commune 1870–1*. London: Macmillan.

Horsman, Reginald. 1981. *Race and Manifest Destiny: The Origins of American Racial Anglo-Saxonism*. Cambridge, MA: Harvard University Press.

Hosking, Geoffrey. 1998a. *Russia: People and Empire, 1552–1917*. London: Fontana Press.

———. 1998b. "Can Russia Become a Nation-State?" *Nations and Nationalism* 4 (4): 449–62.

———. 2006. *Rulers and Victims: The Russians in the Soviet Union*. Cambridge, MA: Harvard University Press.

———. 2012. *Russia and the Russians.* 2nd ed. London: Penguin Books.

Hosking, Geoffrey, and Robert Service, eds. 1998. *Russian Nationalism Past and Present.* Houndmills: Macmillan.

Howard, Douglas A. 1988. "Ottoman Historiography and the Literature of 'Decline' of the Sixteenth and Seventeenth Centuries." *Journal of Asian History* 22: 52–77.

Howe, Stephen. 1993. *Anticolonialism in British Politics: The Left and the End of Empire, 1918–1964.* Oxford: Oxford University Press.

———. 2002a. *Empire: A Very Short Introduction.* Oxford: Oxford University Press.

———. 2002b. *Ireland and Empire: Colonial Legacies in Irish History and Culture.* Paperback ed. Oxford: Oxford University Press.

———. 2005. "When—If Ever—Did Empire End? Recent Studies of Imperialism and Decolonization." *Journal of Contemporary History* 40 (3): 585–99.

———. 2006. "Historiography." In Kenny 2006c: 220–50.

Huet, Valérie. 1999. "Napoleon: A New Augustus?" In Edwards 1999b: 53–69.

Hume, David. [1748] 1987. "Of the Original Contract." In *Essays, Moral, Political, and Literary,* edited by Eugene F. Miller. Indianapolis: Liberty Classics.

Hunczak, Taras, ed. 1974. *Russian Imperialism from Ivan the Great to the Revolution.* New Brunswick, NJ: Rutgers University Press.

Huntington, Samuel P. 1999. "The Lonely Superpower." *Foreign Affairs,* March–April, 35–49.

Hutchins, Francis G. 1967. *The Illusion of Permanence: British Imperialism in India.* Princeton, NJ: Princeton University Press.

Huttenbach, Henry R. 1988a: "Muscovy's Conquest of Muslim Kazan and Astrakhan, 1552–56." In Rywkin 1988: 45–69.

———. 1988b. "Muscovy's Penetration of Siberia: The Colonization Process 1555–1689." In Rywkin 1988: 70–102.

Hyam, Ronald. 1999. "The British Empire in the Edwardian Era." In Brown and Louis 1999: 47–63.

———. 2006. *Britain's Declining Empire: The Road to Decolonisation 1918–1968.* Cambridge: Cambridge University Press.

Imber, Colin. 1995. "Ideals and Legitimation in Early Ottoman History." In Kunt and Woodhead 1995: 138–53.

———. 2002. *The Ottoman Empire 1300–1650: The Structure of Power.* Houndmills: Palgrave Macmillan.

Inalcik, Halil. 1954. "Ottoman Methods of Conquest." *Studia Islamica* 2: 103–29.

———. 1973. "Application of the *Tanzimat* and Its Social Effects." *Archivum Ottomanicum* 5: 97–127.

———. 1977. "Centralization and Decentralization in Ottoman Administration." In Naff and Owen 1977: 27–52.

———. 1981–82. "The Question of the Emergence of the Ottoman State." *International Journal of Turkish Studies* 2 (2): 71–79.

———. 1991. "The Status of the Greek Orthodox Patriarch under the Ottomans." *Turcica* 21–

23: 407–36.

———. 1993. "State, Sovereignty and Law during the Reign of Süleymân." In Inalcik and Kafadar 1993: 59–92.

———. [1973] 2000. *The Ottoman Empire: The Classical Age 1300–1600*. London: Phoenix.

———. 2006. *Turkey and Europe in History*. Istanbul: EREN Press.

Inalcik, Halil, and Cemal Kafadar, eds. 1993. *Süleymân the Second [sic] and His Time*. Istanbul: The Isis Press.

Inalcik, Halil, with Donald Quataert, eds. 1994. *An Economic and Social History of the Ottoman Empire, 1300–1914*. Cambridge: Cambridge University Press.

Ingrao, Charles. 1994. *The Habsburg Monarchy 1618–1815*. Cambridge: Cambridge University Press.

Isaac, Benjamin. 2006. *The Invention of Racism in Classical Antiquity*. Princeton, NJ: Princeton University Press.

Itzkowitz, Norman. 1962. "Eighteenth-Century Ottoman Realities." *Studia Islamica* 16: 73–94.

———. 1977. "Men and Ideas in the Eighteenth Century Ottoman Empire." In Naff and Owen 1977: 15–26.

———. 1980. *Ottoman Empire and Islamic Tradition*. Chicago: University of Chicago Press.

Jackson, Alvin. 2006. "Ireland, the Union, and the Empire, 1800–1960." In Kenny 2006c: 123–53.

Jackson, Ashley. 2006. *The British Empire and the Second World War*. London: Hambledon Continuum.

James, Lawrence. 1998. *Raj: The Making and Unmaking of British India*. New York: St. Martin's Press.

Janik, Allan, and Stephen Toulmin. 1973. *Wittgenstein's Vienna*. New York: Simon and Schuster.

Janowski, Maciej. 2004. "Justifying Political Power in 19th Century Europe: The Habsburg Monarchy and Beyond." In Miller and Rieber 2004: 69–82.

Jasanoff, Maya. 2005. *Edge of Empire: Conquest and Collecting in the East 1750–1850*. London: Fourth Estate.

Jászi, Oscar. [1929] 1961. *The Dissolution of the Habsburg Monarchy*. Chicago: University of Chicago Press.

Jeffery, Keith, ed. 1996. *'An Irish Empire'? Aspects of Ireland and the British Empire*. Manchester: Manchester University Press.

———. 1999. "The Second World War." In Brown and Louis 1999: 306–28.

Jenkins, Brian, and Spyros A. Sofos, eds. 1996. *Nation and Identity in Contemporary Europe*. London: Routledge.

Jenkyns, Richard. 1981. *The Victorians and Ancient Greece*. Oxford: Basil Blackwell.

———. 1992a. "The Legacy of Rome." In Jenkyns 1992b: 1–35.

———, ed. 1992b. *The Legacy of Rome: A New Appraisal*. Oxford: Oxford University Press.

Jennings, Eric T. 2005. "Visions and Representations of French Empire." *Journal of Modern History* 77 (3): 701–21.

Jersild, Austin Lee. 1997. "From Savagery to Citizenship: Caucasian Mountaineers and Muslims in the Russian Empire." In Brower and Lazzerini 1997: 101–14.

———. 2000. "'Russia', from the Vistula to the Terek to the Amur." *Kritika* 1 (3): 531–46.

John, Michael. 1999. "'We Do Not Even Possess Our Selves': On Identity and Ethnicity in Austria, 1880–1937." *Austrian History Yearbook* 30: 17–64.

Johnston, William M. [1972] 1983. *The Austrian Mind: An Intellectual and Social History 1848–1938*. Berkeley: University of California Press.

———. 1986. "A Nation without Qualities: Austria and Its Quest for a National Identity." In Boerner 1986: 177–86.

Jones, Colin. 1999. *The Cambridge Illustrated History of France*. Cambridge: Cambridge University Press.

———. 2003. *The Great Nation: France from Louis XV to Napoleon*. London: Penguin Books.

Jones, Ernest. 1964. *The Life and Work of Sigmund Freud*. Edited and abridged by Lionel Trilling and Steven Marcus. Harmondsworth: Penguin Books.

Jowitt, Kenneth. 1992. *New World Disorder: The Leninist Extinction*. Berkeley: University of California Press.

Judd, Denis. 2010. "Web Masters." *Times Literary Supplement*, April 2, 22.

Judson, Pieter M. 2016. *The Habsburg Empire: A New History*. Cambridge, MA: Harvard University Press.

Judt, Tony. 1998. "The Reluctant Moralist: Albert Camus and the Discomforts of Ambivalence." In *The Burden of Responsibility: Blum, Camus, Aron and the French Twentieth Century*, 87–135. Chicago: University of Chicago Press.

Kafadar, Cemal. 1993. "The Myth of the Golden Age: Ottoman Historical Consciousness in the Post-Suleymanic Era." In Inalcik and Kafadar 1993: 37–48.

———. 1995. *Between Two Worlds: The Construction of the Ottoman State*. Berkeley: University of California Press.

Kagan, Robert. 2004. *Of Paradise and Power: America and Europe in the New World Disorder*. 2nd ed. New York: Alfred A. Knopf.

Kahler, Miles. 1984. *Decolonization in Britain and France: The Domestic Consequences of International Relations*. Princeton, NJ: Princeton University Press.

Kaiser, Robert J. 1994. *The Geography of Nationalism in Russia and the USSR*. Princeton, NJ: Princeton University Press.

Kamen, Henry. 1978. "The Decline of Spain: A Historical Myth?" *Past and Present* 81: 24–50.

———. 1991. *Spain 1469–1714: A Society of Conflict*. 2nd ed. London: Longman.

———. 2003. *Empire: How Spain Became a World Power 1492–1763*. New York: HarperCollins.

———. 2005. "Depriving the Spaniards of Their Empire." *Common Knowledge* 11 (2): 240–48.

Kann, Robert A. [1950] 1970. *The Multinational Empire: Nationalism and National Reform in the Habsburg Monarchy 1848–1918*. 2 vols. New York: Octagon Books.

———. [1957] 1973. *The Habsburg Empire: A Study in Integration and Disintegration*. New York: Octagon Books.

———. 1977. "Trends toward Colonialism in the Habsburg Empire, 1878–1918: The Case of Bosnia-Hercegovina, 1878–1914." In Rowney and Orchard 1977: 164–80.

————. 1980. *A History of the Habsburg Empire 1526–1918.* Berkeley: University of California Press.

————. 1991a. *Dynasty, Politics and Culture: Selected Essays.* Edited by Stanley B. Winters. Highland Lakes, NJ: Atlantic Research and Publications.

————. 1991b. "The Dynasty and the Imperial Idea." In Kann 1991a: 45–67.

————. 1991c. "The Social Prestige of the Habsburg Officer Corps in the Habsburg Empire from the Eighteenth Century to 1918." In Kann 1991a: 221–51.

————. 1991d. "The Austro-Hungarian Compromise of 1867 in Retrospect: Causes and Effect." In Kann 1991a: 193–218.

————. [1966] 2011. "Should the Habsburg Empire Have Been Saved? An Exercise in Speculative History." *Austrian History Yearbook* 42: 203–10.

Kann, Robert A., and Zdenek V. David. 1984. *The Peoples of the Eastern Habsburg Lands, 1526–1918.* Seattle: University of Washington Press.

Kanya-Forstner, A. S. 1972. "French Expansion in Africa: The Mythical Theory." In Owen and Sutcliffe 1972: 277–94.

Kappeler, Andreas. 1992. "The Ukrainians of the Russian Empire, 1860–1914." In *The Formation of National Elites,* edited by Andreas Kappeler, in collaboration with Fikret Adanit and Alan O'Day, 105–32. Aldershot: Dartmouth; New York: New York University Press.

————. 2001. *The Russian Empire: A Multi-Ethnic History.* Translated by Alfred Clayton. Harlow, Essex: Longman.

Kappeler, Andreas, Zenon E. Kohut, Frank E. Syusyn, and Mark von Hagen, eds. 2003. *Culture, Nation, and Identity: The Ukrainian-Russian Encounter, 1600–1945.* Edmonton: Canadian Institute of Ukrainian Studies Press.

Karpat, Kemal H. 1972. "The Transformation of the Ottoman State, 1789–1908." *International Journal of Middle East Studies* 3 (3): 243–81. (Also in Karpat 2002: 27–74.)

————. 1982. "*Millets* and Nationality: The Roots of the Incongruity of Nation and State in the Post-Ottoman Era." In Braude and Lewis 1982a: 1:141–69.

————. 2002. *Studies in Ottoman Social and Political History: Selected Articles and Essays.* Leiden: Brill.

Kasaba, Resat, ed. 2008. *The Cambridge History of Turkey.* Vol. 4, *Turkey in the Modern World.* Cambridge: Cambridge University Press.

Kaspe, Sviayoslav. 2007. "Imperial Political Culture and Modernization in the Second Half of the Nineteenth Century." In Burbank, von Hagen, and Remnev 2007: 455–93.

Kates, Gary. 1989. "Jews into Frenchmen: Nationality and Representation in Revolutionary France." *Social Research* 56 (1): 213–32.

Kaufmann, Eric P., ed. 2004. *Rethinking Ethnicity: Majority Groups and Dominant Minorities.* London: Routledge.

Kautsky, John H. [1982] 1997. *The Politics of Aristocratic Empires.* New Brunswick, NJ: Transaction Books.

Kayali, Hasan. 2008. "The Struggle for Independence." In Kasaba 2008: 112–46.

Keane, John. 2003. *Global Civil Society?* Cambridge: Cambridge University Press.

Kelly, Christopher. 2009. *The End of Empire: Attila the Hun and the Fall of Rome.* New York: W. W.

Norton. (Published 2008 in London by The Bodley Head as *Attila the Hun: Barbarian Terror and the Fall of the Roman Empire*.)

Kelly, J.N.D. 1975. *Jerome: His Life, Writings, and Controversies*. London: Duckworth.

Kendle, John. 1997. *Federal Britain: A History*. London: Routledge.

Kennedy, Duncan F. 1999. "A Sense of Place: Rome, History and Empire Revisited." In Edwards 1999b: 19–34.

Kennedy, Paul. 1983. "Why Did the British Empire Last So Long?" In *Strategy and Diplomacy 1870–1945: Eight Studies*, 197–218. London: Allen and Unwin.

———. [1988] 1990. *The Rise and Fall of the Great Powers: Economic Change and Military Conflict from 1500 to 2000*. London: Fontana Press.

Kenny, Kevin. 2006a. "Ireland and the British Empire: An Introduction." In Kenny 2006c: 1–25.

———. 2006b. "The Irish in the Empire." In Kenny 2006c: 90–122.

———, ed. 2006c. *Ireland and the British Empire*. Oxford: Oxford University Press.

Khalid, Adeeb. 2006. "Backwardness and the Quest for Civilization: Early Soviet Central Asia in Comparative Perspective." *Slavic Review* 65 (2): 231–51.

———. 2007. "The Soviet Union as an Imperial Formation: A View from Central Asia." In Stoler, McGranhan, and Perdue 2007: 113–39.

Khazanov, Anatoly. M. 1995. *After the USSR: Ethnicity, Nationalism, and Politics in the Commonwealth of Independent States*. Madison: University of Wisconsin Press.

———. 2003. "A State without a Nation? Russia after Empire." In *The Nation-State in Question*, edited by T. V. Paul, G . John Ikenberry, and John H. Hall, 79–105. Princeton, NJ: Princeton University Press.

Kiernan, V. G. 1974. "The Marxist Theory of Imperialism and Its Historical Formation." In *Marxism and Imperialism*, 1–68. London: Edward Arnold.

———. 1982. "Tennyson, King Arthur, and Imperialism." In *Culture, Ideology and Politics*, edited by R. Samuel and G. S. Jones, 126–48. London: Routledge and Kegan Paul.

———. [1982] 1998. *Colonial Empires and Armies 1815–1960*. Stroud, Gloucestershire: Sutton Publishing. (Previously published under the title, *European Empires from Conquest to Collapse, 1815–1960*.)

King, Desmond. 2006. "When an Empire Is Not an Empire: The US Case." *Government and Opposition* 41 (2): 163–96.

Kiser, John W. 2009. *Commander of the Faithful: The Life and Times of Abd el-Kader*. London: Monkfish Book Publishing Company.

Kitsikis, Dimitri. 1994. *L'Empire Ottoman*. 3rd ed. Paris: Presses Universitaires de France.

Kivelson, Valerie. 1997. "Merciful Father, Impersonal State: Russian Autocracy in Comparative Perspective." *Modern Asian Studies* 312 (3): 635–63.

Klier, John Doyle. 1986. *Russia Gathers Her Jews: The Origins of the "Jewish Question" in Russia, 1772–1825*. Dekalb: Northern Illinois University Press.

———. 1989. "The Concept of 'Jewish Emancipation' in a Russian Context." In Crisp and Edmondson 1989: 121–44.

———. 1995. *Imperial Russia's Jewish Question, 1855–1881*. Cambridge: Cambridge University

Press.

———. 2001. "State Policies and the Conversion of Jews in Imperial Russia." In Geraci and Khodarkovsky 2001: 92–112.

Klyuchevsky, Vasilii. 1958. *Peter the Great*. Translated by Liliana Archibald. Vol. 4 of *The History of Russia*. New York: Vintage.

Knapp, Robert C. 1977. *Aspects of the Roman Experience in Iberia, 206–100 BC*. Anejos de Hispania antiqua, 9. Valladolid: Universidad.

Knight, Nathaniel. 2000. "Ethnicity, Nationality and the Masses: *Narodnost'* and Modernity in Imperial Culture." In Hoffmann and Kotsonis 2000: 41–64.

Koditschek, Theodore. 2011. *Liberalism, Imperialism, and the Historical Imagination: Nineteenth-Century Visions of a Greater Britain*. Cambridge: Cambridge University Press.

Koebner, Richard. 1961. *Empire*. Cambridge: Cambridge University Press.

Koebner, Richard, and Helmut Dan Schmidt. 1964. *Imperialism: The Story and Significance of a Political Word, 1840–1960*. Cambridge: Cambridge University Press.

Koenigsberger, Helmut. 1987. "*Dominium Regale* or *Dominium Politicum et Regale*: Monarchies and Parliaments in Early Modern History." In *Politicians and Virtuosi: Essays in Early Modern History*, 1–25. London: The Hambledon Press.

Kohn, Hans. 1961. *The Habsburg Empire 1804–1918* (Text and documents). Princeton, NJ: Van Nostrand.

———, ed. 1962. *The Mind of Modern Russia: Historical and Political Thought of Russia's Great Age*. New York: Harper Torchbooks.

———. 1965. *Nationalism: Its Meaning and History*. Rev. ed. Princeton, NJ: Van Nostrand.

———. 1971. "Soviet Communism and Nationalism." In Allworth 1971: 43–71.

Köprülü, M. Fuad. [1935] 1992. *The Origins of the Ottoman Empire*. Translated and edited by Gary Leiser. Albany: State University of New York Press.

Koshar, Rudy. 1998. *Germany's Transient Pasts: Preservation and Memory in the Twentieth Century*. Chapel Hill: University of North Carolina Press.

Kotkin, Stephen. 2001. "Modern Times: The Soviet Union and the Interwar Conjuncture." *Kritika* 2 (1): 111–64.

Kreindler, Isabelle. 1977. "A Neglected Source of Lenin's Nationality Policy." *Slavic Review* 36 (1): 86–100.

Kristof, Ladis K. D. 1967. "The State-Idea, the National Idea and the Image of the Fatherland." *Orbis* 11 (Spring): 238–55.

Kumar, Krishan. 2000. "Nation and Empire: English and British National Identity in Comparative Perspective." *Theory and Society* 29 (5): 578–608.

———. 2001. *1989: Revolutionary Ideas and Ideals*. Minneapolis: University of Minnesota Press.

———. 2003. *The Making of English National Identity*. Cambridge: Cambridge University Press.

———. 2005. "When Was the English Nation?" In *When Is the Nation? Towards an Understanding of Theories of Nationalism*, edited by Atsuko Ichijo and Gordana Uzelac, 137–56. London: Routledge.

———. 2010. "Nation-States as Empires, Empires as Nation-States: Two Principles, One Practice?" *Theory and Society* 39 (2): 119–43.

———. 2012a. "Empire, Nation, and National Identities." In Thompson 2012: 298–329.

———. 2012b. "Greece and Rome in the British Empire: Contrasting Role Models." *Journal of British Studies* 51 (1): 76–101.

———. 2015. *The Idea of Englishness: English Culture, National Identity, and Social Thought.* London: Ashgate.

Kundera, Milan. 1984. "The Tragedy of Central Europe." *New York Review of Books*, April 26, 33–38.

Kunt, I. Metin. 1982. "Transformation of *Zimmi* into *Askeri*." In Braude and Lewis 1982a: 1:55–67.

Kunt, Metin, and Christine Woodhead, eds. 1995. *Süleyman the Magnificent and His Age: The Ottoman Empire in the Early Modern World.* London: Longman.

Kupchan, Charles A. 1994. *The Vulnerability of Empire.* Ithaca, NY: Cornell University Press.

Kuzio, Taras. 2002. "The Myth of the Civic State." *Ethnic and Racial Studies* 25 (1): 20–39.

Kuzmics, Helmut, and Roland Axtmann. 2007. *Authority, State and National Character: The Civilizing Process in Austria and England, 1700–1900.* Aldershot: Ashgate.

Kwarteng, Kwasi. 2012. *Ghosts of Empire: Britain's Legacies in the Modern World.* London: Bloomsbury.

Lal, Deepak. 2004. *In Praise of Empires: Globalization and Order.* New York: Palgrave Macmillan.

Lampert, E. 1957. *Studies in Rebellion.* London: Routledge and Kegan Paul.

Landes, David S. 1961. "Some Thoughts on the Nature of Economic Imperialism." *Journal of Economic History* 21 (4): 496–512.

Lane Fox, Robin. 1986. *Alexander the Great.* London: Penguin Books.

Lapidus, Gail W., and Victor Zaslavsky, with Philip Goldman, eds. 1992. *From Union to Commonwealth: Nationalism and Separatism in the Soviet Republics.* Cambridge: Cambridge University Press.

Larson, Victoria Tietze. 1999. "Classics and the Acquisition and Validation of Power in Britain's 'Imperial Century' (1815–1914)." *International Journal of the Classical Tradition* 6 (2): 185–225.

Laruelle, Marlène. 2008. *Russian Eurasianism: An Ideology of Empire.* Translated by Mischa Gabowitsch. Baltimore: Johns Hopkins University Press.

Laurence, Ray, and Joanne Berry, eds. 1998. *Cultural Identity in the Roman Empire.* London: Routledge.

Lebovics, Herman. 1994. *True France: The Wars over Cultural Identity, 1900–1945.* Ithaca, NY: Cornell University Press.

———. 2004. *Bringing the Empire Back Home: France in the Global Age.* Durham, NC: Duke University Press.

LeDonne, John P. 1997. *The Russian Empire and the World 1700–1917: The Geopolitics of Expansion and Containment.* New York: Oxford University Press.

Lee, Mark. 2004. "The Story of Greater Britain: What Lessons Does It Teach?" *National Identities* 6 (2): 123–42.

Lenin, V. I. [1917] 1939. *Imperialism: The Highest Stage of Capitalism.* New York: International Publishers.

———. 1962. *Critical Remarks on the National Question* [1913] *and The Right of Nations to Self-*

Determination [1914–16]. Moscow: Foreign Languages Publishing House.

Leatherbarrow, W. J., and D. C. Offord, eds. 1987. *A Documentary History of Russian Thought: From the Enlightenment to Marxism*. Ann Arbor, MI: Ardis.

Leonhard, Jörn, and Ulrike von Hirschhausen, eds. 2011. *Comparing Empires: Encounters and Transfers in the Long Nineteenth Century*. Göttingen: Vandenhoeck and Ruprecht.

Le Rider, Jacques. 1994. "Hugo von Hofmannsthal and the Austrian Idea of Central Europe." In Robertson and Timms 1994: 121–35.

Lester, Alan. 2002. "British Settler Discourse and the Circuits of Empire." *History Workshop Journal* 54: 25–48.

———. 2006. "Imperial Circuits and Networks: Geographies of the British Empire." *History Compass* 4 (1): 124–41.

Lewis, Bernard. 1958. "Some Reflections on the Decline of the Ottoman Empire." *Studia Islamica* 9: 117–27.

———. 1962. "Ottoman Observers of Ottoman Decline." *Islamic Studies* 1: 71–87.

———. 1968. *The Emergence of Modern Turkey*. 2nd ed. London: Oxford University Press.

———. [1982] 2001. *The Muslim Discovery of Europe*. New York: W. W. Norton and Co.

Lewis, Sir George Cornewall. [1841] 1891. *An Essay on the Government of Dependencies*. New ed. Edited by C. P. Lucas. Oxford: Clarendon Press.

Lewis, Martin Deming. 1962. "One Hundred Million Frenchmen: The 'Assimilation' Theory in French Colonial Policy." *Comparative Studies in Society and History* 4 (2): 129–53.

Lichtheim, George. 1974. *Imperialism*. Harmondsworth: Penguin Books.

Lieven, Dominic. 1989. *Russia's Rulers under the Old Regime*. New Haven, CT: Yale University Press.

———. 2001. *Empire: The Russian Empire and Its Rivals*. New Haven, CT: Yale University Press.

Lindner, Rudi Paul. 1983. *Nomads and Ottomans in Medieval Anatolia*. Bloomington: Research Institute for Inner Asian Studies, Indiana University.

Lintott, Andrew. 1981. "What Was the 'Imperium Romanum'?" *Greece and Rome*, 2nd ser., 28 (1): 53–67.

Livi-Baci, Massimo. 1992. *A Concise History of World Population*. Translated by Carlo Ipsen. Cambridge, MA: Blackwell.

Livy. [c. 25 BCE] 1998. *The Rise of Rome: Books One to Five*. Translated by T. J. Luce. Oxford: Oxford University Press.

Lloyd, T. O. 1996. *The British Empire 1558–1995*. 2nd ed. Oxford: Oxford University Press.

Locke, John. [1689] 2010. "A Letter concerning Toleration." In *Locke on Toleration*, edited by Richard Vernon, 3–46. Cambridge: Cambridge University Press.

Longworth, Philip. 2006. *Russia's Empires. Their Rise and Fall: From Prehistory to Putin*. London: John Murray.

Lorcin, Patricia M. E. 1995. *Imperial Identities: Stereotyping, Prejudice and Race in Colonial Algeria*. London: I. B. Tauris.

———, ed. 2006. *Algeria and France 1800–2000: Identity—Memory—Nostalgia*. Syracuse, NY:

Syracuse University Press.

Losemann, Volker. 1999. "The Nazi Concept of Rome." in Edwards 1999b: 221–35.

Louis, W. Roger, ed. 1976. *Imperialism: The Robinson and Gallagher Controversy.* New York: New Viewpoints.

———. 1992. *In the Name of God, Go! Leo Amery and the British Empire in the Age of Churchill.* New York: W. W. Norton.

———, editor-in-chief. 1998–99. *The Oxford History of the British Empire.* 5 vols. Oxford: Oxford University Press.

———. 1999a. "Introduction." In Brown and Louis 1999: 1–46.

———. 1999b. "The Dissolution of the British Empire." In Brown and Louis 1999: 329–56.

Louis, Wm. Roger, and Ronald Robinson. 1994. "The Imperialism of Decolonization." *Journal of Imperial and Commonwealth History* 22 (3): 462–511.

Löwe, Heinz-Dietrich. 2000. "Poles, Jews, and Tartars: Religion, Ethnicity, and Social Structure in Tsarist Nationality Policies." *Jewish Social Studies* 6 (3): 52–96.

Lowry, Heath W. 2003. *The Nature of the Early Ottoman State.* Albany: State University of New York Press.

Lucas, Sir C. P. 1912. *Greater Rome and Greater Britain.* Oxford: Clarendon Press.

Lugard, Frederick, Lord. 1965. *The Dual Mandate in British Tropical Africa.* London: Frank Cass.

Lundestad, Geir, ed. 1994. *The Fall of Great Powers: Peace, Stability and Legitimacy.* Oxford: Oxford University Press/Scandinavian Press.

Lupher, David A. 2006. *Romans in a New World: Classical Models in Sixteenth-Century Spanish America.* Ann Arbor: University of Michigan Press.

Lustick, Ian S. 1993. *Unsettled States, Disputed Lands: Britain and Ireland, France and Algeria, Israel and the West Bank–Gaza.* Ithaca, NY: Cornell University Press.

Lynch, John 1991. *Spain 1516–1598: From Nation State to World Empire.* Oxford: Blackwell.

———. 1992. *The Hispanic World in Crisis and Change: 1598–1700.* Oxford: Blackwell.

Lynn, Martin. 1999. "British Policy, Trade, and Informal Empire in the Mid-Nineteenth Century." In Porter 1999: 101–21.

Macaulay, Thomas Babington. [1840] 1907. "Ranke's History of the Popes." In *Critical and Historical Essays by Thomas Babington Macaulay,* 2 vols., 2:38–72. London: J. M. Dent and Sons.

———. [1835] 2003. "Minute on Indian Education." In Harlow and Carter 2003a: 227–45.

MacCormack, Sabine. 2009. *On the Wings of Time: Rome, the Incas, Spain, and Peru.* Princeton, NJ: Princeton University Press.

MacDonald, Robert H. 1993. *Sons of the Empire: The Frontier and the Boy Scout Movement, 1890–1918.* Toronto: University of Toronto Press.

———. 1994. *The Language of Empire: Myths and Metaphors of Popular Imperialism, 1880–1918.* Manchester: Manchester University Press.

Machiavelli, Niccolò. [1531] 1970. *The Discourses.* Translated by Leslie J. Walker. Edited by Bernard Crick. Harmondsworth: Penguin Books.

MacKenzie, David. 1988. "The Conquest and Administration of Turkestan, 1860–85." In Rywkin 1988: 208–234.

MacKenzie, John M. 1984. *Propaganda and Empire: The Manipulation of British Public Opinion 1880–1960*. Manchester: Manchester University Press.

———, ed. 1986. *Imperialism and Popular Culture*. Manchester: Manchester University Press.

———. 1999a. "Empire and Metropolitan Culture." In Porter 1999: 270–93.

———. 1999b. "The Popular Culture of Empire in Britain." In Brown and Louis 1999: 212–31.

———. 2001. "The Persistence of Empire in Metropolitan Culture." In Ward 2001: 21–36.

———, ed. 2011. *European Empires and the People*. Manchester: Manchester University Press.

Mack Smith, Denis. 1977. *Mussolini's Roman Empire*. Harmondsworth: Penguin Books.

MacLachlan, A. 1996. "'A Patriotic Scripture': The Making and Unmaking of English National Identity." *Parergon* 14 (1): 1–30.

MacLachlan, Colin M. 1991. *Spain's Empire in the New World: Role of Ideas in Institutional and Social Change*. Berkeley: University of California Press.

Macmullen, Ramsay. 2000. *Romanization in the Time of Augustus*. New Haven, CT: Yale University Press.

Magee, Gary B., and Andrew S. Thompson. 2010. *Empire and Globalisation: Networks of People, Goods and Capital in the British World, c. 1850–1914*. Cambridge: Cambridge University Press.

Maier, Charles. 2000. "Consigning the Twentieth Century to History: Alternative Narratives for the Modern Era." *American Historical Review* 105 (3): 807–31.

———. 2006. *Among Empires: American Ascendancy and Its Predecessors*. Cambridge, MA: Harvard University Press.

Majeed, Javed. 1999. "Comparativism and References to Rome in British Imperial Attitudes to India." In Edwards 1999b: 88–109.

Mamatey, Victor S. 1995. *Rise of the Habsburg Empire 1526–1815*. Malabar, FL: Krieger Publishing Company.

Mandler, Peter. 2006. *The English National Character: The History of an Idea from Edmund Burke to Tony Blair*. New Haven, CT: Yale University Press.

Manger, Philip. 1985. "'The Radetzky March': Joseph Roth and the Habsburg Myth." In Francis 1985: 40–62.

Mann, Michael. 1984. *The Sources of Social Power*. Vol. 1, *A History of Power from the Beginning to A. D. 1760*. Cambridge: Cambridge University Press.

———. 1993. *The Sources of Social Power*. Vol. 2, *The Rise of Classes and Nation-States, 1760–1914*. Cambridge: Cambridge University Press.

———. 2003. *Incoherent Empire*. London: Verso.

Manneh, Butrus Abu. 1994. "The Islamic Roots of Gülhane." *Die Welt des Islams* 34: 173–203.

Mantena, Karuna. 2010. *Alibis of Empire: Henry Maine and the Ends of Liberal Imperialism*. Princeton, NJ: Princeton University Press.

Mantena, Rama Sundari. 2010. "Imperial Ideology and the Uses of Rome in Discourses on Britain's Indian Empire." In Bradley 2010a: 54–73.

Mantran, Robert. 1980. "L'Empire ottoman." In Duverger 1980: 231–51.

———. 1982. "Foreign Merchants and the Minorities in Istanbul during the Sixteenth and

Seventeenth Centuries." In Braude and Lewis 1982a: 127–37.

Mardin, Serif. 1962. *The Genesis of Young Ottoman Thought: A Study in the Modernization of Turkish Political Ideas*. Princeton, NJ: Princeton University Press.

———. 1969. "Power, Civil Society and Culture in the Ottoman Empire." *Comparative Studies in Society and History* 11 (3): 258–81.

Marshall, D. Bruce. 1973. *The French Colonial Myth and Constitution-Making in the Fourth Republic*. New Haven, CT: Yale University Press.

Marshall, P. J. 1993. "No Fatal Impact? The Elusive History of Imperial Britain." *Times Literary Supplement*, March 12, 8–10.

———, ed. 2001. *The Cambridge Illustrated History of the British Empire*. Cambridge: Cambridge University Press.

———. 2007. *The Making and Unmaking of Empires: Britain, India, and America c. 1750–1783*. Oxford: Oxford University Press.

Martin, Ged. 1972. "Was There a British Empire?" *Historical Journal* 15 (3): 562–69.

Martin, Ged, and Benjamin E. Kline. 2001. "British Emigration and New Identities." In Marshall 2001: 254–79.

Martin, Janet. 1988. "Russian Expansion in the Far North: X to mid-XVI Century." In Rywkin 1988: 23–43.

Martin, Terry. 2001. *The Affirmative Action Empire: Nations and Nationalism in the Soviet Union, 1923–1939*. Ithaca, NY: Cornell University Press.

———. 2002. "The Soviet Union as Empire: Salvaging a Dubious Analytical Category." *Ab Imperio*, no. 2: 98–108.

Marx, Anthony. 2003. *Faith in Nation: Exclusionary Origins of Nationalism*. New York: Oxford University Press.

Marx, Karl. [1851–52] 1962. "The Eighteenth Brumaire of Louis Bonaparte." In Karl Marx and Frederick Engels, *Selected Works in Two Volumes*, 1:243–344. Moscow: Foreign Languages Publishing House.

Marx, Karl, and Frederick Engels. 1972. *Ireland and the Irish Question: A Collection of Writings*. New York: International Publishers.

Matikkala, Mira. 2011. *Empire and Imperial Ambition: Liberty, Englishness and Anti-Imperialism in Late-Victorian Britain*. London: I. B. Tauris.

Mattingly, David. 2006. *Imperial Possession: Britain in the Roman Empire, 54 BC–AD 409*. London: Allen Lane.

May, Alex. 2001. "Empire Loyalists and 'Commonwealth Men': The Round Table and the End of Empire." In Ward 2001: 37–56.

Mazower, Mark. 2005. *Salonica, City of Ghosts: Christians, Muslims and Jews 1430–1950*. London: Harper Perennial.

———. 2009. *No Enchanted Place: The End of Empire and the Ideological Origins of the United Nations*. Princeton, NJ: Princeton University Press.

———. 2015. *Governing the World: The History of an Idea*. London: Penguin Books.

McCagg, William O., Jr. 1992. "The Soviet Union and the Habsburg Empire: Problems of Comparison." In Rudolf and Good 1992: 45–63.

McDonough, Terence, ed. 2005. *Was Ireland a Colony? Economy, Politics, Ideology and Culture in Nineteenth-Century Ireland*. Galway: Irish Academic Press.

McGowan, Bruce. 1994. "The Age of the Ayans, 1699–1812." In Inalcik with Quataert 1994: 637–758.

McIntyre, W. David. 1999. "Commonwealth Legacy." In Brown and Louis 1999: 693–702.

McMahon, Deirdre. 2006. "Ireland, the Empire, and the Commonwealth." In Kenny 2006c: 182–219.

Medish, Vadim. 1980. "Special Status of the RSFSR." In Allworth 1980b: 188–99.

Mehta, Uday Singh. 1999. *Liberalism and Empire: A Study in Nineteenth-Century British Liberal Thought*. Chicago: University of Chicago Press.

Messud, Claire. 2013. "Camus and Algeria: The Moral Question." *New York Review of Books*, November 7, 56–58.

Metcalf, Thomas R. 1997. *Ideologies of the Raj*. Cambridge: Cambridge University Press.

———. 2005. "Architecture and Empire: Sir Herbert Baker and the Building of New Delhi." In *Forging the Raj: Essays on British India in the Heyday of Empire*, 140–51. New Delhi: Oxford University Press.

Miles, Gary B. 1990. "Roman and Modern Imperialism: A Reassessment." *Comparative Studies in Society and History* 32 (4): 629–59.

Miller, Alexei. 2008. *The Romanov Empire and Nationalism: Essays in the Methodology of Historical Research*. Budapest: Central European University Press.

Miller, Alexei, and Mikhail Dobilov. 2011. "'The Damned Polish Question': The Romanov Empire and the Polish Uprisings of 1830–1831 and 1863–1864." In Leonhard and von Hirschhausen 2011: 425–52.

Miller, Alexei, and Alfred J. Rieber, eds. 2004. *Imperial Rule*. Budapest: Central European University Press.

Miller, Christopher L. 1994. "Unfinished Business: Colonialism in Sub-Saharan Africa and the Ideals of the French Revolution." In *The Global Ramifications of the French Revolution*, edited by Joseph Klaits and Michael H. Haltzel, 105–26. Cambridge: Cambridge University Press.

Milner-Gulland, Robin. 1999. *The Russians*. Oxford: Blackwell Publishers.

Mommsen, Theodor. [1909] 1974. *The Provinces of the Roman Empire from Caesar to Diocletian*. 2 vols. Translated by William P. Dickson. Chicago: Ares Publishers.

Mommsen, Wolfgang J. 1978. "Power Politics, Imperialism and National Emancipation." In *Nationality and the Pursuit of National Independence*, edited by T. W. Moody, 121–40. Belfast: The Appletree Press.

———. 1982. *Theories of Imperialism*. Translated by P. S. Falla. Chicago: University of Chicago Press.

———. 1986. "The End of Empire and the Continuity of Imperialism." In Mommsen and Osterhammel 1986: 333–58.

———. 1990. "The Varieties of the Nation State in Modern History: Liberal, Imperialist, Fascist and Contemporary Notions of Nation and Nationality." In *The Rise and Decline of the Nation State*, edited by Michael Mann, 210–26. Oxford: Basil Blackwell.

Mommsen, Wolfgang J., and Jürgen Osterhammel, eds. 1986. *Imperialism and After: Continuities and Discontinuities*. London: Allen and Unwin.

Montaigne, Michel de. [1580] 1958. "On Vehicles." In *Essays*, translated by J. M. Cohen, 264–85. London: Penguin Books.

Moore, Robin J. 1999. "Imperial India, 1858–1914." In Porter 1999: 427–46.

Morefield, Jeanne. 2005. *Covenants without Swords: Idealist Liberalism and the Spirit of Empire*. Princeton, NJ: Princeton University Press.

———. 2007. "'An Education to Greece': The Round Table, Imperial Theory and the Uses of History." *History of Political Thought* 28 (2): 328–61.

Moreland, John. 2001. "The Carolingian Empire: Rome Reborn?" In Alcock et al. 2001: 392–418.

Morgan, Hiram. 1994. "An Unwelcome Heritage: Ireland's Role in British Empire-Building." *History of European Ideas* 19 (4/6): 619–25.

Morris, James. [1968] 1980a. *Pax Britannica: The Climax of an Empire*. San Diego, CA: Harcourt, Brace, Jovanovich.

———. [1978] 1980b. *Farewell the Trumpets: An Imperial Retreat*. San Diego, CA: Harcourt, Brace, Jovanovich.

Morris-Jones, W. H., and Georges Fischer, eds. 1980. *Decolonisation and After: The British and French Experience*. London: Frank Cass.

Morrison, Alexander. 2012. "Metropole, Colony, and Imperial Citizenship in the Russian Empire." *Kritika* 13 (2): 327–64.

Morrison, Kathleen D. 2001. "Sources, Approaches, Definitions." In Alcock et al. 2001: 1–9.

Morton, Frederic. 1980. *A Nervous Splendor: Vienna 1888/1889*. New York: Penguin Books.

Motyl, Alexander J. 1992. "From Imperial Decay to Imperial Collapse: The Fall of the Soviet Empire in Comparative Perspective." In Rudolph and Good 1992: 15–43.

———. 2001. *Imperial Ends: The Decay, Collapse, and Revival of Empires*. New York: Columbia University Press.

Muldoon, James. 1999. *Empire and Order: The Concept of Empire, 800–1800*. Houndmills, Basingstoke: Macmillan.

Müller, Max. [1876] 2003. "The Aryan Section." In Harlow and Carter 2003a: 239–45.

Mumford, Lewis. 1961. *The City in History: Its Origins, Its Transformations, and Its Prospects*. New York: Harcourt Brace Jovanovich.

Munck, Ronaldo. 2010. "Marxism and Nationalism in the Era of Globalization." *Capital and Class* 34 (1): 45–53.

Münkler, Herfried. 2007. *Empires: The Logic of World Domination from Ancient Rome to the United States*. Translated by Patrick Camiller. Cambridge: Polity Press.

Murdoch, Alexander. 2004. *British Emigration, 1603–1914*. Houndmills: Palgrave Macmillan.

Murphy, Agnes. [1948] 1968. *The Ideology of French Imperialism 1871–1881*. New York: Howard Fertig.

Murray, Gilbert, Francis W. Hirst, and John Laurence Hammond. 1900. *Liberalism and the Empire: Three Essays*. London: R. B. Johnson.

Musil, Robert. [1930–32] 1979. *The Man without Qualities*. Translated by Eithne Wilkins and Ernst Kaiser. 3 vols. London: Pan Books.

Muthu, Sankar. 2003. *Enlightenment against Empire*. Princeton, NJ: Princeton University Press.

———, ed. 2014. *Empire and Modern Political Thought*. Cambridge: Cambridge University Press.

Naff, Thomas. 1977a. "Introduction to Part I." In Naff and Owen 1977: 3–14.

———. 1977b. "Ottoman Diplomatic Relations with Europe in the Eighteenth Century: Patterns and Trends." In Naff and Owen 1977: 88–107.

Naff, Thomas, and Roger Owen, eds. 1977. *Studies in Eighteenth Century Islamic History*. Carbondale: Southern Illinois University Press.

Naipaul, V. S. [1967] 1985. *The Mimic Men*. New York: Vintage.

Namier, Sir Lewis. 1946. *1848: The Revolution of the Intellectuals*. London: Oxford University Press.

———. 1962. "The Downfall of the Habsburg Monarchy." In *Vanished Supremacies: Essays on European History 1812–1908*, 139–202. Harmondsworth: Penguin Books.

Nasson, Bill. 2006. *Britannia's Empire: A Short History of the British Empire*. Stroud, UK: Tempus.

Nathans, Benjamin. 2002. *Beyond the Pale: The Jewish Encounter with Late Imperial Russia*. Berkeley: University of California Press.

Nelis, Jan. 2007. "Constructing Fascist Identity: Benito Mussolini and the Myth of *Romanità*." *Classical World* 100 (4): 391–415.

Neumann, Franz. [1944] 1966. *Behemoth: The Structure and Practice of National Socialism, 1933–1944*. 2nd ed. New York: Harper.

Newman, Gerard. 1987. *The Rise of English Nationalism: A Cultural History 1740–1830*. London: Weidenfeld and Nicolson.

Newman, John Henry. [1853] 1894. "Lectures on the History of the Turks, in their relation to Europe." In *Historical Sketches*, 3 vols., 1:1–238. New York: Longmans, Green and Co.

Nicholas, Sian. 2003. "'Brushing Up Your Empire': Dominion and Colonial Propaganda on the BBC's Home Services, 1939–45." In Bridge and Fedorowich 2003: 207–30.

Nicol, Donald M. 1967. "The Byzantine View of Western Europe." *Greek, Roman and Byzantine Studies* 8 (4): 315–39.

Nimni, Ephraim J. 2000. "Introduction for the English-Reading Audience." In Bauer [1907, 1924] 2000: xv–xlv.

Nutton, V. 1978. "The Beneficial Ideology." In Garnsey and Whittaker 1978a: 209–21.

OED 1989. *Oxford English Dictionary*. 2nd ed. Oxford: Oxford University Press.

Offer, Avner. 1993. "The British Empire, 1870–1914: A Waste of Money?" *Economic History Review* 46 (2): 215–38.

———. 1999. "Costs and Benefits, Prosperity and Security, 1870–1914." In Porter 1999: 690–711.

Ohlmeyer, Jane H. 2006. "A Laboratory for Empire? Early Modern Ireland and English Imperialism." In Kenny 2006c: 26–60.

Okey, Robin. 2002. *The Habsburg Monarchy c.1765–1918*. New York: Palgrave Macmillan.

O'Leary, Brendan. 2002. "In Praise of Empires Past: Myths and Method of Kedourie's *Nationalism*." *New Left Review* 18: 106–30.

Oliver, James H. 1953. *The Ruling Power: A Study of the Roman Empire in the Second Century after Christ through the Roman Oration of Aelius Aristides*. Philadelphia: American Philosophical Society.

Olson, Robert W. 1979. "Jews in the Ottoman Empire in Light of New Documents." *Jewish Social Studies* 41 (1): 75–88.

Osterhammel, Jürgen. 1986. "Semi-Colonialism and Informal Empire in Twentieth-Century China: Towards a Framework of Analysis." In Mommsen and Osterhammel 1986: 290–314.

———. [1995] 2005. *Colonialism*. Updated and expanded ed. Translated by Shelley Frisch. Princeton, NJ: Markus Wiener Publishers.

Ousby, Ian. 2003. *The Road to Verdun: France, Nationalism and the First World War*. London: Pimlico.

Owen, Roger. 1975. "The Middle East in the Eighteenth Century—an 'Islamic' Society in Decline?" *Review of Middle East Studies* 1: 101–11.

———. 1977. "Introduction to Part II." In Naff and Owen 1977: 133–51.

———. 2005. *Lord Cromer: Victorian Imperialist, Edwardian Proconsul*. Oxford: Oxford University Press.

Owen, Roger, and Bob Sutcliffe, eds. 1972. *Studies in the Theory of Imperialism*. London: Longman.

Ozouf, Mona. 2015. *Jules Ferry: La Liberté et la tradition*. Paris: Gallimard.

Pagden, Anthony. 1987. "Identity Formation in Spanish America." In Canny and Pagden 1987: 51–93.

———. 1990. *Spanish Imperialism and the Political Imagination: Studies in European and Spanish-American Social and Political Theory 1513–1830*. New Haven, CT: Yale University Press.

———. 1994. *European Encounters with the New World: From Renaissance to Romanticism*. New Haven, CT: Yale University Press.

———. 1995. *Lords of All the World: Ideologies of Empire in Spain, Britain and France, c. 1500–c. 1800*. New Haven, CT: Yale University Press.

———. 2003. *Peoples and Empires: A Short History of European Migration, Exploration, and Conquest, from Greece to the Present*. New York: The Modern Library.

———. 2004. "Bush Is No Emperor." *Los Angeles Times*, November 14.

———. 2008. *Worlds at War: The 2,500-Year Struggle between East and West*. New York: Random House.

———. 2015. *The Burdens of Empire: 1539 to the Present*. Cambridge: Cambridge University Press.

Palen, Marc-William. 2014. "Adam Smith as Advocate of Empire, c. 1870–1932." *Historical Journal* 57 (1): 179–98.

Pares, Richard. [1937] 1954. "The Economic Factors in the History of the Empire." In *Essays in Economic History*, edited by E. M. Carus Wilson, 1:416–38. London: Edward Arnold.

Parkinson, C. Northcote. 1961. *Parkinson's Law, or the Pursuit of Progress*. London: John Murray.

Parla, Taha. 1985. *The Social and Political Thought of Ziya Gökalp*. Leiden: Brill.

Parrot, Bruce. 1997. "Analyzing the Transformation of the Soviet Union in Comparative Perspective." In Dawisha and Parrott 1997: 3–29.

Parry, J. H. 1940. *The Spanish Theory of Empire in the Sixteenth Century*. Cambridge: Cambridge

University Press.

———. [1966] 1990. *The Spanish Seaborne Empire*. Berkeley: University of California Press.

Parry, J. P. 2001. "The Impact of Napoleon III on British Politics, 1851–1880." *Transactions of the Royal Historical Society*, 6th ser., 11: 147–75.

Parsons, Timothy H. 2010. *The Rule of Empires: Those Who Built Them, Those Who Endured Them, and Why They Always Fall*. Oxford: Oxford University Press.

Paul, Kathleen. 1997. *Whitewashing Britain: Race and Citizenship in the Postwar Era*. Ithaca, NY: Cornell University Press.

Paxman, Jeremy. 2012. *Empire*. London: Penguin Books.

Payne, Matt. 2001. "The Forge of the Kazakh Proletariat? The Turksib, Nativization, and Industrialization during Stalin's First Five-Year Plan." In Suny and Martin 2001: 223–52.

Pearson, Raymond. 1989. "Privileges, Rights, and Russification." In Crisp and Edmondson 1989: 85–102.

Pedersen, Susan. 2015. *The Guardians: The League of Nations and the Crisis of Empire*. Oxford: Oxford University Press.

Peirce, Leslie P. 1993. *The Imperial Harem: Women and Sovereignty in the Ottoman Empire*. Oxford: Oxford University Press.

Perdue, Peter C. 2005. *China Marches West: The Qing Conquest of Central Eurasia*. Cambridge, MA: Belknap Press of Harvard University Press.

Persell, Stuart M. 1974. "Joseph Chailley-Bert and the Importance of the *Union Coloniale Française*." *Historical Journal* 17 (1): 176–84.

Pick, Daniel. 1989. *Faces of Degeneration: A European Disorder, c.1848–c.1918*. Cambridge: Cambridge University Press.

Pipes, Richard. 1964. *The Formation of the Soviet Union: Communism and Nationalism: 1917–1923*. Rev. ed. Cambridge, MA: Harvard University Press.

———. [1974] 1995. *Russia under the Old Regime*. 2nd ed. London: Penguin Books.

Pirenne, Henri. 1939. *Mohammed and Charlemagne*. London: Allen and Unwin.

Pitts, Jennifer. 2005. *A Turn to Empire: The Rise of Imperial Liberalism in Britain and France*. Princeton, NJ: Princeton University Press.

———. 2016. "Oriental Despotism and the Ottoman Empire." Paper presented at the University of Virginia, March 18, 2016.

Plutarch. 1871. "The Fortune or Virtue of Alexander the Great." In *Plutarch's Morals*, edited by William W. Goodwin, 5 vols., 1: 475–516. Boston: Little, Brown, and Company.

Pocock, J.G.A. 1977. "Between Machiavelli and Hume: Gibbon as Civic Humanist and Philosophical Historian." In Bowersock, Clive, and Graubard 1977: 103–19.

———. 1985. *Virtue, Commerce and History*. Cambridge: Cambridge University Press.

———. 2005. "Empire, State and Confederation: The War of American Independence as a Crisis in Multiple Monarchy." In *The Discovery of Islands: Essays in British History*, 134–63. Cambridge: Cambridge University Press.

Polybius. 1979. *The Rise of the Roman Empire*. Translated by Ian Scott-Kilvert. London: Penguin Books.

Porter, Andrew, ed. 1999. *The Oxford History of the British Empire*. Vol. 3, *The Nineteenth Century*. Oxford: Oxford University Press.

Porter, Bernard. 1968. *Critics of Empire: British Radical Attitudes to Colonialism in Africa, 1895–1914*. London: Macmillan.

———. 1982. "The Edwardians and Their Empire." In *Edwardian England*, edited by Donald Read, 128–44. London: Croom Helm.

———. 2004a. *The Lion's Share: A Short History of British Imperialism 1850–2004*. 4th ed. Harlow, UK: Pearson-Longman.

———. 2004b. *The Absent-Minded Imperialists: Empire, Society, and Culture in Britain*. Oxford: Oxford University Press.

———. 2006. *Empire and Superempire: Britain, America and the World*. New Haven, CT: Yale University Press.

———. 2008. "Further Thoughts on Imperial Absent-Mindedness." *Journal of Imperial and Commonwealth History* 36 (1): 101–17.

Powell, J. Enoch. 1969. *Freedom and Reality*. London: B. T. Batsford.

Price, Richard. 2008. *Making Empire: Colonial Encounters and the Creation of Imperial Rule in Nineteenth-Century Africa*. Cambridge: Cambridge University Press.

Price, S.R.F. 1984. *Rituals and Power: The Roman Imperial Cult in Asia Minor*. Cambridge: Cambridge University Press.

Prizel, Ilya. 1998. *National Identity and Foreign Policy: Nationalism and Leadership in Poland, Russia, and Ukraine*. Cambridge: Cambridge University Press.

Prochaska, David. 1990. *Making Algeria French: Colonialism in Bône, 1870–1920*. Cambridge: Cambridge University Press.

Quataert, Donald. 1994. "The Age of Reforms, 1812–1914." In Inalcik with Quataert 1994: 761–943.

———. 2000. *The Ottoman Empire 1700–1922*. Cambridge: Cambridge University Press.

Quinn, Frederick. 2002. *The French Overseas Empire*. Westport, CT: Praeger.

Raeff, Marc, ed. 1966. *Russian Intellectual History: An Anthology*. New York: Harcourt, Brace and World.

———. 1971. "Patterns of Russian Imperial Policy toward the Nationalities." In Allworth 1971: 22–42.

Rajan, Balchandra, and Elizabeth Sauer, eds. 2004. *Imperialisms: Historical and Literary Investigations, 1500–1900*. New York: Palgrave.

Raphael, Frederick. 2012. "Double Vision." *Times Literary Supplement*, February 17, 3–5.

Rasiak, Ruslan O. 1980. "'The Soviet People': Multiethnic Alternative or Ruse?" In Allworth 1980b: 159–71.

Raun, Toivo U. 1977. "National Elites and Russification in the Baltic Provinces of the Russian Empire, 1861–1914: The Case of the Estonians." In Rowney and Orchard 1977: 123–47.

Ray, Himanshu Prabha, and Daniel T. Potts, eds. 2008. *Memory as History: The Legacy of Alexander in Asia*. Delhi: Eastern Book Corporation.

Rayner, A. J. 1942. "Christian Society in the Roman Empire." *Greece and Rome* 11 (33): 113–23.

Rees, E. A. 1998. "Stalin and Russian Nationalism." In Hosking and Service 1998: 77–106.

Reid, Donald M. 1996. "Cromer and the Classics: Imperialism, Nationalism and the Greco-Roman Past in Modern Egypt." *Middle Eastern Studies* 32 (1): 1–29.

Reinkowski, Maurus. 2011. "The Imperial Idea and *Realpolitik*: Reform Policy and Nationalism in the Ottoman Empire." In Leonhard and von Hirschhausen 2011: 453–71.

Reisz, Emma. 2010. "Classics, Race, and Edwardian Anxieties about Empire." In Bradley 2010a: 210–28.

Renan, Ernest. [1882] 2001. "What Is a Nation?" In *Nations and Identities: Classic Readings*, edited by Vincent P. Pecora, 162–76. Malden, MA: Blackwell.

Riasanovsky, Nicholas V. 1959. *Nicholas I and Official Nationality in Russia, 1825–1855*. Berkeley: University of California Press.

———. 1965. *Russia and the West in the Teaching of the Slavophiles: A Study of Romantic Ideology*. Gloucester, MA: Peter Smith.

———. 2005. *Russian Identities: A Historical Survey*. Oxford: Oxford University Press.

Rich, Paul B. 1990. *Race and Empire in British Politics*. 2nd ed. Cambridge: Cambridge University Press.

Richards, Jeffrey. 2001. *Imperialism and Music: Britain 1876–1953*. Manchester: Manchester University Press.

Richardson, J. S. 1991. "*Imperium Romanum*: Empire and the Language of Power." *Journal of Roman Studies* 81 (1): 1–9.

Richter, Melvin. 1963. "Tocqueville on Algeria." *Review of Politics* 25: 362–98.

Robertson, Ritchie, and Edward Timms, eds. 1994. *The Habsburg Legacy: National Identity in Historical Legacy*. Edinburgh: Edinburgh University Press.

Robinson, Ronald, and John Gallagher, with Alice Denny. [1961] 1981. *Africa and the Victorians: The Climax of Imperialism*. 2nd ed. London: Macmillan.

Rodkiewicz, Witold. 1998. *Russian Nationality Policy in the Western Provinces of the Empire (1863–1905)*. Lublin: Scientific Society of Lublin.

Rodrigue, Aron. 1995. "Difference and Tolerance in the Ottoman Empire." *Stanford Humanities Review* 5 (1): 81–90.

Rogers, Adam, and Richard Hingley. 2010. "Edward Gibbon and Francis Haverfield: The Traditions of Imperial Decline." In Bradley 2010a: 189–209.

Rogger, Hans. 1962. "Nationalism and the State: A Russian Dilemma." *Comparative Studies in Society and History* 4 (3): 253–64.

———. 1983. *Russia in the Age of Modernisation and Revolution 1881–1917*. London: Longman.

Ross, Kristen. 1995. *Fast Cars, Clean Bodies: Decolonisation and the Reordering of French Culture*. Cambridge, MA: MIT Press.

Ross, Robert J., and Gerald J. Telkamp, eds. 1985. *Colonial Cities: Essays on Urbanism in a Colonial Context*. Dordrecht: Martinus Nijhoff Publishers.

Roth, Joseph. [1932] 1995. *The Radetzky March*. Translated by Joachim Neugroschel. New York: The Overlook Press.

———. [1938]. 2002. *The Emperor's Tomb*. Translated by John Hoare. New York: The Overlook Press.

———. 2012. *A Life in Letters*. Translated and edited by Michael Hofmann. New York: W. W. Norton and Company.

Rowley, David G. 1997. "Aleksandr Solzhenitsyn and Russian Nationalism." *Journal of Contemporary History* 32 (3): 321–37.

———. 2000. "Imperial versus National Discourse: The Case of Russia." *Nations and Nationalism* 6 (1): 23–42.

Rowney, Don Karl, and G. Edward Orchard, eds. 1977. *Russian and Slavic History*. Columbus, OH: Slavica Publishers.

Roy, Arundhati. 2004. "People vs. Empire." *In These Times*, December 14. http://www.alternet .org/story/20734. Accessed November 11, 2004.

Rozenblit, Marsha L. 2005. "On the Cult of Franz Joseph: Jews and the Habsburg Monarchy in the Nineteenth Century." Paper delivered at the conference "Religion, Identity, and Empire," Yale University, April 16–17, 2005.

Rudolph, Richard L., and David F. Good, eds. 1992. *Nationalism and Empire: The Habsburg Monarchy and the Soviet Empire*. New York: St. Martin's Press.

Rushdie, Salman. 1992. *Imaginary Homelands: Essays and Criticism 1981–1991*. London: Granta Books.

Russell, Conrad. 1995. "Composite Monarchies in Early Modern Europe: The British and Irish Example." In *Uniting the Kingdom? The Making of British History*, edited by Alexander Grant and Keith J. Stringer, 133–46. London and New York: Routledge.

Rywkin, Michael. 1980. "The Russia-Wide Soviet Federated Socialist Republic (RSFSR): Privileged or Underprivileged?" In Allworth 1980b: 179–87.

———, ed. 1988. *Russian Colonial Expansion to 1917*. London: Mansell.

Saada, Emmanuelle. 2012. *Empire's Children: Race, Filiation, and Citizenship in the French Colonies*. Translated by Arthur Goldhammer. Chicago: University of Chicago Press.

———. 2013. "Nation and Empire in the French Context." In Steinmetz 2013: 321–339.

Sabine, George H. 1960. *A History of Political Theory*. 3rd ed. London: George Harrap.

Şahin, Kaya. 2015. *Empire and Power in the Reign of Süleyman*. Cambridge: Cambridge University Press.

Said, Edward W. 1979. *Orientalism*. New York: Vintage.

Sakharov, A. N. 1998. "The Main Phases and Distinctive Features of Russian Nationalism." In Hosking and Service 1998: 7–18.

Salzman, Ariel. 1993. "An Ancien Regime Revisited: 'Privatization' and Political Economy in the Eighteenth-Century Ottoman Empire." *Politics and Society* 21 (4): 393–423.

———. 2004. *Tocqueville in the Ottoman Empire: Rival Paths to the Modern State. The Ottoman Empire and Its Heritage*. Leiden: E. J. Brill.

———. 2010. "Is There a Moral Economy of State Formation? Religious Minorities and Repertoires of Regime Integration in the Middle East and Western Europe, 600–1614." *Theory and Society* 39 (3): 299–313.

Samman, Khaldoun. 2007 *Cities of God and Nationalism: Mecca, Jerusalem, and Rome as Contested World Cities*. Boulder, CO: Paradigm Publishers.

Sandner, Günther. 2005. "Nations without Nationalism: The Austro-Marxist Discourse on

Multiculturalism." *Journal of Language and Politics* 4 (2): 273–91.

Sarkisyanz, Emanuel. 1974. "Russian Imperialism Reconsidered." In Hunczak 1974: 45–81.

Sartre, Maurice. 2006. *The Middle East under Rome*. Translated from the French by Catherine Porter and Elizabeth Rawlings. Cambridge, MA: Harvard University Press.

Sauer, Walter. 2007. "Austria-Hungary: The Making of Central Europe." In Aldrich 2007: 196–219.

Saunders, David. 1982. "Historians and Concepts of Nationality in Early Nineteenth-Century Russia." *Slavonic and East European Review* 60 (1): 44–62.

———. 1992. *Russia in the Age of Reaction and Reform 1801–1881*. London: Longman.

Schiavone, Aldo. 2000. *The End of the Past: Ancient Rome and the Modern West*. Translated by Margery J. Schneider. Cambridge, MA: Harvard University Press.

Schivelbusch, Wolfgang. 2004. *The Culture of Defeat: On National Trauma, Mourning, and Recovery*. Translated by Jefferson Chase. London: Granta Books.

Schmidt, H. D. 1953. "The Idea and Slogan of 'Perfidious Albion.'" *Journal of the History of Ideas* 14 (4): 604–16.

Schorske, Carl E. 1980. *Fin-de-Siècle Vienna: Politics and Culture*. New York: Alfred A. Knopf.

———. 1991. "Freud: The Psychoarchaeology of Civilisations." In *The Cambridge Companion to Freud*, edited by J. Neu, 8–24. Cambridge: Cambridge University Press.

Schreuder, D. M. 1976. "The Cultural Factor in Victorian Imperialism: A Case Study of the British 'Civilising Mission.'" *Journal of Imperial and Commonwealth History* 4 (3): 283–317.

Schulze, Max-Stephan. 1997. "Economic Development in the Nineteenth Century Habsburg Empire." *Austrian History Yearbook* 38: 293–307.

Schumpeter, Joseph. [1919] 1974. "Imperialism." In *Imperialism and Social Classes: Two Essays*, translated by Heinz Norden. New York: New American Library.

Schwarz, Bill. 2013. *The White Man's World*. Vol. 1, *Memories of Empire*. Oxford: Oxford University Press.

Scobie, Alex. 1990. *Hitler's State Architecture: The Impact of Classical Antiquity*. University Park: Pennsylvania State University Press.

Scott, Paul. [1975] 1977. *A Division of the Spoils*. London: Granada.

Seeley, J. R. 1869. "Roman Imperialism." Three Lectures. *Macmillan's Magazine*, July (185–97), August (281–91), October (473–84).

———. [1883] 1971. *The Expansion of England*. Chicago: University of Chicago Press.

Semyonov, Alexander, Marina Mogilner, and Ilya Gerasimov. 2013. "Russian Sociology in Imperial Context." In Steinmetz 2013: 53–82.

Sergeev, Evgeny. 2013. *The Great Game, 1856–1907*. Baltimore: Johns Hopkins University Press.

Seton-Watson, Hugh. 1964. "Nationalism and Multi-national Empires." In *Nationalism and Communism: Essays 1946–1963*, 3–35. New York: Praeger.

———. 1986. "Russian Nationalism in Historical Perspective." In Conquest 1986: 14–29.

Shaw, Stanford. 1976. *History of the Ottoman Empire and Modern Turkey*. Vol. 1, *Empire of the Gazis: The Rise and Decline of the Ottoman Empire, 1280–1808*. Cambridge: Cambridge University Press.

———. 1991. *The Jews of the Ottoman Empire and the Turkish Republic*. New York: New York University Press.

Shaw, Stanford J., and Ezel Kural Shaw. 1977. *History of the Ottoman Empire and Modern Turkey.* Vol. 2, *Reform, Revolution, and Republic: The Rise of Modern Turkey, 1808–1975.* Cambridge: Cambridge University Press.

Shepard, Todd. 2008. *The Invention of Decolonization: The Algerian War and the Remaking of France.* Ithaca, NY: Cornell University Press.

Sherwin-White, A. N. 1967. *Racial Prejudice in Ancient Rome.* Cambridge: Cambridge University Press.

———. 1973. *The Roman Citizenship.* 2nd ed. Oxford: Clarendon Press.

Shipway, Martin. 2008. *Decolonization and Its Impact: A Comparative Approach to the End of Colonial Empires.* Malden, MA: Blackwell Publishing.

Shumate, Nancy. 2006. *Nation, Empire, Decline: Studies in Rhetorical Continuity from the Romans to the Modern Era.* London: Duckworth.

Simon, Gerhard. 1991. *Nationalism and Policy toward the Nationalities in the Soviet Union: From Totalitarian Dictatorship to Post-Stalinist Society.* Translated by Karen Forster and Oswald Forster. Boulder, CO: Westview Press.

Singer, Barnett. 1991. "Lyautey: An Interpretation of the Man and French Imperialism." *Journal of Contemporary History* 26 (1): 131–57.

Sinha, Mrinalini. 2014. "Whatever Happened to the Third British Empire? Empire, Nation Redux." In Thompson 2014: 168–87.

Sked, Alan. 1981. "Historians, the Nationality Question, and the Downfall of the Habsburg Empire." *Transactions of the Royal Historical Society,* 5th ser., 31: 175–93.

———. 2001. *The Decline and Fall of the Habsburg Empire 1815–1918.* 2nd ed. Harlow: Pearson Education.

Slezkine, Yuri. 1994. *Arctic Mirrors: Russia and the Small Peoples of the North.* Ithaca, NY: Cornell University Press.

———. [1994] 1996. "The USSR as a Communal Apartment, or How a Socialist State Promoted Ethnic Particularism." In Eley and Suny 1996: 203–38.

———. 1997. "Naturalists versus Nations: Eighteenth-Century Russian Scholars Confront Ethnic Diversity." In Brower and Lazzerini 1997: 27–57.

———. 2000. "Imperialism as the Highest Stage of Socialism." *Russian Review* 59 (2): 227–34.

———. 2004. *The Jewish Century.* Princeton, NJ: Princeton University Press.

Slocum, John W. 1998. "Who, and When, Were the *Inorodtsy*? The Evolution of the Category of 'Aliens' in Imperial Russia." *Russian Review* 57 (2): 173–90.

Smith, Adam. [1776] 1910. *The Wealth of Nations.* Edited by Edwin R. A. Seligman. 2 vols. London: Dent and Sons.

Smith, Anthony D. 1986. *The Ethnic Origins of Nations.* Oxford: Blackwell.

———. 1991. *National Identity.* London: Penguin Books.

———. 2003. *Chosen People: Sacred Sources of National Identity.* Oxford: Oxford University Press.

———. 2004. "Ethnic Cores and Dominant Ethnies." In Kaufmann 2004: 17–30.

Smith, Graham, ed. 1996. *The Nationalities Question in the Post-Soviet States.* 2nd ed. London: Longman.

Smith, Jeremy. 1999. *The Bolsheviks and the National Question, 1917–1923.* New York: St. Martin's Press.

Smith, Michael E. 2001. "The Aztec Empire and the Mesoamerican World System." In Alcock et al. 2001: 128–54.

Smith, Robert O. 2007. "Luther, the Turks, and Islam." *Currents in Theology and Mission* 34 (5): 351–65.

Smith, Tony. 1978. "A Comparative Study of French and British Decolonization." *Comparative Studies in Society and History* 20 (1): 70–102.

Smith, William H. C. 1991. *Napoleon III: The Pursuit of Prestige.* London: Wayland Publishers.

Snyder, Jack. 1991. *Myths of Empire.* Ithaca, NY: Cornell University Press.

Solzhenitsyn, Alexander. [1990] 1991. *Rebuilding Russia: Reflections and Tentative Proposals.* Translated by Alexis Klimoff. London: The Harvill Press.

———. [1994] 1995. *The Russian Question at the End of the Twentieth Century.* Translated by Yermolai Solzhenitsyn. London: The Harvill Press.

Spencer, Diana. 2009. "Roman Alexanders: Epistemology and Identity." In Heckel and Tritle 2009: 251–74.

Spencer, Herbert. 1902. "Imperialism and Slavery." In *Facts and Comments: Selected Works of Herbert Spencer,* 157–71. New York: D. Appleton and Company.

Spencer, Terence. 1952. "Turks and Trojans in the Renaissance." *Modern Language Review* 47 (3): 330–33.

Spiel, Hilde. 1987. *Vienna's Golden Autumn 1866–1938.* London: Weidenfeld and Nicolson.

Spruyt, Hendrik. 2005. *Ending Empire: Contested Sovereignty and Territorial Partition.* Ithaca, NY: Cornell University Press.

Stalin, Joseph. [1934] 1975. *Marxism and the National-Colonial Question: A Collection of Articles and Speeches.* San Francisco: Proletarian Publishers.

Stanbridge, K. A. 1997. "England, France and Their North American Colonies: An Analysis of Absolutist State Power in Europe and the New World." *Journal of Historical Sociology* 10 (1): 27–55.

Stapleton, Julia. 1994. *Englishness and the Study of Politics: The Social and Political Thought of Ernest Barker.* Cambridge: Cambridge University Press.

Starr, S. Frederick. 1978. "Tsarist Government: The Imperial Dimension." In Azrael 1978: 3–38.

Steinmetz, George. 2005. "Return to Empire: The New U.S. Imperialism in Comparative Historical Perspective." *Sociological Theory* 23 (4): 339–67.

———, ed. 2013. *Sociology and Empire: The Imperial Entanglements of a Discipline.* Durham, NC: Duke University Press.

Steinwedel, Charles. 2000. "To Make a Difference: the Category of Ethnicity in Late Imperial Russian Politics, 1861–1917." In Hoffmann and Kotsonis 2000: 67–86.

———. 2007. "How Bashkiria Became Part of European Russia, 1762–1881." In Burbank, von Hagen, and Remnev 2007: 94–124.

Stockwell, A. J. 2006. "British Decolonisation: The Record and the Records." *Contemporary European History* 15 (4): 573–83.

Stockwell, Sarah, ed. 2008a. *The British Empire: Themes and Perspectives*. Oxford: Blackwell Publishing.

———. 2008b. "Ends of Empire." In Stockwell 2008a: 269–93.

Stoler, Ann Laura, and Frederick Cooper. 1997. "Between Metropole and Colony: Rethinking a Research Agenda." In Cooper and Stoler 1997: 1–56.

Stoler, Ann Laura, Carole McGranahan, and Peter C. Perdue, eds. 2007. *Imperial Formations*. Santa Fe, NM: School for Advanced Research Press.

Stone, Marla. 1999. "A Flexible Rome: Fascism and the Cult of Romanità." In Edwards 1999b: 205–20.

Stone, Norman. 1966. "Army and Society in the Habsburg Monarchy, 1900–1914." *Past and Present* 33: 95–111.

Stone, Norman, Sergei Podbolotov, and Murat Yasar. 2004. "The Russians and the Turks: Imperialism and Nationalism in the Era of Empires." In Miller and Rieber 2004: 27–45.

Stourzh, Gerald. 1992. "The Multinational Empire Revisited: Reflections on Late Imperial Austria." *Austrian History Yearbook* 23: 1–22.

Strang, David. 1991. "Global Patterns of Decolonization, 1500–1987." *International Studies Quarterly* 35 (4): 429–54.

Strayer, Joseph R. 1971. "France: The Holy Land, the Chosen People, and the Most Christian King." In *Medieval Statecraft and the Perspectives of History*, 300–314. Princeton, NJ: Princeton University Press.

Stremooukhoff, Dimitri. 1970. "Moscow the Third Rome: Sources of the Doctrine." In Cherniavsky 1970a: 108–25.

Struck, Manuela. 2001. "The *Heilige Römische Reich Deutscher Nation* and Hermann the German." In Hingley 2001: 91–112.

Sugar, Peter F. [1977] 1993. *Southeastern Europe under Ottoman Rule, 1354–1804*. Seattle: University of Washington Press.

Sullivan, Robert E. 2009. *Macaulay: The Tragedy of Power*. Cambridge, MA: Harvard University Press.

Sunderland, Willard. 2005. *Taming the Wild Fields: Colonization and Empire on the Russian Steppe*. Ithaca, NY: Cornell University Press.

Suny, Ronald Grigor. 1989. *The Making of the Georgian Nation*. Bloomington: Indiana University Press.

———. 1993. *The Revenge of the Past: Nationalism, Revolution, and the Collapse of the Soviet Union*. Stanford, CA: Stanford University Press.

———. 1995. "Ambiguous Categories: States, Empires and Nations." *Post-Soviet Affairs* 11 (2): 185–96.

———. 2001. "The Empire Strikes Out: Imperial Russia, 'National' Identity, and Theories of Empire." In Suny and Martin 2001: 23–66.

———. 2015. *"They Can Live in the Desert but Nowhere Else": A History of the Armenian Genocide*. Princeton, NJ: Princeton University Press.

Suny, Ronald Grigor, and Terry Martin, eds. 2001. *A State of Nations: Empire and Nation-Making in the Age of Lenin and Stalin.* Oxford: Oxford University Press.

Swain, Joseph Ward. 1940. "The Theory of the Four Monarchies: Opposition History under the Roman Empire." *Classical Philology* 35 (1): 1–21.

Syme, Ronald. 1958. *Colonial Élites: Rome, Spain and the Americas.* London: Oxford University Press.

Szporluk, Roman. 1990. "The Imperial Legacy and the Soviet Nationalities Problem." In *The Nationalities Factor in Soviet Politics and Society,* edited by Lubomyr Hajda and Mark Beissinger, 1–23. Boulder, CO: Westview Press.

———. 1997. "The Fall of the Tsarist Empire and the USSR: The Russian Question and Imperial Overextension." In Dawisha and Parrott 1997: 65–93.

———. 1998. "Nationalism after Communism: Reflections on Russia, Ukraine, Belarus and Poland." *Nations and Nationalism* 4 (3): 301–20.

Taagepera, Rein. 1978a. "Size and Duration of Empires: Systematics of Size." *Social Science Research* 7 (2): 108–27.

———. 1978b. "Size and Duration of Empires: Growth-Decline Curves, 3000–600 BC." *Social Science Research* 7 (2): 180–96.

———. 1979. "Size and Duration of Empires: Growth-Decline Curves, 600 BC to 600 AD." *Social Science History* 3 (3/4): 115–38.

———. 1988. "An Overview of the Growth of the Russian Empire." In Rywkin 1988: 1–7.

Tacitus. 1996. *The Annals of Imperial Rome.* Translated by Michael Grant. London: Penguin Books.

Taddia, Irma. 2007. "Italy: The Last Empire." In Aldrich 2007: 254–77.

Tarn, W. W. 1948. *Alexander the Great.* 2 vols.. Cambridge: Cambridge University Press.

Taylor, A.J.P. 1954. *The Struggle for Mastery in Europe 1848–1918.* Oxford: Oxford University Press.

———. 1967. "The Failure of the Habsburg Monarchy." In *Europe: Grandeur and Decline,* 127–32. Harmondsworth: Penguin Books.

———. [1948] 1990. *The Habsburg Monarchy 1809–1918: A History of the Austrian Empire and Austria-Hungary.* London: Penguin Books.

Taylor, Miles. 1991. "Imperium et Libertas? Rethinking the Radical Critique of Imperialism during the Nineteenth Century." *Journal of Imperial and Commonwealth History* 19 (1): 1–23.

Teich, Mikulas, and Roy Porter, eds. 1993. *The National Question in Historical Context.* Cambridge: Cambridge University Press.

Teschke, Benno. 2006. "Imperial Doxa from the Berlin Republic." *New Left Review* 39 (May–June): 128–40.

Thaden, Edward C. 1990a. *Interpreting History: Collective Essays on Russia's Relations with Europe.* New York: Columbia University Press.

———. 1990b. "The Beginnings of Romantic Nationalism in Russia." In Thaden 1990a: 179–201.

———. 1990c. "Russification in Tsarist Russia." In Thaden 1990a: 211–20.

———. 1990d. ""Russian Nationality Policy, 1881–1914." In Thaden 1990a: 221–36.

Thody, Philip. 1985. "Adieu to the Colonies." *Times Higher Education Supplement,* October 5, 13.

Thomas, Carol G. 2007. *Alexander the Great and His World.* Malden, MA: Blackwell.

Thomas, Martin, Bob Moore, and L. J. Butler. 2008. *Crises of Empire: Decolonization and Europe's*

Imperial States, 1918–1975. London: Hodder Education.

Thompson, Andrew S. 1997. "The Language of Imperialism and the Meanings of Empire: Imperial Discourse in British Politics, 1895–1914." *Journal of British Studies* 36 (2): 147–77.

———. 2000. *Imperial Britain: The Empire in British Politics, c. 1880–1932.* Harlow, UK: Longman.

———. 2003. "The Languages of Loyalism in Southern Africa, c. 1870–1939." *English Historical Review* 118 (477): 617–50.

———. 2005. *The Empire Strikes Back? The Impact of Imperialism on Britain from the Mid-Nineteenth Century.* Harlow, UK: Pearson-Longman.

———, ed. 2012. *Britain's Experience of Empire in the Twentieth Century.* Oxford: Oxford University Press.

———, ed. 2014. *Writing Imperial Histories.* Manchester: Manchester University Press.

Thomson, J.K.J. 1998. *Decline in History: The European Experience.* Cambridge: Polity Press.

Thornton, A. P. [1959] 1968. *The Imperial Idea and Its Enemies: A Study in British Power.* New York: Anchor Books.

Tidrick, Kathryn. 1992. *Empire and the English Character.* London: I. B. Tauris.

Timms, Edward. 1991. "National Memory and the 'Austrian Idea' from Metternich to Waldheim." *Modern Language Review* 86 (4): 898–910.

Toal, Gerard, and John O'Loughlin. 2014. "How People in South Ossetia, Abkhazia and Transnistria Feel about Annexation by Russia." *Washington Post*, March 20.

Tocqueville, Alexis de 2001. *Writings on Empire and Slavery.* Edited and translated by Jennifer Pitts. Baltimore: Johns Hopkins University Press.

Todd, Emmanuel. 2003. *After the Empire: The Breakdown of the American Order.* Translated by C. Jon Delogu. New York: Columbia University Press.

Tolz, Vera. 2001. *Russia.* London: Arnold.

———. 2005. "Orientalism, Nationalism, and Ethnic Diversity in Late Imperial Russia." *Historical Journal* 48 (1): 127–50.

Tombs, Robert, and Isabelle Tombs. 2007. *That Sweet Enemy: The French and the British from the Sun King to the Present.* London: Pimlico.

Torke, Hans-Joachim. 2003. "Moscow and Its West: On the 'Ruthenization' of Russian Culture in the Seventeenth Century." In Kappeler et al. 2003: 87–107.

Toynbee, Arnold. 1962–63. *A Study of History.* Paperback ed. 12 vols. London: Oxford University Press.

Treadgold, Warren T. 1997. *A History of the Byzantine State and Society.* Stanford, CA: Stanford University Press.

Trevor-Roper, Hugh. [1976] 1991. *Princes and Artists: Patronage and Ideology at Four Habsburg Courts 1517–1633.* New York: Thames and Hudson.

Turner, Frank M. 1999. "Christians and Pagans in Victorian Novels." In Edwards 1999b: 173–87.

Turner, Frederick Jackson. 1920. *The Frontier in American History.* New York: Holt.

Turoma, Sanna, and Maxim Waldstein, eds. 2013. *Empire De-Centered: New Spatial Histories of Russia and the Soviet Union.* Farnham, UK: Ashgate.

Tyrell, Ian. 1991. "American Exceptionalism in an Age of International History." *American His-*

torical Review 96 (4): 1031–55.

Ullmann, Walter. 1979. "'This Realm of England Is an Empire.'" *Journal of Ecclesiastical History* 30 (2): 175–203.

Unowsky, Daniel. 2001. "Reasserting Empire: Habsburg Imperial Celebrations after the Revolutions of 1848–1849." In Bucur and Wingfield 2001: 13–45.

———. 2005. *The Pomp and Politics of Patriotism: Imperial Celebrations in Habsburg Austria, 1848–1916.* West Lafayette, IN: Purdue University Press.

———. 2011. "Dynastic Symbolism and Popular Patriotism: Monarchy and Dynasty in Late Imperial Austria." In Leonhard and von Hirschhausen 2011: 237–86.

Urbanitsch, Peter. 2004. "Pluralist Myth and Nationalist Realities: The Dynastic Myth of the Habsburg Monarchy—a Futile Exercise in the Creation of Identity?" *Austrian History Yearbook* 35: 101–41.

Vance, Norman. 1997. *The Victorians and Ancient Rome.* Oxford: Blackwell.

———. 1999. "Decadence and the Subversion of Empire." In Edwards 1999b: 110–24.

———. 2000. "Imperial Rome and Britain's Language of Empire 1600–1837." *History of European Ideas* 26: 211–24.

Vasunia, Phiroze. 2005. "Greater Rome and Greater Britain." In Goff 2005: 38–64.

———. 2013. *The Classics and Colonial India.* Oxford: Oxford University Press.

Veugelers, John W. P. 2010. "Tocqueville on the Conquest and Colonization of Algeria." *Journal of Classical Sociology* 10 (4): 339–55.

Veyne, Paul. 1980. "L'Empire romain." In Duverger 1980: 121–30.

Vidal-Naquet, Pierre. 1995. *Politics Ancient and Modern.* Translated by Janet Lloyd. Cambridge: Polity Press.

Vinkovetsky, Ilya. 2011. *Russian America: An Overseas Colony of a Continental Empire, 1804–1867.* Oxford: Oxford University Press.

Visser, Romke. 1992. "Fascist Doctrine and the Cult of the *Romanità.*" *Journal of Contemporary History* 27: 5–22.

Voltaire. [1763] 1912. "On Toleration, In Connection with the Death of Jean Calas." In *Toleration and Other Essays,* translated by Joseph McCabe, 1–87. New York: G. P. Putnam's Sons.

———. 1901. *Ancient and Modern History.* Vol. 30 of *The Works of Voltaire.* Edited by John Morley. Translated by William F. Fleming. 42 vols. Paris and London: E. R. Dumont.

Walbank, F. W. 1972. "Nationality as a Factor in Roman History." *Harvard Studies in Classical Philology* 76 (1): 145–68.

Walicki, Andrzej. 1975. *The Slavophile Controversy: History of a Conservative Utopia in Nineteenth-Century Russian Thought.* Oxford: Oxford University Press.

———. 1979. *A History of Russian Thought: From the Enlightenment to Marxism.* Stanford, CA: Stanford University Press.

Walzer, Michael. 1997. *On Toleration.* New Haven, CT: Yale University Press.

———. 2003. "Is There an American Empire?" *Dissent,* Fall, 3–8.

Wandruszka, Adam. 1964. *The House of Habsburg: Six Hundred Years of a European Dynasty.* Translated by Cathleen and Hans Epstein. London: Sidgwick and Jackson.

Wangermann, Ernst. 1973. *The Austrian Achievement 1700–1800*. New York: Harcourt Brace Jovanovich.

Wank, Solomon. 1997a. "The Habsburg Empire." In Barkey and von Hagen 1997: 45–57.

———. 1997b. "Some Reflections on the Habsburg Empire and Its Legacy in the Nationalities Question." *Austrian History Yearbook* 28: 131–46.

Ward, Stuart, ed. 2001. *British Culture and the End of Empire*. Manchester: Manchester University Press.

———. 2008. "Imperial Identities Abroad." In Stockwell 2008a: 219–43.

Ward-Perkins, Bryan. 2005. *The Fall of Rome and the End of Civilization*. Oxford: Oxford University Press.

Warren, Allen. 1986. "Citizens of the Empire: Baden-Powell, Scouts and Guides, and an Imperial Ideal." In MacKenzie 1986: 232–56.

Weber, Eugen. 1976. *Peasants into Frenchmen: The Modernization of Rural France, 1870–1914*. Stanford, CA: Stanford University Press.

Weber, Max. 1963. *The Sociology of Religion*. Boston: Beacon Press.

———. 1978. *Economy and Society*. Edited by Guenther Roth and Claus Wittich. 2 vols. Berkeley: University of California Press.

Webster, Jane, and Nicholas J. Cooper, eds. 1996. *Roman Imperialism: Post-Colonial Perspectives*. Leicester: Leicester School of Archaeological Studies.

Webster, Wendy. 2007. *Englishness and Empire 1939–1965*. Oxford: Oxford University Press.

Weeks, Theodore R. 1996. *Nation and State in Late Imperial Russia: Nationalism and Russification in the Western Frontier, 1863–1914*. DeKalb: University of Northern Illinois Press.

———. 2001. "Russification and the Lithuanians, 1863–1905." *Slavic Review* 60 (1): 96–114.

Weil, Patrick. 2008. *How to Be French: Nationality in the Making since 1789*. Translated by Catherine Porter. Durham, NC: Duke University Press.

Welker, Walter F. 1968. "The Ottoman Bureaucracy: Modernization and Reform." *Administrative Science Quarterly* 13 (3): 451–70.

Wells, H. G. 1937. *The Outline of History*. 8th rev. London: Cassell and Company.

Werfel, Franz. 1937. "An Essay upon the Meaning of Imperial Austria." In *Twilight of a World*, translated by H. T. Lowe-Porter, 3–39. New York: The Viking Press.

Wessel, Martin Schulze. 2011. "Religion, Politics and the Limits of Imperial Integration: Comparing the Habsburg Monarchy and the Russian Empire." In Leonhard and von Hirschhausen 2011: 337–58.

Whaley, Joachim. 1994. "Austria, 'Germany', and the Dissolution of the Holy Roman Empire." In Robertson and Timms 1994: 3–12.

———. 2012. *Germany and the Holy Roman Empire*. 2 vols. Oxford: Oxford University Press.

Wheatcroft, Andrew. 1996. *The Habsburgs: Embodying Empire*. London: Penguin Books.

White, Mary E. 1961. "Greek Colonization." *Journal of Economic History* 21 (4): 443–54.

White, Owen, and J. P. Daughton, eds. 2012. *In God's Empire: French Missionaries and the Modern World*. Oxford: Oxford University Press.

Wilder, Gary. 2005. *The French Imperial Nation-State: Negritude and Colonial Humanism between the Two World Wars.* Chicago: University of Chicago Press.

———. 2009. "Untimely Vision: Aimé Césaire, Decolonization, Utopia." *Public Culture* 21 (1): 101–40.

Wilson, Kathleen. 1998. *The Sense of the People: Politics, Culture and Imperialism in England, 1715–1785.* Cambridge: Cambridge University Press.

———. 2003. *The Island Race: Englishness, Empire and Gender in the Eighteenth Century.* London: Routledge.

———, ed. 2004. *A New Imperial History: Culture, Identity and Modernity in Britain and the Empire, 1660–1840.* Cambridge: Cambridge University Press.

Wilson, Peter H. 1999. *The Holy Roman Empire 1495–1806.* Houndmills, Basingstoke: Macmillan.

———. 2016. *Heart of Europe: A History of the Holy Roman Empire.* Cambridge, MA: Harvard University Press.

Wimbush, S. Enders. 1978. "The Great Russians and the Soviet State: The Dilemmas of Ethnic Dominance." In Azrael 1978: 349–60.

Wingfield, Nancy M. 2007. "Emperor Joseph II in the Austrian Imagination up to 1914." In Cole and Unowsky 2007: 62–85.

Winn, Peter. 1976. "British Informal Empire in Uruguay in the Nineteenth Century." *Past and Present* 73: 100–126.

Wittek, Paul. 1938. *The Rise of the Ottoman Empire.* London: The Royal Asiatic Society of Great Britain and Ireland.

Wood, Ellen Meiksins. 2005. *Empire of Capital.* Paperback ed. London: Verso.

Woodhead, Christine. 1987. "'The Present Terrour of the World'? Contemporary Views of the Ottoman Empire c1600." *History* 72: 20–37.

———. 1995. "Perspectives on Suleyman." In Kunt and Woodhead 1995: 164–90.

Wolfe, Patrick. 1997. "History and Imperialism: A Century of Theory, from Marx to Postcolonialism." *American Historical Review* 102 (2): 388–420.

Woolf, Greg. 1994. "Becoming Roman, Staying Greek: Culture, Identity and the Civilizing Process in the Roman East." *Proceedings of the Cambridge Philological Society* 40: 116–43.

———. 1998. *Becoming Roman: The Origins of Provincial Civilization in Gaul.* Cambridge: Cambridge University Press.

———. 2001. "Inventing Empire in Ancient Rome." In Alcock et al. 2001: 311–22.

———. 2012. *Rome: An Empire's Story.* Oxford: Oxford University Press.

Woolf, Stuart. 1989. "French Civilisation and Ethnicity in the Napoleonic Empire." *Past and Present* 124: 96–120.

———. 1992. "The Construction of a European World-View in the Revolutionary Napoleonic Years." *Past and Present* 137: 72–101.

Wortman, Richard S. 2006. *Scenarios of Power: Myth and Ceremony in Russian Monarchy, from Peter the Great to the Abdication of Nicholas II.* Princeton, NJ: Princeton University Press.

———. 2011. "The Tsar and the Empire: Representation of the Monarchy and Symbolic Integration in Imperial Russia." In Leonhard and von Hirschhausen 2011: 266–86.

Wright, Gwendolyn. 1991. *The Politics of Design in French Colonial Urbanism.* Chicago: University of Chicago Press.

———. 1997. "Tradition in the Service of Modernity: Architecture and Urbanism in French Colonial Policy, 1900–1930." In Cooper and Stoler 1997: 322–45.

Wyke, Maria. 1999. "Screening Ancient Rome in the New Italy." In Edwards 1999b: 188–204.

Yapp, M. E. 1987. "British Perceptions of the Russian Threat to India." *Modern Asian Studies* 21: 647–65.

———. 1992. "Europe in the Turkish Mirror." *Past and Present*, no. 137: 134–55.

Yaroshevski, Dov. 1997. "Empire and Citizenship." In Brower and Lazzerini 1997: 58–79.

Yates, Frances A. 1975. "Charles V and the Idea of Empire." in *Astraea: The Imperial Theme in the Sixteenth Century*, 1–28. London: Routledge and Kegan Paul.

Young, Robert J. C. 2001. *Postcolonialism: An Historical Introduction*. Oxford: Blackwell.

———. 2008. *The Idea of English Ethnicity*. Oxford: Blackwell Publishing.

Zeldin, Theodore. 1973. *France 1848–1945*. Vol. 1, *Ambition, Love, Politics*. Oxford: Oxford University Press.

Zielonka, Jan. 2006. *Europe as Empire: The Nature of the Enlarged European Union*. Oxford: Oxford University Press.

Zimmer, Oliver. 2003. *Nationalism in Europe, 1890–1940*. Houndmills, Basingstoke: Palgrave Macmillan.

Zimmern, Alfred. 1927. *The Third British Empire*. 2nd ed. London: Oxford University Press.

Zückert, Martin. 2011. "Imperial War in the Age of Nationalism: The Habsburg Monarchy and the First World War." In Leonhard and von Hirschhausen 2011: 500–517.

Zürcher, Erik J. 1997. *Turkey: A Modern History*. Rev. ed. London: I. B. Tauris.

———. 2010. *The Young Turk Legacy and Nation Building: From the Ottoman Empire to Atatürk's Turkey*. London: I. B. Tauris.